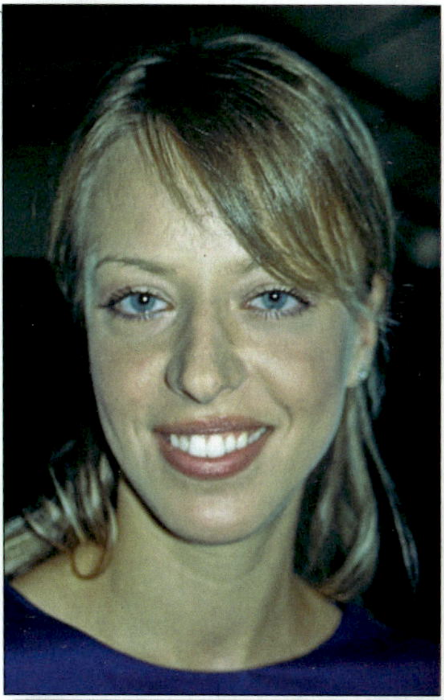

rum034 Foto: jr

Joscha Remus

Rumänien

„Wissen Sie, es gibt so viele verschiedene Rumäniens. Zugreisende sehen bereits ein völlig anderes Land als diejenigen, die mit dem Auto unterwegs sind. Wer das Glück hat, auf einem Pferdewagen mitgenommen zu werden, wird wiederum völlig andere Dinge entdecken. Westlichen Besuchern empfehle ich den langsamen Ritt durchs Land, um die Augen besser öffnen zu können für die Schönheiten, die hier an jeder Ecke zu finden sind. Wer es kann, sollte sich auf den Rücken eines Pferdes schwingen, sich fürs Delta ein Kanu besorgen oder einfach seine Wanderschuhe schnüren. Ziehen Sie ein wenig mit den Hirten und ihren Herden über die blumenübersäten Hochalmen, genießen Sie den frischen Bergkäse, schauen Sie zu, wie man einen Sîrba tanzt, und lernen Sie, wie man richtig singt, trinkt und feiert."

Mircea Cărtărescu (rumänischer Schriftsteller)
in einem Interview im Mai 2006

Impressum

Joscha Remus
Rumänien

erschienen im
REISE KNOW-HOW Verlag Peter Rump GmbH
Osnabrücker Str. 79, 33649 Bielefeld

4., neu bearbeitete und komplett aktualisierte Auflage 2012

Gestaltung:
Umschlag: G. Pawlak, P. Rump (Layout); M. Luck (Realisierung)
Inhalt: G. Pawlak (Layout); M. Luck (Realisierung)
Karten: Th. Buri, C. Raisin, der Verlag
Atlas: world mapping project, REISE KNOW-HOW Verlag
Fotonachweis: J. Remus (jr); Hermannstädter Zeitung (hz); H. Swoboda (hs); Dacia-Renault (dr); H. Fabini (hf); M. Moiceanu (mm); M. Lazin (ml); Shukar Travel (st); L. Beilic (lb)
Titelfoto: www.fotolia.de © Xaver Klaussner (Braunbären)

Lektorat: M. Luck

Druck und Bindung: Wilhelm & Adam, Heusenstamm

ISBN 978-3-8317-2175-7
PRINTED IN GERMANY

Dieses Buch ist erhältlich in jeder Buchhandlung Deutschlands, Österreichs, der Niederlande, Belgiens und der Schweiz. Bitte informieren Sie Ihren Buchhändler über folgende Bezugsadressen:

Deutschland
Prolit Verlagsauslieferung GmbH, Siemensstr. 16, D-35461 Fernwald (Annerod)
sowie alle Barsortimente
Schweiz
AVA Verlagsauslieferung AG
Postfach 27, CH-8910 Affoltern a.A.
Österreich
Mohr-Morawa Buchvertrieb GmbH
Sulzengasse 2, A-1230 Wien
Niederlande, Belgien
Willems Adventure
www.willemsadventure.nl

Wer im Buchhandel trotzdem kein Glück hat, bekommt unsere Bücher auch über unseren **Büchershop im Internet:**
www.reise-know-how.de

Wir freuen uns über Kritik, Kommentare und Verbesserungsvorschläge, gern auch per E-Mail an info@reise-know-how.de.

Alle Informationen in diesem Buch sind vom Autor mit größter Sorgfalt gesammelt und vom Lektorat des Verlages gewissenhaft bearbeitet und überprüft worden.

Da inhaltliche und sachliche Fehler nicht ausgeschlossen werden können, erklärt der Verlag, dass alle Angaben im Sinne der Produkthaftung ohne Garantie erfolgen und dass Verlag wie Autor keinerlei Verantwortung und Haftung für inhaltliche und sachliche Fehler übernehmen.

Die Nennung von Firmen und ihren Produkten und ihre Reihenfolge sind als Beispiel ohne Wertung gegenüber anderen anzusehen. Qualitäts und Quantitätsangaben sind rein subjektive Einschätzungen des Autors und dienen keinesfalls der Bewerbung von Firmen oder Produkten.

Joscha Remus

Rumänien

rum08-005 Foto: jr

Zu diesem Buch

Seit dem EU-Beitritt 2007 rückt das nur zwei Flugstunden entfernte Rumänien immer mehr ins Blickfeld mitteleuropäischer Reisender. In diesem Buch bekommen vor allem individuell Reisende alle notwendigen Informationen an die Hand, um das Land zu erkunden, sei es mit dem eigenen Auto, mit Bahn oder Bus, dem Fahrrad oder Motorrad, per Kanu, auf dem Pferderücken oder zu Fuß.

Jenen Kapiteln, die touristisch besonders interessante Gegenden oder Sehenswürdigkeiten behandeln, hat der Autor *Joscha Remus* sogenannte Planungshilfen vorangestellt (z.B. Donaudelta, Kirchenburgen, Königstein-Gebirge, Maramuresch, Moldau-Klöster etc.). In diesen Planungshilfen sind die wichtigsten Kontaktadressen zusammengefasst, die Besuchern weiterhelfen (Guides, geführte Touren auf Deutsch etc).

Zu Beginn des Buches stehen die Kapitel mit praktischen Reiseinformationen (Mitarbeit: *Elfi H. M. Gilissen*), gefolgt vom Kapitel „Land und Leute", das Hintergrundinformationen bietet. Die Ortsbeschreibungen Rumäniens beginnen mit der Hauptstadt Bukarest, der ein eigenes Kapitel gewidmet ist. Im Uhrzeigersinn geht es dann durchs ganze Land, von Transsylvanien und Maramureş übers Donaudelta und die Schwarzmeerküste bis in die Crişana. In den Orts- und Regionenbeschreibungen werden geschichtliche Hintergründe geschildert, touristische Highlights vorgestellt und Hinweise zu Unterkünften, Restaurants, Verkehrsmitteln, Wanderungen etc. gegeben.

Im Anhang finden sich neben einem ausführlichen Register wichtige Reise-Gesundheitsinformationen sowie deutsche Kontaktadressen zu Rumänien. Daran schließt sich ein Rumänien-Atlas an. Er zeigt verkleinerte Ausschnitte aus der Rumänien-Karte des world mapping project, die bei Reise Know-How erschienen ist. In den Ortsbeschreibungen erfolgt jeweils hinter den Überschriften ein Verweis auf die entsprechende Karte und die genaue Positionierung des Ortes. So bedeutet z.B. „Sinaia ⇗XVI, A3", dass der Ort Sinaia im Atlas S. XVI und dort im Planquadrat A3 zu finden ist.

Hinweis: Internet- und E-Mail-Adressen in diesem Buch können – bedingt durch den Zeilenumbruch – so getrennt sein, dass ein Trennstrich erscheint, der nicht zur Adresse gehören muss!

Rumänien – kein Land für Express-Reisende

Der berühmte Orient-Express, der von Wien nach Istanbul fährt und nur in großen Städten wie Budapest und Bukarest hält, macht in Rumänien eine Ausnahme, wo er in der kleinen Karpatenstadt Sinaia einen dreistündigen Zwischenstopp einlegt: Die Reisenden machen sich auf den Weg hinauf durch dichte Nadelwälder zu einem der schönsten Schlösser Europas. Doch die Sommerresidenz des Prinzen von Hohenzollern, das Schloss Peleş, zieht nicht nur Luxusreisende an. Im Garten des Prunkbaus tummeln sich auch rucksackbepackte Bergwanderer, die von unglaublichen Höhlentouren und wilden Schluchten erzählen. Biker berichten von den traditionsreichen Tälern des Maramureş, von alten Holzkirchen und bunten Tanzfesten in den Dörfern oder auf den Bergpässen.

Die Gesichter mancher Luxusreisender bekommen angesichts der geschilderten Abenteuer einen sehnsuchtsvollen Blick. Doch Express-Reisende haben nun einmal wenig Zeit, und so müssen auch die Orient-Express-Urlauber schnell weiter, obwohl einige von ihnen gern mehr über dieses erstaunliche Rumänien erfahren würden.

Was sie verpassen, sind die Geschichten einer Gruppe von sächsischen Fahrradtouristen, die die mittelalterlichen Städte Transsylvaniens bereist haben und von Kirchenburgen und der rumänischen Gastfreundschaft schwärmen. Auch die Erlebnisse eines polnischen Paares, das zwei Wochen im Donaudelta paddeln war und nun von Pelikanen, Kormoranen und Seeadlern zu berichten weiß, hören die Express-Touristen nicht mehr.

Rumänien-Reisende haben etwas zu erzählen. Sei es vom gemeinsamen Wandern mit Schäfern über die zauberhaften Almen des Apuseni-Gebirges, sei es von der Fahrt auf einem selbst gebauten Floß durch die Schluchten des Olt oder vom Besuch der Eisgletscherhöhle von Scarişoara im Bihor-Gebirge, einer Winterglitzerlandschaft, die auch mitten im Hochsommer fasziniert. Viele, die Rumänien zum ersten Mal bereisen, sind überrascht angesichts der Vielfalt der sich bietenden Möglichkeiten.

Im Mittelpunkt der Geschichten steht meist die Begegnung mit Einheimischen und deren Gastfreundschaft, zum Beispiel Erlebnisse auf Dorf- und Bergfesten mit oft tagelangen fröhlichen Feiern und dem gemeinsamen Essen und Trinken.

Wer dann vom Kururlaub an der Schwarzmeerküste, vom Burgenbesuch in Siebenbürgen oder vom Klosterurlaub, von Wanderungen und Reitausflügen in den Karpaten oder vom Käsekochkurs auf ökologischen Bauernhöfen heimgekehrt ist, der kann über die gängigen Klischees über die Heimat *Draculas* nur mehr milde lächeln.

Jenseits aller Vorurteile entdecken immer mehr Menschen mit Rumänien ein Land, in dem sie auf lebenslustige und neugierige Bewohner treffen. Ein Land, das durch seine unberührte Natur und wilde ursprüngliche Schönheit bezaubert. Es gibt noch viel zu entdecken in Rumänien.

Bine aţi venit! – Herzlich willkommen!

Joscha Remus

Inhalt

Vor der Reise

Praktische Tipps A–Z

Land und Leute

Bukarest – die Hauptstadt

Süd- und Zentraltranssylvanien

Das nördliche Transsylvanien

Maramureş

Karten

Exkurse

rum016 Foto: jr

Vor der Reise

rum017a Foto: jr

rum017b Foto: jr

Neculai Popa – einer der bekanntesten Maskenmacher Rumäniens

Panorama beim See Izvorul Muntelui

Vorsicht vor langsamen Pferdefuhrwerken!

Informationsstellen

Fremdenverkehrsamt

In rumänischen Reisebroschüren erinnert die Bezeichnung „Tourismusförderungs- und Informationsbüros der Nationalen Tourismusbehörde im Ausland“ zwar noch an alte Zeiten, die Werbebroschüren können sich mittlerweile jedoch sehen lassen. Rumänische Touristenämter gibt es nicht nur in Europa und den USA. Die steigende Zahl israelischer, chinesischer, japanischer und vor allem russischer Touristen zeigt, wo die rumänische Tourismusbehörde ihre Schwerpunkte setzt.

Die offiziellen Websites sind **www.romaniatourism.com** oder auf Deutsch **www.rumaenien-tourismus.de** und **www.rumaenien-info.at.**

In Deutschland

- **Rumänisches Touristenamt Berlin,** Reinhardtstr. 47, 10117 Berlin, Tel. 030-400 559 04, Fax 030-400 559 06, www.rumaenien-tourismus.de, info@rumaenien-tourismus.de.

In Österreich

- Opernring 1, 4. Stock, Tür 404, 1090 **Wien,** Tel. 01-317 31 57, Fax 01-317 31 574, www.rumaenien-info.at, rumaenien@aon.at.

In der Schweiz

Das rumänische Touristenamt in **Berlin** ist auch für die Schweiz zuständig!

Kontaktadressen zu Rumänien

Wer mehr über Rumänien und die rumänische Lebensart erfahren möchte, kann dies bei den gelisteten Deutsch-Rumänischen Vereinen/der Deutsch-Österreichischen Gesellschaft) tun. Alle genannten Vereinigungen freuen sich über Kontakt und Austausch mit Deutschen und Österreichern und informieren auch Nichtmitglieder über rumänische Feste, Filmtage oder Diskussionsrunden. Einige, wie das Deutsch-Rumänische Forum in Stuttgart, informieren über ihre Aktivitäten auch regelmäßig zweisprachig im Freien Radio (www.freies-radio.de).

- **Bund Rumänisch-Deutscher Vereine in Deutschland BRDV e.V.**
c/o *Lucian Hetco,* Kornbergstr. 7, 73098 Rechberghausen, www.larg.de
- **Deutsch-Rumänisches Forum Stuttgart**
Florin Zaheu, Hohentwielstr. 128, 70199 Stuttgart, Tel. 0711-649 36 05, Mobil 0172-743 96 25, www.forum-gerrum-stuttgart.de
- **Apoziția – Deutsch-Rumänische Kulturgesellschaft**
Dr. Gheorghe Sasarman, Theodor-Dombart-Str. 17, 80805 München, www.apozitia.de
- **AGERO, Deutsch-Rumänischer Verein**
Königstr. 21, 70173 Stuttgart, www.agero-stuttgart.de
- **Deutsch-Rumänische Gesellschaft**
c/o *Dr. Günther Tontsch,* Rodigallee 55 a, 22043 Hamburg, Tel. 040-65 38 96 00, www.deutsch-rumaenische-gesellschaft.de
- **Aut Pro Rom, Rumänische Gesellschaft für Österreich**
Dr. Heschl-Weg 26, 8054 Graz, Tel. 0043-316-244 827, www.autprorom.at

Informationen aus dem Internet

- **www.rennkuckuck.de**

Die privat betriebene Seite des Rumänienliebhabers *René Thiel* bietet neben stets aktuellen Reiseempfehlungen (Rumänien-Rundbrief) und Reiseberichten auch eine Auflistung von Sprachkursen, Unterkünften sowie eine Mitfahrbörse an. Auf den Forumsseiten des Rennkuckucks werden vom billigen Telefonieren bis hin zu neuen Rezepten viele Rumänienthemen debattiert. Legendär sind die TV-Tipps, die alle für Rumänien und Moldawien relevanten Sendungen beleuchten.

- **www.eco-romania.ro**

Die wichtigste Website für all jene, die sich für Ökotourismus in Rumänien interessieren. Die u.a. auf Englisch gestaltete Seite führt neben zertifizierten Pensionen viele interessante Öko-Touren auf. Die besten Tour-Angebote (Bären-, Kanu-, Wander-, Kletter-, Mountainbike-, Schneeschuhtouren usw.) sowie Übernachtungsmöglichkeiten auf authentisch-traditionellen Bauernhöfen führt der Autor in diesem Buch an den entsprechenden Stellen mit Hinweisen auf das Öko-Label auf.

- **www.sibiweb.de**

Die freie, offene und politisch unabhängige Informations- und Kommunikationsplattform gehört zu den ergiebigsten Webseiten, wenn es um Siebenbürgen und die Deutschen in Rumänien geht. Die auch in norwegischer (!), englischer, ungarischer und rumänischer Sprache verfügbare Webseite enthält auch ein umfassendes Adressenverzeichnis.

- **www.siebenbuerger.de**

Die Seiten der Landsmannschaft der Siebenbürger Sachsen in Deutschland sind vor allem für Reisende interessant, die ihren Urlaub in Siebenbürgen verbringen wollen. Sehr übersichtlich gegliedert und ausführlich werden rund 250 Ortschaften in Siebenbürgen beschrieben und in wunderbaren Luftaufnahmen präsentiert. Unter den Stichworten „Rumänien Reise – Gästehäuser" wird eine Liste mit Übernachtungsmöglichkeiten (auch solche in Pfarrhäusern) aufgelistet. Eine kostenlose Vermittlung bietet die Mitfahrzentrale an. Deutsche Jugendliche können über die Seite an einem Austauschprogramm teilnehmen und das siebenbürgisch-sächsische Leben in einer Gastfamilie kennen lernen.

- **www.karpatenwilli.com**

Wilhelm Scherz ist „Karpatenwilli" und hat sich und Rumänien mit dieser Seite ein Denkmal gesetzt. Neben zahlreichen Fotos, Karten und Linkinfos findet der Rumänieninteressierte vor allem Geschichten aus erster Rumänien-Reise-Hand. Rumänienbesucher kommen selbst zu Wort und schildern mitunter sehr amüsante Begebenheiten.

- **www.maramures.de**

Wer einmal wissen möchte, wie sich Geschichten in der Zipsersprache anhören, sollte die Seite von *Björn N. Reinhardt* besuchen. Außerdem finden sich hier Märchen aus dem Maramureş und wahre Geschichten aus dem rumänischen Alltag.

- **www.romtour.eu**

Als Ergänzung dieses Reiseführers bietet der Autor *Joscha Remus* auf dieser Rumänien-Website zusätzliches Bildmaterial an. Außerdem finden sich aktuelle Zusatzinformationen und interessante Rumänien-Links.

Digitale Übersetzer

Rumänisch-Deutsch/ Deutsch-Rumänisch

Wer abends am Lagerfeuer, beim Besuch einer Burg oder der gemeinsamen Wanderung mit Rumänen und Rumäninnen ins Gespräch kommt, sucht bisweilen nach den richtigen Worten. Eine gute Hilfe bietet ein **digitales Wörterbuch im Internet.** Notieren Sie sich die gesuchten Wendungen und forschen Sie im Netz auf der folgenden Seite:

- **www.romaniaglobal.com**

Dies ist zwar eine rumänische Seite, aber sie ist ein einfach zu bedienendes deutsch-rumänisches bzw. rumänisch-deutsches „elektronisches Wörterbuch". Klicken Sie in der linken Seitennavigation auf „Dictionar Ger – Ro" (für Übersetzungen vom Deutschen ins Rumänische) oder auf „Dictionar Ro – Ger" (für Übersetzungen vom Rumänische ins Deutsche). Nach dem Öffnen der neuen Seite setzen Sie den Cursor ins Suchfenster und geben das Wort ein. Dann „Cauta!" anklicken, und los geht die Suche nach dem gewünschten Wort (*cauta* bedeutet suchen)!

Deutsch-Ungarisch/ Ungarisch-Deutsch

In den Distrikten Harghita, Covasna macht der Bevölkerungsanteil ungarisch sprechender Bewohner mehr als 75 Prozent aus. In den Distrikten Mureş, Satu Mare und Sălaj, Cluj und Bihor sind es immer noch mehr als 15 Prozent. Wer auf der Suche nach dem passenden ungarischen Begriff ist, findet ihn vielleicht in dem Online-Wörterbuch auf folgender Seite:

- **http://dict.sztaki.hu/deutsch-ungarisch**
Den Wechsel zur Suche Ungarisch-Deutsch erreicht man durch einen Klick auf den Schriftzug Deutsch-Ungarisch (ist leider nicht selbst erklärend).

Rumänisch-Ungarisch/ Ungarisch-Rumänisch

Wer des Rumänischen oder Ungarischen halbwegs mächtig ist und einen passenden Begriff in der jeweils anderen Sprache sucht, wird auf dieser Webseite fündig:

- **www.transilvania.info/Dictionary/dictionary.php**

Hinweis: Da sich die **Einreisebedingungen kurzfristig ändern** können, raten wir, sich kurz vor Abreise beim Auswärtigen Amt (www.auswaertiges-amt.de bzw. www.bmeia.gv.at oder www.dfae.admin.ch) oder der jeweiligen Botschaft zu informieren.

Diplomatische Vertretungen

In Deutschland

- **Botschaft von Rumänien,** Dorotheenstr. 62–66, 10117 **Berlin,** Tel. 030-21 23 92 02 Fax 030-21 23 93 99. Es gibt auch Generalkonsulate in Bonn und München.

In Österreich

- **Botschaft von Rumänien,** Konsularabteilung, Theresianumgasse 25, 1040 **Wien,** Tel. 01-505 23 43 oder 01-505 23 81, Fax 01-503 64 60, www.ambrom.at.

In der Schweiz

- **Botschaft von Rumänien,** Konsularabteilung, Brunnadernstr. 20, 3006 **Bern,** Tel. 031-352 35 21, Fax 031-352 35 51, www.berna.mae.ro. Es gibt auch ein Generalkonsulat in Oetwil am See.

Die **diplomatischen Vertretungen in Rumänien** und in den Ländern auf der Anfahrtsstrecke über Land sind **im Kapitel „Notfälle"** zu finden.

Ein- und Ausreisebestimmungen

Die Aufnahme Rumäniens in die EU hat den Grenzverkehr für Bürger der EU und der Schweiz stark vereinfacht. Sie benötigen zum Besuch Rumäniens kein Visum mehr, es genügt ein **Personalausweis oder Reisepass,** der nach Einreise noch drei Monate lang Gültigkeit haben muss. Kinder unter 16 Jahren brauchen einen Kinderausweis mit

den. Bergfreunde, Paraglider und Kletterer wählen jedoch gerade die Sommermonate Juli und August für ihre Karpatentouren. Sie entgehen so dem regenreichsten Monat in Transsylvanien, dem Juni, und haben mit großer Sicherheit die beste Fernsicht.

Weitblick zeigen auch all diejenigen, die sich zur **heißesten Jahreszeit** erfrischende **Wasserkuren** in der vom mediterranen Klima beeinflussten Dobrudscha oder den Bädern Baile Felix oder Sovata gönnen. Die schattigen Täler der **Karpaten** spenden selbst zur heißesten Jahreszeit auch Fahrradreisenden die nötige Kühlung.

Die **Floßfahrten auf dem Olt** finden meist bereits im **März oder April** statt, wenn die Flüsse noch winterwild und das Wetter schon frühlingsmild ist.

Bukarest-Besucher schätzen vor allem den **Oktober,** der sich in Rumänien von seiner sonnigsten Seite zeigt. Auch die mittelalterlichen Städte Braşov, Sighişoara, Mediaş und Sibiu erleben im September und vor allem im Oktober ihren bunten Höhepunkt.

Die Saison zum Skifahren, Rodeln und Skaten wird in Rumänien je nach Höhenlage bereits im November eröffnet. Die **Wintersport-Hochsaison** dauert dann von **Dezember bis Februar,** wobei der Januar der im Jahresdurchschnitt kälteste Monat ist.

Reisen in den Nordosten des Landes, also ins Moldaugebiet, in die Bukowina oder nach Iaşi, sollte man im Januar und Februar nur in dringenden Ausnahmefällen unternehmen. Der von Russland und der Ukraine aus dem Norden kommende, eisige Kälte bringende **Wind** namens **Crivăţ** (sprich: Kriwatz) weht dann übers Land und bringt ein Stück Sibirien mit.

Sehr trocken kann es in den Sommermonaten im Donaudelta und an der Schwarzmeerküste werden. Die Niederschläge werden bereits vom Karpatenbogen gestoppt. Kanuten und sonnenhungrige Meeresurlauber sollten während dieser Jahreszeit für genügend Flüssigkeitszufuhr sorgen.

Klimadaten

- Aktuelle Klimadaten einiger wichtiger Städte in Rumänien können auf der Seite **www.klimadiagramme.de** unter der Landeseintragung Rumänien abgefragt werden.
- Ob es in Rumänien gerade schneit, regnet oder die Sonne scheint, erfahren Sie über **www.wetteronline.de.**

Ausrüstung und Reisegepäck

Wer seine wasserfeste Überhose, seinen Schlafsack oder seinen Kompass zu Hause vergessen hat, braucht nicht sofort die Heimreise anzutreten. **Spezialgeschäfte** in Bukarest, Braşov, Sibiu oder Cluj bieten mittlerweile alles nur Erdenkliche **für Outdoor-Freunde,** Kletterer, Wanderer, ja selbst für waghalsige Action-Reisende an. So findet man in den Himalaya-Läden in Bukarest und Sibiu vom Abseilachter über Fellkleber und Steigeisen bis hin zum Eispickel alles für den Kletterfreund. Teleskop- und Wanderstöcke gibt es selbstverständlich ebenso wie

Bergstiefel Rucksäcke und Zelte (Adressen in den jeweiligen Ortsbeschreibungen).

Reiseapotheke

Im Sommer und Winter sollte man sich vor Reiseantritt vor allem mit Sonnenschutzcremes und UV-Schutz-Sonnenbrille versorgen. Diese erhält man zwar auch in Rumänien, wer jedoch auf qualitativ hochwertige Sonnenbrillen und effektiven **Sonnenschutz** Wert legt, erspart sich so viel Lauferei und Nerven. Für Ausflüge ins Donaudelta hat sich die Mitnahme von *Autan Active Spray* und des Stifts *Autan Active* **gegen Mückenstiche** bewährt. Zur Nachbehandlung juckender Stiche wirken *Latschenkiefer Eis Fluid Kühltücher* Wunder. *Soventol* oder *Systral* gegen Juckreiz bekommt man auch in rumänischen Apotheken *(Farmacie)*, ebenso andere Medikamente.

Klein, aber wichtig – Ausrüstungsglossar

- **Faden** – Ață
- **Feuerzeug** – Brichetă
- **Handschuhe** – Mănuşi
- **Klebeband** – Scotch
- **Kleber** – Lipici
- **Kleingeld** – Mărunt
- **Kompass** – Busolă
- **Kondome** – Preservative
- **Kopfschmerztablette** – Tabletă pentru durere de cap
- **Kugelschreiber** – Pix
- **Nähnadel** – Ac de cusut
- **Notizblock** – Carneţel
- **Pflaster** – Leucoplast
- **Schere** – Foarfecă
- **Schnur** – Şiret
- **Schnürsenkel** – Şiret
- **Schreibpapier** – Hârtie
- **Streichhölzer** – Chibrituri
- **Strümpfe** – Ciorapi
- **Taschenlampe** – Lanterna
- **Taschenmesser** – Briceag
- **Taschentücher** – Şerveţele
- **Wollmütze** – Căciulă

Handy als Erste-Hilfe-Kasten

In einer Notsituation im Urlaub kann ein Handy sehr nützlich sein. Eine Liste mit rumänischen und deutschen Notrufnummern sowie ein funktionstüchtiges (aufgeladene Batterie!) Handy gehören mittlerweile zur Ausstattung all jener, die sich auf längere, vor allem unbekannte Touren begeben.

Mobiltelefon-Benutzer können übrigens auch ohne SIM-Karte und ohne Zugangs-Code rumänienweit die **Notruf-Nummer 112** nutzen. Wie gesagt: Das Handy muss betriebsbereit und natürlich muss auch ein GSM-Netz (mobiles Netz) verfügbar sein.

Kartenmaterial

Der Reise Know-How Verlag bietet mit seiner **Karte „Rumänien und Moldawien"** im Maßstab 1:600.000, die im Rahmen des world mapping project

Buchtipp – Praxis-Ratgeber:
- Wolfram Schwieder

Richtig Kartenlesen
(Reise Know-How Verlag)

erstellt wurde, eine der besten Karten an, die es auf dem Markt gibt. Der Autor hat auf seinen Reisen durch Rumänien bislang keinen Ort gefunden, der nicht auf dieser Karte verzeichnet wäre (siehe Atlas).

Bei **rumänischen** und den sehr weit verbreiteten **ungarischen Karten** und Stadtplänen ist das Ausgabejahr zu beachten. Auf älteren Karten stößt man mitunter noch auf Straßen- und Platznamen, die es nicht mehr gibt. Kommunistische Bezeichnungen für Straßen und Plätze wurden in den letzten Jahren konsequent eliminiert.

Als hervorragende **Wanderkarten** erweisen sich die Karten des DIMAP-Verlages in Bukarest, der sich vor allem der Bergregionen angenommen hat. Die meist im Maßstab 1:50.000 und 1:45.000 erschienenen topografischen Karten haben als Ergänzung auf ihrer Rückseite Routenbeschreibungen und ein Verzeichnis wichtiger Hütten.

Die besten **Karten über das Donaudelta** sind die von Prof. *Petre Gâştescu* bei gipo erschienene Delta-Dunării-Karte mit vielen zusätzlichen Deltainformationen in englischer Sprache und die beim deutsch-rumänischen Huber-Niculescu-Verlag erschienene Deltakarte. Von der Editura Grai in Târgu Mureş liegt eine Karte vor, auf der die Gebiete für Angler besonders verzeichnet sind (gral@orizont.net).

Rund ums Geld

Währung

Noch vor zehn Jahren war es für die meisten Rumänen und Rumänienbesucher sehr einfach, Millionär zu werden. Die landeseigene Währung, der **Lei** (Einzahl = 1 Leu), kursierte in **Scheinen** bis zum Wert von 1 Million Lei durch die Portemonnaies und Ladenkassen; 1 Million Lei entsprach im Sommer 2005 etwa 25 Euro. Der durchschnittliche Monatsverdienst betrug zu dieser Zeit etwa 6 Millionen Lei, also 150 Euro.

Achtung: Die Scheine mit den vielen Nullen sind heute nichts mehr wert. Man hat rigoros vier Nullen gestrichen. Der neue 100-Lei-Schein entspricht nun im Wert dem alten 1-Million-Lei-Schein. Die neue Währung wird bei Preisauszeichnungen mit dem **Kürzel „RON“** (**RO**mania **N**ou) angegeben. Im Sprachgebrauch benutzt man die Bezeichnung „Lei nou“ (neue Lei), um den Unterschied zu verdeutlichen.

Wechselkurse (Mai 2012)

- **1 Euro = 4,40 RON,**
  100 RON = 22,66 Euro
- **1 Schweizer Franken (SFr) = 3,67 RON,**
  100 RON = 27,23 SFr

Geld wechseln

Wechselstuben und Banken gibt es in rumänischen Städten en masse. Vor allem in den Haupt- und Geschäftsstraßen finden sich **Bănci** und **Casă de schimb valutar.** Ein Vergleich der Wechselkurse lohnt sich, vor allem

rum032 Foto: jr

aber die Frage nach der Kommission, der Gebühr, die für das Wechseln anfällt. Diese wird vor allem rund um die Haupt- und Busbahnhöfe erhoben. Seriöse Wechselstuben hingegen verlangen keine Kommission und haben oft günstigere Kurse als Banken oder Hotels. Beschwerden sind nach Verlassen der Wechselstube grundsätzlich nicht mehr möglich. Das Geld also sofort nach Aushändigung noch am Schalter nachzählen und mit dem Betrag auf der Quittung abgleichen.

Der Geldwechsel erfolgt prinzipiell nur nach **Vorlage eines Ausweises.**

In vielen modernen Pensionen und Hotels kann auch in Euro bezahlt werden

Ein **Rücktausch der Landeswährung** in Euro oder Schweizer Franken ist nur gegen Vorlage der Umtauschbescheinigung und des Passes möglich. Entsprechend sollten Wechselquittungen gut aufbewahrt werden.

Von einem Geldwechsel auf dem **Schwarzmarkt** sei an dieser Stelle dringend abgeraten. Die versprochenen Kursgewinne verbleiben meist in den geschickten Händen der Wechselprofis. Hinter der Grenze versuchen Trickbetrüger gerne eigene größere Euro-Scheine in kleinere Scheine zu wechseln. Von offensiv auftretenden Geldwechslern, die sich angeblich in einer Notsituation befinden und die mit großen Scheinen winken, ist dringend Abstand zu halten.

Übrigens: Vor allem Auto- und Motorradfahrer sollten **kleine Münzen** auf keinen Fall gering schätzen. Wer Geld zum Parken benötigt, freut sich, einige 50-Bani-Münzen im Portemonnaie zu haben.

Noch ein Wort zu den **Unterkunftspreisen** in diesem Buch: Die Preise sind teils in Euro, teils in RON angegeben - in der entsprechenden Währung ist dann auch zu zahlen.

Zahlungsmittel

Das Zeitalter der **Debit-Karte** (auch EC- bzw. Maestro-Karte genannt) hat in Rumänien früh begonnen und das bequeme Abheben vom **Geldautomaten** landesweit ermöglicht. Größere Banken wie beispielsweise die Raiffeisenbank arbeiten alle mit dem Maestro-System und bauen ihr Geldautomaten-Netzwerk im Land kontinuierlich aus. Aufgepasst: Debit-Karten mit dem neuen V-PAY-Logo funktionieren nicht überall.

Ob und wie hoch **Kosten für die Barabhebung** anfallen, hängt von der kartenausstellenden Bank ab und von der Bank, bei der die Abhebung erfolgt. Man sollte sich also vor der Reise bei seiner Hausbank informieren, mit welcher Bank sie vor Ort zusammenarbeitet. Im ungünstigsten Fall wird pro Abhebung eine Gebühr von bis zu 1% des Abhebungsbetrags per Debit-Karte mit Maestro-Logo berechnet.

Debit-Karten werden in geringerem Maße als in Mitteleuropa in Restaurants und Pensionen akzeptiert. Die gängigsten **Kreditkarten** jedoch, wie VISA, Diners und MasterCard, erfreuen sich breiter Beliebtheit. Barabhebungen per Kreditkarte kosten je nach ausstellender Bank bis zu 5,5 Prozent an Gebühr, aber für das bargeldlose Zahlen werden nur 1–2 Prozent für den Auslandseinsatz berechnet. Also am besten viel bargeldlos bezahlen und für den Bargeldbedarf gleich größere Summen mit der Maestro-Karte abheben.

Wer seine Kreditkarte im Automaten vergessen hat, wird diese nur unter sehr großem Aufwand von der entsprechenden rumänischen Bank zurück erhalten. Sollte der Automat die Karte wegen einer falschen PIN-Nummer eingezogen haben, wird keine rumänische Bank diese Karte wieder

Vorsicht: Schlitzohren!

Beim Einkauf in Geschäften oder auf Märkten ist es immer noch üblich, dass Rumänen den **Wert einer Ware in alter Währung** bezeichnen. Wenn die Marktfrau also „zece mille Lei" (10.000 Lei) verlangt, sollte man keinen Schreck bekommen - sie meint nur 1 Lei (also etwa 25 Cent). Allerdings sollte man auf jeden Fall nach dem Preis in der neuen Währung RON fragen, denn wie selbstverständlich kürzen die meisten Verkäufer „zece mille Lei" immer noch zusätzlich ab, indem sie „zece Lei" (10 Lei) sagen!

Also: Das Petersilienbündel auf dem Markt kostet weder 10 noch 10.000 Lei, sondern höchstens 1 Lei (wenn überhaupt!). In den Großstädten allerdings nutzen Händler oft die Unwissenheit bzw. Verwirrung westlicher Besucher aus und „spielen" mit Angaben in alter und neuer Währung. Wirklich betrügen tun sie dabei natürlich nicht ...

herausgeben, selbst wenn man sich als legitimer Besitzer ausweist. In solchen Fällen kann nur die eigene Hausbank weiterhelfen, die sofort zu benachrichtigen ist.

Reiseschecks werden zwar von allen rumänischen Banken und auch in einigen Wechselstuben angenommen, die Provision ist jedoch mit 4–7 Prozent vergleichsweise hoch.

Versicherungen

Egal, welche Versicherungen man abschließt: Man sollte immer die **Notfallnummern notieren** und mit der Policenummer gut aufheben! Bei Eintreten eines Notfalles ist die Versicherungsgesellschaft sofort telefonisch zu verständigen!

Der Abschluss einer **Jahresversicherung** ist in der Regel kostengünstiger als mehrere Einzelversicherungen, ebenso die **Versicherung als Familie** statt als Einzelpersonen; hier sollte man nur die Definition von „Familie" genau prüfen.

Die gesetzlichen Krankenkassen in Deutschland und Österreich garantieren eine Behandlung im akuten Krankheitsfall auch in Rumänien, wenn die Versorgung nicht bis nach der Rückkehr warten kann. Als Anspruchsnachweis benötigt man die **Europäische Krankenversicherungskarte,** die man von seiner Krankenkasse erhält.

Im Krankheitsfall besteht ein Anspruch auf ambulante oder stationäre Behandlung bei jedem zugelassenen Arzt und in staatlichen Krankenhäusern. Da jedoch die Leistungen nach den gesetzlichen Vorschriften im Ausland abgerechnet werden, kann man auch gebeten werden, zunächst die **Kosten der Behandlung** selbst zu tragen. Obwohl bestimmte Beträge von der Krankenkasse hinterher erstattet werden, kann ein Teil der finanziellen Belastung beim Patienten bleiben und zu Kosten in kaum vorhersagbarem Umfang führen.

Deshalb wird der Abschluss einer **privaten Auslandskrankenversicherung** dringend empfohlen (es gibt sie mit bis zu einem Jahr Gültigkeit). Auf einige Punkte sollte geachtet werden. Zunächst sollte ein Vollschutz ohne Summenbeschränkung bestehen, im Falle einer schweren Krankheit oder eines Unfalls sollte auch der Rücktransport übernommen werden, denn dieser wird von den gesetzlichen Krankenkassen nicht übernommen. Diese Zusatzversicherung bietet sich auch über einen **Automobilclub** an, insbesondere wenn man bereits Mitglied ist. Diese Versicherung bietet den Vorteil billiger Rückholleistungen (Helikopter, Flugzeug) in extremen Notfällen. Wichtig ist auch, dass im Krankheitsfall der Versicherungsschutz über die vorher festgelegte Zeit hinaus automatisch verlängert wird, wenn die Rückreise nicht möglich ist.

Schweizer sollten bei ihrer Krankenversicherungsgesellschaft nachfragen, ob die Auslandsdeckung auch für Rumänien inbegriffen ist. Sofern man keine Auslandsdeckung hat, kann man sich kostenlos bei Soliswiss (Gutenbergstr. 6, Postfach, 3001 Bern, Tel.

031-380 70 30, www.soliswiss.ch) über Krankenversicherer informieren.

Zur **Erstattung der Kosten** benötigt man ausführliche Quittungen (mit Datum, Namen, Bericht über Art und Umfang der Behandlung, Kosten der Behandlung und Medikamente).

Anreise mit dem Auto

Ist man mit einem Fahrzeug unterwegs, ist der **Europaschutzbrief** eines Automobilclubs eine Überlegung wert. Wird man erst in der Notsituation Mitglied, gilt diese Mitgliedschaft auch nur für dieses Land, und man ist in der Regel verpflichtet, fast einen Jahresbeitrag zu zahlen, obwohl die Mitgliedschaft nur für einen Monat gültig ist.

Kommt es zu einem Autounfall, erstatten **rumänische Haftpflichtversicherungen** den Schaden nur bis zu relativ geringen Höchstgrenzen. Es kann also durchaus sinnvoll sein, bereits in Deutschland, Österreich oder der Schweiz zusätzliche Kasko- und Unfallversicherungen abzuschließen.

Andere Versicherungen

Ob es sich lohnt, weitere Versicherungen abzuschließen wie eine Reiserücktritts-, Reisegepäck-, Reisehaftpflicht- oder Reiseunfallversicherung, ist individuell abzuklären, denn sie enthalten viele **Ausschlussklauseln,** sodass sie nicht immer Sinn machen.

Die **Reiserücktrittsversicherung** für 35–80 Euro lohnt sich nur für teure Reisen und für den Fall, dass man vor der Abreise einen schweren Unfall hat, schwer erkrankt, schwanger wird, gekündigt wird oder nach Arbeitslosigkeit einen neuen Arbeitsplatz bekommt, die Wohnung abgebrannt ist u.Ä. Nicht gelten hingegen: Terroranschlag, Streik, Naturkatastrophe etc.

Die **Reisegepäckversicherung** lohnt sich seltener, da z.B. bei Flugreisen verlorenes Gepäck oft nur nach Kilopreis und auch sonst nur der Zeitwert nach Vorlage der Rechnung ersetzt wird. Wurde eine Wertsache nicht im Safe aufbewahrt, gibt es bei Diebstahl auch keinen Ersatz. Kameraausrüstung und Laptop dürfen beim Flug nicht als Gepäck aufgegeben worden sein. Gepäck im unbeaufsichtigt abgestellten Fahrzeug ist ebenfalls nicht versichert. Die Liste der Ausschlussgründe ist endlos ... Überdies deckt häufig die Hausratsversicherung schon Einbruch, Raub und Beschädigung von Eigentum auch im Ausland. Für den Fall, dass etwas passiert ist, muss der Versicherung als Schadensnachweis ein Polizeiprotokoll vorgelegt werden.

Eine **Privathaftpflichtversicherung** hat man in der Regel schon. Hat man eine **Unfallversicherung,** sollte man prüfen, ob diese im Falle plötzlicher Arbeitsunfähigkeit aufgrund eines Unfalls im Urlaub zahlt. Auch durch manche (Gold-)**Kreditkarten** oder eine Mitgliedschaft in einem **Automobilclub** ist man für bestimmte Fälle schon versichert. Die Versicherung über die Kreditkarte gilt jedoch meist nur für den Karteninhaber!

rum038 Foto: jr

Praktische Tipps A–Z

rum039a Foto: jr

rum039b Foto: jr

Straßenstände mit Flecht- und Töpferwaren (hier in der Crişana) sieht man immer häufiger in Rumänien

Straßenverkauf von Honig

Arad – Straßenbahn aus den 1960er Jahren

Autofahren

Obwohl sich die rumänischen Straßenverhältnisse sehr verbessert haben, gleicht das Fahren oft immer noch einem **Abenteuer.** Tigeraugen und andere Reflektoren sind nur selten vorhanden. Schlaglöcher und Bodenwellen gehören auf vielen Wegen zum Alltag, Unterboden und Stoßdämpfer werden mitunter arg strapaziert. Bahnübergänge sind in den meisten Fällen mit großer Vorsicht zu überqueren, da es hier zu starken Absenkungen und Unebenheiten kommen kann. Pferdefuhrwerke, Schafherden und streunende Hunde dienen vielen waghalsigen einheimischen Fahrern als Parcourstangen. Im Winter ist vor allem auf den Nebenstrecken mit erheblichen Behinderungen durch Schnee und Eis zu rechnen. Am Straßenrand postierte Hinweisschilder mit der Todesstatistik der letzten Monate sollen allzu wagemutige Fahrer an die Risiken erinnern.

Papiere, Dokumente, Vignette

Für die **Einreise nach Rumänien** benötigt man neben den Fahrzeugpapieren eine grüne Versicherungskarte. Neben dem deutschen Führerschein empfiehlt es sich, die mehrsprachige internationale Fahrerlaubnis mitzuführen. Seit 2005 ist für Pkw und Wohnmobile (nicht für Motorräder!) eine **Straßenbenutzungsgebühr** zu entrichten. Die **„Rovignieta"** (Schreibweise auch „Rovinieta") wird an allen Grenzübergängen und an den grenznahen Tankstellen (Petrom, Rom Petrol, MOL und ÖMV) verkauft. Sie ist vergleichsweise preiswert: Wochenvignette 3 Euro, Monatsvignette 7 Euro, Jahresvignette 28 Euro; Stand: Mai 2012. Autofahrer, die auf Rumäniens Straßen ohne gültige Vignette angetroffen werden, zahlen mindestens 100 Euro Geldbuße. Da die Vignette nicht gelocht o.Ä. wird, sollte man die Kaufquittung für die Vignette bis zur Ausreise als Nachweis der Gültigkeit aufbewahren.

Wer bereits mit einem äußerlich sichtbar beschädigten Fahrzeug nach Rumänien kommt, sollte den Schaden vorab dokumentieren. Bei der Ausreise könnte es ansonsten zu Nachfragen

Wichtige Hinweise für Autofahrer

- **Atenție cădere de pietre** – Achtung Steinschlag
- **Circulați cu viteză redusă** – Fahren Sie mit reduzierter Geschwindigkeit
- **Claxonarea interzisă** – Hupverbot
- **Conduceți preventiv** – Fahren sie vorsichtig (vorausschauend)
- **Curbe deosebit de periculoase** – Außergewöhnlich gefährliche Kurve
- **Drum în lucru** – Baustelle
- **Drum periculos** – Gefährliche Straße
- **Nu depașiți** – Nicht überholen
- **Ocolire** – Umleitung
- **Pericol de accidente** – Unfallgefahr
- **Viteza ucide** – Geschwindigkeit tötet
- **Vulcanizare** – Reifendienst

und Problemen kommen (s.u.). Empfehlenswert ist es, sich von allen **Dokumenten** eine **Kopie** zu machen, da die rumänischen Behörden und die deutschen Konsulate nach einem eventuellen Verlust schneller Ersatzpapiere zur Verfügung stellen können. Auch sollte der Abschluss einer **Zusatzversicherung** (Kurzvollkasko) in Erwägung gezogen werden.

Obwohl für **Caravanfahrer** keine Zolldokumente erforderlich sind, sollten sie eine **Inventarliste** dabeihaben.

Für **Hund oder Katze** benötigt man wie in allen EU-Ländern und der Schweiz eine Tollwutschutzimpfung und einen EU-Heimtierausweis (Pet Passport), der 15 bis 25 Euro kostet.

Verkehrsregeln

Es herrscht ein generelles **striktes Alkoholverbot.** Die 0,0-Promille-Grenze wird vor allem an Wochenenden sehr streng überwacht. Es besteht **Gurtpflicht. Auch tagsüber** muss mit **Abblendlicht** gefahren werden. Die **Höchstgeschwindigkeit** beträgt innerhalb geschlossener Ortschaften 60 km/h, außerhalb 90 km/h. Auf Schnellstraßen darf 120 km/h gefahren werden. Im Einzelnen gibt es außerhalb geschlossener Ortschaften auch noch gesetzlich geregelte Begrenzungen für die einzelnen Kubikzentimeterklassen. Sie betragen für Fahrzeuge unter 1100 cm^3 70 km/h und für Fahrzeuge unter 1800 cm^3 80 km/h.

Strengstens verboten sind die in Mode gekommenen Radardetektoren im Fahrzeug. Kinder unter 12 Jahren dürfen nicht auf dem Vordersitz reisen. An vielen Ampeln in Rumänien wird die Rot- bzw. Grünphase in Sekunden per Lichtanzeige heruntergezählt.

Motorräder müssen auch tagsüber mit Abblendlicht fahren. Helmpflicht für motorisierte Zweirad-/Dreiradfahrer sowie für Spaßfahrzeuge gilt im ganzen Land.

Panne

„Vulcanizare!" Die zahlreichen Hinweisschilder mit dieser Aufschrift am Straßenrand verweisen bereits auf die Mutter aller Pannen in Rumänien. Der Begriff „Vulcanizare" bezieht sich auf die Reparatur nach **Reifenschaden.** Rumänienreisende sollten bereits vor Reiseantritt auf die Qualität ihrer Stoßdämpfer und Reifen höchsten Wert legen und diese notfalls austauschen. Grundsätzlich kann bei Pannen auch der rumänische Automobilclub verständigt werden.

Bereits seit 1905 gibt es den **ACR (Automobil Clubul Roman).** Als Partnerclub u.a. des deutschen ADAC und des österreichischen ÖAMTC ist er in den letzten Jahren darum bemüht, auch mitteleuropäischen Wagen wieder „auf die Sprünge" zu helfen. Insbesondere in der Provinz sollte man allerdings damit rechnen, dass die Hilfsleistungen bei Defekten sich vor allem auf die einheimischen Marken Dacia und Olcit beschränken. Zu bedenken ist, dass die „gelben Engel" Rumäniens bei Pannen vor 8 und nach 20 Uhr schlecht zu erreichen sind.

Unfall

Bei Unfällen mit Personen- oder höherem Sachschaden ist auf jeden Fall die **Polizei** zu verständigen. Bis zum Eintreffen der Polizei darf am Unfallort nichts verändert werden. Für spätere Regressansprüche ist es günstig, die Karosserieschäden auch **mit der Kamera** zu **dokumentieren.** Da die meisten rumänischen Autofahrer kein Warndreieck mit sich führen, sollte die Unfallstelle schnellstens durch eigene Hinweisschilder abgesichert werden.

Bestehen Sie beim Eintreffen der Polizei auf eine **Bescheinigung über** die **Beschädigungen** am Fahrzeug. Autos mit sichtbaren Karosserieschäden dürfen Rumänien nur mit dieser polizeilichen Schadensbestätigung wieder verlassen! Achtung: Rumänische Haftpflichtversicherungen erstatten Schäden, die durch rumänische Verkehrsteilnehmer verschuldet wurden, nur bis zu relativ geringen Höchstgrenzen.

Landesweite Notrufe

- **Polizei:** Tel. 955.
- **Ambulanz:** Tel. 961/962.
- **Feuerwehr:** Tel. 981.
- **ACR (Automobil Clubul Roman),** in Bukarest, Tel. 021-317 22 22 oder über Handy 0745-382 715, 0722-382 715. Außerhalb Bukarests zeigen gelbe Straßenschilder die Rufnummern des nächsten Stützpunktes an.
- **ADAC, deutschsprachige Notrufstation** in Rumänien/Bukarest, Tel. 021-22 34 525.
- **ÖAMTC, deutschsprachige Notrufstation** in Rumänien/Bukarest, Tel. 021-312 33 33.

Mahnung für Raser – ob's hilft ...?

Passiert schon etwas **auf dem Weg nach Rumänien,** kann man am besten die 24-Stunden-Rufnummern bei seinem Automobilclub daheim wählen. Hier die wichtigsten Nummern:

- **ADAC** (D), in Bukarest unter Tel. 021-223 45 25, sonst Tel. 089-22 22 22, unter Tel. 089-76 76 76 gibt es Adressen von deutschsprachigen Ärzten in der Nähe des Urlaubsortes (Liste auch vorab anforderbar).
- **ÖAMTC** (A), in Bukarest Tel. 021-312 33 33, sonst Tel. 01-251 20 00 oder Tel. 01-251 20 20 für medizinische Notfälle.
- **TCS** (CH), Tel. 022-417 22 20.

Strafzettel

Wer in Rumänien zu schnell gefahren ist oder falsch geparkt hat und dabei von der Polizei erwischt wurde, sollte die **Quittung** über die bezahlte Strafgebühr unbedingt **aufbewahren!** Es könnte nämlich sein, dass man bei der Ausreise noch in den Computerdateien der Polizei als säumiger Zahler gespeichert ist. Die Vorlage der Einzahl-Quittung erleichtert die Ausreise-Formalitäten dann ungemein.

Risiko Nachtfahrten

Fehlende Randreflektoren, ungesicherte Baustellen, nicht beleuchtete Hinweisschilder und das Fehlen einer Straßenmarkierung erfordern vom nächtlichen Fahrer auf vielen Nebenstrecken **erhöhte Aufmerksamkeit.** Aber auch auf den Nationalstraßen sind besondere Vorsicht und Rücksicht geboten. Nächtliche alkoholisierte Heimkehrer in dunkler Kleidung benutzen zur eigenen Orientierung auch gerne einmal die Straßenmitte. Plötzlich aus der Dunkelheit auftauchende streunende Hunde und unbeleuchtete Pferdekarren strapazieren die Konzentration der Fahrer.

Straßennetz

Offiziell gibt es in Rumänien **Nationalstraßen** (*Drum național* - DN) und **Regionalstraßen** (*Drum județean* - DJ). Erstere sind durchweg sehr gut befahrbar, Letztere unterliegen starken regionalen Qualitätsschwankungen.

Autobahnen gibt es in Rumänien in der Nähe der Stadt Cluj-Napoca (ca. 100 km), bei Sibiu (ca. 30 km), von Timişoara nach Arad (ca. 52 km), von Bukarest nach Piteşti (118 km) und nach Ploieşti (ca. 60 km) sowie auf einem Streckenabschnitt Richtung Schwarzmeerküste von Bukarest nach Cernavoa (170 km). Der stockende Ausbau der rumänischen Autobahnen wird von einigen Medien als nationale Schmach empfunden, da selbst das nur halb so große Bulgarien bereits 324 km Autobahn besitzt.

Der geplante Bau einer durchgehenden Autobahn von der ungarischen Grenze über Cluj-Napoca, Târgu Mureş und Braşov bis hinunter nach Bukarest (ehemals **„Bechtel-Autobahn"** genannt) ist weiterhin heftig umstritten, da die Trasse durch einige Naturreservate führen soll.

rum043 Foto: jr

Als „Rennstrecken" gelten vor allem die diversen geraden und dicht befahrenen Abschnitte der **E60,** vor allem von Oradea nach Cluj und von Bukarest nach Piteşti.

In den **Bergregionen** sind die höchsten Streckenabschnitte meistens am besten zu befahren. Dies liegt daran, dass der den Asphalt schädigende Fernverkehr hier so gut wie nicht stattfindet.

Im Agrarland Rumänien ist die **Straße** für viele Bewohner gerade in vielen ländlichen Gemeinden die **Hauptschlagader des täglichen Lebens.** Autofahrer sollten dies wissen und die Geschwindigkeit entsprechend reduzieren.

Bereits mit der einbrechenden Dämmerung ist auf **Nebenstrecken,** vor allem im Frühling und Herbst, eine langsame Fahrweise geboten. Viehabtriebe können dazu führen, dass gleich hinter der nächsten Kurve eine Rinder- oder Schafherde die Straße blockiert.

Treibstoff

- **Benzină regular** – Normalbenzin
- **Premium** – Super
- **Fără plumb** – Bleifrei
- **Motorină** – Diesel (gibt es in zwei Varianten, als normalen Dieselkraftstoff und als Eurodiesel; Letzterer ist besser raffiniert und auch bei Temperaturen bis zu minus 25 Grad Celsius fahrbar).

Tanken

Die zunehmende Zahl von Kraftfahrzeugen hat landesweit zu einem Boom an Tankstellen geführt. So ist auch in entlegenen Gebieten die Versorgung mit Treibstoff gewährleistet. Allein in den Bergregionen (Transfăgăraşan-Strecke) sollte der Tank bereits gut gefüllt sein. Die Preise bewegen sich etwa 20 Prozent unter dem Niveau in Deutschland (Literpreis für Premium, also Super-Treibstoff: 5,60–5,70 RON = 1,35–1,40 Euro, Stand April 2012). Die Einfuhr von Benzin im Reservekanister ist nur bis zu einer Menge von 20 Litern zulässig.

Mietwagen

Mietwagen sind **nur in den größeren Städten** zu erhalten. Die meisten Anbieter finden sich in Bucureşti, Braşov, Timişoara, Cluj und Constanța. In vielen größeren **Hotels,** einigen **Reisebüros** und auf allen **internationalen Flughäfen** können Fahrzeuge gebucht werden. Einige Verleihfirmen in Bukarest bieten mittlerweile sogar die Vermittlung von Chauffeuren an. Es besteht auch die Möglichkeit, sich seinen Mietwagen bereits in Budapest/Ungarn zu mieten. In Ungarn und Rumänien sind ein Mindestalter von 18 Jahren und der nationale Führerschein Voraussetzung für die Anmietung eines Wagens.

Achtung: Manche Verleihfirmen berechnen horrende **Nachgebühren** bis zu 150 Euro fürs „Nachtanken", falls der Wagen nicht vom Mieter aufge-

am Straßenrand stehen. Dieser Berg- und Waldhonig stammt allerdings in den wenigsten Fällen ausnahmslos aus der eigenen „Straßen-Produktion", sondern wird von umliegenden Imkereien aufgekauft - was übrigens nicht gegen die Qualität des Honigs, sondern vielmehr für einen noch besseren Geschmack spricht.

Zigaretten

Tabakwaren sind in Rumänien **billig.** Eine Packung Zigaretten *(cartuş de tigări)* kostete Anfang 2012 zwischen 2,50 und 4 Euro. Achtung: Nicht nur beim Kauf auf der Straße werden immer öfter **Plagiate** aus Moldawien oder der Ukraine angeboten. Zigarettenkäufer sollten hier unbedingt auf die Banderole achten.

Wie selbstverständlich ist die „Zigaretten-Menükarte" in den meisten Restaurants gleich in die Speisekarte integriert. Es gibt noch zahlreiche **Rauchercafés,** und im Internetcafé sollte man sich vorher erkundigen, ob es auch rauchfreie Zonen gibt, da man sonst im Nebel herumtippt.

Keramik

Traditionelle Keramiken werden noch in **vielen Töpferzentren** Rumäniens hergestellt, so in Corund im Szeklerland und in Miercurea Ciuc im nördlichen Siebenbürgen. Rădăuţi und Marginea in der Bukowina sind für ihre schwarze Ornamentik berühmt. Das im ganzen Land für seine Keramik bekannte Dorf Vama im Maramureş hat mit *Géza* und seiner Frau *Emma* nur noch zwei Töpfer.

Als **bekanntester Töpferort** Rumäniens gilt **Horezu** in Oltenien. Neue Kreationen und traditionelle Keramiken aus Horezu werden jeden ersten Sonntag im Juni auf dem größten **Töpfermarkt** Rumäniens, dem **„Cocoşul de Horezu",** ausgestellt und natürlich auch verkauft.

Viele der schönen Ornamentkeramiken eines *Olar,* eines Töpfers, findet man auch in den Souvenirläden der Bauernmuseen in Bukarest und Sibiu sowie bei den Straßenverkäufern in Huedin wieder.

Essen und Trinken

Rumänen sind außerordentlich gastfreundlich, eine Einladung zum Essen ist fast unvermeidlich und für den Gast meist mit einigen positiven Überraschungen verbunden. Vor allem auf dem Land gibt es nur Selbstangebautes, Selbstgroßgezogenes, Selbstgekeltertes oder Selbstgebranntes. Geschmacklich ist dies für viele Mitteleuropäer eine Offenbarung. Ein doppelt gebrannter Pflaumenschnaps (wahlweise sind auch andere Früchte enthalten), Tuică oder Palincă, eröffnet den kulinarischen Reigen. Wer ihn ausschlägt, beleidigt die Gastgeber. Man rettet sich höchstens, indem man sich als Fahrer eines Autos ausgibt - denn in Rumänien gilt die 0,0-Promille-Grenze. Wer ohne Auto abstinent bleibt, wird zumindest von den männlichen Anwesenden als merkwürdiges Geschöpf betrachtet.

Vorspeisen (Gustări)

Die Palette dessen, was ein Rumäne unter einer Vorspeise versteht, reicht von einem einfachen gemischten **Salat** *(Salată asortată)* über raffinierte, je nach Saison zubereitete Köstlichkeiten, wie gegrillte **Pilze** mit Käse und Schinken *(Ciuperci la grătar cu caşcaval şi bacon),* bis hin zu dem, was hierzulande durchaus auch als Hauptspeise durchgehen würde, beispielsweise geräucherte **Entenbrust** mit Remoulade *(Piept de raţă afumat cu sos de remoulade).*

Die traditionelle Vorspeise ist und bleibt jedoch die **Suppe.** Rumänische Suppen können in drei verschiedenen Variationen daherkommen, als *Borş,* als *Supă* oder als *Ciorbă*. Der **Borş** ist eine Flüssigkeit, die der Suppe hinzugefügt wird, um diese anzusäuern. Der Rumäne isst seine Suppen gerne etwas sauer und gibt darum etwas saure Sahne oder eben Borş hinzu. Er wird aus vergorener Kleie hergestellt, und seine Zubereitung erfordert einiges Geschick. Borş mag zwar klanglich an die russische Rote-Beete-Suppe Borschtsch erinnern, hat mit dieser aber nur wenig zu tun. Mit **Supă** bezeichnet man in Rumänien die cremige, sahnige oder auch nur wässrige Suppenvariation. Der Gegensatz dazu ist die dicke, bäuerlich daherkommende **Ciorbă,** die man der Einfachheit halber in manchen Restaurants mit Eintopf übersetzt. Am bekanntesten ist die *Ciorbă de burtă*. Diese Kuttelsuppe (Pansen) mit Sahne und Knoblauch ist auf den meisten rumänischen Speisekarten zu finden.

Fast überall kann man den kleinen Hunger zwischendurch mit einer *Ciorbă de legume,* einer Gemüsesuppe, stillen, die oft sehr reichhaltig ist. Fragen sollte man auf jeden Fall, ob es dazu warme **Chifle** (kleine Brötchen) gibt. Als Beilage zu den Suppen erhält man meist ungefragt ein wenig Sahne *(Smăntănă)* und **Ardei,** eine, mitunter recht scharfe, auf jeden Fall aber verdauungsfördernde Paprikaschote.

Ein Gericht, das wahlweise als Vorspeise, Hauptspeise oder Beilage in Erscheinung treten kann, sind die berühmten **Sarmale.** Die Krautwickel werden mit vielen verschiedenen Füllungen angeboten. Gewickelt werden sie entweder mit sauer eingelegten Weißkohlblättern, Weinblättern oder aber beidem.

Schnellgerichte (Minuturi)

„Minuturi" könnte man auch mit Minutenessen übersetzen. Die schnelle Küche hat in Rumänien eigentlich keine Tradition, wurde aber zwangsläufig mit der Beschleunigung der modernen Zeit eingeführt. Familien mit Kindern können keinesfalls etwas verkehrt machen, wenn sie **Piept de pui la grătar,** also gegrillte Hähnchenbrust, mit **Cartofi prăjiţi** (Pommes Frites) bestellen. Eigentlich heißt *Cartofi prăjiţi* übersetzt lediglich gebratene Kartoffeln, doch wer wirklich Bratkartoffeln haben möchte, sollte genau beschreiben können, was er möchte. In der Regel haben sich die schnell zuzubereitenden Pommes überall durchgesetzt.

Ebenfalls zur schnellen Küche zählen u.a. **Mititei,** gegrillte oder gebratene Hackröllchen, **Ficăţei de pui la tigaie** (Hähnchenleber aus der Pfanne), **File de păstrăv afumat** (geräuchertes Forellenfilet) oder die rund um Sibiu bekannten **Chiftele cu pireu,** Fleischklöschen mit Kartoffelpüree.

Hauptgang (Fel de mâncare principal)

Da die Rumänen sehr gerne feiern und speisen, ist Essengehen im ganzen Land sehr preisgünstig. Trotz oft beträchtlicher regionaler Unterschiede kann man landesweit die **Spezialität Mămăligă cu brânza şi smântână** überall sehr billig bekommen. Traditionellerweise war dies das Essen der einfachen Leute und Schafhirten. Doch auch heute noch ist es Bestandteil jeder guten rumänischen Speisekarte, und ein ganzes Volk identifiziert sich mit dem festen Maiskuchen, zu dem Schafskäse und Sahne dazugehören.

In den Bergregionen kommen als Hauptspeise **traditionelle Schäfergerichte** auf den Tisch. Der **Traista ciobanului,** der in der korrekten Übersetzung „Schäfers Sack" genannt werden müsste, wird in den meisten siebenbürgischen Lokalen verschämt mit „Brotsack" übersetzt. Mit Brot hat dieses Gericht allerdings wenig zu tun. Elegant zusammengeknotet verbirgt sich dahinter ein überaus köstliches Fleischgericht.

Die rumänische Bergküche unterscheidet deutlich zwischen **Schaf-, Lamm- und Hammelgerichten. Cotlet de oaie la gratar** (gegrillte Schafskoteletts) sind nicht zu vergleichen mit einem butterweichen Lammbraten,

Kulinarische Tipps für Vegetarier

1. Eine ganz wunderbare vegetarische rumänische Spezialität ist **Zacuscă.** *Nina May* aus Tonciu empfiehlt für diesen leckeren Gemüseaufstrich folgende Zutaten: die platt gedrückte Version der rumänischen Paprika, der *Gogoşari,* ein wenig guten Rotwein, dicke Bohnen, Zwiebeln, selbst gemachte Tomatenbrühe oder Gemüsesaft, Lorbeerblätter, Pfefferoni, Salz, Pfeffer und Rosmarinnadeln. Es gibt auch Variationen u.a. mit Pilzen und Auberginen. Die vitamin- und geschmackreiche Köstlichkeit ist ein typisches Winteressen. Fragen Sie unbedingt nach dieser Spezialität, wenn Sie in den kalten Monaten in Rumänien unterwegs sind.
2. Im Frühling und zur Sommerzeit empfehlen sich die meist sehr reichhaltigen **Gemüsesuppen.** Die gesündeste Variante ist sicherlich die Mönchssuppe, die *Ciorbă călugărească,* mit u.a. Paprika, Sellerie, roter Beete, Weißkohl, Kartoffeln, Liebstöckel und Petersilie. Die Rumänen sind Suppenweltmeister. Es gibt unzählige Varianten ohne Fleisch.
3. Ein gute vegetarische Beilage ist neben dem allseits beliebten Maiskuchen rumänisches **Kartoffelpüree.** Ein gutes *Piure de Cartofi* wird mit Milch *(lapte)* und ein klein wenig Käse *(Cascaval)* gemacht. Erkundigen Sie sich nach eventuellen Pulvervarianten.
4. Ich bin Vegetarier heißt auf Rumänisch: **Eu sint vegetarian.**

Friptură de miel. Länger haltbar ist **Pastramă de oaie** (gepökeltes Lamm), welches traditionellerweise mit **Mamaligă,** der überall erhältlichen rumänischen Polenta, serviert wird.

Ebenfalls in den Bergen zu Hause sind das **Muşchi de porc sibian,** das Hermannstädter Schweinefilet, und **Muşchi de porc împănat,** der gespickte Schweinebraten. Auf den Hütten in den Bergen wird auch gerne **Fudulii la grătar,** gegrillter Schweinehoden, angeboten. Erwähnt wird das hier, weil man schließlich wissen sollte, was einem die Almbäuerin so verzweifelt schmackhaft machen möchte.

Ähnlich der *Mămăligă* gehört auch die **Tochitură** zu den landesweiten Spezialitäten. Die eigentliche Heimat der *Tochitură* ist die Moldau, wo sie als *Tochitură moldovenească* (Geschnetzeltes nach moldauischer Art) mit Polenta und geriebenem Käse *(Brânza rasă)* serviert wird. Jeder Landesteil kennt seine eigenen Tochitură-Variationen. Sie reichen von der gewöhnlichen Schlachtplatte, der *Tochitură măcelărească,* bis hin zur würzigen *Tochitură ardelenească* in der Region des Maramureş.

Die Nähe des **Maramureş** zur Ukraine und zu Ungarn führt in der dortigen regionalen Küche zu manchen Anleihen und Annäherungen. Dies drückt sich manchmal nur in den Bezeichnungen aus. So kommt das *Piept de pui,* also die Hähnchenbrust, in dieser Region auch als *Piept de pui Kievskaya* vor. Gemeint ist die Variante, die Hähnchenbrust als Roulade zu wickeln und in Butter zu schwenken.

Die ungarische Nachbarschaft hingegen zeigt sich im allseits beliebten **Gulaş unguresc,** einer kräftigen und würzigen Gulaschsuppe, die auf der Speisekarte manchmal auch als *Guyas* auftaucht. Ein weiteres Gericht, das hier ungarische Schärfe aufweist, ist **Papricaş de viţel cu ciuperci găluşte,** das Kalbspaprika mit Klößen.

Der deutsch-österreichische Einfluss

Der Einfluss der österreichischen Küche zieht sich weit hinunter bis zum Karpatenbogen. Einige Spezialitäten kommen Touristen darum klanglich durchaus vertraut vor. Da wären einerseits die bereits erwähnten **Cartofi,** also die Kartoffeln. Aber auch das **Şniţel** (Schnitzel), die **Cremvurşt** (Wiener Würstchen), der **Parizer** (eine Art Mortadella), der **Ştrudel** (Strudel) und die **Cremşnit** (Cremeschnitte) dürften deutschsprachigen Rumänien-Besuchern leicht über die Lippen kommen. Die Bezeichnung **Ştiţel** (Schtietzel) hat sich ebenfalls aus Zentraleuropa eingemogelt. Der **Baumştiţel** (Baumstietzel) ist eine Art Baumkuchen aus gedrehtem Teig und wird auf den Weihnachtsmärkten Braşovs gern genascht.

Anlehnungen an die habsburgische Küche finden sich auch in süßen Nudelgerichten wie **Tăieţei cu nucă,** süßen Nudeln mit Nüssen, sowie in

Auch kulinarisch ist Rumänien eine Reise wert

den als Beilagen in Transsylvanien und dem Banat bekannten Pflaumenklößen, **Gombot cu prune.**

Auch im Maramureş-Gebiet benötigt man keine großartigen Fremdsprachenkenntnisse, um satt zu werden. Hier begegnet einem die vertraute **Rosbrat,** die als *Rosbrat ardelenesc* allerdings geschmacklich etwas pikanter schmeckt als die berühmte Vorlage, die Thüringer Rostbratwurst.

Beilagen (Garnituri)

Auf den Speisekarten der Restaurants sind die Hauptspeisen meist klar nach Fleischsorten gegliedert (siehe Glossar Fleisch- und Fischgerichte). Alles, was sich um die Fleischgerichte auf dem Teller gruppieren soll, muss gesondert bestellt werden. **Piure de cartofi,** Kartoffelpüree, passt ebenso wie die **Cartofi ţărăneşti,** Salzkartoffeln mit Zwiebeln und Paprika, fast zu allen Fleischsorten. Auch **Orez cu roşii la grătar cu busuioc** ist als Beilage sehr beliebt (Reis mit gegrillten Tomaten und Basilikum).

Will man eine **Gemüsebeilage,** hat man gewöhnlich die freie Wahl aus einer sehr breiten Palette (siehe Glossar Gemüse).

Nachspeisen

Jede Region kennt ihre eigenen Nachspeisen, einige haben sich im ganzen Land durchgesetzt. Aus dem Moldaugebiet stammt **Lapte de pasăre** (Vogelmilch), eine aus Milch, Eiern, Zu-

rum12-001 Foto: jr

cker, Vanille und Zitrone hergestellte, kalt servierte Creme. Die **Plăcinta,** ein wahlweise süßer oder herzhafter Eierpfannkuchen, stammt ursprünglich aus dem alten Rom (siehe Exkurs). Auch die **Clătite** sind ein Eierkuchen, jedoch dünner als die verwandte *Plăcinta,* sie gehen eher in Richtung Crépes. Im ganzen Land als Nachtisch geschätzt sind **Papanaşi.** Diese Spritzkuchen erinnern ein wenig an Berliner, genau wie diese werden sie am liebsten mit Marmelade *(Gem)* gegessen.

Käse

Unterwegs am Straßenrand kann man so manche Leckerei erstehen. Vor allem in den Karpaten, auf den Passstraßen und in der Gegend um Bran, bauen auch Schäfer gelegentlich ihre Stände auf. Die Käsesorten, die hier angeboten werden, sollte man ausprobieren. Berühmt ist der **Brânza de burduf în coajă de brad,** gesalzener Schafskäse, der als *Burduf* mit einer frischen Tannenrinde umwickelt und oben und unten mit einem Tannenrindendeckel verschlossen, sprich: zugenäht wird. Der Käse absorbiert etwas von dem würzigen Tannenaroma und bekommt dadurch einen sehr kräftigen eigenen Geschmack.

Länger haltbar sind die verschiedenen **Schafskäse,** die als *Brânza de burduf, Caşcaval de oaie, Caş de oaie* oder als *Caşcaval afumat de munte* angeboten werden.

Bier

Landesweit am meisten verbreitet sind die eigenen **hellen Biere (Bere blondă),** während sich **dunkle Biersorten (Bere neagră)** ihren Freundeskreis erst langsam erobern. **Silva,** ein Bier aus

Wie aus einem Kuchen ein Schinken wird – die Geschichte einer sprachlichen Odyssee

Wen die rumänische Nachspeise **Plăcinta** geschmacklich und sprachlich an den in Österreich und Böhmen bekannten Palatschinken erinnert, liegt (fast) richtig. Der in ganz Rumänien bekannte süße Strudel, der mit Äpfeln und Zimt, aber auch mit Frischkäse gefüllt sein kann, war bereits im alten Rom bekannt. Aus dem lateinischen *placenta* für „flacher Kuchen" wanderte der Begriff in das dakische Reich, also das frühe Territorium des heutigen Rumänien, und wurde zu „Plăcinta". Die *Plăcinta* wurde auf einer heißen Schieferplatte gebacken und war noch aus Hefeteig. Vom dakischen Reich verschlug es die Süßspeise nach Ungarn, wo die Bevölkerung den „Palacsinta" in ihr kulinarisches Herz schloss. Als es dann zur Donaumonarchie Österreich-Ungarn kam, war es nur noch ein kleiner Sprung für den ehemals römischen Nachtisch auf die Teller der österreichischen Hauptstadt. Im Wienerischen wurde aus dem „Placenta" schließlich der heutige **Palatschinken.** Eine rein sprachliche Metamorphose, mit Schinken hat die Nachspeise nämlich nichts zu tun.

Vor allem in den Sommermonaten Juli und August sollten sich Sonnenhungrige jedoch vor übermäßiger **UV-Strahlung** und Überhitzung ausreichend schützen.

Fotografieren und Filmen

In den meisten **Museen, Kirchen und Klöstern** wird für das Ablichten eine eigene Gebühr erhoben. Diese **Taxă de foto (Fotosteuer)** beträgt fürs Fotografieren meist nur 1 bis 2 Euro. Videofilmern kann angesichts horrender Forderungen von bis zu 25 Euro *(Taxă de video)* jedoch schnell der Spaß vergehen. Dort, wo solch hohe Gebühren erhoben werden, argumentiert man mit der Rechteverwertung oder den durch übermäßiges Blitzen zerstörten Fresken. Lösung: Man schließt sich einer Gruppe an, denn die Gebühren, die eine Gruppe für ihre Filmrechte zu entrichten hat, liegen meist wesentlich unter dem anfangs geforderten Preis für den Einzelnen.

Buchtipps – Praxis-Ratgeber:
- Helmut Hermann
Reisefotografie
- Volker Heinrich
Reisefotografie digital
- Birgit Adam
Als Frau allein unterwegs
(alle Bände Reise Know-How)

Fotokurse

Der mehrfach ausgezeichnete Profi-Fotograf und Meister der Landschafts- und Porträtfotografie **Mihail Muiceanu** bietet jedes Jahr Fotokurse an, die es sowohl Profi- als auch Hobbyfotografen ermöglichen, ausgefallene Motive wie wilde Braunbären, Wölfe oder Pelikankolonien vor die Linse zu bekommen. Auch Bergfreunde, „Höhlenforscher" und Winterbegeisterte kommen auf ihre Kosten. Der Fotokünstler *Mihail Muiceanu* versteht es wie kaum ein anderer, das spezielle, oft diffuse Licht des Donaudeltas, die Kontraste der Karpatenlandschaften und die Farben des Maramuresch in seinen Bildern einzufangen und daraus stimmige Kompositionen zu schaffen.

Einblicke in die Arbeit von *Mihail Muiceanu* bietet die Website **www.cameramm.ro;** Anmeldungen unter contact@phototour.ro und Tel. 0040-722 630 730.

Frauen allein unterwegs

Frauen jeden Alters sind in Rumänien täglich zu Tausenden alleine unterwegs. Da die überwiegende Mehrzahl der Frauen nicht motorisiert ist, sind sie auf Mitfahrgelegenheiten angewiesen. Dass sich rumänische Männer dabei **gelegentlich** als **aufdringliche „Verehrer"** entpuppen können, ist den Schilderungen der Anhalterinnen zu entnehmen. Ausländerinnen, so die Beobachtung der rumänischen Frauen, werden in Rumänien jedoch meist wesentlich respektvoller und zuvorkommender behandelt als viele Rumäninnen.

Der Ratschlag, dass allein reisende Frauen sich **selbstbewusst verhalten** sollten, ist auch auf Rumänien bezogen eine Plattitüde, da die meisten Frauen, die (hier) alleine unterwegs sind, bereits ein gehöriges Maß an Selbstbewusstsein aufweisen.

Bei abendlichen Veranstaltungen, vor allem in ländlichen **Diskotheken,** ist dringend darauf zu achten, dass Vertrauenspersonen anwesend sind. Damenhandtaschen üben auf Langfinger übrigens eine besondere Anziehungskraft aus.

Da auf dem Lande **in Lokalen** meist **keine eigene Garderobe** vorhanden ist, sollten sich Ausweis, Kreditkarten oder größere Geldbeträge auf keinen Fall im öffentlichen „Einzugsgebiet" geschickter Finger, also in einer Manteltasche oder einer über dem Stuhl gehängten Handtasche, befinden.

Buchtipps:

Zum Thema Gesundheit bzw. Krankheiten auf Reisen hat Reise Know-How nützliche Ratgeber im Programm:

- Dr. Dürfeld, Dr. Rickels
Selbstdiagnose und -behandlung unterwegs
- David Werner
Wo es keinen Arzt gibt
- Armin Wirth
Erste Hilfe unterwegs effektiv und praxisnah

Gesundheit und Hygiene

Rumänische Ärzte sind hervorragend ausgebildet und sprechen meist mehrere Sprachen. Die Versorgung mit **Krankenhäusern (Spital)** und **Apotheken (Farmacie)** ist landesweit gegeben. Selbst auf dem Land gibt es die Möglichkeit, in einem **Dispensar,** einem Ambulatorium, behandelt zu werden. Das Risiko, aus Rumänien mit einer Krankheit zurückzukehren, ist vergleichsweise sehr gering.

Notfallhilfe

Die Krankenhäuser aller größeren Orte haben einen 24-Stunden-Notfalldienst. Alle Pensionen und Hotels verweisen auch auf die in der Nacht erreichbaren Ärzte. In jeder rumänischen Stadt gibt es mittlerweile Non-Stop-Apotheken, die rund um die Uhr täglich geöffnet haben (Adressen finden sich in den jeweiligen Ortsbeschreibungen).

Schutzmaßnahmen

In bewaldeten Gebieten sind lange Kleidung und das Tragen von Strümpfen auch in der wärmeren Jahreszeit sinnvoll. **Zecken** *(căpuşă)* kommen in ganz Osteuropa vor und bevorzugen hier vor allem Unterholz, Sträucher und Weideflächen. Auch wenn das Risiko sehr gering ist, sollte die Haut regelmäßig nach unerwünschten Besuchern abgesucht und im Fall eines

Erste Hilfe (deutsch-rumänisch)

Wo ist hier bitte ... –
Vă rog, unde este aici ...
... ein Krankenhaus – ... un spital
... eine Notfallambulanz –
... o ambulanţă de urgenţe
... eine Apotheke – ... o farmacie
... ein Zahnarzt – ... dentist
... ein Ambulatorium – ... dispensar

Rufen Sie bitte ... –
Vă rog, chemaţi ...
... einen Krankenwagen – ... salvarea
... die Polizei – ... poliţia
... die Bergrettung – ... salvamont

AIDS – SIDA
ansteckend – contagios
Backenzahn – măsea
Bauchschmerzen – dureri de abdomen
Behindert – handicapat
Blinddarmentzündung – apendicită
bluten – sîngera
Blutung – hemoragie
brennen – arsuri
Bruch, Brüche – ruptură, fractură
Durchfall – diaree
Entzündung – inflamaţie
Erbrechen – vomă
Erkältung – răceală
Fieber – febră
gebrochen – fracturat
gesund – sănătos
Halsschmerzen – dureri în gît
Hepatitis – hepatită
Herzrasen – palpitaţii
Hexenschuss – criză de lumbago
Husten – a tuşi
jucken – mîncărime
krank – bolnav
Krebs – cancer
leiden (an) – a suferi (de)
Lungenentzündung – pneumonie
Magengeschwür – ulcer stomacal
Mandelentzündung – amigdalită
Ohrensausen – vîjîit în urechi
Schlaflosigkeit – insomnie
Schmerz – durere
Schneidezahn – incisivi
Schnupfen – guturai
Schürfung – julitură
schwach – slab
schwer – greu, grav
Schwindel – ameţeală
sich erholen – a se însănătoşi
Sonnenbrand – insolaţie
Unfall – accident
Vergiftung – intoxicaţie
Verstopfung – constipaţie
sich verletzen – a se răni
Verletzung – leziune
verrenkt – luxat
Weisheitszahn – măsea de minte
wehtun – a durea
Wunde – plagă
Zahnfleisch – gingie
Zerrung – întindere

rum061 Foto: jr

Kontaktes innerhalb von 24 Stunden ein Arzt aufgesucht werden. Wer diesbezüglich besonders vorsichtig sein möchte, kann seiner Reiseapotheke etwas Äther zum Betäuben der Zecken vor dem Herausziehen sowie eine gute Zeckenpinzette hinzufügen.

Die vor allem im Donaudelta vorkommenden **Mücken** übertragen keine gefährlichen Krankheiten. Allergiker sollten sich jedoch bereits vor dem Besuch dieser Gebiete mit ihrem Arzt über eventuelle Gefahren verständigen. Nachts bewährt sich in den heißen Sommermonaten, neben Antistechmücken-Spray, vor allem das gute alte Moskitonetz.

Das Infektionsrisiko durch **verunreinigte Speisen oder Getränke** vermindert sich bereits ganz wesentlich, indem man auf Speiseeis und im Meeresgebiet auf unzureichend gekochte Muscheln verzichtet. Die beliebten *Mititei,* die kleinen Hackfleischröllchen, sind im Straßenverkauf mitunter nicht immer völlig durchgebraten.

Die Qualität des **Leitungs-** und vor allem des **Brunnenwassers** ist größtenteils unbedenklich. Dennoch wird in Restaurants immer seltener Brunnenwasser, sondern Mineralwasser gereicht. Vor allem im Raum Bukarest und Constanța wird man allein aus geschmacklichen Gründen Mineralwasser dem Leitungswasser vorziehen.

Hygiene

Da die meisten öffentlichen **Toiletten** im ländlichen Raum nicht den Hygienestandards Mitteleuropas entsprechen, empfiehlt es sich, vor eventuellen Ausflügen rechtzeitig und prophylaktisch saubere Toiletten in Hotels oder Restaurants aufzusuchen.

Vor allem die aufgestellten Toilettenhäuschen in der Bukarester Innenstadt und Toiletten in voll besetzten Eisenbahnzügen entsprechen meist nicht den hygienischen Bedingungen, die man gerne vorfinden möchte. Die Mitnahme von eigenem **Toilettenpapier** bzw. feuchten Tüchern empfiehlt sich grundsätzlich bei allen Ausflügen und Exkursionen.

Informationsstellen in Rumänien

In fast allen für den Tourismus wichtigen Orten findet man Informationszentren in zentraler Lage, die besten davon in Sibiu, Braşov, Predeal, Sinaia und Târgu Mures. Die Hauptstadt Bukarest allerdings konnte sich noch nicht dazu entschließen, ein Informationszentrum zu eröffnen. Die genauen Adressen werden in diesem Reiseführer im Rahmen der jeweiligen Ortsbeschreibungen angegeben. Viele der Info-Büros, wie beispielsweise in Sibiu, Braşov und Târgu Mureş, bieten aktuelle **Listen mit Pensionen und Hotels** sowie eigene **Stadtpläne** an. Zudem helfen die Tourismusberater vieler dieser Info-Zentren auch, wenn es um **Reiseverbindungen mit Bussen und Bahnen** geht.

Einige der Informationszentren bieten selbst **Stadtführungen** an und beraten bei der Auswahl kultureller, sportlicher oder naturkundlicher Möglichkeiten.

Anlässlich des Titels „Kulturhauptstadt Europas 2007" entstand am Piața Mare in **Sibiu** das **modernste Informationszentrum Rumäniens.** Besucher der siebenbürgischen Stadt können nun an Info-Punkten im Zentrum an Bildschirmen betrachten und sich erklären lassen, was Stadt und Umgebung zu bieten haben.

Dort, wo es selbst in Großstädten noch keine eigenen Tourismusbüros gibt, etwa in Craiova, haben sich **Reisebüros** auf die Beratung der Besucher spezialisiert und bieten Stadtführungen und Ausflüge in die nähere Umgebung an. Man sollte sich keinesfalls scheuen, in rumänischen Reisebüros nach preiswerten Angeboten für Pensionen, Hotels oder Ausflüge nachzufragen.

Die **Verwaltungen von Naturparks** und des Biosphärenreservats Donaudelta kennen sich am besten mit aktuellen Bestimmungen und Entwicklungen vor Ort aus. Hier erhält man die aktuellsten Tipps zu den botanischen und geologischen Schutzgebieten.

Die meisten Städte und Regionen Rumäniens sind mittlerweile auch im **Internet** präsent. Da Internetcafés inzwischen zum rumänischen Standard gehören, kann sich nach Ankunft in einer Stadt auch der virtuelle Stadtbummel lohnen, zumal die meisten Seiten auch auf Englisch, Französisch oder Deutsch gestaltet sind.

Internet

Internetcafés gibt es mittlerweile in jeder rumänischen Stadt, teilweise sogar in größeren Dörfern. Da Rauchen in Rumänien billig und vor allem bei Jugendlichen sehr beliebt ist, haben zahlreiche Internetcafés eigene Raucherzonen eingerichtet.

Internet, dieses Zauberwort bedeutet für die meisten der rumänischen Besucher vor allem eins: Spielen von Adventure Games. Es kann also mitunter recht laut werden, wenn der begeisterte Nachbar fluchend wie wild auf der Klaviatur seines Spielgerätes herumhackt. Die Abnutzung der **Tastatur** und die meist in Internet-Kellern vorherrschende Dunkelheit führen dazu, dass die Buchstaben nicht immer erkennbar sind. Rumänische Tastaturen haben zudem eine andere Buchstabenbelegung!

Wer keine Krümel auf der Tastatur, keinen Rauch, keine langsamen Ladezeiten und keine laute musikalische Manele-Hintergrundbeschallung während seiner E-Mail-Abfragen ertragen kann, findet in guten **Hotels** einwandfreie Internetanschlüsse vor.

Es lohnt sich, auch in **Computergeschäften** nach einer kurzfristigen Surfmöglichkeit nachzufragen.

Internet-Shopping ist in Rumänien übrigens fast nirgendwo möglich. Wegen der Raffinesse rumänischer Hacker nehmen ausländische Unternehmen Bestellungen aus Rumänien nur nach telefonischer Kontaktaufnahme und eingehender Überprüfung an.

Kur- und Thermalbäder

Bäder- und Kurkliniken gibt es in Rumänien in jeder der 41 Provinzen. Ein gutes Drittel aller europäischen Heil- und Mineralquellen sprudelt rund um den Karpatenbogen und entlang des Schwarzen Meeres. **Mehr als 160 Bade- und Luftkurorte** zählt das Land, das die Heilkraft seiner Quellen schon früh entdeckte.

Die frühesten Kurorte Rumäniens wurden bereits durch die **Römer** um etwa 100 n.Chr. gegründet. Im **Băile Felix** und im **Băile Herculane** entspannten sie ihre meist von kriegerischen Auseinandersetzungen geschundenen Glieder. Von den Karpatenquellen in Bad Herkules waren sie derartig begeistert, dass sie die heilende Wirkung den Göttern zuschrieben: „Ad acquas Herculi sacra" – „Die heiligen Wasser des Herkules" nannten sie die Quellen im Tal des Cerna-Flusses.

Neben den thermalen Mineralquellen der zentralen Gebirgsregionen von **Sinaia, Covasna, Băile Tuşnad** und **Predeal** haben auch Kurorte außerhalb des Karpatenbogens wie **Vatra Dornei** und die bereits erwähnten Bad Herkules und Bad Felix in Europa einen guten Ruf.

Mitten im Wald sprudeln in der Nähe von **Vama** am Rande der Maramureş die mineralischen Quellen. Kein Wunder, dass jetzt auch die nördlichen Regionen entlang der ukrainischen Grenze für den Kurtourismus erschlossen werden.

Rheumatische, posttraumatische, ja selbst periphere neurologische und gynäkologische Erkrankungen werden seit Jahren entlang der **Schwarzmeerküste** behandelt. Der heilende Sapropel-Schlamm, der aus dem Tekirghiol-See gewonnen wird und besonders reich an Chlor, Sulfaten, Natrium, Stickstoff und Magnesium ist, zieht die kurenden Gäste alljährlich in die Badeorte Eforie Nord und Süd, Neptun und Olimp.

Maße und Gewichte

Rumänien verwendet das **metrische System.** Man kann also problemlos mit den deutschen Begriffen Kilogramm, Kilometer, Gramm und Meter *(Metru)* operieren. Selbst den Liter kennt man in Rumänien, hier heißt er eben *Litru*. In ländlichen Gebieten verwendet man, neben der uns unbekannten Bezeichnung *Prajină,* ebenso wie im Deutschen die Bezeichnungen Ar und Hektar zur Größenangabe der Felder.

Im Sommer und Herbst sieht man im ganzen Land Menschen bei der Heuernte

Medien

Zeitungen und Zeitschriften

Über 100 verschiedene regionale und überregionale Zeitungen berichten in rumänischer Sprache aus allen Landesteilen. Darunter so renommierte Blätter wie die in Bukarest erscheinenden „Adevarul" (früher „Scînteia"), „Evenimentul Zilei", „Libertatea", „Jurnalul Național" und „România Liberă". Jede größere Stadt hat ihre eigene regionale Tageszeitung, wie beispielsweise die in Cluj-Napoca erscheinende „Clujeanul" oder die in Iaşi publizierte „Ziarul de Iaşi".

Englischsprachige Versionen einiger dieser Zeitungen können **im Internet** gelesen werden.

- **Jurnalul Național,** www.jurnalul.ro.
- **Ziua,** www.ziua.ro.
- **Grupul de presă Bursa,** www.bursa.ro.

Ausschließlich **in englischer Sprache** erscheinen die Zeitungen „Nine O'Clock (www.nineoclock.ro), „Bucharest Business Week" (www.bbw.ro) und „Invest Romania" (www.investromania.ro).

Die wichtigsten **rumänischen Wochenzeitungen** heißen „Lumea Magazin", „22", „Dilema" und „Privirea".

In Rumänien erscheinen auch einige **deutschsprachige Zeitungen.** Die „Allgemeine Deutsche Zeitung" (www.adz.ro) wird ebenso wie einige der wichtigsten rumänischsprachigen Journale im Pressehaus in Bukarest editiert. Als lokale Beilagen liegen der ADZ in Kronstadt (Braşov) die „Karpa-

rum065 Foto: jr

ten-Rundschau" und im Banat die „Banater Zeitung" bei. Die „Hermannstädter Zeitung" erscheint, wie der Name schon sagt, in Sibiu (www.hermannstaedter.ro). Auf den jeweiligen Webseiten können die aktuellsten Meldungen aus Rumänien auch von Deutschland aus abgerufen werden. Im ADZ-Verlag erscheint darüber hinaus auch noch ein „Deutsches Jahrbuch". Die Gemeinschaft der Siebenbürger Sachsen gibt die deutschsprachige „Siebenbürgische Zeitung" heraus.

In den meisten größeren Städten gibt es in Restaurants, Bars oder in Hotels **kostenlose Infohefte** mit dem aktuellen Programm der Theater, Kinos und Museen. Diese heißen „Zile şi noapţi", „Şapte Seri" oder „B-24 Fun". Darüber hinaus gibt es in einigen großen Städten auch die **englischsprachige Broschüre „Where, When, Who"** mit dem aktuellen Kulturprogramm sowie Tipps zu neuen Restaurants, Diskotheken und Pensionen.

Radio

Über 50 Radiosender schicken ihre Musik, Nachrichten und Kommentare derzeit in den Äther, und halbjährlich kommen neue Sender hinzu. Neben den staatlichen Rundfunksendern haben sich die Privaten „Radio Contact", „Pro FM", „Radio Romantic", „Radio Total", „Radio Delta" und „Europa FM" etabliert.

Wer gerne Nachrichten in deutscher Sprache hören möchte: Die **Deutsche Welle** sendet auch in Rumänien. Die aktuellen Frequenzen gibt es unter www.dw-world.de. Sendungen in deutscher Sprache können zudem täglich von Radio Bukarest, aber auch von Lokalsendern in Siebenbürgen und im Banat empfangen werden.

Deutschsprachige Radiosendungen in Rumänien

- **RADIO BUKAREST**
Mo bis Sa 14–15 Uhr, So 10.20–10.30 Uhr auf 603, 909, 1314, 1404 KHz. Aktuelles auf www.radiobukarest.ro.
- **RADIO TEMESWAR**
Mo bis So 13–14 Uhr auf 630 KHz, 19–20 Uhr auf 105,9 KHz. Im Internet live und auf Abruf unter www.radiotimisoara.ro und auf www.montanabanat.de.
- **NEUMARKT**
Mo bis Sa 21–22 Uhr, So 10.30–11 Uhr auf 1197, 1323, 1593 KHz. Im Internet live unter www.radiomures.ro/de.
- **RADIO RESCHITZA**
Do 14.20–14.50 Uhr auf 105,6 MHz.
- **CITYRADIO SAHTMAR**
Deutsch-Express Sa 17.30–18 Uhr auf 106,4 MHz Satmar, 93,8 MHz Großkarol, 103,3 Zillenmarkt. Im Internet auf Abruf unter www.schwabe.ro.

Fernsehen

Neben den **staatlichen Fernsehsendern „TVR 1" und „TVR 2"** hatte sich nach der Revolution als erster privater Kanal der Sender „PRO TV" durchgesetzt, anfangs noch mit einem ziemlich anspruchsvollen Programm. Mittlerweile buhlen jede Menge **private Info- und Unterhaltungskanäle** um die Aufmerksamkeit der Zuschauer. Neben einem reinem Filmkanal, „HBO", kam mit „Realitatea TV" auch eine rumänische Version des amerikanischen Nachrichtensenders „CNN"

Briefmarken (*Timbru poştal,* pl. *Timbre*) erhält man auch in manchen Schreibwarengeschäften, an Kiosken und in Souvenirläden. Das Porto für eine Ansichtskarte *(Carta)* ins europäische Ausland kostet 1,60 RON.

Postversand und Kurierdienste in Bukarest

- **Post:** Poşta Romàna 1, Str. Matei Millo 10, Tel. 021-315 90 30.
- **DHL International Romania:** Str. Emanoil Porumbaru 85–87, Tel. 021-222 17 71, Fax 222 17 66, www.dhl.ro.
- **TNT:** Piața Victoriei 155, Tel. 021-303 45 63, Fax 303 45 43, rofeedback@tnt.com.
- **UPS:** Calea 13 Septembrie 81–83, Tel. 021-410 06 04, Fax 410 99 10, www.ups.com.
- **Fedex:** Blvd. Dacia 55, Tel. 021-211 79 12, Fax 211 67 19, www.fedex.com/ro.

Sicherheit und Kriminalität

Was die rumänischen Kriminalstatistiken betrifft, so ist seit 1995 ein deutlicher Rückgang der Kapitalverbrechen zu verzeichnen. Bereits davor lag beispielsweise die Zahl der gestohlenen Autos in Bukarest weit unter derjenigen, die etwa für Hamburg oder Amsterdam von offiziellen Stellen genannt wurde. Seit dem verstärkten Einsatz von **Wachpersonal,** das in Rumänien günstiger sein kann als so manche Alarmanlage, ist die Zahl der Verbrechen in den Großstädten weiter gesunken. Viele Besucher Bukarests werden erstaunt sein über die allgegenwärtigen Schutz- und Wachmänner in Uniform.

Die **Armutskriminalität** wird jedoch vom Auftreten der „Schutzengel", wie sich die Wachmänner nennen, wenig berührt. Kleindelikte wie Taschendiebstahl sind in den Städten Rumäniens nach wie vor an der Tagesordnung. Auch das Bewusstsein, was Bestechung ist und was nicht, ist wenig ausgeprägt. Schmieren gehört in Rumänien zum Alltag und hat auf dem Buchmarkt sogar zu einem eigenen „Manual de Şpagă" geführt (einer Anleitung zum gezielten und „professionellen" Einsatz von Geldzahlungen).

In Bahnhofsvierteln und in öffentlichen Verkehrsmitteln sollte man auf der Hut vor Langfingern sein. Abends sollte man in Bukarest die Peripherie nicht zu Fuß begehen (auch wegen der streunenden Hunde); zur Situation in der Hauptstadt siehe auch die Ausführungen im entsprechenden Kapitel.

Wer mit dem Auto anreist, nehme sich gleich hinter der Grenze vor **Geldwechslern** in Acht. Trickbetrüger sind fingerfertig, und man darf sich nicht wundern, nach dem Wechsel weniger in Händen zu halten, als vor den eigenen Augen hineingezählt wurde. Grundsätzlich sollten Sie Geld nicht bei Personen wechseln oder tauschen, die Ihnen offensiv auf der Straße entgegenkommen.

Buchtipp – Praxis-Ratgeber:
- Matthias Faermann
Schutz vor Gewalt und Kriminalität unterwegs
(Reise Know-How Verlag)

Kleine **Gaunereien** sind vor allem dort an der Tagesordnung, wo der unbedarfte Tourist zeigt, dass er sich nicht auskennt. So ist das Parken in der Bukarester Innenstadt sonntags kostenfrei. Dennoch kann es geschehen, dass ein junger Mann in schicker Uniform und mit Quittungsblock von Ihnen eine Gebühr erheben möchte.

Wer mit dem Auto an Ampeln in Innenstädten halten muss, hat es gelegentlich mit **bettelnden** oder Scheiben wischenden **Roma-Kindern** zu tun.

Sport und Aktivurlaub

Rund um den Karpatenbogen, in der Moldauregion, im Maramureş, im Südwesten und im Donaudelta bieten sich Aktiv-Urlaubern **zahllose Möglichkeiten.** Die Rumänen sind sportbegeistert und naturverbunden; alle Sportarten, die **an der frischen Luft** ausgeführt werden können, sind in Rumänien auf jeden Fall zu finden. In den letzten Jahren hat sich neben den klassischen Freiluft-Aktivitäten, wie Ski- und Radfahren, Wandern sowie Reiten und Kanufahren, ein Trend hin zum Abenteuer- und Actionurlaub gezeigt.

Buchtipps – Praxis-Ratgeber:
- Thomas Gut
Canyoning-Handbuch
- Alexander Maier
Höhlen erkunden
- Sven Bremer
Radreisen Basishandbuch
(alle Bände Reise Know-How Verlag)

Neben den Touristen suchen auch die Rumänen selbst den **sportlichen Nervenkitzel,** sei es beim Rafting, Höhlenklettern, Gleitschirmsegeln, Endurosport oder Fallschirmspringen.

Sportbegeisterte, die sich vorab über das Wetter informieren möchten, finden auf der folgenden Internetseite eine 5-Tages-Prognose inkl. Angabe von Windrichtungen und Windgeschwindigkeiten:

- **http://www.romania.org/romania/weather.html**

- **Einer der besten Anbieter,** was Sport- und Aktivurlaub betrifft, ist **Inter-Pares.** *Radu Zaharie* und sein Team aus Sibiu haben u.a. Folgendes im Programm: Trekking, Mountainbike- und Radtouren, Skitouren, Floßfahren, Kanutouren im Donaudelta und diverse Kultur-Programme. Tel. mobil 0744-371 547, interpares@clicknet.ro, www.roaktiv.de.

Radfahren

Rumänien entdeckt gerade erst den Fahrradtourismus, vor allem in Siebenbürgen und im Moldaugebiet. Die interessantesten Regionen im Südwesten, entlang der Donau und zwischen Mediaş und Braşov warten darauf, per Drahtesel „erobert" zu werden.

Radgeschäfte gibt es nur in den größeren Städten. Es ist angebracht, genügend Ersatzteile mitzunehmen.

Obwohl viele Straßen Rumäniens nicht als fahrradtauglich gelten, sieht man vermehrt Reisende und Gruppen, die das Land auf dem Fahrrad erkunden. Dies mag auch an der verbesserten Ausrüstung der Radhersteller liegen. Auf den bei Radlern beliebten ruhigeren Nebenstrecken ist ein **robustes Reiserad oder Mountainbike** erforderlich, das auch nicht-asphaltierte Abschnitte bewältigt. Eine Reifenbreite von mindestens 37 mm ist empfehlenswert. Als **günstigste,** weil milde **Fahrradzeit** gelten das verlängerte Frühjahr von April bis Juli und der September. Das **Mieten** von Fahrrädern ist derzeit u.a. in Braşov, Sibiu und Cluj möglich.

Das **Mitführen eines Fahrrads** ist in Rumänien offiziell nur in Zügen und Bussen möglich, die auch einen eigenen Packwagen anbieten. Bei vorhandenem Platz werden jedoch in der Regel von Seiten des Personals keine Einwände erhoben.

Aktuelle **Informationen** rund ums Radreisen in Rumänien erhält man auf der Website des Allgemeinen Deutschen Fahrrad Clubs www.adfc.de unter „Reisen/Europa-Infos/Rumänien".

Verständigungshilfe Rad

Auf **www.bikeromania.de** finden sich Informationen rund ums Reisen mit dem Rad in Rumänien, ein Wörterbuch „Fahrradteile" (deutsch-rumänisch) und eine Reisewörterliste zum Download.

● **Kontakt: Thomas Froitzheim,** ADFC, Meierfeld 21c, 33611 Bielefeld, Tel. 0521-89 61 90, 1122-362@t-online.de.

rum073 Foto: jr

Biker sind in Rumänien noch keine alltägliche Erscheinung

Fahrradtouren in Transsylvanien

Unter dem Motto „Kleine Gruppen, große Abenteuer" bietet der **Öko-Veranstalter Activetravel** aus Braşov u.a. Radtouren in Transsylvanien an. Das Angebot reicht von Fahrten zu den Kirchenburgen, solchen am Fuß der Fogarascher Berge bis hin zur Tour auf dem Transfagarasan, einer Radtour für kletterfreudige Fahrer. Tel. 0040 (0)268-321 515, office@activetravel.ro, www.city-tours.ro.

Rafting

Wildwasser-Schlauchbootfahrten werden in Rumänien immer beliebter. Das wild-nasse Spektakel wird inzwischen **in verschiedenen Regionen** des Landes angeboten. Eine der interessantesten Strecken befindet sich auf der Bistrița in der Bukowina. Daneben ist auch noch der **Crişul repede** im Westen Rumäniens zu erwähnen.

Im **Valea Bistriței,** dem Tal der Bistritz, können Anfänger ebenso wie erfahrene Rafter den Fluss befahren, da er hier unterschiedliche Schwierigkeitsgrade aufweist. Auf Längen von 12 bis 14 km mit Schwierigkeitsgraden von 2 bis 5 dürfen Gruppen nur von ausgebildeten und geschulten Veranstaltern organisiert werden. Bei allen Angeboten ist professionelle Schutzkleidung (Rettungswesten, Helme) Pflicht. Zu achten ist auf den tadellosen Zustand der Boote und Paddel.

Kontakt/Infos

- **Apuseni Experience,** Tel. mobil 0745-602 301, contact@apuseniexperience.ro, www.apuseniexperience.ro. Dieser Anbieter aus Oradea hat sich auf Exkursionen und geführte Touren im Apuseni-Gebirge spezialisiert. Die Rafting- und Höhlentouren gehören zu den besten in diesem Gebiet des Landes.

Floßfahrten

Wesentlich beschaulicher als beim Rafting geht es beim Floßfahren zu. Seit einigen Jahren wird das Flößen vor allem **auf dem Olt** zwischen den Orten Augustin und Făgăraş lebendig erhalten. Abenteuerlustige können sich bei den Fahrten auf dem Olt unter kompetenter Anleitung nach einer zünftigen Floßtaufe selbst im Flößen üben und als Flößer *(Plutaşi)* einige Tage auf dem Fluss verbringen. Auf der vom Reiseveranstalter Hauser und seinem Organisator *Radu Zaharie* angebotenen dreitägigen Fahrt gleitet man jedoch nicht nur ruhig dahin. Einige Stromschnellen sorgen für gelegentliche aufregende Floßtänze. Eine Herausforderung der ganz besonderen Art kann bei niedrigen Wasserständen entstehen: Wenn das tonnenschwere Floß stecken bleibt, ist das ganze Team gefordert.

Der Gepäcktransport während der Floßfahrt wird von dem vierköpfigen Team der Flößer übernommen. Die Floßtouren sind **mit Wandertouren und Fahrradtouren kombiniert** (transsylvanischer Triathlon). Wer beim Anbieter Inter-Pares Floßtouren oder Hütten-Trekking durch die Karpaten buchen möchte, sollte dies rechtzeitig tun, denn die Touren im Juli und August sind sehr schnell ausgebucht!

Kontakt/Infos

- **Hauser exkursionen international,** Spiegelstr. 9, 81241 München, Tel. 089-23 50 06 0, www.hauser-exkursionen.de.
- **Inter-Pares,** *Radu Zaharie,* Sibiu, Tel. mobil 0744-371 547, interpares@clicknet.ro, www.roaktiv.de.

Canyoning

Mit Canyoning wird das Klettern, Abseilen, Springen und Schwimmen an Schluchten und Wasserfällen bezeichnet. **Risikoreich** – diese Bezeichnung benutzt selbst der Deutsche Canyoning Verein für diesen Nervenkitzel-Sport. In Rumänien wird er erst seit 2002 von Veranstaltern angeboten. Überall dort, wo C5 und C6 als Schwierigkeitsgrad angepriesen wer-

Windsurfing

Der beste Wind zum Windsurfen weht nicht zwangsläufig am Schwarzen Meer. Auch die **Binnengewässer Lacul Bicaz, Poiana Mărului** und **Lacu Roşu** (der Rote See im Donaudelta, nicht der in der Nähe von Bicaz!) haben besonders im September und im Frühjahr ordentliche Windstärken vorzuweisen. Auch der riesige **Razim-See** wird von Windsurfern sehr geschätzt.

Die bekanntesten Surfabschnitte am **Schwarzen Meer** heißen Mamaia und Vama Veche. Im quirrligen **Mamaia,** einem Vorort der Hafenstadt Constanţa, können einem während der Sommermonate allerdings Jetskies, Touristengruppen auf gelben Bananenbooten oder Kitesurfer (die mit dem Segelschirm) in die Quere kommen. Wesentlich bessere Bedingungen finden Windsurfer an der bulgarischen Grenze in **Vama Veche.** Der ruhige, beschauliche Ort verfügt über mehrere Surfschulen, ist also auch etwas für Surfanfänger.

Reiten

Pferde sind in Rumänien **allgegenwärtig.** Die Landwirtschaft ist auf die Tiere angewiesen, der Traktor in den meisten Landstrichen immer noch eine Ausnahme. Pferde beherrschen die Straßen und die Felder. Als Zugtiere schleppen sie schwere Karren und ziehen sonntags auch mal die ganze Familie zur Kirche.

Sieht der Rumäne ein Pferd, denkt er zuerst an die **Arbeit** und weniger ans Vergnügen. Als Reittier für Ausritte wurde das Pferd erst im Rahmen des sanften Tourismus „wiederentdeckt."

Reiterhöfe besinnen sich dabei zunehmend auf die **Tradition des rumänischen Lipizzanergestüts,** welches 1874 am Fuße des Făgăraş-Gebirges in den Südkarpaten existierte. Das Gestüt **„Sîmbata de Jos-Făgăraş"** brachte sehr resistente Lipizzaner hervor, die während der kommunistischen Zeit jedoch vorwiegend in der Landwirtschaft eingesetzt wurden.

Die meisten Gestüte und Reiterhöfe befinden sich heute im **Banat,** also in Südwest-Rumänien und in Siebenbürgen, wo die Hügel und weiten Wiesen zu Galopp und Trab einladen. Viele der Anbieter verbinden die Reitangebote mit kulturellen Stadtbesichtigungen oder Pirschfahrten in die Natur.

Im **Winter** besteht von den Reiterhöfen aus die Möglichkeit zum Ausritt in die Schneelandschaft. Viele der Besucher machen es sich allerdings bei eisigen Temperaturen lieber in den gewärmten Decken des Pferdeschlittens gemütlich.

Eine ganz besondere Art, Reiten und Skifahren zu verbinden, bietet eine neue Trendsportart an, die aus Skandinavien nach Rumänien geschwappt ist: das **Skijöring.** Dabei steht man auf Skiern und lässt sich vom Pferd über die Hügel abgelegener Karpatentäler ziehen.

Pferde werden in Rumänien vor allem als Zug- und Lasttiere eingesetzt, weniger zu Freizeitzwecken

Kontakt/Infos

- **Daksa Öko-Reitzentrum,** Reitabenteuer mit deutsch sprechenden Reitlehrern durch die Karpaten und durch das Siebenbürgische Hochland. Kontakt: Mugur Pop. Str. Actorului 13A, 400441 Cluj-Napoca, Mobil 0744-100 645, www.ridingadventures.ro.
- **Equus Sivania,** Reitstall mit Pension im Kreis Braşov, Rundritt durch Transsylvanien, Bärenbeobachtung, Wandertouren. Kontakt über *Christoph Promberger,* Tel. 0268-228 601, www.equus-silvania.com.
- **Reitzentrum Ştefan cal Mare,** Kutschfahrten, Reiterferien und Winterreiten in den Kreisen Bistritz und Suceava. Tel. 0263-378 470, www.riding-holidays.ro.

Wintersport

In Höhen von **über 1200 m** bleibt der Schnee in den Karpaten zwischen sieben und neun Monaten liegen. Dies garantiert eine lange Zeit für Wintersportler. Die **ideale Saison** zum **Rodeln, Schlittschuh- und Skilaufen** sind die Monate **Januar bis April.**

Im bekanntesten Skiort **Poiana Braşov** fuhr man bereits vor über 100 Jahren Ski. Zur weißen Jahreszeit wedeln die Skifahrer hier heute über zwölf verschiedene Abfahrtspisten. Am Abend kann man sich noch auf die Piste Bradul wagen, da diese beleuchtet ist.

Von Poiana aus ist es nur einen „Katzensprung" zur höchstgelegenen Stadt Rumäniens, **Predeal,** und zum mondänen Kur- und Wintersportort **Sinaia.** Von beiden Orten führen Loipen die Skilangläufer in nahe gelegene Täler. Seilbahnen bringen die Wintersportler auf über 2000 m Höhe ins **Bucegi-Gebirge.** Die besten Abfahrten liegen in den Nordtälern **Valea Morarului** und **Valea Alba.**

Neben den genannten bieten auch alle anderen größeren Skiorte, wie Durau oder Cheia, **Kurse und Skiausrüstungen zum Verleih** an.

Zu einem Geheimtipp ist in den letzten Jahren die Piste im Ort **Azuga** avanciert. Sie weist den größten Höhenunterschied in Rumänien auf.

Tourenski praktiziert man vor allem im Bucegi- und im Făgăraş-Gebirge. Wer Tourenski mit Abfahrtsski kombinieren möchte, kann dies ebenfalls in diesen beiden Gebirgsmassiven tun. Die Touren im Făgăraş sind länger und abwechslungsreicher als die im Bucegi. In den Tälern beider Gebirgsmassive, vor allem im **Valea Doamnei** im Făgăraş, lässt sich auch hervorragend **snowboarden.**

Ein neues, sehr interessantes Ski- und Snowboard-Resort ist in den letzten Jahren mit dem **Arena Platos** im traditionsreichen Skigebiet in der Nähe von Hermannstadt (Sibiu) entstanden. Hier an der Hohen Rinne, dem Paltiniş, bietet sich auch eine Vielzahl teils sehr günstiger Unterkünfte für Wintersportler. Empfohlen sei die preisgünstige Villa Hermani im Gebirgsort Măgura. Kontakt über die deutschsprachige Website www.cn-tours.eu, Mobil 0745-512 096 oder 0740-022 384 (Übernachtung inkl. Halbpension p.P. 38 Euro).

Faltboot, Kajak und Kanufahren

Wer **rudern** oder **segeln** möchte, muss nicht gleich ans Donaudelta oder ans Schwarze Meer fahren. Bereits in der Hauptstadt Bukarest können am Nordufer des **Herăstrău-Sees** Ruderboote und kleine Segelboote ausgeliehen werden. Ungleich schöner jedoch ist ein Ausflug ins Biosphärenreservat des Deltas. Wer hier die Pelikane, Kormorane und Stelzenläufer aus nächster Nähe betrachten möchte, wird zu möglichst unauffälligen und wendigen Wasserfahrzeugen greifen. Segel- und Ruderboote sieht man darum im Delta so gut wie nie. Dafür jedoch um so mehr Paddel. **Kajak, Kanu** und **Faltboot** sind hier die idealen Fortbewegungsmittel.

Die besten Startpunkte für **Touren ins Delta** liegen im Delta selbst: am südlichen Sfântu-Gheorghe-Arm, in Murighiol, in den zahlreichen kleineren Fischerdörfern sowie im zentral gelegenen Mila 23. Wer eine Deltarundreise per Kanu antreten möchte, sollte sich vorab über die gewaltigen Dimensionen (4350 Quadratkilometer) klar werden, die hier vorliegen. In den **zahllosen labyrinthartigen Verzweigungen** des weltweit größten Schilfgebietes können sich unerfahrene Wassersportler leicht verirren.

Als Ausgangspunkt für Paddeltouren ins Delta bieten sich darum **schwimmende Hotels** an. Die Kategorien reichen hier vom einfachen Pontonboot bis hin zur luxuriös ausgestatteten Wohnjacht. Diese fahren täglich neue Ziele im Delta an, und per Doppelkajak oder Kanadier lässt sich die neue Umgebung dann in aller Ruhe erkunden. Damit die Wasserreise wirklich „in aller Ruhe" stattfinden kann, sollte man auf eine **erfahrene Führung** nicht verzichten. Nur ortskundige Deltakenner wissen, wo die lauten Motorboote nicht cruisen, kennen die Brutplätze der Reiher und Pelikane und können einem die besten Plätze für eine Übernachtung im Zelt zeigen.

Unterkünfte bieten mittlerweile auch einige Fischer in kleinen Pensionen oder Gästehäusern an (siehe „Im Wasserlabyrinth des Deltas").

Wer auf den zahlreichen **Gebirgsseen** Rumäniens mit dem eigenen Boot unterwegs ist, sollte zwar schwimmen können, Ersatzkleidung im Plastiksack benötigt er jedoch in den seltensten Fällen. Ob Lacul Bicaz im Norden oder Lacul Vidra im Südwesten – diese rumänischen Seen sind aufgrund ihrer Gebirgslage ruhige Gewässer. Windige Verhältnisse herrschen hingegen im Osten. Auf dem Razim-See kann es bisweilen auch sehr stürmisch werden.

Golfen

Seitdem der ehemalige König *Mihai* sich dem Golfspiel verschrieben hat und in Alba Iulia einen Golfplatz bauen möchte, sind Putten und Birdie auch in Rumänen ein populäres (Medien-)Thema. In den wenigen bestehenden **Golfclubs** gibt man sich alle Mühe, die Sportler bei Laune zu halten. Neben den üblichen Benutzungsrechten, einem Caddie und Zugang zu den clubeigenen Fitnessräumen bekommt jedes Mitglied bis zu 50 Vouchers für Entspannungsmassagen.

Internationale **Golfturniere** werden ca. 120 km von Bukarest entfernt im

Lac de Verde Golf Club in Breaza ausgetragen.

Golfplatz/-club

- **Lac de Verde Golf Club,** Str. Caraiman 57, 105400 Breaza, Tel. 0244-343 850, Fax 343 525, contact@lacdeverde.ro, www.lacdeverde.ro.

Motorsport/Off-Road

Motorradfahrer haben Rumänien bereits früh entdeckt. Im Sommer sieht man die Biker vor allem auf den Pässen der **Transfăgăraşan,** der Hochgebirgsstraße, die in schlangenartigen Windungen über die Karpaten führt, rund um den **Lacul Bicaz** oder in den zahllosen Serpentinen des **Cibin-Gebirges** südlich von Hermannstadt. Abgelegene Karpaten-Täler und wilde Schluchten wie am Bicaz-Klamm sind nicht der einzige Grund, der die Fahrer anzieht. Auch die **günstigen Spritpreise** und das gute Preis-Leistungs-Verhältnis im Land sind für viele motorisierte Zweiradler schlagende Argumente für ihren Rumänienaufenthalt.

Auch **Off-Road-Anhänger** kommen in Rumänien voll auf ihre Kosten. Als erstes hat hier die Enduro die wilden Gebirgsbäche und steilen Auffahrten erobert. Wer sich die Karpaten einmal durch die Endurobrille betrachten möchte, kann dies rund um den **Muntele Mic,** den „kleinen Berg", in der Nähe von Caransebeş tun. Hier und an anderen Stellen sorgt die Vereinigung **Enduromania** alljährlich dafür, dass neben dem reinen Fahrspaß auch umweltbewusstes Verhalten und der Kontakt zur Bevölkerung nicht zu kurz kommen. Unter dem Motto „Gegen Vorurteile – für mehr Integration" finden geführte Touren durchs Enduro-Eldorado Rumänien statt.

Off- und On-Road-Spaß ganz anderer Art bieten einige Hotels und Verleiher in Sibiu und rund um Moiecu an. Das **Quad,** ein dick bereiftes Vierrad, erobert hier die Schotterpisten, Bergpässe und Kammstraßen.

Kontakt/Infos für Enduro-Fahrer

- **Sergio Morariu,** Str. Trandafirilor 4, 30022 Timişoara, Tel. 0256-491 565, www.enduromania.net.

Sportangeln und Jagen

Sportangeln

Angeln scheint ein **rumänischer Nationalsport** zu sein, was im Land der Selbstversorger nicht verwundert. Fast jeder Landbewohner hat eine Angel oder zumindest etwas, was man so nennen könnte. Aber auch viele Städter zieht es regelmäßig an Seen und Teiche. Im Sommer kann es an den Ufern des Herăstrău-Sees in Bukarest sehr eng zugehen.

Bachforellen finden sich in zahlreichen Bergbächen, so in denen des Rodnei-Gebirges und des Retezats, wo der Angler ebenso **Äschen** und **Elritzen** antrifft. Kapitale **Forellen** und **Zander** tummeln sich auch in den zahlreichen Bergseen. Eines der wohl besten Zandergewässer ist der Săruleşti-Stausee südlich von Bukarest. Donauangler zieht es nach Orşova, wo auch große Bestände an **Welsen, Karpfen, Hechten** und Zandern vorkommen. Ein Paradies für Angler ist

Zimmerkategorien – wie man sich bettet, so zahlt man

Bis zur Revolution war es möglich, die Preise für ein Zimmer auf originelle, jedoch bisweilen auch strapaziöse Weise (Schnarcher!) zu drücken. Wer ein **Cameră cu două paturi,** also ein Zimmer mit zwei Betten, buchte, dabei jedoch etwas sparen wollte, willigte ein, dass ein anderer, also zumeist fremder, Gast das andere Bett buchen konnte. Dies setzte voraus, dass die beiden Betten getrennt standen.

Je später der Abend, desto größer ist die Wahrscheinlichkeit, mit Preisverhandlungen keinen Erfolg zu haben. Geht es bereits auf Mitternacht zu, werden aus den angekündigten 15 Euro pro Bett tatsächlich 30 Euro, da es plötzlich nur noch 2-Bett-Zimmer gibt ...

Was heißt es aber, wenn auf dem Schild über der Rezeption zu lesen ist: **Cameră cu două paturi în regime de single?** Nun, der Gast kann hier in der Tat ein 2-Bett-Zimmer verbilligt mieten. Dasselbe geht selbstverständlich auch für ein französisches Bett, das auf Rumänisch *Pat matrimonial* (Ehebett) genannt wird, auch wenn nicht zwangsläufig Eheleute darin nächtigen. Das **Cameră cu pat matrimonial în regime de single** bietet also die Möglichkeit, verbilligt in einem – meist ziemlich großen – Ehebett zu schlafen.

Fragen Sie der Einfachheit halber erst einmal nach einem **Cameră single,** also einem Einzelzimmer, oder einem **Cameră duplu,** einem Doppelzimmer. Denn kompliziert kann es ja immer noch werden (s.o.).

Unter dem Stichwort „Unterkunft" werden **in diesem Buch** einige **Abkürzungen** verwendet. So steht **EZ** für Einzelzimmer, wobei preislich die Übernachtung einer Person gemeint ist. **DZ** bedeutet Doppelzimmer und entspricht dem Preis für zwei Personen. **App.** steht für Appartement und bezeichnet ein größeres, meist hochpreisiges Zimmer, das durchaus große Unterschiede in der Ausstattung aufweisen kann (z.B. mit oder ohne eigene Küche). **Ü** schließlich steht für Übernachtung.

Die **Klassifizierung** der Hotels und Pensionen wird **mit Sternchen** angegeben. Dabei reichen die Kategorien von fünf Sternen für De-Luxe-Hotels, z.B. das Athénée Palace Hilton (*****) in Bukarest, bis zu einem Stern für einfachste Budget-Hotels und Pensionen wie dem Hotel Marna (*), ebenfalls in Bukarest.

rum087 Foto: jr

An Schlaf ist wegen der Musik an solchen Tagen nicht zu denken, allenfalls ans Mitfeiern.

Jugendherbergen und **Hostels** sind zumeist auf jugendliche und tolerante Gäste zugeschnitten. Die meisten Angebote dieser Art beziehen sich auf Mehrbettzimmer.

- Es gibt in neun rumänischen Städten Jugendherbergen, die dem **internationalen Jugendherbergsverband** (www.hihostels.com) angeschlossen sind. Dort kann man unabhängig von seinem Alter absteigen! Hat man einen internationalen Jugendherbergsausweis aus dem Heimatland, schläft man auch in diesen Jugendherbergen zum günstigeren Tarif, sonst muss man eine Tagesmitgliedschaft erwerben. Hat man noch keine Jahresmitgliedschaft bei den Jugendherbergsverbänden daheim, kostet diese jährlich 12,50–21 Euro in Deutschland (www.jugendherberge.de), 10–20 Euro in Österreich (www.oejhv.or.at) und 22–44 SFr. in der Schweiz (www.youthostel.ch).

Wer mehr als einen Monat in einer Gemeinde übernachten möchte, sollte sich nach einer **Mietwohnung** erkundigen. Die Preise liegen oft weit unter denen entsprechender Hotels oder Ferienappartements.

Direkt buchbare **Hotels der höheren Kategorie** finden sich auf der Seite www.hotels.ro.

Die oft zentral gelegenen **staatlichen Hotels wurden konsequent privatisiert.** Da die Hochhäuser aus der kommunistischen Ära jedoch in den seltensten Fällen architektonische Kleinode darstellen und deren neue Besitzer zuerst das westliche Preisniveau im Auge haben, sind sie nicht die beste Lösung.

Individualtouristen sollten sich in Rumänien nicht scheuen, nach **privaten Unterkünften** zu fragen. Der Kontakt zur Familie wird hier großgeschrieben. Grundsätzlich lohnt es sich, nach günstigeren Preisen zu fragen, sofern man mehr als eine Nacht bleiben möchte. Viele Hotels bieten auch Wochenendtarife an.

Camping wird vor allem im Donaudelta und in ländlichen Gegenden immer beliebter. Die besten Campingplätze befinden sich fast allesamt in holländischer Hand. Unter Camping verstand man in Rumänien lange Zeit die spartanische Übernachtung in engen Holzhütten ohne Elektrizität und Wasser. Die Qualität der Campingplätze variiert immer noch sehr stark.

In diesem Buch sind die **Preise** der Unterkünfte teils in Euro, teils in RON angegeben – in der entsprechenden Währung ist dann auch zu zahlen.

Verhaltenstipps

Sicherlich ist das in Transsylvanien und anderen Landesteilen allgegenwärtige Thema **„Dracula"** keine besonders originelle Art, in Rumänien ein Gespräch über Land und Leute zu eröffnen. Zwar wird die blutsaugende Touristenattraktion vor allem in den massenhaft frequentierten „Originalschauplätzen" von Bran bis Sighişoara gerne vermarktet, da sie dort, vor allem bei Japanern, Koreanern, Deutschen und Amerikanern, gute Devisen bringt – identifizieren möchte man sich mit dem Graf Langzahn als Rumäne jedoch in den seltensten Fällen.

Vampirismus und Knoblauchkunde sollte man getrost einheimischen Historikern überlassen, die einem beim Besuch der Museen und „Folterkammern" gerne bestätigen werden, dass vieles, was im Namen der literarischen Figur *Dracula* in Rumänien geschieht, allein der Sensationslust der Touristen wegen getan wird.

Das Tragen von Buttons mit unmissverständlich blutrünstigen Abbildungen oder T-Shirts mit Folterszenen wird einem in Rumänien keine wahren Freunde machen und ist unbedingt zu vermeiden.

Einladungen sind in Rumänien unausweichlich mit gutem **Essen und Trinken** verbunden. Falls man mit dem eigenen Fahrzeug unterwegs ist, sollte man jede Aufforderung – und sei sie noch so gut gemeint – zum Trinken von *Tuică* oder *Palincă,* den rumänischen Schnäpsen, ablehnen. Weder wird eine rumänische Familie dies, wie in manchen Reiseführern behauptet, als Beleidigung empfinden, noch werden Sie von den männlichen Anwesenden fortan als Geschöpf von einem anderen Stern betrachtet. Auch sollte jede Form von Wettkampftrinken den Rumänen selbst überlassen bleiben. Falls man sich als Tourist darauf einlässt, kann dies nicht nur gesundheitlich schädliche Folgen haben, sondern auch zum Verlust von Geld und wichtigen Papieren führen.

Umwelt und Ökologie können in Rumänien dann zu heiklen Diskussionen führen, wenn man von „westlicher Seite" dazu neigt, Vorhaltungen zu machen und das Umweltverhalten der Rumänen – das tatsächlich oft nicht gerade vorbildlich ist – kritisiert. Am besten geht man einfach mit gutem Beispiel voran, nimmt seine Plastikflaschen und seinen Müll vom Picknickplatz wieder mit und erkundigt sich nach Entsorgungsmöglichkeiten.

Rumänen begrüßen sich nach südländischer Manier mit einem **doppelten Wangenkuss.** Geschieht dies dem Besucher aus dem Westen, ist das als Kompliment und nicht als Form aufdringlicher Nähe aufzufassen.

Auf Wanderungen und Exkursionen in die Berge empfiehlt es sich, einige kleine **Gastgeschenke** dabeizuhaben. Die raue Bergwelt hat aus den Familien und Hirten dort oben Könige der Gastfreundschaft werden lassen. Vom Gasfeuerzeug bis zum Kuscheltier für die Kinder kann sich der westliche Wanderer hier revanchieren. Autofahrer, die unterwegs auf durstige Hirten treffen können, sollten immer eine Flasche Mineral- oder Quellwasser im Auto haben. Lassen sie sich unterwegs auf keinen Fall auf den Tausch „Foto gegen Bier" ein. Bier trinken Hirten allenfalls nach getaner Arbeit abends zu Hause – nicht während der Arbeit.

Buchtipp – Praxis-Ratgeber:
- Harald A. Friedl
Respektvoll reisen
(Reise Know-How Verlag)

Verkehrsmittel im Land

Bus

In jeder Stadt gibt es einen meist in der Nähe des Bahnhofs gelegenen Autogară, einen Busbahnhof für Inlands-Linienbusse. Wer im Inland größere Strecken mit dem Bus zurücklegen möchte, sollte sich sein Ticket frühzeitig kaufen, da es sonst sein könnte, dass große Streckenabschnitte im Stehen verbracht werden müssen. Tickets gibt es nur bei den Filialen der Betreiberfirmen bzw. direkt am Busbahnhof – niemals beim Fahrer! In Rumänien ist Busfahren noch billiger als Zugfahren, dementsprechend überfüllt sind die meisten Busse. Das Busnetz ist hervorragend ausgebaut, die Fahrzeuge des Nahverkehrs sind mitunter allerdings in einem erbärmlichen Zustand. Rumänische Busfahrer müssen neben ihren fahrerischen Qualitäten auch über die eines Mechanikers verfügen. Vor allem in den Wintermonaten und in den Bergen ist mit Verzögerungen bei den Abfahrts- und Ankunftszeiten zu rechnen.

Neben den öffentlichen Bussen verkehren in den meisten Städten und Gemeinden **Minibusse,** die in den Städten **„Maxi-Taxi"** genannt werden.

Abfahrtszeiten von Bus u. Bahn

In dieser 4. Auflage werden wieder Abfahrtszeiten von Bussen und Bahnen ins Buch aufgenommen. Es sei jedoch darauf hingewiesen, dass diese mit Vorsicht zu genießen sind, denn Fahrpläne können sich in Rumänien **schnell ändern.** Selbst Bus-Haltestellen unterliegen mitunter einem undurchschaubaren Wechselspiel. Die Fahrunternehmer argumentieren mit Bauarbeiten oder Sommer- und Winterfahrplänen. Ich bitte die Leser und Leserinnen um Nachsicht, wenn die tatsächlichen Abfahrtszeiten (oder die angegebenen Buslinien) nicht immer ganzjährig mit den im Buch gelisteten übereinstimmen. Über Hinweise und Verbesserungsvorschläge freue ich mich: joscha.remus@email.de.

Infos zu Abfahrtszeiten von Bussen erhält man auch unter www.autogari.ro, zu Zügen unter www.mersultrenilor.ro.

Metro

Eine rumänische U-Bahn gibt es bislang **nur in der Hauptstadt Bukarest.** Das Streckennetz der über 60 km langen Bukarester Metro wurde im November 1979 mit einem ca. 8 km langen Teilstück der Linie M1 eröffnet. Die letzte Erweiterung erfuhr die Metro im Jahr 2000 mit dem Anschluss der M4, die vom zentralen Gara de Nord bis zum Platz des 1. Mai, der Station Parc Bazilescu, fährt. Die U-Bahn nimmt ihren **Dienst** um 5 Uhr auf, die letzte Metro fährt um 23:30 Uhr. Die **Taktzeiten** liegen zwischen 8 und 16 Minuten im Normalverkehr und 4 und 5 Minuten während der Rushhour.

Die Wassertalbahn in voller Fahrt

Ein **2-Fahrten-Ticket** *(Două călătorii)* kostete im März 2012 4 RON (ca. 0,94 Euro), ein **10er-Ticket** *(Zece călătorii)* 10 RON (ca. 2,36 Euro). Für Besucher der Hauptstadt, die länger unterwegs sind, empfiehlt sich die **Tageskarte,** die bereits zum Preis von 6 RON (ca. 1,41 Euro) zu haben war. Der **Monatspass** *(Abonament lunar),* der 62 Fahrten erlaubt, kostete 35 RON (ca. 8,24 Euro). Studenten zahlen die Hälfte.

Bahn

Eisenbahnen gibt es in Rumänien **seit 1872.** Bereits zu *Ceauşescus* Zeiten konnten Interrail-Touristen bequem mit der Bahn durchs Land reisen. Der zweifellos berühmteste Zug, der je durch Rumänien fuhr, ist der Orient-Express. Einen überaus spannenden Ausflug in die Berge des nördlichen Rumäniens kann man heute mit der dampfgetriebenen Eisenbahn im Valea Vaser unternehmen.

Bahnfahrten sind in Rumänien traditionell **sehr günstig,** da sie als Teil der staatlichen Daseinsvorsorge verstanden und daher subventioniert werden. So kostet die fünfstündige Transkarpaten-Strecke von Bukarest nach Sibiu im IC „Blauer Pfeil“ keine 20 Euro. Bei

rum08-093 Foto: jr

Fernzügen wird mit dem Fahrkartenkauf gleichzeitig ein Platz reserviert.

Neben der Kategorie *Expres* für Intercity (IC) und EuroNight (EN) gibt es die **Kategorien** Schnellzug/*Rapid,* Eilzug/*Accelerat* und Personenzug/*Personal.* Letzterer hält an jedem möglichen Bahnhof.

Der **Standard** der staatseigenen Bahn CFR *(Compania Națională de Cai Ferate)* hat sich in den letzten Jahren enorm verbessert. Unter der Kategorie *Expres* rollt ein Intercity namens „Blauer Pfeil" durchs Land und verbindet mittlerweile viele der größeren Städte.

Für die Kategorien *Rapid* und *Expres,* die nur in den größeren Städten halten, ist ein Aufpreis zu zahlen. **Tickets** löst der Bahnreisende am besten früh und rechtzeitig, da man die Wartezeiten an den Schaltern in den Bahnhöfen sehr schlecht einschätzen kann und Züge kurzfristig auch mal ausgebucht sein können.

Wer seine Fahrten planen kann, ist am besten bedient, wenn er schon vor der Abreise die gewünschten Strecken bei einer Bahnagentur (z.B. Gleisnost, siehe Kapitel „Vor der Reise/Anreise mit der Bahn") bucht.

Fahrkarten für Auslandsreisen sind in Bukarest im CFR-Büro in der Str. Eforie erhältlich.

Taxi

Auch Taxis sind **preisgünstig.** Selbst mit schicken Importfahrzeugen kostet eine Fahrt pro gefahrenem Kilometer nur 1,40 bis 3,50 RON (umgerechnet ca. 35 bis 90 Cents). Alle offiziellen Taxiunternehmen in Rumänien findet man auf der Website www.taximetre.ro. Bei Fahrtantritt ist darauf zu achten, dass das in allen Fahrzeugen vorgeschriebene **Taxameter** eingeschaltet ist. Ist das nicht der Fall und will sich ein Taxifahrer z.B. damit herausreden, dass er keine Papierstreifen mehr hätte, das Gerät gerade defekt oder, falls nicht vorhanden, in der Reparatur sei, meiden bzw. verlassen Sie das Taxi. Offizielle und seriöse Firmen machen die Tarife sowie den Namen des Unternehmens und eine Telefonnummer außen am Fahrzeug sichtbar. Für Fahrten über eine längere Distanz sollte man sich nicht auf einen vermeintlich billigeren **pauschalen Fahrpreis** einlassen. Das Taxameter sollte über die ganze Strecke eingeschaltet sein – bei Pauschalpreisen zahlt man letztlich fast immer drauf.

Schiff

Im **Donaudelta** gibt es **ab Tulcea** regelmäßige Schiffsverbindungen. Mit dem **Gleitboot,** der schnellsten Verbindung, benötigt man von Tulcea zu dem am Schwarzen Meer gelegenen Sulina 1½ Stunden. Neben dem Sulina-Arm werden auch der Sf.-Gheorghe-Arm und der Chilia-Arm regelmäßig von Schiffen der **Gesellschaften Navrom** oder **AZL** befahren. Die genauen Abfahrtszeiten finden sich bei den praktischen Informationen zu Tulcea im Kapitel „Moldau/Dukowina".

Bei Brăila im Donaudelta kann die Donau mit einer (Auto-)Fähre überquert werden. Weitere **Fähren** finden sich am Eisernen Tor zwischen Serbien und Rumänien bei Orşova sowie zwischen dem rumänischen Giurgiu und dem bulgarischen Ruse.

Flugzeug

Neben der rumänischen **Fluggesellschaft TAROM,** die ihre Passagiere täglich vom Bukarester Flughafen Henry Coandă nach Timişoara und Cluj-Napoca befördert, fliegt auch die rumänisch-schweizerische Gesellschaft **Carpatair** im Inlandsbereich.

Der **Aeroportul Traian Vuia in Timişoara** ist neben Bukarest zur wichtigsten nationalen Drehscheibe geworden. Carpatair fliegt von Iaşi, Târgu Mureş, Constanţa, Oradea, Cluj-Napoca, Sibiu, Bukarest und Bacău nach Timişoara.

Auch **Sibiu** hat einen Flughafen mit einigen interessanten Inlandsverbindungen (u.a. nach Târgu Mureş und Constanţa) und einer sehr guten Informationsstelle (Tel. 0269-253 135).

Zeitzone

Rumänien liegt gemeinsam mit z.B. Ägypten, der Ukraine, Finnland und Griechenland in der **osteuropäischen Zeitzone.** Wenn es bei uns Mitteleuropäern also gerade 12 Uhr Mittag schlägt, ist die Mittagspause für die meisten Rumänen schon vorbei. Ihre Uhr zeigt dann 13 Uhr.

Zeitumstellungen erfolgen jeweils am letzten Sonntag im März (Sommerzeit) und am letzten Sonntag im Oktober (Winterzeit).

rum018 Foto: jr

Der 1544 m hohe Karpatengipfel Piatra Altarului (Altar-Felsen) am Übergang von Transsylvanien und Moldau

rum094 Foto: jr

Land und Leute

rum095a Foto: jr

rum095b Foto: jr

Junge Tänzer aus Muntenien

Wachmänner in Bukarest

Hirte im Banat

Felix Romania – Donau, Wälder und Karpaten

Bereits die römischen Eroberer nannten das Land am östlichen Rand ihres Reiches **„Dacia Felix“,** das „glückliche Dakien“. Neben dem **Gold,** das sie in den Flüssen und Senken, und dem **Salz,** das sie in den Bergen und Höhlen der westlichen Karpaten fanden, zog es sie nach ihren Eroberungszügen immer wieder zu den **Thermalquellen,** den „heiligen Quellen des Herkules“. Doch auch die strategische Lage des Landes übte eine magische Anziehung auf die Römer und später auf zahlreiche andere Völker aus. Wie eine gewaltige Trutzburg erscheinen die bis zu 2500 m hohen **Karpaten** und ziehen sich als gewaltiger Bogen von Norden nach Süden und weiter nach Westen. Der natürliche, fast geschlossene Wall, der dabei entsteht, umschließt ein **hügeliges Hochland,** das fast vollständig von Wäldern bedeckt war. Wer hier hindurch wollte, musste ein Abenteuer wagen – eben „durch die Wälder“ reiten, was den heutigen Namen **Transsylvanien** für die zentral gelegene Region erklärt (lat. *trans* = durch, *silvia* = der Wald).

Doch jenseits und rund um diesen natürlichen Schutzwall der Karpaten erstrecken sich **weite offene Ebenen.** Was dann kam, war für frühere Eroberer das Ende der Welt. Man schickte die Strafgefangenen in die endlosen Schilflabyrinthe des Donaudeltas oder brachte Widersacher wie den berühmten Poeten *Ovid* ins Exil nach Tomis, dem heutigen Constanţa – dorthin, wo das Festland endet und es nicht mehr weitergeht. Im Deutschen hat sich die **Randlage Rumäniens** sogar sprichwörtlich verankert: „Den schicken wir in die Walachei“ bedeutete früher nichts anderes als: „Den schicken wir ans Ende der Welt.“

Doch was dem Einen das Ende der Welt, ist für andere deren Anfang. Das östliche Meer, die ringsum vorhandenen fruchtbaren Ebenen und das im Nordosten beginnende ukrainische Tiefland machten es den Eroberern im Laufe der Zeit recht leicht, hier einzufallen und ihre Spuren zu hinterlassen. So findet sich **kulturell** neben den römischen **Wurzeln,** auf die sich die Rumänen so gerne berufen, ein buntes Gemisch aus slawischen, türkischen, deutschen, österreichischen und ungarischen Einflüssen.

„Felix Romania“ würden die Römer wohl auch heute noch sagen, denn den eigentlichen Reichtum früherer Zeiten, die **Vielfalt der Natur** und die herzliche **Neugier und Gastfreundschaft der Menschen,** besitzt Rumänien nach wie vor. Nach all den Wirren der Geschichte sprudeln die Heilquellen der Karpaten immer noch, die Donau verbindet den Westen weiterhin mit dem Osten, man reitet wieder durch die Wälder Transsylvaniens, und wer heute aus dem Westen in die stillen Täler des Hochlandes „einfällt“, tut dies vor allem, um sich daran zu erinnern, wie man richtig feiert, denn darin sind die Rumänen unschlagbar.

Geografie

Mit mit einer **Fläche von 238.391 Quadratkilometern** ist Rumänien fast sechsmal so groß wie die Schweiz oder dreimal so groß wie Österreich. Im Gegensatz zu Holland, das seine Landmasse dadurch vergrößert, dass es dem Meer durch Polder Land abringt, wächst Rumänien auf natürliche Art. Durch die Schlammmassen der Donau erweitert sich das Delta am Schwarzen Meer jährlich um etliche Quadratmeter.

Westkarpaten

•**Hinweis:** Wenn im Verlauf dieses Buches von Westkarpaten die Rede ist, so sind damit die **westlichen Ausläufer der rumänischen Karpaten** gemeint. Die Bezeichnung Westkarpaten kann nämlich zu einiger Verwirrung führen, da man sie gewöhnlich geografisch auf die Karpaten der Slowakei und Südpolens bezieht.

Etwa ein Drittel der Landesfläche Rumäniens ist von Gebirgen bedeckt. Die Karpaten ziehen sich – als **Fortsetzung der Alpen** – von der Slowakei über Polen und die Ukraine halbkreisförmig von Norden nach Rumänien hinein, um das Land dann im Südwesten in Richtung Serbien und Montenegro als **Banater Berge** zu „verlassen".

In die offene Stelle, die dieser gebirgige Halbkreis im Westen Rumäniens hinterlässt, fügt sich das isolierte **Apuseni-Gebirge** ein. Diese Region südwestlich von Cluj-Napoca wird von rumänischer Seite auch als Westkarpaten bezeichnet.

Als markantestes Massiv des Apuseni gilt das **Bihor-Gebirge,** welches westlich recht steil in die **pannonische Tiefebene** abfällt und mit dem 1849 m hohen **Cucurbata Mare** den höchsten Berg des Apuseni-Gebirges aufweist. Der Kalkstein hat dieses Gebirge geprägt. Der Karst, schroffe Grate und zahlreiche Höhlen bestimmen seinen Charakter. Über die Landesgrenzen hinaus ist das Bihor-Gebirge vor allem wegen der imposanten **Scărişoara-Gletscherhöhle** bekannt geworden.

Neben dem Bihor nimmt das Massiv der **Muntele Mare** (der großen Berge) den größten Teil der Apuseni-Berge ein. Hier bestimmen kristalline Schiefer das Bild.

Nach Norden hin läuft der Apuseni langsam und stufenweise in die bewaldeten **Mittelgebirge Pădurea Craiului, Vlădeasa und Gilău** aus.

Die **westlichen Ausläufer Zărand und Codru-Moma** eignen sich im Winter hervorragend zum Skiwandern. Die Karstlandschaft hat in dieser Gegend zahlreiche Dolinen entstehen lassen.

Südkarpaten

Da sich die **höchsten Erhebungen der Karpaten,** nämlich alle vierzehn 2000er, in den Südkarpaten befinden, nennt man sie auch die **Transsylvanischen Alpen.** Im Westen beginnen diese ziemlich genau nach Osten verlaufenden Gebirgszüge mit dem eindrucksvollen **Retezat-Gebirge,** dem gleichnamigen Nationalpark und vielen klaren Bergseen. Wer hier seine

Rumäniens Regionen

Rumänien unterteilt sich heute in **acht historische Regionen,** die sich **sowohl geografisch als auch kulturell** zum Teil **stark** voneinander **unterscheiden.** Für einige Landesteile kursieren unterschiedliche Namen. Neben rumänischen, ungarischen und deutschen Bezeichnungen werden in Rumänien auch ältere oder heute noch geläufige regional geprägte Bezeichnungen weiter verwendet.

Was die **Bukovina** betrifft, weiß jeder in Rumänien, wo sie zu finden ist, auch wenn sie heute in der Moldau-Region aufgegangen ist und meist nicht eigens erwähnt wird. Die Bukovina, zu Deutsch Buchenland, bezeichnet das nördlichste Gebiet der Moldau-Region, zu dem ehemals auch die heute zur Ukraine gehörende Nordbukowina mit der Stadt Tschernowitz gehörte.

● Maramureş

Die Provinz Maramuresch (ung. Máramaros) im Nordwesten Rumäniens wurde nie von den Römern erobert. Auf den Bergen und in den Tälern an der ukrainischen Grenze und rund um Vişeu de Sus findet man heute noch uralte Traditionen vor.

● Crişana

Auch die Kreisch (ung. Körövidek) im äußersten Nordwesten wurde nicht von den Römern erobert (worauf man größten Wert legt). Der osmanischen Herrschaft (ab 1526) konnte man jedoch nicht entgehen.

● Transilvania

Das in der Mitte Rumäniens gelegene Siebenbürgen (ung. Erdély) wird auch als das Herz Rumäniens bezeichnet. Alle anderen Regionen gruppieren sich um das zentral gelegene waldreiche Hochland. Einige Rumänen verwenden für Transsylvanien auch die sich ans Ungarische anlehnende Bezeichnung Ardeal.

● Banat

Beim Banat herrscht, was die Benennung anbelangt, keine Sprachverwirrung. Und dennoch ist die Region Banat zwischen Rumänien, Serbien und Ungarn aufgeteilt worden (wobei Ungarn hier den weitaus kleinsten Teil erhalten hat).

● Oltenia

Die nach dem Fluss Olt benannte Region im Süden und Südwesten des Landes kennt im Deutschen zwei Bezeichnungen: einmal Oltenien und zum anderen „die kleine Walachei".

● Muntenia

Obwohl der Olt auch die in Deutsch Muntenien genannte südliche Region begrenzt, wurde sein Name hier nicht verwendet. Bekannt ist die Region auch unter dem Namen Walachei. Gemeinsam sehen sich Oltenien und Muntenien als das „rumänische Stammland" an.

● Dobrogea

Die Dobrudscha ist die östlichste Region Rumäniens und grenzt im Norden an die Republik Moldawien und die Ukraine, im Süden an Bulgarien und im Osten an das Schwarze Meer.

● Moldova

Die Moldau-Region zählt wieder zu den Kandidaten, die sprachlich für ein wenig Verwirrung sorgen können. Dies kommt zum einen daher, dass es auch in Tschechien einen Fluss namens Moldau gibt, zum anderen klingt auch die Republik Moldau bzw. Moldawien in einigen Sprachen (z.B. engl. Moldavia) sehr nach der rumänischen Region im äußersten Nordosten.

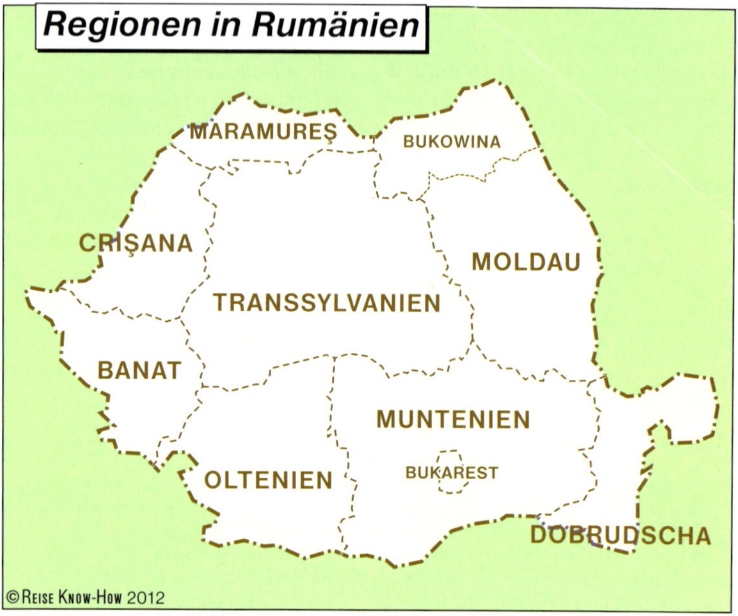

Eintrittskarte gelöst hat, kann bis zum 2509 m hohen **Peleaga** oder dem benachbarten, 2482 m hohen **Vârful Retezat** hinaufklettern. Nur durch eine Schlucht und den Fluss Jiu de Vest getrennt, geht es im Süden des Retezat gleich wieder steil nach oben. Von den relativ wenig bewanderten Hochplateaus des **Valcan-Gebirges (Munţii Vâlcan)** und der sich östlich anschließenden **Munţii Parâng** und **Munţii Căpăţânii** hat man bei gutem Wetter einen fantastisch weiten Blick.

Die **südlich von Sibiu** gelegenen **Munţii Cindrel** werden von den Städtern gerne an den Wochenenden besucht, da die **Hohe Rinne (Păltiniş)** gerade einmal 32 km von der mittelalterlichen Stadt entfernt liegt. Ebenfalls südlich von Sibiu liegt eine der wenigen flachen Nord-Süd-Passagen. Der Fluss Olt hat sich zwischen den Städten Avrig und Râmnicu Vâlcea in die Südkarpaten gefressen und ermöglicht somit auch Radfahrern eine entspannte Traverse.

Anders als die meist stark bewaldeten östlichen, westlichen und nördlichen Karpaten, in denen der Kalkstein den „Ton angibt", geben sich die südlichen Bergketten **schroff, felsig und hochalpin.** Kristalliner Schiefer bestimmt hier das Bild. Gerade das jedoch macht ihren Reiz für Kletterer

und Gipfelstürmer aus. Das gewaltigste Massiv der rumänischen Karpaten, das **Fogarascher Gebirge (Munții Făgăraş),** erreicht dann in der Tat alpine Höhen. Der höchste Berg Rumäniens, der 2544 m hohe **Moldoveanu,** erhebt im Fagarasch sein Haupt.

Unweit dieses Gipfels schlängelt sich die **Transfăgăraşan,** eine Hochgebirgsstraße, über den Pass. Sie wurde während der Zeit *Ceauşescus* unter großen Leiden von Häftlingen fertig gestellt.

Ihren östlichsten Punkt und gleichsam nobelsten Höhepunkt erreichen die Südkarpaten im **Bucegi-Gebirge.** Hier in der Nähe der Kurorte Predeal und Sinaia zeigen fantastische mysteriöse Gesteinsformationen wie die **Sphinx** (rum.: *Sfinx*) und die pilzartigen **Babele,** wozu Wind und Wetter im Gebirge fähig sind.

Im Bauch der Salzberge

Salzburg liegt nicht nur in Österreich. Auch mitten in Rumänien gibt es einen Ort, den die deutsch sprechenden Siebenbürger **Salzburg** nennen. Auf Rumänisch heißt die Gemeinde **Ocna Sibiului** und gilt als **einer der interessantesten Kurorte Transsylvaniens.** Still und ruhig liegen einige Kurgäste und Urlauber im Wasser, um den Effekt des Auftriebs am eigenen Leib zu erfahren. Ähnlich wie am Toten Meer ermöglicht der hohe Salzgehalt der Seen es dem Badenden, völlig entspannt und regungslos auf der Wasseroberfläche zu treiben. Auch therapeutisch entfaltet die Solewirkung des Salzburger Wassers heilsame Kräfte, was vor allem Patienten mit **Hautproblemen** zu schätzen wissen.

Zu verdanken haben die Menschen die riesigen Salzvorkommen Rumäniens dem Mittelmeer. Denn dort, wo sich heute die Karpaten erheben, brandeten vor Jahrmillionen Meereswogen. Die Erdkruste hat dieses Salz gespeichert, und bereits die Römer wussten es zu schätzen, dass das „weiße Gold" im alten Dakien direkt an der Erdoberfläche abbaubar war.

In der siebenbürgischen Hochebene taucht das Salz an über 40 verschiedenen Orten an der Oberfläche auf.

Über 200 Salzberge gibt es westlich des Olts, doch die Existenz von Tausenden von Salzwasserquellen bezeugt, dass fast ganz Rumänien „Salzland" war und immer noch ist.

So beispielsweise in **Târgu Ocna** im Moldaugebiet südwestlich der Stadt Bacau. Im 240 m tiefen Bauch eines Salzberges befindet sich hier eine in Salz geschliffene Kathedrale, die der *heiligen Barbara,* der Schutzheiligen der Bergbauleute, gewidmet ist. In 130 m Tiefe hat man ein **Sanatorium** eingerichtet, das sich mit seinen Soletherapien vor allem an Menschen mit Atemwegsbeschwerden richtet.

Südlich von Braşov hat man in **Slanic** gleich ein ganzes Fußballfeld in den unterirdischen Salzstollen errichten lassen. Die kleine unterirdische sportliche „Salzstadt" besitzt zudem Volleyballfelder, eigene Schachräume und zahlreiche andere Räume für Aktivitäten und das Ausruhen in der salzhaltigen Luft.

Im Nordosten Rumäniens, im Landkreis Suceava, steht das **Cacica-Massiv** auf zwei riesigen, jeweils 170 m dicken Salzlinsen. Das Salzbergwerk, das hier errichtet wurde, beherbergt heute in seinen Tiefen neben einem Tanzsaal auch eine Kirche und ein Museum.

Ost- und Nordkarpaten

Östlich der Stadt Braşov verliert sich der raue hochalpine Charakter der Karpaten in einem abrupten Bogen nach Norden. Die Karpaten bekommen wieder Mittelgebirgshöhe und laden vor allem die Wanderer und Skilangläufer ein. Östlich der **Munții Buzăului** blubbern und zischen die Schlammvulkane und erinnern an geologisch archaische Zeiten (siehe entsprechenden Exkurs).

Den imposantesten und berühmtesten Berg der Ostkarpaten findet man unweit der Stadt Piatra Neamț im Nordosten. Viele Mythen und Sagen ranken sich um den „Olymp der Karpaten", den **Ceahlău.** Seine Nähe zum **Lacul Izvorul Muntelui,** einem der größten und schönsten Seen des Landes, verleiht dem kegelförmigen Berg aufgrund des plötzlichen Höhenunterschieds noch mehr Strahlkraft.

Zahlreiche **Heilquellen** entspringen dem mineralischen Gestein der nordöstlichen Karpatenkette. Zwischen Borsec und Vatra Dornei, zwei der bekanntesten rumänischen Quellen, liegt das **Călimani-Gebirge.** Zwei europäische tektonische Platten treffen hier

Ruderspaß auf dem Roten See (Lacul Roşu) vor der Kulisse abgestorbener Baumstämme, die aus dem Wasser ragen

Die blubbernden Schlammvulkane

An vielen Verwerfungen und Brüchen des westlichen Karsts kann man bereits erkennen, dass auch vulkanische Aktivität zur Bildung der rumänischen Berge beigetragen hat. Vulkanismus hat es fast überall in den rumänischen Karpaten gegeben. So zum Beispiel auch im **Hargitha-Gebirge** in den Ostkarpaten. Mit durchschnittlich 1200 m Höhe ähneln die Hargitha-Berge eher einem Hochplateau als einem Gebirge, und nur der 1800 m hohe Mădăraş streckt hier sein Haupt empor. Das Hargitha-Gebirge, so kann man den Sedimentschichten entnehmen, ist in acht vulkanischen Eruptionen und in dichter zeitlicher Folge „geboren" worden. Das war etwa vor 20 Millionen Jahren.

Doch wer heute noch nach vulkanischen „Aktivitäten" in Rumänien sucht, muss ein wenig weiter nach Osten fahren. Östlich der Hargitha-Berge, in der gleichnamigen Provinz, kann man ein vulkanisches Phänomen ganz besonderer Art bewundern. Die **Schlammvulkane (Vulcanii Noroioşi)** sind zuerst einmal nicht sonderlich imposant, auch erinnern sie nicht unbedingt an das, was man sich unter einem Vulkan so vorstellt. Man stapft durch eine Welt, die man sonst nur als Mondlandschaft bezeichnen würde. Kreisrunde Löcher liegen ruhig da, um dann plötzlich blubbernde Blasen zu bilden. Jährlich ziehen sie Tausende von ausländischen Besuchern an, die so etwas vielleicht in Island, aber keinesfalls in Rumänien erwartet hätten.

rum102 Foto: jr

Dass diese Katastrophen inmitten der herrlichsten Maramureş-Landschaft geschahen, hatte zumindest eine zeitweilige **Schockwirkung** auf die Regierung. Rumänien setzte strengere Luftfilter-Verordnungen und solche für die Abfallbeseitigung durch.

8,3 Prozent des Landes stehen mittlerweile **unter Naturschutz.** Die größten Schutzgebiete wie das Biosphärenreservat Donaudelta, die Nationalparks Bucegi, Porţile de Fier (Eisernes Tor), Călimani oder Piatra Craiului werden auch von westlichen Umweltschutzorganisationen kontrolliert.

Der **Einklang zwischen Mensch und Natur** ist in Rumänien **auf dem Land** seit langer Zeit gegeben. Eine Agro-Industrie gibt es nicht. Eine Flurbereinigung, wie etwa in Deutschland, hat in Rumänien nie stattgefunden. Traditionell setzt die Landwirtschaft in Rumänien keine Pestizide ein, Kälber und Schweine werden noch ohne Hormonpräparate aufgezogen, und Hühner haben allen Auslauf, den ihr Hühnerherz begehrt.

Die Bestandteile wilder Deponien waren im Vorplastik-Zeitalter wahrlich noch wild, da biologisch rückstandslos abbaubar. Angesichts so mancher Plastikflasche am Rande klarer Bergseen ist es heute die **Aufgabe jedes Einzelnen,** das Bewusstsein für den ökologischen und damit auch touristischen Schatz Rumäniens zu schärfen.

rum583 Foto: jr

Bevölkerungspolitik unter Ceauşescu

Auch im Kapitel zur Bevölkerung kommt man am Namen *Ceauşescu* nicht vorbei. Mit seiner Politik griff der Diktator massiv in die Bevölkerungsentwicklung ein. 1988 beschloss seine Regierung, die Zahl der rumänischen Dörfer drastisch zu verringern. Von 13.000 Dörfern sollten nur noch 5000 übrig bleiben. Eine Protestwelle aus dem Ausland verhinderte dieses Projekt. Dennoch verschwanden viele Dörfer und wurden „eingeebnet", um den „wissenschaftlich erwiesenen Fortschritt" in die Städte zu tragen. Ende der 1980er Jahre wurden auch Abtreibungen und Verhütungsmittel strikt verboten. Ein **„Vielkinderprogramm zur nationalen Rettung"** wurde ausgerufen, um sozialistisch-international eine Spitzenstellung zu erreichen. *Ceauşescu* hatten die Massenkundgebungen, die er in Nordkorea gesehen hatte, sehr imponiert. Nun wollte auch er solche Kundgebungen abhalten und vor allem ein Bevölkerungswachstum herbeiführen, wie er es von Ostasien her kannte.

Bereits im Laufe der 1970er Jahre hatte *Ceauşescu* mit einem **Umsiedlungsprogramm** für die im Land lebenden Roma und die ungarischen und deutschen Minderheiten begonnen. Diese Maßnahmen sollten nicht nur der Landgewinnung und dem Aufbau von „Agrofabriken" dienen, sondern auch die bessere Kontrolle über diese Bevölkerungsgruppen ermöglichen.

Durch die Zerstörung der gewachsenen Siedlungsstrukturen strebte er eine **„Homogenisierung"** der rumänischen Bevölkerung an. Die Arbeit in unabhängigen Kleinbetrieben wurde der Bevölkerung strengstens untersagt, worunter vor allem die hier tätigen Roma besonders zu leiden haten. Andererseits unterstützte das Regime ethnische Minderheiten, zumal sie sich in bare Münze verwandeln ließen. Je nach Alter und Ausbildungsgrad gestaffelt, erhielt die rumänische Regierung für Auswanderer ein **„Kopfgeld"**, das in einzelnen Fällen bis zu 5000 Euro betragen konnte.

Bevölkerung

In Rumänien leben knapp über **19 Millionen Menschen.** Das Land ist sehr dünn besiedelt, gerade einmal 90 Menschen kommen auf einen Quadratkilometer (Stand: Mai 2012; zum Vergleich: In Deutschland sind es etwa 230 Menschen). Noch im Jahre 1950 lebten mehr als 70 Prozent der Menschen auf dem Land, doch mit dem Beginn der Industrialisierung begann auch um die Karpaten herum die Verstädterung einzusetzen. Heute leben noch **55 Prozent der Rumänen auf dem Land,** womit Rumänien im europäischen Vergleich immer noch einen Spitzenplatz belegt.

Nach der Revolution und der Wende zu Beginn der 1990er Jahre ist die **Geburtenrate** in Rumänien stark zurückgegangen und passte sich damit nahtlos den demografischen Tendenzen in West- und Osteuropa an. Der Rückgang der rumänischen Bevölkerung von 1992 bis 2002 – in diesen Jahren fanden die beiden letzten Volksbefragungen statt – um 1,1 Prozent kann allerdings auch auf die starke **Auswanderungswelle** zurückzuführen sein. Die Migration der Rumänen in den Westen ist nach wie vor

punkte festgelegt: die Hochzeit und den Todesfall.

Der „Fröhliche Friedhof“

Dass man dem Tod, um mit diesem Kapitel zu beginnen, durchaus auch gute, ja zuweilen fröhliche Seiten abgewinnen kann, wissen vor allem diejenigen zu berichten, die ihn begießen können. Weltweite Berühmtheit hat dabei eine kleine Gemeinde an der ukrainischen Grenze erlangt, die auf ihrem **„Fröhlichen Friedhof“ von Săpânța** Nachrufe auf die Verstorbenen verfasst, die es in sich haben. **Dumitru Pop,** der in kurzen Versen die Lebensgeschichten der Menschen auf die blau gefärbten Holzkreuze malt, kennt die Geschichte jedes Einzelnen. Seine Arbeit sieht oft wie ein Ritual aus. „Ich zeichne das Leben des Verstorbenen mit einigen wenigen markanten Strichen nach und hoffe, dass sich die Menschen hier im Ort noch lange an ihren Mitmenschen erinnern können. Die Menschen im Ort leben zusammen und sie sterben zusammen ...“ sagt *Pop,* „... und das ist gut so.“

Über 800 Kreuze stehen mittlerweile auf dem Friedhof, und einige von ihnen sind kleine poetische Kunstwerke:

Ich war *Georg, Patocs* Sohn,
am Arbeiten und am Spielen war ich,
bis die singende Welt nicht mehr war.
Über die süßen Flaschen haben wir getanzt,
bis ich keine Kraft mehr hatte.
Wir versuchten, reich zu werden,
griffen oft nach Glanz und Glück,
bis das Grab mich rief
und ich das Leben lassen musste,
mit 77 Jahren.

Das **Klagelied** ist ebenfalls eine alte Tradition, die man in vielen Dörfern, ja selbst im fröhlichen Săpânța, noch kennt und pflegt. Die Kenntnisse einiger Klagefrauen gehen dabei weit über das bloße Singen von Klageliedern hinaus. Viele von ihnen übernehmen zudem die Sterbebegleitung und das, was man bei uns neuerdings als „thanatologische Sozialhygiene“ bezeichnet, das Trösten und Betreuen der Verbliebenen.

Das bei uns als Leichenschmaus bekannte Mahl wird in einigen Gegenden Rumäniens **„Tränenbrot“** genannt. Hierzu versammelt sich traditionellerweise das gesamte Dorf an reich gedeckten Tischen und erweist dem Verstorbenen durch das Erzählen von Geschichten oder leise gesungene Lieder die letzte Ehre.

Hochzeit

Gewöhnlich nimmt in Rumänien das ganze Dorf Anteil an Totenfeiern, Hochzeiten und Taufen. Bei Hochzeiten und Taufen tut man dies natürlich besonders gerne.

Die Hochzeit wird traditionell **an mehreren Tagen gefeiert,** wobei das Essen, Trinken und Tanzen einen sehr breiten Raum einnimmt. Die **Schlachtung** eines Kalbes, einiger Schweine oder Lämmer steht dabei am Anfang eines Szenarios, das parallel zu den eigentlichen Feiern permanent im Hintergrund stattfindet: Backen, Kochen und Braten.

Mit einer Blume am Revers ausgestattet macht sich die Gemeinde unter

rum118 Foto: jr

den begleitenden Klängen der Blasmusik auf den Weg zur Kirche. Den beiden **Hochzeitspaten** versucht man dabei schon unterwegs das Geld aus der Tasche zu ziehen, das übrigens auch während der restlichen Feierlichkeiten eine nicht unbedeutende Rolle spielt. Für das Brautpaar selbst steht die **kirchliche Zeremonie** im Mittelpunkt, zu deren im wahrsten Sinne des Wortes krönendem Abschluss jeder vom Priester eine **Hochzeitskrone** aufgesetzt bekommt. Neben einer Brautentführung und der auch bei uns bekannten Versteigerung des Brautschuhs stehen beim anschließenden Feiern **regional sehr verschiedene Bräuche** auf dem Programm.

Auf den Dörfern ist es die **Hora,** ein fröhlicher Rundtanz, der zum feierlichen Abschluss noch einmal zeigt, wie eng das ganze Dorf zusammenhält, wenn es ums Feiern und Tanzen geht.

Freilichtmuseum Dorf

Wer weiß schon noch, was ein Göpelschöpfwerk, eine Segelwindmühle oder eine Kufenwiege ist. Mit den Traditionen sterben nicht nur die Begriffe, sondern auch die Fertigkeiten der Menschen aus. Vielen Besuchern von rumänischen Dörfern mögen bereits Fertigungsweisen wie Spinnen, Knüp-

Hochzeitsfeier im Maramureş –
die Familie wartet auf den Bräutigam

gehören die Deutschen in Siebenbürgen vor allem der **evangelischen Kirche** an, die Ungarn mehrheitlich entweder zur **römisch-katholischen** oder zur evangelischen Kirche.

In den östlichen Landesteilen am Schwarzen Meer gibt es noch eine geringe Anzahl an **Moslems.** Die **jüdischen Gemeinden** in den größeren Städten erholen sich nur langsam vom Holocaust und der Verfolgung, der das Judentum auch in Rumänien ausgesetzt war.

Im Donaudelta lebt noch eine kleine Zahl von **Lippowenern,** orthodoxen Altgläubigen, die jedoch immer weniger werden.

Die rumänische Orthodoxie

Die **Christianisierung der dako-römischen Bevölkerung,** die zwischen Karpaten, Donau und dem Schwarzen Meer wohnte, erfolgte bereits in den ersten Jahrhunderten. Bereits vor dem Edikt Kaiser *Konstantins* aus dem Jahr 313, das die Religionsfreiheit im ganzen Römischen Reich festschrieb, wurden weite Teile der heutigen Dobrudscha evangelisiert. Der **Apostel Andreas** soll fünf Jahre in einer Höhle nahe der heutigen bulgarischen Grenze gewirkt haben. Noch heute werden in der Nähe des Klosters Dervent auf dem Stein, den er als Altar benutzte, Gottesdienste gefeiert. Auch das erste Bistum auf dem Gebiet des heutigen Rumänien bildete sich in der Dobrudscha in Tomis (= Constanţa).

Im 6. Jahrhundert brach die noch junge Kirche unter dem **Ansturm slawischer Eroberer** zeitweise völlig zusammen. Doch im Laufe der Zeit assimilierten die Christen die slawischen Reitervölker, mussten im Gegenzug aber im 10. Jahrhundert das Kirchenslawische als Sprache des Gottesdienstes akzeptieren. **Kirchenslawisch** sollte bis ins 17. Jahrhundert die Sprache der rumänischen Kirche bleiben.

Nachdem Rumänien 1878 zu einer unabhängigen Monarchie geworden war, erhielt auch die rumänische Kirche ihre **Unabhängigkeit.** Ein eigenes Oberhaupt, den **Patriarchen,** erhielt sie erst im Jahre 1925 (außer in Rumänien wird auch die russische, serbische, bulgarische und georgische Kirche von einem Patriarchen geleitet; in der Orthodoxie Griechenlands und Zyperns ist es ein Erzbischof).

Seit 1925 haben sechs **Metropoliten** (so werden die Leiter der fünf höchsten Kirchenkreise, der Metropolien, genannt) den Patriarchenthron bestiegen. Als letzter war es *Daniel Ciobotea,* der im September 2007 das höchste Amt der rumänisch-orthodoxen Kirche übernahm.

Die Kirche zu Zeiten des Kommunismus

In den über 40 Jahren, in denen das kommunistische Regime herrschte, wurde die orthodoxe Kirche langsam aus dem öffentlichen Leben des Landes verdrängt. Bereits 1948 wurde der **Religionsunterricht** an den Schulen **verboten** und Gottesdienste in Krankenhäusern und Heimen untersagt. Über tausend Priester wurden in Ge-

Die Spaltung der christlichen Kirche

Einige westliche Besucher, die die Moldauklöster oder eine der evangelischen Gemeinden Siebenbürgens besuchen, kommen dabei vermehrt auch mit Christen im Osten ins Gespräch. Seitdem Kirchenvertreter der rumänischen Orthodoxie wie der Metropolit *Daniel* das Wort der Ökumene wieder im Munde führen, ist für viele interessant, wie es überhaupt zur Spaltung der christlichen Kirche, dem so genannten **Morgenländischen Schisma,** gekommen ist.

Bereits im 1. Jahrhundert war die christliche Kirche in fünf gleichberechtigte **Patriarchate** aufgeteilt, an deren Spitze jeweils ein Bischof stand. Dies waren Konstantinopel, Jerusalem, Alexandria, Antiochia und Rom.

rum124 Foto: jr

Im 5. Jahrhundert begann die Entfremdung von westlicher und östlicher Kirche. Einige Kirchenhistoriker führen dies auf sprachliche, kulturelle und theologische Gründe zurück, andere betonen, dass allein der politische Machtanspruch der römisch-katholischen Kirche ursächlich gewesen sei.

Der Papst, der kurz nach der Jahrtausendwende wesentlichen Anteil an der Spaltung der Kirche hatte, hieß **Leo IX.** Trotz seines reisefreudigen und für damalige Verhältnisse modernen Pontifikats verlangte der deutsche Papst *Leo IX.* im Jahre 1054 von den östlichen Kirchen die Übernahme der westlichen Riten, in erster Linie die lateinische Sprache in der Liturgie und die Verwendung ungesäuerten Brotes in der Eucharistie. Doch die Machtansprüche der römischen Kirche wurden von allen östlichen Patriarchen zurückgewiesen. Was folgte, führte zur **gegenseitigen Exkommunikation** und weiteren Entfremdung der westlichen und östlichen Kirche.

Über 900 Jahre sollte es dauern, bis es wieder zu einer Verständigung der römisch-katholischen und der östlichen Kirche kam. Erst auf dem **zweiten Vatikanischen Konzil** im Jahre 1965 hoben Papst *Paul VI.* und der Patriarch *Athenagoras* die gegenseitig verhängte Exkommunikation wieder auf. Die Annäherung der beiden Kirchen führte im Mai 1999 zur Einladung des rumänischen Patriarchen *Teoctist* an Papst *Johannes Paul II.*, der mit Rumänien zum ersten Mal ein mehrheitlich orthodoxes Land besuchte.

Der **Dialog** zwischen der westlichen und der rumänisch-orthodoxen Kirche wird in den letzten Jahren verstärkt auch von der evangelischen Kirche betrieben, die vor allem im so genannten Jungen Dialog zu weiteren Treffen und einem bereichernden Austausch anregt.

fängnisse geworfen oder in Arbeitslager gesteckt. **Klöster** wurden **aufgelöst, Kirchen in Bukarest abgerissen** oder „versetzt", Nonnen zur Zwangsarbeit in Fabriken genötigt.

Ostern und Weihnachten

Wer die Religion der meisten Rumänen einmal hautnah erleben möchte, sollte das Land zur Osterzeit besuchen (Achtung: Ostern fällt zeitlich in Rumänien nicht unbedingt mit unserem Osterfest zusammen). Das **dreitägige Osterfest Paşte** ist der **höchste Feiertag des orthodoxen Kirchenjahres.** Nach der streng geregelten 40-tägigen Fastenzeit vor Ostern *(Post),* in der kein Fleisch, keine Eier und keine Milchprodukte gegessen werden dürfen, sind diese Nahrungsmittel in der nachösterlichen Zeit natürlich besonders begehrt. Noch in der Nacht zum Karfreitag *(Vinerea Mare)* backen die Familien **Pasca,** einen Hefekranz, zu dem die erstgelegten Eier des Morgens verwendet werden. Zur Ostermesse schleppen die Kirchgänger Taschen voller Osterbrote und sonstigen Köstlichkeiten in die Klöster und Kirchen, um sie dort segnen zu lassen.

Ostern auf dem Land ist, wie alle anderen Feste auch, eine Zeit, in der das ganze Dorf gemeinsam feiert. Die Wanderschäfer kehren zum Fest aus den Bergen zurück, Lämmer werden geschlachtet, die schönsten Trachten und Kostüme zum Osterspaziergang angezogen.

Die über 12.000 Priester und Diakone Rumäniens haben auch zum **Weihnachtsfest (Crăciun)** alle Hände voll zu tun. Dem zweithöchsten orthodoxen Fest geht ebenfalls eine Fastenzeit *(Postul Crăciunului)* voraus. **Christliche und magisch-rituelle Bräuche** vermischen sich zu dieser Zeit (siehe „Winter-Maskentänze"). Vor einigen der Klöster im Moldaugebiet und Holzkirchen im Maramureş stehen tatsächlich geschmückte Pferdeschlitten mit warmen Decken und Weihnachtsglöckchen, so wie man es hierzulande höchstens aus der Alpenregion oder der Fernsehwerbung kennt. Kinder wandern von Haus zu Haus und singen Weihnachtslieder *(Colinde),* wofür sie dann mit Lebkuchen oder Bratäpfeln belohnt werden.

Kunst und Kultur

Viele Rumänen leben in der Annahme, man würde die Künstler und Schriftsteller aus ihrem Land im Ausland nicht richtig würdigen oder wahrnehmen. Seit der **Öffnung der kulturellen Schranken** sind jedoch vor allem in Frankreich und in Deutschland Kontakte entstanden, die über die oberflächliche Kenntnis eines *Eugène Ionescu, Constantin Brâncuşi,* eines *Gheorghe Zamfir* oder eines *Mihai Eminescu* hinausgehen.

Musik gestern und heute

Bereits im 9. Jahrhundert fanden mit der Übernahme des Christentums auch die **liturgischen Gesänge** Eingang in die rumänische Musik. In Siebenbürgen war es der **gregorianische Choral,** der Einfluss auf die Musiker des Mittelalters hatte. Bis zum 19. Jahrhundert ist im Bereich der weltlichen Musik vor allem die Volksmusik dokumentiert. Die **Hirtenlieder** und volkstümlichen Stücke aus dem Maramureş wurden dabei auf alten Naturinstrumenten gespielt, wie der aus Bambus gefertigten Panflöte *Nai,* der Langflöte *Taragot* oder dem *Cimbal,* einem Hackbrett mit alpenländischem Charakter. Die Volksmusik spiegelt sich, ebenso wie die Festtagsmusik, auch in der **klassischen Musik** Rumäniens wider.

Ausländische Musiker wie *Bela Bartok* oder *György Ligeti* standen schon früh in ihrer musikalischen Entwicklung unter dem Einfluss der rumänischen Volksmusik. *Bela Bartok* ist dabei auch die Sammlung von Stücken und Gründung eines Phonogrammarchivs zu verdanken, das uralte Stücke der Volkstradition bewahrt hat.

Zu den ersten großen Komponisten Rumäniens gehörte **Eduard Caudella** (1841–1923), der im Westen vor allem mit seinen monumentalen Opern wie „Petru Rareş" Furore machte.

Zum Synonym für die klassische rumänische Musik sollte jedoch **George Enescu** (1881–1955) werden, der bereits als fünfjähriges Wunderkind in Wien Violine studierte und dann vor allem durch seine Streichquartette Aufmerksamkeit auf den Bühnen der Welt erlangte. Neben seinem Engagement als Musiker war *Enescu* in Rumänien auch als Dirigent, Lehrer und Musikwissenschafter tätig. Am Ende seines Schaffens waren die französischen Einflüsse unverkennbar. Mit seinen „Sept chansons de Clement Marot" sollte *Enescu* Weltruhm erlangen.

Zu den Dirigenten, die ebenfalls über die Grenzen Rumäniens hinaus berühmt wurden, zählt zweifellos **Sergiu Celibidache** (1912–1996), der neben *Leonard Bernstein* in den 1950er Jahren die Orchester der Welt zu Höchstleistungen führte. Der mehrsprachige *Celibidache* – er studierte zu Beginn seiner Karriere in Berlin Mathematik– lehnte Tonaufnahmen grundsätzlich ab. Bis auf sehr wenige Aufzeichnungen, die zu Beginn seiner Karriere entstanden, gibt es demnach keine Veröffentlichungen. Geheime Mitschnitte, die sehr umstritten sind, wurden dann jedoch nach seinem Tod veröffentlicht.

Zu den herausragenden Einzelinterpreten rumänischer Liedkunst gehörte vor allem **Maria Tănase** (1913–1963). Die bis heute in Rumänien verehrte Musikerin wurde durch ihre gefühlvollen Interpretationen von Volks- und Kinderliedern ebenso bekannt wie durch ihre Chansons, die sie vor allem in Paris populär machten (siehe entsprechenden Exkurs).

Auch der rumänische Panflötenspieler **Gheorghe Zamfir,** geb. 1946, machte in Paris Karriere. Der auch als „Hexer auf der Panflöte" bekannt gewordene Virtuose kehrte nach der Liberalisierung in seinem Land nach Bukarest zurück, wo er heute am George-Enescu-Konservatorium Schüler auf dem rumänischsten aller Musikinstrumente unterrichtet.

agierenden Kräfte" wurden durch die 1948 gegründete **Securitate (Staatssicherheit)** „umerzogen" oder kurzerhand beseitigt. Die Bauern ereilte ein anderes „sozialistisches" Schicksal. Sie sollten sich seit 1949 in landwirtschaftlichen Genossenschaften organisieren. Doch bereits die bedrückende offizielle Zahl von 80.000 verhafteten Bauern, die sich der **Zwangskollektivierung** widersetzt hatten, zeigt, auf wie wenig Gegenliebe die kommunistischen Ideen bei der rumänischen Landbevölkerung stießen.

Moskau hatte in **Gheorghe Gheorghiu-Dej,** dem rumänischen Regierungschef und Parteiführer, einen loyalen Politiker gefunden, der die Auflagen von *Stalins* Nachfolger *Chruschtschow* überall im Land umsetzte.

Nach dem Tod von *Gheorghiu-Dej* im März 1965 sollte ein 47-jähriger Bauernsohn die weitere Geschichte Rumäniens maßgeblich bestimmen: **Nicolae Ceauşescu.**

Personenkult und Größenwahn

Nach außen hin verstand es *Ceauşescu* von Anfang an, Rumäniens neue Rolle als die eines selbstbewussten Staates zu definieren. Nachdem er die Rumänische Arbeiterpartei PMR wieder in die alte Kommunistische Partei Rumäniens umbenannt hatte, betonte er vor den ranghöchsten KP-Delegationen aus aller Welt auf dem 9. Parteikongress 1965, dass die **Souveränität Rumäniens** für ihn an erster Stelle stünde. Seine **Distanz zur Sowjetunion** wurde vor allem vom Westen mit großem Wohlwollen aufgenommen. Nachdem *Ceauşescu* 1968 den Einmarsch der Ostblockmächte in die Tschechoslowakei aufs Schärfste verurteilte, gaben sich in der Folge die Mächtigen der westlichen Welt in Bukarest die Klinke in die Hand. *Charles de Gaulle* (1968) und *Richard Nixon* (1969) besuchten den von der Propaganda inzwischen als „weisen Führer" gepriesenen Diktator in Bukarest, und nach einem chaotischen Besuch im englischen Königshaus durfte sich *Ceauşescu* zukünftig sogar als blaublütig bezeichnen (siehe Exkurs „Nicolae Ceauşescu").

Doch **im Innern** regierte *Ceauşescu* mit der kalten und eisernen Hand eines **tyrannischen Nationalstalinisten** – und genau so werden ihn die meisten Rumänen in Erinnerung behalten. Geschickt inszenierte Massenspektakel sollten dem Volk die „glorreichste Epoche der rumänischen Geschichte" vorgaukeln. Doch das Volk hatte unter den schwierigen Bedingungen einer **verfehlten Wirtschaftspolitik** zu leiden. *Ceauşescu* wollte Rumänien zu einem modernen Industriestaat ausbauen, setzte dabei aber vor allem auf eine ineffiziente Schwerindustrie, die mit ihren Produkten auf dem Weltmarkt nicht konkurrenzfähig war. Eine Folge dieser Politik war die absolute internationale **Zahlungsunfähigkeit,** die der rumänische Staat 1981 eingestehen musste.

Nach dieser peinlichen Bankrotterklärung verkündete *Ceauşescu* 1982 als oberstes Wirtschaftsziel die **Rück-**

rum144 Foto: hz

zahlung der 13 Milliarden Dollar **Auslandsschulden.** Für die Bevölkerung hatte dieser Entschluss schlimme und folgenreiche Konsequenzen. **Lebensmittel** wurden **rationiert,** für jeden Haushalt galten regelmäßige Strom-, Gas-, Wasser- und Heizungssperren. Lebensmittelkarten wurden verteilt, und weil *Ceauşescu* der Meinung war, die Bevölkerung würde zu viel essen, wurde der Kalorienbedarf „wissenschaftlich begründet" kurzerhand reduziert. Ende der 1980er Jahre war die rumänische Bevölkerung am Ende der Leidensstrecke angekommen und begann zu **protestieren.** Als erstes gingen die Menschen im Westen des Landes, in Timişoara, auf die Straße.

N. Ceauşescu bei einer Neujahrsansprache im rumänischen Staatsfernsehen (1979)

Sturz und Neubeginn

Der Anfang vom **Ende der „Ära Ceauşescu"** war gekommen, als Hunderttausende, vor allem junge Menschen, die Straßen der Städte erobert hatten und mit ihren **Demonstrationen** die **Verhaftung des Diktatorenpaars** erzwangen. Vom Tod durch Erschießen der *Ceauşescus* sollten die Menschen des Landes jedoch erst aus dem Fernsehen erfahren.

Nicolae Ceauşescu (1918–1989)

In einem kleinen 2000-Seelen-Dorf im südrumänischen Scorniceşti wurde *Nicolae Ceauşescu* am 26. Januar 1918 als drittes von neun Kindern geboren. Der Sohn eines Bauern ging nach Abschluss von vier Schulklassen bereits im Alter von zehn Jahren nach Bukarest, um dort eine **Schusterlehre** zu beginnen. Für seinen Schustermeister unternahm er als Jugendlicher Botengänge für die kommunistische Partei, die ihn schon bald in Konflikt mit der Polizei brachten. Mit 18 Jahren wurde *Ceauşescu* zu seiner ersten Gefängnisstrafe verurteilt, die sich im Nachhinein als größter Glücksfall seines Lebens herausstellen sollte. Noch hinter den Gefängnismauern lernte er **Gheorghe Gheorghiu-Dej,** den späteren Regierungschef und kommunistischen Parteiführer, kennen und wurde dessen politisches Ziehkind. Nach der Machtergreifung des Faschisten *Antonescu* landete *Nicolae Ceauşescu* erneut im Gefängnis - und mit ihm alle Größen der rumänischen KP.

Als die Antonescu-Diktatur gestürzt wurde, stieg er 1944 zum **Chef des kommunistischen Jugendverbandes** auf und war als **Vize-Landwirtschaftsminister** für die Brutalität der landwirtschaftlichen Zwangskollektivierung mitverantwortlich.

Nach dem Tod seines Förderers *Gheorghiu-Dej* wurde *Ceauşescu* zum **Generalsekretär des Zentralkomitees der Rumänischen Arbeiterpartei PMR** *(Patidul Muncitorilor din România)* ernannt (spätere RKP). Die Hoffnung einiger älterer Funktionäre, man könne das Machtstreben *Ceauşescus* in einer kollektiven Führung einbinden, erwies sich als folgenschwerer Irrtum.

Ceauşescu erwies sich als **geschickter Machtstratege,** der sich vor allem außenpolitisch profilieren wollte, indem er sich vom Kurs der Sowjetunion distanzierte. So verweigerte er den Machthabern in Moskau jeden Beistand, als diese 1968 im Prager Frühling den tschechischen Widerstand zerschlugen. Nach außen hin gab sich der neue Machthaber offen und forcierte die weitere Öffnung hin zum Westen. 1978 erhob die englische Königin den sich selbst als **Conducător** (Führer) bezeichnenden Regierungschef in den Adelsstand.

Nach innen jedoch hatte der um ihn entstandene **Personenkult** dazu geführt, dass *Ceauşescu* jedes politische Augenmaß verlor. So ließ sich der „Held der Karpaten" und „Der Titan der Titanen" den größten Volkspalast der Welt errichten und auch dann noch in riesigen Massenkundgebungen feiern, als sein eigenes Volk schon kaum mehr Lebensmittel in den Läden vorfand.

Durch eine **rigorose Sparpolitik** wollte er Rumänien von 1982 bis 1989 von allen Auslandsschulden befreien. Was er seinem Volk damit zu einer Zeit zumutete, als sich Russland unter *Gorbatschow* schon auf den demokratischen Weg gemacht hatte, waren Hunger, Armut und Hoffnungslosigkeit.

Nicolae Ceauşescu und seine Frau *Elena* wurden am 25. Dezember 1989 in einem **Schnellverfahren ohne Prozess** zum Tode verurteilt und **erschossen.**

Derweil hatte sich eine **„Front der nationalen Rettung“**, ebenfalls via TV, an das Volk gewendet. Neben altbekannten Größen der Securitate, drei Armeegenerälen sowie weiteren Ex-Funktionären verkündete **Ion Iliescu,** ein bekannter Kommunist, Maßnahmen zur sofortigen Rettung und Demokratisierung des Staates.

Auch wenn das politische System Rumäniens sich in den folgenden Jahren erst langsam aus dem kommunistischen Sumpf erheben konnte, orientierten sich die neuen Machthaber letztlich doch an den **Menschen- und Bürgerrechten.** Rumänien wurde in der Folgezeit Vollmitglied im Europarat und assoziierter **Partnerstaat der Europäischen Union.** 1996 kam es zur Festschreibung der Grenzen zwischen Ungarn und Rumänien sowie der Minderheitenrechte in beiden Staaten.

Mit dem Universitätsprofessor **Emil Constantinescu** kam im November 1996 erstmals ein Präsident an die Macht, der der Demokratiebewegung wirklich Beine machte. Die Verhandlungen über den **EU-Beitritt** Rumäniens, die Diskussionen über effektive Gewaltenteilung und administrative bzw. institutionelle Entflechtungen sowie die Bekämpfung der Korruption zeigen auch nach der Wahl des ehemaligen Hochseekapitäns *Traian Băsescu* im Dezember 2004 zum Staatspräsidenten, wie schwierig – und wie wichtig – der Weg Rumäniens nach Europa ist.

Politik und Wirtschaft

Der Wirtschaftszug rollt, wie es scheint, in Rumänien unaufhaltsam in **Richtung Europa.** Vor allem die Regionen um Bukarest und die ehemals deutschen Siedlungsgebiete um Braşov und Sibiu bekommen von Brüssel gute Noten, was die Entwicklung der Infrastruktur betrifft. Auch die Politik möchte den Anschluss an Europa nicht verpassen und entzerrte in den letzten Jahren erfolgreich die Zentren der Macht und die der Institutionen.

Politik in den Jahren nach der Unabhängigkeit

Als Politik der wahren Erneuerung wurde erst die Wahl der demokratischen Opposition unter dem Staatspräsidenten **Emil Constantinescu** von der Bevölkerung angesehen und frenetisch gefeiert. Die vorangegangene Regierungszeit von 1991 bis 1996 unter den Altkommunisten und ihrem Präsidenten **Ion Iliescu** hatte zu keinen wesentlichen demokratischen Fortschritten geführt.

Constantinescu, der schon als Rektor der Bukarester Universität die Bemühungen um Demokratie im Land entscheidend prägte, konnte die Herzen der Rumänen nie erobern. Er galt, vor allem bei der Presse, als schwacher Präsident, und bekundete nach gerade einmal eineinhalb Amtsjahren, er sei „total angewidert“ von der Politik in seinem Land.

Die Sportnation Rumänien

Zwar zählt Rumänien zu den interessantesten Wintersportländern Osteuropas, hat jede Menge Karpatenschnee, herrliche Skipisten und wunderbare Loipen zu bieten, doch eines fehlt: international erfolgreiche Wintersportler. Aber dafür hat Rumäniens Sportseele andere Trostpflästerchen.

Die überragende Sportlerin des Landes, die 1999 neben *Pelé, Muhammad Ali, Carl Lewis, Steffi Graf* und *Mark Spitz* in Wien als Sportlerin des Jahrhunderts – in der Kategorie Athletik – geehrt wurde, ist die Turnerin **Nadia Comăneci.** Sie gewann 1976 bei den Olympischen Spielen in Montreal im Alter von 14 Jahren drei Gold- sowie eine Silber- und eine Bronzemedaille und erreichte als erste Turnerin der Geschichte in der Wertung am Stufenbarren die absolute Höchstnote 10,0. *Comăneci,* die auch 1980 bei der Olympiade in Moskau, trotz Manipulationen der sowjetischen Kampfrichter, erneut zwei Goldmedaillen gewann, engagiert sich heute in Rumänien vor allem für Waisenkinder.

Den zweiten Namen, den rumänische Sportfans nennen, wenn es um ihre Helden geht, ist der von **Gheorghe Hagi.** Der von rumänischen Zeitungen schnell als „Karpaten-Maradona" gefeierte geniale Fußballer und Exzentriker gewann mit Steaua Bukarest den Europapokal der Landesmeister und in der türkischen Liga mit Galatasaray Istanbul viermal die Meisterschaft. Er selbst gibt als Höhepunkt seiner Karriere den 3:2-Erfolg bei der Fußball-Weltmeisterschaft 1994 gegen Argentinien an. Rumänien erreichte damals überraschenderweise das Viertelfinale und schied erst im Elfmeterschießen gegen Schweden aus.

Nummer drei im Bunde der rumänischen Sportheroen ist die Läuferin **Gabriela Szabo;** ihr größter Erfolg war der Gewinn der olympischen Goldmedaille über 5000 Meter in Sydney im Jahr 2000.

Die beiden Tennisspieler **Ion Ţiriac** und **Ilie Năstase** schließlich haben die Farben Rumäniens auch auf die Center Courts dieser Welt gebracht. Der sportlich erfolgreichere von beiden war zweifellos *Năstase,* der 1972/73 die Weltrangliste im Tennis anführte. Gemeinsam mit *Ţiriac* gewann *Năstase* 1970 die French Open im Doppel. *Ion Ţiriac* war dann viele Jahre der Manager von *Boris Becker* und stand als solcher international im Rampenlicht. Seit Jahren ist er laut einem Bericht der rumänischen Zeitschrift „Capital" mit einem Privatvermögen von 1 Milliarde Dollar der reichste Mann Rumäniens.

rum156 Foto: jr

B-dul Unirii, mitten im Herzen der Stadt vor der Casa Poporului.

Ankunft mit dem Zug

Der Großraum Bukarest wird nicht, wie dies bei anderen europäischen Metropolen üblich ist, von einem Autobahnring, sondern von einem **Eisenbahnring** umgeben, der nationale und internationale Züge zum **Gara de Nord** leitet. Von hier lassen sich die anderen Stadtteile bequem mit Metro, Bussen oder Straßenbahn erreichen. Eine durchgehend geöffnete **Gepäckaufbewahrung** *(Deposit de bagaje)* für Handgepäck *(Bagaje de mână)* befindet sich in der Bahnhofshalle gegenüber der Bahnsteige 4 und 5.

Einige lokale Züge enden auch an dem nur 700 m nordwestlich gelegenen bzw. eine Metro-Station entfernten **Gara Basarab.**

Wer seine Reise zum Schwarzen Meer oder ins Donaudelta mit dem Zug unternehmen möchte, kann dies außer vom Gara de Nord auch vom kleineren **Gara Obor** aus tun, der mit den Trolleybus-Linien 69 und 85 zu erreichen ist. Die beliebten Sommerzüge zur Küste verlassen Bukarest auch vom nördlich des Piața Presei Libere gelegenen **Gara Băneasa.**

Ankunft mit dem Bus

Internationale Busse halten meist an den zentral gelegenen Punkten **Gara de Nord** und **Gara Basarab.** Die zwischen den rumänischen Großstädten zirkulierenden Busse steuern hingegen eine der sechs **Busstationen** an, die sich durchweg in den Außenbezirken befinden, wie z.B. den Busbahnhof am Piața Filaret. Als beste Transportmöglichkeit ins Stadtzentrum von hier aus bieten sich die nach wie vor sehr preisgünstigen **Taxis** an.

Erstmals zu Fuß in der City

Der Puls der Stadt schlägt an den **zentralen Plätzen,** dem Siegesplatz, Piața Victoriei, dem Rumänischen Platz, Piața Romană, dem Universitätsplatz, Piața Universitații, sowie dem Einheitsplatz, Piața Unirii, die alle wie an einer Perlenschnur aufgereiht und problemlos über die Metro zu erreichen sind.

Die genannten Plätze folgen hintereinander auf der historischen Nord-Süd-Achse und Hauptschlagader der Stadt, dem **B-dul General Magheru,** der in südlicher Richtung nahtlos in den B-dul Nicolae Bălcescu und den B-dul I.C. Brătianu übergeht.

Vom weiträumigen Piața Unirii aus führt der breit angelegte B-dul Unirii direkt zum unübersehbaren, weil etwas überdimensionierten **Parlamentspalast,** den *Ceauşescu* der Stadt künstlich implantiert hat und um den herum sich kein rechtes Leben entwickeln möchte.

Das eigentliche **Herz der Stadt** schlägt nämlich woanders, und zwar rund um den **Piața Revoluției.** Dieses historisch gewachsene Zentrum mit dem wunderbaren **Athenäum** wird von der **Calea Victoriei** geschnitten, die durchgehend vom nördlich gelegenen Piața Victoriei bis hinunter zur

Bukarest entdecken – Stadtführungen der etwas anderen Art

Bukarest ist eine Stadt, die einen verwirren und mitunter sogar nerven kann, wenn man keinen Plan in der Tasche hat und im falschen Viertel landet. Aber die Stadt hat sich in den letzten Jahren von der grauen Ostmaus zu einer wirklich **spannenden Metropole** gewandelt. Das Lipscani-Viertel sprüht abends regelrecht vor Energie und Lebensfreude und ist seit der Renovierung (die nur noch in wenigen Straßenzügen andauert) ein echter Hingucker mit herrlichen Flaniermeilen geworden. Es lockt eine schicke, quirlige Fußgängerzone mit zahlreichen Bars, Klubs, Cafés, Kneipen, Restaurants und Diskotheken. Doch sind stimmungsvolle Partymeilen nicht jedermanns Sache, daher sollte man sich eine den eigenen Bedürfnissen angepasste und maßgeschneiderte **Stadtführung** gönnen. Nachfolgend die beiden besten Adressen der Stadt. Für beide Veranstalter gilt (vor allem zur Hochsaison): Rechtzeitiges Anmelden erleichtert die Planung, gerade wenn individuelle Wünsche berücksichtigt werden sollen. Preise auf Anfrage.

- *Maria* und *Cosmin* von **Shukar Travel** bieten mit Sicherheit die verrücktesten und interessantesten Bukarest-Touren an. Die Tour **„Communism & the City"** führt in einem langsamen Dacia der 1980er Jahre zu patriotischen Liedern aus der Ceauşescu-Zeit durch die Relikte der härtesten Jahre sozialistischen Wahnsinns. Nachdem man sich am Königspalast, dem Volkshaus und dem Platz der Revolution satt gesehen hat, gibt's zwischendurch und abschließend hausgemachtes Mittag- und Abendessen in gut erhaltenen Wohnungen aus der kommunistischen Zeit.

Eine Ausbildung zum Vampirologen (inkl. Diplom) erhält man auf der **„Dracula Mystery Tour"**, auf der die rumänische Vampir-Tradition gezeigt und erklärt wird. Die achttägige Tour führt nicht nur durch Bukarest, sondern u.a. auch nach Sighişoara, Braşov, Bran und Sinaia. (Alle Führungen auf Englisch, nach Bedarf auch auf Deutsch.)

rum12-003 Foto: st

Immer häufiger werden Stadtführungen angeboten, die ein besonderes Motto haben

lassen jedoch nichts mehr von der Pracht erahnen, die der von *Vlad dem Pfähler* gegründete Palast am Ausgang des 17. Jahrhunderts verkörperte. Nur einige sandfarbene Mauergewölbe, Grabsteine und eine kahle Säule sind übrig geblieben. Den heutigen Namen „Alter Hof" **(Curtea Veche)** erhielt das Palais, weil die Fürsten ihre Residenz seinerzeit in die Mihai-Vodă-Berge verlegten und der alte Regierungssitz verfiel.

●**Alter Fürstenhof/Curtea Veche,** Str. Franceză 25–31, Tel. 314 03 75, Di. bis So. 10–20 Uhr, Mo. geschlossen.

Direkt neben dem alten Fürstenhof befindet sich die im 16. Jahrhundert erbaute **Kirche Sf. Anton Bunavestire,** bekannter als Kirche des alten Fürstenhofs, **Biserica Curtea Veche.** Sie wurde 1559 von Fürst *Mircea Ciobanul* gestiftet und ist damit das älteste Gotteshaus der Stadt. Lange Zeit war sie Teil des Fürstenhofs und diente den walachischen Wojwoden als „Kirche der heiligen Ölung", sprich: als **Krönungsstätte.** Rund um den Altar sind die Originalfresken erhalten geblieben. Das steingemeißelte Portal im Brâncoveanu-Stil stammt von 1715. Zwischen den Jahren 1928 und 1935 erhielt die Kirche durch den Architekten *Horia Teodoru* ihr heutiges Aussehen mit dem markanten Streifenturm.

Hanul lui Manuc

Gleich gegenüber der Kirche liegt das bereits erwähnte Hanul lui Manuc. Die heute unter dem Namen **„Alte Karawanserei"** geführte Herberge diente den Kaufleuten vor 200 Jahren vor allem als „be-wehrtes", also geschütztes Refugium, auf dem sie Handel und so mancherlei windige Geschäfte betreiben konnten. Das Wort

Hanul lui Manuc –
Kost und Logis in historischem Ambiente

Manuc Bey, der dreifache Spion

Der armenische **Händler, Politiker und Lebemann Emanuel Mirsaian** war ein wirkliches Multitalent. Bereits mit 20 Jahren hatte er durch Handel und Geldverleih ein Vermögen angehäuft. In Rumänien und dem Moldaugebiet kennt man ihn vor allem unter seinem zweiten Namen *Manuc Bey*. Unter Politikern seiner Zeit war er auch als **Fürst Manuc** bekannt. Als Diplomat wirkte er 1812 an der Ausarbeitung der Friedensverträge mit, die den russisch-türkischen Krieg beenden und die Abtretung Bessarabiens an Russland festschreiben sollten. Der sprachgewandte Abenteurer, der sich fließend in mehr als zehn verschiedenen Idiomen ausdrücken konnte, arbeitete zeitweise als dreifacher Spion für die Türkei, Russland und die Habsburger Monarchie. Die „international" gewonnenen Kenntnisse nutzte er geschickt zur Vermehrung seines Vermögens. Da er zeitweilig in Frankreich lebte, spionierte er dort die Verfahren der Weinproduktion aus und führte als erster Händler in der Moldauregion französische Technologien der Weinveredelung ein.

Die von ihm vor mehr als 200 Jahren erbaute **„Herberge des Maniuc"** (Hanul lui Manuic) besteht heute noch und ist dank ihres traditionellen Baustils ein Highlight der Bukarester Altstadt.

han ist übrigens aus dem Persischen über das Türkische nach Rumänien gekommen und bedeutet Herberge.

Von 1804–1808 ließ **Manuc Bey** (siehe obigen Exkurs) die Herberge erbauen. In der Folgezeit entwickelte sich das „Hanul des Manuc" zur ersten Adresse für Händler aus ganz Europa. Mitte des 19. Jahrhunderts besaß die Festungsherberge bereits 15 riesige Lagerhallen und Kellergewölbe, 23 Geschäfte, 107 Gästezimmer, zwei groß angelegte Empfangssäle und eine Gaststätte für das gemeine Volk.

Nach mehrmaliger Zerstörung sind von der Originalarchitektur nur noch die Pflastersteine im Eingangsbereich des Innenhofs und das Pulverhaus, die **Puşcărie,** erhalten geblieben, das zeitweilig auch als Gefängnis herhalten musste. Von 1968–70 wurde das Hanul lui Manuc nach den Originalplänen durch den Architekten *Constantin Joja* **rekonstruiert.** Die **Holzbalkone,** die den Innenhof umfassen, und die von geschnitzten Holzsäulen getragenen **Arkaden** lassen viel vom rustikalen Charme früherer Zeiten erahnen.

Wer also ein wenig Flair der alten Zeit atmen, **an einem traditionsreichen Ort übernachten** und dabei von Räubern, Händlern und Abenteurern träumen möchte, kann dies mitten in Bukarests Altstadt tun. Da der umfangreiche Umbau der Karawanserei zu einem neuen Hotel im Frühjahr 2012 immer noch nicht vollständig abgeschlossen war und bislang nur das Restaurant wiedereröffnet wurde, kann zu den Preisen und dem Komfort der Luxusherberge noch keine genaue Angabe gemacht werden. Im Restaurant, das einen arabischen Besitzer hat, werden neben den bekannten traditionellen rumänischen Speisen auch libanesische Spezialitäten aufgetischt.

- **Hanul lui Maniuc,** Str. Franceză 62–64, Tel. 313 14 11, Bilder und Informationen in Rumänisch unter www.hanulmanuc.ro.

rum169 Foto: jr

Das „deutsche“ Lipscani-Viertel

Da Bukarest sich im 16. und 17. Jahrhundert nach Istanbul schnell zur zweitgrößten Handelsmetropole Südosteuropas entwickelte, zog die Stadt zunehmend auch Händler an, die weitreichende Verbindungen besaßen. So ließen sich Kaufleute, die **Waren aus Leipzig** anboten, im Stadtzentrum in der Nähe der Str. Lipscani (*Lipsca* = Rumänisch für Leipzig) nieder. Um den alten Fürstenhof entstanden zahlreiche neue Zünfte. Die **Namen der Altstadtstraßen** zeugen noch heute von dieser wirtschaftlichen Blütezeit:

- **Str. Căldărari** – Kesselschmiede
- **Str. Şelari** – Sattler
- **Str. Zarafi** – Geldwucherer
- **Str. Cavafii Vechi** – alte Schuhmacher
- **Str. Covaci** – Schmiede
- **Str. Şepcari** – Hutmacher
- **Str. Băcani** – Lebensmittelhändler
- **Str. Blănari** – Kürschner
- **Str. Gabroveni** – Tuchhändler aus der bulgarischen Stadt Gabrovo

Neben den Händlern zog es im 19. Jahrhundert vermehrt auch **deutschsprachige Unternehmer** in die Bukarester Altstadt. 1809 wurde hier durch *Johann Timpel* die erste Bierbrauerei gegründet, 1824 erfolgte die erste Bepflasterung der Straßen durch den

Restauriertes Gebäude aus der Gründerzeit in der Nähe des Lipscani-Viertels

Sachsen *Ernst Meyer,* und 1828 gründete ein Wiener namens *Brenner* im Handelsviertel das erste Hotel der Stadt. Die Reste des **Hotel d'Europe** sind heute in der Smârdan-Straße zu besichtigen, die vor 200 Jahren noch „Deutsche Gasse" hieß.

Da das Lipscani-Viertel in eine **Fußgängerzone** verwandelt wurde, lässt sich der historische Bummel jetzt in aller Ruhe genießen und lohnt sich insbesondere für anspruchsvolle Souvenirjäger. So ist die historische **Lindenherberge Hanul cu tei** in der Str. Lipscani 63 mit ihren Galerien und kleinen Cafés eine Oase für Kunstliebhaber. Von Glasskulpturen und Ikonen in der Galeria 23 bis hin zu edelsten Antiquitäten im ersten Stock der umlaufenden Anlage ist hier alles zu finden.

Zwischen der Str. Lipscani und der Kirche Sfântul Gheorghe Nou ist 2011 mit der **Pasajul Latia** eine wunderbare unterirdische Passage entstanden, in der man in aller Ruhe riesige historische Wandbilder bewundern, bummeln und einkaufen kann.

Biserica Stavropoleos

Angesichts des neu entstandenen Reichtums war das alte Handelsviertel Bukarests architektonisch immer für eine Überraschung gut. Von der teils verschwenderischen Pracht ist jedoch nicht viel übrig geblieben. So fielen am 23. März 1847 über 2000 Gebäude der Altstadt einem Großfeuer zum Opfer. Erhalten geblieben ist u.a. die sehens- und hörenswerte (!) **Stavropoleos-Kirche** in der gleichnamigen Straße. Die zu Beginn des 20. Jahrhunderts renovierte Kirche hat eine bewegte Geschichte hinter sich und begann ihre „Karriere" als eine vom griechischen Mönch *Joannikis* gegründete Gasthofskapelle. Heute zeigt sich das ehemals schlichte Gotteshaus im prachtvollen Gewand mit holzverzierter offener Vorhalle, Arkadengängen, Lapidarium, Steinplastiken und gemaltem umlaufendem Medaillonfries. Als einzige Kirche Bukarests verfügt der Stavropoleos-Bau über Außenmalereien, die man sonst in Rumänien nur von den Moldauklöstern kennt, zudem ist sie das einzige Gotteshaus in Bukarest, in dem noch nach der byzantinischen Tradition gesungen wird.

Gleich in der Nähe der Stavropoleos-Kirche besteht die Möglichkeit, sich in historisch eindrucksvollem Ambiente von eventuellen Sightseeing-Strapazen zu erholen und zu stärken: Das 1879 im gotischen Stil erbaute **Caru'cu bere** (der Bierkarren) zählt zu den beliebtesten Restaurants Rumäniens, was nicht allein auf die hervorragende Küche zurückzuführen ist, sondern auch auf den prachtvollen, renovierten Bau. Die schön geschwungenen Arkaden im barocken Stil sind eine Augenweide.

- **Caru'cu bere,** Str. Stavropoleos 3–5, Tel. 313 75 60.

Die südliche Calea Victoriei

Beim Wiederaufbau nach den Feuersbrünsten von 1847 lehnten sich die Architekten des neuen Bukarest stark an ihr großes **Vorbild Paris** an. Wohl nirgendwo sonst in der Stadt ist Bukarests Beiname „Paris des Ostens" so gerechtfertigt wie entlang der von Norden nach Süden verlaufenden Siegesstraße, der Calea Victoriei.

Sie beginnt am nördlichen Siegesplatz, **Piața Victoriei,** und verläuft dann in südlicher Richtung hinunter bis zur historischen Altstadt, um am Platz der Nationalen Einheit, **Piața Națiunilor Unite,** zu enden. Ursprünglich war die Allee nicht mit Steinen gepflastert, sondern vollständig mit Eichenbohlen ausgelegt. Der walachische Fürst *Constantin Brâncoveanu* brachte mit dieser **Prachtstraße,** die er 1692 zwischen seinem Bukarester Fürstensitz und dem Mogoşoaia-Schloss anlegen ließ, Eleganz und Ordnung in die bis dahin chaotische Stadtlandschaft. Der 2,7 km lange Holzweg, den die Bukarester Mogoşoaia-Brücke nannten, wurde nach der rumänischen Unabhängigkeit (1878) in Siegesstraße umbenannt.

Geschichtsmuseum

Vom alten Handelsviertel und der Stavropoleos-Kirche kommend, erkennt man links an der Calea Victoriei sogleich das monumentale Rumänische Geschichtsmuseum **(Muzeul Național de Istorie).** Das Gebäude, in dem sich früher das Palais der Post befand, wurde zwischen 1894 und 1900 im neoklassizistischen Stil errichtet. Auf über 8000 Quadratmetern kann der Besucher hier eine **rumänische Zeitreise** unternehmen, die im Paläolithikum beginnt und zur Zeit des kommunistischen Einflusses um 1970 endet. Unter den über 600.000 Ausstellungsstücken gehört die im Lapidarium des Hofes stehende **Nachbildung der römischen Trajansäule** wohl zu den meistbeachteten. In einer durchlaufenden Reliefspirale sind hier die Kampfszenen zwischen den Heeren des Dakerkönigs *Decebal* und denen des römischen Kaisers *Trajan* verewigt. Auch der Selbstmord *Decebals* ist auf dem 200 m langen Relief in dramatischer Pose ins Bild gesetzt. Das 30 m hohe, ursprünglich farbige Original der Säule steht auf dem Forum Ulpia in Rom.

Der „Brâncoveanu-Stil"

Der walachische Fürst **Constantin Brâncoveanu** wird nicht nur oft zitiert, wenn es um einen charakteristischen Baustil geht, den er während seiner Regierungszeit von 1688–1714 initiiert haben soll. Die **architektonische Synthese,** in der sich Elemente aus der venezianischen Renaissance, aus dem Barock und der orientalischen Ornamentik sehr harmonisch vereinigen, ist nach seinem Ableben sogar nach ihm benannt worden. Die Entstehung der im so genannten Brâncoveanu-Stil errichteten Gebäude mit ihren üppigen Fassadenmotiven, den kombinierten Spitz- und Rundbogenfenstern sowie den markanten Spiralsäulen geht jedoch auf seinen Neffen **Mihail Cantacuzino** zurück, der in Italien Architektur studiert hatte. Überall dort, wo sich gemeißelte Steinranken an den Außenfassaden winden oder sich das stilisierende Blumenmotiv des Akanthus auf den Kapitellen zeigt, sollte man also eher vom „Cantacuzino-Stil" sprechen.

In der Schatzkammer, im unteren Kellergewölbe, befindet sich Rumäniens Nationalschatz **Tezaurul Național.** Gut ausgeleuchtet funkeln hier über 2000 alte und neue Schmuckstücke um die Wette. Das wertvollste Objekt dieser Sammlung, die aus dem 3. Jahrhundert v.Chr. stammende Henne mit goldenen Küken **(Cloşca cu puii de aur),** hat bereits so manches Abenteuer hinter sich. Im 19. Jahrhundert hatten zwei Bauern auf einem Acker bei Pietrosa (Buzău) einen gotischen Schatz aus Gold und Edelsteinen entdeckt. Zwischen verzierten Statuen, goldenen Schalen und Schmuckgeschmeide befand sich auch die berühmte Henne mit goldenen Küken. Kaum im nationalen Geschichtsmuseum angekommen, wurde das Kleinod gestohlen. Insgesamt verschwand das edle Stück dreimal und wurde jeweils auf spektakuläre Weise „wiedergefunden".

- **Muzeul Național de Istorie,** B-dul Calea Victoriei 12, Tel. 315 82 07, www.mnir.ro, Mi. bis So. 10–18 Uhr, Mo. u. Di. geschlossen.

Palatul CEC

Folgt man der Calea Victoriei auf der gegenüberliegenden Seite des Geschichtsmuseums ein wenig nordwärts, erscheint bald eines der schönsten Gebäude der Stadt. Das **Bankgebäude der Rumänischen Sparkasse** *(Casa de Economii şi Consemnațiuni, CEC)* mit riesiger Kuppel und einem spektakulären, von korinthischen Säulen umgebenen Eingangsbereich wirkt vor allem in der allabendlichen, goldenen Bestrahlung zauberhaft mondän.

1891 erteilte die Bank dem französischen Architekten *Paul Gottereau* den Auftrag, den prunkvollsten Bankpalast zu bauen, „den Europa je gesehen hat". Nachdem König *Karl I.* und Königin *Elisabeth* das Gebäude 1897 in einer feierlichen Zeremonie eingeweiht hatten, sollte es noch drei weitere Jahre bis zur Fertigstellung dauern.

Leider hat man sich zwei Jahre nach der Privatisierung der Bank im Jahr 2005 entschlossen, der Öffentlichkeit den Zugang zu den imposanten barocken Hallen und Sälen des Prachtbaus CEC zu verwehren. Einigen Lesern ist es verblüffenderweise dennoch gelungen, einen Blick in die sehenswerte Eingangshalle mit ihren riesigen Wendeltreppen und den prachtvoll verzierten Belle-Époque-Laternen zu werfen.

- **CEC,** B-dul Calea Victoriei 13, www.cecsa.ro.

Richtung B-dul Regina Elisabeta

Gegenüber des CEC-Gebäudes lohnt ein Abstecher zur 1637 erbauten **Biserica Zlătari,** in der, direkt vor dem Altar, die „heilige rechte Hand" des *heiligen Ciprian* aufbewahrt und verehrt wird. Der Sage nach soll **Mucenic Ciprian,** bevor er zum Diener der Kirche und zum Patron der Goldschmiede wurde, ein Magier und Hexenmeister gewesen sein. Doch diesseits aller heiligen Reliquien zieht es Besucher heute vor allem wegen des hervorragenden Chors in die kleine Kirche.

Auf derselben Straßenseite kommt man Richtung B-dul Elisabeta nach

Das jüdische Bukarest

Bereits zu Zeiten des Römischen Reiches kamen die ersten Juden auf das Territorium des heutigen Rumänien. Zuerst noch als **römische Legionäre** aus dem fernen Judäa, später dann auch als **Händler** und **Gelehrte.** Noch 1937 gab es in Bukarest über 100.000 jüdische Einwohner und 80 Synagogen, 2006 waren es nur noch etwa 4000 Juden und vier Synagogen. Allein während der Zeit des **Holocaust** wurden in Rumänien rund die Hälfte der ursprünglich im Land lebenden 800.000 Juden ermordet. Nach dem Zweiten Weltkrieg ist der größte Teil der verbliebenen jüdischen Bevölkerung ausgewandert. Angesichts dieses Verlustes ist es umso erfreulicher, wie lebendig und präsent sich die verbliebene jüdische Gemeinde heute im Stadtbild zeigt und die kulturelle Szene der Stadt prägt und beeinflusst.

Zu den bedeutendsten **Vertretern des rumänischen Judentums** gehören der Dramaturg *Eugène Ionescu,* der Schriftsteller und Nobelpreisträger *Elie Wiesel,* der Dirigent *Lawrence Foster,* die Architekten *Marcel Iancu* und *Horia Creanga,* die Schriftsteller *Paul Celan* und *Rose Ausländer* sowie der Maler *Victor Brauner.*

Leider ist das **Jüdische Viertel,** das rund um den Piaţa Unirii bestand, größtenteils den Baggern *Ceauşescus* zum Opfer gefallen. Doch einige herausragende Zeugnisse jüdischer Kultur sind in Bukarest immer noch zu finden.

Das aus dem Baraşeum-Theater hervorgegangene **Jüdische Theater (Teatrul Evreiesc de Stat)** ist 1948 als erstes staatsgelenktes jüdisches Theater der Welt entstanden und nach dem bereits 1876 in Iaşi gegründeten Jiddischen Theater „Avraham Goldfaden" die zweite große jüdische Bühne Rumäniens. In den aktuellen Inszenierungen treten international bekannte jüdische Künstler wie *Maja Morgenstern, Rudi Rosenfeld* und *Leonie Waldmann* auf. Dabei werden auch heute noch einige Stücke in Jiddisch gespielt, allerdings der Verständlichkeit halber über Kopfhörer simultan ins Rumänische übersetzt.

Von den verbliebenen vier Synagogen ist der 1866 in der Str. Sf. Vineri 9 errichtete **Choral-Tempel (Templul Coral)** der Sehenswerteste. Das als schönstes jüdisches Gebäude Rumäniens geltende Bauwerk ist zugleich auch der Hauptsitz der Landesgemeinde.

Der **jüdische Friedhof Cimitirul evreiesc de rit sefard** in der Calea Şerban Voda ist von Mittag bis zur Dämmerung geöffnet. Ähnlich dem berühmten Pendant in Prag liegen auch hier anstelle von Blumen kleine Steinchen als altes jüdisches Zeichen der Pietät (Metro-Station Eroii Revoluţiei).

Neben dem Choral-Tempel ist die unscheinbar in einer Seitenstraße des B-dul Magheru gelegene graue **Synagoge Yeshoah Tova** die zweite funktionierende Betstätte der Juden von Bukarest (Str. Tache Ionescu 9).

Das **Jüdische Historische Museum** wurde in der wunderschönen ehemaligen Schneider-Synagoge aus dem Jahre 1850 errichtet und ist heute das Aushängeschild und die erste Informationsstätte für jüdische Kultur in der Hauptstadt. Eines der Schlüsselwerke der Ausstellung ist eine Skulptur, die an die Deportation und Vernichtung der Juden gemahnt.

● **Jüdisches Historisches Museum,** *Muzeul de Istorie al Comunitatilor Evreiesti din Romania,* Str. Mamulari 3, Tel. 311 08 70.

rum174 Foto: jr

100 m zur **Macca-Vilacrosse-Passage,** die in kleinen gebogenen Straßenzügen eine Verbindung zwischen Calea Victoriei und der Str. E. Carada herstellt. Unter dem gelben Dach der ehemaligen Schmuckpassage haben sich die Läden vieler Schmuckhändler mittlerweile in kleine **Cafés und Restaurants** verwandelt, die der Passage noch mehr Leben eingehaucht haben. Durch die Vielzahl neuer arabischer und türkischer Cafés wird die Macca-Vilacrosse-Passage in jüngster Zeit zunehmend zu einem Paradies für Wasserpfeifen-Liebhaber, die hier schmauchend ihrer Nargileh-Leidenschaft frönen. Vor allem im Sommer, wenn die goldgelb bestrahlten Tische und Stühle der verschiedenen Lokale fast die ganze Straße füllen, entpuppt sich die Passage als eine Mischung aus orientalischem Basar und jugendlichem Szene-Viertel.

An der Kreuzung des B-dul Calea Victoriei und des B-dul Regina Elisabeta erhebt sich erneut ein kolossaler Prachtbau im neoklassizistischen Stil. Der **nationale Militärclub Cercul Militar Național** am Beginn der Constantin-Mille-Straße wurde 1912 genau an der Stelle errichtet, an der früher das Sarindar-Kloster stand. Sehenswert ist der prunkvolle Salon der Generäle,

Das monumentale Gebäude des nationalen Militärclubs

henswert sind die Bilder von *Cecilia Cuțescu-Storck* (1879–1969) und *Nicolae Grigorescu* (1838–1907).

Die Abteilung **„Europäische Kunst“** im ersten und zweiten Stock des linken Flügels hat einige imposante europäische Künstler zu bieten. Die Werke von *Monet, Tintoretto, Delacroix, Renoir, Cranach, El Greco, Rembrandt, van Eyck, Rubens* und *Brueghel* sind allesamt Stücke der rumänischen Königsfamilie oder betuchter rumänischer Sammler.

Eines der ersten berühmten Werke des ungarischen Künstlers *Victor Vasarely* (1908–1997), die verschlungenen „Zebras“, ist in der Abteilung **„Zeitgenössische Kunst“** zu bewundern. Es gilt als Vorläufer der Op Art, jener Kunst, die den Betrachter durch optische Tricks in ihren Bann zieht.

In den **übrigen Sektionen** sind u.a. japanische Holzschnittdrucke, orientalische Teppiche und dekorative Kunst zu sehen.

- **Muzeul Național de Artă,** B-dul Calea Victoriei 49–53, Tel. 313 30 30, Mi. bis So. 11–19 Uhr (Mai bis September), 10–18 Uhr (Oktober bis April), Mo. und Di. geschlossen, http://art.museum.ro.

Das Athenäum

Zwischen der Bibliothek der Universität und dem Hilton-Athenée-Palace-Hotel liegt das wohl markanteste und eleganteste Gebäude Bukarests. Anfangs wurde das Athenäum **(Ateneul Român)** vom französischen Architekten *Albert Galleron* als **Zirkus** geplant und auch als solcher benutzt. Als es um den Ausbau zu einem neoklassizistischen Konzerthaus ging, stellte man fest, dass nicht genügend Geld vorhanden war. Der Verein „Ateneul Român“ wandte sich daraufhin an die Bukarester Bevölkerung mit dem Slogan „Dați un Leu pentru Ateneu“ („Geben Sie einen Leu für das Athenäum“). Die Aktion wurde ein riesiger Erfolg, wie man heute mit Blick auf den Prachtbau feststellen kann. Dank der Spendierfreudigkeit der Bukarester Bevölkerung konnte das Athenäum **1888 als Konzerthaus eingeweiht** werden. Nach der Revolution von 1989 trat man mit demselben Slogan an die Bevölkerung heran, da die Panzer starke Beschädigungen hinterlassen hatten. Auch diesmal halfen die Menschen, damit ihr „Schmuckkästchen“ instand gesetzt werden konnte.

Gewaltige ionische Säulen stützen die **Vorhalle** mit Dreiecksgiebel, in der nachträglich fünf große Medaillons mit berühmten rumänischen Herrschern angebracht wurden. In der großzügigen **Eingangshalle** führen marmorne weiße Bogentreppen zum Kuppelsaal, in dem über 1000 Menschen Platz finden. Ein 70 m langes und 3 m hohes Fresko mit den wichtigsten Szenen der rumänischen Geschichte schmückt die gewaltige **Konzerthalle,** die den Namen des Komponisten *George Enescu* (1881–1955) trägt. Im Laufe der Jahre haben hier große Dirigenten und Komponisten wie *Maurice Ravel, Yehudi Menuhin, David Oistrach* oder eben *George Enescu* den Taktstock geschwungen.

Ein Besuch lohnt sich vor allem zu Konzertzeiten, insbesondere zu den alle vier Jahre stattfindenden **Enescu-Festwochen,** wenn vor dem Athenäum im vorgelagerten kleinen Garten und auf dem Revolutionsplatz Freiluftkonzerte stattfinden.

● **Ateneul Român,** Str. Benjamin Franklin 1–3, Tel. 315 25 67. Das Athenäum kann besichtigt werden, wenn man am Eingang an der rechten Seite des Gebäudes nachfragt (8 RON/Erwachsener). Dort ist auch eine kurze Abhandlung in deutscher Sprache erhältlich.

Ein wenig die Siegesstraße hinunter sieht man, fast erschlagen von den umgebenden Palast- und Bürogebäuden, den kleinen, schlichten Backsteinbau der **Crețulescu-Kirche.** Auch sie erlitt während der Revolution von 1989 großen Schaden und stand einige Jahre als Ruine herum. Heute werden wieder Gottesdienste in der vom Bojaren *Crețulescu* im Jahre 1720 gestifteten Kirche gefeiert.

Die nördliche Calea Victoriei

Der Amzei-Markt

Folgt man der Calea Victoriei in nördlicher Richtung, kommt man unweigerlich zum zentralsten und komfortabelsten Markt der Hauptstadt. Der **Piața Amzei** an der gleichnamigen Straße wurde 1841 auf seinem heutigen Gebiet eröffnet und bekam bereits 1877 durch den Architekten *Alexis Godillot* eine **Markthalle** nach französischem Vorbild.

rum180 Foto: jr

rum187 Foto: jr

Ein wahres Kleinod in der Großstadt – die Stavropoleos-Kirche

Die geretteten Kirchen von Bukarest

Kirchen, Klöster und Kapellen findet man in Bukarest an den ungewöhnlichsten Stellen. Zwischen hohe Wohnblocks eingeklemmt, neben Supermärkten, als heilige Bewacher von Parkplätzen oder einfach inmitten einer Vorstadtseitenstraße – plötzlich und unerwartet. Viele der ursprünglichen Kirchen haben die **„Systematisierung"** genannte Kahlschlag-Politik *Ceauşescus* nicht überlebt. Diejenigen, die überlebt haben, stehen teilweise nicht mehr dort, wo sie einst standen.

Zu den Kirchen, die zunächst nicht gerettet werden konnten, zählt beispielsweise die berühmte kleine **Spiridon-Kirche,** eine Stiftung des Fanarioten *Constantin Mavrocordats* vor 200 Jahren. Doch 1995 konnte sie nach alten Plänen wieder aufgebaut werden.

Als Rettungsaktion für andere Kirchen mussten sich Bauingenieure in den 1980er Jahren riskante und verwegene Aktionen ausdenken. So wurde die **Kirche Sf. Mihai Vodă** durch eine Verschiebung gerettet. Man hob die ganze Kirche, die durch *Michael den Tapferen* 1595 gestiftet wurde, kurzerhand an, setzte sie auf Schienen und transportierte sie von ihrem ursprünglichen Ort 280 m ostwärts, wo sie heute in der Str. Sapienţei 4 zu finden ist.

Auch das **Kloster Antim Ivireanul** entging seiner Zerstörung durch eine Verschiebung. Die pittoreske Kirche wurde zwischen 1713 und 1715 anstelle einer hölzernen Kirche errichtet. Früher gab es im Kloster eine eigene Druckerei, in der rumänische und griechische Bücher vervielfältigt wurden, heute betet man in der Kirche eine Wunder bringende Ikone der Muttergottes an.

- **Mănăstirea Antim Ivireanul,** Str. Mitropolit Antim Ivireanul 29, Mo. bis So. 10–17 Uhr.

schen Botanischem Garten und der **Elefterie-Kirche** an der Station Eroilor war bis Mitte des 19. Jahrhunderts ausschließlich von Wäldern bedeckt. Diese Tatsache half dem Fürsten **Şerban Cantacuzino** im 17. Jahrhundert aus einer misslichen Lage. Er war nämlich bis über beide Ohren in *Anastasia,* die Frau des Landesfürsten *Gheorghe Duca,* verliebt. Als dieser davon erfuhr, ließ er *Cantacuzino* zum Tode verurteilen und schickte Jäger aus, die den Flüchtigen suchen sollten. Doch *Anastasia* konnte ihren Liebhaber rechtzeitig warnen. Drei Tage lang durchstreiften die Jäger die dichten Wälder von Cotroceni, doch der Gesuchte blieb unauffindbar. Aus Dankbarkeit für diese Rettung ließ *Cantacuzino* mitten im Wald eine Kirche und einen neuen Fürstenhof erbauen.

Dieser wurde jedoch 1893 vom damaligen Königshaus abgerissen, da man beschloss, an derselben Stelle einen noch prächtigeren Königspalast zu errichten und das Kloster in seiner Mitte zu erhalten. Nach den Plänen des französischen Hofarchitekten *Paul Gottereau* entstand so Ende des 19. Jahrhunderts der heutige **Cotroceni-Palast.** Zwischen 1977 und 1988 wurde der Palast aufwendig renoviert, da *Ceauşescu* ihn in ein luxuriöses Hotel für Diplomaten verwandeln wollte. Während der Umbauphase befahl er, die in der Mitte befindliche Kirche abzureißen, da sie ihm die Aussicht verderben würde. Heute sind von dem einst aus Liebe und Dankbarkeit errichteten Gotteshaus nur noch Ruinen und *Cantacuzinos* Grabstein übrig.

Gleich neben dem Palast erstreckt sich der **Botanische Garten** von Bukarest. Zwischen 1860 und 1866 war er als Schlosspark der Öffentlichkeit nicht zugänglich. Doch bereits zehn Jahre später ging er in den Besitz der Universität über und wurde 1884/85 endgültig als Botanischer Garten angelegt. An seinem Eingang steht ein Glashaus für exotische Pflanzen.

Der Süden

Vom Piața Unirii aus erschließt sich der interessante Süden Bukarests vor allem dem ausdauernden Wanderer. Für einen Spaziergang durch die begrünten südlichen **Hügel und Parks** zum sehenswerten Bellu-Friedhof sollte man etwa 1,5 Stunden veranschlagen. Wer schneller zu den **Parks Carol I** und **Tineretului** gelangen will, fährt vom Piața Unirii aus mit der Metro eine Station in südlicher Richtung (Station Tineretului). Nach einer weiteren Haltestelle (Station Eroii Revoluției) gelangt man zum **Bellu-Friedhof** und dem **Friedhof der Helden der Revolution (Cimitirul Eroii Revoluției).**

Der Hügel der Patriarchie

Über die Str. P. D. Mitropoliei, eine leicht ansteigende Allee im Südwesten des Piața Unirii, erreicht man eine Erhebung mit dem **Gebäudekomplex** der so genannten **Patriarchie (Dealul Patriarhiei).** Ursprünglich lag die zwischen 1656 und 1658 auf Anweisung des Wojwoden *Constantin Şerban Basarab* errichtete **Kirche** im Schönheitswettbewerb mit der Bischofskirche

deutscher Sprache erhältlich. Wer jedoch ein hübsches handgemachtes Souvenir sucht, findet im **Museumsladen** eine reichhaltige Auswahl an bestickten Blusen, Winterjacken, bemalten Ostereiern oder Musikinstrumenten. Besonders beliebt bei allen Bukarestern, aber auch bei Ausländern, sind die **Jahrmärkte** im Museum vor den traditionellen Feiertagen: 24.02.-01.03. Märzchen-Markt, 30.03.-01.04. Pfingstmarkt, 01.-03.06. Markt zum Kindertag, 14.-16.09. Markt der Ikonenmaler und Kreuzmacher, 06.-09.12. Nikolausmarkt.

•**Muzeul Ţăranului Român,** Şos. Dimitrievici Kiseleff 3, Tel. 317 96 60, www.muzeultaranului.ro (auch in Englisch), Di. bis So. 10-18 Uhr, Mo. geschlossen!

Gleich gegenüber des Bauernmuseums befindet sich das **Geologische Museum** mit farbenprächtigen Mineraliensammlungen aus dem ganzen Land.

Der bereits erwähnte **Triumphbogen (Arcul de Triumf)** erscheint nach einem 10- bis 15-minütigen Spaziergang. Die kleine Kopie des gleichnamigen Pariser Monuments war bereits um 1920 vom Architekten *Petru Antonescu* als Denkmal der Einheit Rumäniens konzipiert worden und stand einige Jahre als Holzbau mit fein ausgearbeiteten Stuckarbeiten über der Chaussee. Erst 1935 wurde der Triumphbogen nach den Plänen *Antonescus* in Granit errichtet. Die bekanntesten Bildhauer ihrer Zeit, *I. Jalea, C. Medrea* und *C. Baraschi,* haben die Steinfresken und Reliefs geschaffen. Auf dem 25 m hohen Monument befindet sich eine **Aussichtsplattform,** die von 10-16 Uhr geöffnet ist.

Das Dorfmuseum

Unbedingt empfehlenswert und eines der absoluten Highlights jeden Bukarest-Aufenthalts ist der Besuch des nahe dem Herăstrău-Park gelegenen Dorfmuseums **Muzeul Satului „Dimitrie Gusti".** Im Jahre 1936 gegründet und seitdem kontinuierlich erweitert, zeigt die faszinierende Sammlung von 121 Bauernhäusern, Kirchen, Windmühlen und Gasthäusern aus allen Regionen Rumäniens heute die ganze **Vielfalt der ländlichen Architektur.**

Wer seine Rumänienreise plant und in Bukarest beginnt, kann sich hier bereits ein Bild machen, was ihn später im Land erwartet. Derjenige, der von seinen Reisen zurückkehrt, wird im größten **ethnologischen Freilichtmuseum** des Landes vieles wiederfinden, was er bereits gesehen hat: die Bauernhöfe aus dem Maramureş mit ihren reich verzierten Holztoren, die erfrischend bunten Häuser der Dobrudscha, die hohen, schlanken Holzkirchen, die strohbedeckten Bauernhäuser aus der Alba-Region oder Windmühlen aus Tulcea. Über 53.000 Objekte des täglichen Lebens, vom Webstuhl bis zur Weinpresse, können hier bestaunt werden.

Wer dabei Lust bekommt, einmal selber Bauer oder Holzschnitzer zu spielen, kann dies in einem der angebotenen **Workshops** tun. Kunsthandwerker und Bauern, Müller und Fischer erklären mehrmals im Jahr ihre

Künste (leider bisher nicht mit Übersetzung). Besonders lebendig und farbenfroh geht es zu, wenn kurz **vor Weihnachten** die **Musik- und Tanzgruppen** aus vielen Teilen des Landes im Museumsdorf zusammen kommen. Da das Museum mehrmals durch Brände beschädigt wurde (zuletzt im Februar 2002), herrscht auf dem gesamten Gelände striktes **Rauchverbot.**

• **Muzeul Satului „Dimitrie Gusti",** Şos. Dimitrievici Kiseleff 28–30, Tel. 222 91 06, www.muzeul-satului.ro (auch in Englisch). Das offene Gelände ist täglich 9–17 Uhr geöffnet, der Gheorghe-Focşa-Saal ist Mo. und Di. geschlossen.

Platz der freien Presse

Am Ende der Şoseaua Kiseleff erkennt man bereits von weitem einen massiven weißen Bau, der einen verblüffend an kommunistische Zuckergussbauten in Warschau oder Moskau erinnert. Kein Wunder, das **Haus der freien Presse** an der **Piaţa Presei Libere** ist ein Geschenk *Stalins*. Es wurde vom Architekten *H. Maicu* 1956 nach dem Vorbild der Moskauer Lomonossov-Universität entworfen und beherbergt heute alle wichtigen Zeitungen der Hauptstadt. Bis 1990 wurde es **Casa Scânteia** genannt. Übersetzt bedeutet dies „Funken-Haus"; der „Funke" war das offizielle Organ der kommunistischen Partei.

Boulevard Aviatorilor

Wer sich entschließt, über den Boulevard Aviatorilor in den Herăstrău-Park zu gelangen, kommt am Ende des Parcul Kiseleff am **Fliegerdenkmal Statuia Aviatorilor** vorbei. Der Held der Luftfahrt, der dort mit ausgebreiteten Flügeln auf dem 20 m hohen Sockel steht, scheint sich noch nicht entschieden zu haben, ob er sich tatsächlich in die Lüfte schwingen soll. Würde er es tun, so käme er in Richtung Piaţa Charles de Gaulle fliegend recht bald am **Fernsehzentrum Centrul Televiziunii Române** vorbei, in dem sich in den Monaten Dezember 1989 und Januar 1990 dramatische Machtkämpfe abspielten. Das Fernsehen lieferte die Intrigen und Machtspiele zeitweise live in die Wohnstuben.

Herăstrău-Park und die nördlichen Seen

Mit der U-Bahn ist der größte Bukarester Park schnell zu erreichen. Gerade einmal zwei Stationen sind es mit der M2 vom Piaţa Victoriei bis zur Station Aurel Vlaicu im Südosten des Parks. Der **östliche Eingang** befindet sich **am Piaţa Charles de Gaulle.** Ein absolutes Highlight des knapp 200 ha großen Parks, das Dorfmuseum, wurde bereits oben vorgestellt. Vom Dorfmuseum ist es nur einen Steinwurf zum nahe gelegenen **Herăstrău-See.** Ebenso wie seine Nachbarn, die **Seen Floreasca, Tei** und **Plumbuita,** ist der Herăstrău-See gar nicht so alt, wie man vielleicht meinen könnte. Noch im 19. Jahrhundert gab es hier nichts weiter als Sümpfe. Auf Initiative von König *Carol II.* (1893–1953) hin wurden diese kanalisiert, das Wasser gestaut und das sie umgebende Land trockengelegt. Die Parkanlagen wurden von den Landschaftsarchitekten

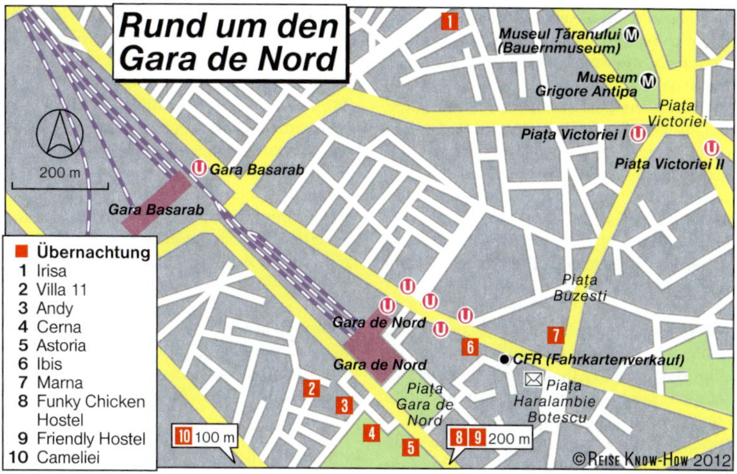

vernünftigen Preisen. EZ/DZ 65 Euro, Suite 120 Euro, Junior Suite 80 Euro, Frühstück 6 Euro. Buchbar über Omega Tour, Tel. 9697, Mobil 0725-15 15 15.

- **RIN Hotel** (***), 2007 eröffnetes Wellnesshotel mit Spa-Bereich. Ideal zum Ausspannen oder für eine Massage zwischen zwei Flügen. EZ/DZ 89 Euro, Suite 149 Euro, Junior Suite 109 Euro, Frühstück 8 Euro.
- **Grand Hotel RIN (****),** benachbartes Komforthotel mit 600 Zimmern. EZ 99 Euro, DZ 110 Euro, Suite 125 Euro, Frühstück 9 Euro.

Hotels (5 und 4 Sterne)

- **Athénée Palace Hilton** (*****), Str. Episcopiei 1–3, Tel. 303 37 77, Fax 315 38 13, www.hilton.com, Hilton@hilton.ro. Wer sich im 1914 erbauten und 1995 vollständig renovierten und modernisierten Haus einquartiert, hat den Vorteil, direkt im Stadtzentrum zu loggieren (unmittelbar am Piaţa Revoluţiei). Sommer-Garten, Casino, Englische Bar etc. Zimmerpreise ab 180 Euro.
- **InterContinental** (*****), B-dul Nicolae Bălcescu 4, Tel. 310 20 20, Fax 312 04 86, www.intercontinental.com, bucharest@interconti.ro. Das unübersehbare Hochhaushotel inmitten des Studentenviertels wurde 2011 erneut renoviert und die einst utopisch hohen Preise angesichts der Finanz- und Wirtschaftskrise etwas gesenkt. Das Haus bietet neben drei Restaurants 257 Zimmer auf 22 Etagen, ein Fitness-Center und einen Pool. Zimmerpreise ab 130 Euro. Internetzugang kostet 16 Euro (!) extra.
- **Howard Johnson Grand Plaza** (*****), Calea Dorobanţilor 5–7, Tel. 201 50 55, Fax 201 18 88, www.hojoplaza.ro. Das Plaza ist eines der höchsten Hotels der Stadt und bietet in seinen oberen Etagen eine spektakuläre Aussicht. Zimmerpreise ab 140 Euro.
- **K+K Elisabeta** (****), Str. Slanic 26, Tel. 311 86 31, Fax 311 86 32, www.kkhotels.co.ro, hotel.elisabeta@kkhotels.co.ro. Seit 2006 gibt es dieses elegante Hotel in avantgardistischem Design mitten in Bukarest. Mit 67 Zimmern zählt es zu den „kleineren" Hotels in der Stadt und setzt auf Klasse statt Masse. Von der Sauna bis zum Internetanschluss findet man hier alles, was das Herz begehrt. In dieser Preisklasse eines der besseren Häuser. Zimmer sind hier am Wochenende billiger zu haben. Zimmerpreise ab 160 Euro.
- **Lido** (****), B-dul Gheorghe Magheru 5–7, Tel. 314 49 30, Fax 312 65 44, www.lido.ro,

hotel@lido.ro. Das altehrwürdige, 1930 erbaute Lido-Hotel wird der Besucher der Stadt sicherlich mehrmals während einer Tour durch die Stadt zu sehen bekommen. Es steht mitten an einem der belebtesten und meistbefahrenen Boulevards der Stadt, weshalb die Zimmer auch mit Schallschutzfenstern ausgestattet sind. Vom Jacuzzi bis zum Swimmingpool bietet das Haus jeglichen Komfort. Zimmerpreise ab 100 Euro.

- Zentraler geht's kaum. Gleich gegenüber dem InterContinental-Tower liegen die **Comfort Suites** (****) am B-dul Nicolae Bălcescu 16, Etage 2–3, Tel. 310 28 84, Fax 310 28 87, www.comfort-suites.ro, office@comfort-suites.ro. Da die Suiten nicht nur wesentlich günstiger als die Bettenburg gegenüber sind, sondern auch etwas „familiärer" (in einem Wohnhaus gelegen), stellen sie eine gute Alternative für alle dar, die direkt in der City wohnen möchten. Preise von 100–150 Euro (alle Zimmer mit Balkon und Blick zur Stadt, Fernseher, Klimaanlage).
- **Hotel #7** (****), Str. Aurel Vlaicu 20, Tel. 211 69 84, Fax 211 65 26, www.hotel7.ro. Der eigenartige Name dieses kleinen Hotels ist kein Schreibfehler des Autors (obwohl man die Raute nicht mitliest). Mittlerweile ist dieses schöne Kleinod mit Preisen ab 250 RON für ein Zimmer (also ab ca. 57 Euro) wieder erschwinglich, nachdem die Zimmer noch vor zwei Jahren das Dreifache gekostet haben. Nur 500 m vom Piața Romana entfernt bietet das Hotel neben Jacuzzi, Internet, Massagen und Pay-TV auch eine eigene Autovermietung an.
- **El Greco** (****), Str. Jean Louis Calderon 16, Tel. 315 81 41, Fax 315 88 98, www.hotelelgreco.ro, office@elgreco.ro. Das Greco ist eines der ganz wenigen Bukarester Hotels, die noch im eklektischen Stil der Jahrhundertwende erhalten geblieben sind. Man findet das schöne Haus aus dem Jahr 1896 an der Ecke der Str. Diana ganz in der Nähe des B-dul Carol I. Auch das Restaurant Rodon atmet den Geist der alten Zeit. Zimmerpreise ab 110 Euro.
- **Phoenicia** (****) am B-dul Alexandru Şerbănescu 87. Mit 322 Zimmern und 21 Appartements misst sich dieses Hotel an den Vorbildern in Las Vegas. EZ ab 90 Euro.

Hotels (3 und 2 Sterne)

Die Preise für Hotels in dieser Kategorie sind in den letzten beiden Jahren teils enorm gepurzelt. Empfehlenswert auch für Budget-Touristen, Sonderangebote im Hotel Andy und im Hotel Siqua.

- Eine wirkliche Überraschung bietet das schmalste Hotel Rumäniens, das **Rembrandt** (***) in der Str. Smârdan 11 (Lipscani-Viertel), Tel. 313 93 15, www.rembrandt.ro. Die modern eingerichteten Zimmer sind zwar nur zwischen 12 und 26 m² groß, aber meistens ausgebucht, obwohl die Preise nicht gerade als schlank zu bezeichnen sind: EZ/DZ in der Business Class 135–143 Euro, Standardklasse 105–113 Euro, Touristenklasse (12 m²) 83–91 Euro. Das Hotel wird von Lesern sehr empfohlen. Der Besitzer betreibt neben dem Hotel das Bar-Café Van Gogh.
- **Andy** (***), Str. Witing 2, Tel. 300 30 50, www.andyhotels.ro, office@andyhotels.ro. Hotel mit sehr gutem Preis-Leistungsverhältnis, dazu in unmittelbarer Nähe des Nordbahnhofs, dennoch ruhige Zimmer. Preis für ein EZ ab 49 Euro (7 EZ, 43 DZ). Wifi, Sauna, Jacuzzi, Restaurant, Safe.

rum08-009 Foto: jr

Legendär – der Orient-Express

einfach einen Grünen Tee zu trinken oder sich die neuesten Interpreten der rumänischen Musikszene anzuhören (Musikabteilung mit Kopfhörern).

Cafés/Bars/Bistros

- **Edgars Pub,** Str. Edgar Quinet 9, Tel. 314 18 43. Der zentral gelegene, berühmte englische Pub ist abends immer voll, sodass man ihn ruhig tagsüber aufsuchen sollte. Gute Weine, auch Imbisse: Omelettes, Pfannkuchen, Gegrilltes und Salate. 10–2 Uhr.
- **IO – Coffee Bar,** Str. Demetrie Dobrescu 5. Die hübsche, kleine Italo-Bar unweit des Revolutionsplatzes ist vor allem abends einen Besuch wert. Erstklassiger Service und wunderbare Stimmung garantiert. Der Espresso soll einer der besten der Stadt sein.
- **Die Deutsche Kneipe,** Str. Stockholm 9, Tel. 679 23 63. Wer es nicht mehr ohne „deutsche Gemütlichkeit" aushält und die deutsche Küche vermisst, kann es ja mal hier versuchen. Mo. bis Sa. 17–24 Uhr, So. geschlossen.
- Im restaurierten historischen Lipscani-Viertel lädt das **Café Market 8** zu einem Besuch ein. In dem Café sind auf drei Etagen die Möbelstücke der besten Designer der Stadt ausgestellt. Probieren: *La Dolce Triest,* Vanille-Eis mit Milchkaffee und schwarzer Schokolade. Str. Stavropoleos 8, Tel. 313 41 67, Mo. bis Sa. 8–21 Uhr, So. geschlossen.
- Auch das **Kartell Café** wertet das alte Handelsviertel Lipscani auf. Die Maxime: Luxusausstattung bis zum Abwinken. Edle Hölzer, guter Kaffee und nette Bedienung. Str. Smârdan 7, Tel. 0721-406 885.
- **Atelier Mecanic,** Str. Covaci 12, Mobil 0726-767 611, atelier.mecanic@yahoo.com. Tägl. ab 9 Uhr bis zum letzten Gast. Was im Namen nach Werkstatt und harter Arbeit klingt, entpuppt sich als pfiffige Bar mit Terrasse im Altstadtviertel Lipscani. Die Einrichtung stammt aus einer Fabrik, die Bestuhlung ist teils hart, dafür perlen die Drinks umso weicher die Kehle hinab. Spartanischer Metall-Retro, sollte man einmal gesehen haben.
- **Segafredo Expresso Bar,** im Orhideea-Einkaufszentrum in der Şoseaua Vergului 20. Über 14 Arten Kaffee, frischer Kuchen und Croissants. Mo. bis So. 9–21 Uhr.

Drei Empfehlungen des Autors

- **Thomas Antiques,** Str. Covaci 19, Mobil 0752-440 818, www.thomas-antiques.ro (nur auf Rumänisch), contact@thomas-antiques.ro, tägl. außer So. 12–24 Uhr. Wunderschön präsentiert sich dieses zauberhafte neue **Café** im Lipscani-Viertel. Wo sonst kann man schon auf edlen antiken Möbeln sitzen (die man übrigens auch alle käuflich erwerben kann) und dazu seine Latte macchiato, „Jagermaister" (!) oder Glosch Swingtop (Bier) genießen? Dafür gibt's die Bestnote!
- **Mojo,** Str. Gabroveni (im Lipscani-Viertel), Mobil 0760-263 496, www.mojomusic.ro. In diesem verrückten **Pub,** der sich über drei Etagen erstreckt, ist vor allem abends immer was los. Unten im Keller gibt's prima Live-Musik und schräge Veranstaltungen von Karaoke bis zu britischen Kabarett-Nummern. Dazu ein gepflegtes Guinness in entspannter und fröhlicher Atmosphäre. Ein wirklich empfehlenswerter Einstieg in die Bukarester Nächte.
- **Jariştea,** Str. Henri Coandă 5/Ecke Bulevardul Dacia, wwwbistrojaristea.ro. Elegantes **Retro-Bistro** gemischt mit einer Prise Neuzeit und einem Hauch Paris des Ostens. Die wunderschön aufgemachte Website mit stimmungsvollem Film und Tangomusik gibt es auch auf Englisch. Tel. (Reservierung) 650 50 00 oder per Mail an office@bistrojaristea.ro. Das Bistro bietet täglich auch Tanz (Tango), Artistik, Gesang oder Pianomusik (unglaublich der Autodidakt *Horia Moculescu*). Essen für Kinder unter sechs Jahren umsonst! Die Speisen von der Lammschulter bis zur Truthahnbrust sind sehr delikat. Die Speisekarte kann man auf der Website einsehen.

• **Caffe&Latte,** B-dul Schitu Magureanu 35 (neben der Wein-Bar), Tel. 314 28 00. Leckerer Kuchen, viele Teesorten, sehr guter Kaffee und Milchshakes sowie exzellente heiße Schokolade.

• **Amsterdam Grand Café,** Str. Covaci 6, (Lipscani-Viertel), Tel. 313 75 80, www.amsterdam.ro. Das „Café" ist alles in einem, also ebenso Bar, Restaurant und unten auch Tanzschuppen. Musik von *Aretha Franklin* bis *Aerosmith*. Lecker vom Gazpacho bis hin zum Irish Coffee. (Dass die Bilder an den Wänden nicht aus Amsterdam, sondern Rotterdam stammen, merkt eh keiner.)

• **Picasso Café,** Str. Franceză 2–4, Tel. 312 15 76. Morgens Kaffee und abends Cocktails. Verrückte Atmosphäre, sehr freundliche Bedienung. Mo. bis Sa. 8 Uhr bis zum letzten Gast, So. ab 12 Uhr.

• **Bistro Café Royal,** Str. Episcopiei 1–3, Tel. 303 37 77. Das zum Hilton-Hotel gehörende Bistro schafft es, ein wenig französischen Charme in die City zu bringen. Leckere Baguettes, Brioches, Croissants und Kaffees.

• **Blues Café,** Calea Victoriei 16–20, Mobil 0723-520 643. Im kleinen Café in der Pasajul Villacrose lassen sich im Sommer auf den Korbstühlen draußen auf der Straße wunderbar die Sonnenstrahlen genießen. Guten Blues und Kaffee gibt es auch.

• **Champions,** Str. 13. Septembrie 90, Tel. 403 00 00. Die weitläufige Sports Bar im amerikanischen Stil ist etwas für Freunde von TV-Sportübertragungen auf zahlreichen Monitoren. Auf Wunsch gibt es anstelle von Hamburgern auch vegetarische Gerichte.

• Die **Pavillon Lounge** gehört ebenso wie das Champions zum Marriott Hotel, Str. 13. Septembrie 90. Exquisite Cocktail-Bar mit Piano-Live-Musik.

Abends unterwegs

Jazz

• **Green Hours 22 Jazz Café,** Calea Victoriei 120, Tel. 314 57 51, nonstop. Der beste Platz, um in Bukarest Jazz zu jeder Tages- und Nachtzeit zu hören. In der Zeit von 8 Uhr morgens bis 18 Uhr gibt es 25% Discount auf Getränke.

• **Art Jazz Club,** B-dul Nicolae Bălcescu 23a, Mobil 0722-589 058. Jeden Tag der Woche bietet der Club Vollblut-Jazz. Gelegentliche Live-Acts rumänischer Jazzgrößen von *Cristian Soleanu* bis *Maria Raducanu*.

Club/Disco

• **Salsa,** Str. Luterană 7–9, Mobil 0723-263 567. Für alle Latinofans von 22–5 Uhr täglich.

• **Cotton,** Calea Victoriei 48–50, Tel. 313 13 13. Das Cotton ist einer der größten und bekanntesten Tanz-Clubs der Stadt. Wie in vielen Clubs in Bukarest üblich, animieren Go-Go-Tänzerinnen die Gäste zu später Stunde. Nonstop.

• **Terminus,** Str. George Enescu 5, Tel. 211 28 52. Das Terminus liegt an der Kreuzung zur Calea Victoriei und gegenüber der Weißen Kirche (Biserică Alba).

• **Blue Night** und **Club Maxx** findet man im Complex Regie im Splaiul Independenței 290. Die beiden Tanzschuppen sind die beliebtesten Studenten-Discos.

• **Space,** Strada Academiei 35–37, Mobil 0723-427 845. Über 800 Gäste sollen angeblich im Space Platz finden. Die Musikrichtungen reichen von Hip-Hop bis House. Der Disco-Club hat Air-Condition.

• **Cuando,** gleiche Adresse wie das Space, aber etwas kleiner und in rotem Schummerlicht gehaltener Edel-Tanzschuppen. Musik: eigentlich alles von Pop bis House.

• In der ruhigen Umgebung des Herăstrău-Parks liegt der **Disco Club Herăstrău** mit eigener Bar und rumänischem Restaurant. Die Disco startet gegen 22 Uhr. Klientel: rumänische Familienväter und ihre Begleiterinnen.

Kasinos

Seriöse Kasinos findet man in erster Linie **in den großen Hotels** der Stadt, im Marriott Bucharest Grand Hotel, Sofitel (Nevada), Grand Plaza (Queen) und im Athénée Palace Hilton. Die anderen Kasinos an den großen Boulevards kann der Autor nicht beurteilen.

Skulpturenreihe im Herăstrău-Park

Zumindest sollte man den Geldbeutel nicht allzu gefüllt mitnehmen, falls man einmal in die folgenden Kasinos reinschauen möchte (alle nonstop):

- **Palace Casino,** Calea Victoriei 133.
- **Perla Princess,** B-dul Regina Elisabeta 9.
- **Mirage Casino,** B-dul Magheru 8–10.

Einkaufen

Shopping-Center

- **Bucureşti Mall,** Calea Vitan 55–59.
- **Carrefour Gallery Colentina,** Şoseaua Colentina 426.
- **Carrefour Orhideea,** Splaiul Independenţei 210.
- Einen relativ neuen **Carrefour** gibt es neben dem Unirea Shopping Center. Der Eingang liegt am B-dul I.C. Stratianu.
- **Esplanada,** Str. Vergului 20, www.cora.ro.
- **Home & Design Mall,** Calea 13. Septembrie 90.
- **Mario Plaza,** Calea Dorobanţi 172.
- **Plaza Romania,** B-dul Timişoara 26.

Fisch

- Das **Carrefour-Einkaufszentrum** hat die größte Auswahl an frischem Fisch.
- **No 1,** Fischmarkt in der Str. Ritmului.

Souvenirs/Antiquitäten

- **Hanul cu Tei,** Str. Lipscani 63–65.
- **Aureola,** B-dul Nicolae Bălcescu 34.
- **Da Vinci,** B-dul Calea Victoriei 118.
- **Galla,** B-dul 1. Mai (bemalte Möbel).
- **Dorobanţi Galleries,** Str. Tudor Ştefan 13 (Antiquitäten).
- **Totem,** Bucharest Mall, Calea Vitan 55–59.

rum209 Foto: ir

Buchhandlungen

●**Cărtureşti,** Str. Edgar Quinet 9, Tel. 317 34 59, und Str. Arthur Verona 13, Tel. 212 1 22. Neben Büchern kann man sich hier auch rumänischer Musik oder der Bildsprache moderner Künstler hingeben.

●**Librăria Noi,** B-dul Nicolae Bălcescu 18, Tel. 311 07 00. Hier gibt es die wohl größte Auswahl an Reiselektüre. Neben Bildbänden über Bukarest und Rumänien gibt es gute Dimap-Bergkarten sowie einige DVDs und Videos über Land, Kultur und Menschen.

●**Salingers,** Calea 13. Septembrie 90, Tel. 403 35 34, www.salingers.ro. Seit 2001 der größte englische Buchladen Rumäniens.

●**Micul Paris,** u.a. im Athénée Palace Hilton, Crowne Plaza und Intercontinental, Tel. 233 39 80.

●**Diverta,** Piața Unirii 1, im Unirea-Einkaufszentrum.

●**La Calu'Bălan,** Str. Halelor 3, Tel. 310 19 32.

Kinos

●**Hollywood Multiplex,** Bucharest Mall, Calea Vitan 55–59, Tel. 327 70 20, www.hmultiplex.ro.

●**Cinemateca,** Str. Eforie 2, Tel. 313 04 83.

●**Scala,** B-dul General Magheru 2–3, Tel. 211 03 72.

Kunstgalerien

●**Assemblage,** Calea 13. Septembrie 90, Tel. 403 36 04. Im schicken Ambiente der Einkaufsgalerie des Marriott-Hotels versucht man die neuesten Trends der rumänischen Kunst aufzuspüren. Das weite Feld reicht dabei von Malerei über Skulpturen und Keramik bis hin zu Goldschmiedearbeiten.

●**Baku Art Gallery,** Demetru Dobrescu 11, Tel. 307 29 77. Eine der bekanntesten Kunstgalerien der Stadt macht sich auch im Ausland für rumänische Künstler stark. Sehr schöne Glasarbeiten, Stiche und Skulpturen. Die bekanntesten Künstler sind hier *Dorin Lupea, Rodica Toth Poiata* und *Anton Ratiu.*

●**Galeria Orizont,** B-dul Nicolae Bălcescu 23A, Tel. 315 40 55, www.galeria-orizont.ro, Mo. bis Fr. 10–19, Sa. 10–16 Uhr. Die seit 1960 bestehende Galerie ist eine der größten Bukarests und widmet sich neben bekannten Künstlern wie *Vasile Rotaru* oder *Radu Daranga* auch aufstrebenden Talenten wie *Mihaela Schiopu* oder *Vasile Grigore.*

●**Galeria Nouă,** Str. Academiei 15, Tel. 313 551 11, Mi. bis So. 11–19 Uhr.

●**Val House,** Str. Gabroveni 24, Tel. 312 42 04, englischsprachige Webseite www.picturi.ro, Mo. bis Sa. 11–19 Uhr.

Bukarest für Kinder

●**Puppentheater Țăndărică,** Calea Victoriei, Tel. 211 40 14. Auf Deutsch bedeutet *Țăndărică* so viel wie „Holzsplitterchen", was darauf verweist, woraus die „Hauptakteure", die Spielfiguren dieses Theaters, bestehen. Das international renommierte Holzpuppentheater war bereits in kommunistischen Zeiten wegen seiner versteckt gespielten Proteste berühmt. Die Mischung aus Marionettentheater, Pantomime und Ausdruckstanz ist auch für nicht rumänisch sprechende Kinder und Erwachsene interessant.

●**Kindertheater Ion Creangă,** Piața Amzei, Tel. 212 85 90, www.teatrulioncreanga.ro. Als eine der Spielstätten mit der ältesten Kindertheaterabteilung (2010 feierte man 45-jähriges Jubiläum) ist es vor allem die intensive lebendige Atmosphäre, die hier auch die Jüngsten in den Bann zieht.

●**Herăstrău Park,** Şos. Kiseleff. Im größten Park Bukarests gibt es neben vielen Spielplätzen auch eine Go-Kart-Bahn und eine eigene Übungsbahn fürs Rollerbladefahren (Şos. Nordului 7–9).

●**See im Cişmigiu-Park,** auch hier kann man im Winter Eislaufen. Doch der älteste Park Bukarests und sein See haben mehr zu bieten. Im Sommer ziehen in dieser ruhigen Oase Boote ihre Runden, und abseits des hektischen Betriebs gibt es jede Menge Rasenfläche zum Fußball- oder Volleyballspielen.

●**Circul Globus,** Str. Aleea Circului 15, Tel. 210 51 52. Der seit 1960 bestehende Bukarester Zirkus bietet in seinem Dauerzelt über 3500 Zuschauern Platz. Nachmittags finden auch spezielle Kindervorstellungen statt.

- **Astronomisches Observatorium,** Observatorul Astronomic din Bucureşti, B-dul Lascăr Catargiu 21, Tel. 212 96 44, Mo. bis So. 9–22:30 Uhr. Bietet nach Vorabsprache auch Führungen für Kinder an.
- **Jahrmarkt im Jugendpark Parcul Tineretului,** Metrostation Tineretului, Mo. bis So. 9–19 Uhr.

Sport/Aktivitäten

Billard & Bowling

- **Club Champion,** Şoseaua Kiseleff 32 (nahe dem Dorfmuseum), Tel. 222 93 21. 12 Billardtische, 1 Bowlingbahn, Bar u. Restaurant.
- **Bucureşti-Mall,** Calea Vitan 55–59, Tel. 327 61 00, www.bucurestimall.com. Auf der zweiten Etage des Einkaufszentrums Bucureşti-Mall.

Eislaufen

- **Stadionul Lia Manoliu,** Eislaufhalle „Patinarul Național Bucureşti", B-dul Basarabia 35, Tel. 324 65 35. Die Öffnungszeiten telefonisch erfragen, da die Halle oft wegen Eishockeytrainings geschlossen ist.
- **Floreasca-Eislaufhalle,** Str. Mircea Eliade 16, Tel. 230 12 15. Nur im Winter geöffnet.

Fitness

- **Sportplanet,** Str. Emil Racoviță 1, Mobil 0724-849 340. Fitnesszentrum, Aerobic, Tae-Bo, Kickboxing, Außenschwimmbad, Sauna.
- **Body Dynamic,** Str. Giuseppe Verdi 2 (im Blue Ciel Club), Mobil 0722-136 721, www.bodydynamic.ro. Tae-Bo, Aerobic, Bauchtanz, Yoga, Tanz-Workshops: Salsa, Tango, Samba, Flamenco.
- **Afisos** (exklusiv für Frauen), Hotel Floreta de Aur, Str. Popa Marin 2, Tel. 231 51 34, www.afisos.ro. Fitnesszentrum, Aerobic, Bodybuilding, Massage, Sauna.

Flugsport

- **Aeroclub România,** B-dul Lascăr Catargiu 54, Tel. 312 36 19, www.airclub.rdsnet.ro. Infos zu Motor- und Segelfliegen, Paragliding, Fallschirmspringen, Modellfliegen. Flugschule: Academia Aeronautică România (auf dem Flughafen Băneasa), drei Cessna 172, zwei Seneca Piper, Helicopter EC 120.

Go-Kart

- **AMCKART,** Şos. de Centură 5A (hinter der Lukoil-Tankstelle, Nähe Kreuzung zu Şos. Tunari), Tel. 267 56 86, www.amckart.ro. Außenbahn 1240 m, Hallenbahn 210 m, Kurse; nur bedingt für Kinder geeignet!
- **Herăstrău Racing Team,** Şos. Nordului 7–9, am Nordufer des Herăstrău-Parks, kinderfreundlicher.

Golf

- **Bucharest Golf Center,** 3 km nördlich der neuen amerikanischen Schule an der Şos. Pipera-Tunari, außerhalb des Dorfes Tunari, Tel. 222 94 73. Verleih von Golfschlägern und Bällen. Mo. geschlossen.

Laufen

- **Stadionul Iolanda Balaş-Söter,** Jugendzentrum, B-dul Mărăşti 26. Sehr gute Kunststoffbahn für athletisches Lauftraining.
- **Im Herăstrău-Park.**

Reiten

- **C. S. Hipocan & Agroturism,** Clubul de Echitație „Hipocan-Corbeanca", Drumul Județean 101, Com. Corbeanca, jud. Ilfov, Mobil 0723-257 533, Tel. 266 61 10, www.hipocan.as.ro. Das Reitzentrum liegt im Dorf Corbeanca. Man erreicht es am besten über die Straße DN1, auf der man 5 km nach dem Flughafen Otopeni am Prisma-Einkaufszentrum links abbiegt. Den Ortsschildern nach Corbeanca folgend, sieht man die Farm nach 3 km auf der rechten Seite. Angeboten werden Reiten, Springreiten, Unterricht, Ponyreiten, offene Kutschfahrten. Angeschlossen ist **„Fermul Spicul de aur"**, eine **Molkerei** mit Vertrieb von natürlichen Milchprodukten.
- **Club de Echitație Bucureşti,** Str. Jandarmeriei 2, Mobil 0745-178 020, nördlich von Selgos an der Straße DN1. Reitunterricht, Miet- und Pensionspferde, Reithalle und Außenplatz, Ausrittmöglichkeiten.
- **Ecvalahis,** Aleea Privighetorilor 35, Mobil 0722-409 543, ecvalahis@home.ro. Reitunterricht und Ausritte im Wald, offene Reitarena, Kutschfahrten, Pension.

Segeln

- Im Sommer Verleih kleinerer Segelboote **am Nordufer des Herăstrău-Sees.**

Schwimmen

- **La Blue Ciel,** Str. Giuseppe Verdi 2. Außenpool.
- **Lucian-Grigorescu-Halle,** Str. Popa Marin 2, Tel. 230 07 85. Große Schwimmhalle.
- **Complexul Sportiv Lia Manoliu,** B-dul Basarabia 37–39, Tel. 324 91 78. Olympisches Schwimmbad.
- **Water Park Bucureşti-Otopeni,** Calea Bucureşti 255 A (zwischen dem Hotel Confort und dem Metro-Großmarkt an der Chaussee Bucureşti – Ploieşti), Tel. 266 48 84/86, www.waterpark.ro. Aquaparkanlage auf einem Areal von 40.000 m², Rutschbahnen, Schwimmbäder, Restaurants etc. (nur im Sommer geöffnet).

Sportzentren

- **Complexul Sportiv Lia Manoliu,** B-dul Basarabia 37–39, Tel. 324 91 59. Nationalstadion mit 60.000 Sitzplätzen, olympisches Schwimmbad, Eislaufring, Tennisplätze, Basketball- und Volleyballfelder, Gymnastikhalle, Boxring etc.
- **Clubul Sportiv Steaua,** B-dul Ghencea 35, Tel. 413 60 07. Stadion (28.000 Sitzplätze) und Rugbyfeld.
- **Clubul Sportiv Dinamo,** Şos. Ştefan cel Mare 7–9, Tel. 210 12 88. Stadion für 20.000 Zuschauer. Außenschwimmbad, Sporthalle.

Tanzsport

- **Şcoala de Dans „Let's Dance",** Calea 13. Septembrie 177, Mobil 0721-298 160, www.letsdance.ro. Breite Palette von Rumba, Jive und Samba bis hin zu Salsa, Merengue und Tango.

rum212 Foto: jr

● **Mirela S.R.L.,** Str. Gala Galaction 89 (Nähe Piaţa 1. Mai), Mobil 0745-084 240. Ballett für Kinder und Erwachsene.

Volkstanz

● Die deutschen Siedler in Siebenbürgen nennen sich selber Sachsen und beleben durch ihre Traditionen altes Handwerk und Gebräuche. Die **Burzenländer Volkstanzgruppe** hat sich ganz den alten Tänzen verschrieben und unterhält eine Kontaktadresse in Bukarest: Str. Clucerului 35, Et. 3, Sect. 1, Tel. 142 443, Fax 475 848, saxonia@brasovia.ro.

Tennis

Keine Frage, Tennis erfreut sich in Bukarest **besonderer Beliebtheit.** Seitdem *Ion Ţiriac*, einer der großen Sporthelden des Landes, zu Beginn der 1970er Jahre Rumänien durch seine Daviscup-Teilnahmen zu internationalen Erfolgen führte, ist Tennis in der Hauptstadt eine absolute Top-Sportart. In fast sämtlichen Stadien und auch im Herăstrău-Park gibt es öffentliche Tennisplätze.

● **Tenis Club Bucureşti,** Str. Barbu Văcărescu, Tel. 242 16 15, ana.pescariu@tenisclub.ro, www.tenisclub.ro. Der Tennisclub liegt am Tei-See und bietet neben Tennis auch Aerobic, Fußball und Tae-Bo an.

● **Nationales Tenniszentrum,** B-dul Pierre de Coubertin 8–10, Tel. 250 49 41. Verfügt über Hallen- und Außenplätze und bietet auch Kindern Unterricht an.

● **Tenis Club BTT,** Şos. Nordului 7–9, Tel. 232 85 46, 230 59 48.

● **Complex Herăstrău,** Şos. Nordului 5–7, Tel. 232 96 68. Auf vier Plätzen wird auch Unterricht angeboten.

Die prächtige Front des Art-Nouveau-Palastes Cantacuzino

Festtage und Events

Festtage

● **15. Januar,** Geburtstag des Nationaldichters *Mihai Eminescu* mit Lesungen und Theateraufführungen.

● **24. Januar,** Tag der Vereinigung von 1859.

● **1. März** *(Mărţişor)*, zu Beginn des „März-chen"-Tages erhalten Frauen Blumen und Glücksbringer mit weiß-roter Schnur *(Mărţişoare)*.

● **8. März,** Frauentag, an dem in Rumänien nicht nur den Müttern gedacht wird.

● **April,** Ostern, um Mitternacht wird in allen Kirchen Bukarests die Auferstehung Christi gefeiert.

● **1. Mai,** internationaler Tag der Arbeit, an dem die Arbeit in vielen Teilen der Stadt ruht.

● **1. Juni,** Kindertag, über die ganze Stadt verteilt finden Feste und Rock- und Popkonzerte im Freien statt.

● **1. Dezember,** Nationalfeiertag mit Musikumzügen und festlichen Konzerten.

● **6. Dezember,** Nikolaus.

Events

● **Volkskunstmesse,** Produkte der Volkskunst und des Kunsthandwerks werden im Juni im Dorfmuseum ausgestellt.

● **Sf.-Demetrios-Fest,** in der letzten Oktoberwoche wird der Tag des Schutzheiligen der Stadt Bukarest mit vielen Theater-, Musik- und Tanzveranstaltungen gefeiert.

● **Filmfest DAKINO,** Ende Oktober werden im Kinderpalais internationale Filme und eigene Produktionen aus der Filmstadt Buftea gezeigt.

● **GAUDEAMUS-Buchmesse,** die meist Mitte November veranstaltete Bücherschau im Gebäude des öffentlich-rechtlichen Fernsehens.

● **„Die weißen Blumen", Florile albe,** eine Show mit Winterbräuchen aus ganz Rumänien, am 19./20.12. im Dorfmuseum.

rum214 Foto: jr

Süd- und Zentral-transsylvanien

rum215a Foto: jr

rum215b Foto: jr

Schäferidyll nördlich von Mediaş

Die Oberstadt von Sighişoara

Treppengasse in Hermannstadt (Sibiu) hinauf zur Oberstadt

Einleitung

Viele Rumänienbesucher beginnen ihre Entdeckungsreise durch die südöstlichen Karpaten von Bukarest aus entweder mit dem Zug Richtung Braşov oder mit dem Auto über Ploieşti und die E60 kommend. Bevor die ersten Bergstädte Sinaia und Predeal erreicht sind, zieht sich die **walachische Tiefebene** dabei über mehr als 140 km recht monoton dahin. Faszinierend dann aber der überraschende Wechsel. Die Vegetation verwandelt sich und streift sich rasch ein alpines, farbenfrohes Kleid über. Schroffe, **steil aufragende Felsen** begleiten plötzlich auf der linken Seite die Fahrtstrecke, und der Gebirgs-Fluss Prahova kommt einem auf manchen Abschnitten plätschernd entgegen.

Ein anderes Bild bietet sich demjenigen, der aus dem Norden oder Westen in das so genannte **Burzenland** reist. Über die Hochebene kommend, durchquert man mittelalterlich anmutende Städte wie Sighişoara, Mediaş oder Sibiu, bevor man **Braşov** (Kronstadt) erreicht. Die Städte im Süden und Südosten Transsylvaniens werden einem schnell vertraut vorkommen, da sich der Einfluss der sächsischen Siedler überall deutlich im Stadtbild niederschlägt.

Im Gegensatz zu vielen anderen siebenbürgischen Städten lassen sich von den südlichen Randgebieten Braşovs aus die angrenzenden **Berge** unmittelbar per pedes erobern. Insofern ist die Metropole des Burzenlandes hervorragend als Ausgangsbasis für **Wanderungen** geeignet. So z.B. ins Timiş-Tal mit den Postăvarul- und Piatra-Mare-

Transsylvanien – Wälder, Berge, Kirchenburgen

Transsylvanien (rum. *Transilvania,* ungar. *Erdely*) oder **Siebenbürgen,** wie die zentrale Region rund um die Karpaten auf Deutsch genannt wird, ist eines der international bekanntesten Gebiete Rumäniens. Längst zieht es nicht nur Europäer in die Eis- und Tropfsteinhöhlen, in die mittelalterlichen Städte, auf die Karpatengipfel und zu den Kirchenburgen und Schlössern. Das starke amerikanische Interesse an diesem Land ist durch Filme wie *Roman Polanskis* „Tanz der Vampire", die Kinofassung des Musicals „Rocky Horror Picture Show" oder die zahlreichen Dracula-Verfilmungen sicherlich mit genährt worden. Der Mythos von dunklen Karpatenschlössern, von Bauern, die Kreuze, Holzpflöcke und Knoblauch stets bei sich führen, von herumflatternden Vampiren und von Wolfgeheul, das jede beginnende Dämmerung begleitet, hat sich durch die Bilder der Medienindustrie längst in den Köpfen der Menschen in aller Welt festgesetzt.

Der **Mythos eines rückständigen Transsylvanien** lebt – und ließ sich im internationalen Tourismus-Marketing Rumäniens einfach zu lange zu gut verkaufen, als das man sich vehement gegen die festgefahrenen Vorurteile gewehrt hätte. Doch die Städte Cluj-Napoca (Klausenburg), Braşov (Kronstadt) oder Sibiu (Hermannstadt) sind alt und hochmodern zugleich. Auch die Menschen, die auf dem siebenbürgischen Land leben, sind alles andere als „hinterwäldlerisch", wie man schnell feststellen wird.

Siebenbürgen gehörte im Laufe der Geschichte unterschiedlichen Staaten an. Zu **viele Völker** haben somit Transsylvanien seinen Stempel aufgedrückt, als das man hier alles über einen kulturellen Kamm scheren könnte. Neben den Römern und Osmanen sowie den auch in der Geschichte Transsylvaniens unvermeidlichen Reitervölkern haben vor allem Rumänen, Ungarn, Habsburger und Deutsche das zentrale Hochland geprägt. Zum Zeitpunkt des Friedens von Trianon 1920, der das „Land jenseits der Wälder" (lateinisch: *Terra ultransilvana*) förmlich dem rumänischen Staat eingliederte, lebten hier 56 Prozent Rumänen, 33 Prozent Ungarn und 10 Prozent Deutsche.

Obwohl der Massenexodus der sich selbst **Sachsen** nennenden Deutschen nach der Revolution von 1989 groß war, spiegeln die Städte Sighişoara, Mediaş, Braşov und Sibiu nach wie vor viel von der ehemaligen sächsischen Lebensweise wider, während in den eher ungarisch geprägten Städten Cluj-Napoca und Târgu Mureş die Kultur der **Magyaren** unverkennbar und unüberhörbar weiterlebt.

rum217 Foto: jr

Wo bin ich denn hier ...?

Der Besucher Siebenbürgens wird in **Ortschaften** meist mit **mehreren Namen** konfrontiert. Vor allem um die Siedlungsgebiete der Ungarn und Sachsen werden deren jeweilige Ortsnamen gleichberechtigt verwendet und tauchen zusätzlich auch auf den meisten Ortsschildern auf. So heißt das rumänische *Agnita,* zwischen Sighişoara und Sibiu gelegen, für die Deutschen ganz selbstverständlich auch *Agnetheln,* die Sachsen verwenden ihre Bezeichnung *Ognitheln* (die freilich auf keinem Ortsschild zu finden ist!), und die Ungarn sprechen von *Szent Ágota.* Wundern Sie sich also nicht, wenn auch der Autor in seinen Orts- (und Regional-) Beschreibungen die verschiedenen Namen verwendet. Dies soll nicht der Verwirrung dienen, sondern ist auch in Siebenbürgen gang und gäbe.

Schließlich kann es bei Erkundigungen durchaus vorkommen, dass ein Einheimischer von einem *Bogeschdorf* noch nie gehört hat, geschweige denn vom ungarischen *Szászbogács,* und nur das rumänische Wort *Bagaciu* wirklich weiterhilft. Am Anfang jeder Ortsbeschreibung finden Sie also auch die jeweiligen deutschen und ungarischen Bezeichnungen. Bei großen Städten wie *Sighişoara (Schässburg)* oder *Sibiu (Hermannstadt)* bot es sich an, beide Bezeichnungen im Text zu verwenden, da sie auch in den jeweiligen Orten gleichberechtigt zum Einsatz kommen. Überall dort, wo im Text eine bestimmte Version häufiger verwendet wird, geschieht dies nicht in diskriminierender Absicht den anderen Bezeichnungen gegenüber.

Bergen oder hinauf zum nah gelegenen stadteigenen Tâmpa-Berg. Auch Fahrradausflüge und Rundreisen lassen sich wunderbar von Braşov aus starten. Im Umkreis von 40 km locken attraktive Ziele wie Cheia, Moeciu oder Bran.

Prahova-Tal und Bucegi-Berge

Südlich von Braşov bahnt sich der **Prahova-Fluss** seinen Weg zwischen den über 2000 m hohen **Bucegi-Bergen,** einem Gebiet, das im Sommer und im Winter gleichermaßen beliebt ist. Das Bucegi-Gebirge hat die Form eines Hufeisens. Seine Steilabstürze an der östlichen Seite reizen vor allem ambitionierte Wanderer und Kletterer.

Die **Grenze zwischen der Walachei und Transsylvanien** verläuft nördlich des Ortes **Azuga** und trennt damit das historisch zusammengehörige Gebiet des Prahova-Tals. So gehört der bekannte Kur- und Urlaubsort Sinaia mit seinen flankierenden Bergen noch zur Walachei, während die nördlicher gelegene, in der Besuchergunst mit Sinaia konkurrierende Bergstadt Predeal bereits in Transsylvanien liegt. Praktischerweise werden das Gebiet des Prahova-Tals und der Bergkette der Bucegi an dieser Stelle als eine Einheit behandelt.

Sinaia

XVI, A3

- **Höhe:** 850–950 m
- **Vorwahl:** 0244
- **Einwohner:** 14.000

Die **„Perle der Karpaten"** ist Gegenstand vieler Bücher, Gedichte und Lieder. Die kleine Bergstadt gilt als **eines der beliebtesten Reiseziele** in Rumänien, da sie ein Ort für alle Jahreszeiten ist. Im Winter locken die sieben Skipisten des Furnica-Berges, im Frühling und Sommer das Schloss Peleş und die Berge zum **Wandern,** im Herbst nutzen die Besucher vor allem die **Kur- und Thermalangebote.**

Die **Orientierung** im lang gestreckten Luftkurort fällt relativ leicht. Der Hauptbahnhof liegt etwa in der Mitte der Stadt, auf der den Bergen abgewandten Seite. Zugreisende brauchen sich also anfangs nur bergan zu bewegen und kommen unweigerlich zur Hauptstraße mit den wichtigsten Hotels. Pensionen befinden sich in den Seitenstraßen, die sich weiter nach oben winden. Im sehr professionellen und neu eingerichteten **Informationszentrum** gleich an der Hauptstraße, in der Nähe des Rathauses, erhält man Info-Broschüren, Stadtpläne und Listen mit Pensionen und Hotels.

Die Hauptattraktion der Stadt, das **Schloss Peleş,** liegt am nördlichen Ende der Stadt, vom Bahnhof aus rechts, auf einer Anhöhe und ist vom Zentrum aus zu Fuß in 20 Minuten zu erreichen. Neben dem **Kloster Sinaia,** Schloss Peleş und dem **Gedenkhaus George Enescu** sind auch die **zahlreichen Villen** entlang der Str. Furnica und der Str. Cantacuzino sehr sehenswert. Reiche Familien und Aristokraten haben hier versucht, das Schloss Peleş nachzuahmen, was ihnen allerdings nirgendwo so recht gelingen wollte. In einem dieser prachtvollen Gebäude, in der **Vila Carola** in der Str. Furnica, lebte im Jahre 1927 der berühmte Geiger und Dirigent *Yehudi Menuhin.*

Folgt man der Hauptstraße, dem Bv. Carol I, in Richtung Predeal/Braşov, kommt man am Ende zum **Dumitrie-Ghica-Park,** der vom **Kasino** von Sinaia abgeschlossen wird. Der 1912 auf Initiative von König *Karl I* nach dem Vorbild des Kasinos von Monaco errichtete Bau zog früher bis zu 800 Spieler täglich an. Heutzutage werden in den riesigen Hallen auch Computer- und Elektronikmessen abgehalten.

- **Informationszentrum Sinaia,** B-dul Carol I Nr. 47, Tel. 32 56 56, contact@infosinaia.ro, www.infosinaia.ro.

Kloster Sinaia

Bis zum Jahre 1874 trug die Gemeinde den Namen Izvor (Quelle). Der heutige Name der Stadt geht auf das Kloster Sinaia *(Mânăstirii Sinaia)* zurück. **Mihai Cantacuzino,** ein Bruder des walachischen Fürsten *Şerban Cantacuzino,* hatte sich nach der Rückkehr von seiner Pilgerreise zum Berg Sinai im Jahre 1675 dazu entschlossen, das Kloster zu Füßen der rumänischen Karpaten erbauen zu lassen. Er nannte es im Andenken an seine Reise Kloster Sinaia (Betonung auf dem ersten a). Nur langsam entstanden um das zwi-

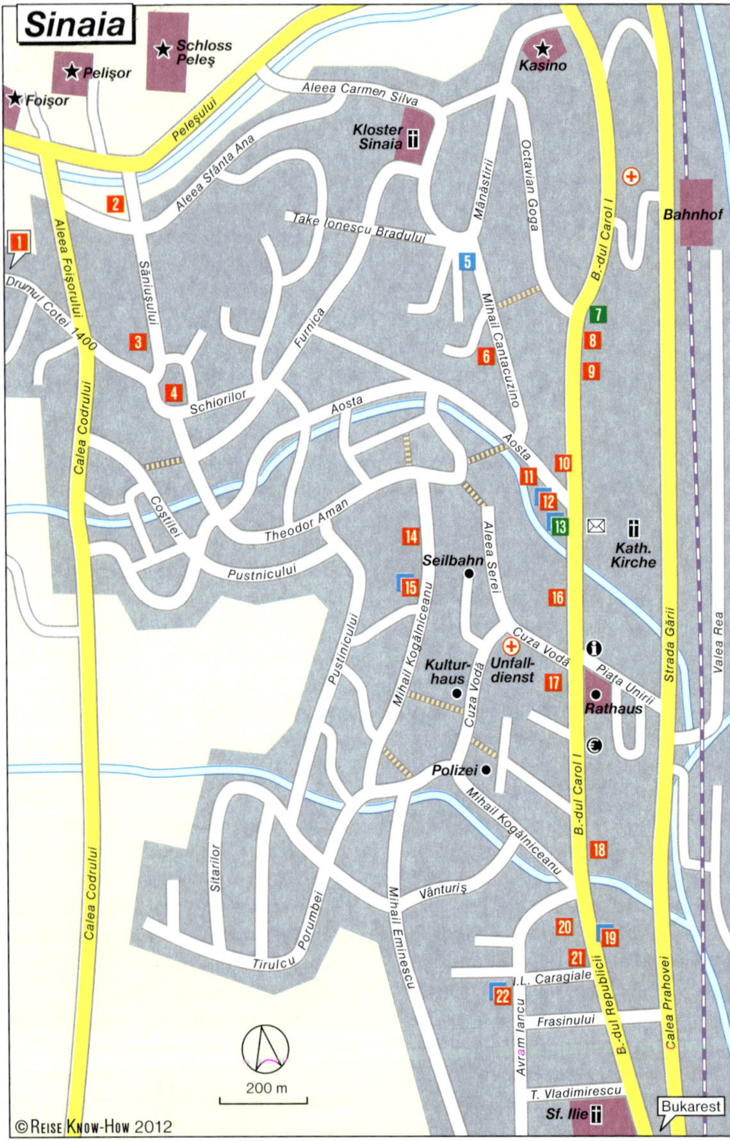

Sinaia
Schloss Peleş
Pelişor
Foişor
Kasino
Kloster Sinaia
Bahnhof
Seilbahn
Kath. Kirche
Kultur-haus
Unfall-dienst
Rathaus
Polizei
Sf. Ilie
Bukarest
Peleşului
Aleea Carmen Silva
Aleea Sfânta Ana
Take Ionescu Bradului
Mânăstirii
Octavian Goga
B.-dul Carol I
Aleea Foişorului
Săniuşului
Drumul Cotei 1400
Furnica
Mihail Cantacuzino
Schiorilor
Aosta
Calea Codrului
Costilei
Theodor Aman
Pustnicului
Aleea Serei
Cuza Vodă
Piata Unirii
Strada Gării
Valea Rea
Mihail Kogălniceanu
Sitarilor
Vânturiş
Mihail Eminescu
Tirulcu Porumbei
I.L. Caragiale
Frasinului
Avram Iancu
B.-dul Republicii
Calea Prahovei
T. Vladimirescu
200 m
© Reise Know-How 2012

■ **Übernachtung**
1 Schiori-Hütte
2 Economat
3 Hotel Marami
4 Hotel Furnica
6 Vila Camelia
8 Cerbul
9 Vila Holiday
10 Vila Prahora
11 Vila Aosta
12 Hotel Irish House
14 Pensiunea Gabriel
15 Vila-Hotel Roberto
16 New Montana
17 Hotel Anda
18 Paltiniş
19 Casa Noastră
20 International
21 Rowa Dany
22 Hostel El Dorado

■ **Essen und Trinken**
5 Liliana
12 Irish House
13 Perla Bucegi
15 Restaurant Roberto
19 Casa Noastră
22 El Dorado

■ **Einkaufen/Sonstiges**
7 Buchhandlung Sina-Libri
13 Apotheke

schen 1678 und 1688 erbaute Kloster Herbergen, Pferdestationen und Gasthäuser für die Karpatenreisenden. Anfänglich dienten die dicken Wände allein dem Rückzug der Mönche zum täglichen Gebet, erst in späteren Zeiten erwiesen sie sich auch als guter Schutz gegen Angriffe.

Zwischen 1843 und 1846 entstand die **Neue Kirche,** ein im byzantinischen Stil errichtetes Gebäude. Während einer kurzen Periode diente sie als Residenz des königlichen Hofes, 1895 wurde das Gotteshaus zu einem Museum für religiöse Kunst.

Schloss Peleş

Die Entwicklung Sinaias zu einer Stadt wird oft auf das Ende des 19. Jahrhunderts zurückgeführt, nachdem sich **König Carol I.** dazu entschlossen hatte, hier seine prächtige **Sommerresidenz** Schloss Peleş zu errichten. Auf alten Stichen aus dem Jahr 1900 ist von einer Stadt allerdings noch nichts zu erkennen. Dichte Wälder umgeben das Schloss und Weideflächen das Kloster. Lange Jahre lebte die Königsfamilie hier in der vollkommenen Ruhe dichter Karpatenwälder. Heute dagegen belagern Touristen den Prachtbau, vor allem im Sommer, weshalb sich der frühmorgendliche Aufstieg zum Schloss empfiehlt, das um 9 Uhr morgens seine Tore öffnet.

Zu Fuß erreicht man das Schloss Peleş vom Zentrum aus in etwa einer halben Stunde. Einfach der Hauptstraße Richtung Kloster Sinaia folgen und dann links hinauf über die Str. Carmen

Silva und die Str. Peleşului, bis schließlich oben auf der rechten Seite das Schloss erscheint; **mit dem Auto** von der Hauptstraße aus über die Str. Peleşului (hier sind Parkgebühren zu entrichten).

Die Geschichte des **schönsten Schlosses Rumäniens** begann im Jahre 1866, als König *Carol I.* das Kloster Sinaia zum ersten Mal besuchte. Nach mehreren weiteren Besuchen begann man 3 km nördlich des Klosters mit dem Bau seines Sommersitzes. Am 22. August 1875 wurde der Grundstein gelegt. Gleichzeitig entstanden zahlreiche andere Gebäude im königlichen Park. So errichtete man für die Ritter des Ordens *Michaels des Tapferen* ein wenig oberhalb des Schlosses die **Villa Pelişor (Vila Cavalerilor).** Einige eilige Besucher übersehen dieses „kleine Schloss Peleş", weil es sich etwas erhöht links an einem Seitenweg versteckt. Nicht zu übersehen ist jedoch der **Sitz der königlichen Wache.** Sie empfängt einen als erstes Gebäude der Anhöhe gleich gegenüber dem Schloss mit Sommerterrasse und kleinem Café. Weitere Gebäude im **weitläufigen Park** sind das **Jagdschloss Foişor (Casa de Vânătoare),** die Vila Şipot, die Stallungen *(Grajdurile),* die Villa König *Ferdinands* und die königliche Schäferei *(Stâna Regală).*

Als erstes wurde 1879 das **Jagdhaus** fertig gestellt. König *Carol I.* und Königin *Elisabeth* bewohnten es bis zur prunkvollen Einweihung des Schlosses

rum08-222 Foto: jr

Im Jahr 1927 hielt sich **Yehudi Menuhin** für zwei Monate in der Luminiş-Villa auf, um bei seinem Meister *Enescu* Violinunterricht zu nehmen.

●**Luminiş-Villa** oder Casa Memorială George Enescu, Cumpătu, Tel. 31 17 53.

Informationen

●Das Informationszentrum **Centrul de Informare şi Promovare Turistică Sinaia** am Boulevardul Carol I Nr. 47 gehört zu den besten in Rumänien. Hier erhält man eine Liste mit den aktuellen Pensionen, einen Stadtplan, Pläne über Skipisten sowie Berghütten und alle nur erdenklichen Hinweise, vom guten Restaurant bis zu Wanderrouten im Gebirge. Sehr freundlich und hilfsbereit. Tel. 315 656, office @info-sinaia.ro, www.info-sinaia.ro.

Unterkunft

●Tipp: Was auch die meisten Rumänen nicht wissen: Genau gegenüber dem Schloss Peleş gibt es eine interessante und gar nicht einmal teure Übernachtungsmöglichkeit. Man frage nach dem **Corpu de Garda.** Direkt über dem Tordurchgang gibt es vier schöne Appartements mit Blick auf das Schloss und den Garten. Eigenes Bad, Kühlschrank, Kabel-TV. Preise je nach Saison ab 100 RON (am Wochenende ab 120 RON.)

Hotels

●**Hotel Internaţional** (****), Str. Avram Iancu 1, Tel. 313 851, www.international-sinaia.ro. 172 Zimmer, EZ 270 RON, DZ 350 RON, Großraum-Zimmer 450 RON, Appartement 750 RON, inkl. Frühstück. Pool, Sauna, Restaurant.

●Unweit des Großhotels International gibt es die bessere Alternative im Zentrum von Sinaia, das **Hotel Rowa Dany** (***), Bd. Carol I Nr. 46, Tel. 372 71 25 82, www.rowadany.ro. EZ 260 RON, DZ 290 RON, Appartment 500 RON. Während der Sommersaison 4% Aufschlag. Kurtaxe extra 2 RON. Der Preis beinhaltet das Frühstück und die Benutzung von Jacuzzi, Pool, Sauna, Solarium, Fitnessgeräten, Parkplatz und Internet.

●**Hotel Furnica** (***), Str. Furnica 50, Tel. 311 151. Wunderschönes Fachwerkhotel aus dem Jahr 1899 mit 29 Zimmern und hervorragendem Restaurant. Sehr empfehlenswert. Schöner Innenhof, im Sommer mit Bänken, gelegentlich Live-Musik. Night-Club. Sehr freundlicher Service in unmittelbarer Nähe des Schlosses Peleş. EZ 85 RON, DZ 120–140 RON, 3er-Zimmer 180 RON, 4er-Zimmer 220 RON, Appartement 300 RON. Kurtaxe extra 2 RON.

●**Hotel Marami** (***), Str. Furnica 52, Tel. 315 560, maramihotel@xnet.ro, www.marami.ro. Sehr gutes neues Hotel mit eigenem Restaurant und Bar. 15 Minuten zum Schloss. Zimmer mit schönem Ausblick, sehr ruhige Lage. Sehr gepflegt und modern. Sauna, Jacuzzi, Fitness, Konferenzraum. Für Herbst 2008 ist ein Swimmingpool geplant. EZ 200 RON, DZ 220 RON, Luxus-DZ 240 RON, zusätzliches Bett 60 RON.

●**Hotel Cerbul** (***), Bd. Carol I Nr. 19, Tel. 312 391. 35 Zimmer, EZ 88 RON, DZ 124 RON (ohne Frühstück).

●**Hotel Irish House** (***), Bd. Carol I Nr. 18, Tel. 310 060. 12 Zimmer, eigener Parkplatz, Terrasse und Restaurant. Abends kann es – in unmittelbarer Nähe des Irish Pub – etwas laut zugehen. EZ/DZ 160 RON, Frühstück inkl.

●**Casa Noastră** (***), schlichtes Holzhaus am Ende von Sinaia (Richtung Bukarest) mit schöner Aussicht. EZ/DZ 70 RON, 3er-Zimmer 80 RON, Frühstück extra.

●**Hotel Paltiniş** (***), Bd. Carol I Nr. 67, Tel. 314 651. Großhotel mit 97 Zimmern an der Hauptstraße, laut, renoviert, aber unpersönlich. Balneotherapeutische Abteilung. EZ/Dusche 105 RON, DZ/Dusche 128 RON, Appartement 150–177 RON.

●**New Montana** (***), Bd. Carol I Nr. 22, Tel. 312 751, marketing@newmontana.ro. Das Montana wurde 2007 renoviert und heißt jetzt New Montana. In der höheren Preisklasse angesiedeltes Luxushotel mit 177 Zimmern an der Hauptstraße. Im Zentrum keine schlechte Wahl. Eigene Garage, Sauna, Pool, Jacuzzi, Fitness, Internet, Terrasse u.v.m. Preise auf Anfrage, EZ ab 120 RON. Je nach Saison und Aufenthalt Preisschwankungen.

• **Hotel Anda** (***), Bd. Carol I Nr. 30, Tel. 306 020. 30 Zimmer, eines der wenigen kleineren Hotels an der Hauptstraße. Eigener Parkplatz, Internet, Bad, TV. Preis nach Renovierung für EZ ab 100 RON, Frühstück inkl.

• **Hotel Economat** (***), Str. Peleşului 2, Tel. 310 353, www.hoteleconomat.apps.ro. Hotel nahe dem Schloss (5 Min.). Konferenzräume, Parkplatz, Terrasse. 34 Zimmer, EZ/DZ je nach Saison ab 140 RON.

Villen/Pensionen

Wer sich die Mühe macht und die kurvigen Straßen nach oben fährt/läuft, wird auf so manches architektonische Schmuckstück stoßen. Viele schöne Villen werden gerade renoviert. Ein kleiner Entdeckungsspaziergang und Nachfragen lohnt sich. Die meisten der hübschen Häuser sind nicht nur wesentlich ruhiger als die Hotels unten an der Hauptstraße, sondern bieten zudem auch eine herrliche Aussicht auf den Kurort Sinaia.

• Die Empfehlung des Autors ist das **Vila-Hotel Roberto** (***), Str. Kogălniceanu 39, Tel. 315 675. Dieses wunderschön restaurierte alte Haus mit 14 Zimmern bietet eine exzellente Ausstattung (Fitnessraum, Sauna, Jacuzzi, Garage) und einen der schönsten Ausblicke auf das Bergstädtchen. Einige der modern gestalteten Räume haben einen eigenen Balkon. 15 Fußminuten zum Schloss Peleş. Sehr freundlicher Service. EZ/DZ 200 RON, Appartement 300 RON, Luxusappartement 400 RON. Gutes Frühstück inkl.

• **Vila Camelia** (***), Str. Spătar Mihail Cantacuzino 5, Tel. 312 381, Fax 315 009, www.vilacamelia.com. Salon mit viel Holz, Buntglasfenstern, Kamin. Moderne Zimmer. Preise auf Anfrage, je nach Saison EZ/DZ ab 100 RON.

• **Vila Aosta** (***), Str. Kogălniceanu 21. Sieben sehr gepflegte Zimmer in einer alten Villa aus der Gründerzeit. Die Besitzerin Frau *Baltă* spricht französisch. EZ/DZ 80 RON (ohne Frühstück).

• **Vila Prahova** (***), eine der wenigen wunderschönen Villen unten an der Hauptstraße Bd. Carol I, gleich gegenüber der Post. Sehr große Zimmer, Kühlschrank und TV. EZ/DZ 120 RON, Frühstück 8,50 RON extra.

• **Hostel El Dorado** (**), Str. Avram Iancu 14, Tel. 0233-312 667 oder direkt beim Besitzer *Nicolae Gabriel* 0744-826 676. Budget-Hostel mit 27 einfachen Zimmern. EZ/DZ 80 RON, 3er-Zimmer 90 RON, Appartement 140 RON. Eigenes Bad, TV.

• **Pensiunea Gabriel** (***), Str. Kogălniceanu 35, Mobil 0747-050 291. EZ 80 RON, DZ 109 RON, 3er-Zimmer 149 RON, Frühstück extra 13 RON.

Essen und Trinken

• **Roberto,** Str. Kogălniceanu 39, Tel. 315 675. Eines der besten Restaurants in Sinaia, unbedingt empfehlenswert. Rumänische und internationale Küche.

• **Perla Bucegi,** Bd. Carol I Nr. 22, Tel. 313 902. Sehr gutes Wildschwein in Sahnesoße (*Medalion de Mistreţ*).

• **Liliana,** Str. Spătar Mihail Cantacuzino 5. Rumänische Küche.

• **Irish House,** Bd. Carol I Nr. 18, Tel. 310 033. Wie der Name schon sagt: irische Spezialitäten. Daneben aber auch traditionelle rumänische Küche.

• **Casa Noastră,** Bd. Carol I Nr. 22. Rumänische Küche.

• **El Dorado,** Str. Avram Iancu 14. Fastfood und rumänische Küche.

Bergtouren ab Sinaia

Wer seine Ausflüge in die Bucegi-Berge von Sinaia aus beginnen möchte, hat dazu mehrere Möglichkeiten. Neben dem Hotel Montana an der Hauptstraße führt die Str. Cuza Vodă hinauf zur **Kabelbahn** (Teleferic, Di. bis So. 9–16 Uhr). Mit dieser sind die Gipfel des **Cota 1400** und **Cota 2000** binnen einer Viertelstunde zu erreichen. Die Bezeichnung Cota steht im Rumänischen für das Wort „Höhe“. Bis zur Cota 1400, also zur Höhe von 1400 m, führt auch die alpine **Berg-**

nem blauen Kreuz gekennzeichnete **sechsstündige Strecke** beginnt direkt hinter dem Hotel Silva. Die steilsten Streckenabschnitte im Jepii-Tal sind mit Kabeln und Seilen gesichert. Nach ca. 3½ Stunden steilen Aufstiegs und manchem sehnsuchtsvollen Blick auf die über einem schwebenden Seilbahn-Kabinen erreicht man die **Caraiman-Hütte.** Ein kurzer, durch einen roten Punkt markierter Weg führt zum **Heldenkreuz,** einem 40 m hohen Stahlkreuz mit Steinsockel, das in den Jahren 1926 bis 1928 zu Ehren der rumänischen Soldaten des Ersten Weltkriegs auf dem Gipfel des Caraimanberges errichtet wurde.

Von der Ankunftsstelle der Kabelbahn aus braucht man bis zum stählernen „Gipfelkreuz" etwa 45 Minuten. Diese Strecke ist durch ein rotes Kreuz gekennzeichnet.

In umgekehrter Richtung werden die Wanderer, die den harten Aufstieg hinter sich gebracht haben, den Weg zur **Cabana Babele** wahrscheinlich schneller zurücklegen. Die renovierte Unterkunft liegt direkt neben den berühmten **Babele.** Da früher Touristen liebend gerne auf den von Wind und Wetter geformten Pilzfelsen herumgeklettert sind, hat man sie eingezäunt und auch das Mitnehmen von „steinernen Souvenirs" untersagt.

Keine drei Kraxel-Minuten von den berühmten, jedoch etwas unspektakulären „Steinpilzen" befindet sich ein anderes nationales Bergdenkmal. Die geheimnisvolle **Sphinx** gibt ihre Ähnlichkeit mit dem in Giseh/Kairo ste-

rum229 Foto: jr

henden Original jedoch nur dem Betrachter preis, der sich im richtigen Winkel vor sie hinstellt. Mit etwas Fantasie erkennt man dann tatsächlich in der Felsstruktur einige Ähnlichkeiten, zumindest mit dem Kopf des ägyptischen Vorbilds, mit dem Unterschied, dass das steinerne Bildnis nicht von Menschenhand geschaffen wurde.

Auf der Westseite des Berges führt ein mit blauem Kreuz markierter Weg nach unten, zum **Hotel Peştera.** Bei gutem Wetter benötigt man für diese letzte Wanderetappe etwa 30 Min.

Information:
- Das **Informationszentrum** liegt direkt an der Hauptstraße, dem Bd. Libertaţii 174, Tel. 0244-321 728, www.centru-de-informare-turistica-busteni.page.tl.

Unterkunft:
- **Cabana Caraiman,** 2025 m, 30 Betten, Tel. 0745-854 892, DZ 60–80 RON.
- **Cabana Babele,** 2200 m, 94 Betten, Tel. 0268-315 304, DZ 80–100 RON.
- **Hotel Peştera,** 1610 m, 116 Betten, Tel. 0268-311 094, DZ 100–120 RON.

Bergrettung:
- **Salvamont,** Tel. 313 131.

Buchtipps zu Siebenbürgen
- **Kirchenburgen in Siebenbürgen,** *Stollberg, Robert,* 1. Auflage 2007, Böhlau Verlag. Ein ausgezeichnetes Buch, in dem alle siebenbürgischen Kirchenburgen in Bild und Text vorgestellt werden.
- **Siebenbürgische Gästehäuser,** *Roth, Anselm,* 1. Auflage 2007, Schiller, Hermannstadt (Sibiu). Dieses Buch beschreibt Unterkünfte abseits der üblichen Hauptverkehrsrouten. Alle erwähnten Gästehäuser unterstützen den Erhalt der Kirchenburgen.

Predeal

↗ XVI, A2

- **Höhe:** 1060 m
- **Vorwahl:** 0268
- **Einwohner:** 5700

Die mit 1060 m am höchsten gelegene Stadt Rumäniens sieht sich gerne in direkter Konkurrenz zum 30 km entfernten mondänen Sinaia. Zumindest was **preiswerte Unterkünfte** anbelangt, läuft der Luftkurort Predeal, der um 1700 als Gasthof seinen Anfang nahm, Sinaia den Rang ab. Der wirtschaftliche Aufschwung begann um 1850, als die Zollstelle zwischen der Walachei und Österreich-Ungarn von Breaza nach Predeal verlegt wurde.

Heute hat Predeal, das erst 1952 die Stadtrechte erhielt, zwar nur knapp 7000 Einwohner, aber über 80 Pensionen und Hotels. Viele Besucher der Bergregion südlich von Braşov, die ein wenig auf den Geldbeutel schauen und die die Hauptsaisonpreise in Sinaia für rumänische Verhältnisse als überteuert ansehen, haben ihr Urlaubsdomizil inzwischen nach Predeal verlegt. Die Pass-Stadt hat zwar die Berge nicht ganz so dicht vor der Nase wie das benachbarte Buşteni, doch die **günstige Lage** zwischen der Metropole Braşov (35 km) und den Karpaten-Highlights Burg Bran (32 km), der Bauernburg Râşnov (23 km) und dem idyllischen Moieciu de Sus (42 km) machen aus Predeal einen idealen Ausgangspunkt für Exkursionen aller Art. Da die Höhenunterschiede in den östlich gelegenen **Hohenstein-Bergen (Piatra Mare)** keine übermä-

rum233 Foto: jr

ren Sitz hatte. Seine mächtigen, dicken Mauern erhielt das Rathaus zwischen 1515 und 1528, eine Zeit, in der auch der Rathausturm gebaut wurde. Der heutige Name **Trompeterturm** geht auf seine Verwendung während der Türkenkriege zurück. Ursprünglich wurde er als reiner Wehrturm errichtet, die Annäherung von Feinden wurde von einem Wächter von oben lautstark angekündigt. Neben dem bereits erwähnten neuen **Informationszentrum** ist in dem gelb leuchtenden Bau auch das **Geschichtsmuseum** des Bezirks untergebracht. Sehenswert ist ein Modell des historischen Kronstadt, in dem noch alle ursprünglichen acht Bastionen und der Verlauf der Stadtmauer zu erkennen ist.

Ein weiteres Museum befindet sich an der Westseite des Marktplatzes. Das **Mureşenilor-Museum** wurde zu Ehren der berühmten Familie *Mureşianu* errichtet, die im 19. Jahrhundert zahlreiche Politiker und Hochschullehrer hervorbrachte. Das kleine hellblaue Haus beherbergt heute Gemälde, Möbel, Skulpturen und mehr als 25.000 Dokumente, Briefe und Fotografien der Familie.

Gleich neben dem italienischen Restaurant Stradivari an der Ecke zur Str. Mureşenilor liegt der prächtige byzantinische Eingang zur **Kirche Sf. Treime**

Die Altstadt von Braşov gehört zu den besterhaltenen Stadtkernen Siebenbürgens

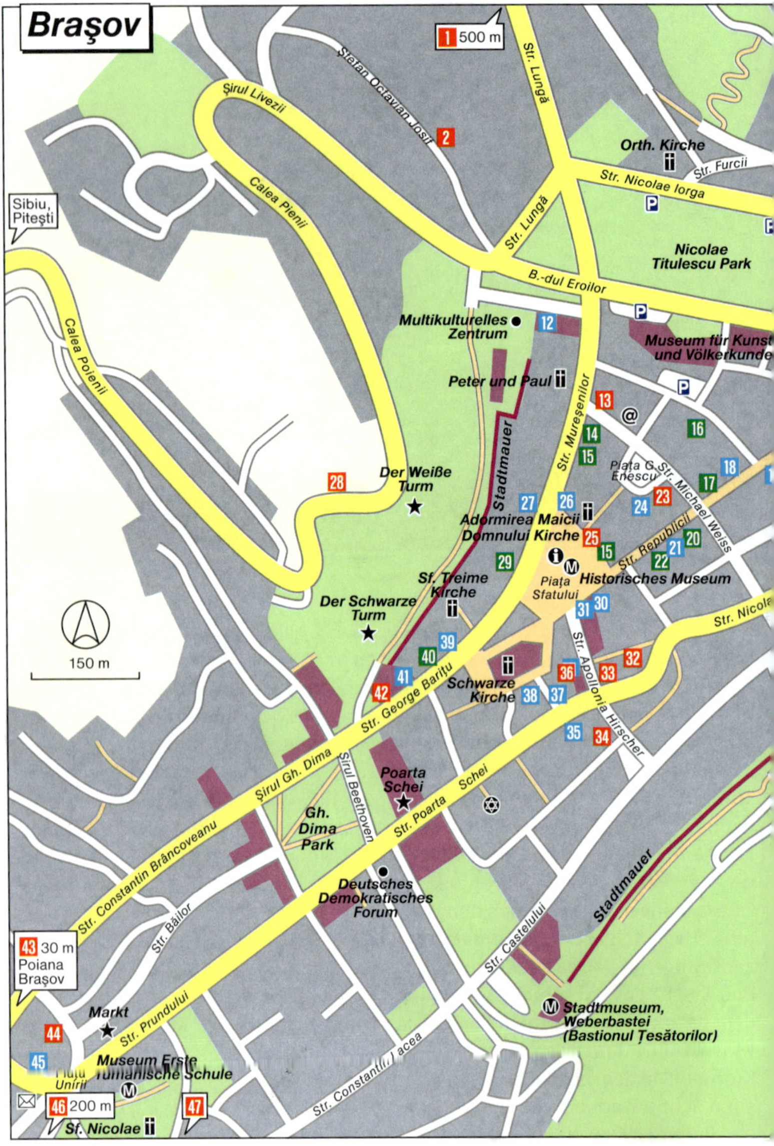
Braşov
1 500 m
Ştefan Octavian Iosif
2
Str. Lungă
Şirul Livezii
Calea Pienii
Orth. Kirche
Str. Furcii
Str. Nicolae Iorga
P
Sibiu, Piteşti
Str. Lungă
Nicolae Titulescu Park
B.-dul Eroilor
Calea Poienii
Multikulturelles Zentrum
12
Museum für Kunst und Völkerkunde
Peter und Paul
13
Str. Mureşenilor
16
14
15
Stadtmauer
28
Der Weiße Turm
Piaţa G. Enescu
Str. Michael Weiss
18
17
27
26
24
23
Adormirea Maicii Domnului Kirche
25
Str. Republicii
20
21
15
22
29
Sf. Treime Kirche
Piaţa Sfatului
Historisches Museum
Der Schwarze Turm
31
30
Str. Nicola
39
40
Str. Apollonia Hirscher
32
150 m
41
Schwarze Kirche
36
33
42
Str. George Bariţu
38
37
35
34
Şirul Gh. Dima
Şirul Beethoven
Poarta Schei
Str. Poarta Schei
Gh. Dima Park
Str. Constantin Brâncoveanu
Deutsches Demokratisches Forum
Stadtmauer
Str. Băilor
Str. Castelului
43 30 m Poiana Braşov
Markt
Str. Prundului
Stadtmuseum, Weberbastei (Bastionul Ţesătorilor)
44
45
Museum Erste rumänische Schule
Unirii
Str. Constantin ... acea
46 200 m
47
Sf. Nicolae

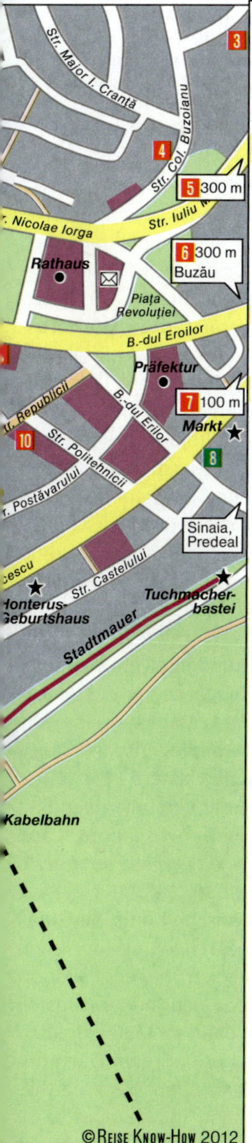

Übernachtung

1 Casa Mureşan, Hotel Helis
2 Villa Prato
3 Ambient
4 Pension Simone
5 Hotel Residenza
6 Hotel Apollonia, Casa Bono
7 Hotel pentru Tineret Ada Belle
9 Guesthouse Postavarului
10 Coroana
11 Capitol
13 Hostel Jugend Stube
23 Hotel Casa Rozelor
25 Casa Wagner
28 Montana
32 Mara Hostel
33 Hotel Gott
34 Résidence Hirscher
36 Pensiunea Da Vinci
42 Bella Muzica
43 Rolling Stone
44 Curtea Braşoveană
46 Liberty Villa, Kismet Dao Villa
47 Tao

Essen und Trinken

12 Formula Pub
18 Deanes Irish Pub
19 Restaurant Café Mado
21 Café Maideyi (Restaurant, Bar, Kellertheater)
24 Bistro d'Arte
26 Restaurant Stradivari
27 Saloon
30 Cerbul Carpatin
31 Keller Steak House
35 Crew Bar
36 Restaurant Da Vinci
37 Poarta Schei 4
38 Teehaus (Ceainărie)
39 La Vatra Ardealului
41 Bella Muzica
45 Casa Românească

Einkaufen/Sonstiges

8 Kaufhaus Star
14 Come Bäck
15 Buchhandlung Arte
16 Librăria Mix
17 Apotheke Eurofarm
20 Apotheke (Non Stop)
22 Himalaya
29 Buchladen Cărtureşti
40 Travel Sport

Adormire. Verspielt zeigt sich die Außenfassade mit ihrem Rundturm, den Zwillingsfenstern, der goldenen Mosaik-Maria über der Tür und den beiden Säulenkapitellen am Eingang. Um in die orthodoxe Kirche aus dem Jahr 1895 zu gelangen, muss man erst eine kurze Passage durchqueren.

Von allen Handels- und Gildehäusern rund um den Marktplatz ist das **Hirscher-Haus** an der Ostseite des Platzes (Ecke Str. Hirscher) stets das bedeutendste gewesen. In den Jahren 1539–45 von der Bürgermeisterfrau *Apollonia Hirscher* im Renaissancestil errichtet, diente es den Gilden und Zünften Kronstadts über Jahrhunderte als Versammlungsort. Heute befinden sich in dem 70 m langen Eckgebäude u.a. das Restaurant und der Biergarten Cerbul Carpatin, ein Weinkeller sowie eine neu errichtete Edel-Einkaufsmeile.

Der Neid des Baumeisters

Auf dem ehemals am reichsten verzierten Portal der Schwarzen Kirche, der **Goldenen Pforte,** war außen das Bildnis eines gebückten jungen Mannes zu sehen. Heute findet man diese Figur im Innern der Kirche an der Westfassade wieder. Der Sage nach handelt es sich um einen **Maurergesellen,** der so talentiert gewesen sein soll, dass er mit seinem Können bald die Fähigkeiten seines Meisters weit übertraf. Da dieser befürchtete, vom Gesellen aus seiner Stellung verdrängt zu werden, stieß er ihn bei nächster Gelegenheit vom Baugerüst. Bald darauf bereute der Meister seine Tat, stellte sich dem Richter der Stadt und wurde hingerichtet.

- **Muzeul Judeţean de Istorie,** Geschichtsmuseum, Di. bis So. 10–17 Uhr.
- **Muzeul Memorial Casa Mureşenilor,** Str. Mureşenilor 67, Tel. 477 864, Mo. bis Sa. 9–15 Uhr.
- **Kirche Sf. Adormire,** Piaţa Sfatului 3.

Die Schwarze Kirche

Vom Marktplatz sind es nur fünf Minuten zu einer der Hauptattraktionen der Stadt. Ganz offiziell wird das **Wahrzeichen von Braşov,** die **Pfarrkirche der Kronstädter Honterusgemeinde,** heute Schwarze Kirche (**Biserica Neagră**) genannt. Dieser ursprünglich nur volkstümliche Name geht auf den Stadtbrand im Jahr 1689 zurück, dessen Feuersbrünste die Kirchenmauern der größten gotischen Kathedrale Südosteuropas schwarz färbten. Das starke Feuer hatte sogar die Glocken im Turm zum Schmelzen gebracht und hinterließ über Jahre hinweg eine geschwärzte Ruine.

Bereits während ihrer etwa einhundertjährigen Bauphase seit 1383 musste die der *heiligen Maria* geweihte Kirche so manchen kriegerischen Sturm über sich ergehen lassen. 1421 waren es die Türken, die den unfertigen Bau zerstörten. Die angespannte Lage während der Türkenkriege verzögerte den Wiederaufbau. Als Stifter trat vor allem der ungarische **König Matthias Corvinius** in Erscheinung, der auch die Wandmalereien über dem Südportal finanzierte. Nach ihrer Fertigstellung machten dann ab 1532 Erdbeben dem Kirchenchor und dem Dach der Kathedrale zu schaffen. Nach der Rekonstruktion fand im Oktober 1542 der **erste evangelische Gottesdienst**

Die östliche und nördliche Altstadt

Folgt man, von der Weberbastei kommend, der Str. Coşbuc, erblickt man an der Kreuzung mit der Str. Porta Schei rechts, etwas zurückgesetzt, die renovierte **Synagoge** von Braşov mit ihren neuen Buntglasfenstern. Interessant und köstlich ist die Küche des einzigen **koscheren Restaurants** von Braşov gleich neben der Synagoge, das leider nur werktags über Mittag geöffnet hat.

Das **alte Jüdische Viertel** entlang der Str. Porta Schei und den parallel verlaufenden Str. Cerbului und Str. Castelului gibt sich heute ruhig und beschaulich. Wie lebhaft es hier früher zuging, erfährt man bei den Mitarbeitern vom **Deutschen Kulturzentrum Kronstadt,** das in der Str. Lungă 3 liegt. Hier bekommt man neben geschichtlich interessanten Zusammenhängen auch viele Informationen über die aktuelle Kulturarbeit im Viertel bzw. in der Stadt vermittelt.

Wer sich neben einem theoretischen auch einen konkreten Überblick über Braşov verschaffen möchte, kann über die Serpentinen eines Waldweges (Markierung: rotes Dreieck) den **Stadtberg Tâmpa (Zinne)** besteigen (1 Stunde) oder sich von der Seilbahn nach oben ziehen lassen (5 Minuten). Die **Telecabina Tâmpa** startet in der Alleea Tiberiu Brediceanu, die man vom Stadtzentrum in 15 Minuten erreicht. Entlang der östlichen Stadtmauer kommt man über die Str. Julius Römer zum Zugang des Tâmpa-Berges. Vom 967 m hohen Berg hat man einen tollen Blick über die gesamte Stadt und kann sich im Restaurant Panoramic auch ein wenig stärken.

Die östliche Stadtmauer endet im Norden der Altstadt, in der sich noch **zwei sehenswerte Museen** befinden. Am besten erreicht man das Ethnografische Museum und das Kunstmuseum über die Fußgängerzone. Am Ende der Str. Republicii biegt man links in den Heldenboulevard (B-dul Eroilor) ein und sieht die beiden Museen nach 50 m auf der linken Seite.

Das **Ethnografische Museum** vermittelt mit über 10.000 Exponaten das frühere Leben im Burzenland. Das benachbarte **Kunstmuseum Muzeul de Arta** wurde im Jahre 1970 eröffnet und ist heute eine der ersten Kulturadressen der Stadt. In der Halle im Erdgeschoss finden regelmäßig Vernissagen und Konzerte statt. Das Museum zeigt eine permanente Ausstellung, in der u.a. Künstler wie *Nicolae Tonitza, Ştefan Luchian* oder *Nicolae Grigorescu* zu sehen sind.

- **Deutsches Kulturzentrum Kronstadt,** Str. Lungă 31, Tel. 473 104, ccbgv@pcnet.ro.
- **Synagoge,** Str. Porta Schei 18, Tel. 511 867. Mo. bis Fr. 9–13 Uhr. Für Gruppen können nach Voranmeldung gesonderte Vereinbarungen getroffen werden.
- **Telecabina Tâmpa,** Alleea Tiberiu Brediceanu, Tel. 443 732, Mo. bis So. 9–19 Uhr (Sommer), Mo. bis So. 9.30–16.45 Uhr (Winter). Bei einer Fahrt mit der Kabelbahn zum Berg Tâmpa am besten auch wieder runterfahren, denn der Fußweg ist kaum ausgeschildert. Die Berg- und Talfahrt kostet zusammen 8 RON (Stand Anfang 2012). Achtung: Bei ausländischen Touristen wird an der Kasse ab und an der doppelte Preis verlangt. Behalten Sie beim Passieren der Schranke in

jedem Fall das Ticket, sonst könnte es sein, dass die Rückfahrt nochmals in Rechnung gestellt wird!

- **Muzeul de Etnografie,** B-dul Eroilor 21a, Tel. 475 595, Di. bis So. 9–17 Uhr, www.etnobrasov.ro, Eintritt 2 RON, ermäßigt 1 RON (Fotografieren 13 RON, Video 20 RON).
- **Muzeul de Artă,** B-dul Eroilor 21, Tel. 477 268, Di. bis So. 9–17 Uhr.

Informationen

- **Im alten Rathaus** (Piaţa Sfatului 30, Tel. 419 078, infoturismbv@yahoo.com) findet man ein wunderbares Informationszentrum mit sehr freundlichen Helfern. Stadtpläne, Hotel- und Pensionslisten gibt es umsonst, eine bebilderte Mappe mit Unterkünften kann eingesehen werden. Seit 2007 gibt es, ähnlich wie in Sibiu, elektronische Bildschirme in der Innenstadt (Touch-Screen), die auch auf Deutsch u.a. Infos zu kulturellen Veranstaltungen und historischen Gebäuden geben.
- **Telefonische Stadt-Informationen:** 0040-268 951.
- **Demokratisches Forum der Deutschen in Siebenbürgen,** Regionalforum Kronstadt, Str. Bicazului 2, Tel. 142 443, Fax 152 272, saxonia@hip.ro.
- **Reisebüro: Apollonia Tour,** Str. A. Hirscher 10, Tel. 410 195.

Braşov und die Bären

Fast täglich werden in den Randbezirken von Braşov **Braunbären** gesichtet. Die Hauptstadt des Burzenlandes ist damit eine der wenigen Großstädte Europas, in denen sich Meister Petz regelmäßig sehen lässt. Einige geschäftstüchtige Rumänen möchten diese **„Attraktion“** gerne **vermarkten** bzw. zu barer Münze machen. Sie bieten „nächtliche Exkursionen“ an, versprechen „ökologische Beobachtungen“ und „gefahrlose Pirschfahrten“. Besucher Braşovs sollten auf solche Angebote nicht eingehen. Erstens hat das nächtliche Beobachten von Müll durchwühlenden Bären, die mit Taschenlampen angeleuchtet werden, nichts mit Ökologie zu tun. Zweitens werden viele der Bären zu diesen Beobachtungszwecken eigens angelockt und auf diese Weise in eine Abhängigkeit von ihren „Verkäufern“ gebracht. Nächtliche Exkursionen mit selbst ernannten Bärenkundlern und Fremdenführern können zudem, selbst im friedlichen Braşov, zu unangenehmen „Verhandlungen“ und Auseinandersetzungen führen. Wer Bären in freier Wildbahn sehen möchte, sollte sich im neuen Informationszentrum nach legalen bzw. sinnvollen Möglichkeiten erkundigen.

Post

- **Hauptpost,** Str. Nicolae Iorga 1, neben dem Rathaus am Park Central. Für Behinderte separater Eingang über den Hof. Edel-Post mit Brunnen in der Hallenmitte und Marmorsitzen. Briefmarken gibt es auch im Laden in der Halle rechts. Mo. bis Fr. 7–20 Uhr, Sa. 8–13 Uhr.

Geldwechsel

- **Volksbank,** B-dul Eroilor 27, Tel. 474 100; auch Geldautomat vorhanden.
- **Raiffeisenbank,** Mihael Kogălniceanu 3, Tel. 415 670; auch Geldautomat vorhanden.

Internet

- **Internet Blue Club,** Str. Michael Weiss 26 (Seitenstraße vom Fußgängerzentrum), 16 Computer, nonstop, Nichtraucher, 2 RON/Stunde.
- **Internet CoBo,** Str. Toamnei 15, Tel. 256 643, nonstop, Raucher, 2 RON/Stunde.

Notfälle

- **Bergrettung:** Tel. 472 461 oder 0744-503 585.
- **Salvamont-Bergrettung,** Tel. 0722-523 298.

- **Apotheke: Farmacia HelpNet,** Piața Sfatului (direkt am Marktplatz) Tel. 406 401, täglich 10–21 Uhr.
- **Landesklinik: Spitalul Județean Brașov,** Calea București 25–27, Tel. 333 666, Notfälle Tel. 331 457.
- **Poliklinik,** Str. Livada Vulturului 10, Tel. 315 115, Krankenhaus mit Schnelldiagnose.
- **Private Poliklinik,** Str. Matei Basarab 3, Tel. 418 390.

Mobilität

Einen **Flughafen** besitzt Brașov noch nicht. Man muss auf den 120 km entfernten Airport in Sibiu oder den 320 km entfernten Flughafen in Bukarest ausweichen.

Eine Zugreise mit dem **Intercity** von Bukarest aus dauert etwa 3 Stunden. Der **Hauptbahnhof** von Brașov befindet sich 2 km nordöstlich der Altstadt. Die Buslinie 4 bringt einen in 10 Minuten zum Parc Central, von dem man über die Str. Mureșenilor zu Fuß in weiteren 10 Minuten in die Altstadt gelangt (Busticket vor dem Einsteigen kaufen!).

Wer **mit dem Auto** in Brașov ankommt, sollte die **Parkmöglichkeiten** am Parc Central entlang der Str. Nicolae Iorga nutzen. Die Parkgebühren sind gering, das Fahrzeug ist bewacht, und ins Zentrum der Stadt sind es nur 10 Minuten.

Fernbusse findet man an drei Busstationen. Einige Langstreckenbusse nach Deutschland (Eurolines) und die meistfrequentierten Busse zur Burg Bran und nach Râșnov fahren vom **Autogara 2** los, der sich an der Ecke Str. Avram Iancu und Str. Sportul Popular befindet und den man vom Zentrum aus mit den Buslinien 12 und 16 erreicht. Die Busse nach Istanbul und Budapest sowie in die meisten rumänischen Städte starten am **Autogara 1** gleich gegenüber dem Hauptbahnhof. **Autogara 3** bedient die Fahrstrecke ins Székeler Land, nach Iași und Botoșani.

Züge

- **Bahnhof (Gara),** B-dul Gării 1, Tel. 410 233, Info-Tel. 952; ins Zentrum Bus Nr. 4, 7 RON.
- **Abfahrt der Züge:** nach Bukarest (8:27, 9:13, 12:35, 16:45, 20:21 Uhr), nach Budapest (21:41 Uhr), nach Cluj-Napoca (9:15, 15:52 Uhr), nach Sibiu (12:44, 15:37, 18:34 Uhr) nach Sighișoara (7:30, 14:20 Uhr).
- **CFR (Fahrkarten-Agentur),** am B-dul 15. Novembrie Nr. 43.

Busse

Brașov hat ein **sehr gut ausgebautes Bus- und Trolleybus-System.** Busse fahren werktags zwischen 5:30 und 24 Uhr, am Wochenende zwischen 6 und 22:30 Uhr.

- **Autogara 1,** B-dul Gării 5, Tel. 427 267; ins Zentrum Bus Nr. 4, 7 RON; Richtungen: Sibiu, București, Târgu Mureș, Bistrița, Galați, Iași.
- **Autogara 2,** Str. Avram Iancu 114, Tel. 426 332; ins Zentrum Bus Nr. 16, 7 RON; Richtungen: Pitești, Rm Vâlcea, Făgăraș, Bran, Moieciu.
- **Autogara 3,** Str. Hărmanului 47a, Tel. 332 002; ins Zentrum Trolley-Bus Nr. 1, 7 RON; Richtungen: Bacău, Botoșani, Iași, Vaslui, Hărman, Prejmer.

Taxis

- **Martax,** Tel. 313 040.
- **Tod Taxi,** Tel. 321 111.

Mietwagen

- **Auto Rent Romania,** Str. Lungă 195 (ca. 1,5 km außerhalb des Zentrums), Tel. 413 271, office@autorentbrasov.ro, www.autorentbrasov.ro. Das Angebot reicht von Dacia Logan über Ford Fiesta bis zu Mercedes Vito. 10% Preisnachlass bei Online-Reservierung (aber leider nur rumänische Website).

Fahrradverleih

- **Active Holidays,** Str. Republicii 56–58, in der Fußgängerzone. Die Preise liegen bei 12 Euro pro Rad/Tag, 2 Tage kosten 21 Euro, ab 3 Tagen kosten die Räder 9 Euro/Tag.

Einkaufen

Lebensmittel

- **Wochenmarkt** in der Str. Băilor, direkt gegenüber der Pensiune Curtea Brașoveană (Str. Băilor 16), täglich 8–19 Uhr.

- **Star,** Str. Balcescu 62, Ecke B-dul Eroilor. Das größte Kaufhaus der Innenstadt bietet auf drei Etagen (fast) alles, was das Herz begehrt. Wer ein letztes Mitbringsel kaufen möchte, wird vielleicht in der großen Keramik-Abteilung fündig. Mo. bis Sa. 9–20 Uhr.

Sportgeschäfte/ Berg- und Skiausrüstung

- **Himalaya,** Str. Republicii 23, Mo. bis Sa. 10–20 Uhr, So. 11–14 Uhr, www.himalaya.ro. Vom Eispickel über Handschuhe bis zu guten Bergschuhen ist hier alles erhältlich, um sich in den Karpaten keine Beulen oder Blasen zu holen.
- **Sport Virus,** Str. Gheorghe Barițiu 24, Tel. 418 115, svirus@xnet.ro. Kleines, gut sortiertes Sportgeschäft nahe des Marktplatzes.
- **Magazin Topsport,** Str. De Mijloc 62, Tel. 477 909, www.killyprest.ro. Spezialist für Skiausrüstungen, Snowboarding und Tennis.

Bücher

- **Cărturești,** Piața Sfatului 20, Tel. 0213-173 459, carturestibrasov@carturesti.ro. Endlich gibt es des Autors Lieblingsbuchladen auch in Brașov. Man findet ihn direkt am großen Marktplatz im Zentrum.
- **Mein Buch,** Str. Lungă 31, 2. Etage, Mobil 0726-312 808, www.mein-buch.ro, mein-buch.ro@gmail.com. Kleiner, feiner deutscher Buchladen mit dem Schwerpunkt auf Lehr- und Schulbüchern und Kinder- und Jugendliteratur.
- **Librăria Arte,** Str. Mureșenilor 14, Mo. bis Fr. 10–19, Sa. 11–18, So. 12–16 Uhr. Das ehemalige Kunsthaus „Sala de Arte" ist jetzt ein Buchladen. Hier gibt es gutes Kartenmaterial für Exkursionen in die Berge.
- **Librăria Mix,** Str. Sf. Ioan 30, Tel. 475 215, www.librariamix.ro. Die etwas andere Buchhandlung; die Psychologie gewinnt auch in Transsylvanien immer mehr Anhänger.
- **Librăria Ralu,** Str. Republicii 39 und Str. Mureșenilor 16, Tel. 411 986.

Antiquariat

- **Aldus Antiquariat,** Piața Sfatului 17, Tel. und Fax 478 823. Dieses deutsche, nach dem italienischen Humanisten und Drucker *Aldo Manuzio* benannte Antiquariat ist auch Verlag und Druckerei. Unbedingt besuchen! Man findet das von *Astrid Hermel* geleitete Antiquariat nahe am Marktplatz und der Schwarzen Kirche. Es bietet eine liebevoll zusammengestellte Auswahl an Büchern, Landkarten und Souvenirs.

Souvenirs und Mode

- **Souvenirs,** Tel. 0788-571 351. In der Bastion Graft unterhalb des Weißen Turms gibt es nicht nur ein nettes Café, sondern auch einen Laden mit traditioneller Kunst, rumänischer Kleidung, handgemalten Ikonen und Glasmalereien. Zum Innenausbau des Ladens verwendete man teilweise die Originalbalken der Bastion aus dem 16. Jahrhundert.
- **Galeria Corona,** Str. Apollonia Hirscher 14. Im Hirscher-Haus hat sich in der ersten Etage eine **Edel-Einkaufsmeile** (House of Style) entwickelt. Tipp: **Sabon,** der schönste Seifenladen Rumäniens (Filialen in Bukarest und Constanța). Hier gibt es alle möglichen Arten selbst gemachter Bio- und Luxusseife, die frisch vom Block geschnitten und pro Gramm bezahlt wird. Außerdem: Rumänische Designerkleidung für Sie und Ihn.

Unterkunft

Hotels

- **Hotel Gott** (***), Str. Johan Goth 2, Tel. 472 203, www.hotelgott.ro. Das neueste Hotel in Brașov (2012 eröffnet) liegt nur wenige Meter vom Marktplatz und der Schwarzen Kirche entfernt mitten in der Altstadt. Auf der Website kann man eine virtuelle Tour durchs Hotel unternehmen. Alle 21 Zimmer des sehr ruhigen und freundlichen Hotels überzeugen durch ihr warmes Dekor und ihre moderne, schöne funktionelle Eleganz. Alle Zimmer u.a. mit Internetzugang, Flachbildschirm und Schreibtisch. Auch das hauseigene Restaurant mit rumänischer und internationaler Küche (und 120 Whisky-Sorten) ist sehr empfehlenswert. EZ 60–70 Euro, DZ 75 Euro, großes DZ 100 Euro.
- **Casa Rozelor** (***), Str. Michael Weiss 20, Tel. 475 212, www.casarozelor.ro. Die Empfehlung des Autors für Brașov. Dieses traum-

wendiger Animation und sehr hohen Preisen. Dennoch ein interessanter Einblick in die neureiche rumänische Nachtkultur. Eintritt 20 RON. Bilder auf der Webseite (rumänische Sprache): http://www.pubbing.ro/local/brasov/blue-sensation-club.

- **Club Harley,** B-dul Mureşenilor 11–13, Tel. 477 317, tägl. 23–8 Uhr. Ein Nachtclub, in dem die Nacht durchgetanzt werden kann (gehört zum Restaurant Saloon).

Aktivitäten

Bowling und Billard

- **Tequila Bowling,** Str. Avram Iancu 32, Tel. 477 896. Bowling und Billard. Live-Musik und Tanz im gleichnamigen Club, traditionelle Küche im angegliederten Restaurant.

Fahrradverleih

- In der **Pensiunea Babilon,** Str. Lungă 222, Tel. 257 877. 25 RON/Tag (verhandelbar je nach Leihdauer).

Fest

- **Şărbătoarea Junilor,** Pferdepromenade im Juli in altem historischem Ambiente.

In der Umgebung von Braşov

Poiana Braşov ⇗ XVI, A2

- **Höhe:** 1050 m
- **Vorwahl:** 0268/0368
- **Einwohner:** 8500
- **Deutscher Name:** Schulerau

Die vor allem bei Wintersportlern beliebte Gemeinde Poiana Braşov ist in erster Linie ein **Sportresort** mit zahlreichen größeren und kleineren Hotels. Aus Braşov ist Poiana leicht zu erreichen. Der Bus Nr. 20 fährt halbstündlich von der Haltestelle Livada Poştei nahe des Park Central in den 15 km entfern telpreise fallen je schiedlich aus.

Unterkunft:

- **Hotel Sport** (****) + (***), S 262 313, EZ 50–55 Euro, DZ 72–
- **Hotel Tirol** (***), Valea lui Stechil 94 91, EZ 60–65 Euro, DZ 75–80 Euro
- **Hotel Poiana** (***), Str. Poiana, Tel. 313, EZ 44–48 Euro, DZ 67–70 Euro, Sui 100–110 Euro.
- **Hotel Bradul** (***), Str. Poiana, Tel. 262 406, EZ 50–55 Euro, DZ 75–80 Euro, Suite 110–125 Euro.
- **Vila Daria** (***), www.viladaria.ro. Sehr empfehlenswert! Fitness-Raum, Sauna, Jacuzzi, Frühstück inkl.
- **House of Dracula** (***), EZ 100 Euro, DZ 115 Euro, App. 145–165 Euro.

Schullerberg (Postăvarul)

Ein wunderschöner Ausflug führt von Braşov bzw. Poiana Braşov ins **Burzenländer Gebirge** auf den Schullerberg (Postăvarul). Von Poiana kann man sogar mit einer Seilbahn auf den 1799 Meter hohen Gipfel des Berges, den Vârful Postăvarul, fahren. Für alle Bergwanderer, die ins Postăvarul-Massiv steigen, bietet sich als Unterkunft die Julius-Römer-Hütte an, von deren großer Sommerterrasse man eine fantastische Sicht auf die Burzenländer Berge hat.

Unterkunft:

- **Julius-Römer-Hütte/Cabana Postăvarul,** Kontakt: *Rolf Truetsch,* Mobil 0741-110 090, Tel. 0368-101 036, rolf.truetsch@gmail.com, www.cabanapostavaru.ro. Diese Hütte liegt auf 1600 m Höhe am Schullerberg und wird vom Siebenbürgischen Karpatenverein betrieben. Man erreicht die Hütte, indem man mit der Gondel auf den Schullerberg hochfährt und dann noch 10 Min. zu Fuß Richtung Wolfsschlucht (Valea Lupului) geht. Die 1883

... am Fuße ... -Skipiste mit Erste-Hilfe-Raum und zwei Schlafräumen mit neun Betten. Mobil 0725-826 668.

Bärenreservat und geführte Bärentouren

Wer im Land mit der **größten Braunbärenpopulation Europas** auf eine spannende Bärentour gehen möchte, dem sei der Besuch des größten europäischen Bärenreservats am Rande des **Nationalparks Piatra Craiului** in Zarneşti ans Herz gelegt. Die Tierschützerin *Cristina Lapis* hat hier ein Paradies für verwaiste Bärenkinder, die vor allem aus Zirkusen und Tiershows stammen, geschaffen. Eine Anmeldung (Tel. 0268-471 202) ist Voraussetzung für den Besuch, daher macht es Sinn, sich zu einer Gruppe von 3 bis 5 Personen zusammenschließen. Spenden sind dringend erwünscht! Besuchergruppen können sich aber auch bei Frau *Kurmes* anmelden, die dem Bärenreservat eng verbunden ist. Die deutschsprachige *Katharina Kurmes* bietet gemeinsam mit ihrem Mann ebenfalls geführte Bärentouren und Wildtierbeobachtungen in freier Wildbahn an.

- **Carpathian Tours,** www.cntours.eu, Mobil 0745-512 096, office@cntours.ro.

Zarneşti

Auf dem Weg von Braşov ins Königstein-Gebirge (Piatra Craiului) bietet sich als Halt die Gemeinde Zarneşti an, die einige sehr günstige Pensionen vorweisen kann. Ein Tipp des Autors ist die unten genannte Pension, die sich dem **Ökotourismus** verschrieben hat und deren Inhaber, *Gigi Popa,* ein hervorragender Fremdenführer und Unterhalter ist (*Gigi* spricht Deutsch).

Unterkunft:

- **Pension Elena,** Str. Piatra Craiului 43, Tel./Fax 0268-223 070, Mobil 0744-656 043, beatrice24@xnet.ro, www.pensiuneaelena.ro. Im Angebot sind Kutschfahrten, Wandertouren ins Königstein-Gebirge, Bärenbeobachtungen, Lagerfeuer, Grillabende (an denen *Gigi* zur Gitarre greift). Sehr gutes rumänisches Essen. Vollpension (mit Lunchpaket) 40 Euro pro Person.

Prejmer/Tartlau ↗ XVI, A2

Die **Kirchenburg von Prejmer** liegt 18 km nordöstlich von Braşov und gilt als die am besten erhaltene und eindrucksvollste in ganz Siebenbürgen. Sie wurde in ihrer Geschichte niemals von Feinden erobert. Während der Angriffe von Türken und Tartaren zog sich der ganze Ort in das Innere der Kirchenburg zurück. Hinter den 4,5 m dicken Wehrmauern hatte jede der 272 Familien des Ortes ihre eigene Vorrats- und Schutzkammer, die sich auch heute noch in drei Ebenen türmen und aussehen wie die Waben eines Bienenstocks. Zusätzlich war die gewaltige Festung früher von Wasserkanälen, eisernen Toren und Zugbrücken umgeben. In den Arkaden der Außenmauer befinden sich Schieß-

ne Folterkammern und keine Gruselkabinette, sondern die **Wohnwelt der rumänischen Königin Maria** besichtigen. Im Schlafzimmer der Königin im ersten Stock sind alle Möbelstücke und Ikonen, ja selbst die Kerzenständer exakt nach ihren Wünschen angefertigt worden. Sehenswert sind die reich verzierte Truhe und das sechseckige Tischchen im Art-Nouveau-Stil. Über manchen Türen hängt ein Hinweisschild mit der rumänischen Aufschrift „Atenţie la cap!" („Auf den Kopf aufpassen!"); gemeint ist: am Ende der Treppe zum Salon der Musik den Kopf einziehen, denn die Treppe ist eng (sie diente lange Zeit als Geheimtreppe).

Wer sich ohne *Dracula* etwas Gänsehaut zulegen möchte, kann nach dem **15 m langen Tunnel** fragen. Er bringt einen geradewegs vom zweiten Stock aufs Dach, ist schön eng und auch ein wenig gespenstisch.

Oben **auf dem Dach** angekommen sollte man den bemerkenswerten Klappen im Mauerwerk ein wenig Aufmerksamkeit schenken. Über die Köpfe der Feinde entleerte man dadurch nicht nur Pech und Federn, sondern auch heißes Fett und unaussprechbare andere ekelige „Kriegsmittel".

Außer der Törzburg gibt es in deren unmittelbarer Nähe noch ein **Dorfmuseum (Muzeul Satului)** zu besichtigen, in dem einige traditionelle Bauweisen bewundert werden können. Der kleine Park gegenüber der Bushaltestelle zeigt in einer Dauerausstellung **Steinskulpturen** internationaler Künstler, etwa von *Nicolae Popa, Daniel Kaminker* und *Mircea Lăcătuş*.

Man erreicht die Burg **von Braşov aus** vom Autogara 2 (Str. Avram Iancu 114) mit dem Bus, der halbstündlich von 6.30–23.30 Uhr zwischen Bran und Braşov pendelt (3 RON). Die Bushaltestelle in Bran für die Rückreise nach Braşov befindet sich gegenüber dem kleinen Park mit der Statue des *Cavaler Ioan de Puşcariu*. Im Sommer muss man sich auf sehr lange Wartezeiten einstellen, denn vor der Burg stauen sich in touristischen Hochzeiten Autos und Busse.

rum12-006 Foto: hf

Törzburg bzw. Burg Bran – das idealtypische Dracula-Schloss

Unterkunft

Die Preise der Unterkünfte in Bran und Umgebung unterliegen mysteriösen Schwankungen, insbesondere in der touristischen Hauptsaison im Juli und August. Die hier angegebenen Preise sind nur Anhaltspunkte.

- **Clubul Agroturistic Vila Bran** (***), Str. Sohodol 271A, Tel. 0268-236 866, www.vilabran.ro. 5 Villen mit je 5 bis 9 Zimmern von 70–150 RON plus kleiner Zoo, Reitunterricht, *Stâna* (die Wortbedeutung liegt hier auf gutem Essen), Kochkurse, Restaurant mit Naturprodukten und, wenn man den kleinen hauseigenen „Berg" bestiegen hat, schöner Aussicht zur Törzburg.
- **Select Holiday Villas** (**), Str. Sohodol 170 (gegenüber der Rompetrol-Tankstelle), Tel. 0268-259 940, 2-Sterne-Haus mit 3-Sterne-Standard! 1 Appartement mit zwei Zimmern 330 RON, ganze Villa (4 Zimmer) 520 RON, Frühstück extra.
- **Pensiunea Mir** (***), Str. Branului 55, Tel. 0723-507 300, Zimmer mit Bad und Küche, EZ/DZ 70 RON, App. 100 RON.
- **Casa Valy Saramet** (**), Poarta 155, Tel. 0727-167 110, 7 Zimmer, 5 Bäder, Gartengrill, EZ/DZ 50 RON.
- **Pensiunea Christina** (**), Aluniş 116A, Tel. 0268-236 793, 4 Zimmer mit TV, Küche, Garten und Grillbenutzung, Kinderspielplatz, EZ/DZ 60 RON.
- **Pensiunea Georgiana** (**), Poarta 231, Tel. 0268-236 723, nur 15 Minuten zur Skipiste bzw. zum Wanderweg Richtung Omul-Gipfel. Ruhig gelegenes Haus abseits der Straße. EZ/DZ 50 RON.
- **Pensiunea Florin** (**), Str. Simon 62A, Tel. 0741-266 810, 4 Zimmer, 3 Bäder, viele Grünflächen, Kinderspielplatz, EZ/DZ 50 RON.

Camping

- **Vampire Camping,** direkt an der E574, Tel. 0744-574 003, www.vampirecamping.com. 24 Caravansteh- und 250 Zeltplätze auf 30.000 m². Obstgarten, Waschmaschine. Pro Person 12 RON (3 Euro), Zelt (*Cort*) 10 RON (2,50 Euro), Caravan 20 RON (5 Euro, Elektrizität 2,50 Euro extra). Reservierung über Internet möglich!

Moieciu und Fundata

↗XV, D2/3

Keine 10 km hinter dem stets überlaufenen Ort Bran gibt es zwei „Geheimtipps" für diejenigen, die nach der Besichtigung von mittelalterlichen Kirchenburgen, Festungen und Schlössern einmal etwas **Ruhe in der Natur der Berge** tanken wollen. Tagesausflügler aus Braşov kommen mit den Bussen Richtung Piteşti nach Moieciu (sie fahren vom Autogara 2, Str. Avram Iancu 114, und am Autogara Bartolomeu in Braşov los).

Direkt entlang der E574 liegt der reizvolle Ort **Moieciu de Jos,** den viele von der Durchfahrt her kennen. Wesentlich interessanter und spannender wird es jedoch in der Nachbargemeinde **Moieciu de Sus** und deren Umgebung. Von Braşov kommend, biegt man 1 km nach der Durchfahrt von Moieciu de Jos links ab und folgt dem **Tal (Valea Moieciului)** an traumhaft blühenden Bergwiesen vorbei Richtung Nationalpark Bucegi. Die Strecke wird nach 6 km zunehmend bergiger. Erkundigen Sie sich nach der **Cheile Grădiştei.** Es handelt sich dabei um eine sehr schöne, relativ ruhige Bergschlucht (und um einen gleichnamigen „Complex Turistic"). Serpentinen führen hinauf in die Berge, von wo man zum Teil atemberaubende Ausblicke genießen kann. Es empfiehlt sich auf der Strecke von Moieciu de Jos nach Moieciu de Sus nach Pensionen Ausschau zu halten, die hier gerade neu entstehen. Die Cheile Grădiştei sind ein ideales Wander- und Mountainbike-Revier.

Wenn man von Moieciu de Jos auf der E574 weiter nach Süden fährt, geht nach 4 km links ein Weg ab, der in den bei Touristen relativ unbekannten Ort **Fundata** führt. Das Dorf ist eine der höchstgelegenen Ortschaften Rumäniens und liegt am spektakulären **Giuvala-Pass** (1290 m). Fundata wird nur selten direkt von Bussen angefahren, darum sollte man sich von Moeiciu aus notfalls ein Taxi besorgen.

Fundata ist bei den Rumänen sehr populär, da hier alljährlich am letzten Sonntag im August das bekannte **Bergfest Nedeia Muntelui** stattfindet. Bauern, Handwerker und Händler aus dem südlichen Burzenland präsentieren dann stolz ihre Produkte und Leckereien.

Unterkunft

Moieciu de Jos:

• **Pensiunea Miruna** (**), Str. Principală 537B (orangefarbenes Haus neben der kleinen Brücke), Tel. 0268-236 992, www.puisorul-albastr.go.ro. Ruhiges Haus mit großer Terrasse direkt an einem kleinen Bach. Sehr modern, hell und klar. 7 EZ/DZ für 90 RON, 1 EZ/DZ für 125 RON, Frühstück 12,50 RON.

• **Villa la Grec** (**), Drumul Mic 340, Tel. 0268-259 919. Riesengarten mit *Foişor* (Gartenlaube), Terrasse und Bar. EZ/DZ 60–70 RON (verhandelbar), App. 120 RON, Frühstück extra.

Moieciu de Sus:

• **Zentrum für Bergökologie,** in Moieciu de Sus, Haus 125, bietet *Michael Orleanu* Tagestouren zu Entwicklungsprojekten im ländlichen Bereich an. Vollverpflegung in den Gästehäusern. Gebiete: u.a. Bucegi- und Königstein-Nationalpark, Moieciu-Gebiet. Mobil 0745-978 023, office@cem.ro, www.cem.ro.

• **Complex Turistic Cheile Gradistei** (****), Str. Principală, Tel. 0268-418 727. Auf den ersten Blick wirkt das große Hotel wie eine Schweizer Fata Morgana in den rumänischen Bergen. Hier kann fast alles gebucht werden, was das klassische Urlauberherz begehrt. Sehr komfortabel, freundlich und professionell. Neben dem Hotel gibt es noch mehrere Villen in verschiedenen Kategorien, die weiter oben am Berg stehen. Viele Sport- und Freizeitangebote: Tennis, Volleyball, Mountain-Biking, Snowboard, Skiverleih, Kinderskischule, Verleih von Quads, Jacuzzi, Massagen, Schlitten- und Kutschfahrten, Lagerfeuer u.v.m.

• **Pensiunea Veronica** (**), Str. Principală, Zentrum von Moeiciu de Sus (der Name steht an der Fassade des weißen Hauses am Hügel), Mobil 0740-873 427. Schönes, ruhiges Haus mit gepflegten, hellen Räumen und herrlichem Ausblick auf die Berge. 10 Zimmer, EZ/DZ 70 RON.

• **Pensiunea Camelia** (**), Str. Principală, Mobil 0745-039 458. Haus im Valea Moiecului mit schönem Ausblick. Großer Obstgarten und Terrasse. 7 Zimmer, EZ/DZ 55 RON (Gemeinschaftsbad), EZ/DZ 70 RON (Bad im Zimmer).

Fundata:

• **Vila Safir** (**), Str. Principală 23, Mobil 0723-355 580. Großes dreigeschössiges Holzhaus mit hellen, modernen Zimmern. Jeder der acht Räume hat eine eigene Terrasse. EZ/DZ 22 Euro.

• **Pensiunea la Norel** (**), Str. Principală, Mobil 0721-740 537. Nach 3 km auf der Hauptstraße kommt man zu diesem Holzhaus älterer Bauart. Die renovierten Räume sind geräumig und gemütlich. EZ/DZ 85 RON.

• **Pensiunea Padina Ursului** (*****), Str. Principală 210, Tel. 0213-149 247. Zwei Häuser mit großem Angebot: Sauna, Billard, im Sommer *Stâna,* Exkursionen. Traditionelle rumänische Küche. DZ 30 Euro, 4–7 Euro Frühstück, 7–12 Euro Mittag-/Abendessen.

rum12-007 Foto: mm

Măgura

Ein Tipp des Autors ist der **wunderschöne Gebirgsort** Măgura, den man von Braşov über Râşnov und Zărneşti erreicht. In Zărneşti fährt man nicht in Richtung Bran, sondern Richtung Fântâna lui Botoroc (eine Quelle) und dort links über die Holzbrücke den Berg hinauf. Man erreicht Măgura mit dem Auto von Braşov in einer halben Stunde (im Winter sollte man die steile Strecke hinauf nur mit Allradantrieb wagen oder sich von einem Guide abholen lassen. Wer wandern möchte: Von Zărneşti sind es 1½ bis 2 Stunden hinauf ins Bergdorf. Ansonsten gibt es in Zărneşti auch einen Taxistand (Taxi Bobi: Mobil 0726-223 111).

Măgura (knapp 500 Einwohner) bietet einige schöne Übernachtungsmöglichkeiten und spektakuläre Ausblicke auf Königstein- und Bucegi-Gebirge. Der Ort bietet sich für zahlreiche **Wanderungen** an, beispielsweise in die Fledermaushöhle Peştera Liliecilor oder die ebenfalls nahe gelegene Peştera Şirnea. Die „Dracula"-Burg Bran liegt 6 km östlich von Măgura. Auf keinen Fall verpassen sollte man einen Besuch in der urigen „Dorfkneipe" Ciocolata – es handelt sich um einen Kiosk mit Trinkgelegenheit!

Unterkunft:

• **Pension Vila Hermani,** *Hermann* und *Katharina Kurmes* sind Reiseveranstalter für Rumänien und betreiben in Măgura eine Pension auf 1080 m Höhe (GPS-Position: N 45° 31'26,6", E 25°17'51,1"). Vom Balkon der Zimmer hat man einen herrlichen Blick auf eine unverbaute Landschaft, auf Heuwiesen und die Berge. 12 Zimmer (alle mit Bad und Balkon), Sonnenterrasse, Verleih von Langlaufski und Schneeschuhen. Pferdekutschfahrten und Massage möglich. Sauna geplant. Das rauchfreie Haus ist ideal für Familien mit Kindern und Haustieren (nach Absprache). Weitere Infos: Mobil 0745-512 096 od. 0740-022 384, cnt@zappmobile.ro, www.cntours.ro.

Blick von Măgura auf die Berge

Königstein-Gebirge/ Piatra Craiului

Der wunderschöne Gebirgszug aus strahlend weißem **Jura-Kalkstein** zählt zu den beliebtesten Wander- und Klettergebieten Rumäniens. Seit 1938 ist das Gebiet um den Königstein ein **Naturschutzgebiet,** dessen intaktes Waldökosystem mit reichem Tierbestand seit 1999 auch vom WWF und der Weltbank unterstützt wird. Naturfreunde können hier durchaus Auerhähne, Füchse, Rotwild, Falken und Mäusebussarde zu Gesicht bekommen. Die Wahrscheinlichkeit, einem Wolf oder Bär zu begegnen, ist trotz ausreichender Population dieser Tiere sehr gering, da sie Menschen aus Scheu meiden.

Bergtouren am Königstein

Der beste Ausgangspunkt für Exkursionen ist das Städtchen **Zărneşti,** von dem man zu den Hütten Plaiul Foii, Gura Răului, Curmătura und zu den meisten Aufstiegsrouten gelangt. Die **besten Kletterwände** befinden sich an der Zărneşter Klamm und im Turnu-Gebiet.

Zărneşti (750 m) – Poiana Diana – Curmătura-Hütte (1440 m)

Die durch einen senkrechten blauen Streifen markierte **siebenstündige Strecke** verläuft zuerst westlich von Zărneşti auf der Straße in Richtung **Plaiul Foii,** einer Hütte in 849 m Höhe, die auf der linken Seite des Flusses Bârsa Mare zu finden ist. Ab dem Stadtrand zweigt links nach ca. 300 m ein leicht ansteigender Feldweg ab, der durch einige sehr schöne Fichtenlichtungen führt. Während der Wanderung hat man meist schon die weißen Grade des Königsteins lockend vor der Nase. Nach 1 Stunde durchquert man das **Valea Crăpături** (Tal der Risse), überquert dann den kleinen Bach namens Chicera und gelangt zum Sattel Şaua Chiliilor.

Rechts geht ein Wagenweg zur Bisericuţa, der „kleinen Kirche", ab. Doch die Wegstrecke zum Königstein verläuft vom Sattel aus in südlicher Richtung und mündet bald in einen Wald ein. In immer stärker ansteigenden Windungen gelangt man auf die **Lichtung Curmătura Prăpăstiilor** auf 1510 m Höhe, auf der früher die Diana-Hütte stand und die heute deshalb auch **Diana-Lichtung (Poiana Diana)** genannt wird.

Der weitere Streckenabschnitt ist etwas schwieriger und anstrengender. Der Aufstieg erfolgt über felsiges Gelände; man durchquert die Quellenschlucht, durch die das **Ziegenbächlein (Brâul Caprelor)** fließt. Am oberen Aussichtspunkt kann man die Felsformation der sogenannten **Großen Orgel** bewundern, ein Ensemble aus herrlichen weißen Kalksteintürmen. Der Weg führt dann noch weiter hi-

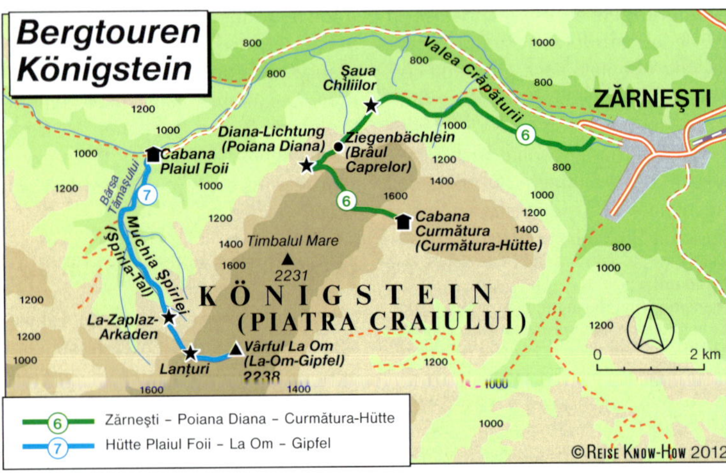

nauf zum Şaua-Padinii-Închise-Sattel. Von hier hat man eine herrlichen Ausblick über das Törzburger Land. Der Abstieg zur **Curmătura-Hütte** dauert anschließend noch ca. 1½ Stunden.

Unterkunft:
- **Cabana Curmătura,** Mobil 0745-995 018.

Bergrettung:
- **Salvamont Zărneşti,** Tel. 092-737 911.

Hütte Plaiul Foii (850 m) – La Om – Gipfel (2238 m)

Die **anspruchsvolle Strecke** mit schwierigen Passagen nimmt **6 Stunden** in Anspruch.

Vorab I: Wer von der Plaiul-Foii-Hütte die zweieinhalbstündige Strecke zur **Diana-Lichtung** wandern möchte, sollte sich nicht nur auf das gelbe Dreieck als Markierung verlassen. Die Kennzeichnung ist alt und schwer bzw. manchmal gar nicht auffindbar!

Vorab II: Wanderer, die nicht **trittfest und schwindelfrei** sind, sollten diesen Weg auf keinen Fall angehen!

Der fünfstündige Weg zum La Om (Sommerstrecke!) führt über eine mit einem senkrechten roten Streifen markierte Strecke. Man folgt zunächst dem Forstweg 2 km entlang des kleinen Flüsschens Bârsa Tămaşului und biegt dann links ins Şpirla-Tal mit dem kleinen Refugium (Şpirla-Unterkunft), um nach 1,5 km den Kamm zu erreichen. Von hier geht man links entlang und kraxelt nach oben. Sehr bald schon erreicht man die La-Zaplaz-Arkaden. Wie durch gewaltige steinerne Fenster kann man von hier aus zwischen den erodierten Naturwundern hindurch in die Törzburger Senke schauen. Durchs Kalkgestein geht es dann weiter zu einer Stelle, an der man (mit Hilfe eines Seiles) in den Grind-Sattel (Deubel-Weg) hinabsteigt. Weiter oben kommt man zu einem weiten Kamin mit mehreren Wasserfällen, der Lanţuri (Ketten) genannt wird und durch Stahlseile abgesichert ist. Nachdem man den Bergbach Brâul de Mijloc überquert hat, kommt man zu einem Bergkamm. Von hier sind es dann nur noch 80 m zum Gipfel, von dem man einen weiten Blick bis hinüber zum Făgăraş-Gebirge und tief hinein ins Burzenland hat.

Unterkunft:
- **Cabana Plaiul Foii,** Mobil 0723-035 702 oder 0744-985 904, plaiul-foii@turistic.ro, DZ Mansarde 15 Euro, 3-Bett-Zimmer 20 Euro, App. 40 Euro.

Sighişoara/ Schässburg

⇗ IX, C3

- **Höhe:** 580–640 m
- **Vorwahl:** 0265
- **Einwohner:** 32.304
- **Ungarischer Name:** Segesvár

Rumänische Städte werden bisweilen gerne mit westlichen verglichen, wie das bekannte Beispiel „Bukarest, das Paris des Ostens" zeigt. Auch für die im Bezirk Mureş liegende Stadt Sighişoara hatte man nach 1990 schnell einen Vergleich parat und nannte sie kurzerhand **„das rumänische Rothenburg ob der Tauber".** Wie kaum wo anders in Siebenbürgen fühlt man sich in dem kleinen Ort am Fluss Târnava Mare (dt.: Große Kokel) in eine frühere Zeit versetzt.

Die heutige **Oberstadt** mit ihrer vollständig erhaltenen, 8 m hohen Mauer ist gleichzeitig eine riesige mittelalterliche **Zitadelle,** von deren Rand man auf die roten, pittoresken Ziegeldächer der Unterstadt herabschauen kann. Die Silhouette der auf einem 850 m langen Bergrücken südlich der Kokel errichteten Befestigung ist von allen Seiten der Unterstadt gut zu sehen, da sich die Burganlage genau im Herzen der Stadt befindet.

Geschichte

Der lateinisch erstmals 1280 als **Castrum Sex** und deutsch 1298 als **Schespurch** schriftlich erwähnte Ort wurde ca. 100 Jahre zuvor durch die Siebenbürger Sachsen gegründet. Die **Ringmauer** entlang des Bergrückens entstand ab 1350, musste aber im Laufe der vermehrten Angriffe von Reitervölkern im 15. Jahrhundert ständig auf ihre heutigen Ausmaße erhöht und ausgebaut werden. So erhielt der Komplex 14 Wehrtürme, drei Bastionen und zahlreiche Wehrgänge. Da Schässburg im Gegensatz zu den größeren transsylvanischen Städten Hermannstadt und Kronstadt im Mittelalter eine eher kleine Stadt mit geringer Bevölkerungszahl war, wirkten sich die diversen **Katastrophen** hier umso verhängnisvoller aus. Ganz besonders hart traf es die Schässburger in den Jahren 1676, als drei Viertel ihrer Stadt nach einem Angriff niederbrannten, und 1706, als fast die Hälfte der 3000 Einwohner der Pest zum Opfer fiel.

Nach dem Erhalt der Stadtrechte 1367 hatte sich das günstig an Handelsstraßen gelegene Schässburg rasch zu einem **Mittelpunkt des siebenbürgischen Handels** und Handwerks entwickelt. Zwangsläufig stieg auch die politische Attraktivität der Stadt. **Vlad Dracul,** der 1431 im Nürnberger Dom zum Herrscher über die Walachei und zum Ritter des Drachenordens ernannt worden war, weilte vier Jahre hier. Einer Überlieferung nach soll sein Sohn, der später unter dem Namen *Vlad Ţepeş Draculea* bekannt und berüchtigt wurde, in Schässburg geboren sein.

Ihre Blütezeit erlebte die Stadt im 16. und 17. Jahrhundert, als sie zu einem Zentrum der **Münzproduktion** wurde (der Silberdukat wurde in einer Werkstatt in der Oberstadt geschlagen) und zu einem gewissen Wohlstand gelangte. Die hohe Kunstfertigkeit der Schässburger Zünfte hatte sich bis nach Westeuropa herumgesprochen und zog Maler und Bildhauer aus Königsberg, Salzburg und Böhmen in die Stadt an der Kokel.

Viele der **bunten Häuser** in den Zunftgassen, der alten Gaststätten und der mittelalterlichen Herbergen sind noch erhalten und machen Sighişoara zu einem einmaligen architektonischen Zeitzeugen. Die Schässburg ist eine der wenigen mittelalterlichen Burgen in Europa, die heute noch bewohnt ist. Und einmal im Jahr, im späten Juli zum **Mittelalter-Festival (Festivalul de Artă Medievala),** wird den alten Gemäuern sogar ein wenig mittelalterliches Leben eingehaucht.

Orientierung und Information

Da die Distanzen in Sighişoara nicht übermäßig groß und das historische Zentrum sehr kompakt ist, kann man sämtliche **Sehenswürdigkeiten** der Stadt durchaus **zu Fuß** angehen. Schwer beladene Rucksackreisende, die am Hauptbahnhof oder Busbahnhof ankommen, sollten sich jedoch vor Ersteigen des steilen Wegs hinauf zur Zitadelle ihres Gepäcks entledigen (Deposit im Hbf). Der **Hauptbahnhof** liegt ca. 2 km nördlich des Stadtzentrums, der **Busbahnhof** gleich daneben an der Str. Libertăţii. Zu Fuß erreicht man das Zentrum am besten über die **Str. Gheorghe Lazăr,** die über den Fluss Târnava Mare direkt in die zentrale Straße 1. Decembrie 1918 führt. Taxis ins Zentrum sind jedoch ausgesprochen billig.

Überraschenderweise hat der Touristenmagnet Sighişoara **kein offizielles Informationsbüro.** Post, Reisebüros und Buchläden findet man direkt in der **Str. 1. Decembrie 1918,** von der auch eine kleine Nebenstraße zum zentral gelegenen Campingplatz führt.

Sehenswertes

Stundturm mit Geschichtsmuseum

Man erreicht den **Burgberg der Stadt** am besten über die Turmstraße (Str. Turnului), die vom Hermann-Oberth-Platz an einer Terrassen-Pizzeria vorbei geradewegs hinauf zum bekanntesten und mächtigsten Turm der Stadt, dem **Stundturm,** führt. Die Rumänen nennen ihn schlichtweg **Turnul cu Ceas,** also „Turm mit der Uhr". Das Wahrzeichen Sighişoaras war früher nicht nur Wehrturm, sondern gleichzeitig auch Schatzkammer und mächtiges Haupttor zur Oberstadt. Zudem beherbergte der fünfstöckige, 64 m hohe Turm zeitweise den Schässburger Stadtrat. Sein durch den Großbrand von 1676 völlig zerstörtes Dach

rum257 Foto: jr

Der Stundturm – das Wahrzeichen von Sighişoara

Süd- und Zentraltranssylvanien

wurde mehrmalig wieder instand gesetzt. 1894 erhielt das Turmdach mit seinen Zwiebelkuppeln sein heutiges charakteristisches Aussehen durch die emaillierten vielfarbigen Mosaikziegel. Seit dem Jahr 1899 befindet sich das durch den Arzt und leidenschaftlichen Sammler *Josef Bacon* errichtete städtische **Geschichtsmuseum** im Stundturm, das in seiner Ausstellung einen mehr oder minder eleganten Bogen vom Mittelalter zur Raketenforschung schlägt.

Die **Archäologie-Ausstellung** in der ersten Etage zeigt u.a. Opferaltäre, Keramiken und Waffen der Wietenbergkultur (Bronzezeit), Kultgefäße und Schmuck der Daker sowie einen Altar des römischen Gottes *Mithras.*

Sehr sehenswert ist die Sammlung **Medizin und Pharmazie des Mittelalters** im zweiten Obergeschoss. Bereits sehr früh, nämlich ab 1461, wurden in Schässburg kirchliche Spitäler für Aussätzige (Leprakranke) gegründet. Weitere Säle des Museums zeigen Möbelstücke und anderes Kunsthandwerk der damaligen Zünfte. Im fünften Stock folgt schließlich die Abteilung, die sich mit der heutigen Hauptaufgabe des Turms auseinandersetzt, dem Anzeigen der Zeit. Im **Uhrenmuseum** des Stundturms sieht man neben Sand-, Wand- und Sonnenuhren auch das Schässburger „Rad der Zeit", das derzeitige Uhrwerk der Turmuhr mit seinen Figuren.

Auf der **obersten Plattform des Turms** angelangt, ist die kleine Zeitreise zuerst einmal zu Ende. Die offene Holzgalerie bietet dem Besucher einen weiten Blick über Sighişoara. Still und friedlich liegen die rotbraunen Ziegeldächer der Unterstadt im grünen Hügelbett. Hier oben haben einst an Feiertagen die Stadtmusikanten mit ihren weit klingenden Blasinstrumenten aufgespielt.

Raketen und Folterkammer

Auf dem Rückweg und der Reise in die Unterwelt des Stundturms kommt man noch an einer Ausstellung vorbei, die einem rumänischen Pionier der Neuzeit gewidmet ist: **Hermann Oberth,** der acht Jahre lang das deutsche Gymnasium in Schässburg besuchte, gilt als einer der Väter der Raumfahrt. Seine Experimente mit der berühmten „Kegeldüse" bildeten die Grundlage der späteren Flüssigtreibstoff-Raketenantriebe. *Oberth* war auch maßgeblich an der amerikanischen Satellitenforschung beteiligt.

Der Tod spielte in der dunklen Zeit des Mittelalters auch in Schässburg eine sehr zentrale Rolle. Vor dieser Erlösung jedoch warteten, wie man in der **Folterkammer des Museums** sehen kann, auf manchen Delinquenten noch Folterjoch und Streckleitern. Das Schässburger Strafgesetz sah auch vor, dass man zu Schuld gekommene Bürger der Stadt an einen Schandpfahl im Stadtzentrum kettete und ihnen einen 6 kg schweren Stein um den Hals hing (der auch im Museum besichtigt werden kann).

Der Direktor des Geschichtsmuseums hatte 2004 die Idee, eine **Amateur-Theatergruppe** im Museum historisch verbürgte Szenen nachspielen

Die Unterstadt

Was das historische Flair betrifft, kann sich die Unterstadt nicht mit der Bergburg messen, und auch architektonisch hat sie nicht viel zu bieten. Nur nahe des Oberth-Platzes haben sich einige ältere sehenswerte Häuser erhalten. So lässt das **Haus der Handwerker,** ein aus dem 19. Jahrhundert unter dem Einfluss der deutschen Renaissance entstandenes Gebäude, erahnen, wie es in Schässburg vor 150 Jahren einmal ausgesehen hat. Heute befindet sich in diesem imposanten Eckhaus das Restaurant Perla.

In der Str. Zaharia Boiu steht das **Hermann-Oberth-Haus,** in dem der spätere Wissenschaftler und Weltraumforscher *Oberth* (1894–1989) seine Kindheit verbrachte.

Auf dem Weg nach Mediaş erhebt sich auf der linken Straßenseite ein **kleiner Hügel mit dem Türmchen Zum Antlitz (La chip).** Der Sage nach soll es einem geschickten Schässburger Schützen an dieser Stelle gelungen sein, einen heraneilenden türkischen Pascha auf einem Elefanten mit einer einfachen Flinte tödlich zu treffen. Der beerdigte Elefant bildet bis heute den Hügel, auf dem zur Erinnerung an diese Tat das Türmchen errichtet wurde.

Informationen

- **Informationszentrum,** Str. Octavian Goga 8 (direkt am Piaţa Octavian Goga in der Altstadt). Stadtpläne und Informationen auch auf Deutsch. Mo. bis Sa. 10–17 Uhr, Tel. 770 415, office@sighisoara-infotourism.com.
- Gut organisierte geführte Touren durch die mittelalterliche Stadt bietet die **Fundaţia Veritas Sighişoara** an. Studenten verdeutlichen sehr kompetent die historischen Zusammenhänge und erläutern das heutige Engagement zur Erhaltung der Stadt. Piaţa Cetăţii 8 (im Haus auf dem Stein direkt am Marktplatz der Zitadelle), Tel. 777 844, Fragen an Frau *Dorothy Tarant.*

Service

- **Post:** Gleich gegenüber des Info-Zentrums, auf der anderen Seite des Platzes, findet man die einzige Filiale der Stadt, Piaţa Octavian Goga 12. Neben Briefmarken und Postkarten sind auch Souvenirs im Angebot.
- **Geldwechsel: Banca Comercială Română,** Str. Justiţiei 12 (Geldautomat).
- Sehr gute **Parkmöglichkeiten** entlang der Str. 1. Decembrie 1918 Richtung Fluss Târnava Mare.

Notfälle

- **Polizei,** Str. Justitiei 10, Tel. 771 212.
- **Apotheke: Farmacia Aesculap,** Str. Herman Oberth 22, Tel. 779 913, Mo. bis Fr. 9–19 Uhr, Sa. 8–13 Uhr.
- **Apotheke: Farmacia Humanitas,** Str. Mihai Viteazu 40, Tel. 772 067, Mo. bis Fr. 9–19 Uhr, Sa. 8–13 Uhr.
- **Stadtkrankenhaus: Spitalul Municipal,** Str. Morii 11, Tel. 772 010.

Mobilität

Züge

- **Bahnhof (Gara),** Str. Libertaţii 51, Tel. 771 886.
- **CFR (Fahrkarten-Agentur),** Str. Octavian Goga 6a, Tel. 771 820. Die Agentur verkauft alle Bahntickets vorab und übernimmt Reservierungen.

Busse

- **Autogara,** Str. Libertaţii 58, Tel. 771 260.
- **Atlassib,** Str. Morii 21, Tel. 777 249.

• Direkt neben dem Info-Zentrum gibt es eine Filiale von **Eurolines,** in der man über Busverbindungen in andere rumänische Städte informiert wird. Str. Octavian Goga 9, Tel. 773 977.

Unterkunft

Die **Preise** für Übernachtung und Gastronomie sind in der Oberstadt ganzjährig höher als in der Unterstadt, und auch die Preisdifferenzen zwischen dem Sommer und der kalten Jahreszeit können beträchtlich sein.

Hotels

• **Casa Wagner** (***), Str. Piaţa Cetăţii 7, Tel. 506 014, www.casa-wagner.com. Modernes Hotel in altem Gemäuer im Herzen der Oberstadt. Terrasse mit altem Nussbaum, mittelalterlicher Weinkeller. EZ 40 Euro, DZ 50 Euro, App. 70 Euro (im Sommer 10 Euro teurer).

• **Hotel Sighişoara** (***) Str. Şcolii 4–6, Tel. 771 000, hotelsighisoara@elsig.ro. Zweckmäßige, gepflegte rusikale Zimmer in einem 500 Jahre alten Gebäude (früheres Rathaus von Sighişoara). Neben einem Restaurant, einem Weinkeller und einer Terrasse hat das Hotel auch einen eigenen Schönheitssalon. DZ 65 Euro inkl. Frühstück.

• **Casa Saseasca** (***), Piaţa Cetaţii 12. Ein paar Schritte vom Stundturm entfernt findet sich dieses neue Hotel in der Zitadelle der Oberstadt. Die Zimmer sind mit traditionellen, handbemalten Möbeln ausgestattet, haben Kabel-TV, Telefon und Internet. EZ 110 RON, DZ 125 RON, 3er-Zimmer 150 RON (im Sommer EZ 35 Euro, DZ 40 Euro, 3er-Zimmer 50 Euro).

• **Hotel Korona** (***), Str. Zaharia Boiu 12–14, Tel. 770 480, www.hotelkorona.ro. Etwa 2 km von der Altstadt entfernt liegt dieses Hotel mit Mietwagen-Service, Safe, Pool, 24-Std.-Rezeption und Massageangebot. EZ 44 Euro, DZ 48 Euro, DZ groß 57 Euro, Suite 79–98 Euro. Die Preise sind verhandelbar, je nach Dauer des Aufenthalts.

• **Casa Epoca** (***), Str. Tâmplarilor 4, Tel. 773 232. Sehr uriges und dabei stilvolles Haus in der Zitadelle mit prächtigen Keller-

rum262 Foto: jr

gewölben und alten Himmelbetten. Innenhof, teilweise Aussicht auf die Unterstadt. DZ 40 Euro.

- **Casa cu Cerb** (**), Str. Şcolii 1, Tel. 774 625, Fax 777 349. Das traditionsreiche Haus mit dem Hirschgeweih bietet auf Wunsch einen Shuttle-Transport zum Flughafen in Sibiu und Ausflüge zu den Kirchenburgen Siebenbürgens an. 9 Gästezimmer mit eigenem Bad, Telefon, TV. EZ 35–40 Euro, DZ 50–60 Euro (saisonal unterschiedliche Preise).
- **Hotel Rex** (**), Str. Dumbravei 18, Tel. 777 615, hotelrex@sighisoara.com. Funktioneller, sauberer Mittelklasse-Neubau, 1 km östlich des Zentrums an der Straße nach Braşov. Zählt nach wie vor zu den guten Hotels der Stadt. DZ 40 Euro.
- **Casa Saseasca,** neues Hotel in der Oberstadt mit 9 Zimmern und schönem Blick auf den Stundturm. Handbemaltes Mobiliar. EZ 100 RON, DZ 120 RON, 3er-Zimmer 150 RON, Frühstück inkl.
- **Hotel Steaua** (½*), S.C. Prinţul Dracula, Tel. 771 594. Achtung: Seit 2007 hat dieses eigenartige „Hotel" nur noch einen halben Stern, eine in Rumänien wohl einzigartige Bewertung! Das Hotel wird vom Autor nicht empfohlen! Es ist allerdings aus „nostalgischen" Gründen sehenswert, denn zu kommunistischen Zeiten war dieses Hotel das Top-Hotel der Stadt, was man heute kaum glauben mag ... Nur zur Info: Ein „renoviertes" DZ kostet ca. 35 Euro.

Pensionen

- **Pension Citadella** (**), Stradela Cetaţii 1, Mobil 0744-550 125. Man findet diese kleine Pension, indem man die erste Straße vor dem Stundturm links hochgeht (gelbes Haus). Saubere schöne Zimmer. Preise auf Anfrage.
- **Pensiune Joker** (**), Str. Tache Ionescu 17–19, Tel. 775 042. Die Pension und das gleichnamige Restaurant liegen noch im historischen Zentrum. 11 Zimmer mit Bad und Kabel-TV. DZ ab 25 Euro.

Dracula – die rumänische Werbe-Ikone

- **San Gennaro,** gleich gegenüber Casa cu Cerb (s.o.). Hübsche Pension mit sehr gutem italienischen Restaurant. EZ/DZ 36 Euro, 3er-Zimmer 40 Euro (ohne Frühstück).
- **Vila Franka,** DZ 99 RON, DZ mit Baldachinbett 125 RON, DZ mit Sauna 155 RON (Winter-Preise, im Sommer etwa 30% höher).
- **Pensiune Gia-Hostel,** neue Pension in unmittelbarer Nähe zum Bahnhof. 10 Zimmer, in Rot gehaltenes Valentins-Zimmer. EZ/DZ 99 RON.

Privatzimmer

- Im Herzen der Zitadelle bietet die **Familie Marius Adam** zwei Übernachtungsmöglichkeiten an: neu errichtete Wohneinheiten mit 1 bis 3 Betten (Kabel-TV/Bad) 8,50–10 Euro/Person und ein Zimmer für bis zu 5 Personen in einem 400 Jahre alten Haus (Küche/ Bad) 9–11 Euro pro Person. Herr *Adam* spricht englisch, sein Sohn deutsch. Strada Tâmplarilor 6, Tel. 771 203, marius_adam@yahoo.com.

Jugendherbergen/Hostels

- **Burg Hostel pentru Tineret** (**), Bastionul 4–6, Tel. 778 489, www.ibz.ro (Webseite auf Deutsch). Das Hostel im Schindelhaus in der Oberstadt ist u.a. ein Jugendbildungszentrum und eine interkulturelle Begegnungsstätte, die Seminare und Ausstellungen anbietet. 52 Schlafplätze, Internetcafé, Keramik-Arbeitsraum, Restaurant und Bar. Zimmerpreise (saisonal gestaffelt, aktuelle Preise auch auf der Webseite): im Gemeinschafts-Schlafsaal 30 RON, EZ mit Gemeinschaftsbad 50 RON (DZ 78 RON), EZ mit eigenem Bad 70 RON (DZ 86 RON).
- **Nathan's Villa Hostel,** Str. Libertăţi 12, in unmittelbarer Nähe des Bahnhofs, www.nathansvilla.com. Sauberes und im Sommer stets belegtes Hostel. Frühstück inkl., kostenloses Waschen, Gepäckaufbewahrung, Safe. EZ 10 Euro, Frühstück 3 Euro.
- **Hostel Ellen Villa,** Str. Libertăţi 10, in unmittelbarer Nähe des Bahnhofs, direkt neben Nathan's Villa Hostel. Schöner Innenhof, Grillterrasse, TV, Bad. Bett im Mehrbettzimmer 10 Euro, Frühstück 3 Euro.

Während Kirchenburgen mit Verteidigungsmauern und Rückzugsorten in der Anlage ausgestattet wurden, besitzen Wehrkirchen nicht notwendigerweise Wehrmauern, allerdings immer Vorrichtungen zur Abwehr von Feinden, z.B. Zinnen und Schießscharten. Die Kirchenburgen in Siebenbürgen sind meistens auch Wehrkirchen, also mit wehrhaften Mauern, Wehrgängen und -türmen ausgestattet.

Der Schutz der Kirchenburgen

In früheren Zeiten boten die Wehrkirchen Siebenbürgens den Menschen der jeweiligen Ortschaften Sicherheit und Schutz. Heute brauchen die Kirchenburgen selbst Schutz, da viele der Einwohner ausgewandert oder ausgestorben und die historischen Gebäude darum vom Verfall bedroht sind.

Interessant ist darum eine Initiative des **KirchenBurgenSchutzVereins** (siehe „Mediaş/Schullerhaus"), die sich zum Ziel gesetzt hat, die kultur- und baugeschichtlich wertvollen und zum Teil einzigartigen Wehrkirchen Siebenbürgens zu erhalten. Als erstes wurden die zum großen Teil verwaisten evangelischen Pfarrhäuser wiederaufgebaut, um darin Übernachtungsmöglichkeiten für Touristen zu schaffen. Der in Mediaş und Sibiu ansässige Verein benutzt die Einkünfte aus den Übernachtungen zur Instandhaltung der wertvollen Baudenkmäler.

- **Schullerhaus Mediaş,** siehe dort.
- **Redaktion Gästehäuser in Siebenbürgen,** Sibiu, Piaţa Huet, Tel. 069-211 203, Kontakt: *Hermann Fabini* und *Kilian Dörr.*

Biertan/Birthälm ⇗XV, C1

Den Weinort Biertan, auf Deutsch Birthälm, erreicht man von Sighişoara mit dem Auto über die DN14. In der Ortschaft **Şaroş pe Târnave (Scharosch),** die etwa auf halber Strecke nach Mediaş liegt, führt eine ca. 10 km lange, gut befahrbare Asphaltstraße nach Biertan. Von Mediaş fährt man per Bus oder Auto über Scharosch nach Birthälm.

Birthälm, 1283 erstmals urkundlich erwähnt, machte sich im Mittelalter einen Namen als **Weinbaugemeinde.** Die Kirchenglocke der in den Jahren 1468 bis 1523 errichteten Wehranlage läutete die Bürger vor allem im 16. Jahrhundert recht häufig hinter die Schutzmauern, die 1993 ins UNESCO-Weltkulturerbe aufgenommen wurden. Von 1572 bis 1867 war Birthälm Sitz der Bischöfe der Evangelischen Landeskirche.

Die **Kirchenburg von Birthälm** zählt zu den bekanntesten überhaupt, da sie nicht nur sehr schön ist, sondern auch einige Besonderheiten aufzuweisen hat. Zum einen wäre da der eindrucksvolle **Flügelaltar,** der mit seinen 28 bemalten Tafeln mit Szenen aus dem Marienleben die gesamte Chorwand ausfüllt. Die Heiligen und Märtyrer auf der geschlossenen Seite des Altars (der Werktagsseite) spendeten den Kirchgängern vor allem in den harten Zeiten einer Belagerung Trost und Hoffnung. Ins Kircheninnere zogen sich vor allem Frauen und Kinder in Kriegs- oder Epidemiezeiten zurück, um zu ihren Pestheiligen und Märtyrern zu beten. So ist auf dem Altar u.a.

der *heilige Rochus* abgebildet, der sich bei der Pflege und Heilung von Pestkranken selbst angesteckt hatte.

Lange Zeit beflügelten unterirdische **Geheimgänge,** die vom Dorf direkt in die befestigte Anlage führen sollten, die Fantasie der Besucher. Doch sie sind nur Legende. Dennoch erzählt so mancher Fremdenführer immer noch die schöne (aber eben erfundene) Geschichte von Bürgern, die in Belagerungszeiten von der Kirchenburg Tunnel nach draußen gruben, um nachts heimlich Wasser aus den Brunnen vor den Toren schöpfen zu können.

Besuchern hat Bierthälm heute neben frischem Quellwasser vor allem regionale **Weine** zu bieten. Am südlichen Ortsende Richtung Richiş (Reichesdorf) lädt ein Weinkeller zur Weinprobe ein.

Unterkunft:

- **Gästehaus Casa Dornröschen,** Str. George Coşbuc 25, Tel. 0269-868 294, office@biertan.net, Buchungen auch über www.biertan.net/de/gaestehaus.php. Das renovierte Haus direkt an der Ringmauer der Kirchenburg bietet 39 Personen Platz. EZ 25 Euro, DZ 35 Euro, 3er-Zimmer 45 Euro, 4er-Zimmer 55 Euro, 6er-Zimmer 57 Euro, Kinder 5 Euro (alle inkl. Frühstück). Kontaktperson im Casa Dornröschen ist die deutschsprachige *Bianca Jorga.*
- **Predigerhaus am Pfarrhof,** P-ţa 1. Decembrie 3, Tel. 0269-868 262. Das Gästehaus eignet sich sehr gut für Familien. 16 Betten, Gemeinschaftsraum und eigene Küche. Preise auf Anfrage.

Buchhandlung:

- **Sachsenbischof,** in der Kirchenburg von Birthälm, Piaţa 1. Decembrie 2, Tel. 0269-898 353. Zwischen 13 und 14 Uhr sowie von Nov. bis März geschlossen.

Agnita/Agnetheln ⇗XV, C1

Bereits auf dem Weg von Sighişoara nach Agnita hat man reichlich Gelegenheit, einige kleine Kirchenburgen in Augenschein zu nehmen. Ein erster Halt lohnt in **Trappold/Apold,** mit der gut erhaltenen Kirchenburg auf einem Bergkegel. Die dreischiffige Hallenkirche ist mit Wehrmauern, fünf Türmen und Basteien sowie Fruchthaus ausgestattet. Auf der Wegstrecke liegt auch die um 1300 errichtete Andreaskirche von **Brădeni (Henndorf).** Auf dem Dachboden befindet sich eine beachtliche Sammlung von siebenbürgischen Stollentruhen.

Die von den Sachsen Ognitheln und auf Deutsch Agnetheln genannte heutige Stadt **Agnita** liegt etwa auf halber Strecke zwischen Sighişoara und Sibiu. Man erreicht sie von Sighişoara aus südwärts fahrend nach 46 km. Der im **Harbachtal (Valea Hârtibaciului)** errichtete Ort mit seiner Kirchenburg von Agnetheln wurde urkundlich 1280

rum12-009 Foto: hf

Geradezu idealtypisch: die Kirchenburg von Biertan

Süd- und Zentraltranssylvanien

Abbildung darunter sieht man eine im Zeitalter des Barock entstandene Darstellung des Abendmahls.

Viscri/Deutsch-Weißkirch

In Siebenbürgen ist der abgelegene Ort Viscri besser unter dem Namen **Deutsch-Weißkirch** bekannt (die Ungarn nennen ihn kryptisch Szászfehéregyháza). Man erreicht ihn von Sighişoara aus über die E60 in östlicher Richtung. In Buneşti führt eine ungeteerte Straße nach Viscri und weiter in den kleinen Ort Dacia (Stein). Die exponierte Lage im **Zekel-Tal** und die schwierigen Straßenverhältnisse machen Deutsch-Weißkirch zu einem kleinen Geheimtipp. Da der Ort auch im Mittelalter abseits der Haupthandelsrouten lag, wurde er kaum überfallen und ist darum im Ortskern noch recht gut erhalten und **sehr pittoresk.** Während unten im Dorf ein kleiner Bach vor sich hinplätschert, thront die Kirchenburg am Ende einer Nebenstraße über den Dächern des Dorfes.

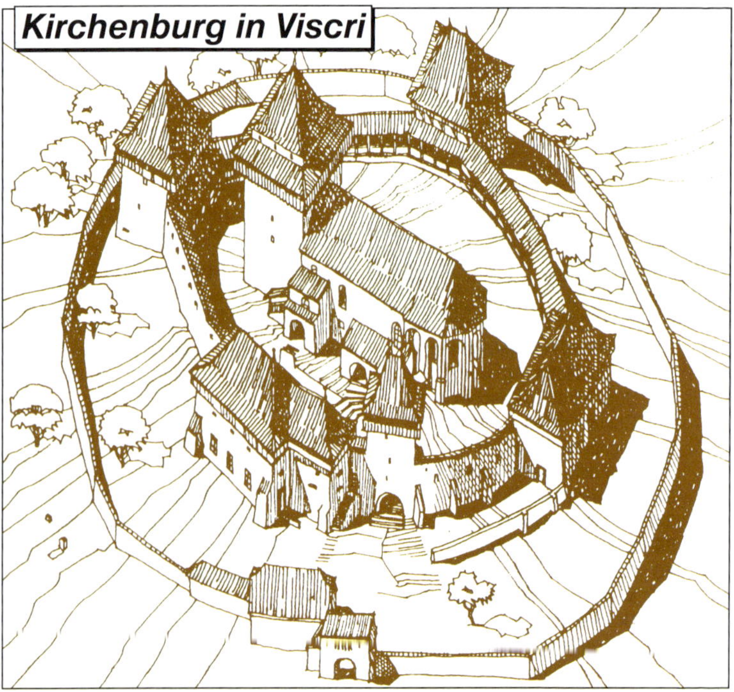

Abb.: Hermann Fabini, Atlas der siebenbürgisch-sächsischen Kirchenburgen und Dorfkirchen, Hermannstadt, Heidelberg 1998

Die **Kirche** wurde im 16. Jahrhundert wehrhaft umgebaut, indem man die Ringmauer der Burg mit Pechnasen, Schießscharten und auf ihrer Innenseite mit einem gedeckten hölzernen Wehrgang versah. Sehenswert ist die über dem Altar stehende weiße Orgel aus dem Jahr 1723.

Der sehr gute Zustand der strahlend weißen Türme und Wehrmauern sowie der Fachwerkbrüstungen, Holzgalerien und pyramidenförmigen Dächer der Kirchenburg ist vor allem dem Engagement der Gemeinderätin zu verdanken, die sich vehement gegen den Zerfall des Ortes und für **sanften Tourismus** einsetzt.

- Wer die Kirchenburg besichtigen möchte, wende sich an **Caroline und Walter Fernolend-Schuster** (Haus Nr. 13). Sie vermitteln auch Ferien auf dem Bauernhof und Übernachtung in elf Gästehäusern im Ort.

Mălâncrav/Malmkrog

Die Geschichte Malmkrogs ist eine ganz besondere, denn der Ort 18 km südwestlich von Sighişoara gehört seit dem Mittelalter zum Besitz der ungarischen Adelsfamilien *Apafi* und *Bethlen*. Die sächsischen Siedler konnten ihre Kirchenburg also nicht auf dem sogenannten freien Königsland errichten. Malmkrog ist heute der einzige siebenbürgische Ort, in dem es sowohl eine **Kirchenburg** als auch ein

Auf der isometrischen Zeichnung der Kirchenburg von Deutsch-Weißkirch (Viscri) kann man sehr deutlich die doppelte Ringmauer erkennen

rum12-008 Foto: mm

Keine Kirchenburg ist wie die andere

In Transsylvanien wurden um 1150 vom ungarischen König *Geisa II.* ins Land geholte **moselfränkische und rheinische Siedler** zunächst im Tal um Agnetheln (dem heutigen rumänischen Agnita) heimisch. Die später **Sachsen** genannten Siedler waren nicht die einzigen, denen die ungarische Krone freie Bürgerrechte und Land versprochen hatte, damit sie die Südostflanke des Königreiches gegen die beständigen Türkeneinfälle sichern. Auch der Deutsche Ritterorden baute aus den gleichen Gründen zu dieser Zeit Burgen, wie die in Bran, und errichtete ganze Städte (Kronstadt).

Als ab 1420 die **Überfälle der Türken** zunahmen, mussten die Sachsen ihre Wehrkirchen immer weiter ausbauen. Von landesweiten Absprachen mit Blick auf die Architektur hielten die Sachsen dabei nichts. Aus diesem Grund haben die imposanten Wehrmauern und -türme der befestigten Kirchen einen jeweils ganz individuellen Charakter und Stil. Die Kirchen erhielten ab dem 15. Jahrhundert Mauerringe, Türme, Wehrläufe, Gräben, Bastione und Bollwerke, ganz so wie es der jeweilige Bauherr entschied. Jede der 200 gebauten Kirchenburgen, von denen heute noch über 100 erhalten sind, ist somit ganz und gar einmalig (das Foto oben zeigt die in Viscri).

ungarisches Adelstadt Jerusalem hat die **romanische**einen „Spaß" erlaubt eine Seltenhedie Umrisse der Stadt rend in vielldet.

Kirchen w**stell,** also den verstärkten **mittela**hgen und Wehrtürmen um die oder i, sind noch der Glocken-, der wurdl-, Seiler-, Schneider- und der Matenturm (mit Resten von Fresken) erhalten geblieben.

● **Biserica Sfânta Margareta,** Piaţa Castelului 2. Die reformierte Kirche ist Mo. bis Sa. von 10–18 Uhr und So. nur vormittags geöffnet. Von ihrem Turm bietet sich ein wunderbarer Rundumblick auf Mediaş.

Schullerhaus

Am nördlichen Teil des König-Ferdinand-Platzes liegt das Schullerhaus **(Casa Schuller)** – kaum zu glauben, dass dieser wunderbar renovierte Bau auf das stolze Alter von über 500 Jahren zurückblickt. Im Jahr 1588 war das Gebäude noch Eigentum des damaligen Bürgermeisters *Johannes Schuller.* Doch im weiteren Verlauf machte es eine zwischenzeitliche Karriere als **Han,** also als Herberge, Wirtshaus und Kneipe. Der Innenhof, von dem heute hölzerne Treppen in die Etagen zu den Gästezimmern führen, war einst beliebter Treffpunkt trinkfester und gaumenverwöhnter Mediascher Bürger. Heute übernimmt das Schullerhaus mit seinem zum Markt hin gelegenen **Kulturzentrum** und **Deutschen Forum** vor allem die Aufgabe, sächsische Traditionen und Kunsthandwerk zu bewahren. Der ebenfalls dem Haus angegliederte **KirchenBurgenSchutzVerein** hat es sich zur Aufgabe gemacht, die wertvollen Kulturdenkmäler der Wehrkirchen zu erhalten. Es lohnt sich durchaus, einmal in die diversen Workshops oder Kochkurse des Schullerhauses hineinzuschnuppern und auszuprobieren, ob man die sächsische Mundart versteht.

● **Schullerhaus,** Piaţa Regele Ferdinand 25, Tel. 831 347, Fax 832 390.

Befestigungen

Gleich rechts neben dem Schullerhaus führt die Str. Gheorghe Duca entlang einiger kleiner gemütlicher Altstadt-Cafés und „Mittelalter-Bistros" zu dem rechts am Ende der Straße gelegenen **Schmiedgässerturm (Turnul Fierarilor).** Auch der ehemalige Wehrturm beherbergt ein Café (Art Café), dessen rustikale, holzbetonte Innenarchitektur durchaus sehenswert ist. Insgesamt existierten in Mediaş drei Befestigungsmauern; zwei davon umgaben das Kirchenkastell, eine begrenzte die Altstadt. Neben dem Schmiedeturm, dem **Forkeschgässer-** und dem **Steingässerturm** sind in Mediaş drei weitere mittelalterliche Türme und Basteien erhalten geblieben.

Auch das **Franziskanerkloster** und die griechisch-katholische Kirche am Zeckesch, beide in der Str. Mihai Viteazu an der östlichen Befestigungsmauer, stammen aus dem Mittelalter. In dem bereits im 15. Jahrhundert erwähnten und im gotischen Stil erbauten Kloster befindet sich heute das **Stadtmuseum (Muzeul Municipal)** mit seinen Sektionen für Geschichte, Volkskunst und Naturgeschichte.

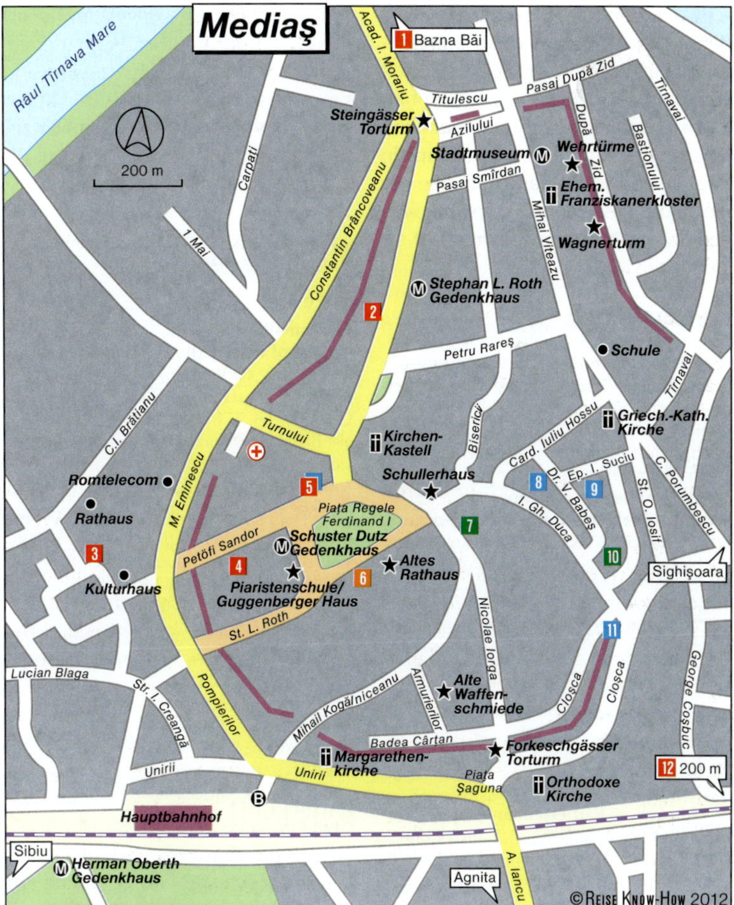

Übernachtung
1 Pensiune Han Greweln
2 Hotel Select II
3 Hotel Central
4 Hotel Select I
5 Hotel Traube
12 Hotel Binder Bubi

Essen und Trinken
5 Hotel Traube
8 Café Corso
9 Medieval Bistro
11 Art Café im Schmiedgässerturm

Nachtleben
6 Colours Pub u. Diskothek

Einkaufen/Sonstiges
7 Apotheke Adonis Med
10 Autovermietung Eurolines

Besonders stolz ist Mediaş auf zwei Söhne der Stadt: auf den humanistischen Kämpfer für die Gleichberechtigung und Schüler *Pestalozzis,* **Stephan Ludwig Roth,** und auf den Vater der Raketenforschung, **Hermann Oberth,** einst Lehrer in Mediasch. Beiden hat die Stadt Ausstellungen in jeweils eigenen Gedenkhäusern gewidmet.

Informationen

- **Im Rathaus** am Piața Corneliu Coposu 3 (Primăria Municipului Mediaş) befindet sich ein Informationszentrum, Tel. 803 885, www.primariamedias.ro (Website nur auf Rumänisch). Die Mitarbeiter sind sehr hilfsbereit und helfen auch gerne bei der Suche nach einem Hotel oder einer Pension.
- **Kastell (Buchhandlung),** Str. George Enescu 8, Tel. 843 384, kastell@schiller.ro. Dieser Buchladen ist eine gute Anlaufstelle, um Informationen einzuholen. Geöffnet Mai bis Oktober Mo. bis Sa. 10–18 Uhr, So. 11.30–18 Uhr, Nov. bis April Mo. bis Fr. 10–18 Uhr.

Service

- **Hauptpostamt: Mediaş 1,** Str. Ludwig Roth 21, Tel. 841 721.
- **Telefonieren:** Romtelecom.
- **Geldwechsel: Raiffeisenbank,** Str. I.C. Brătianu; **Banc Post,** Str. Unirii 1; **Banca Comerciala Romana,** Str. Mihai Eminescu 2 (Geldautomaten).
- **Reisebüro: Select Tour,** Piața Regele Ferdinand 29, Tel. 839 899.
- **Bewachte Parkplätze** am südlichen Piața Regele Ferdinand. 4 RON pro Tag.

Notfälle

- **Apotheke: Farmacia Non Stop,** direkt neben der Stadtklinik, Str. I. G. Duca 33/22, Tel. 779 913, Mo. bis Fr. 9–19 Uhr, Sa. 8–13 Uhr.
- **Apotheke: Farmacia Adonis Med,** Piața Regele Ferdinand 26, Tel. 841 622, Mo. bis Fr. 8–19 Uhr, Sa. 8–13 Uhr. Apotheke im historischen Haus der früheren „Apotheke zum Schwarzen Adler".
- **Stadtkrankenhaus,** Str. I. G. Duca 33, Tel. 842 550.
- **Policlinica Dobsi,** Str. Turnului 12, Tel. 846 281.

Mobilität

Züge

- **Information:** Tel. 952.
- **Bahnhof (Gara),** Str. Libertații 51, Tel. 771 886 oder 771 906.
- **CFR (Fahrkarten-Agentur),** Str. Octavian Goga 6a, Tel. 771 820. Die Agentur verkauft alle Bahntickets vorab und übernimmt Reservierungen.

Busse

- **Autogara,** Tel. 844 326.
- **Eurolines,** Str. V. Babes 21, Tel. 821 015, Mo. bis Fr. 9–18 Uhr, Sa. 9–14 Uhr.
- **Atlassib,** Str. Unirii 1, Tel. 841 775.

Taxis

- **Klim Taxi,** Tel. 965.
- **City Taxi,** Tel. 944.
- **Yellow Taxi,** Tel. 947.
- **Sol Taxi,** Tel. 940.

Unterkunft

Hotels

- **Hotel Binder Bubi** (****), Str. Plopului 30, Tel. 843 089, receptie@binderbubimedias.ro, www.binderbubimedias.ro (Website auch auf Deutsch). 40 elegante, große Zimmer mit TV, Telefon und Internet. Großer Pool und Sauna, Spa- und Wellnessbereich, Restaurant. Haustiere sind in diesem 4-Sterne-Hotel gern gesehen. EZ 240 RON, DZ 290 RON, Appartements 500–600 RON, Haustier bzw. zusätzliches Bett 50 RON.
- **Hotel Traube** (***), Piața Regele Ferdinand I, Nr. 16, Tel. 844 898. Ambitioniertes

Hotel und Restaurant. Einige der 15 Räume haben über Wendeltreppen erreichbare Hochplateaus. Alle Zimmer verfügen über Internet, Air-Condition und Bad. EZ 180 RON, DZ 220 RON, Business-Räume 320 RON, Appartement 420 RON, Frühstück inkl.

- **Pensiune Han Greweln** (****), Str. Greweln 1, Tel. 846 567, www.hanulgreweln.ro (Website auf Deutsch). Dieses sehr schön an ein Waldgebiet angrenzende ruhige Hotel verfügt über sieben sehr große DZ. Allein schon wegen des riesigen Spielplatzes und der großen Terrasse ist diese Pension eine ideale Unterkunft für Familien mit Kindern. Eigener Grillplatz. EZ 120 RON, DZ 170 RON.
- **Select I** (**), Str. Petöfi Sandor 3, Tel. 837 874, EZ 95 RON, DZ 125 RON.
- **Select II** (**), Str. Honterus 11, Tel. 846 750, EZ 95 RON, DZ 125 RON.
- **Vila Flora** (**), Str. H. Oberth 43, Tel. 836 093, EZ 100 RON, DZ 140 RON.
- **Hotel Central** (**), Str. Mihai Eminescu 4–7, Tel. 841 787, EZ 100 RON, DZ 140 RON.
- **Hotel Edelweiss,** Internet, Kabel-TV, 27 Zimmer, EZ 112 RON, DZ 142 RON, App. 203 RON.

Pensionen

- **Kirchenkastell,** Piața Castelului 2, Tel. 841 962. Das Kastell bietet Gästezimmer an.
- **Schullerhaus,** Piața Regele Ferdinand 25, Kontakt: *Franz Dizmarcsek,* Tel. 831 347, Fax 841 962. Im schön restaurierten Haus im Herzen der Stadt stehen Räume für acht Personen in schlichten, sauberen Ein- und Zweibett-Zimmern zur Verfügung. Frühstück und auf Wunsch viele interessante Informationen inklusive. Parkmöglichkeit für 1 bis 2 Autos im Innenhof. EZ 80 RON, DZ 95 RON, Dreibett-Zimmer 120 RON. Im Schullerhaus gibt es auch ein Zentrum für Lehrerfortbildung in deutscher Sprache.
- **Pfarrhaus in Moşna** (dt. Meschen), 9 km von Mediasch in Richtung Agnetheln. In fünf Räumen des Pfarrhauses können 26 Personen sehr günstig und ruhig in malerischer Umgebung übernachten. Speisesaal, Aufenthaltsraum, Küche und drei Badezimmer. Auf Wunsch ist Voll- bzw. Halbpension möglich. Spielplatz und Parkmöglichkeiten sind vorhanden. Anmeldung unter Tel. 8 se auf Anfrage.
- **Pfarrhaus in Bratei** (dt. Pretai), 5 k Mediasch in Richtung Schässburg, auf d Hauptplatz seitlich der Kirche. Übernach tungsmöglichkeit für Familien sowie Kinder- und Jugendgruppen in zwei Zimmern mit jeweils vier Betten und einem Zimmer mit vier Stockbetten. Außerdem vorhanden: eine Küche, Gemeinschaftsraum, zwei Duschen und WCs sowie ein schöner Garten. Anmeldung bei Kurator *Hans Hatt,* Hausnummer 437, Tel. 863 106.

Essen und Trinken

Restaurants

- **Traube,** im gleichnamigen Hotel (s.o.). Spezialität: Knödelsuppe *(Supă de galuşte)* und Dorada, Meeresbarsch in Salzkruste.
- **Select,** Str. Mihai Eminescu, Tel. 334 928. Das etwas außerhalb gelegene Restaurant war früher eine Waldwirtschaft.
- **Vila Flora,** s.o.

Cafés

- **Art Café,** Str. Gh. Duca 44. Das im Schmiedeturm gelegene Zwei-Etagen-Café hat sich mit seiner steilen Holztreppe dem wehrhaften Baustil nahtlos angepasst. Sehr guter *Latte Macchiato* und *Irish Coffee.*
- **Medieval Bistro,** Str. V. Babes 23.

XIV, B2

…eben

Geschichte

Bereits Besucher früherer Jahrhunderte wähnten sich in einer deutschen Stadt, so sehr prägte die **deutsche Besiedlung** seit der Gründung im Jahr 1150 das architektonische Stadtbild von Hermannstadt. Der Kosmograf *Sebastian Münster* bereiste zwei Jahre vor seinem Tod im Jahre 1550 Hermannstadt und schrieb: „Eine grosse statt nit viel kleiner dann wien." Der 1223 noch unter dem Namen **Villa Hermanni** in den Urkunden erwähnte Ort konnte sich seinen historischen Stadtkern und seinen Wohlstand über die Jahrhunderte bis heute erhalten, da niemand ihn während der vielen Kriege und Belagerungen je erobern konnte. Die einzige Zerstörung geht auf die **Tataren** zurück, die 1241 in die Stadt einfielen. Der anschließende Bau von drei Ringmauern und 40 Wehrtürmen um die Stadt, die heute nur noch in Gestalt der Stadtmauer, des Dicken Turms und einiger Verteidigungstürme erhalten sind, konnte von türkischen Angreifern niemals überwunden werden.

Ihren politischen und kulturellen Aufstieg erlebte die Stadt ab 1437, als die Vertretung der Deutschen, die **Sächsische Nationsuniversität,** gegründet wurde und die drei siebenbürgischen Parteien des Adels, der Sachsen und der Székler sich zu einer „Unio trium nationem" zusammenschlossen. Zur politischen Autonomie kam der **wirtschaftliche Erfolg.** Um 1650 genoss Hermannstadt den Ruf, die östlichste Stadt Europas mit Postanbindung zu sein. 1692 wird sie **Hauptstadt Siebenbürgens.** Seine Blütezeit erlebte der Ort unter dem **Gouverneur Samuel von Brukenthal** (1721–1803), dessen Sammlung zeitgenössischer Kostbarkeiten heutige Besucher im Brukenthalmuseum am Großen Ring bewundern können.

Den Ersten Weltkrieg überstand Sibiu unbeschadet, und auch von der unter *Ceauşescu* üblichen Kahlschlagpolitik blieb das sächsische Zentrum verschont. Die Trabantenstadt am Rande schien wohl unvermeidlich, doch selbst diese Häuser umweht inzwischen der lebendige Charme postkommunistischer Aufbruchsstimmung. Über 160 Firmen haben sich mittlerweile im Speckgürtel Sibius niedergelassen. Die Wirtschaft brummt und die Bevölkerung freut sich über den beginnenden Wohlstand, der sich in Form bunter Boutiquen, Bioläden und Bars im Zentrum von Europas Kulturhauptstadt des Jahres 2007 abzuzeichnen beginnt.

Orientierung und Information

Direkt **am Großen Marktplatz (Piața Mare)** im Zentrum der Stadt befindet sich das **Informationszentrum** (Str.

Samuel Bruckental 2, Eingang links neben dem Ratsturm). Die freundlichen und hilfsbereiten Mitarbeiter helfen bei der Unterkunftssuche ebenso wie beim Zusammenstellen eines Kulturprogramms. Sie geben gute Restaurant-Empfehlungen, helfen bei Fahrplänen und organisieren auf Wunsch auch eine persönliche, professionelle **Stadtführung** (auch nachts). Stadtführungen und Beratungen werden auch im **Luxemburghaus (Casa Luxemburg)** am Kleinen Ring angeboten.

Wer sich in Sibiu selber auf den Weg machen möchte, kann sich an den so genannten **Kulturweg** halten, einen gut ausgeschilderten Rundwanderweg, der die wichtigsten Highlights der Stadt kompakt zusammenfasst.

Direkt am Piața Mare befindet sich der **einzige deutsche Buchladen Siebenbürgens;** in der **Librăria Schiller** gibt es ein einmaliges Angebot an Reiseführern, Karten sowie Literatur zur Kirchengeschichte, Kunst und Kultur der Sachsen. Unter anderem findet man hier einen ziemlich guten Stadtführer und den einzigen Fahrradführer Siebenbürgens. Im Stiefel-Verlag ist der bislang beste Stadtplan von Sibiu erschienen.

Wer aktuelle Informationen über die Stadt sucht, findet diese in der freitags in deutscher Sprache erscheinenden **„Hermannstädter Zeitung".**

Wer beabsichtigt, sich länger in Rumänien aufzuhalten, Fragen zu versicherungsrechtlichen Problemen hat oder seinen Reisepass nicht mehr findet, wird sicherlich die Hilfe des **Deutschen Generalkonsulats** in Anspruch nehmen müssen. Das Konsulat in Sibiu ist eines von drei in Rumänien.

Wer Näheres zum wirtschaftlichen Aufschwung in Hermannstadt und den kooperativen Partnerschaften mit Deutschland wissen möchte, wende sich an den **Deutschen Wirtschaftsclub Siebenbürgen.**

Den **Haupt- und Busbahnhof** findet man recht einfach, indem man auf der Ostseite des Großen Marktes der Str. General Magheru (Sporergasse) folgt. Beide Bahnhöfe befinden sich etwa eine halbe Stunde Fußmarsch vom Zentrum entfernt am Ende der Str. Magheru. Am einfachsten erreicht man sie mit den Trolleybuslinien (die unter „Verkehr" aufgelistet sind).

Der **Flughafen** von Sibiu ist gerade einmal 5 km entfernt und bietet tägliche Flüge nach Bukarest und Deutschland an.

- **Hermannstädter Zeitung,** Str. Tipografilor 12, Tel. 069-213 422, www.hermannstaedter.ro, hz@logon.ro.

Sehenswertes

Sibiu hat gleich drei Plätze im Zentrum aufzuweisen, die fast nahtlos ineinander übergehen. So ist es ein Leichtes, sich innerhalb einer Viertelstunde einen Überblick über den Stadtkern um den Piața Huet, den Piața Mare und den Piața Mică zu verschaffen.

Rund um den Großen Ring (Piața Mare)

Über die Fußgängerzone der Str. Nicolae Bălcescu erreicht man das **historische Zentrum,** den **Marktplatz,** innerhalb weniger Minuten. Seit Jahrhunderten nennen die Sachsen den Mittelpunkt ihrer Stadt Großer Ring. Hier fanden im Mittelalter riesige Jahrmärkte, Theater- und Zunftfeste sowie die öffentlichen Versammlungen und Hinrichtungen statt.

Auf der südlichen Seite des Platzes befindet sich eines der schönsten Gebäude der Stadt, das **Filekhaus** aus dem Jahr 1802. Gegenüber liegt die **katholische Kirche,** eine zwischen 1726 und 1738 erbaute Saalkirche im barocken Stil. Sehenswert darin ist das Fresko „Maria mit dem Kindlein" des österreichischen Künstlers *Anton Steinwald.* Gleich neben der Kirche und dem Stadtpfarramt liegt das **erste Rathaus** der Stadt, das heute mit einem Turm verbunden ist. Wer einen Blick über Hermannstadt werfen möchte, kann dies vom Ratturm aus tun. In seinem Innern befindet sich auch ein kleines **Stadtmuseum.** Das **neue Rathaus** befindet sich seit 2006 an der nordwestlichen Ecke des Platzes, im Gebäude der ehemaligen Bodenkreditanstalt.

Im Zentrum des Großen Rings steht die **Statue von Gheorghe Lazăr,** dem Gründer des rumänischen Schulwesens, mit einer Gedenktafel für die Revolutionsopfer von 1989. Keine 30 m entfernt findet sich auf der Westseite des Platzes das bedeutendste Barockdenkmal der Stadt, das **Brukenthalmuseum.** Der Gouverneur von Siebenbürgen und enge Freund der österreichischen Kaiserin *Maria Theresia,* **Baron Samuel von Brukenthal** (1721–1803), galt als einer der leidenschaftlichsten Sammler und Mäzene zeitgenössischer Kunst. Als Provinzkanzler am Hof in Wien hatte *von Brukenthal* die einmalige Chance, Werke von *Rubens, van Dyck, Tizian* und *Cranach* zusammenzutragen. Nach seiner Rückkehr nach Hermannstadt im Jahr 1778 begann der Kunstkenner unverzüglich mit den Planungen und dem Bau eines passenden Museums. Die Sammlung der wichtigsten europäischen Malerschulen des 15. bis 18. Jahrhunderts im Umfang von mehr als 1200 Werken zählt heute zu einer der bedeutendsten in Rumänien.

Nach dem Zweiten Weltkrieg wurden dem Brukenthalmuseum Abteilungen für Ethnografie, Geschichte und Naturwissenschaft angegliedert und eine **Bibliothek** angelegt, die heute über 280.000 Werke enthält, darunter 386 Inkunabeln, also Bücher aus der Zeit der Buchdruckerkunst. Der Stolz der Bibliothek ist ein Buch von *Thomas von Aquin* aus dem Jahr 1469.

An der Südseite des Großen Rings findet sich eine weitere architektonische Perle von Hermannstadt, das **Hallerhaus.** Der Name geht auf den Besitzer, die Familie *Haller,* zurück, in deren Besitz sich das Renaissancehaus mit Arkadeneingang, gotischen Verzierungen und einem sehenswerten Wohnturm im Hof über 345 Jahre lang befand. Das Wappen von *Petrus Haller* findet man gleich am Eingang, einem prächtigen Steinportal.

Sibiu glänzte als Kulturhauptstadt Europas im Jahr 2007

- **Brukenthalmuseum,** Piața Mare 4–5, Di. bis So. 9–17 Uhr, Mo. geschlossen.
- **Hallerhaus,** Piața Mare 10.

Am Piața Huet

Vom Brukenthalmuseum ist es kaum fünf Minuten zu Fuß zum nächsten zentralen Platz, dem Piața Huet. Benannt wurde der frühere Piața Grivița nach dem Königsrichter der Sachsen, *Albert Huet (von Hutter,* 1537–1607). Als erstes wird einem am Piața Huet die **Evangelische Stadtpfarrkirche** mit ihrer imposanten Größe ins Auge fallen. Als die Vorgängerkirche an dieser Stelle muss eine romanische Basilika gelten, die der Jungfrau Maria geweiht war und bereits Ende des 12. Jahrhunderts errichtet wurde. Der Umbau der Kirche in eine gotische Basilika erfolgte gegen 1332. Im Westen wurde ein Turm errichtet, dessen frühgotisches Portal zum Haupteingang der Kirche wurde.

Aus Geldmangel musste man den Ausbau um 1390 unterbrechen. Erst in den letzten Jahren des 15. Jahrhunderts wurde der südliche Teil der Basilika zu einer **Hallenkirche** umgebaut. Geschickt erhellen die großen gotischen Fenster an der Südwand seitdem den Kirchenraum. Die letzte Bauphase erfolgte um 1520. Heute hat leider nur eines der zahlreichen gotischen Wandgemälde die Veränderungen der Neuzeit überdauert. Das um 1445 gemalte **Rosenauerbild** zeigt eine Darstellung der Kreuzigung und ist

Süd- und Zentraltranssylvanien

rum281 Foto: jr

Die Lügenbrücke von Hermannstadt

Die **erste gusseiserne Brücke Rumäniens,** die 1859 erbaut wurde und den Piața Huet und den Piața Mică verbindet, ist sicherlich die populärste Brücke der Hermannstädter. Über die **Entstehung ihres Namens,** den sie wohl schon recht früh erhielt, sind sich die Bewohner der Stadt nicht so recht einig.

Einer Version nach soll ihr Name auf einem Irrtum beruhen. Die gusseiserne Brücke müsste demnach eher „Liegenbrücke" genannt werden, da sie über der Straßenauffahrt von der Unter- zur Oberstadt „zum Liegen" gebracht wurde. Andere Versionen berichten von den Lügen der Händler, die sich zum Feilschen auf der Brücke getroffen haben, oder von Liebespaaren, die sich hier, im Schein der schön geschwungenen Laternen, die ewige Liebe geschworen haben, was nach Meinung einiger Kenner auf diesem Gebiet wohl mit einer Lüge gleichzusetzen ist. Die in der Bevölkerung jedoch populärste Version der Namensentstehung besagt, dass die Brücke unter Lügnern sofort zusammenbricht. Da dies in der beinahe 150-jährigen Geschichte der Brücke glücklicherweise noch niemals geschehen ist, spricht dies nach übereinstimmender Meinung der Hermannstädter für die Ehrlichkeit der Bürger der Stadt (und natürlich auch für die ihrer Besucher).

an der Nordwand des Chores zu finden. Von den vor der Reformation vorhandenen 24 Altären ist noch der **neugotische Altar** erhalten, der in einer Wiener Werkstatt gefertigt wurde.

Die wichtigsten Kunstschätze der Kirche sind in der Ferula zu sehen, die sich gleich hinter dem Eingang am Westportal befindet. Zu ihnen zählen die Fragmente eines spätgotischen Altars aus Großkopisch und eine mittelalterliche farbige Kanzel, deren Baldachin auch noch in der Kirche zu sehen ist. Die größte Orgel Siebenbürgens aus dem Jahr 1585 zählt zu den besonderen Kostbarkeiten der Stadtpfarrkirche. In den Sommermonaten von Juni bis September finden mittwochs um 18 Uhr Orgelkonzerte statt. Gottesdienste werden an allen Sonn- und Feiertagen von 10–11 Uhr in deutscher Sprache gefeiert. Die Stadtpfarrkirche kann in den Sommermonaten täglich von 9–20 Uhr und in den Wintermonaten von 10–15 Uhr besichtigt werden. Wer auf den Kirchenturm steigen möchte, kann die Zeiten im Pfarramt erfragen.

- **Stadtpfarramt,** Piața Huet 1, Tel./Fax 211 203, hermannstadt@evang.ro, www.evang.ro/hermannstadt, Mo. bis Fr. 8–15 Uhr.

Lügenbrücke und Kleiner Ring (Piața Mică)

Noch am Piața Huet sieht man gleich gegenüber der Kirche das Brukenthal-Gymnasium und das **Denkmal für Georg Daniel Teutsch** (1817–1893), der als Bischof die Interessen der sächsischen Kirchengemeinde erfolgreich gegenüber der damaligen österreichisch-ungarischen Regierung vertreten hat. Eine kleine, spektakuläre gusseiserne Brücke, die einem einen kleinen Einblick in die verwirrenden Verhältnisse der Unterstadt gewährt, führt vom Piața Huet zum Kleinen Ring (Piața Mică). Um diese so genannte **Lügenbrücke (Podul Minciunilor)** ranken sich zahlreiche Geschichten und Legenden (siehe Exkurs links). Gleich neben der mit verzierten Geländern und historischen Laternen geschmückten Brücke liegt das **Schatzkästlein (Casa Artelor).** Dieses sandfarbene Haus, das 2005 aufwendig renoviert wurde, war früher das Zunfthaus der Schlachter und wurde 1370 erstmals urkundlich erwähnt. Im Erdgeschoss wandelt man durch einen schönen Laubengang, im Obergeschoss gibt es heute in einigen Ausstellungsräumen Kunst zu sehen.

Der **Kleine Ring** war früher der Platz der Handwerker. Im Gegensatz zu den reich verzierten Patrizierhäusern des Großen Marktplatzes überwiegen hier die bunten Zunft- und Wohnhäuser. Früher war der Platz ringsum mit Arkadengängen umgeben, unter deren Gewölbe die Handwerker ihre Werkstätten hatten.

Luxemburghaus und Apothekenmuseum

Geht man über die Lügenbrücke auf den Piața Mică, sieht man gleich rechter Hand das rote **Luxemburghaus,** den **Ausgangspunkt des Hermannstädter Kulturweges,** der einen auf einem Rundweg zu wichtigen Monumenten und Sehenswürdigkeiten der Stadt führt. Einige Restaurants und Cafés laden mit ihren Terrassen bei warmem Wetter zum Schlemmen und Sonnenbaden ein.

Gegenüber dem Luxemburghaus, auf der anderen Seite des Platzes, liegt gleich neben einer Jugendherberge (Old Town Hostel, das frühere Black Cat) rechts das **Apothekenmuseum (Muzeul farmaciilor).** Innen ist es in der Art einer klassischen mittelalterlichen Apotheke eingerichtet. Hölzerne Behälter und Theken bestimmen den Raum, und einige der gemalten Aufschriften erinnern an die damalige enge Verbindung von Apothekerskunst und Alchemie. Um das Jahr 1600 befand sich hier eine der ersten Apotheken Osteuropas, die **Apotheke „Zum Schwarzen Adler".** Alle 6600 Exponate und Apparate im denkmalgeschützten Bau sind Originale, wobei allein die homöopatischen Ausstellungsstücke fast die Hälfte ausmachen. Kein Wunder, schließlich lebte und arbeitete der Begründer der Homöopathie, *Samuel Hahnemann,* zeitweise in Hermannstadt.

Sibiu von oben und by Night

Ein Tipp: Der höchste Turm Hermannstadts, der 74 m hohe **Turm der evangelischen Pfarrkirche,** kann bestiegen werden. Dabei geht es über 192 Stufen 55 m hoch. Möglich ist das von Mai bis Oktober tägl. 10–20 Uhr, von Nov. bis April nur am Wochenende 10–17 Uhr. Anfragen im Touristenzentrum am Marktplatz. Auf Wunsch wird auch eine **Führung „Sibiu by Night"** angeboten.

Tritt man wieder nach draußen auf den Kleinen Ring, fällt einem ein abgestuftes, ockerfarbenes Gebäude auf der gegenüberliegenden Seite auf. Im so genannten **Hermes-Haus** mit seiner interessanten Fassade ist das 1993 gegründete **Franz-Binder-Völkerkundemuseum (Muzeul de Etnografie universală)** untergebracht. Das in den Jahren 1865 bis 1867 im neugotischen Stil errichtete Haus ist das erste Museum für außereuropäische Völkerkunde in Rumänien. Neben wechselnden Ausstellungen mit jeweils anderen Themenschwerpunkten sind in einer ständigen Ausstellung Sammlerstücke des österreichischen Weltreisenden *Franz Binder* zu sehen.

rum285 Foto: jr

Die Evangelische Stadtpfarrkirche

- **Apothekenmuseum,** Eintritt 4 RON, Kinder 2 RON, Gruppen 11 RON. Wer hier filmen möchte, muss tief in die Tasche greifen; die Gebühr dafür beträgt 600 (!) RON.
- **Museum Franz Binder,** Piața Mică 11, Tel. 218 195, Di. bis So. 10–18 Uhr, Mo. geschlossen, Eintritt 4 RON.

Ins Labyrinth der Unterstadt

Vom Piața Mică bieten sich gleich mehrere Varianten an, die tiefer liegende Unterstadt zu erreichen. Die Stiege, Treppen und Gassen sind dabei selbst schon eine Attraktion. Gleich links neben dem Apothekenmuseum führt die **Fingerlingsstiege (Pasajul aurarilor)** hinunter zum Fingerlingsplatz (Piața aurarilor).

Eine Alternative für den Abstieg in die Unterstadt bietet sich über die so genannte **Bürgerstiege** gleich neben der Lügenbrücke an. Von ihr aus kann man gleich unten geradewegs zur ehemaligen **Dragonerwache** (Ecke Str. Ocnei/Str. 9. Mai) gehen, einer platzartigen Kreuzung, an der eine Säule des Kulturweges über die historischen und sozialen Besonderheiten der Unterstadt informiert.

An der Ecke Str. Faurului (Schmiedgasse) biegt man links in die Str. Turnului (Saggasse) ab. Die so genannte **Sagtreppe** würde einen hier, an der Ecke des Restaurants Butoiul de Aur, wieder gerade und steil nach oben zur evangelischen Pfarrkirche führen. Die gemütlichere, nicht so steile Variante führt jedoch rechts herum über den

Sibiu/ Hermannstadt ↗XIV, B2

- **Höhe:** 540–620 m
- **Vorwahl:** 0269
- **Einwohner:** 168.000
- **Ungarischer Name:** Nagyszeben

Geschichte

Bereits Besucher früherer Jahrhunderte wähnten sich in einer deutschen Stadt, so sehr prägte die **deutsche Besiedlung** seit der Gründung im Jahr 1150 das architektonische Stadtbild von Hermannstadt. Der Kosmograf *Sebastian Münster* bereiste zwei Jahre vor seinem Tod im Jahre 1550 Hermannstadt und schrieb: „Eine grosse statt nit viel kleiner dann wien." Der 1223 noch unter dem Namen **Villa Hermanni** in den Urkunden erwähnte Ort konnte sich seinen historischen Stadtkern und seinen Wohlstand über die Jahrhunderte bis heute erhalten, da niemand ihn während der vielen Kriege und Belagerungen je erobern konnte. Die einzige Zerstörung geht auf die **Tataren** zurück, die 1241 in die Stadt einfielen. Der anschließende Bau von drei Ringmauern und 40 Wehrtürmen um die Stadt, die heute nur noch in Gestalt der Stadtmauer, des Dicken Turms und einiger Verteidigungstürme erhalten sind, konnte von türkischen Angreifern niemals überwunden werden.

Ihren politischen und kulturellen Aufstieg erlebte die Stadt ab 1437, als die Vertretung der Deutschen, die **Sächsische Nationsuniversität,** gegründet wurde und die drei siebenbürgischen Parteien des Adels, der Sachsen und der Székler sich zu einer „Unio trium nationem" zusammenschlossen. Zur politischen Autonomie kam der **wirtschaftliche Erfolg.** Um 1650 genoss Hermannstadt den Ruf, die östlichste Stadt Europas mit Postanbindung zu sein. 1692 wird sie **Hauptstadt Siebenbürgens.** Seine Blütezeit erlebte der Ort unter dem **Gouverneur Samuel von Brukenthal** (1721–1803), dessen Sammlung zeitgenössischer Kostbarkeiten heutige Besucher im Brukenthalmuseum am Großen Ring bewundern können.

Den Ersten Weltkrieg überstand Sibiu unbeschadet, und auch von der unter *Ceauşescu* üblichen Kahlschlagpolitik blieb das sächsische Zentrum verschont. Die Trabantenstadt am Rande schien wohl unvermeidlich, doch selbst diese Häuser umweht inzwischen der lebendige Charme postkommunistischer Aufbruchsstimmung. Über 160 Firmen haben sich mittlerweile im Speckgürtel Sibius niedergelassen. Die Wirtschaft brummt und die Bevölkerung freut sich über den beginnenden Wohlstand, der sich in Form bunter Boutiquen, Bioläden und Bars im Zentrum von Europas Kulturhauptstadt des Jahres 2007 abzuzeichnen beginnt.

Orientierung und Information

Direkt **am Großen Marktplatz (Piaţa Mare)** im Zentrum der Stadt befindet sich das **Informationszentrum** (Str.

Hotel und Restaurant. Einige der 15 Räume haben über Wendeltreppen erreichbare Hochplateaus. Alle Zimmer verfügen über Internet, Air-Condition und Bad. EZ 180 RON, DZ 220 RON, Business-Räume 320 RON, Appartement 420 RON, Frühstück inkl.

- **Pensiune Han Greweln** (****), Str. Greweln 1, Tel. 846 567, www.hanulgreweln.ro (Website auf Deutsch). Dieses sehr schön an ein Waldgebiet angrenzende ruhige Hotel verfügt über sieben sehr große DZ. Allein schon wegen des riesigen Spielplatzes und der großen Terrasse ist diese Pension eine ideale Unterkunft für Familien mit Kindern. Eigener Grillplatz. EZ 120 RON, DZ 170 RON.
- **Select I** (**), Str. Petöfi Sandor 3, Tel. 837 874, EZ 95 RON, DZ 125 RON.
- **Select II** (**), Str. Honterus 11, Tel. 846 750, EZ 95 RON, DZ 125 RON.
- **Vila Flora** (**), Str. H. Oberth 43, Tel. 836 093, EZ 100 RON, DZ 140 RON.
- **Hotel Central** (**), Str. Mihai Eminescu 4–7, Tel. 841 787, EZ 100 RON, DZ 140 RON.
- **Hotel Edelweiss,** Internet, Kabel-TV, 27 Zimmer, EZ 112 RON, DZ 142 RON, App. 203 RON.

Pensionen

- **Kirchenkastell,** Piaţa Castelului 2, Tel. 841 962. Das Kastell bietet Gästezimmer an.
- **Schullerhaus,** Piaţa Regele Ferdinand 25, Kontakt: *Franz Dizmarcsek,* Tel. 831 347, Fax 841 962. Im schön restaurierten Haus im Herzen der Stadt stehen Räume für acht Personen in schlichten, sauberen Ein- und Zweibett-Zimmern zur Verfügung. Frühstück und auf Wunsch viele interessante Informationen inklusive. Parkmöglichkeit für 1 bis 2 Autos im Innenhof. EZ 80 RON, DZ 95 RON, Dreibett-Zimmer 120 RON. Im Schullerhaus gibt es auch ein Zentrum für Lehrerfortbildung in deutscher Sprache.
- **Pfarrhaus in Moşna** (dt. Meschen), 9 km von Mediasch in Richtung Agnetheln. In fünf Räumen des Pfarrhauses können 26 Personen sehr günstig und ruhig in malerischer Umgebung übernachten. Speisesaal, Aufenthaltsraum, Küche und drei Badezimmer. Auf Wunsch ist Voll- bzw. Halbpension möglich. Spielplatz und Parkmöglichkeiten sind vorhanden. Anmeldung unter Tel. 862 154, Preise auf Anfrage.
- **Pfarrhaus in Bratei** (dt. Pretai), 5 km von Mediasch in Richtung Schässburg, auf dem Hauptplatz seitlich der Kirche. Übernachtungsmöglichkeit für Familien sowie Kinder- und Jugendgruppen in zwei Zimmern mit jeweils vier Betten und einem Zimmer mit vier Stockbetten. Außerdem vorhanden: eine Küche, Gemeinschaftsraum, zwei Duschen und WCs sowie ein schöner Garten. Anmeldung bei Kurator *Hans Hatt,* Hausnummer 437, Tel. 863 106.

Essen und Trinken

Restaurants

- **Traube,** im gleichnamigen Hotel (s.o.). Spezialität: Knödelsuppe *(Supă de galuşte)* und Dorada, Meeresbarsch in Salzkruste.
- **Select,** Str. Mihai Eminescu, Tel. 334 928. Das etwas außerhalb gelegene Restaurant war früher eine Waldwirtschaft.
- **Vila Flora,** s.o.

Cafés

- **Art Café,** Str. Gh. Duca 44. Das im Schmiedeturm gelegene Zwei-Etagen-Café hat sich mit seiner steilen Holztreppe dem wehrhaften Baustil nahtlos angepasst. Sehr guter *Latte Macchiato* und *Irish Coffee.*
- **Medieval Bistro,** Str. V. Babes 23.

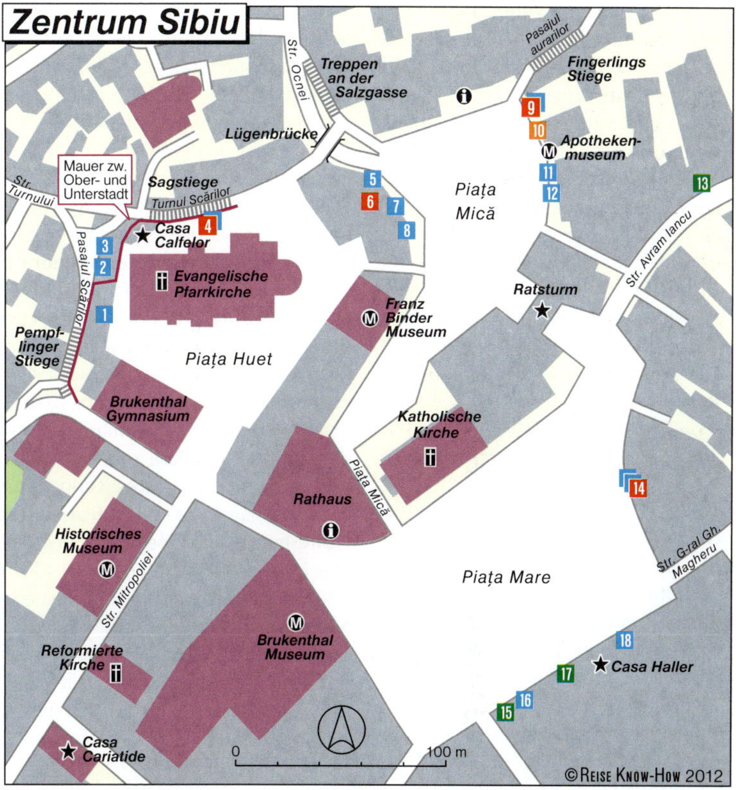

Übernachtung
4 Huet Residence
6 Luxemburghaus
9 Old Town
14 Hotel am Ring

Essen und Trinken
1 Café Wien
2 Casa Medievală
3 Butoiul de Aur
4 Das Kleine Café
5 Atrium
7 Old Friends
8 Café Einstein
9 Croquis Art Café
11 Fellini
12 Lili's Café
14 Restaurant Gothic, Amber Kaffeehaus
16 Café Leonardo
18 Café Leonidas

Nachtleben
10 Grill Tango Pub

Einkaufen
13 Bioladen
15 Buchhandlung Schiller
17 Apotheke Pharmas

breiten Aufgang der **Pempflinger Stiege.** Sie ist mit Flusssteinen, sogenannten „Katzenköpfen", gepflastert. Oben angekommen, begrüßt einen gleich linker Hand erneut das Alte Rathaus an der Ecke zur Str. Mitropoliei (Fleischergasse). Es beherbergt heute das Geschichtsmuseum der Stadt.

Geschichtsmuseum

Das **Alte Rathaus** flößte im Mittelalter vielen Menschen Respekt, einigen sogar Angst ein. Die gedeckte Galerie im Innenhof führt geradewegs zu einem Wohnturm, in dem sich früher das **„Arme Sünderglöckchen"** befand. Sein Läuten begleitete die Verurteilten zur Hinrichtung auf dem nahe gelegenen Großen Marktplatz. Vorher konnte es bisweilen auch zu „peinlichen Befragungen" und Folterungen in einem benachbarten Hof des Rathauses kommen, der darum auch das „Martergärtchen" genannt wird. Heute sieht man hier eine schön gearbeitete Loggia.

Im Museumstrakt des Alten Rathauses, das auch unter dem Namen **Altemberger Haus** in die Annalen der Stadt einging, befinden sich eine umfangreiche **Münzsammlung** (60.000 Stück), über 2000 Waffen und zahlreiche archäologische Funde aus der Umgebung um Hermannstadt.

● **Geschichtsmuseum,** Str. Mitropoliei 2, Tel. 218 143.

Orthodoxe Kathedrale

Auch wenn die evangelischen und katholischen Kirchen das Stadtbild im Zentrum dominieren, gibt es doch ein ausgesprochen sehenswertes orthodoxes Gotteshaus in Sibiu zu besichtigen. Vom Alten Rathaus geht man dazu ein wenig die Str. Mitropoliei (Fleischergasse) hinunter. Zuerst führt einen der Weg an der **Reformierten Kirche** vorbei, die 1786 erbaut wurde. Nach ca. 100 m taucht auf der linken Seite hinter Bäumen als rotgestreiftes Gebäude die **Orthodoxe Kathedrale** auf, die der Hagia Sophia in Istanbul nachempfunden ist. Einen guten Eindruck von den imposanten grünen **Kupferkuppeln** gewinnt, wer sich nicht sofort auf den Weg ins Innere macht, sondern erst einmal links um die Kathedrale herum zum rückwärtigen Teil geht. Die größte Kuppel des in den Jahren 1902 bis 1906 erbauten Gotteshauses hat einen Durchmesser von 15 m.

Im Eingangsbereich befinden sich Marmorplatten mit den Inschriften der Stifter. Das Pronaos endet in vier Granitsäulen mit verzierten Kapitellen und vielen kleinen spiralförmigen Bögen.

● **Catedrala Ortodoxă,** Str. Mitropoliei 35.

Wehranlagen

Ein etwa 1 km langer, vollständig erhaltener Abschnitt der alten **Stadtmauer** mit **Armbruster-, Töpfer- und Zimmermannsturm** findet sich im Südosten des Stadtzentrums. Vom Piața Mare aus erreicht man diesen Ort in

Die Orthodoxe Kathedrale weist Ähnlichkeiten mit der Hagia Sophia auf

10 Minuten über die Fußgängerzone (Str. Nicolae Bălcescu). Dazu biegt man links an der Str. Papiu Ilarian (Honterusgasse) ab und geht bis ans Ende durch. Die Stadtmauer ist Bestandteil des dritten Mauerrings, der die Stadt früher umgab. Die kleinste und zentralste Ringmauer schützte den Huet-Platz mit dem Rathaus und der evangelischen Kirche. Das Luxemburghaus gehörte zu diesem Abwehrring dazu. Ein zweiter Mauergürtel umzog den kleinen Ring, dessen Rathausturm einst ein Wehrturm war.

Ein beeindruckendes Zeugnis der dritten Wehrmauer ist der **Dicke Turm (Turnul Gros).** Man sieht seine mächtige Wölbung bereits sporadisch, wenn man mit dem Auto den B-dul Corneliu Coposu entlangfährt. Sein Inneres ist derartig geräumig, dass darin bereits 1788 das erste Theater Hermannstadts eröffnet werden konnte. Heute ist der Bauch des Dicken Turms zum **Konzertsaal** der Philharmoniker geworden, da er eine überragende Akustik bietet.

Stadt der Museen

Zu den schon genannten Museen kommen noch weitere hinzu. Das **Naturkundemuseum** an der Wehrmauer ist vor allem für jüngere Besucher spannend, bekommen sie doch hier neben farbenprächtigen Schmetterlingssammlungen auch das vollständige Skelett eines in der Nähe von Sighişoara gefundenen Wisents zu sehen. Darüber hinaus finden sich im Museum über eine Million Exponate,

rum288 Foto: jr

Banken/Geldautomaten

- **Raiffeisenbank,** Str. Nicolae Bălcescu 29, Tel. 210 875.
- **Banca Transilvania,** Piața Aurel Vlaicu 1, Tel. 211 568.
- **Banca Romanească,** B-dul Vasile Milea 12, Tel. 214 490.

Internet

- **Cybernet,** Str. Constitutiei 7, Tel. 401 438. Das Non-Stop-Internetcafé bietet auch Fotokopien, Fax-Service und Scannen an.
- **Cristinnet,** Str. Pedagogilor. 18 (gegenüber dem Gymnasium Carol I), Mobil 0744-343 10 96. Angegliedert an das Restaurant und Pub Christinne.
- **Internetcafé** neben The Place, Str. Nicolae Bălcescu 27. Direkt neben dem Fast-Food-Lokal in der Fußgängerzone geht ein Aufgang zum zentral gelegensten Internetcafé der Stadt. Stunde 2 RON.

Notfälle

- **Apotheken: Farmacia 24 Non Stop,** Str. Nicolae Bălcescu 24; **Farmacia Polisano Non Stop,** Bd. Mihai Viteazul; zentral am Großen Ring: **Pharmas,** Piața Mare 10, tägl. 7.30–19.30 Uhr geöffnet.
- **Kreiskrankenhaus (Spitalul Clinic Județean),** Bd. Corneliu Coposu 2–4, Tel. 215 050, www.scjs.directnet.ro.
- **Kinderkrankenhaus (Spitalul Clinic de Pediatrie),** Str. Pompeiu Onofreiu 2, Tel. 217 927 oder 230 260, www.pediatriesibiu.ro.
- **Tierarzt: Medic veterinar,** *Christian Valentin,* Str. Sibiului 111, Mobil 0722-393 047.
- **Bergrettung Salvamont,** Str. Nicolae Bălcescu 9, Tel. 216 477, Mobil 0745-140 144. 24-Std.-Dienst für alle, die in den Bergen in Schwierigkeiten gekommen sind. Man findet die Bergwacht im Hinterhof hinten links.

Mobilität

Flugzeug

- **Flughafen Sibiu: Aeroportul Sibiu,** Şos. Alba Iulia 73, Tel. 253 135. Der Flughafen befindet sich westlich, nur 5 km außerhalb der Stadt. U.a. Flüge nach Bukarest, München, Stuttgart, Düsseldorf, Turin und Rom. Erreichbar ist der Flughafen mit der Buslinie 11 oder mit den Bussen vor der Agenția TAROM.

Seit 2007 gibt es ein **Flughafenterminal,** von dem Lufthansa-Direktflüge nach Deutschland starten. Gutes Info-Zentrum (s.o.). Austria Airlines hat einen Schalter in der Flughafenhalle.

- **Agenția TAROM,** Str. Balcescu Nicolae 10, Tel. 211 157, Mo. bis Fr. 7–18 Uhr und Sa. 8–14 Uhr. TAROM hat auch eine Infostelle im Flughafengebäude, Tel. 253 090.
- Einen Flughafenshuttle für 12 Euro/Person bietet **Airport-Transfer** an, www.airporttransfer.ro; nähere Infos auch am Informationsschalter der Stadt Sibiu am Flughafen.

Züge

Sibiu liegt leider **nicht an den Hauptstrecken** und wird von Intercity-Zügen darum nicht angefahren. Wer nach Bukarest möchte, tut gut daran zu fliegen. Busse brauchen in die Hauptstadt etwa die gleiche Zeit wie die Bahn, ca. 5:30 Std. Wer nach Sighişoara möchte, muss in Copşa Mică oder Mediaş umsteigen. Den direkten Weg nehmen die Züge frühmorgens nach Cluj-Napoca (über Alba Iulia) und der Zug nach Craiova.

- **Information und Bahnauskunft:** Tel. 952.
- **Bahnhof (Gara),** Piața 1. Decembrie (am nordöstlichen Ende der Str. General Magheru). Erreichbar mit den Trolleybuslinien T1, T2, T3, T8.
- **CFR (Tickets),** Str. Nicolae Bălcescu 6, Tel. 212 085, und Str. Magheru Gheorghe 17, Tel. 232 791, horidan_sibiu@yahoo.com. Bahntickets und Reservierungen.

Busse

- **Autogara,** Piața 1. Decembrie (gegenüber dem Hauptbahnhof).
- **Hannover Tours S.R.L.,** Şos. Alba Iulia 100, Tel. 229 350.
- **Atlassib,** Str. Tractorului 1, Tel. 221 101, 224 107. Täglich Busfahrten nach Deutschland.
- **Armin Mayer,** Tel. 235 239. Täglich Busfahrten nach Deutschland.

Freilichtmuseum Astra

Wer sich für alte Häuser und Werkstätten, Windmühlen, Pflaumendörröfen oder Schnapsbrennereien interessiert oder wissen möchte, wie Kerzen gezogen und Wein gekeltert wurde, sollte unbedingt die Straßenbahnlinie 1 am Hauptbahnhof besteigen und sich in Richtung des so genannten „Jungen Waldes" auf den Weg machen.

Wenn man nach der Ankunft das alte beschnitzte Holztor aus dem Ort Mârşa durchschreitet hat, wird man den Begriff „Museum" sehr schnell vergessen. Das riesige Areal von 100 ha (über 130 Fußballfelder) ist ein **wunderschöner Park** mit **zentral gelegenem See und kleinen Bächen,** die einige der rustikalen alten Mühlen antreiben.

Alle **350 Gebäude,** die man auf dem Gelände sieht, sind Originale. In ganz Rumänien hat man alles zusammengetragen, was das Land zu bieten hat: Windmühlen, Kabelfähren, Sennhütten, Branntweinkeller, Wirtshäuser, ja ganze Gehöfte mit Werkstätten, zum Beispiel zur Verarbeitung zur Rohseide.

Im Juli und August füllen sich die Töpfergehöfte, Fassbinder-Werkstätten und Tanzpavillone mit Leben. Frauen und Männer in **traditionellen Trachten** arbeiten dann auf dem Gelände, und es scheint fast so, als wenn sie immer hier gelebt hätten. Man sieht, wie Hanf gezwirnt, Wolle gesponnen und Wachs gepresst wurde. Auch Jugendliche beginnen sich wieder für das alte Handwerk zu interessieren und schwingen die Fischernetze oder stampfen das Obst.

Auch Touristen dürfen gerne mal „Hand anlegen" und ihre Geschicklichkeit testen. In zwei Gasthäusern kann man sich anschließend stärken. Der im alten Stil errichtete **Hanul Rustic** befindet sich etwa auf halber Strecke des Rundgangs am südlichen Ende des Sees, das **Restaurant Cârciuma din Bătrâni** findet man gleich am Eingang neben dem sehr gut ausgestatteten Souvenirladen. Sehr empfehlenswert ist es, sich am Eingang einen **Katalog** zu kaufen. Er kostet umgerechnet etwa 3 Euro und bietet auf 350 prall gefüllten Seiten erstklassige Informationen zu allen gezeigten Gebäuden und alten Verfahren.

- **Muzeul „Astra", Civilizației Populare Tradiționale din Romania,** Calea Răşinari, Tel. 242 599, astra@sbx.logicnet.ro (mit dem Bus A1 im 30-Min.-Takt ohne Umsteigen ab dem Piața Unirii oder dem Bahnhof, Endhaltestelle ist das Museum; oder mit der Straßenbahnlinie 1 oder 5 vom Bahnhof oder der Piața Unirii bis zum Friedhof, dann mit der halbstündlichen Straßenbahn Richtung Süden und Gemeinde Răşinari 4 km vom Stadtzentrum), Mai bis Oktober, Di. bis Fr. 10–19 Uhr, Sa./So. 10–20 Uhr (Mo. geschlossen).

rum291 Foto: jr

Windmühle aus dem Donaudelta im Freilichtmuseum Astra

Taxis

- **Comis,** Tel. 242 424.
- **Corso,** Tel. 946.
- **Galaxy,** Tel. 943.
- **Wichtige Stationen:** Piața Mare, Autogara Turnișor, Piața Unirii (Hotel Bulevard), Piața Cibin, Piața Rahova.

Mietwagen

- **A1 Rent-a-Car,** Șos. Alba Iulia, Tel./Fax 228 800, www.a1sibiu.com. Preisbeispiel: Logan Laureat, 1–3 Tage 48 Euro pro Tag, 8 Tage 40 Euro pro Tag.
- **Toto Rent-a-Car,** Str. Filarmonicii 5, Tel./Fax 232 237, www.totorent.ro.
- **Advantage,** Str. Nicolae Bălcescu 37, Tel./Fax 216 949, www.advantage-rentacar.ro.
- **Mega Rent-a-Car,** Piața Unirii 5, Tel. 223 340, Fax 210 077.

Einkaufen

Lebensmittel

- Wer in Sibiu **Kaufhaus** sagt, meint damit das **Magazinul Dumbrava** am Piața Unirii 5. Die erste Adresse der Stadt hat in der zweiten Etage ein „Magazin Mixt" der besonderen Art zu bieten, den sogenannten Baron von Hermannstadt, in dem man alles findet oder, falls nicht, zumindest jemanden findet, der einem sagt, wo man es findet.
- **Biocoop,** Str. Avram Iancu 11, Mo., Mi. und Fr. 12–18 Uhr. Der einzige **Bioladen** der Stadt liegt unweit des Zentrums. Da Biogemüse, frische Presssäfte und Vollkornbrot in Sibiu wie eine Bombe eingeschlagen haben, wird die gefragte Ware am Nachmittag knapp. Die deutsch sprechenden Besitzer sind bei Bioterra organisiert und erzählen (so es die Zeit zulässt) vor Ort gerne mehr über die grüne Revolution in Rumänien.
- Einen der interessantesten Wochenmärkte Rumäniens findet man, wenn man vom Zentrum in die Unterstadt hinuntergeht und der Str. Turnului zum Fluss Zibin folgt. Kurz bevor es über die Brücke geht, sieht man auf der linken Seite den **großen Markt** mit seinen bunten Ständen. Fisch und Fleisch gibt es hier nicht mehr wie früher „an der frischen Luft", sondern in gepflegten und sehr auf Hygiene bedachten kleinen Häuschen. Obst und Gemüse hingegen werden bei Wind und Wetter nach wie vor draußen verkauft.

Bücher

- **Erasmus,** *Liana* und *Jens Kielhorn* haben unweit des Astra-Parks eine schöne Buchhandlung eröffnet. Neben deutschsprachiger wird auch internationale Literatur angeboten. Wer möchte, kann bei einem leckeren Kaffee kostenlos wireless im Internet surfen. Außerdem: Kunstausstellungen, Zeitschriften, die Hermannstädter Zeitung und gelegentliche Lesungen. Str. Mitropoliei 30 (ehemaliges Casă de Cultură a Studenților), Tel. 221 060.
- **Librăria Schiller,** Piața Mare 7, Tel. 0722-196 932, Mo. bis Fr. 9–17 Uhr, Sa. 10–13 Uhr. Gut sortierte Buchhandlung mit ausschließlich deutschsprachiger Literatur zu rumänienrelevanten Themen. Gelegentlich Lesungen.
- **Librăria Humanitas C. Noica,** Str. Nicolae Bălcescu 16, Tel. 211 434, www.librariilehumanitas.ro.
- **Librăria Dacia Traiana,** Atr. Arhivelor 1, Tel. 213 212. Fotokopierer.

Sonstiges

- **Feinkostladen: Prima,** Str. Nicolae Bălcescu 23, Tel. 217 025, Mo. bis Fr. 7.30–21 Uhr, Sa. 7.30–19, So. 9–15 Uhr.
- **Weine und Spirituosen:** Das wohl reichhaltigste Angebot (über 800 Sorten) an Weinen, Whiskey und *Pălincă* bietet **Drinks and More** in der Str. Faurului 5, Tel. 239 439.
- **Bergausrüstung/Sporttourismus: S.C. Travel Sport,** Str. Calea Dumbrăvii 14, Tel. 216 641. Der Explorer-Sportausrüster bietet neben Rucksäcken und anderem Equipment für Berg- und Flachlandausflüge auch einen **Fahrradverleih** (Rad für 7 Euro am Tag).
- **Antiquitäten: Art-Antik,** Piața Huet 1, Verkauf Mo. bis Fr. 10–13 Uhr, Sa. 13.30–16 Uhr. Hier findet man u.a. antike Bügeleisen, Porzellangeschirr, Silberbesteck, Standuhren, alte Schreibmaschinen, Ikonen, Bücher und Medaillen.
- **Souvenirs und Mode:** Die elegante, in trendiges Orange gekleidete **Boutique Boheme** unweit des Bioladens in der Str. Avram

Iancu 11 zeigt auch Entwürfe von Designern aus Siebenbürgen. Mo. bis Fr. 11–19 Uhr, Sa. 10–14 Uhr, Tel. 217 447.

Unterkunft

Hotels

- **Am Ring Hotel** (****), Piața Mare 14, Tel. 206 499, contact@amringhotel.ro, www.amringhotel.ro (Website auf Deutsch). Zeitgemäßer Komfort in wunderschön restauriertem alten Gemäuer direkt am Großen Ring. 26 Zimmer (3 EZ, 21 DZ, 2 Suiten) mit Panoramablick auf den zentralen Platz der Stadt. Alle Zimmer sind mit schönen handgefertigten Holzmöbeln ausgestattet. Modern wird es dann im Bad mit Badewanne, Jacuzzi und Dusche. Alle Zimmer verfügen über Internet, Safe, Klimaanlage und Kabel-TV-Flatscreen. 24-Stunden-Rezeption im 2. Stock. Das Hotel hat zwei Terrassen mit schönem Blick auf die Altstadt, ein Café (Amber) und ein Restaurant (Gothic). EZ 250 RON, DZ 290 RON, Suite 420 RON.
- **Luxemburghaus** (***), Piața Mică 16, Tel. 216 854, office@casaluxemburg.ro, www.casaluxemburg.ro (Website auf Deutsch). Meine Empfehlung für Hermannstadt ist dieses schöne, von *Hermann Fabini* renovierte Hotel direkt am kleinen Ring, in unmittelbarer Nähe der Lügenbrücke. Alle Zimmer und Suiten, benannt nach luxemburgischen Städten, sind sehr liebevoll und stilvoll eingerichtet und verfügen über Schallschutzfenster, Direktwahltelefon, TV mit Kabelanschluss, Internetzugang, Minibar und Safe. Auch die gepflegten Bäder lassen keine Wünsche offen. Kein Zimmer gleicht dem anderen, jedes ist individuell gestaltet, von barock bis modern, so findet jeder Gast einen Raum nach seinem Geschmack, sei es mit siebenbürgisch-sächsischen Möbeln (Zimmer Wiltz), mit King-Size-Bett (u.a. Zimmer Echternach, Grevenmacher) oder ein Appartement mit zwei Zimmern, Küche und geräumigen Badezimmer (Zimmer Capellen). Viele Zimmer bieten einen pittoresken Ausblick auf den Kleinen Ring. Preise je nach Saison ab 200 RON für eine Einzelzimmerbelegung in der Nebensaison (DZ 230 RON) bis 260 RON (DZ 290 RON) in der Hauptsaison (Juli, Aug. und Sept.). Appartements kosten 330–390 RON. Im Luxemburghaus gibt es auch ein Informationszentrum mit sehr gutem Kartenmaterial und vielen Büchern zur siebenbürgisch-sächsischen Geschichte und Kultur.
- **Hotel Ramada** (***), Str. Emil Cioran 2, Tel. 235 505, Fax 235 504, www.ramadasibiu.ro. Das Hotel besitzt 127 Zimmer und dominiert mit seiner imposanten modernen Fassade die Innenstadt gegenüber dem Kaufhaus Dumbrava. Es liegt nur 10 Minuten zu Fuß vom Großen Ring entfernt. Hoher Standard, der sich vor allem an betuchte Business-Kunden richtet. EZ 125 Euro, DZ 145 Euro, Executive Room 165 Euro, App. 220 Euro, Presidential Suite 480 Euro, Frühstück inkl.
- **Hilton Sibiu** (***), Str. Padurea Dumbrava 1, Tel. 505 600, www.hilton.co.uk/sibiu. Äußerlich wirkt das frühere Hotel Palace unscheinbar, doch innen kann das 2011 renovierte, außerhalb des Zentrums gegenüber dem Zoo liegende Hotel überzeugen. Große komfortable Zimmer mit LCD-TV, freundliches Personal, große Wellness-Abteilung mit tollem Pool, opulentes Frühstücksbüffet. Wer ein luxuriöses Hotel sucht, liegt hier genau richtig. EZ ab 80 Euro, DZ ab 90 Euro.
- **Hotel Impăratul Romanilor** (***), Str. Nicolae Bălcescu 4, Tel. 216 500, sibiu@imparatulromanilor.ro, www.imparatulromanilor.ro (Website nur auf Rumänisch). Das im Jahr 1773 gegründete Hotel „Römischer Kaiser" besinnt sich auf die Pracht früherer Zeiten. So ist das gleichnamige Restaurant im Art-déco-Stil eingerichtet. U.a. nächtigten hier *Franz Liszt* und *Johann Strauss*. DZ ab 75 Euro, Zimmer mit 4 Betten ab 90 Euro, Studio ab 100 Euro, App. ab 135 Euro.
- **Hotel Apollo** (***), Str. Nicolae Teclu 14, Tel. 212 465, www.hah.ro (Website auch auf Deutsch). Noch im Einzugsbereich des historischen Zentrums liegt das Hotel Apollo mit eigenem Parkplatz. Die Räume sind modern und geradlinig, das Restaurant mit Terrasse ebenso. Allein der Weinkeller wurde im historischen Outfit belassen. Zimmer mit Internet, Minibar und Telefon. Preise: EZ 170 RON, DZ 228 RON, App. 356 RON.
- **Hotel Ibis** (***), Calea Dumbrăvii 2–4, Tel. 401 10 11, Fax 401 10 10. 195 schalldichte

Zimmer mit Klimaanlage, Bar, Restaurant (La Table Rouge), Internetzugang. Das Ibis liegt fünf Minuten vom Zentrum entfernt und verfügt über eine eigene Tiefgarage. DZ ab 39 Euro, Frühstück 10 Euro. Es gibt saisonale Sondertarife!

• **Hotel 11 Euro** (**), Str. Tudor Vladimirescu 2, Tel. 222 041, www.11euro.ro. Der Name des Hotels erweckt bei vielen Interessenten den Eindruck, eine Übernachtung würde hier 11 Euro kosten. Doch das war einmal, heute sind die Beträge allenfalls noch durch 11 teilbar. Dies soll keinesfalls als Kritik verstanden werden, denn die Räumlichkeiten des Hotels gehören zum Besten, was Sibiu in dieser Preisklasse zu bieten hat. EZ ab 80 RON, DZ ab 100 RON.

• **Hotel Leu** (**), Str. Moş Ion Roată, Tel. 218 392. In der ehemaligen Entengasse nur 300 m vom Zentrum liegt dieses einfache Hotel mit Duschen auf den Zimmern. EZ ab 80 RON, DZ ab 108 RON, 3-Bett-Zimmer ab 130 RON. Negative Leserresonanz, bemängelt wurde das Preis-Leistungsverhältnis.

• **Hotel Continental** (**), Piaţa Unirii 10, Tel. 0372-692 692, www.continentalhotels.ro. Direkt am quirligen ehemaligen Hermannsplatz liegt eines der größten Hotels der Stadt mit einer Kapazität von 250 Betten. Das Gebäude aus dem Jahr 1914 bietet Mittelklasse zu fairen Preisen: EZ ab 57 Euro, DZ ab 72 Euro (inkl. Frühstück und Internet).

Pensionen

• **Huet Residence** (***), Piaţa Huet 3, Tel. 216 854, Mobil 0727-999 111, office@huet-residenz.ro, www.huet-residence.ro (Website auch auf Deutsch). Die Empfehlung des Autors in der Kategorie Pensionen. Vom Huet-Platz nur ein paar Schritte die sogenannte Sagstiege hinunter, und man kommt auf halber Höhe zu dieser hübschen kleinen, sehr zentral gelegenen Pension, an die das Kleine Café direkt angeschlossen ist (s.u.). Die ruhigen, großen Zimmer sind direkt in die erste Verteidigungsmauer Hermannstadts hineingebaut. Sie sind komfortabel und verfügen über ein Bad, Telefon, Sat-TV und WLAN. Eine Besonderheit ist das Zimmer mit Klavier. Die Preise reichen je nach Saison von 150 bis 190 RON für ein EZ und 180 bis 220 RON für ein DZ.

• **Casa Baciu** (**), Str. 9. Mai 29, Tel. 214 701, www.casa-baciu.com (deutsche Website). Sehr empfehlenswerte Pension nur 10 Min. zu Fuß vom Zentrum (zur besseren Orientierung: Die unscheinbare Toreinfahrt liegt neben einem DHL-Paketversand). Obwohl mitten in der City, schläft man sehr ruhig und bequem in den Zimmern im Hinterhof des Herrn *Baciu*. Parkmöglichkeit im Hof, Kochen in eigener Küche. Buchung auf Deutsch per Internet möglich. EZ 90 RON, DZ 120 RON, 3-Personen-Zimmer 180 RON. Die Preise schwanken leicht in der Hochsaison. Kinder bis 7 Jahre übernachten gratis. Frühstück 20 RON, Transfer zum Flughafen 20 RON.

• **Pensiunea Ela** (**), Str. Noua 43, Tel. 215 197, www.ela-hotels.ro (Website auf Englisch), ela@ela-hotels.ro. Wunderschöne Pension am nördlichen Rand der Altstadt. 9 Zimmer jeweils mit Bad und TV. Eigene Küche, Parken im Hof, Terrasse, Garten und Sommerlaube. Die Besitzerin spricht deutsch. EZ 80 RON (18 Euro), DZ 100 RON (23 Euro), 3-Bett-Zimmer 140 RON (32 Euro), App. für 2 bis 5 Leute 120–200 RON (28–46 Euro), Frühstück 15 RON (3 Euro).

• **Casa Elexia** (***), Str. Privighetorii 6, Tel. 252 061, office@casaelexia.ro. TV, Sauna, Internet, Massagen, zwei Räume mit direktem Zugang zum Pool. EZ 139 RON, DZ 149–179 RON (inkl. Frühstück, Sauna, WLAN).

• **Pensiunea Podul Minciunilor,** Str. Azilului 1, Tel. 217 259. Keine 300 m vom Zentrum entfernte kleine, gepflegte Pension. Alle Zimmer mit Bad oder Dusche und Kabel-TV. EZ ab 30 Euro, DZ ab 35 Euro.

• **Green House,** Str. Bieltz Albert Edward 67, Tel. 227 800. 140 RON mit Frühstück, 110 RON ohne.

• **Pensiunea Daniel** (***), Str. Masarilor 1, Tel. 243 924, Daniel@ela-hotels.ro, www.ela-hotels.ro (Website auf Englisch). Unweit des historischen Zentrums befindet sich diese Pension in einer ruhigen Gegend. Sie wurde in einem Haus aus dem 19. Jahrhundert eingerichtet und verbindet Altes mit Modernem. Preise je nach Saison: EZ 100–140 RON, DZ 110–180 RON, App. (2–5 Personen) 160–300 RON, Frühstück 20 RON.

Jugendherberge/Hostel

● **Old Town,** Piața Mica 26, Tel. 216 445, www.hostelsibiu.ro (deutsche Website). Das direkt neben dem Apothekenmuseum gelegene Hostel Old Town ist das frühere Black Cat. Das über 450 Jahre alte Haus bietet preiswerte Übernachtungen im Stadtzentrum an: Preis pro Bett im Gemeinschaftsraum 45 RON, 2-Bett-Zi. 120 RON, 4-Bett-Zi. 250 RON, 6-Bett-Zi. 300 RON, 8-Bett-Zi. 360 RON. Kaffee und Tee kostenlos, WLAN, Waschmaschine, Kabel-TV, Fahrradverleih, Schließfächer, Mietwagen, 24-Std.-Rezeption.

● **Flying Time Hostel,** Str. Gheorghe Lazar 6, Tel. 0369-730 179, Mobil 0726-278 330, Buchung auch unter booking@sibiuhostel.ro, www.sibiuhostel.ro. Sehr gepflegtes Hostel in einem Gebäude aus dem 18. Jahrhundert im Herzen der Altstadt. Zum sehr umfangreichen Service gehören u.a. eine 24-Stunden-Rezeption, Gästeküche, freier Internet-Zugang, ein Gepäckzimmer, Kabel-TV, eine Bibliothek, ein Café sowie ein Pub. Bislang gab es sehr positive Leserkritiken. Preise je nach Mehrbettzimmer 10–13 Euro, ein DZ mit Bad kostet stolze 40 Euro.

Sonstiges

● **Carl Wolff (Heim),** Str. Pedagogilor 3–5, Tel. 221 131, carlwolff@online.asconet.ro, www.carlwolff.ro (deutsche Website). Eine interessante Möglichkeit der Übernachtung bieten die Gästezimmer des Seniorenheims Carl Wolff. Wer etwas über die „gute alte Zeit", die Sitten und Gebräuche der Sachsen erfahren möchte, findet hier sicherlich Gelegenheit dazu. Zur Verfügung stehen neun sehr gepflegte und ruhige DZ sowie drei Appartements. Ins Zentrum sind es knapp 15 Min. zu Fuß; der Weg führt u.a. am interessanten Zibin-Markt vorbei. EZ 22 Euro, DZ 40 Euro, jeweils inkl. Frühstück.

● **Evangelische Akademie,** Str. Livezzii 55, Tel. 219 914. Übernachtung mit Frühstück pro Person 17 RON.

Camping

● **Complex Ananas,** in Cisnădioara/Michelsberg, Str. Cimitirului 32, Tel. 566 066, Mobil 0741-746 689, www.ananas7b.de, m.benoehr @ananas7b.de. Ansprechpartner auf dem 10 km südlich von Sibiu gelegenen Campingplatz ist *Michael Benöhr.*

● **Camping Ocna Sibiului,** ca. 16 km nordwestlich von Sibiu liegt dieser Campingplatz, Ansprechpartner ist *Dani Costea.* Mobil 0740-941 028.

Essen und Trinken

Restaurants

● **Weinkeller im Bußwinkel (Restaurant Pivnița de vinuri),** heißt zwar Weinkeller, ist jedoch auch ein wunderbar uriges Restaurant mit toller Beratung, sehr guter Küche und freundlichem Service. Ganz besonders gut schmecken bei *Marianna* der Tafelspitz, der Sauerbraten und die Königsberger Klopse. Die Weinempfehlung des Hauses: ein trockener roter *Casa Davino,* ein *Terra Romana* oder eine *Cuveé Charlotte.* Str. Turnului 2, Tel. 210 319, Mobil 0742-419 906, aktuelle Infos und Speisekarte unter www.weinkeller.ro.

● **Crama Sibiul Vechi,** Str. Papiu Ilarian 3, Tel. 210 461. Die Innengestaltung dieses Restaurants ist einem Bauernhaus des Hermannstädter Umlandes (einer *Mărginime*) nachempfunden. Zu Spezialitäten wie dem delikaten Gericht „Schäfers Brotsack" *(Traistă ciobanului)* oder gespicktem Schweinebraten *(Muşchi de porc împănat)* werden frischer Pflaumenschnaps vom Fass und unaufdringliche Live-Musik geboten. Lecker sind auch die Pflaumenklößchen *(Găluşte cu prune).*

● **Butoiul de Aur,** Pasajul Scărilor, Tel. 214 575. Das „Goldene Fass" wurde im Übergang von der Unter- zur Oberstadt auf vier Etagen errichtet. Das elegante Restaurant hat bei einigen Wänden seines Kellergewölbes das ursprüngliche Mauerwerk belassen und somit einen pfiffigen Mix aus Neuzeit und Mittelalter geschaffen. Sehenswert die Hinterglasmalerei.

● **Casa Medievală,** Piața Huet 3, Tel. 244 773, www.casamedievala.ro (Speisekarte auf der Website auch auf Deutsch). Traditionelle rumänische Küche vom Feinsten. Sehr gute Fischgerichte: Fragen Sie nach dem Fisch im Kornflakes-(Mais-)Mantel.

● **Ileana,** Piața Teatrului 2, Tel. 434 343, www.cramaileana.ro, täglich 12–2 Uhr. Der Ausflug in diesen W… für den Gaum… gen. Das u… ten Hol… Hirte… Ri… … Treffpunkt … ne. … 14, Tel. 206 … Café im Am … en Hermann- … en Jahren an … haben, nicht … end sind die … der Kaffee und das Essen sch… …gezeichnet.

HERMANNSTADT 311

Dabei lohnt ein … es sehr gute … sspänner, … a The- … em

Internet-Café

• **Silence Internet Café,** Str. Mitropoliei 27, täglich geöffnet 9–22 Uhr. Wer ungestört surfen möchte, kann das in diesem Internet-Café, das eine getrennte Wifi-Zone besitzt. Außerdem möglich: Fotokopieren, Faxen, Scannen und Drucken.

Abends unterwegs

Bars

• **Imperium Pub,** Str. Nicolae Bălcescu 24, Tel. 0722-244 456, Mo. bis Fr. 8–22 Uhr, Sa./So. 10–22 Uhr. An der Ecke der Volksbank liegt eine der elegantesten Abendverführungen der Stadt. Air-Condition, Raucher, eigener Parkplatz.

• **Grill Tango Pub,** Piața Mica 23, Mobil 0754-709 373, office@tangogrill.ro, www.tangogrill.ro. Sehr interessante Mischung aus Pub und Grillrestaurant mit ausgezeichneten Schaschlik-Spießen, sehr gutem Bier und sehr freundlichem Personal (wenn es nicht gerade rappelvoll ist).

• **Oldies Pub,** Str. Nicolae Bălcescu 13, www.oldiespubsibiu.ro. Täglich von 20–6 Uhr morgens gibt es in Sibius beliebtester Bar Live-Musik, Mo. Rock Party, Mi. Karaoke. Außerdem im Angebot: Guinness und Kilkennys.

• **Vintage Pub,** Str. Zaharia Boiu – Av. Ilie Macelaru, Mobil 0757-881 881, www.vintage-pubsibiu.ro. Nicht so leicht zu finden, daher am besten mit einem Taxi hinfahren. Sehr interessanter Pub mit einer langen Bartheke, vielen Whisky-Sorten im Angebot und viel schräger Musik – nachts steppt hier der rumänische Bär. Geöffnet Mo. bis Do. 18–2 Uhr, Fr. bis Sa. 20–6 Uhr.

Musik und Theater

• **Staatsphilharmonie: Filarmonica de Stat,** Str. Cetății 3–5, Tel. 206 507, www.filarmonicasibiu.ro.

• **Kunst: European House of Arts,** Rusciori 5, www.europeanhouseofarts.com. Neben Kunstausstellungen veranstaltet das Europäische Kunsthaus auch Happenings und überraschende Art-Events.

Sibiu für Kinder und Jugendliche

• Im **Freilichtmuseum Astra** gibt es im Sommer die Möglichkeit für künstlerisch interessierte Kinder, sich im Schnitzen und in alten Handwerkstechniken zu üben. Wer dazu keine Lust hat, kann alte Mühlen besichtigen, Kutschfahrten machen, Mini-Car fahren oder einfach über den See rudern. Muzeul Astra, Civilizației Populare Tradiționale din Romania, Calea Rășinari, Tel. 242 599, astra@sbx.logicnet.ro; mit der Straßenbahnlinie 1 4 km vom Stadtzentrum Richtung Süden und Gemeinde Rășinari; Mai bis Oktober Di. bis Fr. 10–19 Uhr, Sa. und So. 10–20 Uhr (Mo. geschlossen).

• In der Gemeinde **Rusciori** gibt es einen **Kinderbauernhof.** Tel. 213 387, info@kinderbauernhof.org.

• Im **Gong-Theater** finden ausschließlich Aufführungen für Kinder und Jugendliche statt. Str. Alexandru Odobescu 4, Tel. 211 349, www.teatru-gong.ro.

• **Deutsches Jugendforum:** Viele der jungen siebenbürgischen Sachsen treffen sich hier zum Diskutieren, Tanzen, oder um ihr Wissen bzgl. Diskotheken und den neuesten und angesagtesten Club der Stadt weiterzugeben.

• **Cramă studențească,** das billigste Restaurant der Stadt am Kleinen Ring, in dem sich vorwiegend Schüler und Studenten treffen.

Sport/Aktivitäten

Reiten

• 10 km westlich von Hermannstadt, in **Cristian,** bietet die **Casa Pandora** (****) Reitunterricht und Ausritte an. Preis nach Vereinbarung. Cristian Str. 24, Tel./Fax 579 717, www.casapandora.ro.

- Reiten und Springreiten kann man in der **Baza Hipică,** Str. Vasile Aaron 20, erlernen. Unterrichsalter 6–80 Jahre. Die Lektionen finden auf Wunsch gleich im **Pădurea Şopa (Schuppich-Wald)** statt. Kontaktperson: *Dorel Galasiu,* Tel. 560 140.

Tanzen

- **Deutsches Jugendforum:** Wer wissen will, was eine Sternpolka, der Neppendorfer Landler oder eine Walzquadrille ist, sollte sich an die Jugendlichen des Forums wenden. Sie wissen, wo und wann man diese alten siebenbürgischen Tänze lernen kann. Montags um 20 Uhr tanzt die Tanzgruppe im Spiegelsaal des Hermannstädter Forums.

Sonstiges

- **Fitness: Activ Fitness,** Aleea Călaraşilor 10, Tel. 242 538; **Fit for Fun,** Str. James Watt 2, Tel. 234 827; **Fitness Centrum,** Str. Tribunei 8, Tel. 216 529.
- **Fliegen: Air Adrenalin,** Str. Tipografilor 18, Tel. 430 541, Fax 212 999, www.aviatia.ro/airadrenaline/; Flugunterricht und Rundflüge. Maschinen u.a. Airwave-Alto MX 1996, Edel-Superspace 1994.
- **Fahrräder** für Ausflüge ins Umland können bei **Travel Sport,** Str. Calea Dumbravii 14, Tel. 216 641, für 7 Euro/Tag ausgeliehen werden.
- **Bergwandern: Clubul de Turism Montan Amicii Muntelor,** Str. Emil Cioran 1a (im Kulturhaus), Tel. 0745-257 935, www.amiciimuntilor.ro. Treffen der Bergfreunde mittwochs um 18 Uhr im Studiosaal.
- **Schwimmen: Complex Baia Neptun,** Str. Andrei Şaguna, Tel. 214 445. Dieses so genannte Volksbad wurde bereits 1904 in Betrieb genommen. Das altertümliche Becken ist 20 m lang. Außerdem gibt es Trocken- und Dampfsauna, Badewannen und einen Massagesalon. Di. bis Sa. 8–20 Uhr.
- **Switch Bowling,** Str. Faurului 19, Mobil 0729-726 956, www.switchbowl.ro, tägl. 10–2 Uhr. Bowling, Bar und Lounge – nach dem schweißtreibenden Sport kann hier aufs Schönste wieder Flüssigkeit nachgetankt werden. Spielens- und sehenswert.

Feste und Events

- Das **Internationale Jazz-Festival,** das in der Regel im Frühjahr zwischen März und Juni stattfindet, zieht meist auch einige Musiker aus Übersee in die siebenbürgische Stadt.
- Auch das **Internationale Theater-Festival** findet im Frühling statt. Einige Gruppen führen ihre Stücke auch auf der Straße auf. Beim Improvisationstheater werden die Zuschauer mit einbezogen.
- Um den 15. bis 17. Mai findet das internationale **Festival der unkonventionellen Kunst „La Strada"** statt.
- Im Juni veranstaltet die 18 km entfernte Gemeinde Avrig das **Folklorefestival Florile Oltului.**
- In Bazna findet ebenfalls im Juni das **Folklorefestival Rapsodia Târnavelor** statt.
- Im Juli sollte man das **Freilichtmuseum Astra** (siehe Exkurs weiter oben) besuchen, denn dann zeigen hier Handwerker und Künstler ihr Können.
- **Crazy Biker Motor Party** am letzten Wochenende im Juli.
- 3./4. August: **Festival Pe Mureş şi pe Târnave** in Bazna.
- Am ersten Sonntag im September findet am Großen Ring (Piaţa Mare) der bekannte **Töpfermarkt Târgul Olarilor** statt. Neben dem reinen Verkauf und der Präsentation kann man auch selbst einmal seine Fähigkeiten an der Drehscheibe ausprobieren.

In der Umgebung von Sibiu

Răşinari und Păltiniş (Hohe Rinne) ↗XIV, B2

Wer einen Ausflug ins 4 km südlich vom Stadtzentrum entfernte Freilichtmuseum Astra (s.o.) macht, befindet sich dort bereits auf halber Strecke nach **Răşinari.** Man kann den kleinen Ort sehr einfach mit der Straßenbahn erreichen. Bekannt ist das Dorf neben seinem **guten Käse** vor allem wegen

• **Casa Rotunda,** der Holländer *Henry* hat sich gleich bei der Einfahrt nach Michelsberg (vom Astra-Museum kommend) ein wunderschönes ökologisches, rundes, zweigeschossiges Holzhaus mit Solaranlage und schönem Garten gebaut und bietet dort auch Unterkunft an. Einfach mal anklopfen und nachfragen. Sehr schöne Zimmer mit herrlichem Blick auf Michelsberg. Der Preis ist Verhandlungssache, je nach Länge des Aufenthalts (ab 30 Euro).

• **Lia's Pension,** 5 DZ, 4 Badezimmer, 12 Euro/Person inkl. Frühstück; **Jugendherberge** des Demokratischen Forums, Ansprechpartner: Demokratisches Forum der Deutschen in Hermannstadt, Str. General Magheru 1–3, Tel. 0269-215 417, Fax 0269-218 255.

• **Pensiunea Sub Cetate,** Cisnădioara-Haus 252, Mobil 0740-220 035, office@sub-cetate.ro, www.sub-cetate.ro. „Unter der Burg" *(sub cetate)* nennt sich die Familienpension mit 34 Betten in Michelsberg, von der die Burgbasilika in der Tat in kurzer Zeit erreicht ist. Ansprechpartnerin in der Pension ist *Barbulea Ioana*. Das hauseigene Restaurant serviert Spezialitäten wie Apfelsuppe, Bayerischer Salat oder Schweinekeule aus dem Ofen. Die Zimmerpreise variieren leicht je nach Saison: EZ 80/90 RON, DZ 100/120 RON, 3-Bett-Zimmer 140/160 RON.

Cisnădie/Heltau

Das Dorf Cisnădie liegt nur 2 km östlich von Cisnădioara und ist von Hermannstadt auch über die Nationalstraße E81 erreichbar (Richtung Avrig/Făgăraş). Als sächsische Gemeinde Heltau wurde der Ort 1323 erstmals urkundlich erwähnt. Seine Hauptattraktion ist die **Kirchenburg Heltau,** die mit ihrem mächtigen Glockenturm mitten im Ortszentrum gleich an der Hauptstraße steht. Die Wehrkirche in Heltau hatte ehemals einen Wassergraben, an dessen Stelle heute teilweise kleine Geschäfte in die Mauer integriert sind. Nachdem ein Blitzschlag im 16. Jahrhundert den Kirchturm in Brand gesetzt hatte, wurde 1795 der erste Blitzableiter angebracht. Noch heute sieht man das grünliche Kupfer von oben in die Erde laufen.

Sobald ein **Angriff** drohte, wurde 25 km entfernt, hinter dem heutigen Avrig, ein Warnfeuer entzündet. Diese

Großaus schlimmste Stunde

Die Gemeinde Großau (rum. **Cristian**) **11 km westlich von Hermannstadt** erlebte ihre schlimmste Stunde im Jahr 1658, als ein großes **Türkenheer** Richtung Hermannstadt zog. Dem geschickten Dorfpfarrer *Johann Oltart* war es bereits gelungen, die Eroberer zu besänftigen und von einem Angriff auf Großau abzuhalten. Er hatte einem rumänischen Bojaren 60 Taler Belohnung gegeben, der sich diesen fürstlichen Lohn nun mit den Türken teilte. Das Heer zog daraufhin am Dorf vorbei und belästigte seine Bewohner nicht.

Ein betrunkener Großauer griff jedoch unglücklicherweise zur Waffe und schoss dem Heer hinterher. Die Türken machten daraufhin kehrt und erstürmten die Burg. Als sie den mächtigen Kirchturm nicht erobern konnten, zündeten sie Holz und Stroh an und erstickten die Verteidiger und fackelten das gesamte Dorf ab. Nur wenige Augenzeugen konnten dem dann folgenden Gemetzel entfliehen. Der lange Zeit fast verwaiste Ort wurde im 18. Jahrhundert mit Landlern aus dem Salzkammergut in Oberösterreich neu besiedelt.

Rauchzeichen führten dann zum Glockenläuten der Wehrkirche, dem Signal für die Gemeinde. Diese zog sich dann vollständig in die Wehrkirche zurück. Während die Frauen beteten, schafften die Männer Getreide und Lebensmittel hinter die dicken Wehrmauern. Ein eigenes Ochsentor diente als Einlass. Die Kirche wurde insgesamt von zwei Wehrmauern umringt, wobei eine der Lagerung von Stroh und Nahrungsmitteln diente.

Früher haben sich die Menschen in der Kirche in Sicherheit gebracht, heute bietet sie einer kirchlichen Kostbarkeit Schutz: Der **Altar aus dem** 30 km entfernten **Ort Braller** (rum. Bruiu) wurde, aus Angst vor Kirchenräubern, hierher in Sicherheit gebracht. Bestandteil des Altars ist die Madonna aus Braller, eine eindrucksvolle Statue der Jungfrau mit Kind.

Die am Fuße des Götzenberges gelegene Gemeinde war vor allem auch für ihr Wollweberhandwerk berühmt. Das **Textilmuseum** von Heltau zeigt in fünf Räumen Apparate, Bücher und Techniken der Webkunst.

• **Unterkunft:** Informationen im Sebastian-Hann-Laden in der Mauer der Kirchenburg (Frau *Schneider*), tägl. 9–17 Uhr, Str. Cetății 1, Tel. 0269-561 236, citcisnadie@yahoo.com.

Cristian/Großau und Sibiel/Budenbach ⇗ XIV, B2

Westlich von Hermannstadt empfiehlt sich eine interessante Strecke für einen **Auto- oder Fahrradausflug** nach Sibiel und zu seinem sehenswerten Museum für Hinterglasikonen. Mit dem Auto fährt man dazu zuerst auf der Europastraße 1 Richtung Sebeş und kommt nach 11 km in die sächsische Gemeinde Großau, die auf Rumänisch Cristian heißt.

Die Gemeinde **Großau** taucht erstmals 1223 als Insula Cristiana in den Annalen auf, wodurch sich auch der rumänische Name Cristian erklärt. Die um 1500 erbaute **Kirchenburg** findet man gleich in der Ortsmitte an der Stelle, wo die in Nord-Süd-Richtung verlaufende Hauptgasse den Fluss Zibin überquert. Der Verteidigungsring besteht aus doppelten Mauern, die ein unregelmäßiges Fünfeck bilden. An strategisch wichtigen Stellen wurden Türme erbaut, von denen heute noch vier erhalten sind. Die orthodoxe Kirche, Ende des 18. Jahrhunderts im Barockstil erbaut, ist der Verkündigung Mariä geweiht. Das **Heimatmuseum** präsentiert sächsische Volkskunst der letzten Jahrhunderte.

Auf ihrem Weg nach Sibiel biegen Autofahrer auf der Europastraße 1 in der Ortschaft **Săcel** links ab. Sibiel (Budenbach) ist von hier aus gut ausgeschildert und ca. 5 km entfernt.

Der Sammelleidenschaft des Dorfpfarrers *Zosim Oancea* ist es zu verdanken, dass der malerische Ort **Sibiel** heute über das wohl eindrucksvollste **Museum für Hinterglasikonen** Rumäniens verfügt. 1969 hatte man mit acht gefundenen Ikonen begonnen. Durch Spenden aus dem ganzen Land sind es heute über 700 Ausstellungsstücke. Neben den Hinterglasikonen sind auch Holzikonen, volkstümliche Keramik, Möbelstücke, Webarbeiten und alte Bücher zu sehen.

● **Museum für Hinterglasikonen (Muzeul de Icoane pe Sticlă),** bei der Dreifaltigkeitskirche Sfânta Treime, Tel. 0269-553 818, Besuch nach Vereinbarung, Eintritt 4 RON.

Unterkunft im Ausflugsgebiet

● Die **Casa Pandora** (****) **in Cristian** hat acht Gästezimmer, ein DZ kostet 140 RON inkl. Frühstück. Mit Restaurant, Terrasse, Internet und Pferdekoppel. Positive Leserresonanz. Reitunterricht und Ausritte nach Vereinbarung. Str. Cristian 24, Tel./Fax 0269-579 717, www.casapandora.ro.

● **In Sibiel: Casa Orlandea,** Tel. 0722-562 755, www.holidaysibiel.ro. In Cristian geht es links nach Orlat und weiter nach Sibiel (Sibiu – Sibiel 23 km). Das Landhaus ist im rustikalen Stil eingerichtet und verfügt neben einem Obstgarten, einem Spiel- und Tennisplatz auch über einen Brotbackofen und eine eigene Quelle. Wer möchte, kann das ganze Haus mit 16 Schlafplätzen für 160 Euro die Nacht mieten. DZ 36 Euro (inkl. Frühstück).

● **Casa Bunica Eugenia in Sibiel,** Tel. 0269-552 509, 5 Zimmer, DZ 70 RON, hervorzuheben sind die Kochkünste der Gastgeberin.

● Weitere **Infos Sibiel: Aurelia Banciu,** Sibiel, Haus 234, Tel. 0269-552 563.

● Im Nachbardorf von Sibiel, **in Sălişte** (2 km entfernt), empfiehlt sich der agrotouristische

Vom Spinnen und Weben

Neben der alten siebenbürgischen Tradition der häuslichen Textilherstellung und -verarbeitung haben sich rund um Kronstadt, Hermannstadt und Schässburg bereits sehr früh handwerkliche Zünfte mit dem Thema **Bekleidung** beschäftigt. Im Mittelalter und der frühen Neuzeit waren es vor allem die Tuchmacher, Tuchscherer (rum. *Perpertarilor*), Leineweber, Färber und Schneider, denen das Textilgewerbe zu Lohn und Brot verhalf. Anfang des 19. Jahrhunderts waren es die Manufakturen, die mit ihren mechanischen Webstühlen und neuen Färbeverfahren die moderne Zeit mit ihren Textilfabriken einläuteten. Doch rund um das Burzenland hat sich die **Tradition der textilen Handarbeit** bis in die heutigen Tage erhalten.

Als Rohstoffe dienten in siebenbürgischen Dörfern seit jeher sowohl **tierische Fasern** (Ziegenhaar, Wolle, Seide) als auch **pflanzliche** (Hanf, Flachs, Baumwolle). Die beste Wollqualität lieferten immer schon die aus südlichen Regionen stammenden Tzigaia- und Merino-Schafe. Deren Wolle wurde zu feinem Tuch verarbeitet. Von minderer Güte ist die Wolle der weit verbreiteten und billigeren Tzurkana-Schafe. Sie ist dicker und gröber, deshalb diente sie vor allem zur Herstellung lodenähnlicher Stoffe für die bäuerliche Bekleidung.

Flachs (und Hanf) müssen vor dem Spinnen **verarbeitet** werden. Nach dem Reifen am Halm werden die Fasern geerntet, getrocknet und in Wasser „geröstet", um die holzigen Bestandteile zu lösen. Nach dem Trocknen werden die Stängel mit Hilfe einer Flachsbreche „gebrochen". Hierbei werden die harten Teile von der Faser getrennt. Danach wird durch Kämmen mit verschiedenen Zahnweiten das Flachs in drei Güteklassen geteilt. Der feinste Kamm erzeugt die Faser für feine Leinwand (Hemden), die zweite Klasse ergibt grobe Leinwand, die dritte Sackleinen.

Das **Spinnen** ist der Hauptarbeitsgang. Dabei wird das Garn (aus Wolle, Baumwolle, Flachs oder Hanf) mit Hilfe einer Spindel oder (später) eines Spinnrads zusammengedreht. Vor dem Weben standen noch die Arbeitsgänge des Beizens, Spulens und Aufwickelns der Kettenfäden mit Hilfe einer so genannten Haspel (wovon sich unser Ausdruck „verhasple dich nicht" ableitet).

Gasthof Casa Ittu (****), Str. Nicolae Iorga 1271, Tel./Fax 0269-211 432, www.casa-ittu.ro, DZ 20 Euro, Frühstück inkl.

• **Camping Salisteanca,** Str. Baii 13, Tel. 0269-553 121, iulian_parau@yahoo.com, www.salisteanca.com. In Salişte (20 km von Sibiu entfernt) gibt es 500 m außerhalb des Zentrums einen Campingplatz mit angegliederter Pension. Camping: Erwachsene zahlen 3,50 Euro pro Person und 2 Euro für ein Zelt. Caravan: 3 Euro. Übernachtung in der Pension: ab 10 Euro. Vollpension: 20 Euro.

Ocna Sibiului – das andere Salzburg

↗ XIV, B1

Salzburg liegt nicht nur in Österreich, sondern auch in Siebenbürgen. Und zwar etwa 18 km nordwestlich von Hermannstadt. Auf Rumänisch nennt sich der Ort Ocna Sibiului. Bereits im Mittelalter entwickelte sich die Stadt dank ihres großen **Salzvorkommens** zu einem blühenden Handelszentrum, das im Jahr 1344 zum Marktflecken *(Oppidum)* erklärt wurde. Doch viele archäologische Funde aus der Römer- und Dakerzeit machen es wahrscheinlich, dass bereits im Altertum die Sehnsucht nach dem „weißen Gold" die Siedler in dieses Gebiet gezogen hat und sie das Salz auch für therapeutische Anwendungen nutzten. Heute wird in Salzburg kein Salz mehr gefördert, das letzte Bergwerk wurde 1931 geschlossen. Nach der Schließung ließ man die **Gruben** einfach offen, was zur Folge hatte, dass einige von ihnen einstürzten. Das salzige Grundwasser führte zur Bildung der heutigen **Salzseen.** Auch wenn Salzburg seinen offiziellen Status als Heilbad verloren hat, entfalten die 15 Badeseen rund um die Stadt nach wie vor ihre therapeutische Wirkung. Der 20 m tiefe **Tököly-See** hat einen Salzgehalt von 31 Prozent (zum Vergleich: Totes Meer 33 Prozent). Mit einer Tiefe von 126 m ist der **Avram-Iancu-See (Schwalbensee)** das tiefste Gewässer um Salzburg.

Das Erscheinungsbild der Stadt wurde maßgeblich von der **Jugendstilarchitektur** des ungarischen Architekten *Ödon Lechner* geprägt.

Das Făgăraş-Gebirge

Die **Fogarascher Berge** werden sie von den Siebenbürgern genannt, oder von manchen auch ehrfurchtsvoll die **Transsylvanischen Alpen.** Die **längste und höchste Bergkette der Karpaten** erhebt sich nur im nördlichen, nach Transsylvanien hin gerichteten Teil. Nach Süden (Richtung Muntenien) hin fallen die Berge weniger spektakulär ab. Die Gletscher der Eiszeit haben die durch tektonisches Wirken entstandenen Berge geschliffen und geformt. Über 50 **Gletscherseen** sind Zeugnisse aus dieser Zeit, wovon der Bâlea Lac der größte, der Podragu Lac der tiefste und der Mioarelor Lac der höchstgelegene ist.

Das Făgăraş-Gebirge zieht mit seinen acht Gipfeln **über 2000 m Höhe Kletterer und Bergwanderer an.** Im Bulea-Kessel finden Eiskletterer, Snowboarder und Skifahrer ihr Winter-Eldorado. Im Balea-Gebiet (etwa 85 km von Hermannstadt entfernt) liegen Abflugplätze für **Gleitsegler.**

Man erreicht die Fogarascher Berge von Norden aus vom Ort **Făgăraş (Fogarasch)** über die Nationalstraße E68, die parallel zur Bergkette verläuft. Bis **Avrig** sind es 18 km ab Hermannstadt. Ein beliebter Ausgangspunkt für Wanderungen und Klettertouren ist **Sâmbăta de Jos** an der E68, 13 km westlich von Făgăraş, wo die Strecke zum Sâmbăta-Tal und -Kloster abzweigt.

Auch **Ucea de Jos** bietet sich als nördlicher Startpunkt für Ausflüge an, die beliebteste Basisstation für Exkursionen in die Fogarascher Berge ist jedoch die Stadt **Victoria.** Sie liegt 8 km südlich von Ucea de Jos und der Nationalstraße und eignet sich sowohl für Touren zum Balea-Lac-Gebiet als auch für solche zum höchsten Berg Rumäniens, dem **Moldoveanu** (2544 m).

Weitere Einstiegspunkte ins Gebirge sind der Bahnhof **Podu Olt** und der Ort **Turnu Roşu** (beide am Olt-Fluss) sowie **Porumbacu de Jos,** eine Gemeinde an der Nationalstraße E68, von der die Negoiu-Hütte gut zu erreichen ist.

Wer seine Bergtouren am liebsten oben beginnt, nur mal einen Überblick über die Fogarascher Bergwelt gewinnen möchte oder den Gebirgszug Richtung Süden überqueren möchte, benutzt dazu die **Transfăgăraşan** oder 7c. Die serpentinenreiche Hochgebirgsstraße wurde in den 1970er Jahren von Zwangsarbeitern in Rekordzeit unter schwierigsten Bedingungen errichtet. Im Winter ist die von **Curtea de Argeş** aus nach Norden verlaufende Transfăgăraşan gesperrt.

rum08-310 Foto: jr

Unterkunft

- **Pfarrhaus in Ticuşu Vechi** (dt. Deutschtekes), Casa Parohiala, Strada Principala 206. Blitzsauberes Gästehaus (rechts von der Kirche) mit zwei kleinen DZ und einem Wohnzimmer; mit riesigem Garten. Die Dachmansarde ist auch für eine kleine Gruppe geeignet. Übernachtung mit Frühstück ab ca. 15 Euro pro Person, weitere Mahlzeiten auf Wunsch (*Lydia Zapf* ist Deutsche, kocht aber fantastisch gut einheimische Gerichte). Von Făgăraş fährt täglich ein Bus über Cercaia und Comana in den kleinen Ort. Taxis kosten ab Făgăraş etwa 12,50 Euro über Felmer und Cobor. Auf Wunsch holt Fam. *Zapf* Gäste auch mit dem Auto vom Bahnhof ab. Tel. 0268-285 833, lydiazapf@yahoo.de, Voranmeldung erforderlich!
- Erstmals im Winter 2005/06 gab es am See Bâlea Lac ein **Eishotel;** das ganze Gebäude war völlig aus Eis gebaut. Die Anzahl der Räume und die Architektur des Hauses variieren von Winter zu Winter, ebenso die Preise. Informationen und Kontakt über Herrn *Klingeis* (er heißt wirklich so und spricht deutsch), Mobil 0745-072 602.

Fest

- Am Bulea-See im Făgăraş-Gebirge wird im Juni ein sommerliches **Schnee-Fest** gefeiert.

Bergtouren im Făgăraş-Gebirge

Am Anfang ist die nachfolgend beschriebene Strecke keinesfalls anstrengend, sie wird in ihrem weiteren Verlauf allerdings anspruchsvoller. Kletterkenntnisse sind jedoch nicht erforderlich. Man erreicht den Ausgangsort Victoria von Sibiu aus in östlicher Richtung über Avrig und das 20 km entfernte Ucea de Jos auf der E68. Von Ucea de Jos nach Victoria verkehrt nur jeweils vormittags und nachmittags

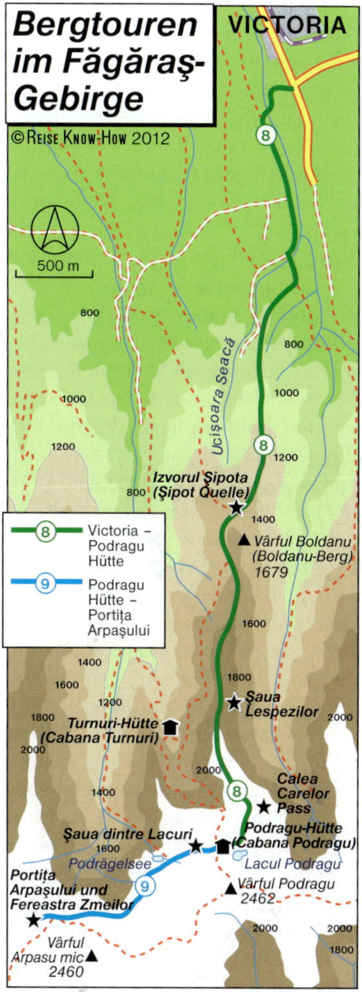

Eiskirche im Făgăraş-Gebirge

ein Bus. Mit dem Taxi kostet die Fahrt ca. 25 RON.

Victoria (450 m) – Podrăgu-Hütte (2136 m)

Der mit einem blauen, senkrechten Streifen markierte **achtstündige Wanderweg** führt vom Ort Victoria zuerst südwärts über einen Feldweg am Ucea-Bach und später Ucişoara Seacă entlang. Nach etwa 1,5 km beginnt der **Piciorul-Ucei-Bergpfad,** der über die La-Şeuţa-Lichtung und nach etwa zweistündiger Wanderung zur **La-Şipot-Quelle** führt. Hier mündet von rechts kommend der mit einem blauen Dreieck markierte Weg von der nördlich gelegenen Arpaşu-Hütte (600 m) ein. Gleich hinter der Quelle führt der Weg am links einsam aufragenden **Boldanu-Berg (Vârful Boldanu)** vorbei. Noch im Waldbereich kommt man gleich anschließend zu einer Lichtung, von der rechts der mit einem roten Dreieck markierte Wanderweg zur **Turnuri-Hütte** (1520 m) abzweigt. Beim Verlassen des Waldes steht man vor dem nördlichen Ausläufer des Tărăţa-Bergzuges. Rechts, an der Westflanke entlang, geht es nun zur **Curmătura Lespezilor** (1908 m). 300 Höhenmeter darüber erreicht man nach etwa einer weiteren dreiviertel Stunde den **Calea-Carelor-Pass** auf 2280 m. Von dort oben hat man einen herrlichen Blick auf den rechts liegenden Podrăgul-Kessel und den darin liegenden Podrăgu-See. An der Nordseite des Sees geht es hinab und anschließend wieder etwas hinauf zur Podrăgu-Hütte.

Podrăgu-Hütte (2136 m) – Portiţa Arpaşului (2175 m)

Dieser sehr schöne Ausflug (hin und zurück 7 Stunden), der auf einem Weg verläuft, der durch einen blauen, senkrechten Streifen markiert ist, ist im Winter nur für erfahrene Kletterer geeignet. Er führt westwärts von der Hütte zur Curmătura dintre Lacuri. Dann geht es westwärts weiter zum **Kessel von Podrăgel,** wo man hoch oben über dem Lac Podrăgel auf den mit einem roten Punkt gekennzeichneten Wanderweg aus den unterhalb liegenden Wäldern trifft. Im Kessel geht es dann südlich um den See herum zur **Curmătura Podrăgelului** (2153 m). Von diesem Kamm bietet sich gen Südosten ein wunderbarer Blick hinüber zum 2462 m hohen Gipfel des **Vârful Podrăgu.** Anschließend geht es sehr felsig weiter entlang der Klamm zum Gipfel des **Arpaşu mic** (2175 m) am Fereastra Zmeilor. Von dort hat man eine fantastische Rundumsicht und kann einen Blick ins südwestliche Capra-Tal werfen.

Unterkunft:

- **Turnuri-Hütte (Cabana Turnuri),** Tel. 0744-936 809, www.turnuri.ro (Bildergalerie). 30 Plätze, Ü 30 RON/Person (Frühstück, Mittag- oder Abendessen nach Absprache).
- **Podrăgu-Hütte (Cabana Podrăgu),** von Mai bis Nov. geöffnete Hütte, Tel. 0268-430 766 oder 0745-319 766, www.podragu.ro (Bildergalerie). 20 Plätze, Ü 40 RON/Person (Frühstück und Essen nach Absprache).

Bergrettung:

- **Salvamont Victoria,** Tel. 0268-241 940 oder 0726-686 692.
- **Salvamont Sibiu,** Tel. 0269-216 477 oder 0745-140 144.

Alba Iulia/ Karlsburg

↗XIV, A1

- **Höhe:** 420 m
- **Vorwahl:** 0258
- **Einwohner:** 66.369
- **Ungarischer Name:** Gyulafehérvár

Wer sich über die gut ausgebaute Europastraße E1 von Sibiu oder Cluj oder über die nicht weniger gut befahrbare Europastraße E7 von Deva aus auf den Weg nach Alba Iulia macht, tut dies wahrscheinlich nur aus einem guten Grund: Er will die **Festung Alba Carolina** besichtigen. Außer dieser sternenförmigen Festungsanlage hat die berühmte historische Metropole recht wenig zu bieten.

Die **Bahnhöfe** (für Züge und für Busse) sind 2 km südlich des Stadtzentrums an der Str. Republicii zu finden und mit dem Bus 18 in 15 Minuten zu erreichen. Auch zu Fuß sind die City und die Zitadelle über die Str. Iaşilor leicht und schnell zu finden. Wer zur Zitadelle möchte, biegt an der Hauptpost bzw. der Polizei nach links ab, Richtung Str. Decebal und Obelisk.

Geschichte

Die weiße Stadt

Alba Iulia hat bei geschichtsbewussten Rumänen einen ganz besonderen Stellenwert. Die Stadt am Mittellauf der Mureş wurde im Jahr 1599 **Hauptstadt der drei vereinigten Fürstentümer Moldau, Walachei und Transsylvanien,** und 1918 wurde hier der **Anschluss Siebenbürgens an Rumänien** ...
liche E...
des Da...
Altertur...
sche Sie...
hielten si...
Castrum A...
der Ortsch... ...nes-
sen, dass b... griechische Geschichtsschreiber *Ptolemäus* die dakische Siedlung Apoulon in seinem Werk „Geographyca" erwähnte.

Als das slawische **Reitervolk der Awaren** die Stadt um 600 n.Chr. eroberte, bekam die Siedlung den Namen **Bălgrad,** die **„weiße Stadt".** Kein wirklich origineller Einfall, schließlich hatten die Awaren zur selben Zeit auch die römische Siedlung Singidunum 300 km südwestlich (im heutigen Serbien) erobert und sie Bélgrad, also die „weiße Stadt", getauft. Zukünftige Eroberer störte dies wenig, sie übernahmen den Awaren-Namen in ihre jeweiligen Sprachen. Die Deutschen nannten die Stadt **Weißenburg** (genauso wie Belgrad), die Ungarn Gyulafehervar und die Rumänen schließlich Alba Iulia.

Symbol der Einheit, Symbol der Verwüstung

In Alba Iulia oder Karlsburg (Alba Carolina) dreht sich alles um die Festungsanlage. Während andere siebenbürgische Städte ihre Altstädte zum großen Teil bewahren konnten, kann in der Stadt an der Mureş von einer Altstadt außerhalb der Festung nicht die Rede sein. Und das hat seinen guten Grund. Bereits 1241 schleiften die

…mte Stadt. Bis auf die … gelegenen Reste der ehe- … römischen Festung Castrum … um blieb kein Stein auf dem ande- … en. Um diese so genannte Oberstadt, die sich freilich höhenmäßig kaum von der sie umgebenden Unterstadt abhob, wurden nun dicke Erdwälle und Holzmauern hochgezogen. Zum Zeitpunkt der Erhebung Siebenbürgens zum autonomen Fürstentum (unter türkischer Oberhoheit!) in den Jahren 1551 bis 1555 glaubte sich die Stadt gegen weitere Angriffe gerüstet. Der triumphale **Einzug Mihai Viteazuls** *(Michael der Tapfere)* am 1. November **1599** durch die Stadttore Alba Iulias gilt als einer der Höhepunkte der rumänischen Geschichte. Zum ersten Mal vereinigten sich die drei Fürstentümer Moldau, Walachei und Siebenbürgen unter einem gekrönten Haupt. Zum ersten Mal entflammte so etwas wie eine rumänische Identität. Und Alba Iulia war ihr Symbol.

Doch der Triumph der Einheit sollte nicht lange dauern. *Michael der Tapfere* fiel bereits 1601, ausgerechnet in der Nähe von Alba Iulia. Der Ort wurde in den Jahren der kurzen Einheit erneut vollständig verwüstet. Krieg, Feuersbrünste und Pest hießen die neuen „Regenten" der einst so stolzen Stadt.

Der Wiederaufbau gelang dem Fürsten **Gabriel Bethlen** in den Jahren 1613 bis 1629 fast vollständig. Sogar eine Akademie wurde im Zentrum errichtet. Doch bereits 1658 und 1661 wurde die Stadt von osmanischen Heeren endgültig in Schutt und Asche gelegt.

Auferstanden aus Ruinen

In der nachfolgenden Blütezeit des 17. und 18. Jahrhunderts konnte Alba Iulia historisch gesehen endlich einmal durchatmen. Die verwüstete Stadt holte nun all das nach, was andere siebenbürgische Städte sich längst geleistet hatten: Sie baute sich **repräsentative Prunkbauten,** wie beispielsweise den Fürstenpalast, den Bischofspalast oder das Akademische Kollegium. Alle Kräfte der jungen alten Stadt wurden nun auf die Sicherung der neuen Prunkbauten im Zentrum der Festung konzentriert. Schließlich wollte man die neu erworbenen architektonischen Schätze nicht wieder in einem Krieg verlieren.

Die **Festung** überlagerte im 17. Jahrhundert bereits alle vorangehenden Verteidigungswerke und schloss sie vollständig in sich ein. Die neu entstehenden sternförmigen **Schutzwälle, Bastionen und Wehrmauern** umschlossen die darin befindlichen Paläste und Wohnhäuser wie mehrschichtige mächtige „Zwiebelschalen". Architekturhistorisch entstand in Alba Iulia etwas Einmaliges: Eine Stadt zog sich aus dem Trauma ihrer ewigen Zerstörung auf ihren Kern zurück.

20.000 leibeigene Bauern benötigten für den Bau des **mächtigsten Verteidigungswerkes von Rumänien** 24 Jahre (1714–1738). Gegen Ende hatte man einen siebeneckigen, sternförmigen Koloss geschaffen, dessen Mauer-

Die Orthodoxe Kathedrale
(Krönungskathedrale) im Stadtzentrum

länge alleine 10 km maß. Die Innenfläche der Zitadelle umfasst heute 100 ha. Alle Dimensionen der Festung sind und waren gewaltig. Zu Ehren des Vaters von *Maria Theresia,* Kaiser *Karl VI.,* gab man der Festung den Namen **Alba Carolina (Karlsburg).**

Sehenswertes

Alle nachfolgenden Sehenswürdigkeiten liegen auf dem **Territorium der Zitadelle** und lassen sich an einem halben Tag besichtigen. Alba Iulia ist somit eine Stadt, in die man einen Ausflug unternimmt, und kein Ort, wo man sein Domizil wählt, um zu Exkursionen ins Umland aufzubrechen (zumal die Hotelpreise in der Stadt teilweise maßlos überhöht sind).

- A
- B
- Ba
- Fü

Orth

Als … Ausgangs- und Endpunkt zur Besichtigung der Festung bietet sich der **Piața Unirii** an (Bus- und Autoparkplatz sowie Hotel Cetate). Von dort gelangt man geradewegs an der Westseite der Festung durch einen Park (Parcul Tineretului) zur Orthodoxen Kathedrale. Ein 58 m hoher **Glockenturm** gewährt den Besuchern

rum312 Foto: jr

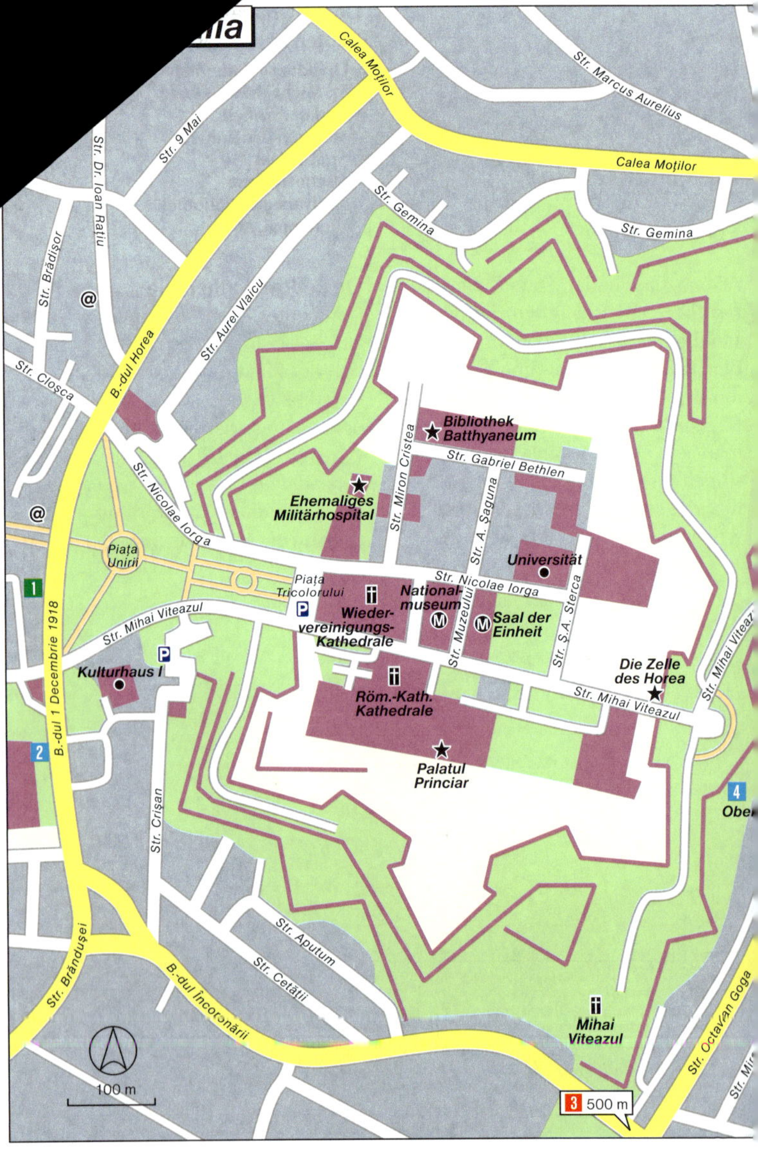
[redacted]lia
Calea Moților
Str. Marcus Aurelius
Calea Moților
Str. 9 Mai
Str. Dr. Ioan Rațiu
Str. Gemina
Str. Gemina
Str. Brădișor
Str. Aurel Vlaicu
B.-dul Horea
Str. Cloșca
Bibliothek Batthyaneum
Str. Gabriel Bethlen
Str. Miron Cristea
Ehemaliges Militärhospital
Str. Nicolae Iorga
Str. A. Șaguna
Universität
Piața Unirii
Piața Tricolorului
Str. Nicolae Iorga
National-museum
Str. Muzeului
Saal der Einheit
Str. Ș.A. Sterca
Str. Mihai Viteazul
Wieder-vereinigungs-Kathedrale
Kulturhaus I
Röm.-Kath. Kathedrale
Die Zelle des Horea
Str. Mihai Viteazul
Str. Mihai Viteazul
B.-dul 1 Decembrie 1918
Palatul Princiar
Str. Crișan
Ober
Str. Aputum
Str. Cetății
Str. Brândușei
B.-dul Încoronării
Mihai Viteazul
Str. Octavian Goga
100 m
500 m

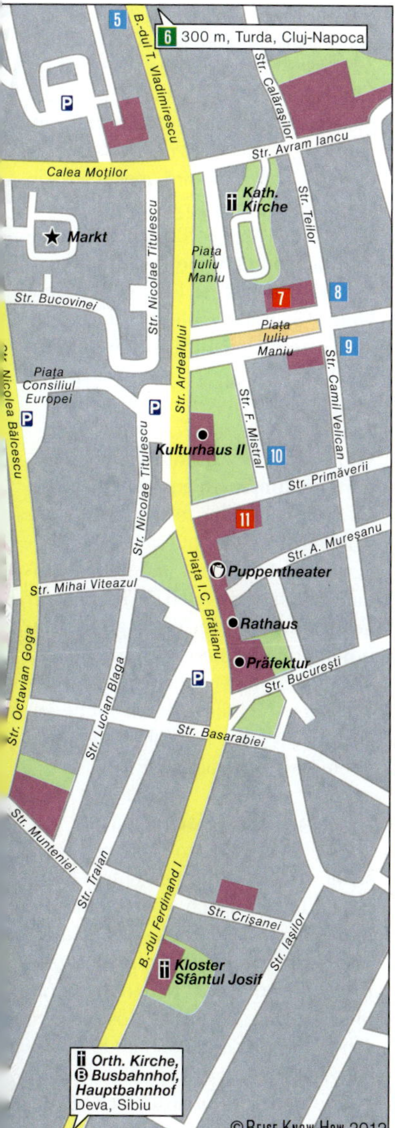

Einlass in die **Kirchenanlage,** die aus einem arkadengesäumten Innenhof mit einer Ausstellung antiker Funde, zwei großen Gebäudeflügeln und dem Kirchenbau besteht. Die Arkadengänge sind reich mit Friesen und korinthischen Kapitellen verziert. Als Inspirationsquelle diente dem Architekten *Gheorghe Ştefanescu* die Domnească-Kathedrale in Târgovişte. Heute dominiert die Kathedrale, die in Form eines griechischen Kreuzes mit nach vorne offenem Portal und Vorbau errichtet wurde, die Karlsburg.

Die Rumänen nennen die Orthodoxe Kathedrale auch **Catedrala Încoronării (Krönungskathedrale),** denn einer der Hauptgründe für ihre Errichtung in den Jahren 1921–1923 war die Krönung von König *Ferdinand I.* und Königin *Maria*. Die Porträts der frisch

Übernachtung
3 Hanul cu Berze
7 Transilvania
11 Parc

Essen und Trinken
2 Go in
4 Pub 13
5 Roberta
8 Bar Allegria
9 Antik Café
10 Prometeu

Einkaufen
1 Buchhandlung Humanitas
6 Einkaufszentrum Unirea City Center

gekrönten Oberhäupter sind heute, neben **Wandmalereien** im neubyzantinischen Freskostil, im Kircheninneren zu sehen. Besonders sehenswert ist das Fresko „Mariä Himmelfahrt" des Künstlers *Costin Petrescus,* der auch die Malereien im Bukarester Athenäum geschaffen hat.

St. Michaelskathedrale

Gleich rechts der Orthodoxen Kathedrale, am südlichen Ende der Str. Mihail Viteazul, befindet sich der **römisch-katholische Dom,** der seit seinem Baubeginn im 13. Jahrhundert von Zerstörungen größtenteils verschont geblieben ist. Dennoch wird der Betrachter das Gefühl nicht los, als wenn wesentliche Teile der Kirche fehlen würden, denn neben dem riesigen Portalsbogen erhebt sich auf der rechten Seite nur ein einsamer Turm. Und richtig: Ursprünglich war der Dom als dreischiffige Basilika mit zwei Türmen geplant, es fehlten jedoch die nötigen Finanzmittel.

Den Stellenwert der Michaelskathedrale als eine der wichtigsten siebenbürgischen Kathedralen erkennt man an der Vielzahl der **Sarkophage** und **Grabplatten** sowie der restaurierten Grabplastik im Innenraum. Bedeutende Könige, Fürsten und Bischöfe liegen hier einträchtig nebeneinander, u.a. Königin *Isabella,* Fürst *Gabriel Bethlen* und *Iancu de Hunedoara.*

Saal der Einheit (Sala Unirii)

Innerhalb der Zitadelle gibt es fast an jeder Ecke eine Sehenswürdigkeit. So sind es beim Austritt aus der katholischen Kathedrale gerade einmal 30 m zum nächsten Höhepunkt. Dazu geht man die Str. Mihai Viteazul rechts (in östlicher Richtung) weiter und biegt dann am Denkmal für *Michael den Tapferen,* wie *Mihai Viteazul* von den Sachsen auch genannt wird, gleich links in die Str. Ecaterina Varga. An der Allee, die von zahlreichen Büsten bedeutender Rumänen gesäumt wird, hat man die Wahl: entweder links in den **Sala Unirii (Saal der Einheit)** oder rechts ins **Muzeul Unirii (Museum der Einheit).**

Im Saal der Einheit wurde am 1. Dezember 1918, als Folge des Ersten Weltkriegs, der **Anschluss Siebenbürgens an Rumänien** ausgerufen. Insgesamt wohnten der feierlichen Veranstaltung 1228 Deputierte bei. Ausgestellt sind heute im Saal neben Originaldokumenten auch die Fahnen der Delegierten. Die im **Vertrag von Trianon** geregelte neue Grenze wurde von den Rumänen natürlich enthusiastisch gefeiert, die Ungarn hingegen setzten 20 Jahre lang alle Flaggen in ihrem Land auf Halbmast.

Apor-Palast und Bischofspalast

Der in der Spätrenaissance zwischen 1670 und 1690 errichtete **Apor-Palast** befindet sich in der Nähe der Bathyaneum-Bibliothek. Das Palais, nach seinem ehemaligen Besitzer, dem Grafen *Apor,* benannt, diente über 30 Jahre als Sitz der österreichischen Truppenkommandantur. In dieser Zeit (1714–1738) wurde das Gebäude um einige barocke Elemente, vor allem Portale, erweitert.

Der römisch-katholische **Bischofspalast** aus dem 17. bis 19. Jahrhundert ist an der südwestlichen Seite der Karlsburg errichtet worden. Er durchlief im Laufe seiner zweihundertjährigen Bauzeit zahlreiche Veränderungen; heute fallen vor allem der Renaissance- und Barockstil auf.

Bathyaneum-Bibliothek

Die im ehemaligen Trinitarierkloster eingerichtete Bibliothek wurde 1780 von Bischof *Ignatio Bathyani* initiiert. Die neugierigen Hirten des Herrn stellten hier bereits 1792 ein astronomisches **Observatorium** auf die Beine und beschäftigten sich mit dem Kopieren alter kirchlicher und wissenschaftlicher Werke. Besonders stolz ist die Stadt Alba Iulia auf den in der Bathyaneum-Bibliothek aufbewahrten **Codex Burgundus,** einen Frühdruck aus dem 15. Jahrhundert, und eine Bibel aus dem 13. Jahrhundert mit wunderbaren farbig verzierten Majuskeln (Großbuchstaben am Anfang eines Textes).

Fürstenpalast

In den historischen Urkunden wird das **Palais von Michael dem Tapferen** zwar als luxuriöses Bauwerk erwähnt, der darin geschilderte Prunk ist jedoch nur noch zum Teil erhalten. Die meisten Kostbarkeiten der heute um zwei Innenhöfe angeordneten mehr als 60 Räume fielen den Überfällen der Tataren und Türken im 15. Jahrhundert zum Opfer. Auch die Verschönerungen und der neue Glanz, der durch die Fürsten *Bethlen Gabor* und *Georg Rakoczi II.* Einzug hielt, ging im 17. Jahrhundert wieder verloren, als man den Bau kurzerhand in eine Kaserne verwandelte.

Informationen

- **Info-Büro,** Str. Mihai Viteazul 15, Poarta 4a, Tel. 813 736, idan@apulum.ro.

Reisebüros

- **Delta,** Str. Morii 5, Tel./Fax 810 795. Vermittelt auch Unterkünfte in der Umgebung.
- **Silvana Tour,** B-dul Ferdinand I, Tel. 101 040, Mo. bis Fr. 9–17 Uhr, Sa. 9:30–12:30 Uhr. Vermittlung von Bus- und Flugtickets.
- **Transilvania Tourism,** Piața Iuliul Maniu 22, Tel. 813 206.
- **Cetate Apuseni,** Str. Unirii 3. Die Reiseagentur im gleichnamigen Hotel hält gelegentlich Stadtpläne bereit, ist aber kein guter Ansprechpartner, wenn es um günstige Unterkünfte in der Umgebung geht.

Rathaus

- Fragen zur Stadt werden auch gerne im Sekretariat des Rathauses beantwortet: **Primaria Municipiului Alba Iulia,** B-dul I. C. Brațianu 1, Tel. 819 462, Fax 812 545, primaria@apulum.ro.

Service

- **Internet: Cybernet,** Str. Constituției 7, Tel. 0369-401 438. 24 Std. geöffnet, auch Fotokopien, Faxen und Scannen.
- **Hauptpost,** Mitropoliției 14, Tel. 211 337.
- **Kostenlose Telefon-Auskunft** (auch auf Deutsch): 931.
- **Telefonieren:** Telefonkarten gibt es im Romtelecom-Gebäude.
- **Parken:** Rund um den Piața Unirii und entlang des B-dul 1. Decembrie 1918.

Geldwechsel

Wechselstuben

- **Euro Exchange,** Str. Nicolae Bălcescu 24.
- **Cambio,** Piața Unirii 4, Tel. 210 493.

gründet wurde. Die **Innenmalereien** des Künstlers *Mihu de Crişul Alb* stammen einer Inschrift zufolge aus dem Jahr 1376 und sind, was die Farbgebung und Gestaltung der Physiognomien betrifft, einzigartig in Rumänien. Insgesamt gibt es in der Kirche des Klosters sieben verschiedene Gemäldeschichten aus sieben verschiedenen künstlerischen Epochen. Das **Klostermuseum** kann nur auf Anfrage bei einer der Nonnen besichtigt werden und präsentiert Hinterglas- und Holzikonen.

● **Mănăstirea Râmeț,** Sf. Apostoli Petru şi Pavel, Valea Geoagiului, Tel. 0258-880 111. **Übernachtungen** im Kloster auf Nachfrage möglich; fragen Sie nach der „Casa de Oaspeți". Achtung: Sehr schwierige Anfahrt über eine sehr schlechte Straße. Fotografieren ist, auch außerhalb des Klosters, nicht erlaubt! Ausländische Touristen werden hier nicht unbedingt hofiert. Also bitte unauffällig agieren!

Naturpark und Narzissenfelder ⇗ XIV, A1/⇗ VII, D3

Zwei landschaftlich sehr reizvolle Gebiete findet man im Nordwesten von Alba Iulia. Der **Naturpark Piatra Corbului** („Der Stein des Raben") 20 km von Alba Iulia hat nichts mit dem gleichnamigen Reservat im weit entfernt liegenden Calimani-Gebirge zu tun. Man erreicht ihn über die Bundesstraße 74 Richtung Zlatna. 4 km vor der Stadt Meteş führt rechts an der **...rgruine Ampoița** ein Weg zum ...namigen Ort und zum Raben-... sonders sehenswert ist der ...er dieser fruchtbaren ...ng. Leider findet die Schönheit der Natur keine Entsprechung in dem kleinen Industrieort Zlatna.

ten; 9...

Mini-Busse

● **Florea Oil,** B-du.

Organisiert auch Gru

Ein weiteres Naturschauspiel, das weit über die Landesgrenzen des Bezirkes Alba hinaus berühmt geworden ist, sind die **Narzissenfelder (Poiana de Narcise)** in der Nähe von **Abrud.** Im Frühling zieht sich ein endloser weißer Teppich von Narzissenblüten über die sanft geschwungenen Hügel und lädt zu einem Spaziergang durch die atemberaubende Landschaft ein.

Teiuş, Blaj und Aiud ⇗ VIII, A/B3

Die ungarisch beeinflussten Städtchen Teiuş, Blaj und Aiud sind einen Ausflug wert. Das ruhige und saubere **Teiuş** (ung. Tövis) liegt am Rande eines Weinanbaugebietes und weist eine sehenswerte römisch-katholische Kirche im gotischen Stil auf, die 1449 von *Iancu de Hunedoara (Janos Hunyadi)* gegründet wurde. Wer vom Bahnhof in den Ort wandert, kommt auch an einer unitarischen Kirche vorbei, deren Innenwände vollständig von Fresken im byzantinischen Stil bedeckt sind.

Nahe der Ortschaft **Blaj (Blasendorf)** forderten auf dem **Feld der Freiheit (Câmpul Libertății)** 1848 über 40.000 Leibeigene unter der Führung von *Avram Iancu,* dem Vorkämpfer für

Die Kirchenburg von Aiud mit ihren Wehrtürmen gehört zu den besterhaltenen ihrer Art in Transsylvanien

Freiheit und Demokratie, gleiche politische Rechte für alle Bürger Rumäniens ein. Östlich der Stadt findet man auf dem Feld der Freiheit eine Erinnerungsstätte an die Freiheitskämpfe der Menschen im Revolutionsjahr. Interessante Dokumente und Bilder zu den revolutionären Ereignissen gibt es im **Historischen Museum** von Blaj zu sehen (Str. Republicii 39, Di. bis Fr. 9–16 Uhr, Sa./So. 10–14 Uhr). Eine Revolution ganz anderer Art verkörpert die unweit des zentralen Piața 1848 stehende **Kathedrale** der unierten (griechisch-katholischen) Kirche. 1749 bis 1779 entstanden, war es das erste kirchliche Gebäude in Transsylvanien, das im barocken Stil errichtet wurde.

Da die historische Stadt **Aiud (Strassburg am Mieresch)** an der Hauptstrecke zwischen Alba Iulia und Cluj-Napoca liegt, wird sie von den meisten Touristen nur im Vorbeifahren wahrgenommen. Dabei lohnt sich ein Halt in der Stadt auf jeden Fall, gerade wenn man sich für Kirchenburgen und intakte mittelalterliche Stadtviertel interessiert. Im Stadtzentrum befindet sich eine der ältesten Wehranlagen Siebenbürgens aus dem Jahr 1302. Die meisten der noch erhaltenen acht Wehrtürme sind in erstaunlich gutem Zustand, und im **Museum für Geschichte** gibt man sich Mühe, den neuzeitlichen Besuchern die Historie der Stadt nicht allzu verstaubt zu vermitteln.

rum319 Foto: jr

Kirche ohne Dogmen – der Unitarismus

Wer durch das westliche Transsylvanien reist, wird auf kleinere Gemeinden wie Blaj oder Aiud treffen, in denen sich die ungewöhnliche, tolerante **Glaubensgemeinde der Unitarier** erhalten hat. Die Anhänger dieser Freigläubigen erkennen keine kirchlichen Dogmen an, propagieren die untrennbare Einheit Gottes mit der Natur und bestärken jedes Mitglied, frei seine religiösen Vorstellungen in eigene Worte zu fassen. Diese religiösen Gemeinschaften ohne dogmatische Einengung und Regulierung haben sich aus dem Protestantismus entwickelt.

Die religiöse Bewegung des Unitarismus entstand etwa um 1550 in Transsylvanien als Reaktion auf die Dogmen und Vorschriften der christlichen Kirchen. Bei den deutschen Siedlern hatte sich zu dieser Zeit der Glaube *Luthers* weitgehend durchgesetzt. Die ungarischen Anhänger der Reformation hingegen waren Calvinisten, die meisten Rumänen blieben der Orthodoxie treu. Alle diese Glaubensrichtungen wurden sich im Jahr 1557 mit den Katholiken darin einig, dass man sich im gemeinsamen Kampf gegen die türkische Bedrohung gegenseitig als Christen tolerieren und nicht bekämpfen sollte. Eines ihrer verbindenden Dogmen, die Dreifaltigkeit Gottes, wurde jedoch von einem jungen calvinistischen Theologen, dem deutschen **Franz David,** angezweifelt. Als Hofprediger des Fürsten *Johann Sigismund* stellte er in Streitgesprächen dieses und andere Dogmen der Kirche in Frage. In erster Linie wandte er sich aber gegen den Glauben an die Trinität Gottes, da es nach seiner Meinung nur einen unteilbaren Gott geben könnte. Er ging damit weit über die eigentliche Reformation hinaus, konnte jedoch den Fürsten und einen Teil des Adels überzeugen.

Die Anhänger *Davids* organisierten sich in der Stadt Klausenburg (Cluj-Napoca) und gründeten hier ihre neue Religionsgemeinschaft, die sich Unitarier nannte. Als der unitarische Fürst *Sigismund* 1571 starb, schrieb sein Nachfolger (ein Katholik) den konfessionellen Status Quo fest.

Die neue Kirche wuchs rasch, wurde aber vielfältigen **Schikanen** ausgesetzt. Bereits im 17. Jahrhundert verließen die ersten Unitarier Siebenbürgen und gingen nach Deutschland, England und in die Vereinigten Staaten von Amerika, wo sich heute die größten unitarischen Gemeinschaften herausgebildet haben.

Unterkunft:

- **In Blaj** empfehlen sich zwei Hotels, einmal das **Hotel Dragana** (**), Str. Alexandru Sahia 86, Tel. 0258-751 980, DZ 70 RON, und das **Hotel Târnavele,** B-dul Republicii 1, Tel. 0258-710 255, DZ 80 RON.
- **In Aiud** ist das **Hotel Mureşul** (**) zu nennen, Str. Transilvania 3, Tel. 0258-861 820, DZ ab 80 RON.

Mobilität:

- **Aiud:** Vom Hauptbahnhof aus dauert es über die Str. Coşbuc nur eine Viertelstunde bis ins Stadtzentrum. Auch mit Bussen (Bahnhof in der Str. Băilor) ist die Stadt von Alba Iulia aus gut zu erreichen.

Sebeş

⇗XIV, A1

Im Süden lohnt ein kurzer Abstecher in das kleine Städtchen Sebeş (Mühlbach) an den beiden Flüssen Sebeş und Secaş. **Kulturelle Highlights** sind die evangelische Kirche mit ihrem eindrucksvollen, 13 m hohen Flügelaltar, die mittelalterliche Wehrtürme, in die alte Befestigungsanlage integrierte Wohnhäuser und das Stadtmuseum, aber auch die Natur hat hier „Kunstschätze" anzubieten. 4 km nordöstlich der Stadt sind in der **Roten Schlucht (Râpa Roşie)** erstaunliche Sandsteinfriese in allen möglichen Rottönen zu bestaunen. Ein Wildbach hat dieses Kunstwerk der Natur mit seinen Steinskulpturen und Witterungsbildern geschaffen und sich dabei, wie in der Natur üblich, einige Millionen Jahre Zeit gelassen.

Unterkunft:

- **Hotel Leul de Aur** (***), Str. Lucian Blaga 8, Tel. 0258-734 500, www.hotelleuldeaur.ro (deutsche Website). In einem 1417 erbauten Gebäude ist ein modernes, sehr schönes Hotel entstanden. EZ 43 Euro, DZ 48 Euro.
- **Hotel Dacia** (*), Drumul Sibiului 100, Tel. 0258-732 743. EZ/DZ 30 Euro, 3-Bett-Zimmer 45 Euro, Frühstück inkl.
- **Hotel Clasic** (***), Luxushotel an der Ausfahrt Richtung Sibiu, Tel. 0258-733 016. Internet, TV, AC. DZ 200 RON, Frühstück inkl.

Das Dakerland

↗ XIII

Südwestlich von Alba Iulia weisen zahlreiche dakische Festungen auf das eigentliche **Stammland der frühen Bewohner Rumäniens** hin. Wer den Spuren des vorrömischen Rumänien folgen möchte, kann dies am besten von Orăştie (dt. Broos, ung. Szászvaros) aus tun, einer kleinen ruhigen Stadt, die über die hervorragend ausgebaute E68 sowohl von Westen als auch von Osten gut zu erreichen ist. Neben den Zeugnissen vergangener Zeiten zieht vor allem das **Retezat-Gebirge** mit seinen zahllosen Seen und seiner naturbelassenen Wildnis die Besucher ins Land der Daker.

rum12-014 Foto: mm

Die roten Sandsteinberge der Râpa Roşie

Auch **Deva** (s.u.) am Rand des Apuşeni-Gebirges bietet sich als Startpunkt für Exkursionen ins historische Hinterland an, zumal man sich dort im Museum der dakischen und römischen Zivilisation vorab bestens über die ehemalige Hauptstadt des Dakerreiches Sarmizegetusa und ihre frühzeitlichen Festungen informieren kann.

Orăştie

↗ XIII, D2

Der ideale Ausgangspunkt für Exkursionen zu den bewaldeten und schwer zugänglichen Hügeln der **dakischen Festungen** ist die kleine Stadt Orăştie 30 km südwestlich von Alba Iulia. Wer mit dem Zug anreist, gelangt vom Hauptbahnhof mit halbstündlich fahrenden Bussen ins 3 km entfernte, östlich gelegene Stadtzentrum.

Erstmals erwähnt wird die Stadt im Jahr 1224 in einem Freibrief des ungarischen Königs *Andreas II.*, der darin deutschsprachigen Einwanderern ihren rechtlichen Sonderstatus verleiht. Die historische Keimzelle der Stadt ist die **Kirchenburg,** in der man 1999 anlässlich archäologischer Grabungen zum 775-jährigen Stadtjubiläum eine alte Rotunde ausgegraben hat, deren historisches Gegenstück in Aachen zu finden ist.

Das heutige Wahrzeichen des Ortes ist die mächtige **orthodoxe Kathedrale** auf dem historischen Marktplatz, deren Innenraum vollständig von Malereien bedeckt ist. Besichtigungen des zur Straße hin stehenden Turmes, des höchsten Bauwerks von Orăştie, sind nach Absprache möglich.

Unterkunft

- **Hotel Dacia** (*), Str. Bălcescu 5, Tel. 0524-247 381, DZ 50 RON.
- In Simeria, 10 km westlich von Orăştie, gibt es den Campingplatz **Camping Strei,** Tel. 0254-260 581, Preis pro Platz 15 RON.

Mobilität

Vom zentral gelegenen **Busbahnhof Statie Micro 2** fahren täglich 7 Busse nach Alba Iulia (u.a. 8:15 und 8:30 Uhr, Preis 5 RON). Vom **Busbahnhof Transcolect** (Str. Primăverii 25, Tel. 0254-243 390) starten Sammelbusse zu den Ruinen um Sarmizegetusa. Wer gerne wandert, sollte jedoch für 5 RON mit den öffentlichen Bussen (stündlich) vom zentralen Autogara aus nach Costeşti fahren. Von hier aus sind es etwa 2 Stunden zu Fuß durch eine traumhafte Landschaft über Grădiştea de Munte nach Sarmizegetusa.

Costeşti und Blidaru

Eine wunderschöne Landschaft und eine gute Straße reichen oft aus, um einem den Tag in Rumänien zu versüßen. Beides ist auf der Strecke von Orăştie nach Costeşti gegeben. Die erste der dakischen Festungen im **Grădiştea-Tal** ist vom Ort Costeşti nur zu Fuß zu erreichen. Etwa 1 km nach dem Campingplatz Popas Salcâmul dauert es noch 3 km (in westlicher Richtung), eine Flussüberquerung und einen halbstündigen Anstieg, bis man die Lichtung mit den dakischen Ruinen der **Festung Costeşti (Cetatea Costeşti)** auf einem Hügel in 561 m Höhe erreicht. Seien Sie nicht enttäuscht, wenn es hier nicht mehr viel zu sehen gibt. Die dakische Zitadelle ist im Laufe der Zeit zu oft von den Römern geschleift worden, als dass man hier noch eine vollständige Bastion erwarten dürfte. Die Grundmauern der Festung verraten jedoch sehr viel über die Art und Weise, wie die Daker vor 2500 Jahren ihre Verteidigungsanlagen befestigt haben.

Dazu legten sie drei Verteidigungsringe um die Bastion. Als äußerste Verteidigungslinie errichteten sie einen etwa 2 m hohen Erdwall, dahinter eine 3 m hohe Steinmauer, die seitlich mit drei Bastionen flankiert war, und als letztes einen doppelten Palisadenzaun. Hinter jeder Verteidigungslinie erwartete man den Feind.

Die **Festung Blidaru (Cetatea Blidaru)** liegt 3 km weiter südlich. Während die nördlicher gelegene Festung Costeşti als Sitz des dakischen Königs *Burebista* gilt, war die Festung Blidaru strategisch wichtig und deshalb besser befestigt, da sie als letzte Festung vor der Hauptstadt Sarmizegetusa Regia eine Schlüsselstellung innehatte.

Unterkunft

- **Cabana Costeşti,** Tel. 0254-211 976. Sehr einfach, in den 13 Hütten am Ortsrand ist Wasser vorhanden. Pro Person 30 RON.

Sarmizegetusa Regia ⇗ XIV, A2

Falls man kein eigenes Transportmittel hat, kommt man nur per Anhalter oder per pedes zu den 8 km von Costeşti entfernten **Ruinen der ehemaligen dakischen Hauptstadt** Sarmizegetusa Regia. Als schwierigster Teil erweist sich für den Wanderer dabei die nach der Gemeinde Grădiştea de Munte ansteigende Strecke zu den 1200 m hoch gelegenen ehemaligen Festungsplateaus.

Als Gründer der Stadt gilt der **Dakerkönig Burebista,** der die geto-dakischen Stämme 82 v.Chr. vereinte. Die Daker hatten die versteckt in den Bergen des Rezetat liegende Hauptstadt auf mehreren künstlichen Terrassen errichtet, die teilweise mit bis zu 15 m hohen Mauern gestützt wurden.

Unter **König Decebal** wuchs die antike dakische Stadt Sarmizegetusa Regia zum militärischen, politischen und religiösen Zentrum des Dakerreiches heran. Sie bestand ursprünglich aus **drei Teilen,** zwei bewohnten zivilen Bereichen und einer **heiligen Zone.** Die beiden Stadtteile waren durch eine dazwischen liegende, 3,5 ha große Burg getrennt. Archäologische Grabungen brachten neben Tempeln und Säulengängen auch zwei runde Heiligtümer zutage, darunter einen mysteriösen Kreis aus Andesitblöcken, die so genannte **Solarscheibe.**

Die **Griechen** waren zu guten Handelspartnern der Daker am Schwarzen Meer geworden und erwiesen sich auch beim Bau der Bastionen im Retezat-Gebirge als gewiefte Strategen und gute Partner. Kein Wunder also, dass dakische und hellenistische Stilelemente an den antiken Überresten zu finden sind. Auch der Bau von Wasserleitungen und Entwässerungskanälen wurde von den Dakern mit griechischer Hilfe bereits vor der römischen Eroberung der Hauptstadt abgeschlossen. Doch zumindest eine römische Errungenschaft konnte auf dem Territorium der Festungsstadt nachgewiesen werden: Im Süden fand man die Reste eines römischen Badehauses.

Gast die Aufführungen im Burghof bewundert haben mag.

Auch für „transsylvanischen Grusel" ist gesorgt. Auf Wunsch können eine unheimliche **Grabkammer** und ein nicht minder schauriges **Verlies** besichtigt werden. Auch an blutrünstigen Burggeschichten mangelt es nicht. So mussten türkische Gefangene einen 30 m tiefen Burgbrunnen graben, um die Trinkwasserversorgung zu gewährleisten, bevor sie gefoltert und ermordet wurden.

- Die Anlage des **Burgschlosses Corvineşti** kann von Nov. bis Febr. täglich von 9–16 Uhr besichtigt werden, in der Saison von März bis Mai bis 17 Uhr, von Juni bis Sept. bis 18 Uhr (Mo. immer nur von 9–15 Uhr.) Der Eintrittspreis beträgt für Erwachsene 6–8 RON (Saison), für Schüler 3–4 RON. Kostenpflichtige Parkplätze gibt es direkt vor dem Schloss (Preis 1 RON/Tag). Führungen auf Englisch und Rumänisch sind möglich. Für Hobbyfotografen empfiehlt sich die Mitnahme eines starken Weitwinkel-Objektivs, da die Dimensionen der Burg enorm sind.
- In der Burg gibt es einen **Antiquitätenladen,** Mobil 0745-309 306, www.antikhd.ro, tägl. 10–16 Uhr, Mo. geschlossen.

Mobilität

- **Busse nach Haţeg** (dem Tor zum Retezat-Gebirge): 6, 8:10, 10:30, 13:30, 16:30 Uhr.
- **Busse nach Deva:** alle 20 Minuten; Direktverbindung im Gegensatz zum Zug, bei dem man in Simeria umsteigen muss.
- **Bus nach Alba Iulia:** nur um 8 Uhr.
- **P-Zugverbindungen nach Deva** (in Simeria umsteigen): 6:50, 8:30, 11:08, 15:32, 17:05, 19:33, 20:50, 22:38 Uhr.

Unterkunft

- **Motel Löwe** (***), Deva, Str. Sântuhalm 1, Tel. 0254-210 935, www.motellowe.ro. Gutes Hotel mit sieben Zimmern, alle mit Internetanschluss, Air-Condition, TV und Telefon. DZ 190 RON (inkl. Frühstück).
- **Hotel Alaska** (***), 5 km vor der Stadt Deva. EZ 55 Euro, DZ 66 Euro, 3-Bett-Zimmer 75 Euro.
- **Hotel Wien** (***), EZ 65 Euro, DZ 75 Euro, Frühstück inkl. (sonntags alle Zimmer 50 Euro ohne Frühstück).

Haţeg

↗ XIII, D2

Die kleine Stadt Haţeg (Wallenthal) ist der ideale Ausgangspunkt für **Exkursionen ins Retezat-Gebirge** und nach Ulpia Traiana (s.u.). 3 km nördlich der an der E79 gelegenen Stadt befindet sich eines der größten **Bisonreservate** Rumäniens, wobei vor Ort hervorgehoben wird, dass die Tiere rein rumänischen Ursprungs sind, während die Neuansiedlungen in den restlichen Reservaten des Landes auf importierten Tieren beruhen. Die umliegenden Gemeinden mit ihren sehenswerten **romanischen Kirchen** sind, ebenso wie die südlich gelegenen Dörfer, die als Beginn einer Tour ins Retezat geeignet sind, vom Busbahnhof aus gut zu erreichen.

Informationen

- **Asociatia de Turism Retezat,** an der Straße Nr. 68, www.turismretezat.ro. Broschüren, Landkarten, Bücher, Tipps für Wanderungen und Ausflüge. Man spricht englisch.

Mobilität

- **Busbahnhof:** Str. Caragiale 14.
- Der **Endbahnhof** von Haţeg heißt **Subcetate** und liegt 5 km südöstlich der Stadt.

Unterkunft

- **Motel Belvedere,** Str. 57, Tel. 0254-777 604. Das Motel liegt direkt an der E79 am Ortseingang. DZ 30 Euro.
- **Pensiune Arizona Exim,** Str. Carpaţi 2, Tel. 0254-777 115, arizonaexim@yahoo.com. Das trophäengeschmückte Haus des jagdfreudigen *Lucian Maruta* mag vielleicht nicht jedermanns Sache sein, doch wer sich über die Tiere des Retezat und Exkursionen erkundigen möchte, ist hier richtig. Ü 20 Euro p.P.
- **Pensiunea Getasim Impex,** Str. Viilor 44, Tel. 0254-709 473 oder 0744-761 290, DZ 70 RON.

Ulpia Trajana

XIII, C2

Ungefähr 16 km südlich von Haţeg liegt der kleine Zungenbrecher-Ort **Sarmizegetusa.** Er ist nicht zu verwechseln mit der östlich gelegenen ehemaligen Hauptstadt der Daker namens Sarmizegetusa Regia, deren Ruinen heute in den Bergen des Rezetat zu finden sind. Bei der heutigen rumänischen Ortschaft gleichen Namens handelt es sich um die Nachfolgersiedlung der **ehemaligen römischen Stadt** Ulpia Traiana, die etwa 3 km südlich errichtet wurde. Heute befindet sich auch hier ein Ruinenfeld.

Nach der Unterwerfung der Daker baute der römische **Kaiser Trajan** die neue **Hauptstadt der römischen Provinz Dacia** 30 km westlich der alten dakischen Stadt Sarmizegetusa Regia auf und nannte sie Ulpia Traiana Dacia Sarmizegetusa. Ganz bewusst fügte er die dakische Ortsbezeichnung hinzu, um aufzuzeigen, dass er die Daker und ihren König *Decebal* achtete.

In ihrer Blütezeit lebten bis zu 30.000 Menschen in der römischen Stadt, die sich über eine Fläche von 32 ha erstreckte. Das **Forum** bildete das Zentrum des politischen und gesellschaftlichen Lebens, größtes Bauwerk war das **Amphitheater,** dessen Überreste etwa 100 m von der nördlichen Stadtmauer stehen. In der **heiligen Zone** der Stadt standen zehn Sanktuarien, von denen ein großer Steinaltar erhalten geblieben und heute im archäologischen **Museum** des Geländes zu sehen ist. Außerdem errichteten die Römer eine eigene Gladiatorenschule und einen **Nemesis-Tempel** am östlichen Tor des Amphitheaters, denn *Nemesis,* die Göttin der Rache und Strafe, erfuhr bei den Gladiatoren eine besondere Verehrung.

Zahlreiche andere Tempel machten die Hauptstadt Dakiens zu einem kleinen Rom am Rande der Karpaten. Der **Liber-Tempel** 300 m nordöstlich des Amphitheaters war dem Götterpaar *Liber* und *Liberia* geweiht, die als Götter der schöpferischen Natur später mit *Dionysos* gleichgesetzt wurden. Im **Hygia- und Aeskulaptempel** wirkten die ersten Ärzte der römischen Provinz, schließlich war der Tempel dem Heilgott *Aeskulap* und seiner Tochter, der Göttin der Gesundheit *Hygia,* geweiht. Ob die Römer der Hygiene, die wir ja von der lateinischen Bezeichnung *Hygia* abgeleitet haben, auch in Form von Thermen oder Badehäusern gehuldigt haben, ist nicht bekannt, liegt aber nahe. Leider sind von den genannten römischen Gebäuden oft nur noch die Grundmauern erhalten.

Mobilität

- Von Haţeg aus fahren täglich 4 **Busse über Sarmizegetusa nach Caransebeş** im Banat: 6:15, 10, 12 und 17 Uhr.

Unterkunft

- Zur Übernachtung bieten sich die Pensionen im 12 km entfernten **Haţeg** an (s.o.).

Deva

↗ XIII, D1

- **Höhe:** 320 m
- **Vorwahl:** 0254
- **Einwohner:** 75.918
- **Deutscher Name:** Diemrich
- **Ungarischer Name:** Déva

Die Hauptstadt des Bezirkes Hunedoara am linken Ufer der Mureş kann ihre dakischen Wurzeln nicht verleugnen. Der Name Deva geht auf das dakische Wort *Dava* für Festung zurück (wie auch in Petrodava, Zargidava usw.) So hieß die Stadt auch in ihrer frühesten Zeit **Singidava.** Der erste urkundliche Nachweis geht auf das Jahr 1269 zurück. Unter *Hunyadi János (Iancu de Hunedoara)* erlebte die Bergarbeiterstadt am westlichen Rand Siebenbürgens ihre Blütezeit und stieg zu einem wichtigen militärischen Zentrum auf. Im Westen der Stadt ist die **Cetatea Devei,** eine der ehemals stärksten Befestigungen Siebenbürgens, aus dem 13. Jahrhundert zu besichtigen, die zwar selten erobert, dafur aber 1849 von Schmieden versehentlich in die Luft gejagt wurde, als diese ein Pulverlager entzündeten. Seit dem Jahr 2003 führt eine **Kabelbahn** auf den 342 m hohen Festungsberg, wo natürlich die Statue des Dakerkönigs *Decebal* nicht fehlen darf.

Auch die beiden wichtigsten Museen der Stadt liegen gleich zu Füßen der Festungsanlage. Im **Historischen Museum (Muzeul Civilizaţiei Dacice şi Romane)** sind vor allem wichtige archäologische Funde aus der Dakerzeit ausgestellt, im **Naturkundlichen Museum** gleich auf der anderen Seite der Straße (nahe dem Hotel Decebal) liegt der Schwerpunkt der Ausstellung auf der Tier- und Pflanzenwelt des nahen Retezat-Gebirges. Eine Abteilung der städtischen Museen widmet sich der zeitgenössischen Kunst *(Sectia de Artă)* und ist an der Ecke Str. 1. Decembrie und Str. Avram Iancu zu finden.

Den meisten Rumänen ist Deva vor allem wegen des dortigen Trainingszentrums der rumänischen **Turn-Nationalmannschaft** und deren prominentestem Turnkind, *Nadia Comăneci,* bekannt, die über sieben Jahre in der Stadt trainierte.

Alle Sehenswürdigkeiten der 70.000 Einwohner zählenden Stadt können mühelos zu Fuß erkundet werden.

Sehenswertes

Festung Deva (Cetatea Devei)

Auf Weisung der habsburgischen Könige wurde 1385 mit dem Bau der Festungsanlage von Deva begonnen, die außer einigen schaurigen **Legenden** und einem **herrlichen Ausblick** über die Stadt nicht viel zu bieten hat. So soll der Sage nach die Frau des leitenden Steinmetzes lebendig in das Gemäuer eingemauert worden sein, um dessen Schutz zu gewährleisten. Nachgewiesen ist hingegen der Tod des jungen calvinistischen Theologen aus Wittenberg, **Franz David.** Der Gründer der unitarischen Kirche war auf der Festung gefangen gehalten worden und kam hier auch zu Tode.

Nachdem im Jahre 1849 ungarische Nationalisten die Festung angegriffen hatten, kam es nach vierwöchiger Belagerung zur versehentlichen **Explosion der Pulverkammer.** Seither künden nur noch Ruinen von einstigen ruhmreicheren Tagen.

Historisches Museum

Das Museumsgebäude ist im **Magna-Curia-Palast** aus dem Jahr 1621 untergebracht. Es wurde auf Weisung des Wojwodenfürsten *Gabor Bethlen* errichtet, unter dessen Herrschaft Deva kurzfristig Hauptstadt Siebenbürgens war. Der Museumspalast befindet sich gleich zu Füßen des Festungshügels am Rande eines kleinen Parks.

Die permanente Ausstellung des Museums zeigt in 20 Räumen die wichtigsten Stationen der rumänischen Geschichte auf. Natürlich gilt dabei ein Schwerpunkt und Hauptaugenmerk der **dakischen Kultur.** Im Abschnitt über die Altsteinzeit und das Paläolithikum finden sich Skelette von Höhlenbären und Fragmente von Mammuts und kleinen Ur-Pferden. Die Räume zur Bronze- und Eisenzeit präsentieren neben ausgefeilten Instrumenten zur Jagdtechnik auch interessante Grabbeigaben und Schmuckgegenstände.

- **Muzeul Civilizației Dacice şi Romane,** B-dul 1. Decembrie 1918 Nr. 39, Tel./Fax 212 200, Di. bis So. 9–17 Uhr, Mo geschlossen, Eintritt 4 RON.

Informationen

Da Deva über kein eigenes Informationsbüro verfügt, empfiehlt es sich, bei eventuellen Anfragen eins der folgenden **Reisebüros** zu kontaktieren:

- **Deva,** B-dul 1. Decembrie 1918 Nr. 7, Tel./Fax 218 887.
- **Agentie de Turism Sarmis,** Piața Victoriei 3, Tel. 213 173.

Notfälle

- **Krankenhaus: Spitalul Județean,** B-dul 22. Decembrie 56, Tel. 215 865.

Mobilität

- **Hauptbahnhof (Gara),** Piața Garii (in nordöstlicher Richtung am Ende der Str. Libertații, 10 Min. vom Zentrum entfernt).
- **Busbahnhof:** gleich rechts neben dem Hauptbahnhof; wichtige **Verbindungen:** Deva – Arad: 5:45 und 9:11 Uhr, Deva – Hunedoara: morgens alle 10 Min., Deva – Hațeg: keine direkte Verbindung, in Hundedora umsteigen.

Unterkunft

- **Villa Venus** (****), Str. M. Eminescu 16, Tel. 212 243, office@villavenus.ro, www.villavenus.ro. Kleines Hotel mit großem Standard. Von Air-Condition und Internet bis zum Solarium ist hier alles vorhanden, was Urlauberherzen wünschen. EZ 55 Euro, DZ 75 Euro, Suite 85 Euro.
- **Hotel Decebal** (***), Str. 1. Decembrie 1918 Nr. 37a, Tel. 212 413. Sehr ruhiges, im Grünen gelegenes Hotel mit 73 Plätzen zu Füßen des Festungsberges. DZ 65 Euro.
- **Vila Paradis** (***), Aleea Crişului 1a, Tel. 220 130. Saubere, helle Zimmer. DZ 35 Euro.

- **Deva** (**), Str. 22. Decembrie 1918, Tel. 211 290, EZ 36 Euro, DZ 48 Euro, Suite 69 Euro.
- **Motel Beno Oil** (**), Str. Santuhalm 7, Tel. 234 212. Eine der günstigsten Übernachtungsmöglichkeiten in der Stadt. DZ 60 RON.

Retezat-Gebirge und -Nationalpark

XIII, C/D3

Südlich der Städte Hunedoara, Călan und Haţeg erstreckt sich eines der faszinierendsten Gebirgsmassive und Naturschutzgebiete Südosteuropas, das jährlich zahlreiche **Bergsportler, Wanderer und Naturliebhaber** in seinen Bann zieht. Der unter der Protektion der UNESCO stehende Nationalpark Retezat ist nicht nur der älteste Naturpark Rumäniens, sondern auch einer der artenreichsten. Allein **über 1100 Pflanzenarten** sind in dem bereits 1935 gegründeten Schutzgebiet nachgewiesen, darunter 62 endemische Arten. Dieser Reichtum ist vor allem auf das steigende Engagement der rumänischen Naturschützer zurückzuführen, die sich dafür einsetzen, das Retezat-Gebirge in seiner ursprünglichen Schönheit zu erhalten.

Neben der reichhaltigen Flora kann auch die Fauna des Retezats die Besucher in Entzücken versetzen. So mancher wird hier vielleicht seine Bärentaufe erleben, sprich: seinen ersten **Braunbären** mit eigenen Augen zu sehen bekommen. In den bergigen Wäldern tummeln sich außerdem zahlreiche Hirsche, Gemsen, Wölfe und Wildschweine. Da die Eiszeit hier **über 100 Gletscherseen** und mit ihnen zahllose Wasserläufe hinterlassen hat, ist natürlich auch die Unterwasserwelt mit Barben, Forellen und Äschen zahlreich vertreten. Die Seen zählen sicherlich zu den größten touristischen Attraktionen des Gebirgszuges. Die meisten von ihnen befinden sich auf einer Höhe zwischen 1900 und 2000 m. Die größten Gletscherseen sind der **Lacul Bucura** (8,8 ha) und der **Lacul Zănoaga** (6,5 ha), der mit 29 m auch die größte Tiefe aufweist.

Neben dem großen und bekannten Retezat-Gebirge gibt es weiter südlich auch noch eine **kleines Retezat,** das kaum bekannt ist und in dem es u.a. sehr schöne **Karsthöhlen** zu entdecken gibt. Man erreicht es über die Gura Bucurei und den 1879 m hohen **Saua Plaiul Mic.**

Anreise

- Das Retezat-Gebirge kann man von verschiedenen Seiten aus erreichen. Eine Variante ist die (Zug-) Fahrt nach **Petroşani,** wo man in einen Zug nach **Lupeni** umsteigen oder einen Bus zum **Câmpu lui Neag** nehmen kann, einer Gemeinde, die in der Nähe des Lacu Valea de Peşti (Fischtalsee) liegt. Man nähert sich dem Retezat auf diese Art von Osten her und erreicht so auf schnellstem Wege die ruhigeren Passagen im Kleinen Retezat-Gebirge.
- Von Norden kann man Wanderungen gut vom Ort **Pui** (10 km südöstlich von Haţeg) aus starten. Die direkt nördlich gelegene **Pietrele-Hütte** kann man nicht mehr mit dem Auto erreichen, auch nicht mit Allrad, sondern nur noch zu Fuß. Rumänische Hütten sind meist nicht bewirtschaftet, also Wasser und Proviant mitnehmen. Der Weg ist gut markiert, den ungenauen Zeitangaben sollte man keinen Glauben schenken. Die Anga-

ben über Preise für Eintrittskarten in den Park sind sehr unterschiedlich, aktuell erkundigen kann man sich z.B. in Nucşoara.

- Am Ortseingang von Nucşoara (von Haţeg kommend) hat seit Mai 2006 ein großes Informations- und Verwaltungszentrum eröffnet, das sich ausschließlich um das Naturschutzgebiet und den Tourismus des Retezat kümmert. Übernachtungsmöglichkeiten werden erst im Laufe des Jahres 2007 entstehen. Kontakt über **Centrul de Vizitare Nucşoara,** Tel. 0254-383 974, www.retezat.ro/en.

Bergtouren im Retezat-Gebirge

Cârnic-Cascadă-Hütte (1000 m) – Pietrele-Hütte (1480 m)

Vom kleinen Ort Nucşoara aus sind es 5 km in südlicher Richtung bis zum Ausgangspunkt der ersten Wanderung ins Retezat-Gebirge. Die mit einem blauen, senkrechten Streifen ausgeschilderte Tour dauert nur **1½ Stunden.** Vor Antritt der Tour sollte man sich in einer der unten aufgeführten Salvamont-Stellen oder Hütten eine **Eintrittskarte für den Nationalpark** *(Bilet de Vizitare)* besorgen. Sie kostet umgerechnet etwa 3 Euro, und man erhält dazu ein Faltblatt mit den wichtigsten Angaben wie Trassenverläufen, Hütten und Zeltmöglichkeiten.

Von der **Cabana Cârnic Cascadă** aus, an der es übrigens auch eine **Informationsstelle** zum Nationalpark gibt, betritt man nach ca. 1,5 km die Kontrollstelle des Reservats. Nach etwa 20 weiteren Gehminuten geht links ein Weg zu den **Lolaia-Wasserfällen** ab, die nur 7 Minuten entfernt sind. Rechts geht der blau markierte Weg weiter durch das **Pietrele-Tal,** rechtsseitig am gleichnamigen Flüsschen entlang durch den Wald, bis man die **Pietrele-Hütte** auf 1480 m Höhe erreicht hat.

Pietrele-Hütte (1480 m) – Buta-Hütte (1580 m)

Die zweite Wanderung kann auch als separate Teilstrecke angegangen werden, da die Pietrele-Hütte auch mit dem Taxi (oder eigenen Wagen) angefahren werden kann. Auch sie ist mit

rum331 Foto: jr

Gebirgsbach im Retezat-Nationalpark

Süd- und Zentraltranssylvanien

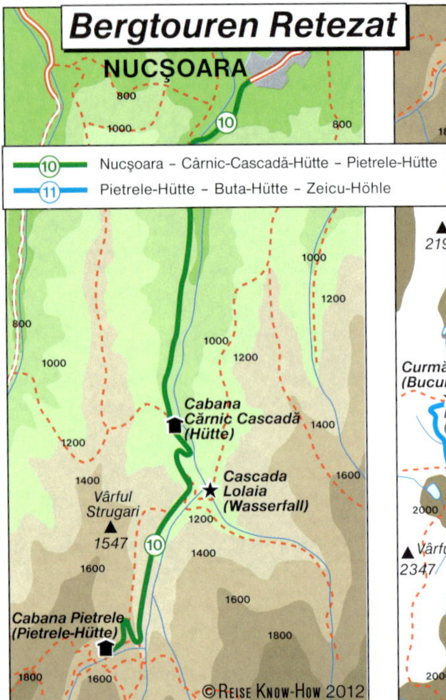

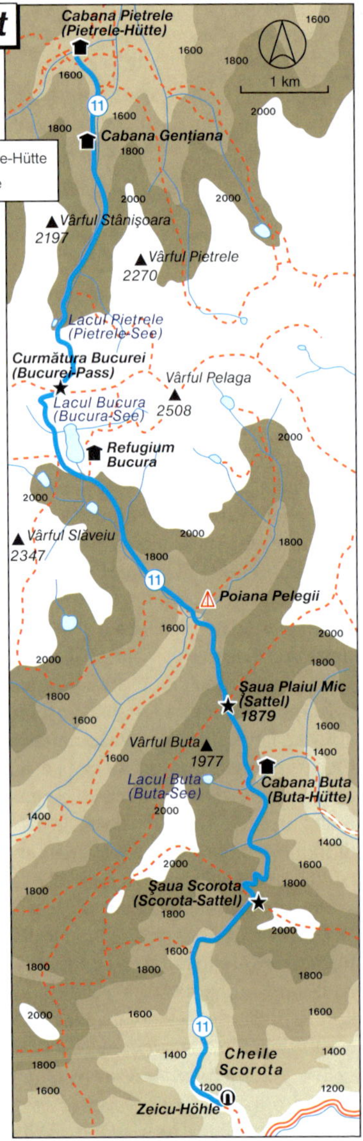

dem senkrechten blauen Band markiert und nimmt **6½–7 Stunden** in Anspruch. Dabei führt sie von Norden nach Süden durch das große Retezat und anschließend am einzigen Durchgang, der Flanke des **Şaua Plaiul Mic,** vorbei zum südlich gelegenen Kleinen Retezat.

Anfangs geht es dabei durch den Wald, bis man nach etwa 35 Minuten eine Lichtung mit dem Refugium, der **Hütte Genţiana** (1670 m), erreicht. Ab jetzt steigt der Weg im Pietrele-Tal stetig an, man passiert die **Pietrele-**

Wasserfälle und den gleichnamigen See, um auf 2206 m Höhe nach 3 bis 4 Stunden den Bucurei-Pass zu erreichen **(Curmătura Bucurei).** Hier kreuzt der von Osten kommende, mit einem roten Streifen markierte Weg, der westwärts hinab zur **Gurs-Zlata-Hütte** (2 Stunden entfernt) führt. Von oben hat man einen herrlichen Ausblick auf den südlich gelegenen großen **Bucura-See,** den man nach kurzer Wanderung rechts passiert (am östlichen Ufer des Sees liegt das Refugium Bucura auf 2070 m Höhe). Links ist der höchste Berg des Retezats, der **Vârful Peleaga** (2508 m), zu sehen.

Nach Verlassen der Gletschersenke von Bucura steigt die nun auch mit einem roten Kreuz markierte Wegstrecke wieder kontinuierlich an, bis man die **Poiana Pelegii** erreicht hat, eine Bergwiese mit Zeltplatz. Von hier aus geht es hinunter über eine Holzbrücke am kleinen Peleaga-Bach und dann wieder steil hinauf zum **Saua-Plaiul-Mic-Sattel** (1884 m). Der Schluss der Tour ist dann wieder etwas abschüssig. Durch zahlreiche Lichtungen geht es hinab zur **Buta-Hütte,** die man vom Sattel aus nach etwa einer halben Stunde auf 1580 m erreicht.

Wer sich für **Höhlen** interessiert, sollte sich nach den **Peştera din Valea Scorota** erkundigen. Man erreicht die Höhlen von der Buta-Hütte aus über die Şaua Scorota (der Weg ist mit einer gelben, senkrechten Linie markiert) und dann über die mit einem gelben Punkt markierte Strecke ins **Cheile Scorota.** Interessant ist vor allem die **Peştera Zeicu.**

- **Transporte zur Cabana Pietrele** übernimmt **Bebe Murar,** Mobil 0744-906 299.

Unterkunft:

- **Cabana Pietrele,** Mobil 0721-291 779 oder 0722-246 639, eine „Cabanuţe", also eine Hütte mit zwei Betten, einem Tisch und zwei Stühlen, kostet 12 RON pro Person. Im Sommer sind die Holzhüttchen meist ausgebucht, telefonische Reservierung ist erforderlich. Zeltplätze sind aber immer vorhanden.
- **Cabana Genţiana,** Mobil 0722-715 595 oder 0721-052 920.
- **Cabana Buta,** Kontakt über *Piekny Albert,* Uricani, Tel. 0254-511 223, Mobil 0724-994 703 (geöffnet März bis Okt.). Die im Jahr 2000 neu erbaute Cabana bietet vier Zimmer mit 24 Übernachtungsmöglichkeiten. Vollpension ist möglich.

Zeltplätze:

- Bei der **Cabana Pietrele, Cabana Genţiana,** am **Bucura-See,** auf der **Poiana Pelegii** und bei der **Cabana Buta.**

Bergrettung:

Das Retezat fällt in die Verantwortung von zwei Gebieten. Zum einen ist dies die **Salvamont Hunedoara,** Mobil 0744-938 812 oder Tel. 0254-735 405, zum anderen die **Salvamont Lupeni,** Tel. 0254-560 331, Mobil 0723-291 746. Sie sind von den Hostels Pietrele, Râuşor und Buta sowie von der Salvamont-Bucura-Hütte aus (im Sommer) zu erreichen. Die nächstgelegenen **Krankenhäuser** sind in Lupeni, Haţeg, Pui, Uricani und Petroşani.

Székely-Land

⇗ IX, D2/3

In der **Provinz Harghita** spricht man vor allem **Ungarisch.** Die Bewohner nennen sich Székely, ihr Ursprung liegt, trotz der gemeinsamen Sprache mit den Magyaren, im Dunkeln. Ethnologen betonen die nahe Verwandtschaft der alten Székely-Runenschrift mit der turkmenischer Nomadenstäm-

Die S…

… findet man …lin (***), Tel. … RON.

…gdy, direkt im Zen-… …ngarische und rumä-nische … …ck.

Sovata

IX, D2

Auch im Kurort Sovata 7 km nördlich von Praid spielen Wasser und Salz eine zentrale Rolle. Die Attraktion ist der von dichten Tannenwäldern gesäumte **Bärensee (Lacul Ursu)** in einer Höhe von 530 m. Er hat im Sommer eine seltene Kapriole der Natur zu bieten, die wissenschaftlich **Heliothermie** genannt wird. Die wärmeren Wasserschichten sind im Bärensee unten zu finden, während die Schwimmer an der Oberfläche durch verhältnismäßig kühles Süßwasser gleiten. „Kühler" bedeutet allerdings immer noch 20 bis 24 Grad Celsius. Rund um den See hat sich das **Kur-Ressort Sovata Băi** herausgebildet. Das Spektrum der Anwendungen reicht von Psoriasis und Atemwegserkrankungen bis hin zu Rheuma und Hormonstörungen.

Rund um die zentrale Strada Trandafirilor, 200 m vom Bärensee entfernt, haben sich neben der Bettenburg Alunis Hotel auch zahlreiche private **Pensionen** und kleinere **Hotels** angesiedelt.

Ein echter Tipp für Angler ist der kleine Ort **Câmpu Cetăţii** 10 km nördlich von Sovata. Nach dem Fang der **Forellen** im dorfeigenen Teich kann man sich anschließend im Restaurant zeigen lassen, wie die Fische auf transsylvanische Art zubereitet werden.

Unterkunft

Das Angebot in Sovata ist reichhaltig. Es lohnt sich, die Str. Trandafirilor und ihre Nachbarstraßen entlangzufahren. Die Preise bewegen sich je nach Saison zwischen 60 und 120 RON für ein Zimmer und verringern sich bei längerem Aufenthalt und Gruppen. Handeln ist fast überall möglich.

- **Vila Parc** (***), Str. Tivoli 1, Tel. 0265-570 851. Mitten im Grünen liegt das mit Holz verkleidete Hotel mit Swimmingpool und Sauna.
- **Casa de vacanţă,** Str. Teilor 22, Tel. 0265-254 548, iszlaijeno@rdslink.ro, www.doina-jeno.ro. 8 Zimmer, gesicherter Hof mit Sommerterrasse, Grillofen und großen Rasenflächen. Voll ausgestattete Küche.
- **Vila Magdalena,** Str. Trandafirilor 66. Außen verspielt wirkendes Haus mit schönem Holzarkadenvorbau, innen eher spartanisch eingerichtet.
- **Pension Paunica,** Str. Principala 171 B, Tel. 0265-570 378, www.pension-paunica.de (auf Deutsch). Empfehlenswerte, ruhig gelegene schöne Pension mit Garten. Preise je nach Saison und Zimmer 15–25 Euro (bis zu 4 Personen). Bei Reservierung von fünf Nächten ist eine sechste gratis. Das ganze Haus mit sieben Zimmern kostet 100 Euro pro Tag.
- **Renaissance-Pension,** in der Ortschaft Calugareni (ungar. Mikháza), 12 km von Sovata entfernt. Große Zimmer (45 m²), auf Wunsch auch (Luxury) Suiten, falls man im Urlaub mal kurz in ein Jacuzzi springen möchte. Restaurant und Garten. Reiten, Grillfeste, Jagen. Preise: 20–30 Euro pro Person, je nach Saison und Kategorie. Tel. 0265-347 338, www.reneszansz.com (auf Englisch).

Camping

- **Camping Stâna de Vale,** Str. Trandafirilor 153, Tel. 0265-571 048. Saison: 15. Juni bis 1. Sept., Öffnungszeit 7–22 Uhr.
- **Camping Vasskert,** Str. Principală 129A, Tel. 0265-570 902. Saison: Mai bis Sept., Öffnungszeit 7–22 Uhr.

rum337 Foto: jr

Miercurea Ciuc ⇗X, A3

- **Höhe:** 655–730 m
- **Vorwahl:** 0266
- **Einwohner:** 42.100
- **Deutscher Name:** Széklerburg
- **Ungarischer Name:** Csikszereda

Miercurea Ciuc (gesprochen: Mirkurea Tschiuk) liegt inmitten des **Ciucer Beckens.** Die Stadt entstand als Zusammenschluss dreier Marktsiedlungen und wurde zur Gründerzeit um 1558 „Stadt der Ebene" genannt. Sehr langsam nur wuchs die Gemeinde, die anfangs kaum 100 Einwohner hatte, zum kulturellen und industriellen Zentrum heran. Ihre Lage in der Senke macht sie zu einem der kältesten Orte Rumäniens, wobei es im Winter durchaus zu Tiefpunkten von minus 40 Grad kommen kann. Die **kalten Winter** bringen die Durchschnittstemperatur des Jahres auf 5,9 Grad, obwohl die Sommertemperaturen durchaus 35 Grad erreichen können. Eine Reise im Spätherbst und Winter ist also nur etwas für Hartgesottene, zumal sich in diesen Jahreszeiten häufig Nebel bildet, der sich im Becken staut.

Besonders lohnt der Besuch der Stadt zu Pfingsten, wenn sich zur berühmten **Székely-Prozession von Şu-**

Str. Petöfi – wohl das Schmuckstück von Miercurea Ciuc

muleu Tausende von Wallfahrern aus allen Landesteilen auf den Weg ins Harghita machen. Am Pfingstsonntag geht es dann im **Franziskanerkloster von Şumuleu (Csiksomlyó)** 3 km nordöstlich vom Stadtzentrum sehr bunt und lebhaft zu. Rund um die drei Kapellen auf dem Hügel des Klostergeländes stimmt die Masse der frommen Besucher stimmgewaltig alte religiöse Lieder an, während sich zu ihren Füßen die prächtige Kulisse der Ciucer Senke auftut.

• **Franziskanerkloster** in Şumuleu (Csiksomlyó/Schomlenberg), Busse 11, 21, 40, 41, 42 Richtung Păuleni und Şoimeni, 1,50 RON.

Sehenswertes

Schloss Mikó

Seine touristischen Pluspunkte verdient sich Miercurea Ciuc als günstiger Ausgangspunkt in die Harghiter Bergwelt und weniger aufgrund seiner architektonischen Schönheit. Obwohl die Stadtverwaltung es nicht vermeiden konnte, das **Zentrum** rund um den **Piața Libertații** „massiv" zu modernisieren, sind in der Fußgängerzone entlang der **Strada Petöfi Sandor** noch zahlreiche schöne, alte Fassaden erhalten geblieben.

Das Prunkstück der Stadt ist das **Schloss Mikó (Castelul Miko),** das vom Landesfürsten *Ferenc Miko* in der Periode zwischen 1620 und 1635 erbaut wurde. Man findet es 300 m südlich des zentralen Platzes, am Schnittpunkt des Bulevardul Timişoarei und der Str. Balcescu. Der Fürstensitz wurde von vorneherein als Festung konzipiert. *Ferenc Miko* ließ das Schloss mit vier Bastionen ausstatten, wobei es die so genannte **Goldene Bastion** zeitweise sogar weit über die Region hinaus zu Bedeutung gebracht hat. Bereits 1661 wurde die Festung von den Tartaren geschleift. Jährlich im Juli wird im Innenhof des Schlosses das **Festival der Alten Musik** organisiert. Neben typischen Tänzen und Instrumenten aus der Region beeindrucken dabei vor allem die Chöre aus der benachbarten Stadt Odorheiu Secuiesc.

Das Schloss beherbergt heute das **Csiki-Székely-Museum.** Sehenswert ist hier vor allem die Sammlung alter Bücher, ein Bestand von über 6700 Werken, der auf die bibliophile Leidenschaft des Franziskanerordens zurückzuführen ist.

• **Castelul Miko** und **Csiki Székely Múzeum,** Str. Gh. Doja 2, Di. bis So. 9–17 Uhr, Eintritt 2 RON.

In der Altstadt

Außer dem in der Nähe des Schlosses gelegenen Rathaus und dem 1786 im klassizistischen Stil errichteten ehemaligen Gerichtshof, der heute ein Krankenhaus beherbergt, hat die Stadt architektonisch nicht viel zu bieten. Erwähnenswert ist die in der Strada Virág zu findende barocke **Szent-Kereszt-Kirche.** Das römisch-katholische Gotteshaus wurde 1758 errichtet und steht heute, wie in so vielen anderen rumänischen Städten, in Konkurrenz zu aktuellen Kirchenneubauten wie der Milleniums-Kirche, die als Werk des ungarischen Architekten *Mako-*

vecz *Imre* die liturgische Kraft der Stadt stärken soll.

2 km südlich des Zentrums findet sich im Stadtteil Jigodin (Csikzsögöd) eine interessante Ausstellung des Székely-Künstlers **Nagy Imre.** Kenner der Székely-Kunst werden seine Holzschnitzereien bereits im Csiki Székely Múzeum bewundert haben. Im ehemaligen Wohnhaus des Malers sind außer Werken aus seiner Schaffenszeit zwischen 1920 und 1970 auch Arbei-

Übernachtung
- **1** Prince
- **3** Panzió Inkognito
- **6** Panzió Csiki
- **7** Floare de Colț
- **8** Fenyö
- **9** Panzió Turul

Essen und Trinken
- **2** Borona
- **4** Alzo
- **5** Dany
- **6** Carbonapetit

ten lokaler Textil- und Keramikkunst (Corunder Keramik) ausgestellt.

- **Galeri Nagy Imre,** Tel. 113 963, Mi. bis Mo. 9–17 Uhr, Eintritt 1 RON.

Informationen

- **Touristeninformation,** Piata Cetaţii 1, Tel. 317 007, czikinfo@szereda.ro.
- **Reisebüro: Molnar Tour,** Str. Gál Sandor 7, Tel. 311 217. Das Reisebüro vermittelt auch günstige Übernachtungsmöglichkeiten in den nahe gelegenen Bäderstädten Băile Tuşnad und Covasna.
- **Reisebüro: Univers Tourist,** Piaţa Majláth Gusztáv Károly 6, Tel. 171 178.

Service

- **Post,** Str. Florilor 3, Mo. bis Fr. 7–20 Uhr, Sa. 8.30–13 Uhr.
- **Telefon,** Romtelecom am Piaţa Majláth Gusztáv Károly.
- **Geldwechsel: Banca Comercială** (Kereskedelmi Bank), Str. Florilor 17–19, Tel. 171 766; **Banca Naţională,** Str. Libertăţii 14, Tel. 171 661.

Notfälle

- **Polizei,** Tel. 112 224.
- **Erste Hilfe, Ambulanz,** Tel. 124 193.
- **Poliklinik,** Str. Tudor Vladimirescu 48, Tel. 124 193.
- **Kreiskrankenhaus: Spitalul Judeţean Harghita,** Str. Tudor Vladimirescu 50, Tel. 124 674.
- **Apotheke: Farmacia Nr. 50,** Piaţa Majláth Gusztáv Károly 4, Tel. 111 718.

Mobilität

Züge

- **Bahnhof,** Str. Braşovului 1, Tel. 115 102. Der Bahnhof liegt etwa 400 m westlich des Zentrums. Richtung Bukarest besteht keine direkte Zugverbindung.
- **IC-Zug-Verbindung Miercurea Ciuc – Braşov:** 17:35 Uhr (Ankunft: 19:28 Uhr).
- **R-Zug-Verbindung Miercurea Ciuc – Braşov:** 6:18 Uhr (Ankunft: 7:58 Uhr).

Busse

- **Busbahnhof (Autogara),** Str. Vânătorilor 7, Tel. 771 260. Der Busbahnhof liegt etwa 100 m nördlich des Zugbahnhofs nahe der Straße nach Odorheiu Secuiesc.
- **Busverbindung Miercurea Ciuc – Bucureşti:** 6, 9, 12 und 15 Uhr, 5 Std., 34 RON; die Busse nach Bukarest fahren über Băile Tuşnad, Sfântu Gheorghe, Braşov und Piteşti.

Taxis

- Tel. 953, 954

Unterkunft

Hotels

- **Hotel Harghita** (***), Piaţa Libertaţii 1, Tel. 171 543. Das zentral gelegene Hotel der gehobenen Preisklasse bietet alle erdenklichen Einrichtungen. EZ 200 RON, DZ 260 RON.
- **Hotel Flamingo** (***), Str. Topliţa 141a, Tel. 313 600, office@hotelflamingo.ro, www.hotelflamingo.ro (deutschsprachig). Neu erbautes, modernes Hotel mit 26 Zimmern, angegliederter Bar, Diskothek, Schwimmbad und Restaurant. Außerdem: Wäsche-Service, TV, Internet und bewachte Parkplätze. EZ 35 Euro, DZ 40 Euro (jeweils inkl. Frühstück). Das Hotel liegt 1 km nördlich außerhalb der Stadt (DN 12 Richtung Ciceu).
- **Hotel Fenyö** (***), Str. Nicolae Bălcescu 11, Tel. 311 493, reserve@hunguest-fenyo.ro, www.hunguest-fenyo.ro. Das 1972 erbaute, biedere achtstöckige Hotel ist nur 1 km vom Hauptbahnhof entfernt und liegt direkt am zentralen Park. Nach einem Umbau bietet es vom Fitnesscenter über Jacuzzi, Sauna und Internet allen möglichen Komfort. EZ 60 Euro, DZ 71 Euro, Superior-Zimmer 82 Euro, App. 105 Euro (Zusatzbett 35 Euro).
- **Hotel Prince** (**), Str. Harghita 74, Tel. 371 583, office@princehotel.ro, www.princehotel.ro. Das im Jahr 1998 erbaute, sehr gepflegte Hotel liegt im westlichen Teil der Stadt, an

der Straße nach Odorheiu Secuiesc. Es gehört vom Preis-Leistungsverhältnis her zu den besten Hotels der Stadt. 20 Zimmer mit Bad. EZ 25 Euro, DZ 30 Euro (jeweils inkl. Frühstück).

- **Floare de Colţ** (**), B-dul Frătiei 7, Tel. 172 068. Eines der preiswertesten Hotels der Stadt, zudem ist es sauber und der Service freundlich.

Pensionen

- **Panzió Inkognito** (***), Iancu de Hunedoara 45, office@inkognitopanzio, www.inkognitopanzio.ro. Die 2005 im Grünen erbaute preiswerte und familienfreundliche Pension verfügt neben einer großen Terrasse, einem Spielplatz und einem Grillplatz auch über eine beheizbare Garage und organisiert für Naturfreunde auch Ausflüge mit dem Pferdewagen. Ein Thermalbad ist etwa 20 km entfernt. EZ 20 Euro, DZ 26 Euro (jeweils inkl. Frühstück), Appartement für 4 Personen 40 Euro (Kinder unter 10 Jahren und Gruppen erhalten Ermäßigungen).
- **Panzió Csiki** (**), Str. Petöfi 5, Tel. 314 377. Obwohl die sehr gepflegte Pension mitten in der Fußgängerzone liegt, ist sie erstaunlich billig und ruhig. Frühstück und warme Mahlzeiten werden extra berechnet. 7 Zimmer, EZ/DZ 17 Euro.
- **Panzió Turul** (**), Str. Braşovului 35a. Pension mit vielfältigem Angebot (Sauna, Garten) und schlichten Zimmern. EZ 15 Euro, DZ 20 Euro (jeweils inkl. Frühstück).

Essen und Trinken

- Im **Restaurant Alzo** in der Fußgängerzone bekommt man von Pizza und Pasta bis hin zu ungarischen und rumänischen Spezialitäten alles geboten. Achtung: reichliche Portionen. Str. Petöfi Sandor 16, Tel. 371 682.
- Trotz des seltsam chemisch klingenden Namens kann man ganz in der Nähe des Alzo, im **Carbonapetit** (Str. Petöfi Sandor 16, Tel. 116 828), bestens speisen. Schwerpunkt auf italienischer Küche.
- Im **Dany** in der Str. Mihail Sadoveanu 27, Tel. 171 860, findet man viele Einheimische. Wie meistens ist dies ein gutes Zeichen für die angebotenen regionalen Spezialitäten.
- Mit der Renovierung vieler historischer Häuser in der Fußgängerzone ging auch die Eröffnung des neuen **Restaurants Bandido's** einher. Das Lokal in der Str. Petöfi Sandor 25 gibt sich vom Interieur her mexikanisch, hat neben mittelamerikanischen aber auch klassische rumänische, ungarische und italienische Gerichte im Angebot. Achtung: scharf! Tel. 314 749, täglich 10–24 Uhr.

Feste und Events

- Im Februar findet kurz nach dem Fasching das **Schneefestival** statt.
- Das Franziskanerkloster in Csiksomlyó wird zur **Pfingstfeier** zu einem Pilgerort für Tausende von Széklern.
- Im Juli findet der **Tag der Tausend Székler Mädchen** statt – früher und heute ein Fest, bei dem es um Tanz, Musik und Brautschau geht.
- Ebenfalls im Juli spielen verschiedene Musik- und Tanzgruppen im Innenhof des Schlosses Mikó zum **Festival der Alten Musik** auf. Ein Tag, an dem vor allem die traditionelle Musik der Székler gepflegt wird.
- An den **Stadttagen von Széklerburg** im August präsentiert sich der ganze Ort auch kulinarisch von seiner besten Seite. Den ganzen Sommer über werden zudem bunte **Straßenfeste** mit Theater und Musik gefeiert. Erkundigen sie sich, ob es im August wieder ein **Kartoffelfest** geben wird.
- Im September findet das **Fest der Csángó** statt, ein Fest zu Ehren der aus der Székler-Region ausgewanderten ungarischstämmigen Gruppen.
- Zu Weihnachten findet traditionellerweise der **Wettbewerb im Schmücken von Weihnachtsbäumen** statt.

Băile Tuşnad ⇗XVI, A1

- **Höhe:** 650 m
- **Vorwahl:** 0266
- **Einwohner:** 1800
- **Deutscher Name:** Bad Tuschnad
- **Ungarischer Name:** Tusnádfürdó

Südlich von Miercurea Ciuc hat sich der **Olt-Fluss** ein imposantes Tal gegraben, in dem inmitten von Fichten und Lärchenwäldern der **bekannte Kurort** Băile Tuşnad zu finden ist. Mit ihren gerade einmal 1800 Einwohnern ist die Gemeinde zwischen den Nagy-Piliske und Csomád-Bergen die kleinste Stadt Rumäniens, denn 1968 hat man ihr ehrenhalber die Stadtrechte verliehen. Berühmtheit erlangte der Kurort vor allem aufgrund seiner zahlreichen **mineralischen Quellen** und deren Heilkraft. Die Gründung des Ortes im Jahr 1842 geht der Sage nach auf die Heilung eines Schäferjungen zurück, dem die Heilwasser von Tuşnad das Leben retteten. Diesem Wunder folgte schon bald der Bau der ersten so genannten **Schweizer Häuser** sowie eines überdachten Heilpfads zu den **Apor-Quellen.** Nachdem man um 1900 auch das sumpfige Gelände entlang des Olt trockengelegt hatte, begann der unaufhaltsame Aufstieg der Siedlung zu einem der bekanntesten Kurorte Rumäniens. Von den 44 Quellen rund um Bad Tuşnad zählen neben der bereits erwähnten Apor-Quelle die Mikes-, Rudi- und Sankt-Anna-Quellen zu den bekanntesten und meistbesuchten.

Băile Tuşnad ist sehr übersichtlich. Südlich des Bahnhofs finden sich versprengt in den Hügeln einige wenige Hotels. Von der Ortsmitte führen gut markierte Wege zu den Hauptattraktionen rund um den Kurort. Neben dem **Aussichtspunkt Ludmilla** locken vor allem der östlich der Stadt gelegene Sankt-Anna-See und das Mohos-Torfmoor die Wanderer und Kurgäste.

Den **Sankt-Anna-See (Lacul Sf. Ana)** erreicht man nach einem zweistündigen Fußmarsch über den südlichen Ortsrand Bixad. Der See ist der **einzige Vulkansee Rumäniens** und füllt auf einer Höhe von 950 m den **Krater des Ciumatu-Berges.** Jährlich ist das Ufer des spektakulären Sees Aufführungsort für ein Festival zu Ehren der Heiligen Anna am 26. Juli. In den 1970er Jahren wurde das Festival auch als politische Bühne der Opposition gegen *Ceauşescu* genutzt, was die Securitate lange Zeit vor der politischen Führung geheim hielt.

Als weiteres Naturphänomen erkennt man vom See aus auf der anderen Seite des Sattels das **Torfmoor von Mohos.** Die Wasseroberfläche des heutigen Moors war früher viermal größer als die des Sankt-Anna-Sees. Im Laufe der Jahrtausende verschwanden jedoch die Wassermassen und hinterließen ein echtes Hochmoor.

Wer die Bank auf die richtige Seite des Hauses stellt, so ein rumänisches Sprichwort, sitzt immer auf der Sonnenseite des Lebens

Informationen

- **Molnar Tur Tuşnad,** Str. Oltului 78, Tel. 0266-311 217, molnartur@almafa.ro.

Unterkunft

- **Hotel Fortuna** (***), Str. Kovacs Miklos 68. Luxuriöses Holzhaus am Waldrand mit Jacuzzi, Massage-Angebot, Sauna, Internet und Air-Condition. EZ/DZ 42 Euro, Suite 75 Euro (inkl. Frühstück).
- **Motel Bradul** (**), Str. Kovacs Miklos 30. Das Motel „Die Tanne" mit eigenem Restaurant bietet das beste Preis-Leistungs-Verhältnis. EZ/DZ 18 Euro.
- **Pensiunea Szurdok,** Str. Oltului 78, Tel. 0266-335 298. 5 saubere Zimmer mit eigenem Bad und Doppelbett. EZ/DZ 10 Euro.
- **Pensiunea Csomad** (**), Str. Kovacs Miklos 62–64. Kleine Pension am Waldrand mit Kabel-TV, Massage-Angebot und Fax. EZ/DZ 18 Euro.

Fest

- **Stadttage** mit festlichen bunten Trachtenumzügen jährlich im Juni.

rum343 Foto: jr

Mofetten – die sanften, ruhenden Geysire

In Rumäniens Vulkanlandschaft rund um die Kurorte Covasna und Băile Tuşnad läuft das Leben ähnlich beschaulich ab wie in der Eifel. Still, glatt und ruhig liegt der Teufelssee in der Mitte Covasnas, nur hier und da blubbern mineralische Quellen. Sanft und still wie die Maare der Vulkaneifel liegt auch der See der Heiligen Anna in der Nähe von Băile Tuşnad in seinem Kraterbecken. Doch so ruhig und bedächtig war die Natur hier nicht immer zu Gange. Tausende von Jahren kam die Erde im östlichen Széklerland nicht zur Ruhe.

Als Überbleibsel dieser vulkanisch aktiven Zeit kam es in **Covasna** zu einer in Europa seltenen geologischen Eigenart. Eine sprudelnde Kohlenstoffdioxidquelle, eine sogenannte **Mofette,** hat sich hier mitten im Ort gebildet. Es handelt sich dabei um eine unterirdische Blase, die auch Methan oder Schwefel enthalten könnte. Glücklicherweise enthält die Mofette von Covasna jedoch nur Kohlenstoffdioxid und stellt keine Gefahr für Menschen und Tiere dar. In Island entladen sich die Mofetten von Zeit zu Zeit, da der heiße Wasserdampf für entsprechenden Druck sorgt. Man nennt sie dann **Geysire.** Die rumänischen Mofetten jedoch sind Indikatoren für passiven Vulkanismus, blubbern allenfalls ein wenig gespenstisch vor sich hin und würden erst dann zu Kaltwassergeysiren, wenn man sie aufbohren würde.

Die heutigen Kurgäste merken darum auch kaum etwas vom moffetigen Treiben unter ihren Füßen. Geologen gehen davon aus, dass sich die rumänische Erde hier am Rande der Karpaten noch einige Jahrhunderte ausruht, bevor es wieder zu Eruptionen und vulkanischer Aktivität kommt.

Covasna

↗ XVI, B1/2

- **Höhe:** 850 m
- **Vorwahl:** 0267
- **Einwohner:** 11.204
- **Deutscher Name:** Kovasna
- **Ungarischer Name:** Kovászna

Einen ebenso hervorragenden Ruf wie Băile Tuşnad genießt der **Kurort** Covasna in der gleichnamigen kleinen Provinz. Man erreicht die Kleinstadt in den Bergen von Braşov aus in einer Stunde mit dem Pkw über die gut befahrbare E574 (rechter Abzweig hinter dem Ort Reci). Auch zahlreiche Züge und Busse fahren von Miercurea Ciuc über Sfântu Gheorgheni und von Braşov aus in den Kurort.

Vom Bahnhof aus bringen Zubringerbusse Reisende ins Zentrum der 3 km entfernt liegenden **Stadt der „tausend Quellen“.** Von hier aus sind es 5 km zu den Kliniken, Sanatorien und Heilbädern im sagenhaften **Tal der Feen (Valea Zânelor).**

Bereits seit 1548 ist die Heilkraft der **salzhaltigen Quellen** überliefert, doch erst im Jahr 1840 erhielt die Stadt das Recht, einen eigenen Markt abzuhalten, und erst im Jahr 1889 begann man die balneologischen Vorzüge des Ortes auch kommerziell zu nutzen. Landesweit wurde das Heilwasser in Flaschen abgefüllt und an die ärztlichen Praxen des Landes verkauft.

Mofetten, Waldbahn und Teufelsteich

Covasna liegt in einer Zone ehemals hoher vulkanischer Aktivität, die den zahlreichen Heilquellen und Mofetten (siehe Exkurs „Mofetten - die sanften, ruhenden Geysire") zu einem erhöhten Mineralienanteil verhilft. Das **Wasser der Heilquellen** ist in seiner Zusammensetzung überaus komplex. Über 1500 verschiedene, meist mineralische Bestandteile machen es zu einem der therapeutisch wirksamsten ganz Europas.

Ein Überbleibsel der vulkanischen Kraft kann man im Zentrum von Covasna bewundern: Aufgrund einer gewaltigen vulkanischen Eruption ist hier der **Teufelsteich (Balta Dracului)** entstanden.

Eine weitere Attraktion des Kurortes ist die 1886 erbaute **Waldbahn,** die neben der im Maramureş noch heute aktiven Dampflokomotive vom Valea Vaser zu den letzten Fahrzeugen ihrer Art in Europa zählt. Seit einiger Zeit bemühen sich Vereine und Dampflok-Fans, die lange stillgelegte Waldbahn von Covasna nach Comandau wieder in Fahrt zu bringen. Einer Initiative gelang es bereits 2002, die alte Krauss-Lok in Comandau und die neu gebaute Lok aus Reghin fahren zu lassen. Vorerst sollen nur Touristen in den Genuss der Standseilbahn kommen.

Mobilität

Züge

- **P-Zugverbindung Miercurea Ciuc - Covasna:** 6:32, 13:33, 15:28 Uhr, Ankunft in Sfântu Gheorghe 7:26, 8:03, 15:14 Uhr, Abfahrt Sfântu Gheorghe 8:54, 17:50 Uhr, Ankunft in Covasna 10:07, 19:03 Uhr.
- **P-Zugverbindung Braşov - Covasna:** Abfahrt 8:03 Uhr, Ankunft 10:07 Uhr.

Busse

- **Miercurea Ciuc - Covasna:** Abfahrt 11:30 Uhr, Ankunft 13:34 Uhr, 13 RON.
- **Braşov - Covasna:** Abfahrt 15 und 18:30 Uhr, 1½-2 Std., 8 RON.

Unterkunft

- **Hotel Bradul** (***), Str. Valea Zânilor 10, Tel. 340 081. Bestes Haus im Ort ist das moderne, gegenüber dem Krankenhaus liegende Hotel „Die Tanne". EZ/DZ 40 Euro.
- **Hotel Covasna** (**), Str. 1. Decembrie 1918 Nr. 1-2, Tel. 340 401. Hotel mittlerer Kategorie. EZ/DZ 22 Euro.
- **Hotel Turist** (*), Str. 1. Decembrie 1918 Nr. 4, Tel. 340 573. Einfaches, aber gutes Hotel im Stadtzentrum. EZ/DZ 16 Euro.
- **Pensiunea Schneider** (**), Str. Ştefan cel Mare 106, Tel. 304 758. Preiswerte und ruhige Pension. EZ/DZ 12 Euro.

Camping

- **Camping Valea Zânilor,** Valea Zânilor, Tel. 340 401. Platz ab 6 Euro.

rum346 Foto: jr

Das nördliche Transsylvanien

rum347a Foto: jr

rum347b Foto: jr

Riesige Sonnenblumenfelder gehören im Sommer zum Erscheinungsbild des nördlichen Transsylvaniens

Kloster Sfântul Ilie

Kaffeeröstung auf heißem Sand

- **Hotel Rubin** (***), direkt im Ortsinnern von Gheorgheni. Fitnessraum, Sauna, Internet (wireless). EZ 22 Euro, DZ 35 Euro, App. mit Jacuzzi 45–50 Euro.

Toplița

↗ IX, D1

- **Höhe:** 540 m
- **Vorwahl:** 0266
- **Einwohner:** 15.880
- **Deutscher Name:** Bad Toplitz
- **Ungarischer Name:** Marosheviz

Leider kann man dem **Kurort** Toplița nur Drittklassigkeit bescheinigen. Das Stadtzentrum ist nicht der Erwähnung wert, und viele Besucher Rumäniens kennen die Stadt nur von der Durchfahrt, wenn sie von Cluj-Napoca über Reghin nach Piatra-Neamț und zu den Moldauklöstern fahren. Doch Besuchern des nahen **Căliman-Gebirges** bieten sich in der Mureş-Stadt Toplița vielfältige günstige Übernachtungsmöglichkeiten, und wie so oft in Rumänien versteckt sich hinter jedem hässlichen oder unansehnlichen Entlein überraschenderweise irgendwo ein hübscher Schwan. Man muss nur ein bisschen danach suchen.

Kloster Sfântul Ilie

In Toplița taucht dieser „Schwan" gleich von Westen, also Reghin kommend, in Form eines Klosters auf, das linker Hand, direkt am Ortseingang, liegt. Unachtsame Besucher werden das Mănăstirea Sfântul Ilie leicht übersehen, da die hoch frequentierte Straße Konzentration erfordert und sich das Kloster hinter Bäumen und einer **Parkanlage** versteckt. Allein der Garten ist einen Halt wert. Viele Besucher treten völlig erstaunt von der lebhaften Straße durch das reich verzierte Holztor und sehen sich unvermittelt auf einer ruhigen schattigen Allee, die sie direkt zur kleinen zentralen Holzkirche führt.

In unmittelbarer Nähe der Holzkirche, neben dem mit einem kleinen Holzpavillon überdachten Brunnen, steht ein hölzernes Schlaginstrument, die so genannte **Toaca.** Sie wird von den Mönchen benutzt, um Messen und Meditationen anzukündigen.

Im Kloster schlägt das Leben in einem langsamen Rhythmus. Bedächtig schreiten die **Mönche** durch die im Jahre 1911 durch den Patriarchen *Miron Cristea* angelegte Anlage. Im Mittelpunkt des Interesses im 1995 eröffneten **Klostermuseum** stehen die hölzernen Ikonen aus dem 18. Jahrhundert. Eine von *Andrei din Sunfalău* im Jahr 1755 geschaffene, farbenprächtige Ikone solle man sich auf keinen Fall entgehen lassen.

- **Mănăstirea Sfântul Proroc Ilie,** Str. Luncani, Übernachtung 5–10 Euro.

Die Tannenquelle

Die größte Quelle von Toplița ist die so genannte **Bradul,** also zu Deutsch Tannenquelle, die ein kleines therapeutisches Heilwasserbecken mit einer konstanten Wassertemperatur von 27,5 Grad Celsius versorgt. Eine kleinere Quelle, die **Izvorul Tineretului,** soll angeblich als wahrer Jungbrunnen dienen, daher auch ihr Name, der „Quelle der Jugend“ bedeutet.

Von Westen kommend, erreicht man die Kurstation **Staţiunea Bradul** über die nach links abzweigende Str. Măgura. In Topliţa ist das Ressort vor allem unter dem ungarischen Namen **Bánffyfürdö** bekannt. Oben, nahe der Kurzentren, haben sich einige Pensionen, aber auch einige preiswerte Campingplätze mit einfachen Holzhütten angesiedelt.

Mobilität

- **Busverbindung Târgu Mureş – Topliţa:** 14 Uhr (ca. 3:30 Std.), 13 RON.

Unterkunft

- **Pensiunea Căprioara,** Str. Luncani. Gleich an der westlichen Ortseinfahrt liegt das neue, gelb leuchtende Haus. Die Zimmer sind akurat und modern eingerichtet. EZ 50 RON, DZ 80 RON.
- **Pensiunea Platon** (**), Str. Vilelor 1, Tel. 341 735, EZ/DZ 25 Euro.
- **Pensiunea Mureşan** (**), Str. Magură 50a, Tel. 341 363, georgeta@exclusivcatering.ro, EZ/DZ 22 Euro.
- **Pensiune Dia** (**), Sarmaş, Mobil 0744-666 151. Eine gute und ruhige Alternative zu Topliţa bietet die 5 km südlich (Richtung Gheorgheni) liegende Pension an. Auf dem neu errichteten Gelände, das man gleich am Ortseingang rechts erkennt, kann man zwischen mehreren Häusern wählen. Im **Restaurant Dia** wird die regionale Küche bevorzugt. EZ 60 RON, DZ 80 RON, ein ganzes Haus für 4 Personen kostet 200 RON.

Der Căliman-Nationalpark ↗IX, C/D1

Die **Căliman-Berge,** die sich nördlich des Flusses Mureş erheben, gehören erdgeschichtlich und ästhetisch zu den interessantesten Erhebungen Rumäniens. Sie haben geologisch drei verschiedene vulkanische Perioden durchlaufen. Ihre Einzigartigkeit, die sie in den Fokus der Forscher und Bergwanderer rückt, ist auf die Tätigkeit der Eiszeitgletscher zurückzuführen, die hier, in den östlichen Karpaten, zu vielen morphologischen Besonderheiten des vulkanischen Karsts, wie **Dolinen, Mulden und Hohlräumen,** geführt haben. Auch viele bizarre Felsformationen wie die Zwölf Apostel, Lucaciu, Pietrele Roşii und Tămăului sind hier zu finden.

Der **Waldbestand** des Căliman ist außerordentlich vielseitig. Unter anderem finden sich hier Buchen, Eichen, Pinien, Ahornbäume, Fichten, Weißbuchen und Latschenkiefern. Auf einer Höhe von 910 m befindet sich mit einer Fläche von über 677 ha eines der größten **Torfmoore** Rumäniens.

Naturfreunde können, was die Fauna betrifft, darauf hoffen, hier einige der seltenen **Luchse** oder **Bären** zu Gesicht zu bekommen. Außerdem tummeln sich zahlreiche Marder, Wölfe, Füchse, Wildkatzen und Adler im Nationalpark.

Die schönsten und ursprünglichsten **Ortschaften,** die im Gebiet des Nationalparks liegen sind Bilbor, Poiana Negrii, Păltiniş, Dorolea und Petriş.

Man erreicht den Nationalpark von Transsylvanien kommend über die E60 auf der Strecke Târgu Mureş – Deda – Topliţa. Zwischen den Orten Lunca und Neagra führt eine Bergstraße hinauf ins Reservat Sarului und weiter nach Vatra Dornei (von der Bukowina kommend über Vatra Dornei natürlich in umgekehrter Richtung südwärts). Von Bistriţa aus geht es über die E576 oder über westliche Bergstraßen bis hinauf zur Cabana Aluneasa, Cuşma oder Sebiş.

- **Bergwacht Vatra Dornei,** Tel. 0230-372 767.

Borsec

↗X, A1

- **Höhe:** 850–950 m
- **Vorwahl:** 0266
- **Einwohner:** 2864
- **Deutscher Name:** Bad Borseck
- **Ungarischer Name:** Borszék

Jeder Rumäne kennt den Namen Borsec, auch wenn die meisten Rumänen den kleinen **Kurort** 28 km östlich von Topliţa nie in ihrem Leben besucht haben. Das liegt daran, dass in Borsec das **bekannteste Mineralwasser Rumäniens** gewonnen wird. Internationales Renommee gewann das sprudelnde Produkt im September 2004, als ihm in Berkeley Springs in den USA die Goldmedaille für das beste Mineralwasser der Welt verliehen wurde. Bereits im 16. Jahrhundert entdeckte der italienische Arzt *Bucella* die Heilkraft des Wassers aus Borsec, als er den schwer erkrankten Fürsten *Sigismund Bathory* mit einer Wasserkur heilte.

Wer sich der kleinen berühmten Gemeinde von Westen über den 1105 m hohen **Borsec-Pass** nähert, wird bereits am Eingang des Ortes von überdimensionierten blau-weiß-roten Reklametafeln empfangen, auf denen der rumänische Exportschlager angepriesen wird. Auch die Viadukt-Bogenbrücke, die zum Kurort hinauf führt, ist mit einem riesigen Transparent des Mineralwassers geschmückt.

Wer die Quellen der Kurgemeinde besuchen möchte, fährt vom Zentrum des Ortes, der direkt an der DN15 liegt, links den Berg hinauf. Die Hinweisschilder weisen die **Staţiunea Borsec** aus. Wer möchte, kann auf halber Strecke, kurz nach der aquäduktartigen Bogenbrücke, anhalten und sich die Borsec-Mineralwasser-Werke ansehen (gleich in der Nähe des gut sichtbaren dreieckigen Romtelecom-Gebäudes). Führungen und ein kleiner Umtrunk sind jedoch nur nach vorheriger Anmeldung möglich.

Mineralwasser-Kuren

Der weiter oben im Waldgebiet von Borsec gelegene **Kurpark** hat einiges vom früheren Glanz verloren. Viele Fassaden der zahlreichen Prunkbauten entlang der **Quellen-Promenaden** sind in einem erbärmlichen Zustand. Doch wer sich eine Weile zwischen den alten Patrizierhäusern, Kurvillen und Hotels umgesehen hat, wird entdecken können, dass die Patina der liebevoll ausgestatteten Gebäude ihnen einen ganz unverwechselbaren Charakter verleiht. Es lohnt sich hier besonders, die ausgetretenen Pfade der organisierten Touristengruppen zu verlassen und selbst auf Entdeckungsreise zu gehen. Alte moosbedeckte Waldhäuser, bröckelnde Stuckfassaden und zerfallende Jugendstilvillen sind nicht nur etwas für passionierte Fotografen.

An den verschiedenen kleinen hübschen **Pavillons** mit den Bezeichnungen Quelle 3, 5, 6, 10 oder 11 findet man groß dimensionierte **Hinweistafeln,** die minutiös darüber Auskunft geben, welche Zipperlein mit welchem Wasser zu kurieren ist. Denn Heilwasser ist schließlich nicht gleich Heilwasser. So hilft das kalzium- und magnesiumreiche, kohlensäurehaltige Wasser der Quelle 3 vor allem bei Gastritis, Verstopfung, Leberleiden und Nierensteinen.

Husky-Rennen und Märchenlichtung

Da die Winter im waldreichen, geschützten Gebiet um Borsec erstaunlicherweise nicht allzu „sibirisch" ausfallen, bietet die Mineralwasser-Gemeinde vermehrt auch sportliche Schneeattraktionen an. Neben dem traditionellen **Maskenfest,** das zu Weihnachten die rumänische Form des Karnevals einleitet, wurde das Mitte Februar stattfindende **Schlittenhund-Rennen im Spa** zu einem festen jährlichen Ereignis. Besonders im Februar, wenn die Pisten rund um Borsec Langläufer und alpine Skifahrer (Lorinc Pal Cup) anlocken, bietet der kleine Ort seinen Besuchern zahlreiche Winterevents, Schneefeste und die Besichtigung der Eishöhle an.

Im Sommer können Wanderer Exkursionen zur **Bärenhöhle,** der **Märchenlichtung** und der **Quelle Pierre Curie** unternehmen. Diese Attraktionen sind nur 2 km vom Kurort entfernt und werden vom Touristenamt Borsec auch als geführte Exkursionen angeboten. Wer möchte, kann sich auch alle Quellen zeigen und die Geschichte des Ortes in deutscher Sprache erklären lassen.

Informationen

- Infos und Führungen: **Touristenamt Borsec,** Borsi Viorica, Strada Cerbului 20, Tel. 337 064, 0744-708 344, borsi@nextra.ro.

Unterkunft

Die Preise in den Pensionen und Hotels können je nach Saison stark variieren. Handeln und Feilschen ist sinnvoll, da in Borsec ein reiches Angebot an Übernachtungsmöglichkeiten vorhanden ist.

- **Vila Riki** (***), Str. Jókai Mór 19, Tel. 337 602, hotel@vilariki.com, www.vilariki.com. Am Waldrand gelegenes Hotel mit Restaurant, Terrasse und eigener Sauna. Breites Angebot an Exkursionen und Besichtigungen. EZ 100 RON, DZ 120 RON.
- **Pensiunea Palma** (**), Str. Topliței 4, Tel. 337 210. Im Grünen gelegene gepflegte Pension mit vielen Sportmöglichkeiten (u.a. Tennis). Im Winter Transport zu den Skipisten und Loipen. EZ 70 RON, DZ 90 RON.
- **Pensiunea Kerek** (**), Str. Nouă 6, Tel. 337 109, borseckerek@yahoo.com. Familienfreundliche Pension mit Internetanschluss. Hunde sind kein Problem, und Familie *Kerek* bekocht ihre Gäste auch gerne diätetisch.

Reghin

⇗ IX, C2

- **Höhe:** 350–455 m
- **Vorwahl:** 0265
- **Einwohner:** 36.023
- **Deutscher Name:** Sächsisch Regen
- **Ungarischer Name:** Szászrégen

Die am längsten Fluss Siebenbürgens, der Mureş, gelegene hübsche Stadt Reghin liegt direkt im Transitbereich der Straße DN15, die von Târgu Mureş kommend weiter Richtung Osten führt. Von Cluj-Napoca ist Reghin mit dem Auto auch über Apahida, über die hügelige Straße 16 zu erreichen, die zwar etwas kürzer ist, dafür aber in der Nähe der Ortschaft **Fărăgău** über die schlimmsten und zahlreichsten Schlaglöcher Transsylvaniens führt (ironischerweise bedeutet *fără găuri* auf Rumänisch „ohne Loch"!).

Der Stadtname taucht 1228 zum ersten Mal in historischen Dokumenten als **Regun** auf. Die ehemals hier ansässigen Sachsen nannten die Stadt kurz und knapp **Reen.** Bereits 1241 wurde die junge Gemeinde durch einen Tatarenansturm fast vollständig zerstört. Während der folgenden Jahrhunderte und der wechselnden Herrschaft über das nördliche Transsylvanien siedelten sich die unterschiedlichsten Völker an der Mureş an, die ihr Auskommen zum größten Teil der **Flößerei** und dem **Holzhandel** verdankten. Im Jahr 1882 verteilte sich die Bevölkerung auf jeweils 30 Prozent Sachsen und Ungarn sowie jeweils 20 Prozent Rumänen und Juden. Bis Ende des 19. Jahrhunderts lebten die Völker friedlich zusammen. Die heutige Zusammensetzung der Bevölkerung zu zwei Dritteln aus Ungarn und einem Drittel Rumänen zeigt auf, dass die ehemals deutschen und jüdischen Siedler fast vollständig verschwunden sind. Anfang der 1990er Jahre wurde die jüdische Synagoge verkauft, womit das Aussterben der jüdischen Gemeinde besiegelt war.

Sehenswertes

Altstadt und zentraler Park

Die **kleinen bunten Häuser** im Altstadtzentrum rund um den Parcul Central und die Str. Mihail Viteazul sind das Aushängeschild der Stadt. Seit Jahren schon werden sie liebevoll restauriert und konserviert. Zum engen Kreis der Kandidaten für eine Restaurierung sind auch die sächsischen und ungarischen Häuser entlang der Str. Petru Maior und der Str. Republicii (ehemalige Str. Comerciala) hinzugekommen.

Für die meisten Bürger von Reghin schlägt entlang dieser zentralen Straßen und des angegliederten Parks das Herz ihrer Stadt. Vor allem im Frühling und Sommer laden die **Promenaden** des kleinen Stadtparks zum Bummeln ein. Neue Straßencafés und moderne Einkaufszentren bereichern das Bild des beschaulichen Städtchens.

Die große Kathedrale

Über die Str. Sării, gegenüber dem Stadtpark, gelangt man vom Zentrum direkt in die **Unterstadt,** die etwa 100 m tiefer als die Oberstadt liegt und über den Morii-Kanal hinab zur

rum355 Foto: jr

Mureş führt. Sehenswert ist hier die **römisch-katholische Kathedrale** an der Str. Castelului, die sich im Sommer 2006 noch im Bau befand.

Überall in Rumänien entstehen seit der Jahrtausendwende neue Kirchen. Vor allem in den Ausbau der orthodoxen Kirchen wird viel Zeit und Geld investiert, und manchmal gewinnt man den Eindruck, als handele es sich um einen **Wettkampf der Konfessionen.** Überall entstehen noch größere und noch eindrucksvollere Kirchen. Die katholische Kathedrale von Reghin hat von ihrer Dimensionierung her demnächst kaum Konkurrenz zu befürchten. Es gibt nur eine kleine **orthodoxe Holzkirche** namens **Sf. Nicolae** in der Strada Măceşului 5.

Musik im Blut

Seit jeher gilt das nördliche Transsylvanien als **Heimat begnadeter Musiker.** In vielen Familien der Region ist es Tradition, die Kinder frühzeitig an ein Instrument heranzuführen, und nicht wenige Musiker sind auch in der Lage, sich ihre Holzinstrumente selber anzufertigen.

Leider hat sich in Rumänien noch kaum herumgesprochen, dass Reghin ein **Zentrum des traditionellen Instrumentenbaus** ist. So lässt der rumänische Panflötenvirtuose *Gheorghe*

Wer ein preiswertes Instrument erstehen möchte, ist in Reghin genau richtig

rum356 Foto: jr

Der Mädchenmarkt von Gurghiu

Der Begriff **Mädchenmarkt (Târgul de fete)** mag sicher für moderne Westeuropäer absonderlich klingen und auch einigen Frauenrechtlerinnen die Zornesröte ins Gesicht treiben. Doch mit diesem Namen wird nicht etwa der sklavenmäßige Verkauf von Frauen bezeichnet, sondern ein Treffen, das in der Gemeinde Gurghiu, 20 km östlich von Reghin, traditionellerweise am zweiten Maisonntag stattfindet. Früher handelte es sich dabei in der Tat um einen **Heiratsmarkt,** auf dem sich Jungen und Mädchen zum Tanz und ersten Beschnuppern trafen. In vielen der abgelegenen Berghöfe und Landhäuschen wurden die Jugendlichen von Kindesbeinen an in die Feldarbeit und die Versorgung der Tiere mit einbezogen. Zeit für Vergnügungen war da nur sehr selten zu finden, und über ein schnelles Transportmittel, das einen mal so eben in die Stadt bringt, verfügte niemand.

Ähnlich dem berühmten Vorbild, dem Heiratsmarkt am Găina-Berg, der im Juli stattfindet, wurde bereits im 19. Jahrhundert auch in Gurghiu ein „Verkupplungsmarkt" eröffnet. In Zeiten des Automobils kommt man in der Gemeinde am zweiten Maisonntag vor allem zusammen, um gut zu essen, zu feiern und das eine oder andere Geschäft zu machen.

Zamfir seine Konzert-Nais hier fertigen. Die meisten rumänischen Violinen und Kontrabasse kommen aus Reghin, und wer auf der Suche nach einem historischen Hackbrett, der **Ţimbal,** ist, wird bestimmt im kleinen Mureş-Städtchen fündig. Wer einmal zuschauen möchte, wie traditionelle und klassische Instrumente (z.B. Geigen) hergestellt werden, kann dies in Reghin tun.

Auf Wunsch und nach vorheriger Anmeldung ist es möglich, das größte **Musikinstrumenten-Werk** Rumäniens namens **Hora** zu besichtigen. Es liegt in der Str. Salcâmilor im Süden der Stadt, unweit der ehemaligen Silva-Brauerei, die 2003 geschlossen wurde. Selbstverständlich bietet Hora alle Instrumente auch zum Kauf an.

In der Umgebung

Die älteste Holzkirche

Viele vermuten die ältesten Holzkirchen Rumäniens im Maramuresch. Doch 16 km östlich von Reghin steht im kleinen Dorf **Nadaşa** die älteste Holzkirche Rumäniens. Sie ist ohne einen einzigen Nagel gebaut worden. Freunde der Zimmermannskunst werden ihre helle Freude an diesem Bauwerk haben. Nur Nut und Federn.

Die Mureş

Entlang des Flusses Mureş, Richtung Topliţa, gibt es zahlreiche felsige Naturschönheiten und lauschige **stille Plätze,** an denen sich ein Picknick oder eine Wanderung lohnen. Besonders schön ist die Mureş zwischen den

Ortschaften Deda und Toplița. Jeder der Mureş-Orte versucht sich hier gegenseitig beim **Kirchenbau** zu übertreffen. Die schöne orthodoxe Kirche in **Deda** ist besonders sehenswert. Eine etwas überdimensionierte, aber nicht minder schöne Kirche mit wunderbaren Außenfresken, in denen Himmel, Tod und Teufel eine wichtige Rolle spielen, leistet sich die kleine Gemeinde **Bistra Mureşului.**

Wer auf der nachfolgenden Strecke entlang der Mureş **campieren** möchte, sollte sich direkt an die Bürgermeister *(Primar)* der kleinen Ortschaften wenden. Einen eigenen „wilden" Campingplatz direkt an der Mureş gibt es z.B. im Ort **Răstolița.** Etwa 8 km weiter (Richtung Toplița) kann man kurz vor dem Örtchen **Lunca Bradului** im Non-Stop Popas Turistic durchgehend sehr preiswert übernachten und essen. Eine weitere *Popas* (Unterkunft) findet man im Ort **Stânceni.**

- **Camping in Răstolița,** Informationen in der Str. Mihai Eminescu 2.
- **Non-Stop Popas Turistic,** direkt an der E15 nahe Lunca Bradului, EZ 30 RON.

Informationen

- **Reisebüro: CFR Sabrasov Agenția de Voiaj,** Str. Petru maior 50, Tel. 521 800. Leider gibt es in Reghin noch keine offizielle Informationsstelle. Die freundlichen Mitarbeiter dieses Reisebüros beantworten jedoch gerne alle Fragen zur Stadt und zur Umgebung und stellen auch Zugtickets aus.

Service

- **Post,** Str. Petru Maior 30, Mo. bis Fr. 7–20 Uhr, Sa./So. geschlossen.
- **Geldwechsel: Banca Comercială Română,** Piața Petru Maior 39, Tel. 520 634.
- **Internetcafés: Image Computers,** Str. Petru Maior 34, 18 Computer, 1,80 RON/Stunde; **Internet S.R.L.,** Str. Scolii 5a, Tel. 512 435, 2 RON/Stunde.
- **Autoreparatur: Auto Complet,** Str. Iernuțeni 12, Tel. 511 508.

Notfälle

- **Erste Hilfe, Ambulanz:** Tel. 961, 210 878.
- **Stadtkrankenhaus: Spitalul Municipal Eugen Nicoară,** Str. Spitalului 19–20, Tel. 537 712.
- **Apotheke: Farmacia Aesculap,** Petro Maior 2, Tel. 511 892.

Mobilität

Züge

- **Bahnhof (Gara),** Str. Garii 79, Tel. 521 960. Der Bahnhof liegt etwa 800 m südlich des Zentrums, auf der gegenüberliegenden Seite der Mureş. Die Strada Sarii gegenüber dem zentralen Park geht nahtlos in die Strada Garii über. Schwer beladen sollte man sich besser ein Taxi leisten!
- **Richtung Cluj-Napoca** besteht keine direkte Zugverbindung; Umsteigebahnhöfe sind Razboieni, Târgu Mureş, Teius oder Aiud. Beispiel: Reghin – Târgu Mureş 12:33 Uhr, Anschluss nach Cluj-Napoca 15:32 Uhr.
- **P-Zug-Verbindung Reghin – Târgu Mureş:** 6:30, 11:11, 12:33, 15:13, 16:33, 18:06 Uhr (etwa 55 Min.).
- **IC-Zug-Verbindung Reghin – Târgu Mureş:** 21:03 Uhr, Ankunft 21:48 Uhr.

Busse

- **Busbahnhof (Autogara),** Reghin verfügt über mehrere Busbahnhöfe. Der wichtigste liegt in der Str. Garii 64 unweit des Bahnhofs und heißt **Tram SA Autogara,** Tel. 520 828. Der **Busbahnhof der Atlassib** liegt in der Str. Iernuței 2–8, Tel. 511 014, etwa 600 m westlich des Stadtparks. Von der Str. Mihai Viteazu geht es über die Str. Izvorului zur Str. Iernuței.

● **Busverbindung Reghin – Cluj-Napoca:** Str. Garii 64, Abfahrt 6:10 Uhr, Ankunft 9:40 Uhr; Tickets gibt's bei der TRAM, Str. Liveezilor 2, Tel. 521 798.

● **Busverbindung Reghin – Târgu Mureş:** zu jeder vollen und halben Stunde von 6–21 Uhr fährt ein Bus nach Târgu Mureş, 5 RON.

Taxis

● **Prodcom Taxi,** Tel. 524 240 (Piaţa Mică 2).

Unterkunft

Hotels

● **Hotel Anker** (***), Str. Iernuţeni 81, Tel. 512 519. Das unter ungarischer Leitung geführte Haus ist die erste Wahl in Reghin. EZ 98 RON, DZ 180 RON.

● **Motel Adra** (**), Str. Iernuţeni 11, Tel. 551 328. Wer nachts um 3 Uhr noch ein Plätzchen zum Schlafen sucht, kann hier (ebenso wie im Hotel Anker) noch anklopfen. Die Rezeption ist nonstop geöffnet. EZ 80 RON, DZ 100 RON.

Pensionen

● **Pensiunea Blanca** (***), Str. Scolii 9, Tel./Fax 512 051, rezervari@pensiuneablanca.ro, www.pensiuneablanca.ro. Sehr moderne, schicke und saubere Top-Class-Pension mit eigenem Restaurant, Internetanschluss und Kabel-Fernseher auf jedem Zimmer. EZ 100 RON, DZ 180 RON.

● **Pensiunea Central** (**), Str. Cosbucului 22, Tel. 512 698. Einfache und, wie der Name schon sagt, sehr zentral gelegene Pension. Die Bar der Pension ist nonstop geöffnet. EZ 80 RON, DZ 100 RON.

● **Pensiunea Club Class** (**), Str. Mihail Viteazu 59, Tel. 512 111. Nonstop geöffnet, mit angegliedertem Restaurant und Club; es kann also gelegentlich etwas lauter werden. EZ 80 RON, DZ 100 RON.

Essen und Trinken

● Im **Restaurant Stejarul** in der Str. Mihail Eminescu 6 bekommt man nicht nur wunderbare *Sarmale,* sondern auch exzellente *Maliguţa cu Brânza*. Tel. 523 708, tägl. 8–22 Uhr.

● Trotz seiner zentralen Lage ist das **Café Exotic** in der Str. Mihai Viteazu 24 ruhig und angenehm, da es über eine große Gartenterrasse *(Gradina de Vară)* verfügt. Sehr preisgünstige und gute Küche. Tel. 512 635.

● Im **Non-Stop Restaurant Gizella** in der Str. Pandurilor 117A gibt es natürlich „schnelles Essen", aber das gar nicht mal so schlecht und vor allem sehr preisgünstig.

● Ein kleines Stück weiter in der Str. Pandurilor 7 hat das **Restaurant zur Quelle (La Izvor)** eröffnet, Tel. 512 597. Neben dem Essen stehen an der Bar des Hauses natürlich, wie der Name schon sagt, die Getränke im Mittelpunkt.

● Ebenfalls nonstop kann man im **Restaurant Casablanca** in der Str. Pandurilor 16 essen. Spezialitäten: *Mititei* und *Supă de Legume.*

● Gute Pizzas und Pasta zu kleinen Preisen werden in der **Pizzeria Prosilva** in der Str. Mihail Viteazu 63 serviert. Tel. 512 700, tägl. 10–24 Uhr.

Abends unterwegs

Diskothek

● **Club Shark,** Str. Mihail Viteazu 92, Mo. bis So. 10–6 Uhr. In der Mihail-Viteazu-Straße gibt es zwei weitere Clubs: den **Club Class** (Nr. 59) und den **Terasa Club David** (Nr. 5). Letzterer schließt bereits um 23 Uhr seine Pforten. Kein Wunder, dass sich die Freunde des nächtlichen Tanzes dann alle im „Haifisch-Club" treffen.

Einkaufen

Musikinstrumente

● **Musikalien-Handlung Fabrians,** Str. Mihai Viteazul 36. Hier findet man neben Violinen, Gitarren und Lauten auch Panflöten und Kontrabasse.

● **Hora,** Str. Salcâmilor 3, Tel. 512 411, www.hora.ro. Musikinstrumentenbau. Möglichkeit der Besichtigung nach vorheriger Anmeldung.

Elektrofachhandel

- **Altex,** Str. Iernuțeni 12, Tel. 511 021. Wer Batterien sucht oder ein neues Handy benötigt, ist hier am richtigen Platz.

Bistrița

↗ IX, C1

- **Höhe:** 580–620 m
- **Vorwahl:** 0263
- **Einwohner:** 83.020
- **Deutscher Name:** Bistritz
- **Ungarischer Name:** Beszterce

Die bescheidene Hauptstadt des nördlichsten transsylvanischen Bezirks Bistrița-Năsăud steht kulturell und landschaftlich für den Übergang vom Maramuresch zur südlicher gelegenen Mureş-Region. Am südwestlichen Ende des bewaldeten **Bârgău-Tals** gelegen, steht Bistritz auch unter dem Einfluss der östlich gelegenen Bergwelt des Căliman.

Man erreicht die Stadt von Cluj-Napoca über die E576, wobei man die Städte Gherla, Dej und Beclean passiert. Von Vatra Dornei im Osten führt einen ebenfalls die E576 (diesmal in westlicher Richtung) in die Stadt am gleichnamigen Fluss Bistritz.

Archäologische Funde dokumentieren, dass die Gegend um Bistritz nachweislich bereits im Neolithikum besiedelt wurde. Die ersten schriftlichen Quellen verweisen auf eine **deutsche Gründung** durch die Sachsen um 1241, wobei die Stadt eine von sieben sächsischen Hauptsiedlungen war und ursprünglich **Markt Nösen** hieß.

Wie in fast jeder rumänischen Stadtgeschichte üblich, wurde auch Bistritz von den **Tatarenstürmen** nicht verschont. Noch im Jahr ihrer Gründung, also 1241, verwüsteten die Reitervölker die Siedlung vollständig.

Die Stadtrechte und die auf einen eigenen Markt erhielt Bistritz im Jahr 1353. Die sächsische Vergangenheit spiegelt sich heute noch im Stadtbild wider. Vor allem in der Altstadt sind noch einige der malerischen **Handelshäuser** zu sehen, denen das Städtchen seinen wirtschaftlichen Aufschwung zu verdanken hatte. Dieser gründete sich auf **Münzprägerechte** (bereits seit 1325 wurden in Bistritz die ersten Goldgulden geprägt) und den regen Handel mit bayerischen und Wiener Kaufleuten. Reichtum jedoch wollte so recht niemals in die Stadt einkehren, und obwohl die Bürger stolze Städter sind, glaubt man sich doch gelegentlich eher in einem großen Dorf.

Sehenswertes

Rund um den kleinen Platz

Ähnlich wie in Hermannstadt gruppiert sich das Leben in Bistritz um zwei zentrale Plätze. Einer davon heißt **Piața Mică,** also Kleiner Platz, genauso wie sein Namensvetter in Sibiu. Der daneben liegende Platz ist zwar ebenfalls ein großer wie in der südlich gelegenen Metropole, heißt aber hier **Piața Centrală.**

Von den nebeneinander liegenden **Zug- und Busstationen** im Westen der Stadt sind es gerade einmal zehn Minuten zu Fuß ins Zentrum. Anfangs muss der Besucher wieder ein Auge zudrücken, da auch hier, an der Peripherie des Stadtzentrums, einige Gebäude den Charme grauer Schuhkartons verströmen.

Doch je weiter man in den Kern von Bistritz vordringt, desto schöner wird die Stadt. Der große zentrale Platz wird von der **evangelischen Kirche** und ihrem fast 77 m hohen Kirchturm dominiert. Im gotischen Stil errichtet, hat die aus dem 14. Jahrhundert stammende Kirche auch unverkennbar Stilelemente der Renaissance aufzuweisen. Dies ist vor allem dem Architekten *Petrus Italus* aus Lugano zu verdanken, der diesen Stil bis nach Polen und Moldawien brachte.

Die sich an der westlichen Seite des Platzes aneinander reihenden kleinen **Handelshäuser,** die so genannte **Șugălete (Kornmarktzeile),** vermitteln einen Eindruck davon, wie Bistritz vor 500 Jahren ausgesehen haben könnte. Die 13 zwischen 1480 und 1550 errichteten Häuser waren ursprünglich über Arkadengänge und Terrassen miteinander verbunden. Am Beginn der vom großen Platz abführenden Str. Dornei sieht man rechter Hand das Haus der Bistritzer Silberschmiede. Das mit Stucksteinen verzierte Renaissancegebäude **Casa Argintarului** beherbergt heute eine kleine Kunstakademie.

Reste der Bastion

Wenn man der Str. Dornei folgt, kommt man an einen weiteren kleinen

rum360 Foto: jr

Platz, den **Piața Unirii,** der ganz und gar der **orthodoxen Kirche** der Stadt zur Verfügung steht. Sie wurde zwischen 1270 und 1280 erbaut und ist damit eines der ältesten Gebäude von Bistritz. Etwas weiter nördlich, in der Str. General Balăn, sind im **Landesmuseum** Funde aus thrakischer und keltischer Zeit ebenso zu bewundern wie handwerkliche Zeugnisse des sächsischen Mittelalters.

Wie alle sächsisch-transsylvanischen Städte war auch Bistritz ursprünglich im 14. Jahrhundert als **Zitadelle** angelegt und mit einer **Stadtmauer** umgeben. Reste dieser Befestigungsanlagen sind heute noch im Osten des Stadtzentrums zu sehen. Als einzig erhaltener Teil zieht sich die Stadtmauer entlang der beiden Straßen Kogălniceanu und Ekaterina Teodoroiu. Im dahinter liegenden **Stadtpark (Parc municipal)** ist am südlichen Ende der Mauer als einziger der ehemals 18 Wehrtürme der **Turnul Dogarilor,** der Turm der Kupferschmiede, vollständig erhalten geblieben. In seinen Innenräumen ist heute die dauernde Ausstellung mittelalterlicher Waffen untergebracht.

Berge versetzen

Noch um das Jahr 1350 besaß Bistritz einen eigenen Burgberg. **János Hunyadi** hatte auf seinem höchsten Punkt eine Zwingburg gegen die Sachsen des Nösnergaus errichten lassen, nachdem er den Bistritzer Bezirk als Erbgrafentum von König *Ladislaus V. von Ungarn* erhalten hatte. Kaum in Bistritz angekommen, belegte *Hunyadi* die Stadt mit einer unglaublich hohen Steuerabgabe. Dem Gesetz nach waren die Sachsen den Bewohnern von Hermannstadt gleichgestellt und konnten aus diesem Grunde die Schande der überhöhten Abgabenlast an den ungarischen Reichsverweser nicht lange ertragen.

Sie baten den siebenbürgischen **König Matthias** um Hilfe. Dieser gewährte ihnen nicht nur die alten Rechte, sondern gab ihnen auch die Erlaubnis, die Burg des *János Hunyadi* zu zerstören. Nie wieder wollten die Bürger von Bistritz ihre Geldbörsen von einem Herrscher inmitten ihrer eigenen Stadt „belagern“ lassen. Die Burg wurde um das Jahr 1410 vollständig zerstört, Teile des Berges abgetragen.

Man entschloss sich dazu, die Steine der Burg als Baumaterial für den Bau einer **Ringmauer** um die Stadt zu verwenden. Teile dieser Mauer sind heute noch im östlichen Stadtzentrum zu sehen.

In der Umgebung

Weinland Lechința ↗VIII, B1

Eines der bekanntesten Weinanbaugebiete Siebenbürgens liegt gerade einmal 15 km südwestlich von Bistrița.

Der Ort Lechința, auf Deutsch Lechnitz, wird von den wenigen einheimischen **Sachsen,** die dort noch leben, **Lachenz** genannt. Sie haben den Weinbau im 12. und 13. Jahrhundert nur als bäuerlichen Nebenerwerb nach Siebenbürgen gebracht. Mittlerweile zählen die Lechnitzer Weine zu den besten Transsylvaniens. Als Trauben mit schönem Bukett werden hier

Der 77 m hohe Kirchturm der evangelischen Kirche

vor allem die **Sorten** Fetească regală und albă, Riesling italian, Pinot gris und Neuburger angebaut. Als neue, bekannteste Traubensorte ist in den letzten Jahren der Muscat Ottonel de Lechința hinzugekommen. Einen Besuch wert sind die **Weinkeller** von Lechința. Wer einen *Crama* besucht, sollte sich am besten gleich im Ort einquartieren, denn wie in allen Weinanbaugebieten Rumäniens führt die Polizei hier vermehrte Verkehrskontrollen durch.

Essen und Trinken:
- **Restaurant Gomar Lux,** in Crainimat, Tel. 211 075.

Bârgău-Tal

Über die gut befahrbare E576 ist es von Bistritz aus nicht weit ins benachbarte Bârgău-Tal. Man könnte es auch Tal der **Bistritz** nennen, da dieser Fluss den Talverlauf zum großen Teil begleitet, dieser Name ist jedoch einem kleinen hübschen Seitental hinter **Prundu Bârgăului** vorbehalten. Das lang gezogene Bârgău-Tal führt über eine atemberaubend schöne Strecke hinauf ins 70 km entfernte **Vatra Dornei.** Anfangs passiert die Strecke sanfte Hügel, auf denen Obstbäume und Weinreben stehen. Später kommen dann bewaldete Hänge hinzu, in denen die dunkelgrünen Tannen dicht an dicht stehen. An der Nordseite des Bârgău-Tals strecken sich die wilden **Bârgău-Berge** gen Himmel, während an der Südseite das **Căliman-Gebirge** mit dem nahen Colibița-See zum Wandern und Klettern einlädt.

Colibița-See und Căliman-Berge

In der Ortschaft **Prundu Bârgăului** 15 km östlich von Bistrița führt rechts gegenüber der Kirche eine Bergstraße hinauf nach **Bistrița Bârgăului.** Auf der nachfolgenden kurvenreichen Strecke wird die Landschaft immer wilder und ursprünglicher. Nach etwa 7 km taucht dann der **Colibița-See** auf. Der Stausee ist von der Staumauer aus nicht ganz einzusehen, denn seine Ausmaße sind gewaltig. Zwei Stunden bräuchte man mit dem Auto (vorzugsweise mit einem Geländewagen), um den See zu umrunden. An seiner Nordseite gibt es zahlreiche Parkplätze, wo man sein Fahrzeug abstellen und eine Exkursion um den See oder in die **Căliman-Berge** starten kann. Wer zum 1590 m hohen **Poiana-Cofii-Gipfel** (ungarisch: Kofa-Tetö) wandern möchte, sollte seinen Wagen jedoch bereits 3 km vor der Staumauer in der Siedlung **Colonia Colibița** abstellen. 1 km bergan geht rechts ein Bergweg hinauf zum Poiana Cofii (Wanderung ca. 3 Stunden, eine Strecke).

Unterkunft:
- **Hotel Lumina Lacului** (**), Tel. 265 570, luminalacului@web.de. Das Hotel „Licht des Sees" liegt direkt am Colibița-See, ca. 1,5 km hinter der Staumauer. Fast alle Zimmer des Holzhauses haben Seeblick und Balkon. Man spricht deutsch und englisch. Zimmerpreise (ohne Frühstück) je nach Anzahl der belegten Betten zwischen 18 und 28 Euro.
- **Pensiunea Târnăveanca** (**), Colibița 169, Tel. 266 312 *(Tolan Niculina).* Neben 3 Zimmern mit 7 Plätzen bietet der Besitzer auch die Möglichkeit an, in einer der 5 Hütten mit Seeblick zu übernachten. Preise je nach Saison. Zimmer 60–80 RON, Hütte 35–50 RON.

Informationen

● Das **Informationszentrum** für Touristen befindet sich im Kulturhaus der Stadt **(Casa de Cultură)** in der Str. A. Berger 10, Tel. 219 919, Mo. bis Fr. 9–17 Uhr. Hier sind auch Stadtpläne von Bistritz und eine Liste mit Übernachtungsmöglichkeiten erhältlich. Die freundlichen Kulturmanager der Stadt helfen auch gerne, wenn es darum geht, Routen für Wanderungen zusammenzustellen, Hütten für den Skiurlaub anzumieten oder Pferde für den Reiterurlaub zu finden.

● Bei **Simcotour,** dem **Reisebüro** auf dem B-dul Republicii 12, Tel. 215 157, kann man darüber hinaus noch einige Exkursionen ins nahe Umland buchen oder sich nach Möglichkeiten des Agrotourismus erkundigen.

Service

● **Post,** Piaţa Petru Rareş 30, Mo. bis Fr. 8.30–16.30 Uhr, Sa. 8.30–12 Uhr.

● **Geldwechsel: Banca Comercială Româna,** Piaţa Petru Rareş 1a.

● **Internet:** Im **Sală Internet** am Piaţa Mică kann man von 10 Uhr morgens bis 2 Uhr nachts surfen. Stunde 2 RON.

Notfälle

● **Polizei:** Tel. 112

● **Kreiskrankenhaus: Spitalul Judeţean Bistriţa,** Str. General Grigore Balan 43, Tel. 231 404.

● **Optimus Media,** Str. General Grigore Balan 7, Tel. 235 535. Kleine Privatklinik mit großem Service.

Mobilität

Züge

● **Bahnhof,** Str. Garii 1. Der Bahnhof liegt etwa 300 m westlich des Zentrums.

● **P-Zug-Verbindung Bistriţa – Cluj-Napoca:** 7:46, 15:40 Uhr (etwa 3 Std.).

● **IC-Zug-Verbindung Bistriţa – Bistriţa Bârgăului:** 15:50 Uhr, Ankunft 16:50 Uhr.

Busse

● **Busbahnhof (Autogara),** S…

● **Busverbindung Bistriţa – C…** 5:40, 12, 15, 16:30 Uhr (etwa 2:3… RON.

● **Busverbindung Bistriţa – Târgu Mure…** 6:45, 15:15, 18 Uhr (Fahrzeit morgens 3.18 Std., nachmittags 4:40 Std.), 14 RON.

● **Busverbindung Bistriţa – Bistriţa Bârgăului:** 8:10, 9, 10:30, 12:30, 19:30 Uhr (1 Std.), 4 RON.

Motorrad-Verleih

● **Yamaha,** Str. Castanilor 3, Tel. 610 649.

Unterkunft

Hotels

● **Hotel Coroana de Aur** (***), Piaţa Petru Rareş 4, Tel. 232 470. Wer nicht ohne ein „Elixier Dracula" einschlafen kann, ist hier genau am richtigen Ort. Im ersten Stock des Hotels vermittelt die Reiseagentur Enzian Ausflüge ins Umland (vorzugsweise ins Hotel Castel Dracula). Insgesamt 109 Zimmer, EZ 35 Euro, DZ 52 Euro.

● **Hotel Bistriţa** (***), Piaţa Petru Rareş 2, Tel. 231 205. Neues Hotel im modernen „Outfit" mit empfehlenswertem Restaurant. EZ 33 Euro, DZ 43 Euro, App. 52 Euro (Ermäßigungen für Gruppen möglich).

● **Hotel Minerva** (**), Str. Compozitorilor 2, Tel. 234 156, www.hotel-minerva.ro, rezervari @hotel-minerva.ro. Das ruhig gelegene bürgerliche Hotel ist eines der preiswerteren in Bistritz. EZ 80 RON, DZ 90 RON, 3-Bett-Zimmer 120 RON, App. 150 RON.

Pensionen

● **Motel Roza Vânturilor** (**), direkt an der DN17 im Ort Crainimat gelegen (Km 10), ist diese hübsche Pension eine echte Alternative zu den Bettenburgen der Bistritzer Innenstadt. Tel. 277 100, EZ 60 RON, DZ 80 RON.

● **Makk & Barth** (**), genau zwischen Reghin und Bistritz liegt die kleine Gemeinde Teaca. Die Pension (Str. Mihai Eminescu 461, Tel. 276 110) ist sehr familienfreundlich (riesiger Kinderspielplatz). EZ 60 RON, DZ 70 RON.

Ära ist die Altstadt von Târgu Mureş größtenteils verschont geblieben.

Sehenswertes

Erster Überblick

Vom **Corneşti-Plateau,** dem höchsten Punkt von Târgu Mureş, hat man eine herrliche Panoramasicht auf die Stadt und das Mureş-Tal. Es liegt 197 m über dem Stadtkern und 488 m über dem Meeresspiegel. Das Plateau ist der ideale Ort, um sich der Stadt (auch kulinarisch) anzunähern. Im ältesten Restaurant von Târgu Mureş werden Gäste bereits seit 100 Jahren bewirtet. Außerdem findet man auf dem Plateau ein Sommertheater und einen mitten im Wald gelegenen **Zoologischen Garten** mit einem tropischen Gewächshaus. Am besten lässt man sich mit dem Taxi hinauffahren, ansonsten dauert die Wanderung nach Corneşti etwa eine Stunde.

Der Siegesplatz

Unten im Stadtzentrum gruppieren sich die markantesten Sehenswürdigkeiten hauptsächlich um die zwei wichtigsten Plätze der Handelsmetropole. Die Verwaltung hat sich die Renovierung der prachtvollen Jugendstilbauten, Paläste und Kirchen rund um den **Piaţa Trandafirilor** (Rosenplatz) und den **Piaţa Victoriei** (Siegesplatz) einiges kosten lassen.

Wer frontal vor dem **Siegesplatz** steht, wird am äußersten linken Rand zuerst die **Kleine Kathedrale (Catedrala Mică)** bemerken. Die zwischen 1926 und 1936 errichtete Kirche ist eine 1:6-Kopie der San-Pietro-Kathedrale in Rom. Anfangs eine griechisch-katholische Kirche, in der bis 1948 die Messe nach griechischem Ritual zelebriert wurde, wird die Liturgie heute nach den Ritualen der römisch-katholischen Kirche begangen. Neben der Kleinen Kathedrale befindet sich das **Rathaus (Primărie)** von Târgu Mureş.

Dominiert wird der Siegesplatz vom **Palast der Präfektur (Palatul Administrativ)** mit seinem eindrucksvollen, 60 m hohen Turm, der ursprünglich als reiner Feueralarmturm konzipiert war. Zwischen 1905 und 1907 erbaut, war der Palast das erste Gebäude der Stadt, das einen modernen architektonischen Aspekt ins Zentrum brachte.

Gleich vor der Präfektur und dem Rathaus steht seit 1924 eine Wölfin, die **Lupoaica Romei,** mit den säugenden Zwillingen *Romulus* und *Remus* auf einem Sockel. Dieses Zeichen der Verbundenheit mit dem einstigen römischen Imperium mag einigen Besuchern etwas penetrant erscheinen (mittlerweile gibt es diese Statue in über 20 rumänischen Städten und Gemeinden), doch die Stadtverwaltung von Târgu Mureş sieht dies eher pragmatisch – das Denkmal eines Politikers oder Künstlers wäre entweder schnell veraltet oder im Schmelztiegel der ungarisch-deutsch-rumänischen Kulturlandschaft zumindest problematisch.

- **Catedrala Mica,** Piaţa Victoriei 4.
- **Palatul Administrativ,** Str. Primăriei 2.

Der Siegesplatz der Stadt

Kulturpalast

Das schmucke Prunkstück der Stadt ist eindeutig der rechts am Siegesplatz gelegene Kulturpalast - eine der repräsentativsten Bauten Rumäniens. Er ist der ideale Ausgangspunkt für einen **Stadtrundgang,** vor allem seit dem sich eines der besten Informationsbüros Rumäniens in seinen Mauern niedergelassen hat.

Geplant wurde der Palast auf Initiative des Bürgermeisters *Bernády György* von den beiden ungarischen Architekten *Jakab Dezsó* und *Komor Marcell* und zwischen 1911 und 1913 verwirklicht. Der **Stil der Sezession,** der damals in Mode war, schwappte aus Budapest nach Siebenbürgen herüber. Gerne kopierte man die prachtvollen Bauten der Donaumetropole, um der Stadt Neumarkt ein wenig architektonische Politur zu verleihen.

Besonders glitzernd fällt heute das **Dach** des Kulturpalastes ins Auge. Bunt glasierte, handgefertigte Ziegel, so genannte **Majolica,** schimmern in leuchtendem Weiß, Rot und Blau. Neben dieser eindrucksvollen Fayencearbeit besticht die Fassade des Kulturpalastes aber auch durch ihre vergoldeten Mosaike, feinen Reliefs und Buntglasfenster.

rum08-371 Foto: jr

Historisches Museum und Spiegelsaal

Wer einen Eindruck vom prachtvollen Sezessionsstil der Zeit um 1920 bekommen möchte, sollte das Historische Museum und den Spiegelsaal im Kulturpalast besuchen. Außerdem befinden sich unter seinem schönen Dach ein Kunstmuseum, eine Philharmonie, eine Bibliothek, ein Theater und ein Konferenzsaal.

Der 45 m lange **Spiegelsaal** ist vollständig mit Carrara-Marmor ausgelegt. Venezianische Spiegel und zwölf Buntglasfenster mit Szenen aus dem Leben und Mythen der Neumarkter Székler schmücken die Wände. Durch die großen Spiegel sollte, so die Absicht der Architekten, „ein Hauch von Ewigkeit" in den Palast einziehen. In der Philharmonie setzt sich der Glanz nahtlos fort, wie deutlich an der strahlend weißen Orgel mit 4463 Pfeifen zu sehen ist. Neu hinzugekommen im Spiegelsaal sind seit 2007 neben den reich verzierten gold-grünen Decken auch die Statuen von *George Enescu* und *Ludwig van Beethoven.*

- **Kulturpalast** (rum. *Palatul Culturii,* ung. *Kulturpalota*), Str. Enescu 2, Mo. bis Fr. 7–15 Uhr, Eintritt: 6 RON Erwachsene, 3 RON Kinder.

Rund um die Synagoge

Gleich ums Eck des Kulturpalastes, in der Str. Horea, befindet sich die 1898/99 erbaute **Synagoge** von Târgu Mureş. Die Fensterrosen und Kuppeln wurden nach den Entwürfen des österreichischen Architekten *Jakob Gartner* angefertigt. Auf der anderen Seite der kreuzenden Str. Aurel Filimon kommt man zur **naturkundlichen Sektion des Landesmuseums,** eine Sammlung ausgestopfter Tiere. Wesentlich interessanter ist die **ethnografische Sektion,** die seit 1984 zwei Blöcke entfernt vom Kulturpalast im **Toldalagy-Haus** zu finden ist. Allein schon die Architektur des Gebäudes ist einen kleinen Ausflug in die Str. Trandafirilor 11 wert. Der Barockbau, benannt nach seinem Erbauer *Toldalagy Laszlo,* zählt zu den schönsten Transsylvaniens. Von 1759 bis 1762 erbaut, ist er komplett in seinem ursprünglichen Zustand erhalten geblieben.

Sehenswert ist auch das **Nationaltheater,** das leicht zu finden ist, wenn man die Str. Aurel Filimon hinter der Synagoge rechts hinuntergeht. Das Theater hat zwei Abteilungen, in denen jeweils Stücke auf Ungarisch oder Rumänisch eingeübt werden. Gerne geben die Regisseure dem gleichen Stück in den verschiedenen Sprachen eine andere Färbung – für sprachkundige Theaterfreunde ein ganz besonderer Genuss.

Bereits Kinder und Jugendliche werden im angegliederten **Ariel-Puppentheater** auf die Feinheiten der zwei Hauptsprachen von Târgu Mureş aufmerksam gemacht.

- **Synagoge,** Str. Aurel Filimon 21.
- **Muzeul de Ştiinţele Naturii (naturkundliche Sektion des Landesmuseums),** Str. Horea 24, Di. bis Fr. 9–16 Uhr, Sa. 9–14 Uhr, So. 9–13 Uhr, 3 RON.
- **Muzeul de Etnografie şi Arta Populară (Ethnografisches Museum),** Piaţa Trandafirilor 11.
- **Teatrul Naţional (Nationaltheater),** Piaţa Teatrului 1, Tel. 214 240.

Teleki-Bolyai-Bibliothek

Die **Biblioteca Telekiana,** die **größte Büchersammlung Transsylvaniens,** ist in der Str. Bolyai gleich neben dem gleichnamigen Museum. Dass nicht nur Buchfreunde hier ihre helle Freude haben, liegt an der edlen und hellen Gestaltung, die dem Lesesaal mit seinen geschwungenen Deckenbögen und weißen Ecksäulen fast einen sakralen Charakter verleiht.

In der Bibliothek vermitteln mittlerweile annähernd **200.000 Bände** das enzyklopädische Wissen vergangener Zeiten. Der Gründer, **Graf Sámuel Teleki von Szék,** ließ die Bibliothek zwischen 1799 und 1802 eigens für seine Sammlung von 40.000 Bänden erbauen. Direkt nach ihrer Fertigstellung wurde sie für alle Bildungshungrigen geöffnet. Der andere Teil der Sammlung alter Bücher ging aus der **Bolyai-Bibliothek** des reformierten Kollegiums in Târgu Mureș hervor, die bereits 1557 gegründet wurde. Zu den **wertvollsten Bänden** der Sammlung zählen Originalschriften des Humanisten *Erasmus von Rotterdam,* erste Ausgaben der französischen Enzyklopädisten *Diderot* und *d'Alembert* sowie Inkunabeln aus dem Jahr 1475.

• **Biblioteca Telekiana (Teleki-Bolyai-Bibliothek),** Str. Bolyai 17, Di., Do. 8–18 Uhr, Mi. 8–14 Uhr, Sa./So. 10–13 Uhr, Eintritt 2 RON.

Bolyai-Museum

Gleich neben der Biblioteca Telekiana wird im Bolyai-Museum an die beiden größten **Mathematiker** Rumäniens, **Farkas Bolyai** (1775–1856) und

Der Büchergraf

Graf Sámuel Teleki von Szék begann bereits während seiner Studienzeit um 1750 an den Universitäten von Basel, Paris, Utrecht und Leiden Bücher zu sammeln. Im Laufe der Zeit hatte der gebildete Graf ein raffiniertes Netzwerk über ganz Europa gesponnen, um an die begehrten Werke zu kommen. In über 25 europäischen Städten kaufte er die Raritäten ein. Sein Interesse galt dabei allen Bereichen, von handkolorierten Naturkundebüchern über Bibeln und philosophische Schriften bis hin zu den ersten Ausgaben der französischen Enzyklopädisten. Bereits in jungen Jahren hatte er sich so einen wertvollen Fundus von über 10.000 Werken zusammengestellt und wurde zu einem der wichtigsten privaten Büchersammler seiner Zeit.

In seiner Heimat Siebenbürgen hatte der **Protestantismus** um 1800 bereits maßgeblichen Einfluss auf die Schulen und die Bildung gewonnen. Graf *Teleki* machte sich zu einem Vorreiter der **Bildungsreform,** war Mäzen vieler wissenschaftlicher Einrichtungen und unterstützte die Aufklärung, indem er seine Büchersammlung nach Târgu Mureș schickte. Als er von Kaiser *Josef II.* zum Kanzler Siebenbürgens ernannt wurde, gelang es ihm, aufgrund seiner neuen Position und besserer finanzieller Mittel seine Buchsammlung auf über 40.000 Bände aufzustocken.

Sein **Testament** sah vor, dass der Bestand der Bibliothek, die er mittlerweile vollständig nach Târgu Mureș geschafft hatte, niemals verkauft oder geteilt werden dürfte. Unter mysteriösen Umständen gelangte das wertvollste Buch, eine so genannte *Corvina,* dennoch in amerikanischen Besitz. Alle anderen Bücher *Telekis* kann man heute in einer der wertvollsten europäischen Bibliotheken in Târgu Mureș besichtigen.

seinen Sohn **János Bolyai** (1802–60) erinnert. Die Begründer der nicht-Euklidschen Geometrie sind heutzutage kaum noch bekannt, was jedoch vor 200 Jahren in Gelehrtenkreisen anders war. So hatte *Farkas Bolyai* während seines Studiums in Göttingen eine enge Freundschaft mit dem deutschen Mathematikgenie *Carl Friedrich Gauss* aufgebaut und pflegte auch von Rumänien aus eine rege Korrespondenz mit ihm.

Zu sehen sind im Museum vor allem **persönliche Dinge** der Wissenschaftler wie Möbel, Schachspiele, Gemälde und Zeichnungen. Der Bestand an 20.000 Seiten ihrer handgeschriebenen Manuskripte wurde 1955 in die Teleki-Bolyai-Bibliothek eingegliedert.

●**Muzeul Bolyai (Bolyai-Museum),** Str. Bolyai 17, Di., Do. 8–18 Uhr, Mi. 8–14 Uhr, Sa./So. 10–13 Uhr, Eintritt 2 RON.

Kirchen

Am Ende des Piaţa Trandafirilor steht wie ein gewaltiger Schlussstein im architektonischen Ensemble der Innenstadt von Târgu Mureş die dreikupplige **orthodoxe Kathedrale.** Sie wurde von der rumänischen Stadtbevölkerung in den Jahren 1925 bis 1934 bewusst als religiöser Kontrapunkt zu den administrativen Prunkbauten am westlichen Ende des Platzes errichtet.

rum12-010 Foto: jr

Eindrucksvoll sind die Außenmalereien, die von *Aurel Ciupe* ausgeführt wurden und heute die größte bemalte Fläche des Landes darstellen.

Die **römisch-katholische Kirche Sfântul Ioan Botezătorul,** die ebenfalls am Piaţa Trandafirilor zu finden ist, gilt als das wichtigste rein barocke Gebäude der Stadt. Sie wurde vom Orden der Jesuiten in einer langen, oft von Kämpfen und Geldsorgen unterbrochenen Bauzeit zwischen 1728 und 1764 errichtet.

Ein wahres Kleinod der Kirchenarchitektur ist die hölzerne **Kirche Biserica de lemn** etwas außerhalb des Zentrums. Bereits im Jahr 1793 erbaut, vereint sie die klassische Bauweise der Kirchen der Maramureş-Region mit einigen wenigen, sehr dezent gesetzten Barockelementen. Zu ein wenig Berühmtheit gelangte sie im Sommer 1866, als der Nationaldichter Rumäniens, *Mihail Eminescu,* sie mit seinem Besuch beehrte.

Die mittelalterliche Zitadelle

Gleich hinter der orthodoxen Kathedrale und dem zur protestantischen Kirche gehörenden **Haus Teleki,** der Residenz des Grafen *Teleki Domokos,* liegt die Zitadelle der Stadt. Heute beschützt sie das Stadtzentrum nur noch symbolisch, doch im 16. und 17. Jahrhundert mussten die beinahe 2 m dicken Mauern so manchem kriegerischen Sturm standhalten. Die erste Befestigungsanlage wurde an dieser Stelle bereits 1492 auf Betreiben des Fürsten von Transsylvanien, *Báthori István,* begonnen. Beendet wurde der Monumentalbau mit seinen **sieben Bastionen** jedoch erst von 1602 bis 1652. Architektonisch sind zahlreiche Renaissanceelemente in die Festung eingeflossen. Die vier Etagen wurden aus Flusssteinen konstruiert. Da die Anlage sehr gut erhalten ist, wird sie zu kulturellen Anlässen genutzt. Jährlich finden hier die **Stadttage** statt, auch das **Bier- und Weinfest** sowie die **Kindertage** von Târgu Mureş werden gerne im eindrucksvollen historischen Rahmen gefeiert.

Im Botanischen Garten von Târgu Mureş, einem der interessantesten des Landes

In der Umgebung

Gottes Stuhl

Etwa eine Stunde östlich von Târgu Mureş liegt kurz hinter Deda der kleine Ort **Bistra Mureşului.** Von hier bietet sich eine gute Möglichkeit, den 1381 m hohen **Gottes Stuhl (Scaunul Domnului)** auf einer Bergtour anzugehen. Man folgt dazu dem Bergbach Bistra nach Norden. Im Informationszentrum im Kulturpalast werden auch geführte Touren angeboten bzw. Tourenvorschläge gemacht.

Vârful Fâncelu

Eine andere Möglichkeit, das umliegende Bergland zu entdecken, bietet der Vârful Fâncelu (Fâncelu-Gipfel) in den nordöstlich von Târgu Mureş liegenden **Ghurghiului-Bergen.** Auch hier dauert die Anreise zum Startpunkt der Wanderung, dem kleinen Ort **Stân-**

ceni an der Mureş, etwa eine Stunde. Der 1684 m hohe Gipfel liegt etwa fünf Stunden zu Fuß entfernt an der Grenze der Bezirke Mureş und Harghita.

Informationen

- Das **touristische Info-Zentrum Centrul de Informare Turistică** im Kulturpalast an der Str. Enescu 2 gehört zu den besten in ganz Rumänien. Rund um *Eugen Ujváry* und *Attila Demeter* betreut das Infoteam der Stadt seine Besucher mit allem, was das Touristenherz begehrt. Man erhält Pläne und Informationsmaterial in ungewohnt guter Qualität, kompetente, freundliche Auskunft und hat jederzeit das Gefühl, ganz individuell durch die Stadt geführt zu werden. Tel. 404 934, www.cjmures.ro, geöffnet tägl. 8–20 Uhr.

Service

- **Post,** Str. Revoluţiei 2A, Tel. 213 386; Str. Liviu Rebreanu 41, Tel. 251 059, Mo. bis Fr. 7–20 Uhr, Sa. 8–14 Uhr, So. geschlossen.
- **Geldwechsel: IDM Exchange,** Piaţa Trandafirilor 27, Tel. 268 410 (keine Kommission); **Raiffeisenbank,** Str. Bolyai 2–4, Tel. 261 284; **C.E.C.,** Piaţa Trandafirilor 26, Tel. 268 441.
- **Telefonvorwahl:** Achtung! Die Vorwahl von Târgu Mureş kann bei einer mobilen Anwahl je nach Anbieter (RDS, Romtelecom) eine andere sein (0265 oder 0365).

Notfälle

- **Landeskrankenhaus: Spitalul Clinic Judeţean,** Str. General Marinescu 50, Tel. 217 235.
- **Stadtkrankenhaus: Spitalul Clinic Municipal,** Str. Revoluţiei 1, Tel. 214 215.
- **Top Med,** Str. Dorobanţilor 1, Tel. 225 002.
- **Apotheken: Farmacia B&B,** Piaţa Trandafirilor 16, Tel. 260 103; **Farmacia Aesculap 1,** B-dul 1 Decembrie 1918 Nr. 11–13, Tel. 268 160; **Farmacia Salvia,** Str. Bela Bartok 1, Tel. 219 153; **Farmacia Firu Farm,** Str. Horea 43, Tel. 261 357; **Ropharma,** Piaţa Victoriei 32 (gegenüber dem Rathaus), als einzige Apotheke der Stadt rund um die Uhr geöffnet, Tel. 266 633, Mobil 0729-618 135.

Mobilität

Flüge

- **Flughafen: Aeroportul Târgu Mureş,** Gemeinde Vidrasău, Tel. 328 259, Fax 328 257. Vom Flughafen aus, der direkt an der Straße nach Cluj-Napoca liegt, sind es nur 15–20 Minuten in die Stadt (12 km).
- Aktuelle Informationen zu Flügen und Flugzeiten findet man unter der Web-Adresse **www.targumures.airport.ro.**
- Ein **TAROM-Reisebüro** gibt es am Piaţa Trandafirilor 6–8, Tel. 136 200. Dreimal die Woche Direktflüge nach Bukarest.

Züge

- **Bahnhof (Gara CFR),** Str. Griviţa Roşie 52, Tel. 230 304. Der Bahnhof liegt etwa 800 m südwestlich des Zentrums. Die Strada Grivţa Roşie beginnt unmittelbar am Piaţa Victoriei.
- Die Bahnlinie von Târgu Mureş liegt unmittelbar an der Strecke von Războieni nach Deda. Das bedeutet, die Anbindung an große rumänische Städte ist schlecht und meist mit Umsteigen verbunden. **Von Războieni** aus fahren Züge nach Oradea, Huedin, Cluj-Napoca, Teiuş, Mediaş, Sighişoara, Braşov, Ploieşti und Bukarest. **Von Deda** aus kommt man nach Satu Mare, Dej, Topliţa, Gheorgheni, Miercurea Ciuc, Sfântu Gheorghe, Braşov, Ploieşti und Bukarest.

Busse

- **Busbahnhof (Autogara),** Str. Gheorghe Doja 143. Der Busbahnhof liegt etwa 300 m südlich des Siegesplatzes. Die Str. Gheorghe Doja geht unmittelbar südlich des Piaţa Victoriei ab.
- Die **Hauptbuslinien** haben die Ziele Sighişoara, Mediaş, Sovata, Reghin, Făgăraş, Piatra Neamţ und Vatra Dornei.

Taxis

- **Bravo,** Tel. 260 211.
- **Cornişa,** Tel. 211 211.
- **Relaxa,** Tel. 204 946.

Auto

● **Auto-Reparatur: Autohaus Westcar,** Str. Barajului 8, Tel. 251 126; **Landcar,** Str. General Doja 107, Tel. 269 289; **ATU,** Str. Podeni 13, Tel. 268 444.

● **Parkplätze:** Glücklicherweise ist die Straße entlang des Piața Trandafirilor so breit, dass sich an deren Seite (morgens) leicht ein Parkplatz finden lässt. Da die Knöllchenschreiber hier ständig unterwegs sind, empfiehlt sich der überaus preiswerte Tagestarif.

Unterkunft

Hotels

● **Grand Hotel** (****), Piața Victoriei 28–30, Tel. 0365-730 003, rezervari@hotelgrand.ro, www.hotelgrand.ro. Das neueste Luxushotel der Stadt mit 104 Zimmern, die kaum Wünsche offen lassen. EZ ab 65 Euro, DZ ab 75 Euro, App. ab 110 Euro (die Preise variieren saisonal).

● **Hotel Concordia** (****), Piața Trandafirilor 45, Tel. 260 602. Eines der besten und elegantesten Häuser der Stadt, unmittelbar im Zentrum. Exzellentes Restaurant. Designer mit einer Vorliebe für Rot- und Weißtöne haben das Interieur unverwechselbar gestaltet. Die Lounge ist im Zebra-Look gehalten. Super Betten, Internet und Jacuzzi auf dem Zimmer. Faire Preise: EZ 56 Euro, DZ 64 Euro, App. 75 Euro. Die Hotelbar bietet leckere Snacks an, auch Salate und Pasta.

● **Hotel Plaza** (***), Piața Trandafirilor 46–47, Tel. 0365-730 000, office@plazahotel.ro, www.plazahotel.ro. Designerhotel mit 77 individuell eingerichteten Zimmern. Auf einem Screen in der Lobby kann man sich alle Zimmer ansehen. Außerdem: Spa, Dampfbad, Sauna. Je nach Zimmerkategorie zahlt man: EZ ab 59 Euro, DZ ab 69 Euro, Executive Suite ab 107, Luxury Suite ab 179 Euro; Preise inkl. Internet, Frühstück und Spabenutzung.

● **Hotel Continental** (***), Piața Teatrului 5–6, Tel. 0372-658 800, mures@continentalhotels.ro, www.continentalhotels.ro. Genau 111 Zimmer, die unterschiedlich gestaltet sind: vom romantischen Landhausstil bis zu klassischer Moderne, alle mit kostenfreiem Internet und Telefon. Im Frühjahr gibt es Sonderaktionen (EZ ab 30 Euro), im Sommer liegen die Preise leicht darüber, trotzdem: gutes Preis-Leistungsverhältnis.

● **President** (***), Str. Gh. Doja 231, Tel. 0365-410 420, www.presidenthotel.ro, EZ 95 Euro, DZ 110 Euro.

Pensionen

● **Pensiunea Atlantic** (*****), Str. Libertății 15, Tel. 268 381. Die Luxuspension 300 m vom Stadtzentrum bietet allen erdenklichen Komfort (inkl. beheizter Garage, Mietwagen und Jacuzzi). Empfehlung des Autors. EZ 25 Euro, DZ 45 Euro, App. 60 Euro, App. mit Jacuzzi 85 Euro.

● **Pensiunea Tempo** (****), Str. Verii 27, Tel. 213 552, office@tempo.ro, www.tempo.ro (deutsche Seite). Schöne Pension mit zweckmäßigen Zimmern und gutem Restaurant. EZ (je nach Saison) 45 Euro, DZ 47 Euro.

● **Pensiunea Doina & Jenö** (***), Str. Evreilor Martiri 25, Tel. 255 926, iszlaijeno@rdslink.ro, www.doina-jeno.ro. Schicke Top-Class-Pension in Waldlage im Süden der Stadt (Richtung Sighişoara). 10 Zimmer, Gartengrill, Internetanschluss, Kabel-TV. EZ/DZ 30 Euro.

● **Pensiunea Christina** (***), Str. Piatra de Moară 1a, Tel. 266 490. Neues Haus mit erstklassigem Restaurant und „Bar de Luxe". 4 Zimmer, 2 Appartements, Air-Condition. EZ/DZ 25 Euro, App. 38 Euro.

● **Pensiunea Ana** (***), Str. Gh. Marinescu 50, Tel. 214 977, www.anapension.go.ro. Pension mit großem Parkplatz, gutem Restaurant und Erholungs- und Freizeitgelände (Grill, Freisitze). EZ 28 Euro, DZ 34 Euro.

● **Pensiunea Monica** (***), AC, TV, Internet, Parken im Innenhof. 9 Zimmer, EZ/DZ 45 Euro (bei längerem Aufenthalt verhandelbar).

● **Pensiunea Tip Top** (**), Str. Plopiilor 7, Tel. 226 248, tiptop@rdslink.ro, www.eweb.ro/tiptop. Die Pension macht ihrem Namen Ehre und verfügt u.a. über Sauna, Gartengrill, Schwimmbad und Air Condition. EZ 28 Euro, DZ 32 Euro, App. 45 Euro.

Pensionen und Restaurants im Umland

● **Schwabenhof** (***), lohnender Abstecher: Auf der Straße 15 hinter Ernei rechts nach Sovata abbiegen; nach ca. 10 km liegt, mitten im Niemandsland vor Isla, links die wunderbare Pension/Restaurant von *Michael* und seiner rumänischen Frau (die fantastisch kocht). Empfehlenswert alle einheimischen Gerichte, aber auch delikates Rahmschnitzel, Rehmedaillons und schwäbische Maultaschen. *Michael* kennt sich auch sehr gut im Muresch-Gebiet aus. 4 Zimmer mit Bad und eigener Terrasse (Preis ca. 50 Euro inkl Frühstück). Mobil 0788-311 429, schwabenhof@zappmobile.ro.

- **Pension Renaissance** (***), schöne Pension hinter Eremita auf der Fahrt nach Sovata. Alle Infos unter www.erdelyutazas.hu (nur auf Ungarisch).
- **Pensiunea History** (***), dritte gute Alternative auf dem Weg nach Sovata. Infos unter www.historypension.ro (auch auf Englisch).
- Gute Forellen gibt es ca. 4 km nach Erimitu im **Han Pescaresc,** Tel. 347 017.

Essen und Trinken

Restaurants

- Das **Restaurant Laci Csárda** in der Str. Morii führt als Vorspeisenspezialität *Os cu Măduvă* bzw. ungarisch *Velöcsont* (gefülltes Knochenmark) - vielleicht nicht jedermanns Sache. Delikat sind auf jeden Fall der Lammbraten *(Friptură de Miel)* und die Kalbspaprika mit Klößen *(Papricaş de Viţel cu Ciuperci galuşte)*. Als Nachtisch empfiehlt sich ein Pflaumenkloß *(Compot cu Prune)* oder das Gebäck *Somloi*. Geöffnet 12–24 Uhr.
- Das **Restaurant Concordia** steht mit seiner Luxusküche nicht hinter dem Komfort des gleichnamigen Hotels zurück. Wer also auch in Rumänien nicht auf sein Haifisch-Steak und Tiger-Prawns verzichten und zudem etwas Geld entbehren kann, speist hier nobel und gut. Empfehlenswert das Pfeffersteak. Str. Trandafirilor 45, Tel. 260 602.
- Aufgrund ihrer zentralen Lage ist die **Pizzeria Leo** in der Str. Trandafirilor 43 immer gut frequentiert. Dennoch sind Pizzen und Pasta ausgezeichnet. Auf Wunsch wird das Essen auch ins Hotel oder die Pension geliefert. Bestellungen unter Tel. 250 251.
- Im **St. Patrick Irish Pub** am Boulevard 1848 werden „irische Spezialitäten" serviert, aber auch einheimische Küche.
- Mal ganz was Neues: Sushi in Rumänien. Wer es probieren möchte, sollte ins **China Blue** gehen. Str. Bolyai 10, Tel. 269 401.
- Wer die Heimatküche ein wenig vermisst, könnte vielleicht im **Casa Bavareză** (Bayrisches Haus) oder in der **Villa Helveţia** (Schweizer Villa) wieder auf den Geschmack kommen. Ohne Gewähr. Ersteres befindet sich in der Str. Cuza Vodă 6, Letzteres in der Str. Borsos Tamas 13.
- Sehr gute italienische Küche gibt es im **Restaurant Venezzia** am Piaţa Trandafirilor 2, Tel. 250 255.
- **Atlantic,** Str. Libertăţii 15, Tel. 268 381. Das neue Restaurant hat von 12–24 Uhr geöffnet. Es ist vor allem bei Einheimischen sehr beliebt. Traditionelle rumänische Gerichte.
- **Excalibur,** Str. Revoluţiei 29, Tel. 210 120, www.loculcavalerilor.ro.
- **Steak-House Manadas,** Str. Gh. Doja 221, Tel. 212 160.
- **Majestic,** Studentenrestaurant mit vielen Gerichten zu vernünftigen Preisen.

Café

- **Café Piaf,** Str. Bolyai 10, Mobil 0756-796 073. Dieses gute Café hat nicht nur einen gepflegten Latte Macchiato, sondern auch über 40 Biersorten. In die Räumlichkeiten geschickt integriert ist ein altes Bogengewölbe. Raucher- und Nichtraucherbereich.

Abends unterwegs

- **Jbclub,** Str. Sinaia 3, Mobil 0724-400 322, www.jbclub.ro. Etwas außerhalb gelegen, aber die Taxifahrt (3–5 Euro) lohnt sich: erstklassige Musik, viele Live-Auftritte und sehr gute Cocktails; die Empfehlung von Mixer *Lori: Hypnosis* (Rum, Cointreau, saurer Apfelsaft und Lemon).
- **Diskothek: Show Club Jo,** Str. Livezeni 4 92, Tel. 254 430. In einem der modernsten Clubs der Stadt können alle, die nicht das Tanzbein schwingen möchten, auch Darts oder Billard spielen. Pizzaservice inkl.

Einkaufen

Bücher

• **Librăria Gauss-Bolyai,** Str. Bolyai 3. Tel. 262 475. Hier findet man in erster Linie naturwissenschaftliche Literatur.

• **Editura Sherpa,** Str. Tuşnad 2/16 3, Tel. 265 691. In dieser kleinen Buchhandlung dreht sich alles ums Reisen und die dazugehörigen Bücher.

• **Librăria Mihail Eminescu,** Str. Cutezanței 19. Jede Buchhandlung möchte sich mit dem Namen des Nationaldichters schmücken – diese hier hat es sich auf jeden Fall redlich verdient. Große Auswahl auch an englischsprachiger Literatur.

Antiquitäten

• **Liliput Antique,** Str. Horea 7, Tel. 267 220, Mo. bis So. 9–18 Uhr. Wer bei diesem Angebot an Antiquitäten nicht fündig wird, ist selber schuld – oder der Geldbeutel streikt angesichts der stolzen Preise.

Bioladen

• **Green Bio Land,** Piața Victoriei 34. Noch kommt es in Rumänien nicht so oft vor, dass ein schicker Bioladen mit mitteleuropäischem Sortiment eröffnet. Aus diesem Grund diese Empfehlung. Der Laden gleich gegenüber dem Rathaus in der Nähe des Grand Hotel hat auch eine Reform-Abteilung. Die Beratung (auf Wunsch auch englisch) ist ausgezeichnet.

Aktivitäten

• Sportlich betätigen kann man sich in Târgu Mureş in vielfältiger Weise. Fast alle möglichen Aktivitäten unter einem „Hut" findet man im **Complexul de Agrement şi Sport „Mureşul".** Die Einheimischen nennen das Zentrum nur kurz und knapp „Weekend", was darauf hindeuten mag, dass es hier an Wochenenden sehr voll werden kann. Begonnen hat das Zentrum an der Mureş im 19. Jahrhundert mit dem Kanusport. Auch heute kann man sich hier in den Sommermonaten Kanus ausleihen. Vier große Becken sind inzwischen hinzugekommen, in denen Schwimmer wie Nichtschwimmer ihren Platz finden. Nahe einem als Raddampfer getarnten Holzboot kann man auch Paddelboote mieten, auf langen Freiluftbahnen bowlen, oder man tobt sich auf einem der zahlreichen Mini-Fußball-, Basketball-, Volleyball- oder Tennisplätze aus.

• Wer hinauf zum Corneşti-Plateau, dem höchsten Punkt der Stadt, wandert, hat nicht nur eine herrliche Panoramasicht auf die Stadt und das Mureş-Tal, sondern kann sich auch im **Zoologischen Garten** zwischen exotischer Flora und Fauna entspannen. An Schlechtwettertagen ist das Tropische Haus ein schöner Aufenthaltsort, an sonnigen Tagen locken die umgebenden Hainbuchen und Eichenwälder, der **Pădure de Ledu,** zu Spaziergängen.

Feste und Events

• Im Sommer findet in Târgu Mureş das größte rumänische Musikfestival statt, das **Peninsula Félsziget Festival.** Eine Woche lang gibt es was auf die Ohren: Rock, Metal, Elektro, Punk, World Music, Blues, Jazz etc. Mehr Infos: „felsziget" googeln!

• **Bierfest (Festivalul berii),** Volksfest für alle Freunde der Braukunst im August.

• **Alternatives internationales Kurzfilm-Festival,** findet meist im November im Kulturpalast statt. Nähere Infos (auf Englisch) vom Leiter *Sipos Levente,* Mobil 0744-474 875.

• Im Mai finden in Târgu Mureş die **Musikalischen Tage** statt. An diesen **Zilele Muzicale Târgumureşene** tritt so ziemlich alles auf, was sich in der Stadt an Tanz- und traditionelle Musikgruppen einen Namen gemacht hat.

• **Konzerte des Philharmonischen Orchesters** finden von Juni bis Sept. jeden Do. um 19 Uhr im Kulturpalast statt. Infos und Reservierung im **Casa de bilete** direkt an der Ecke Str. Enescu/Piața Trandafirilor, Tel. 261 420, Mo. bis Fr. 10–13 Uhr, an Konzerttagen auch von 17–19 Uhr.

• Das **große Stadtfest,** die **Zilele Târgumureşene,** findet üblicherweise in der letzten Juniwoche inmitten der mittelalterlichen Zitadelle statt. Zum ersten Mal wurde es am 28.

August 1482 zu Ehren von König *Matei Corvin* abgehalten, der das Privileg eines Festes bewilligt hatte. Wer die Stadt an diesen Tagen besuchen möchte, sollte sein Zimmer frühzeitig gebucht haben. Alljährlich überfluten dann über 80.000 Menschen die City.

- Eines der bekanntesten **Folkfestivals** Rumäniens beginnt meist Mitte Juli. Die **Jocul din Batrani** finden üblicherweise auf großen Bühnen entlang des Piaţa Trandafirilor statt.
- Der Oktober ist in Târgu Mureş einer der intensivsten Festivalmonate. Es beginnt in der ersten Woche mit dem **Festivalul de Muzică Constantin Silvestri.** Kurz darauf kommen auch die Schauspielfreunde beim **Festivalul de teatru „Dramafest"** auf ihre Kosten. Den Abschluss bildet dann das **Weinfest Sărbătoarea Vinului şi a Mustului,** bei dem es sehr fröhlich zugeht.
- Beendet wird der festliche Reigen im Dezember mit dem **Musikfestival der heiligen Musik, Festivalul de Muzică Sacra,** dem **Kindergeschenkfest** der Stadt Luna Cadourilor (**Orăşelul Copiilor**) und dem **Neujahrsfest** auf der Straße Revelion în Stradă.

Cluj-Napoca/ Klausenburg

⇗ VIII, A2

- **Höhe:** 350–455 m
- **Vorwahl:** 0264
- **Einwohner:** 316.000
- **Ungarischer Name:** Kolozsvár

Das an den beiden Flüssen Nadăş und Someşul mic gelegene Cluj-Napoca ist die **drittgrößte Stadt Rumäniens.** Sechs Zug- und Autostunden von Bukarest entfernt, ist die transsylvanische Metropole der zentrale Dreh- und Angelpunkt des wirtschaftlichen und kulturellen Lebens in Nordwestrumänien.

Besonders eindrucksvoll ist die Anfahrt von Süden her, wenn man sich über die steil nach unten führende E60 von Turda aus ins Someş-Tal begibt. Von den Bergen rund um die Ortschaft **Feleacu** 8 km südlich von Cluj-Napoca lässt sich bereits die gesamte Stadt gut überblicken.

Die meisten westlichen Besucher werden sich der Hauptstadt des Bezirks Cluj jedoch wahrscheinlich mit dem Auto von der ungarischen Grenze über **Oradea** nähern. Die E60 führt dabei über den kleinen **Piatra-Craiului-Pass** (582 m), einen Ausläufer der Westkarpaten. Die Schlaglöcher früherer Zeiten sind mittlerweile verschwunden, die Straße ist auf der gesamten Strecke hervorragend befahrbar.

Der **Flughafen** im Stadtteil Someşeni ist gerade einmal 8 km vom Stadtzentrum entfernt.

Geschichte

Cluj ist eine **sehr alte Stadt.** Ihren Zusatz Napoca erhielt sie aber erst 1974 durch *Ceauşescu,* der damit auf die dako-römische Vergangenheit der alten Siedlung verweisen wollte. Bereits der griechische Geograf *Claudius Ptolemäus* beschrieb um 130 n.Chr. „eine der wichtigsten vorrömischen Siedlungen" namens **Napuca.**

Das lange Zeit heiß umstrittene Reiterstandbild des Matthias Corvinius vor der Michaelskirche

Nach der Eroberung Dakiens durch den römischen Kaiser *Trajan* entwickelte sich aus dem einfachen Legionärslager aufgrund seiner verkehrsgünstigen Lage schnell eine Stadt. Bereits um 124 n.Chr. wird sie offiziell zum **Municipium Aelium Hadrianum Napoca,** erhält also die gleichen Rechte und Pflichten wie andere autonome Städte des Römischen Reiches. Erst 1167 taucht der Name Cluj als **Castrum Clus** zum ersten Mal in den Dokumenten auf. Er geht auf den lateinischen Begriff *clusius* für Klause zurück.

Der Ausbau und **Aufstieg zur Handelsmetropole** begann mit der deutschen Besiedlung des Gebiets am Kleinen Samosch (Someşul Mic) im 13. Jahrhundert. 1405 erhält Cluj die Rechte einer freien Stadt durch *Sigismund von Luxemburg* und verdrängt während der Herrschaft von König *Matei Corvin* im 15. Jahrhundert die Vorherrschaft der transsylvanischen Stadt Alba Iulia. Hinzu kommt der **kulturelle Aufstieg,** der 1550 mit der Einführung des Buchdrucks durch *Gaspar Heltai* beginnt. Kurz nach der Französischen Revolution schwingt sich Cluj 1790 zur **Hauptstadt von Siebenbürgen** auf. Im österreichisch-ungarischen Doppelstaat ist Cluj eine der größten Städte.

In der Folgezeit bestimmen **habsburgische Architekten und Künstler** das Stadtbild. Man eifert den Metropolen Wien und Budapest nach, auch was den Bau von Schauspielhäusern

rum379 Foto: jr

betrifft. Als imposantes Beispiel möge die barocke Innengestaltung des Nationaltheaters dienen, das sich eng an die Wiener Vorbilder anlehnt.

Sehenswertes

Erster Überblick

Wer in die Großstadt Cluj-Napoca kommt, sollte sich als Autofahrer ruhig direkt ins **Zentrum** am **Piața Unirii** oder entlang des **B-dul Eroilor** aufmachen. Parkplätze stehen vor allem entlang dem letztgenannten reichlich zur Verfügung. Lassen Sie sich nicht von den Hochhausbauten in der Peripherie abschrecken. Diese modernen Trutzburgen gehören heute leider zum obligatorischen Erscheinungsbild moderner rumänischer Großstädte. Im Zentrum von Cluj-Napoca wird's nicht nur wesentlich schöner, sondern auch übersichtlicher.

Wie so manche rumänische Stadt wurde auch Klausenburg an der Verengung eines Flusstals errichtet. Aufgrund dieser geografischen Besonderheit bietet sich die Möglichkeit, die Metropole auch von oben anzusehen. Fragen sie einen Einheimischen nach dem **Hotel Belvedere;** jeder in Cluj kennt diesen Namen. Das Hotel heißt heute zwar Transilvania, aber der alte Name „Hotel zur schönen Aussicht", der aus unerfindlichen Gründen abgelegt wurde, spiegelt die herrliche Lage des Hotels wesentlich besser wider und wird daher von den Bürgern auch weiter verwendet. Sie erreichen den **Parcul Cetățuia,** den alten Festungshügel, auf dem das Hotel zu finden ist, vom Zentrum (Piața Unirii) in etwa 20 Minuten zu Fuß. Man folgt der Str. Regele Ferdinand in nördlicher Richtung und geht über die Brücke auf die andere Seite des Someşul mic. Links, etwa 100 m die Str. Dragalina am Fluss entlang, sieht man bereits die Stufen, die rechts zum Hotel hinaufführen.

Rund um den Piața Unirii

Oft gehen Besucher an den schönsten und besten Stellen einer Stadt vorbei, ohne es zu bemerken, da sich diese in einem versteckten Winkel oder Hinterhof befinden. Auch am Piața Unirii (Einheitsplatz) von Cluj-Napoca existiert solch ein Ort. Man findet seinen Eingang gleich neben dem stylischen **Café Diesel** an der westlichen Seite des zentral gelegenen Piața Unirii. Es ist der ideale Ort, um im Gewusel der Großstadt einen ersten Halt und Anhaltspunkt oder ein wenig Ruhe zu finden. Wer in den **Museumshof der Kirche Szent Mihály** bzw. Sfântul Mihai (Sankt Michaelskirche) kommt, betritt unmittelbar eine andere Welt. Die kostenlose **Ausstellung** im begrünten Innenhof ist den beiden **Bildhauern Jenö** und **Tibor Szervátiusz** gewidmet. Vater und Sohn *Szervátiusz* belebten kurz nach 1920 eine alte Tradition der Stadt wieder, die seit dem bleichen 19. Jahrhundert verloren gegangen war. Das Kunsthandwerk, das in Klausenburg einst bis in die Barockzeit hinein erblühte, stagnierte zu Zeiten der Habsburger Monarchie. Bildhauer wie der berühmte *Brăncuşi* aus Târgu Jiu und die Clujer Familie *Szervátiusz* gaben mit ihrer Kunst auch alten Traditionen neue Impulse und wurden so zu Vorreitern modernen Kunsthandwerks.

Die **Skulpturen,** die im Museumshof der Kirche Szent Mihály zu sehen sind, gewinnen ihre Faszination vor allem aus drei künstlerischen Quellen: den Altarskulpturen siebenbürgisch-mittelalterlicher Dorfkirchen, volkstümlicher Schnitzerkunst und der Tradition des Expressionismus.

Sankt Michaelskirche

Die **Kirche Sfântul Mihai** ist nach der Schwarzen Kirche von Braşov das größte Gotteshaus in Transsylvanien. Sie wurde Mitte des 14. Jahrhunderts als Basilika begonnen und 100 Jahre später als gotische, dreischiffige Hallenkirche ausgebaut. Der 80 m hohe **Glockenturm im neugotischen Stil** wurde erst im 19. Jahrhundert errichtet, nachdem der ursprüngliche Turm nach einem Erdbeben 100 Jahre zuvor schwer beschädigt und abgetragen worden war. Dort, wo sich normalerweise ein Kreuzgewölbe befindet, ist die Kirchendecke einem **Sternengewölbe** nachempfunden worden, das durch figurative Kapitelle gestützt wird. Man erkennt einen Steinmetz, einen melkenden Ziegenhirten, einen Professor und eine Frau mit Gebetbuch. Geschickt vergrößern betonte Bögen den Raum optisch nach oben hin.

An der **Westfassade** beschützt der *heilige Michael* ein altes Tor aus dem Jahr 1444. Besonders fein gearbeitet ist die aus dem Jahr 1528 stammende Sakristeitür, die mit ziselierenden Motiven rund um das Stadt- und das Stifterwappen (das mit dem Pelikan) reich verziert wurde. Sehenswert auch die **Barockkanzel,** die von einem Drachen tötenden *heiligen Michael* bekrönt wird.

Messen und Andachten werden in der Sankt Michaelskirche in rumänischer und ungarischer Sprache gehalten. Die Mitarbeiter rund um *Preot Korom Imre* erteilen gerne Auskunft, wann die abendlichen **Orgelkonzerte** stattfinden, die sehr empfehlenswert sind.

● **Biserica Sfântul Mihai** (Szent Mihály), Piaţa Unirii 6, Mo. bis So. 6–20 Uhr, Eintritt frei.

Zankapfel Corvinius

An der Südseite der Michaelskirche steht das 1894 bis 1902 errichtete, etwas überdimensionierte **Reiterstandbild von Matthias Corvinius.** Bereits mehrfach hat es zwischen der ungarischen und rumänischen Bevölkerung für Streit und Unruhe gesorgt, da beide Volksgruppen den späteren König der Ungarn für sich in Anspruch nehmen. So musste auch die Sockelinschrift bereits öfters geändert werden. Zu Beginn des 20. Jahrhunderts trug der Reitersockel die ungarische Inschrift **„Mátyas Corvin"** sowie ein Wappen des Habsburgerreiches. Als Siebenbürgen 1918 Teil Rumäniens wurde, ersetzte man die Namensbezeichnung kurzerhand durch das rumänische **„Matei Corvin".** Doch kurz darauf, nämlich von 1940 bis 1944, fiel Siebenbürgen wieder an Ungarn, und es folgte die nächste Namensänderung, diesmal natürlich wieder im un-

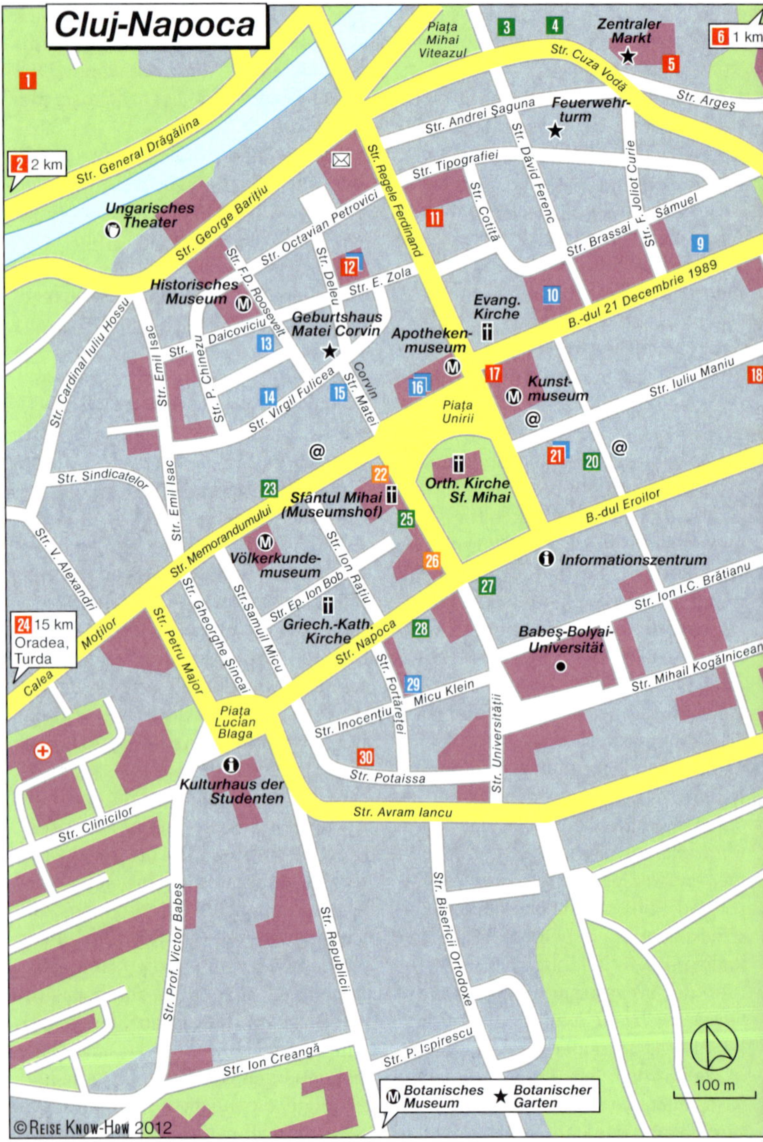
Cluj-Napoca
Piața Mihai Viteazul
Zentraler Markt
6 1 km
Str. Cuza Vodă
Str. Argeș
Str. Andrei Șaguna
Feuerwehr-turm
2 2 km
Str. General Drăgălina
Str. Regele Ferdinand
Str. Tipografiei
Str. Dávid Ferenc
Str. Jolio Curie
Ungarisches Theater
Str. George Barițiu
Str. Octavian Petrovici
Str. Cotiță
Str. Brassai
Str. F. Sámuel
Str. F.D. Roosevelt
Str. Deleu
Str. E. Zola
B.-dul 21 Decembrie 1989
Historisches Museum
Geburtshaus Matei Corvin
Evang. Kirche
Apotheken-museum
Str. Cardinal Iuliu Hossu
Str. Emil Isac
Str. Daicoviciu
Str. P. Chinezu
Str. Virgil Fulicea
Str. Matei Corvin
Kunst-museum
Piața Unirii
Str. Iuliu Maniu
Str. Sindicatelor
Orth. Kirche Sf. Mihai
Sfântul Mihai (Museumshof)
Str. Memorandumului
B.-dul Eroilor
Str. V. Alexandri
Völkerkunde-museum
Str. Ion Rațiu
Informationszentrum
Str. Ep. Ion Bob
Str. Ion I.C. Brătianu
24 15 km Oradea, Turda
Calea Moților
Str. Petru Major
Str. Gheorghe Șincai
Str.Samuil Micu
Griech.-Kath. Kirche
Str. Napoca
Babeș-Bolyai-Universität
Str. Mihail Kogălnicean
Str. Fortăreței
Micu Klein
Piața Lucian Blaga
Str. Inocențiu
Str. Universității
Str. Potaissa
Kulturhaus der Studenten
Str. Avram Iancu
Str. Clinicilor
Str. Biserici Ortodoxe
Str. Republicii
Str. Prof. Victor Babeș
Str. P. Ispirescu
Str. Ion Creangă
Botanisches Museum
Botanischer Garten
100 m
©REISE KNOW-HOW 2012

Übernachtung
- 1 Hotel Transilvania
- 2 Hotel Premier
- 5 Hotel Christian
- 6 Hotel Zimbru
- 7 Hotel Monis
- 8 Pensinuea Colibri
- 11 Hotel Vlădeasa
- 12 Hotel Fullton
- 17 Hotel Melody
- 18 Transylvania Hostel
- 21 Agape Hotel
- 24 Vila Gong
- 30 Retro Hostel
- 31 Hotel Tiver
- 32 Hostel Do Re Mi

Essen und Trinken
- 9 Lunch Box
- 10 Restaurant Casa Ardeleană
- 12 Café Fullton
- 13 Restaurant Lugano
- 14 Ogaret Club
- 15 Restaurant Casa Matei
- 16 Café Illy, Restaurant Ernesto
- 19 Janis la Stuf
- 21 Agape Restaurant
- 29 Café Bulgakov

Nachtleben
- 22 Diesel Club
- 26 Crema

Einkaufen/ Sonstiges
- 3 Tarom (Flugtickets)
- 4 CFR (Zugtickets)
- 20 Vinoteca
- 23 Apotheke Diapharm
- 25 Galeria Veche
- 27 Buchhandlung Universitații
- 28 Buchhandlung Humanitas

garischen Sinne. Die Kommunisten versuchten diesem munteren Spielchen durch die „neutrale" Bezeichnung **„Mathias Rex"** ein Ende zu setzen. Doch nach der Revolution verpasste der zur nationalistischen Partei *Romania Mare* gehörende Bürgermeister *Gheorghe Funar* dem Standbild erneut den rumänischen Namen. Am liebsten hätte er das streitbare Denkmal gleich ganz abgerissen, doch die zahlenmäßig immer noch starke Fraktion der Ungarn im Rathaus konnte dies bis heute verhindern. Ein Verbot gilt hier heute für Ungarn und Rumänen gleichermaßen: Wer auf das Reiterstandbild klettert, muss eine Strafe von 50–100 RON bezahlen.

Nationalmuseum für Kunst

Ebenfalls noch am Piața Unirii, der früher Piața Libertații genannt wurde, befindet sich gleich in Blickrichtung des bronzenen *Matthias Corvinius* einer der prächtigsten Barockbauten Transsylvaniens. Der 1775 fertig gestellte **Palatul Bánffy** wurde vom deutschen Architekten *Johann Eberhard Blaumann* geplant, der auch für den Brukenthal-Palast in Sibiu verantwortlich war. Seit 1951 ist in dem für den Gouverneur *György Banffy* erbauten Palast das Nationalmuseum für Kunst untergebracht. Zu den Höhepunkten der Ausstellung zählen die Sammlung von *Virgil Cioflec,* viele mittelalterliche Ikonen und ein Altar aus dem 16. Jahrhundert. In einigen der 22 Räume gibt es bekanntere Künstler wie *Niculae Grigorescu* und *Ștefan Luchian* und einige überraschend gute unbekannte Künstler aus dem 18. Jahrhundert zu sehen.

• **Muzeul Național de Artă,** Piața Unirii 30, Mo. bis So. 12–19 Uhr, Eintritt 3 RON.

Nördlich des Piața Unirii

Die direkt am Piața Unirii vorbeiführende Str. Regele Ferdinand führt in nördlicher Richtung zum **Apothekenmuseum.** Die Ausstellungsräume sind im **Hintzhaus,** der ersten Apotheke Clujs, untergebracht, die dort bereits im Jahr 1573 eröffnet wurde. Zu den interessantesten der über 2300 verschiedenen pharmazeutischen Exponate zählen neben den alten Rezepturen sicherlich einige Fläschchen mit Aphrodisiaka aus dem 18. Jahrhundert. Vom Apothekenmuseum sind es über die Str. Vasile Goldiş (rechts um die Ecke) nur 50 m zum **Geburtshaus von Matthias Corvinius.** Von der nordwestlichen Ecke des Piața Unirii führt auch die Str. Mathei Corvin direkt zu dieser Gedenkstätte hin. Hinter dem Eingangstor des schlichten, weiß getünchten Hauses aus dem 15. Jahrhundert befindet sich heute die **Kunst- und Designfakultät der Universität** mit interessanten Ausstellungsstücken der Studenten in der Aula und einem ruhigen Innenhof. Rechts vom Mathei-Corvin-Haus führt die Victor-Deleu-Straße zum Piața Muzeului, an dessen rechter Seite die wunderschön dekorierte **Kirche des Franziskanerordens** zu besichtigen und zu bewundern ist.

rum12-011 Foto: ml

Klausenburg – die Schatzkammer Transsylvaniens

Das mittelalterliche Klausenburg lag nicht weit von den **Goldminen** des Apuseni und des Maramureş entfernt. Händler und Handwerker aus dem Osten, Norden und Süden brachten bereits zu Beginn des 13. Jahrhunderts **Edelsteine** und die Kunst des Veredelns in die aufstrebende Gemeinde. Schnell entwickelten sich in der Stadt am Kreuzungspunkt alter Handelslinien all die Stände, deren Kunsthandwerk darin bestand, die edlen Materialien zu veredeln. Anfangs waren es die Klausenburger **Steinmetze,** die den neu entstehenden Kirchen und Palästen der Stadt zu Glanz und ihrem eigenen Handwerk zu Ruhm verhalfen. Dann kamen die **Kunst- und Goldschmiede** hinzu, die den unersättlichen Hunger der Kirche, der Ritter, Adligen und reichen Damen nach Gold, Silber, mit Edelsteinen besetzten Säbelgriffen, Schmuckstücken, Bestecken und geschliffenen oder emaillierten Kelchen stillten. Schon bald wurde Klausenburg als **„Edelstein Siebenbürgens"** bezeichnet. In den Annalen jener Zeit sind fast 1000 Schmiedemeisternamen enthalten, eine Größenordnung, die in etwa widerspiegelt, welch hohes Ansehen und welchen Stellenwert dieses Kunsthandwerk einst im nördlichen Rumänien hatte. Zu den bekanntesten und wichtigsten Namen zählen die der Söhne des Malers *Nicholas von Klausenburg. Martin* und *Georg,* das vielleicht begabteste Geschwisterpaar der Stadt, betätigten sich auch als **Bildhauer.** Ein großes Werk, das sie Klausenburg hinterließen, ist ihre 1373 geschaffene Reiterstatue des heiligen *Sankt Georg.* Sie ist heute als Kopie vor der reformierten Kirche in der Str. Kogălniceanu (Farkas) zu bewundern.

Sie zählt zu den ältesten und besterhaltenen Gebäuden der Stadt.

- **Muzeul Farmaciei (Apothekenmuseum),** Piaţa Unirii 28, Tel. 597 567, Mo. bis Fr. 10–16 Uhr, Eintritt 2 RON.
- **Casa lui Matei Corvin,** Str. Matei Corvin 6, keine Besichtigung möglich.
- **Biserica Franciscanilor,** Str. Victor Deleu 4, Mo. bis So. 7–19 Uhr, Eintritt frei.

Weitere Museen

Auf der anderen Seite des kleinen Museumsplatzes liegt das **Geschichtliche Landesmuseum.** Die erste Etage bietet einige spektakuläre Skelette, u.a. das eines Mammuts, sowie Jagdwaffenfunde aus dem Neolithikum. Interessant ist das Miniaturmodell der dakischen Siedlung Sarmizegetusa, die es im Original etwa zwei Autostunden von Cluj-Napoca entfernt zu besichtigen gibt.

Etwas versteckt am Ende der Str. Sextil Puscariu findet man das einzige Höhlenmuseum Rumäniens. Das **Museum für Speläologie** ist nach dem Klausenburger Naturforscher *Emil Racoviţă* benannt und zeigt neben Fossilien, die *Racoviţă* in einigen Höhlen gefunden hat, u.a. auch die alte Fotokamera des Forschers. Das Museum ist für alle Höhlenfreunde und diejeni-

Vollmond über Cluj-Napoca

gen, die es noch werden wollen, ein unbedingtes Muss. Die Betreiber und der höhlenkundige Fotograf *Radu Sălcudean* bieten auch **Höhlentouren** an.

- **Muzeul Național de Istorie a Transilvaniei,** Str. Constantin Daicoviciu 2, Tel. 591 718, Di. bis Fr. 10–16 Uhr, Eintritt 3 RON.
- **Muzeul de Speologie „Emil Racoviță",** Str. Sextil Puscariu 8, Eintritt 2 RON.
- **Radu Sălcudean,** der erfahrene Höhlenkundler und Fotograf organisiert geführte Höhlentouren und veranstaltet Fotoseminare zum Thema Natur, Tel. 0742-913 373, salcudean@yahoo.com, www.radusalcudean.ro.

Westlich des Piața Unirii

Das **Etnografische Landesmuseum** in der Str. Memorandumului zeigt die umfassendste Ausstellung traditioneller Teppiche und folkloristischer Trachten und Kostüme Siebenbürgens. Wer den Zweck sächsischer Sternhauben kennen lernen oder den Ursprung der typisch rumänischen Ornamente auf den *Trăistuțe,* den bunten Umhängetaschen aus Wolle, erforschen möchte, kann sich hier an die mehrsprachigen Völkerkundler wenden. Besonders interessant sind die farbenprächtigen Kopfaufsätze aus Pfauenfedern, die in der Gegend um Nasăud an Festtagen von den Männern getragen werden.

Das Museum verfügt auch über eine hervorragende Freilichtsektion, den **Volkskundepark Romulus Vuia,** in dem über 200 rumänische, sächsische und ungarische Bauernhäuser, Mühlen und Schäfereien sowie drei Holzkirchen stehen; der Park ist im Nordwesten von Cluj auf dem Hojaberg zu finden.

- **Muzeul Etnografic al Transilvaniei,** Str. Memorandumului 21, Tel. 592 344, Di. bis So. 9–17 Uhr.
- **Parcul Etnografic Romulus Vuia,** Str. Tăietura Turcului. Der Volkskundepark ist im Hojawald zu finden (5 km nordwestlich des Stadtzentrums). Man kommt mit dem 30er Bus vom Piața Unirii in 15 Minuten zur Str. Hațeg im westlichen Teil von Cluj. Von hier aus sind es noch einmal etwa 15 Minuten in nördlicher Richtung über die Str. General Grigorescu hinüber und die Str. Tăietura Turcului hinauf. Das Gelände liegt linker Hand am Hügel. Mo. bis So. 9–17 Uhr (Mai bis Sept.), 9–16 Uhr (Okt. bis April), Eintritt 4 RON.

rum384 Foto: jr

Holzschnitzkunst im Museumshof der Michaelskirche

Rund um die Universität

Das eigentliche Universitätsgelände liegt südlich des Piața Unirii zwischen den Straßen Ion Brățianu und Mihail Kolgălniceanu, während sich **studentische Institutionen,** Lehr- und Forschungsstätten über die ganze Stadt verteilen. So befinden sich der Studentenclub und die alte Universitätsbibliothek etwas weiter westlich, am Piața Blaga, und die sogenannten *Complexe Studențesc* sind im Süden und Osten zu finden. Die bereits 1872 gegründete Universität von Cluj-Napoca soll die Kluft zwischen der ungarischen und rumänischen Bevölkerung überwinden helfen. Darauf deutet bereits ihr Name hin: Ursprünglich waren der nach dem ungarischen Mathematiker *János Bolyai* benannte Teil und der nach dem rumänischen Mediziner *Victor Babeş* bezeichnete Teil der Uni streng getrennt. Erst in den 1960er Jahren verschmolzen beide zur heutigen **Babeş-Bolyai-Universität.**

Mit über 47.000 Studenten und 1500 Lehrkräften ist sie die zweitgrößte Universität Rumäniens. Besonderen Wert legte man auf die Verankerung eines **multikulturellen Profils** in der Charta der Universität. Die in den Jahrhunderten zuvor oft verfeindeten deutschen, ungarischen und rumänischen Bevölkerungsgruppen Siebenbürgens sollen in interkulturellen Studiengängen auf ein vereintes Europa und ein friedliches Miteinander hingeführt werden.

Bereits seit 1994 bereichert auch ein deutsches Kulturzentrum die Klausenburger intellektuelle Szene. In den letz-

Studium in Rumänien

Die Sprache ist bereits seit über zehn Jahren keine Hürde mehr. Wer Biologie, Geologie, Speläologie, Journalistik oder den neuen Studiengang der Europawissenschaft (Internationale Beziehungen und Europastudien) in Rumänien studieren möchte, kann dies in deutscher Sprache **mit international anerkanntem Abschluss an der Babeş-Bolyai-Universität** von Cluj-Napoca tun. Für viele Studenten ist das preisgünstige Land Rumänien längst eine wirkliche Alternative, und Medizinstudenten machen bereits seit den 1980er Jahren von der sehr guten, praxisnahen Ausbildung an rumänischen Universitäten Gebrauch.

Seit kurzem ist auch die Babeş-Bolyai-Universität zum **Bologna-System** übergegangen. Das bedeutet eine Verkürzung der Studienzeit für alle Bachelor-Studiengänge auf drei Jahre.

Wer sich genauer über ein Studium in Rumänien und mögliche Stipendien informieren möchte, sollte sich einmal auf der deutschsprachigen Webseite **www.ubbcluj.ro** umschauen.

Lehrstuhl für Speläologie

Einige der imposantesten Höhlen Rumäniens, wie die **Gletscherhöhle (Peştera Scărişoara)** oder die **Bärenhöhle (Peştera Urşilor),** liegen kaum 100 km von der transsylvanischen Metropole Cluj-Napoca entfernt. So mag es nicht verwundern, wenn es an der Babeş-Bolyai-Universität den weltweit einzigen Lehrstuhl für **Höhlenforschung** gibt. Die Speläologie ist eine interdisziplinäre Wissenschaft. Das heißt, sie beschäftigt sich nicht nur mit Stalaktiten und Stalagmiten, sondern auch mit solch interessanten Fragen wie zum Beispiel: „Warum können Fledermäuse mit kleinerem Gehirn besser fliegen?". Cluj-Napoca verfügt auch über das einzige **Museum für Speläologie** in Europa.

ten Jahren ist das Engagement der **Deutschen** in Cluj stark gewachsen, und neben der bestehenden Deutschen Bibliothek sind auch ein Spielezentrum entstanden und mehrere Sprachinstitute hinzugekommen.

Studenten aus zahlreichen Ländern prägen heute das Stadtbild und die Kultur Cluj-Napocas ganz wesentlich mit. Bistros, Jazzlokale und Internetcafés findet man längst nicht mehr nur rund um die Studentenviertel.

- **Universitatea Babeş-Bolyai,** Str. Mihail Kolgălniceanu 1, Tel. 405 300, Fax 591 906, www.ubbcluj.ro (auch deutschsprachig).
- **Deutsches Kulturzentrum Klausenburg,** Str. Universităţii 7–9, Tel. 594 492, ccg@polito.ubbclu.ro, www.kulturzentrum.ubbcluj.ro.

Ein bisschen Festung

Ganz in der Nähe der Universität, entlang der Str. Mihail Kolgălniceanu, sind noch einige **Fragmente der alten Stadtmauer** erhalten geblieben. Im Rahmen der ersten großen Stadterweiterung wurde sie im 15. Jahrhundert errichtet und mit mehreren **Bastionstürmen** verstärkt. Wie in anderen siebenbürgischen Städten auch, gehörten diese Türme den verschiedenen **Zünften,** die im Falle eines Angriffs für den jeweils eigenen Turm die Verteidigung übernehmen mussten. Als eines der wenigen Monumente der Klausenburger Befestigung ist die restaurierte **Schneiderbastei (Bastionul Croitorilor)** am Piaţa Baba Novac heute noch zu sehen.

- **Bastionul Croitorilor,** Str. Mihail Kolgălniceanu, keine Besichtigung.

Das zweite Zentrum

Neben dem Piaţa Unirii gibt es in Cluj-Napoca ein weiteres Stadtzentrum, das etwa 300 m weiter östlich zu finden ist. Gleich zwei Plätze, der **Piaţa Avram Iancu** (der frühere Piaţa Victoriei), und der **Piaţa Ştefan cel Mare,** vereinigen sich hier zu einer großen zentralen Fläche, die nur durch die Allee der Helden, den B-dul Eroilor, unterbrochen ist. Jeder der beiden Plätze hat sein eigenes Denkmal vorzuweisen. Der nördliche Avram-Iancu-Platz bietet die Kulisse für die imposante, 1933 nach 13-jähriger Bauzeit fertig gestellte **orthodoxe Kathedrale (Catedrala Ortodoxă).** Im Innern des von *Constantin Pomponiu* und *Gheorghe Cristinel* im neobyzantinischen Stil errichteten Gotteshauses sind einige bemerkenswerte Fresken zu sehen.

Nur 80 m südlich der Kathedrale steht das **Nationaltheater (Teatrul Naţional)** mit angeschlossener Oper inmitten des Piaţa Ştefan cel Mare. Seine erfrischend wirkende, spätgotische gelb-weiße Fassade und die berauschende Innenarchitektur sind das Werk der beiden Wiener Architekten *Fellner* und *Helmer,* die mit ihrer Baukunst 1906 ein wenig vom Glanz des Wiener Burgtheaters nach Siebenbürgen brachten.

Der Botanische Garten

Für den südlich der Universität gelegenen Botanischen Garten sollte man im Sommer einige Stunden einplanen. 1921 vom heutigen Namensgeber, dem **Botaniker Alexandru Borza,** begründet, gehört die Präsentation der

Pflanzen zur größten und eindrucksvollsten Europas. Für viele Besucher ist der Botanische Garten aus diesem Grund das wahre Highlight der Stadt, und Naturfreunde könnten ihre Rumänienreise zu Studienzwecken durchaus in Cluj-Napoca beginnen.

Auf etwa 15 ha präsentiert sich eine Pflanzensammlung von **mehr als 10.000 Arten.** Besondere Attraktionen sind der **Plinius-Garten,** der die Vegetation aus römischer und dakischer Zeit noch einmal auferstehen lässt, der **orientalische Teil** mit seinem japanischen Garten und der große **Rosengarten** mit über 600 Sorten. Eine veritable botanische Weltreise kann man in den riesigen **tropischen Gewächshäusern** unternehmen. Pflanzen von Ecuador bis Australien sind hier zu finden. In der medizinischen Abteilung des Botanischen Gartens werden Führungen angeboten, die auch auf einige **Heilpflanzen** hinweisen, die in Mitteleuropa nicht so bekannt sind. Abgerundet wird der Wandelgarten durch ein ausführliches **Herbarium** (über 655.000 Seiten) und das **Botanische Museum.**

• **Grădina botanică,** Str. Gheorghe Bilascu 42, Tel. 597 604.

In der Umgebung

Turda (Thörenberg)

Über die E60 sind es nur 30 km hinauf zu den berühmten, seit der Römerzeit bekannten **Salinen** von Turda. Aus therapeutischen Gründen steigt man jedoch erst seit dem 13. Jahrhundert in die 300 m langen unterirdischen Galerien. Über neu angelegte hölzerne Stufen geht es mittlerweile sogar noch tiefer unter die Erde.

Auf dem Weg nach Turda kommt man von Cluj nach 10 km am kleinen Ort **Feleacu** vorbei. Von hier aus bietet sich bei klarem Wetter ein wunderbarer Blick über das Tal des Somesch und Cluj-Napoca. Kaum bekannt, ist die Kirche des Ortes in Vergessenheit geraten, die von *Ştefan cel Mare* gestiftet wurde.

• **Salina Turda,** Str. Salinelor 54, Besichtigung tägl. 9–17 Uhr, Eintritt 7 RON.

Die Turda-Schlucht

Eine der zweifellos populärsten Attraktionen der Apuseni-Berge liegt gerade einmal 30 Autominuten von Turda und den Salzminen entfernt. Zu Fuß erreicht man die mächtigen, steil aufragenden, 300 m hohen Bergwände der **Cheile Turzii** auf einer zweistündigen **Wanderung** von der Stadt aus. Die Strecke ist mit roten bzw. blauen Kreuzen markiert und führt über den Ort **Mihail Viteazu** und die DN75 zur Schlucht. Man kann die Strecke teilweise auch mit dem Bus zurücklegen. Auf dem Weg Richtung Corneşti verlässt man den Bus etwa 2 km nach dem Ort Mihail Viteazu und geht in nördlicher Richtung noch etwa 5 km weiter, bis die Felsen vor einem vertikal in die Höhe schießen. Der blau-rot markierte Weg endet in der kleinen Gemeinde **Petreştii de Jos,** von wo man mit Bussen wieder zurück nach Turda gelangt.

Entlang der 1,5 km langen Turda-Schlucht finden sich aufgrund eines besonderen Mikroklimas zahlreiche **seltene Pflanzen** sowie der nicht minder seltene **Uhu** und **Steinadler.**

Im nahen Ort **Sănduleşti** befindet sich eine der sehr seltenen orthodoxen Steinkirchen aus dem 14. Jahrhundert, als allein der Bau von hölzernen Kirchen erlaubt war.

Höhlenausflüge in die Apuseni-Berge

Einige der eindrucksvollsten und interessantesten Höhlen Rumäniens wie die **Peştera Vântului** („Die Höhle des Windes") und die **Peştera Scărişoara** („Höhle des Leiterchens") sind von Cluj-Napoca aus als Tagesausflug sehr gut zu erreichen. Einige der Höhlen, etwa die Peştera Vântului, sind jedoch zeitweise verschlossen, andere, wie z.B. die **Peştera Batrânului** („Höhle des Alten"), sind für Hobby-Höhlenforscher im Alleingang zu gefährlich.

Wer sich gerne als Hobby-Speläologe betätigen möchte, sollte einige grundlegende **Verhaltensregeln** kennen. So lassen sich aus einer Höhle keine Notrufe versenden! Genügend Proviant und Trinkwasser sind unerlässlich. Von der Höhlenexkursion sollte ein Bekannter informiert werden. Wer sich unsicher fühlt, sollte auf jeden Fall nur an geführten Höhlenbegehungen teilnehmen. Einige Veranstalter bieten neben Gruppenbegehungen auch Kurse in Erster-Höhlen-Hilfe und spezielles Training an. Erkundigungen können bei folgenden **Veranstaltern** eingeholt werden:

- **Asociaţia Speologica „Speo Ursii",** Cluj-Napoca, Str. Bucegi 3, Bl. B2, Ap. 12, Tel. 693 015. Ansprechpartner ist *Codrin Roman.*
- **Muzeul de Speologie „Emil Racoviţa",** Cluj-Napoca, Str. Sextil Puscariu 8.
- **Retro Hostel,** Cluj-Napoca, Str. Potaissa 13, Tel. 450 452.

Gherla (Neuschloss)

Auf dem Weg ins 45 km nördlich von Cluj gelegene Gherla kommt man im Ort **Bonţida** am renovierten **Barockpalast der Familie Bánffy** vorbei. Einstmals wurde er das „Versailles von Transsylvanien" genannt, bis er zum Kriegsende 1945 in Brand geriet.

Die Stadt Gherla war bis zum Jahr 1672 eine armenische Siedlung und hieß damals **Armenopolis.** Auch heute noch sind an den Häusern über einigen Türbogen handgeschnitzte armenische Wappen erkennbar. Im Zentrum von Gherla, auf dem Piaţa Libertaţii, steht die barocke **armenisch-katholische Kathedrale,** gleich gegenüber dem Hotel Coroana. Rechts neben dem Hotel kann man im **Stadtmuseum** alte armenische Skripte, Hinterglasikonen und Schnitzereien bewundern.

- **Muzeul Gherla,** Str. Mihail Viteazul 6, Eintritt 3 RON.
- **Pensiunea Ioana** (***), Gherla, Str. Clujului 4, Tel. 0264-243 451, Fax 0264-206 340, office@pensiuneaioana.ro. EZ/DZ mit Dusche und WC, einige davon klimatisiert, Preis ab 80 RON.

Nicula und Sic

Die beiden Gemeinden 32 bzw. 42 km nordöstlich von Cluj-Napoca liegen im Epizentrum der ungarisch-siebenbürgischen **Folklore und Musiktradition.** Das **Kloster Nicula** feierte kürzlich seinen 450sten Geburtstag.

Den größten Andrang erlebt der Ort jährlich am 15. August, am **Tag der heiligen Maria.** Über 300.000 Pilger versammeln sich dann um die Klostermauern. Der Grund sind die wundersamen Tränen, die *Maria* als Hinterglasikone hier im Jahre 1699 ganze 26 Tage lang vergossen haben soll. Heute leben noch etwa 30 Mönche in den Klostermauern.

Als repräsentativ für die ungarische Kunst Nordtranssylvaniens gilt die Gemeinde **Sic** bzw. Szék. Über mehrere grün bewachsene Hügel breitet sich der pittoreske Ort aus. Die Chance, hier authentische **Trachten und Kostüme** im täglichen Gebrauch zu sehen, ist nicht höher als in den anderen umliegenden Gemeinden auch, dennoch preisen Touristikunternehmen in Cluj vor allem die Strohhüte und blau bestickten Westen der Männer und die bunt bestickten Blusen der Frauen von Szék in den höchsten Tönen an.

Informationen

- **Informationszentrum Cluj-Napoca,** Eroilor Blvd. 6–8 (nahe dem Piața Unirii), Tel. 452 244, office@visitclujnapoca.ro, www.visitcluj.ro und www.visitclujnapoca.ro. Geöffnet April bis Okt. Mo. bis Fr. 8:30–20 Uhr, Sa./So. 10–18 Uhr, Nov. bis März Mo. bis Fr. 8:30–18 Uhr, Sa./So. 10–18 Uhr. Freundliches Personal, meist studierte Touristiker. Jeder Besucher kann 30 Min. kostenlos im Internet surfen (skype, yahoo messenger, facebook und youtube sind nicht erlaubt). Außerdem tolle Beratung zu Unterkünften.

Marius Lazin von der Touristeninformation betreut ein tolles Projekt für Outdoor-Touristen: Die rumänische Initiative **rent a camp** (von ATAC, Asociația pentru Turism Activ Cluj) verleiht Zelte, Rucksäcke, Schlafsäcke und Isomatten zu dem unglaublich günstigen Preis von 1 Euro pro Leihstück. Nähere Infos auch bei *Mihai Giurgiu,* Mobil 0743-166 014 oder 0746-255 019.

Sonstige Stellen

- **Agrotrip,** dieser Reiseveranstalter aus Cluj hat sich auf den ländlichen Tourismus spezialisiert. Im Angebot sind u.a. ökologische Bauernhöfe und Pensionen mit traditionellem Hintergrund. Str. Câmpului 63, Tel./Fax 406 363, office@agrotrip.ro, www.agrotrip.ro.
- **Ökologischer Club Transsylvaniens,** Str. Sindicaţelor 3, Tel. 431 626, www.green-agenda.org. Organisiert Führer und Ausflüge, die einem auf sanfte Art die Apuseni-Berge und deren einzigartige Natur vermitteln.
- Cluj-Napoca verfügt über eine eigene **Informations-Hotline für Touristen** (190 449) und einen **Info-Service für Hotel-Anfragen** namens **Hotel-Point** in der Str. Universitații 8, Tel. 595 638.

Service

- **Post: Cluj-Napoca I,** Str. Regele Ferdinand 33, Tel. 536 804, Mo. bis Fr. 7–20 Uhr, Sa. 8–13 Uhr; **Cluj-Napoca 12,** Calea Floreşti 62, ap 1, Tel. 433 599, Mo. bis Fr. 7–20 Uhr.
- **Geldwechsel (Case de schimb): Cambio,** Str. Mihai Viteazul 14–20 und Str. Bolyai 3, Tel. 433 415 u. 598 393 (keine Kommission); **Raiffeisenbank,** Piața Unirii 7 und Str. Aurel Vlaicu 1, Tel. 432 351; **Volksbank,** B-dul Regele Ferdinand 18, Tel. 450 104.
- **Internet: Andrei SatLink Carmel Internet Club,** Str. Pasteur 56, Tel. 124 456, der Club ist auch Bar und Billard-Saloon, 22 Rechner, 2 RON/Stunde; **eXplorer Club,** Str. Arieşului 46–48, Tel. 414 193, 2 RON/Stunde; **Image Computers,** Str. Petre Major 10, Internetladen in einem Hinterhof, 1,80 RON/Stunde.

Notfälle

- **Kreiskrankenhaus: Spitalul Clinic Județean,** Str. Clinicilor 3–5, Tel. 450 084, oder die Stadt-Hotline 192 771.
- **Apotheken: Farmacia Danafarm,** Str. Luceafărului 1, Tel. 524 191; **Elixir,** Str. Fabricii

5 Tel. 414 129; **Farmacia Hera,** Str. Giordano Bruno 13, Tel. 435 216; **Farmacia Toma,** Str. Aurel Vlaicu 15, Tel. 424 708.

Mobilität

Flüge

• Der internationale **Flughafen Aeroportul Cluj-Napoca** im Stadtteil Someşeni ist der drittgrößte Flughafen Rumäniens (nach Bukarest und Timişoara); www.airportcluj.ro. Mit der Linie 8 der lokalen Busse (RATUC) fährt man nur 20 Min. zum 10 km nordöstlich vom Stadtzentrum gelegenen Airport direkt an der Straße von Cluj nach Oradea.

Bustickets: Wer nach 16 Uhr auf dem Flughafen landet, kann kein Busticket mehr am Kiosk erwerben, weil der nur Mo. bis Fr. 8–16 Uhr und Sa 8–14 Uhr öffnet. Tickets können aber nicht im Bus gekauft werden! Die Busstation ist nur 5 Min. entfernt (an der Hauptstraße). Taxis in die Innenstadt sollten nicht mehr als 8 Euro pro Person kosten.

• Sechs **Fluggesellschaften** fliegen Cluj-Napoca an: die rumänische TAROM, Air Austria, Alitalia, Carpatair, die italienische Clubair und die ungarische Malev. Neben den beiden nationalen Flughäfen von Bukarest und Timişoara fliegen die Airlines zahlreiche Städte in Deutschland, Italien und Ungarn an.

• Auf Flugreisen haben sich spezialisiert: **Aerocenter,** Piaţa Timotei cipariu 15, Tel. 439 117; **Aerotravel,** Str. Horea 1, Tel. 433 124.

Züge

• **Bahnhof (Gara CFR),** Str. Garii 1–3, Tel. 192 952. Der Bahnhof liegt etwa 3 km nördlich des Zentrums auf der anderen Seite des Someşul Mic.

• **Zugfahrkarten** für internationale Verbindungen gibt es in der Agenţie de Voiaj 300 m nördlich des Zentrums am Piaţa Mihai Viteazul 20, Mo. bis Fr. 7–19 Uhr.

Busse

• **Busbahnhof (Autogara),** Str. Giordano Bruno 3–5, Tel. 435 277. Der Busbahnhof liegt gleich um die Ecke des Hauptbahnhofs im nördlichen Cluj.

• Folgende **internationale Buslinien** aus Deutschland und Österreich fahren Cluj-Napoca an: **Atlassib,** Tel. 433 432; **Calibra,** Tel. 190 808; **Trans Europa,** Tel. 190 090; **Unifix,** Tel. 430 425; **Eurolines,** Tel. 431 961.

Taxis

• **Nova,** Tel. 949.
• **Terra Fan,** Tel. 944.

Mietwagen

• **Am Flughafen** bieten Avis, Europcar, Hertz, Autorent und Budget Mietwagen an. Oftmals billiger ist es in der Innenstadt.
• **Pan Travel,** Str. Traian Grozăvescu 13, Tel. 420 516, www.pantravel.ro.
• **Hertz,** Str. Traian Vuia 149, Tel. 307 528, www.hertz.com.ro.
• **Motostyle,** Str. Iancu de Hunedoara 23b, Tel. 0745-589 700, www.motostyle.ro. Tarife ab 30 Euro/Tag.
• **S. C. Intech,** Str. Drumul Salicii 6b, Tel. 480 089, www.intechcar.ro.

Unterkunft

Hotels

• **Hotel Onix** (****) + (***), Str. Septimiu Albini 12. Edles Haus mit Panorama-Fahrstuhl und eigener Stretch-Limousine. Der 4-Sterne-Komplex hat 30, der 3-Sterne-Komplex 46 Räume. Alle Zimmer verfügen über einen PC mit Internetanschluss. Das Hotel hat ein Restaurant und einen Nachtclub. Alles auf Businessreisende zugeschnitten, auch die Preise: EZ 110 Euro, DZ 140 Euro, App. 180 Euro.

• **Hotel Agape** (****), Str. Iuliu Maniu 6, Tel./Fax 406 523, www.hotelagape.ro. Das renovierte Hotel punktet vor allem mit seiner zentralen Lage, seinen gepflegten Räumen und dem sehr preisgünstigen Selbstbedienungsrestaurant. Alle Zimmer mit Kabel-TV, Internetanschluss, Safe und Air-Condition. EZ 205 RON, DZ 246 RON, App. 328 RON.

• **Hotel Premier** (****), Str. Donath 100, Tel. 307 200, Fax 307 205, www.hotelpremiercluj.com. Das moderne Hotel nimmt dem Gast vieles ab, z.B. Zug- und Flugzeugreservierung. Leider auch sein Geld. Mit Sauna. EZ 96 Euro, DZ 112 Euro, App. 166 Euro.

•**Hotel Fullton** (***), Str. Sextil Puscariu 10, Tel. 597 766, office@fullton.ro, www.fullton.ro. Wer schon immer einmal in einem richtigen Himmelbett schlafen wollte, ist hier genau richtig. Das gemütliche Hotel bietet geräumige Mansardensuiten mit Blick auf die Altstadt und Jacuzzi, klassische 2-Bettzimmer und solche mit schmiedeeisernen Betten an. Beste Materialien, bester Service und eine ideale Verbindung von Antik und Modern. Zimmer mit Himmelbett EZ 40 Euro, DZ 45 Euro, Zimmer mit Baldachin EZ 55 Euro, DZ 60 Euro, Suite 65 Euro, DZ 70 Euro.

•**Hotel Melody** (***) Piața Unirii 29, Tel. 597 465. Hotel mit 60 Zimmern, Restaurant, Nightclub und Diskothek. EZ 130 RON, DZ 150 RON, modernisiertes Zimmer mit Jacuzzi und Blick auf die St. Michaelskirche 190 RON (inkl. Frühstück).

•**Hotel Paradis** (***), Str. Ciocarliei 47, Tel. 413 941, www.paradis.ro. Alle Zimmer des neuen Hotels verfügen über Safe, Internet, Farbfernseher und Klimaanlage. EZ 40 Euro, DZ 55 Euro, App. 70 Euro (inkl. Frühstück).

•**Hotel Zimbru** (**), Str. Bucureşti 73, Tel. 433 334, www.hotelzimbru.ro. Das kleine, moderne Hotel ist nur 15 Minuten zu Fuß vom Zentrum entfernt und angesichts seiner Lage ausgesprochen günstig. Lärmschutzfenster, Internet, Regenschirmverleih, Safe etc. EZ/DZ 98 RON, DZ (mit getrennten Betten) 92 RON, inkl. Frühstück.

•**Hotel Tiver** (**), Str. Andrei Mureşanu 1, Tel. 367 755, www.hoteltiver.ro. Das preisgünstige Hotel mit Terrasse, Billardsaal und Parkplatz bietet auch einen Personentransport zum Bahnhof oder Flughafen an. Preise je nach Saison: EZ/DZ 20–25 Euro inkl. Frühstück.

•**Hotel Monis** (**), Str. Gorunului 7a, Tel. 446 999. Großes Hotel mit gutem Service, Sat-TV und Air-Condition. EZ/DZ 32 Euro.

•**Hotel Vlădeasa** (*), Str. Regele Ferdinand 20, Tel. 194 429. Sehr gutes Preis-Leistungsverhältnis: EZ 60 RON, DZ 70 RON.

Pensionen

•**Vila Gong** (***), sehr schöne Zimmer und gutes Restaurant in der Gemeinde Gilau 15 km vor Cluj-Napoca (Richtung Oradea), Str. Someşul Rece 1153c, Tel. 371 498, www.vilagong.go.ro. EZ (je nach Saison) 32–39 Euro, DZ 34–41 Euro, App. Single 53 Euro, Doppel 55 Euro.

•**Pensiunea Colibri** (**), Str. Între Lacuri 57, Tel. 418 641. Zwar ein paar Kilometer außerhalb des Zentrums, jedoch sehr schön an einem See gelegene Pension mit sehr hilfsbereitem und freundlichem Service. EZ 70 RON, DZ 90 RON.

Jugendherbergen

•Das neueste Hostel der Stadt ist das **Transylvania Hostel** in der sehr zentral gelegenen Str. Iuliu Maniu 26. Sehr gepflegte und ruhige Herberge mit Preisen von 11 (8-Bett-Raum) bis 40 Euro (DZ). Sehr schön ist der eigene Erholungsgarten. Tel. 443 266, www.transylvaniahostel.com (sehr gute Internet-Präsentation auf Englisch).

•Das **Retro Hostel** in der Str. Potaissa 13 (300 m vom Piața Unirii entfernt) ist die erste Adresse für all diejenigen, die Kontakt suchen und interessante, begleitete Exkursionen ins Umland unternehmen möchten. Internet, TV und Wäscheservice vorhanden. Ausflüge u.a. zu den Salzsalinen nach Turda, in den Maramuresch, Höhlen- und Bergtouren ins Făgăraş. Tel. 450 452, www.retro.ro (auch englisch). 54 Übernachtungsplätze. Im Mehrbettzimmer 11 Euro ohne Frühstück, im DZ 15 Euro mit Frühstück – all you can eat. Sehr positive Leserresonanz.

•Das **Hostel Do Re Mi** in der Str. Braşov 2–4 ist nicht ganz so gut in Schuss wie das Retro. Die Besitzer geben sich große Mühe, dennoch stehen einige dringende Reparaturen an. Vermietungen erfolgen nur in den Sommermonaten. Tel. 586 616, Platz 8–10 Euro.

Camping

•**Camping Popas Făget,** im Süden von Cluj, Tel. 516 227. Um zu dem schönen, ruhigen Campingplatz im Grünen zu gelangen, nimmt man den 40er Bus vom Mihai-Viteazu-Platz (oder vom Nationaltheater oder der Oper), der direkt zum Campingplatz fährt (hin und zurück 3,50 RON). Wochentags startet der Bus vom Mihai-Viteazu-Platz um 6:30, 7:35, 13:30, 15:40 und 19:30 Uhr, vom Campingplatz in die Innenstadt um 7, 8:05, 14, 16:05 und 20 Uhr.

Essen und Trinken

Restaurants

- Das **Restaurant Matei Corvin** in der Str. Matei Corvin 3 ist eines der besten und interessantesten der Stadt. In dem 440 Jahre alten Haus werden Gäste bereits seit 40 Jahren bewirtet. Von 1964 bis 1990 war das Corvin ein reines und überaus erfolgreiches Frauenrestaurant. Für Frauen war es eine kleine Revolution, ein eigenes Lokal zu haben, in dem sie ungezwungen miteinander diskutieren, feiern und vor allem sehr gut essen konnten. Glücklicherweise können seit 1990 auch Männer wieder im Matei Corvin essen, denn Speisen werden hier mit großer Sorgfalt zubereitet. Eine Köstlichkeit ist die ungarische Spezialität *Pörkölt,* zartes Rindfleisch mit delikater Paprikasauce. Die angegebene Beilage *Nokedli* leitet sich vom habsburgischen Begriff „Nockerln" ab. Abends unbedingt einen Platz reservieren: Tel. 597 497, Mo. bis Sa. 12–2 Uhr, So. geschlossen.
- **Lunch Box,** Bd. Decembrie 1989, Hausnummer 13–15, Tel. 442 400, www.lunchbox.ro. Das Konzept des Lokals hat den Autor sofort überzeugt: Man nehme die traditionell gute rumänische Kochkunst und biete sie im Self-Service-Edelrestaurant zu Spottpreisen an. Klar, dass die Lunch Box mittags immer rappelvoll ist.
- Im schicken **Restaurant Ernesto** gibt es hin und wieder ein Angebot für Nimmersatte: Für wenig Geld darf man so viel essen, wie man möchte. Sehr empfehlenswert ist die gegrillte Gänseleber mit Calvadossauce *(Ficat de Gâscă cu Sos Calvados).* Im Weinkeller, der mit venezianischen Motiven geschmückt ist, stehen ausgesuchte Weine aus ganz Europa zur Auswahl. Piața Unirii 23, Tel. 250 255.
- Im **Restaurant Lugano** in der G. Clemenceau 2 am Piața Muzeului gleitet Mi. und Fr. ein Pianist über die Tasten und spielt Blues, Klassik oder einen gewünschten Titel. Spezialität des Hauses: Fondue. Tel. 594 593, tägl. 11–1 Uhr, Bar 9–1 Uhr.
- Das **Restaurant Bolero** in der Str. Titulescu 2 führt zusätzlich auch die Bezeichnung Café. Beides stimmt: Vom guten Cappucchino bis zur knusprigen Ofen-Pizza, von traditioneller bis zu internationaler Küche ist hier alles zu fairen Preisen zu bestellen. Tel. 204 158, Mo. bis Sa. 9–2 Uhr, So. 14–1 Uhr.
- Der **Ogaret Club** ist Restaurant, Club und Bar. Wenn alles in Cluj zu hat, kann man hier noch einheimische Spezialitäten essen. Mo. bis Do. geöffnet (10 Uhr bis zum letzten Gast). Str. Virgil Fulicea 17, Tel. 408 167.

Cafés und Bistro

- **Café Nargila,** Str. D. Gherea 17. Das ägyptisch eingerichtete Café gleich um die Ecke vom Piața Unirii macht ausgezeichnete *Falafel* und *Shaoarma.* Im hinteren Teil befindet sich ein **Internetcafé** mit acht Computern, die von 10–24 Uhr benutzt werden können.
- **Café Amadeus Mozart,** Str. Pavlov 7. Guter Kaffee und leckere Desserts.
- **Café Bulgakov,** Str. I. M. Klein 17. Im Literaturcafé in der Nähe des Blaga-Platzes befindet man sich als Freund der schönen Künste genau im richtigen Ambiente.
- **1900 Bistro,** Str. Emil Isac 14, Tel. 272 442, Mo. bis Sa. 9–24 Uhr, So. 12–24 Uhr. Bistro im Retro-Look. Für den kleinen Hunger zwischendurch gibt's Salate, Meeresfrüchte, Pizza oder Pasta und Toasts.

Abends unterwegs

Tanz-Clubs

- **Janis la Stuf,** Str. Eroilor 5, www.janis.ro, täglich rund um die Uhr geöffnet! Das Lokal ist Club, Kulturcafé und Bistro in einem. Das verrückte Ambiente mit einem unglaublichen Sammelsurium aus aller Welt muss man gesehen und erlebt haben. Live-Musik, Flipper, leckeres dunkles Ursus Black Beer und *pane cu zăcusca* (Brot mit Gemüseaufstrich) – unbedingt probieren.
- **Level 1,** Str. V. Babeş 33 (Etage 1), Tel. 0741-674 066. Einer der modernsten Clubs mit Live-Manele und Tanz-Animation. Täglich geöffnet von 16 Uhr bis zum letzten Gast.
- **Salsa Club,** Str. Dacia 2, Tel. 433 078, www.salsaclub.ro. Auf der 40-m²-Tanzfläche des einzigen Salsa-Clubs Siebenbürgens vergnügen sich vor allem Latino-Fans. Getanzt und gespielt wird neben Salsa auch Merengue, Bachara, Reggae und Samba. Der Lati-

no-Einfluss zeigt sich auch in der Getränkekarte des angegliederten Cafés. Wer keinen der Tänze beherrscht, kann sie in einem Tanzkurs im Salsa Club erlernen.

Clubs

- **Diesel Club,** Piața Unirii 17, Tel. 439 043, www.dieselclub.ro. Einer der gefragtesten Lounge-Clubs der Stadt direkt am zentralen Einheitsplatz mit Live-Musik, Partys, Festen und Cocktail-Events.
- **Crema,** Piața Unirii 25, www.crema.ro. Im historischen Gebäude aus dem Jahr 1780 trinkt die Klientel heute original italienischen Lavazza oder eines der anderen 270 Getränke des Edelclubs. Jeden Sa. und So. Lounge Partys oder Rainbow Shows. Außerdem zeigt das Crema auch internationale Filme.
- Das **Saga** ist längst kein Geheimtipp mehr und hat sich in der Gunst der jungen Klausenburger ganz nach oben gearbeitet. Abends immer proppevoll. Piața Muzeului 5, Tel. 271 858, Mo. bis Fr. 9 Uhr bis zum letzten Gast, So. 10 Uhr bis zum letzten Gast.

Einkaufen

Bücher

- **Librăria Universitații,** Str. Universitații 1, Mo. bis Sa. 9–16 Uhr, So. geschlossen. Hier findet man nicht nur Literatur für Studenten.
- **Humanitas,** Str. Universitații 7–9 und Str. Napoca 7, Tel. 196 985 und 439 437. In der Buchhandlung dreht sich normalerweise alles um interessante Belletristik und das „schöne" Buch. In Cluj gibt's auch Landkarten.

Foto/Video

- **Banzai foto video,** Str. Bolyai 12, Tel. 430 317. Professionelle Fotografen und Kameraleute beraten und sind natürlich auch selbst zu buchen. Ansonsten die beste Auskunftsstelle für alles, was mit den abbildenden Medien zu tun hat.
- **Foto Expres,** Piața Cipariu, Tel. 592 547.

Weine

- **Vinoteca Bolyai,** Str. Bolyai Janos 1–3, Tel. 450 460, contact@vinotecabolyai.ro. Die Vinothek im Bolyai-Gedenkhaus bietet über 200 einheimische Weine an. Kompetente und ausdauernde Beratung über alle Weinregionen Rumäniens mit Möglichkeit der Weinprobe. Sehr empfehlenswert.

Sonstiges

- **Einkaufszentrum:** Das größte und bekannteste Kaufhaus ist das **Central** in der Str. Regele Ferdinand 22 (gleich gegenüber der zentralen Post).
- Als einziger täglicher **Markt,** der ein breites Sortiment von Fisch bis Fleisch und Obst bis Gemüse bietet, ist der am Piața Mihai Viteazul zu empfehlen.

Aktivitäten

Fitness

- **Centrul Napoca 2000,** Splaiul Independenței 10 (neben der Sporthalle), Tel. 023 723. Vielfältiges Angebot von Aerobic, Sauna, Tischtennis bis hin zu einem Jacuzzi und Massagen (Sauna ½ Stunde 8 RON, Aerobic 1 Std. 5 RON).
- **Energy Plus,** Str. Pascaly 5–7, Tel. 414 209. Fitnessgeräte, Sauna. Mo. bis Fr. 10–22 Uhr, Sa. 10–16 Uhr (achtmal Eintritt inkl. Sauna 55 RON).
- **Fobis – Frauenfitness,** Str. Mărăşti (im Komplex der neuen Post), Tel. 419 304.

Billard

- **Snooker & Billard,** Str. Al. Vaida Voevod 53–55, Tel. 414 161.
- **Pool House,** Str. 1. Decembrie 1918 Nr. 35–37, Tel. 585 277. Billard-Bar.
- **Snooker Game Bill,** Str. Regele Ferdinand 30, Tel. 432 941.
- **Carmel,** Str. Louis Pasteur 76, Tel. 122 213.

Sonstiges

- **Martial Arts: Shotokan,** Str. Aleea Penea 3, Tel. 425 293.
- **Fliegen: Aeroclubul Traian Darjan,** Str. Regele Ferdinand 29, Tel. 417 070.
- **Reiten: Clubul Hipic,** Floreşti, Str. Taurilor 27, Tel. 0264-265 164, clubhipic@mail.com. Der Reiterverein liegt in der Gemeinde

Floreşti (10 km westlich an der E60, direkt am Kloster Floreştin). Er veranstaltet Reitausflüge in die Umgebung von Cluj und bietet auch Unterkünfte und Verpflegung an. Reitwanderungen kosten 10 Euro die Stunde, Reitunterricht (10 x 2 Stunden) 100 Euro.

- **Orientierungslauf:** Der **Club TranSilva** (übersetzt etwa: durch die Wälder) ist einer der wenigen Veranstalter, der sich auf Orientierungsläufe und Wanderungen in der Natur spezialisiert haben. Str. Observatorului 15, Ap. 12, Tel. 438 330, www.transilva.gmi.ro.

Feste und Events

- Einmalig in Rumänien ist die enge kulturelle Freundschaft zwischen Cluj und Japan. Jedes Jahr finden, meist im November, die **Kulturellen Japanischen Tage (Zilele culturii Nippone)** in Klausenburg statt. Neben Klavierkonzerten in der Musikakademie Gheorghe Dima werden auch begleitende Kunstausstellungen und Soirees veranstaltet.
- Ebenfalls einmalig ist das **Orchester der Mediziner und Apotheker (Orchestra medicilor şi farmaciştilor),** das seit über 60 Jahren für Gesunde und Kranke in den Krankenhäusern der Stadt spielt. Näheres unter www.omcn.go.ro und am B-dul 21. Decembrie 135, Bl. M3, Ap. 97.
- Das Cluj von einst, **„Clujul de altădată“,** feiert man im März seit einigen Jahren an unregelmäßigen Plätzen. Informationen erteilen die örtlichen Reisebüros.
- Zu einem festen Event ist das **Festival der amerikanischen Musik** geworden (November). Veranstaltungsort ist das studentische Kulturhaus (Casa de Cultură a Studenţilor).
- Im **Nationaltheater Lucian Blaga** finden nicht nur viel beachtete klassische Aufführungen statt. Die junge Bühne des Theaters namens **Studio Euphorion** zeigt auch sehr moderne und progressive Stücke oder kontroverse Aufführungen wie z.B. „Trainspotting“. Piaţa Ştefan cel Mare 24, Tel. 591 799.
- Im Mai finden in Cluj die **Musikalischen Tage** statt. An diesen **Zilele Muzicale** ist rund um die zentralen Plätze die ganze Stadt auf den Beinen, um sich lokale Tanz- und traditionelle Musikgruppen anzuschauen.
- Eintrittskarten zu Aufführungen der **Staatlichen Philharmonie** erhält man, ebenso wie die für die Oper, in der **Agenţie Teatrală,** Piaţa Ştefan cel Mare 14, Tel. 595 363.
- In der Stadt kann ein **Puppentheater** besucht werden: **Teatrul de Păpuşi Puck,** Str. I.C. Brăţianu 23, Tel. 595 992.
- Auch in Cluj wird das Jahr, wie in vielen anderen rumänischen Städten, festlich und musikalisch beendet. Im Dezember findet das **Festival der heiligen Musik (Festivalul de Muzică Sacra)** statt. Die Konzerte sind in diversen Kathedralen und Kirchen der Innenstadt zu erleben. Zum **Neujahrsfest** feiert man auf der Straße den Beginn des neuen Jahres mit Musik und einem Tänzchen **(Revelion în Stradă).**

Das Crişul-Repede-Tal

Wer als Tourist und Besucher Richtung Westen fährt, befindet sich meist schon auf Abschiedstour von Rumänien, da die DN1 (E80) die direkteste Verbindung zur **ungarischen Grenze** darstellt. So ist es kein Wunder, wenn sich am westlichen Ende Transsylvaniens besonders viele Stände mit **Souvenirs** entlang der Straße finden. In einigen Ortschaften wie **Izvoru Crişului** und **Huedin** stehen die Verkäufer von Flechtwaren, Pflaumenschnaps und Folklorekleidung über Hunderte von Metern an der Straße.

Holzkirchen gibt es nicht nur im Maramuresch! Ein renoviertes, schönes Exemplar mit wunderbaren Wandmalereien findet man auch in **Fildu de Sus,** einem Dorf wenige Kilometer nördlich von Huedin. Den Schlüssel zum Gotteshaus erhält man beim Popen im Ort Fildu de Mijloc.

Unterkunft

Übernachtungsmöglichkeiten gibt es **zwischen Cluj-Napoca und Oradea** zwar sehr viele, leider lassen Sauberkeit und Komfort an dieser „Durchgangsstrecke" jedoch oft noch zu wünschen übrig.

- Etwa 15 km westlich von Cluj-Napoca befindet sich im Ort **Gilău** die ruhige und gepflegte **Pension Vila Gong.** Sie liegt 700 m abseits der Hauptstraße E60 und ist ab Gilău gut ausgeschildert. Im Restaurant gibt es frische Forelle und „Jungfernbraten", eine Spezialität des Hauses. Komfortable Zimmer mit Bad, Telefon und TV: EZ 70 RON, DZ 90 RON, Zusatzbett 30 RON, Frühstück 15 RON, Halbpension 45 RON. Gruppen bezahlen niedrigere Preise: z.B. 55 RON für ein Zimmer mit Frühstück. Str. Someşul Rece 1153 C, Tel. 0264-371 468, www. vilagong.go.ro.
- Eine kleine, feine **Pension** befindet sich auch im 8 km weiter westlich gelegenen Ort **Căpuşu Mare.** Das **Casa cu Clopoței** ist ein einfaches Landhaus etwas abseits der Straße. Die Zimmer sind bäuerlich schlicht, aber sehr empfehlenswert. EZ 40 RON, DZ 50 RON, separates Bad, Verköstigung nach eigenen Wünschen, Mobil 0745-515 354.

Huedin

↗VII, D1/2

Huedin (auf Ungarisch Bánffyhunyad) ist vor allem wegen seines **gigantischen Straßenbasars** bekannt, aber von dem Ort bieten sich auch Abstecher in die umliegenden Gemeinden an. In **Fildu de Jos, Almaşu** und **Zimbor** gibt es viele Familien, die sich ganz der Herstellung von bestickten Blusen und Tagesdecken verschrieben haben.

Von Huedin führt eine Straße südwärts ins 9 km entfernte **Călata** (ung. Nagykalota). Hier werden an Sonntagen von der ungarischen Bevölkerung zum Kirchgang noch die traditionellen Originalkostüme getragen. Sehenswert sind auch die geschnitzten Portale und Dachfirste der Holzhäuser.

Etwa 15 km weiter südlich liegt der Ausflugsort **Beliş** (Jósikafalva) an einem Stausee. Das Naturreservat rund um den **Lacul Fântânelelor** fahren täglich drei Busse aus Huedin an.

Kleiner Einkaufsführer Straßenbasar

- **Cămaşă bărbătească** - besticktes Herrenhemd
- **Ceramica de Horezu** - Tellerkeramik mit dem typischen Blauton der Region Horezu
- **Coş pentru cumpărături** - (meist geflochtener) Einkaufskorb
- **Cosuleț cadouri** - (meist geflochtenes) Geschenkkörbchen
- **Covor oltenesc** - gewebter Teppich aus Oltenien
- **Ie brodată** - bestickte Frauenbluse (meist aus Leinen)
- **Ie cu broderie din mătase** - mit Seide bestickte Bluse
- **Ie din bumbac** - Bluse aus Baumwolle
- **Ie din montana** - Bergbluse (meist mit dicken Stickereien entlang der Ärmel)
- **Ploscă sculptată** - hölzerne geschnitzte Feldflasche
- **Ploscă sculptată cu sticla** - geschnitzte Feldflasche mit Glaseinschluss

Typische Motive:

- **Farfurie cu cocoşul de Hurez** - Teller mit Hahn von Horezu
- **Farfurie cu pomul vieții** - Teller mit Lebensbaum
- **Farfurie cu şarpele vieții** - Teller mit Lebensschlange

rum400 Foto: jr

Maramureş

rum401a Foto: jr

rum401b Foto: jr

Plausch am Wegesrand

Holztor bei Satu Mare

Bârsana – Holzkirchen in der Dämmerung

dacht. Selbst über den Tod hinaus geht aus den gedichtartigen Inschriften hervor, das die Bewohner dieses Landstriches vor allem eines liebten und lieben: das Feiern und das Musizieren.

Die bäuerlich geprägten **Feste** und die **Musik** des Maramureş sind in ganz Rumänien bekannt. Zu den musikalischen Feiern des *Târg de Vadu Izei* oder zur *Hora de la Prislop* reisen Tausende von Besuchern aus dem ganzen Land an. Viele der Musiker, die auf den Festen zum Tanz aufspielen, kennen keine Noten, und die Instrumente sind oft in einem erbärmlichen Zustand. Umso verwunderlicher sind die originellen Melodien, die den Violinen und Akkordeons entlockt werden.

Die **Gastfreundschaft** im Maramureş ist legendär. Fast jeder in den kleinen hübschen Dörfern, die sich zwischen die zahlreichen Hügel schmiegen, ist zu einem Plausch mit Besuchern bereit. Die **Trachten und Kostüme,** die man an Sonn- und Feiertagen trägt, sind so authentisch wie die Menschen, die hier leben. Zu besonderen Festen wie Ostern bereiten sich die tief gläubigen Bewohner des Maramureş oft wochenlang vor. Der Schnaps will gebrannt und die Ostereier bemalt sein, bevor man in die **Holzkirchen** zum Beten geht. Die prachtvollen hohen Türme dieser außergewöhnlichen Kirchen haben bereits in den frühen 1990er Jahren die Aufmerksamkeit der UNESCO erregt. Über 90 Holzkirchen aus dem Maramureş stehen heute unter internationalem Denkmalschutz.

Einen solchen Schutz wünschen sich auch die vielen Anhänger für die alten Dampflokomotiven, die noch heute ihren Dienst im berühmten Wassertal versehen. Für viele ist eine Fahrt mit der fauchenden **Schmalspurbahn Mocanița** durch die wilde Schönheit des Valea Vaser einer der Höhepunkte eines Aufenthalts im Maramureş.

Die Römer haben die wilde, herbe Gegend in Rumäniens Nordosten niemals erobert, und auch die „Systematisierung" *Ceauşescus* mit ihrer Dorfzerstörung hat glücklicherweise die **Täler**

rum404 Foto: jr

Auf ihre Holztore sind die Menschen im Maramureş besonders stolz

um Vişeu de Sus und die Flüsse Mara und Cosău nie erreicht. Es bleibt zu hoffen, dass die traditionsreichen Täler auch in Zukunft den Begehrlichkeiten der Goldsucher und denen der Konsumgesellschaft standhalten werden.

Satu Mare

↗II, A1

- **Meereshöhe:** 126 m
- **Vorwahl:** 0262
- **Einwohner:** 120.600
- **Deutscher Name:** Sathmar
- **Ungarischer Name:** Szatmárnémeti oder Szatmár

Im Gegensatz zu dem für deutsch Sprechende ähnlich klingenden Baia Mare, das nur 50 km weiter westlich liegt, ist Satu Mare seit kurzem wieder recht sehenswert, zumindest was das unmittelbare Stadtzentrum um den Piaţa Libertăţii betrifft. Elegante Jugendstilhotels und reich verzierte Fassaden lassen den großen Freiheitsplatz, das Prunkstück der Stadt, aufgrund von zahlreichen Renovierungen in neuem Glanz erstrahlen.

Gerade einmal 11 km von der ungarischen und 25 km von der ukrainischen Grenze entfernt, gleicht Satu Mare so gar nicht dem Bild, das man sich von einer rumänischen **Grenzstadt** macht. Die Straßen der Stadt sind auch in den Randbezirken durchgehend gut befahrbar. Kaum Schlaglöcher, keine komplizierten Umleitungen und keine endlosen Lkw-Kolonnen. Die **westliche Eintrittspforte zum Maramureş** unterscheidet sich von südlicher gelegenen rumänischen Städten im Grenzbereich, alles geht hier ein klein wenig ruhiger und geordneter zu.

Anreise

Man erreicht die Stadt am Someş von Oradea aus über die Nationalstraße 19 nach etwa einer Stunde. Die günstigste und kürzeste Anreise über Ungarn erfolgt über Budapest, Debrecen und den Grenzübergang Petea. Von Süden und Cluj-Napoca kommend passiert man auf der E81 zuerst den Flughafen, von dem es nur noch 5 km ins Zentrum sind. Die staatliche Fluggesellschaft TAROM fliegt die Stadt regelmäßig an. Zugreisende können Satu Mare von Baia Mare, Oradea oder Jibou aus erreichen. Der Hauptbahnhof befindet sich etwa 1 Kilometer vom Zentrum entfernt im östlichen Teil der Stadt. Über die nördlich gelegene Grenzstation Halmeu besteht eine Eisenbahnverbindung zur Ukraine. Der Busbahnhof befindet sich direkt neben dem Hauptbahnhof und ist vor allem für diejenigen interessant, die abgelegene Orte im Norden wie Sapanţa oder die Stadt Sighetu Marmaţiei ansteuern möchten.

Geschichte

Auf vielen Hinweistafeln von Restaurants, auf Reklametafeln und Straßenschildern in der Innenstadt dominiert die **ungarische Sprache,** denn die meiste Zeit ihrer Geschichte gehörte Satu Mare zu Ungarn.

Zum ersten Mal taucht die Stadt als Castrum Zotmar in einer anonymen Chronik des 10. Jahrhunderts auf. Im Jahr 1006 siedelten sich unter der Regentschaft einer gewissen Königin *Gisela* Teutonen in der neuen **Siedlung am Someş** an. Kurz darauf folgten deutsche Einwanderer, die sich auf der anderen Seite des Flusses, in der damals noch selbstständigen Stadt Mintiu niederließen. Um das Jahr 1543 muss man sich die Stadt als eine Art Wasserburg vorstellen. Die Festung befand sich auf einer Insel, die einer Flussregulierung zum Opfer fiel, und war über drei Brücken über den Samoş mit den wichtigsten Handelswegen verbunden.

Die **Festung,** die noch bis zur osmanischen Belagerung 1562 stand, über-

Achtung: Flinke Geldwechsler!

An der **ungarischen Grenze in der Nähe von Satu Mare** gibt es zwar jede Menge Möglichkeiten, eine Mautplakette (Rovignette) zu kaufen, diverse Versicherungen abzuschließen und leicht überteuerte Korbflechtwaren zu erstehen, die es fast überall im Land billiger gibt, doch eines gibt es nicht: eine Bank oder eine Wechselstube!

Dort, wo früher, gleich neben oder hinter den Zollhäuschen, eine Banca Ţiriac oder Banca Transsylvania zu finden war, ist heutzutage aus unerfindlichen Gründen alles wüst und leer. Wer keine Lei im Portemonnaie hat (und wer hat das schon?), sollte sich auch nicht auf seine Kreditkarten verlassen. Ausgerechnet dann, wenn man nach dem Tanken an der ersten Petrom-Tankstelle (50 m nach der Grenze) ruhigen Gewissens seine Maestro-Karte zückt, versagt die Technik des Kartenscanners oder der elektronischen Kasse. Eigenartigerweise sind wechselwillige, hilfsbereite Menschen (draußen auf der Straße) sofort zur Stelle. Ein Schelm, wer Böses dabei denkt. Die netten Herren mit den flinken Händen haben erstaunlich schnell dicke Geldbündel parat und weigern sich standhaft, „kleine Beträge" zu wechseln. Auch aufmerksame Taxifahrer sind rasch zur Stelle, die einen mal eben für 10 Euro in die 11 km entfernte Stadt zu einer Bank fahren möchten. Das voll getankte Auto könne man unbesorgt an der Tankstelle zwischenparken ...

Um solchen Situationen aus dem Weg zu gehen, sollte man grundsätzlich:

- nicht mit dem letzten Tropfen **Benzin** über die Grenze fahren; der Kraftstoff ist zwar in Rumänien ausgesprochen billig, ein wenig Reserve bis zur nächsten Stadt sollte aber immer noch im Tank sein;
- eine gültige **Maestro-/EC-Karte** zur Hand haben, falls man samstags oder sonntags über die Grenze bei Satu Mare fährt; in der Innenstadt gibt es genügend Geldautomaten;
- kleine **Geldbeträge** (bis 200 RON) am Ende einer Rumänienreise aufbewahren; man kann dieses Geld ruhig mit nach Hause nehmen; für diejenigen, die eine neue Reise nach Rumänien planen, könnte sich ein wenig der landeseigenen Währung bei der Einreise in die Maramuresch-Region als wertvoll erweisen;
- niemals **Geld,** vor allem nicht „auf die Schnelle", bei einem „Straßenbankier" **wechseln;** in den meisten Fällen handelt es sich um Trickbetrüger.

lebte die nachfolgenden Kriege nicht. Unter österreichischer Aufsicht wurde sie jedoch 1702 nach Plänen des italienischen Architekten *Ottavio Baldigara* in Form eines Pentagons mit fünf Bastionen wieder aufgebaut.

Ein wichtiger Schritt in der Entwicklung zur Großstadt machte die Gemeinde 1721, als sich Satu Mare und Mintiu unter der Regentschaft von *Karl VI.* zu einer **königlichen Freistadt** vereinigten. Eine der beiden ungarischen Bezeichnungen für die Stadt war in der Folgezeit *Szatmámémeti* und spiegelt diese Vereinigung auch namentlich wider.

Heute gibt sich die kleine Stadt sehr **europäisch,** investiert wird vor allem in Architektur, Infrastruktur und Bildung. Satu Mare ist sehr stolz auf seine Universität und die vielen Siege, die seine Studenten auf den Bildungsolympiaden erreichen. Die meisten Menschen in Satu Mare sind zweisprachig aufgewachsen. Wundern Sie sich nicht, wenn das Personal der Hotels in der Innenstadt mühelos vom Rumänischen und Ungarischen ins Deutsche, Italienische oder Englische wechselt. Wie kaum in einer anderen Stadt freut man sich in Satu Mare auf den Eintritt in die Europäische Union, sieht man sich doch gerne als **Tor zum Westen.**

Sehenswertes

Im Zentrum der Altstadt

Wer sich der Stadt Satu Mare mit dem Auto von der ungarischen Grenze her nähert, wird die 11 km kaum als solche empfinden. Bereits kurz nach der Grenze tauchen die ersten Häuser auf. In null Komma nichts ist man in der Innenstadt.

Trotz seines Namens, der „Großes Dorf" bedeutet, lässt sich Satu Mare problemlos zu Fuß erschließen. Bereits um das Herz der Stadt, den **Freiheitsplatz Piața Libertății,** finden sich die besten Hotels, Restaurants und Sehenswürdigkeiten des Zentrums. Wer sich in anderen rumänischen Städten einen ersten Überblick von oben verschaffen möchte, steigt entweder auf einen Berg (Piațra Neamț, Brașov), einen Hügel (Cluj), auf einen weißen oder schwarzen Turm (Brașov) oder fährt in den 12. Stock eines meist zentral gelegenen Hochhaushotels in der Innenstadt (Pitești, Tulcea). In Satu Mare ist es ein historischer **Feuerwehrturm (Turnul Pompierilor),** der einem die Stadt zu Füßen legt. Mit seinem oberen Rundgang soll er übrigens ganz bewusst an ein orientalisches Minarett erinnern.

Man erreicht den Turnul Pompierilor vom zentral gelegenen Platz der Freiheit über die gleich neben dem Hotel Dacia gelegene **Dacia-Passage.** Diese *Pasajul Dacia* führt an der Philharmonie und einem ruhig gelegenen Künstlercafé (Art Café) vorbei in einen kleinen Park, aus dem sich der vom zentralen Platz aus nicht sichtbare 45 m hohe Turm erhebt. Er wurde 1903/04 erbaut und dient heute ausschließlich als touristischer Aussichtsturm, während er in früheren Zeiten der Feuerwehr als Beobachtungs- und Meldeturm zur Verfügung stand. Im Fall eines Feuers ertönte – wie auch in ande-

ten in der Altstadt, übertrumpfen sich die **besten Hotels** der Stadt mit immer neuen schmucken Jugendstilfassaden, Schwimmbädern, Wellness-Bereichen und gigantischen Flachbildschirmen in der Eingangslobby. Manches der prächtigen Häuser hat den starken Konkurrenzdruck nicht überlebt und musste bereits schließen. Auch traditionsreiche Restaurants, die zu kommunistischen Zeiten zu den besten der Stadt gehörten, wie das bekannte Restaurant Corso, mussten aufstrebenden Geldinstituten ihren Platz überlassen. Heute steht an der Stelle des Corso, in unmittelbarer Nähe der Hotels Dacia und Villa Bodi, eine schicke Bank.

An der Ostseite des Piața Libertății fallen die zwei großen Kuppeln der römisch-katholischen **Kathedrale** auch demjenigen Besucher sofort ins Auge, der die Stadt nicht vom Feuerwehrturm aus betrachtet. Eine erste Kirche stand an dieser Stelle bereits im 18. Jahrhundert. Die Kathedrale wurde dann als „Mittelpunkt der Stadt" von 1804 an in mehreren Etappen konstruiert. Die dominierenden Zwillingskuppeln und die beiden Seitenschiffe wurden 1834 während des Episkopats von *Hám János* fertig gestellt. Ihre Freude am Neoklassizismus haben die Erbauer vor allem am monumentalen Portal, dem sechs Säulen vorgelagert sind, die in einem korinthischen Kapitel enden, zum Ausdruck gebracht. Die Kathedrale wurde im Zweiten Weltkrieg stark zerstört und blieb bis zum Abschluss der Renovierungs- und Aufbauarbeiten im Jahre 1961 geschlossen. In den letzten Jahren wurde sie aufs Neue hervorragend renoviert und gehört nun zu den Prunkstücken der Stadt.

Überquert man vom Portal der Kathedrale den Freiheitsplatz, so kommt man an seinem begrünten Zentrum am **Denkmal von Vasile Lucaciu** (1852–1922) vorbei. Dem Geistlichen und Gründer zahlreicher Kirchen im Maramureş wird zwar auch mitten in Satu Mare gedacht, ein eigenes Museum ist jedoch im 60 km entfernten Baia Mare zu finden (siehe dort).

Südlich der Altstadt

Auf der anderen, der südlichen Seite des Freiheitsplatzes erkennt man gleich einen weiteren markanten „Turm" der Stadt. Leider kann man ihn nicht besteigen, da es sich um das moderne **Rathaus** von Satu Mare handelt. Der **Palatul Administrativ** war mit seinen 178 m Höhe einmal das zweithöchste Gebäude Rumäniens. Abends zeigt das etwas futuristisch anmutende weiße Betondenkmal mit markant angespitztem Dreiecksaufsatz im Wechsel digital die Uhrzeit, die Temperatur und das Datum an. Der ganze Stadtteil um das Rathaus ist eines der klassischen Beispiele für *Ceauşescus* Stadtpolitik. Die Altstadt wurde an dieser Stelle komplett abgerissen und machte einer weiten und geräumigen Betonwüste Platz. Glücklicherweise umfasste diese „Systematisierung" nur ausgewählte Teile von Satu Mare und erreichte die östlich und nördlich gelegenen Dörfer des Maramureş nicht. Heute finden sich in diesem **„modernen" Citybereich** rund

um den Platz des 25. Oktobers **(Piața 25. Octombrie)** neben den administrativen Gebäuden und dem Kulturhaus *(Casa de Cultură)* vor allem Warenhäuser sowie die Hauptgeschäftsstellen von TAROM, der Agenție de Voiaj CFR sowie Hauptpost und Romtelecom.

Synagoge, reformierte und orthodoxe Kirche

Zu den wenigen historischen Sehenswürdigkeiten der Stadt Satu Mare gehört zweifellos die **Große Synagoge,** die sich südlich der Altstadt, zwischen dem Freiheitsplatz und dem des 25. Oktobers, in der Decebalstraße befindet. Sie wurde zu Beginn der 1920er Jahre im maurischen Stil errichtet und überrascht den Besucher mit vielen orientalischen Stilelementen. Recht verspielt wirkt die dreiteilige Frontfassade mit ihren kugelförmigen Kupferaufsätzen und ihrem zentralen Vorbau mit Rundbogeneinsatz. Das kleinere Gebetshaus mit dem Tempel befindet sich gleich rechts daneben. Wie in zahlreichen rumänischen Städten gab es auch in Satu Mare eine große jüdische Gemeinde, die um 1900 noch über 15.000 Mitglieder zählte.

Teppichhändler in der Altstadt

Ebenfalls in unmittelbarer Reichweite des zentralen Freiheitsplatzes liegt die ungarische reformierte Kirche „mit Ketten“ (**Biserica Reformată cu lanțuri**). Man stößt direkt auf sie, wenn man die neben dem Hotel Dacia gelegene Dacia-Passage bis ans Ende durchquert. Scheinbar mitten auf der Mihail-Viteazu-Straße stehend, dominiert das barocke Gebäude aus dem 18. Jahrhundert den Piața Păcii.

Geht man vom nördlichen Ende des Piața Libertății in östlicher Richtung die Straße des 1. Dezember 1918 hinunter, so erblickt man nach etwa 200 m auf der linken Seite die orthodoxe **Kirche der „Heiligen Erzengel Michael und Gabriel“**. Der recht monumentale Bau mit zwei vorgelagerten Portaltürmen entstand in den Jahren 1932 bis 1937 und wurde genau an der Stelle errichtet, an der die alte Kirche von Sathmar aus dem Jahr 1799 stand.

- **Sinagoga,** Str. Decebal 6.
- **Biserica Reformată cu lanțuri,** Piața Păcii 8.
- **Biserica Sf. Arhangheli Mihail şi Gavril,** Str. 1. Decembrie 1918 Nr. 4.

In der Umgebung

Turț ⇗ II, A/B1

Fast im nordwestlichsten Zipfel Rumäniens, nur 10 km von der ukrainischen Grenze entfernt, befindet sich der sehenswerte und interessante Ort Turț (ung. Turc, dt. Turz). Mineralienfreunde werden sich wohl kaum für die Gemeinde selbst, sondern eher für das 20 km entfernte Bergbaugebiet interessieren. Die breite Palette der **Mineralien** umfasst außer Gold, Amethysten und Quarzen u.a. auch Baryt, Galenit, Siderit und Pyrit. Da das Bergwerksgelände nur mit einem guten Geländewagen zu erreichen ist, wird sich die Zahl der Goldsucher sicherlich auch in Zukunft in Grenzen halten. Doch der kleine Bergbauort hat auch sonst einiges zu bieten. Bis zum Jahr 2000 stand in Turț eine der bekanntesten rumänischen Palinka-Fabriken. Der zweifach gebrannte **Pflaumenschnaps** ist noch heute im ganzen Land bekannt. Die Tradition wird allerdings nur noch von Privatleuten gepflegt. Wer sich die Kunst der Palinka-Destillation anschauen möchte, sollte etwa zwei Wochen vor Ostern nach Turz kommen, wen viele Familien sich neue Vorräte anlegen.

Das 27 km nördlich von Satu Mare gelegene Turț ist auch für seine farbenprächtigen Häuser, die neue siebentürmige Kirche und das jährliche **Folklore-Musikfestival** bekannt. Man sollte sich rechtzeitig um Unterkunft und Verpflegung in Satu Mare oder im 20 km östlich gelegenen Negreşti-Oaş bemühen, da es in Turț keine Gästehäuser oder Restaurants gibt.

Informationen

- Im Eingangsbereich der Halle zum Hotel Aurora am Piața Libertății befindet sich links das kleine, aber feine **Reisebüro Accord.** Ansonsten sieht es in der Stadt in Bezug auf Informationsstellen eher düster aus.
- Sehr gute Auskünfte über die Region, ihre Traditionen und Gebräuche gibt die Besitzerin der **Villa Bódi** am Piața Libertății. Vor allem hat sie Kontakte zu Künstlern und

Kunsthandwerkern aus dem Umland, organisiert Fahrten und Besichtigungstouren in die Region und kennt gute Übernachtungsmöglichkeiten auf dem Lande.

- Auch die **Hotels Dacia** und **Astoria** führen eigene Reisebüros.

Service

- **Hauptpost Satu Mare I,** Str. Octombrie 33 (gegenüber dem unübersehbaren Rathaus), Mo. bis Fr. 7–19 Uhr, Filiale Piața Păcii 12, Mo. bis Fr. 7:30–19:30 Uhr.
- **Banca Română,** Str. Octombrie 25.
- **Internet:** Bequem vom großen Friedensplatz aus zu erreichen sind die folgenden Internetcafés: Das **Rambo Net Café,** gleich gegenüber der Polizeistation in der Str. Gheorghe Lazar Nummer 29, hat nonstop geöffnet. Es ist ein Nichtraucher-Internetcafé mit 18 Computern. Pro Stunde 2 RON, Snacks und Drinks, Tel. 768 020. 10 Minuten vom Zentrum entfernt liegt das **Net Café** in der Str. Corvinilor Nr. 29, Tel. 770 023.

Notfälle

- **Erste Hilfe, Rettungsdienst:** Tel. 961 oder 741 111.
- **Salvamont-Bergrettung:** Tel. 982.
- **Kreiskrankenhaus: Spitalul Județean,** Str. Prahovei 1, Tel. 742 050.
- **Apotheken: Farmacia Humanitas,** B-dul Traian 28, Tel. 727 480; **Farmacia Coroana,** Str. Tarnavei 9, Tel. 727 480; **Farmacia Buna Vestire,** Str. Micu Klein 4, Tel. 727 480.

Mobilität

Flüge

- **Flughafen:** Der nationale Aeroportul Satu Mare liegt 10 km südlich des Zentrums an der E81 Richtung Cluj-Napoca. Tel. 768 640 oder 768 846. Mit der Buslinie 9 fährt man vom Piața Libertății in etwa 20 Min. dorthin.
- **Flugtickets** können im **TAROM-Reisebüro** in der Str. 25. Octombrie 9 erworben werden, Tel. 721 785.

Züge

- **Bahnhof (Gara CFR),** Str. Griviței, etwa 1 km östlich des Zentrums. Zu Fuß: 800 m entlang des B-dul Traian und dann 200 m nordöstlich.
- **Zugfahrkarten für internationale Züge** müssen vorab in der Agenție de Voiaj in der Str. Octombrie 9 erworben werden. Tel. 721 202, Mo. bis Fr. 7–19 Uhr.

Busse

- **Busbahnhof (Autogara),** Str. Griviței, Tel. 768 439. Der Busbahnhof liegt gleich neben dem Hauptbahnhof.
- Von Deutschland und Österreich fährt die Busgesellschaft **Atlassib** Satu Mare an. Auskünfte: Str. 25. Octombrie 7, Tel. 222 628.

rum08-415 Foto: jr

Erholung an einem See bei Satu Mare

Maramureș

Mietwagen

- Am Piața Libertății 5 bietet die **Villa Bódi** die Vermittlung von Mietwagen an. Tel./Fax 710 861.

Taxis

- **Galant,** Tel. 942 oder 947.
- **Nova,** Tel. 946.

Unterkunft

Hotels

Die besten Hotels konkurrieren rund um den zentralen Piața Libertății miteinander.

- Entlang der Nordseite des Piața Libertății findet man mit der Hausnummer 5 eines der interessantesten und besten Hotels Rumäniens. Die Besitzer der **Villa Bódi** (****) versuchen den Stil des 19. Jahrhunderts (echte antike Stücke!) mit dem Komfort des 21. Jahrhunderts zu kombinieren, was ihnen eindrucksvoll gelungen ist. In jedem Zimmer befinden sich Buntfenster, die ein besonderes Licht auf das kostbare Mobiliar werfen. Ansonsten: Sauna, Badewanne mit Hydromassage, AC und Telefon (Verbindung ins Ausland). An der Rezeption Internet, Kopierer, Fax etc. Auf Wunsch werden Übersetzungen angefertigt, Theaterkarten oder ein Auto besorgt. Eigene Reisevermittlung ins Umland. 9 Zimmer (6 DZ, 2 EZ, 1 App.), EZ 180 RON, DZ (für 1 Person) 240 RON, DZ 300 RON, Appartement 470 RON. Tel./Fax 710 861, www.villabodi.ro.
- Drei Häuser weiter, am Piața Libertății 8, versucht auch das **Dacia Hotel** (***) aus dem Jahr 1902 die glanzvollen Zeiten der Jahrhundertwende auferstehen zu lassen. Imposant ist die riesige Eingangshalle des vollständig im Jugendstil erbauten Hauses. Angeschlossen sind ein Restaurant und ein Spielkasino. Die Zimmer zeigen sich, trotz Renovierung, etwas lieblos. Tel. 715 773, Fax 715 774, www.hoteldacia.ro.
- Das **Hotel Dana II** (***) ist relativ luxuriös. Das in der ersten Etage gelegene Schwimmbad mit Jacuzzi-Bereich ist auch für Nicht-Hotelgäste für 7 Euro von 9–20 Uhr benutzbar (max. 20 Gäste). Mit Restaurant. EZ 49 Euro, DZ 67 Euro, App. 76 Euro, inkl. Frühstück. Piața Libertății 2, Tel. 806 230, www.dana-hotel.ro.
- Ebenfalls am Piața Libertății, und zwar an seiner nordwestlichen Ecke, findet man eines der traditionsreichsten Häuser von Satu Mare. Das renovierte **Hotel Astoria** kommt innen in modernem Look daher, während die Fassade aus dem 19. Jahrhundert im alten Stil belassen wurde. Das hauseigene Reisebüro bucht auch Zimmer im Umland. Die hellen, klaren Zimmer kann man sich auf der (auch deutschsprachigen) Website www.hotel-astoria.ro anschauen. Str. Mihail Kogălniceanu 1. Tel. 806 185, 806 186, Fax 714 121. EZ 50 Euro, DZ 56 Euro, inkl. Frühstück.
- Angesichts der harten Konkurrenz hat das **Hotel Aurora** (**) am Piața Libertății 11 etwas zu kämpfen. Als typische Bettenburg in Zeiten des Kommunismus eröffnet, versucht man es mit Charme und gutem Service (man spricht deutsch). Sehr gut ist die Beratung im hauseigenen Reisebüro gleich neben dem Eingang. Tel. 714 946, www.aurora-sm.ro/de (deutsche Website). EZ 29 Euro, DZ 49 Euro, App. 63 Euro.
- 10 Min. zu Fuß vom Zentrum entfernt liegt eines der wenigen preisgünstigen Hotels der Stadt, das **Hotel Sport.** Die Nacht kostet hier 70 RON, Frühstück inkl. Wer sich an kaputten Türklinken, lose herabhängenden Nacktglühbirnen und anspruchslosen Zimmern nicht stört, kann hier übernachten. Str. Mileniului 25, Tel. 712 959.

Essen und Trinken

Restaurants

Auch kulinarisch spielt sich (fast) alles Interessante im Herzen der Stadt rund um den Piața Libertății ab.

- Mit dem Luxushotel **Dana** hat auch das gleichnamige Restaurant in der Stadt die kulinarische Messlatte etwas nach oben gelegt. Am Piața Libertății 2 isst man derzeit wahrscheinlich am besten in der Stadt. Internationale Küche zu erstaunlich gemäßigten Preisen. Reservierungen unter Tel. 806 230.

Die Tracht des „Holzvolkes“

Die traditionelle Kleidung, die die Menschen des Maramureş an Fest- und Feiertagen tragen, ist so typisch, dass auch der in der rumänischen Folklore nicht so bewanderte Betrachter sie nach kurzer Zeit aus Tausenden von anderen Kostümen herausfinden würde. In den Strickereien, Farben und Schnitten offenbart sich der ganz eigene Charakter der Menschen aus dem waldreichen Nordwesten. Die farbliche Grundlage jeder Kombination bilden die weißen Oberteile, seien es die ausgeschnittenen Blusen (rum. *Ie*) der Frauen, die im Gegensatz zu anderen Regionen Rumäniens mit einem Volant an den Schultern und Ärmeln versehen sind, oder die weitärmeligen Hemden der Männer, die ebenfalls *Ie* heißen. Zu ihren weißen Hemden tragen die Männer die ebenso weit geschnittenen weißen Hosen, die man auf Rumänisch *Gaci* nennt. In der kalten Jahreszeit streifen sie sich die bunt gewebte kurze *Gubă,* eine Wolljacke, über, deren Ziersaum aus schwarzem Samt den Kragen und die Taschen verschönert. Die traditionelle Kopfbedeckung, den *Clop,* sieht man übrigens bei Männern nicht nur an Fest- und Feiertagen, sondern das ganze Jahr hindurch. Bei dem winzigen Strohhut mit Quasten, Troddeln und Kinnband fragt man sich, wie er dem Kopf auf dem Feld im Sommer Schutz vor der Sonne bieten soll.

Die Frauen tragen zu ihren weißen Blusen die meist rot-schwarz gestreiften getrennten Überrocke, die *Zadii,* die ebenso wie die Jacken und Mäntel der Männer aus einer etwas dickeren Wolle gewebt sind. Außerdem haben sie immer ihre bunt bestickten riesigen Taschen- und Kopftücher dabei. Das bunte perlenbesetzte Band, das die Frauen und jungen Mädchen um den Hals tragen, gibt es ebenfalls nur im Maramureş zu sehen und nennt sich *Zgărdan.*

Da im Winter alle genannten Kleidungsstücke nicht genügend Schutz gegen die Kälte bieten würden, umwickelt man die Beine bei starkem Frost zusätzlich mit weißen Tüchern und Stoffstücken, die *Obiele* genannt werden.

Die traditionellen Schuhe des Maramureş, die *Opinci* (sg. *Opincă*), die an flache Indianer-Mokassins erinnern, werden heute nicht nur auf dem Land getragen, sondern finden auch als bequeme „Sommersandalen zum Schnüren“ bei den Studentinnen in Cluj wieder Abnehmerinnen. Allerdings wurde das traditionelle Material Schweinehaut hier inzwischen durch eine Gummibesohlung ersetzt.

Die Trachten und Kostüme der Bewohner des Maramureş variieren von Tal zu Tal durch kleine Unterschiede im Schnitt, vor allem aber in der Färbung der wollenen Jacken und Überröcke. Die ganze Bandbreite der bunten Kleidungspracht kann man an Silvester in Sighetu Marmaţiei beim traditionellen Winterfestival bewundern.

rum415 Foto: jr

● Etwas nördlich des Zentrums in der Str. Mihai Viteazu 5 steht die traditionelle rumänische Küche auf dem Speiseplan. Und, nomen est omen: Im **Miorița** kann man selbstverständlich auch wunderbar Lammbraten essen (*Miorița* heißt das berühmteste, legendärste Schaf Rumäniens; siehe „Volkskultur und Traditionen"). Sonniges, helles Lokal, abends häufig Live-Musik. Tel. 713 761.

● Mexikanische Spezialitäten wie Burritos, Tacos und Salsas gibt es im **Friends & Amigos** am Piața Eroilor Revoluției 14. Tel. 717 999.

● Der einheimischen Küche hat sich das **Class Bowling** am Piața Libertății 9 verschrieben. Leichte Tendenzen zur Fast-Food-Küche, aber preisgünstig und üppige Portionen. Tel. 715 400.

Pizzerien/Fast Food

● Die beste Pizzeria der Stadt ist nach Meinung der Sathmarer das **Al Capone** in der Str. Iuliu Maniu 8, Tel. 711 161.

● Schnelle und preiswerte internationale Küche, aber auch rumänische Gerichte gibt es im **Hello Margot** in der Calea Traian 17, Tel. 768 595.

Cafés

● Abends kaum mehr einen Platz findet man im sehr populären **Café Thalia,** gleich neben dem Teatrul de Nord, Str. Horea 5, Tel. 715 876. Besonders voll ist es im Sommer. Das Thalia ist die In-Location für Lebenskünstler und alle, die es werden wollen. Am besten morgens einen Platz sichern und einen der leckeren Kaffees probieren. Eine Minute zum Piața Libertății!

● Im **Art Café** in der Pasajul Dacia (nach dem Eingang rechts) geht es ruhig und gemütlich zu. Hier genießt man üblicherweise Tee, den es in verblüffender Vielfalt gibt. Tel. 713 133. Die Passage befindet sich gleich neben dem Hotel Dacia am zentralen Freiheitsplatz.

Abends unterwegs

● An der Nordseite des Freiheitsplatzes, vor allem vor dem Hotel Dacia, beherrschen ab 20 Uhr **professionelle Damen** das Straßenbild. Vorsicht also: Mit einer einfachen Einladung zum Wein ist durchweg gemeint, dass der Angesprochene die Rechnung zu begleichen hat!

● Tanzen kann im **Black Horse** am B-dul Cloşca 74 zwar etwas eng werden, aber mancher mag das ja. Richtig voll wird es ab 24 Uhr, und dann geht es weiter bis in den frühen Morgen (Vorsicht: Keine Wertsachen ins Gedränge mitnehmen!).

● Der **Nachtclub Boss** zieht, seinem Namen gar nicht entsprechend, vor allem Damen an, denen es wahrscheinlich draußen auf der Straße zu leblos zugeht. Auch hier auf die Geldbörse aufpassen. Str. Gh. Baribiu 104, Tel. 717 199.

● Neu in der Stadt ist das **Energy,** ebenfalls in der Str. Gh. Baribiu, Nr. 5. Hier versucht man mit Live-Musik und längeren Öffnungszeiten die Kunden zu gewinnen.

Fest

● Das **Stadtfest,** die **Zilele oraşului,** findet im Mai statt.

Richtung Huta-Pass/Săpânța

Wer von Westen kommend Richtung Fröhlicher Friedhof in Săpânța (nahe der ukrainischen Grenze) unterwegs ist, sollte von Satu Mare aus unter allen Umständen die **nördliche Route** über die DN19 und Negreşti-Oaş wählen. Die Strecke über Baia Mare ist nicht nur wesentlich langweiliger, sondern die Nordroute hat auch einige

Géza, der letzte Töpfer von Vama, ist ungarischer Herkunft und versucht, die Tradition im Ort aufrechtzuerhalten herrliche Attraktionen und schöne, überraschende Übernachtungsmöglichkeiten zu bieten. Selbst wer auf dem direkten Weg in die östlich gelegenen Valea Vazer und Valea Iza ist, sollte den kleinen Umweg durch die **Senke von Oaş** einmal ausprobieren.

Vama

II, B1

Auf allen traditionellen Töpfermärkten Rumäniens ist der kleine Ort Vama in der Oaş-Senke im Maramureş mindestens ebenso bekannt wie Horezu. Er ist dort zu einem Synonym für eine besonders dekorative Art von **Keramik** mit einer rotbraunen *(roşu brun)* Glasur geworden, die auch auf einigen Märkten tatsächlich noch verkauft wird. Wer den kleinen Töpferort Vama 4 km vor Negreşti-Oaş jedoch besucht, was am besten mit dem Auto geschieht, wird die angepriesene „Ware aus Vama" wohl zukünftig eher skeptisch zur Hand nehmen. Entlang der Hauptstraße weist kein einziges Schild auf eine Töpferei oder etwa auf eine Keramikfabrik hin. Selbst auf hartnäckiges Nachfragen hin ist es sehr schwierig, die im ganzen Land berühmten Keramikkünstler zu finden. Der einzige Töpfer von Vama namens *Géza* ist ungarischer Abstammung und lebt zurückgezogen am Rande des Ortskerns. Geduldig erklärt er den wenigen Besuchern, die zu ihm fin-

rum417 Foto: jr

den, die alten Techniken und auch das eine oder andere Geheimnis der Töpferkunst. Ein Hinweisschild zu seiner kleinen Werkstatt kann er sich übrigens nicht leisten, weil er dafür Steuern zahlen müsste ...

Auf die Tradition der Töpferei scheint man also in Vama nicht mehr unbedingt zu setzen, dafür umso mehr auf den Gesundheitstourismus. Ein Hinweisschild weist (von Satu Mare kommend links) den Weg ins 2,5 km entfernte **Valea Marie,** in dem man, mitten in einem Wald, auf **mineralische Quellen** gestoßen ist. Im vollständig von Bäumen umgebenen Hotel Cabana Pinter kann man sich an einem absolut ruhigen Ort ins 37 Grad warme Thermalwasser legen.

rum418 Foto: jr

In Negreşti-Oaş leben fast keine Männer mehr – nur Kinder und ältere Frauen sieht man noch auf der Straße

Unterkunft

● **Hotel Cabana Pinter,** Valea Marie, Gemeinde Vama, Tel. 0261-857 155. Das Waldhotel in unschlagbarer Lage besitzt ein Thermal-Schwimmbad älterer Bauart, dessen Metalleinstieg wohl kaum durch den deutschen TÜV käme. Dafür entschädigt es mit sehr niedrigen Preisen. EZ/DZ 60 RON, App. 85 RON, Frühstück extra.

Negreşti-Oaş

↗ II, B1

Die größte Stadt des Oaş-Gebietes präsentiert sich im Gegensatz zu vielen der umliegenden Dörfer, wie **Trip** und **Coca,** sehr modern (siehe Exkurs „Die Villen von Negreşti-Oaş"). Wer sich vor einem Ausflug ins Kurbad **Bixad** mit seinen heilenden Mineralquellen oder ans „idyllischste Ende der Welt", nach **Cămărzana** an der ukrainischen Grenze, noch mit Geld oder Lebensmitteln versorgen möchte, kann dies ohne Weiteres in den zahlreichen Banken und Geschäften entlang der Hauptstraße tun. In den Sommermonaten lohnt ein Ausflug zum **Freilichtmuseum** des Ortes, das auf Rumänisch übrigens „Freiluftmuseum" genannt wird. Man findet es aus Satu Mare kommend am Anfang von Negreşti-Oaş. Der Leiter *Vănav Remus* oder einer der Museumsführer erklärt auf Nachfrage gerne die Bedeutung der verschiedenen dekorativen Motive auf den Holztoren und Häusern des Maramureş, von denen eine kleine Anzahl auf dem Gelände zu finden ist. Auch auf die Entstehung traditionellen Kunsthandwerks und die Bedeutung von Festen wie dem *Ruptul Sterpelor* und dem *Sâmbra Oilor* wird hier eingegangen.

- **Muzeul in aer liber al Ţării oaşului,** Str. Livezilor 2–3, Tel. 0261-854 860. Mo. bis Sa. 9–17 Uhr. In den Wintermonaten ist das Freilichtmuseum geschlossen. Eintritt Erwachsene 2 RON, Kinder 1 RON, Foto und Video 1 RON.

Unterkunft

- Das **Hotel Oşanul** in der Str. Victoriei 89 hat vielleicht die merkwürdigsten Preise von ganz Rumänien. Es verfügt nur über Zweibettzimmer zu 76,30 RON. Auf Wunsch stellt man aber auch Extrabetten ins Zimmer, die pro Bett 38,15 RON kosten. Appartements sind für 143,88 RON zu haben (hinzu kommt eine Steuer, die von 2,80–5,28 RON gestaffelt ist). Tel. 0261-851 162.

Geldwechsel

- Eine **Wechselstube,** die keine Kommission nimmt, befindet sich gleich gegenüber der Banca Comerciala und der BRD-Bank (Str. Victoriei 87). An den Banken finden sich **Geldautomaten.**

Notfälle

- **Polizei,** Tel. 855 222.
- **Krankenhaus,** Tel. 854 830.

Fest

- Am 1. September feiert die Stadt Negreşti-Oaş ein großes **folkloristisches Fest,** zu dem zahlreiche Musiker, Tänzer und Kunsthandwerker aus den umliegenden Bergdörfern in die Stadt finden.

Die Villen von Negreşti-Oaş

Etwa 25 km östlich von Satu Mare in der Ortschaft Negreşti-Oaş staunt man als Besucher nicht schlecht. Entgegen aller Erwartung, hier an der Eintrittspforte ins Maramureş auf einfache traditionelle Holzhäuser, Handwerksbetriebe und eine ausschließlich bäuerliche Landbevölkerung zu treffen, reiht sich ein schicker Neubau an den anderen. Männer sind auf den Straßen in Negreşti-Oaş nicht anzutreffen. Die zurückgebliebenen Frauen, Kinder und Alten berichten, alle arbeitsfähigen Männer hätten die Ortschaft schon seit Jahren verlassen. Das überwiesene Geld käme nun aus Irland, Italien oder Kanada. Einige der Männer kämen einmal im Jahr kurz nach Hause, um an ihren Villen zu arbeiten. Im Ort gibt es keine Restaurants, keine Kneipe und nur ein Hotel. Geld verdient hier alleine ein Baustoffunternehmer, der kaum weiß, wie er die ganzen Sonderwünsche an Baumaterialien wie Carrara-Marmor oder Perlmuttpulver zur Wandverschönerung befriedigen soll. Mancher kurzfristig aus Italien oder Spanien zurückkehrende Bauherr wünscht sich gläserne Außenaufzüge, andere Marmorbäder mit Fußbodenheizung. Manche bringen sich goldene Wasserhähne oder glasierte Kacheln aus Irland oder Griechenland mit. Manche Frauen haben ihre Männer seit Jahren nicht gesehen. Sie kümmern sich um die Kinder und die Alten. Für sie findet das Leben nur in der Zukunft statt, irgendwann einmal, wenn ihre Männer zurückkehren.

Der Huta-Pass ⇗II, B1

Was hat ein kleiner Pass von gerade einmal 587 m Höhe in einem Reiseführer über Rumänien zu suchen, einem Land, in dem es wahrlich höhere und imposantere Pässe gibt? Der Huta-Pass, der direkt in unmittelbarer Nähe der ukrainischen Grenze liegt, ist deshalb erwähnenswert, weil hier im Frühjahr (2006 war es der erste Sonntag im Juni) mit dem **Festival de Sâmbra Oilor** eines der berühmtesten Schäferfeste des Landes stattfindet.

Unterkunft

- Eine sehr schöne und günstige Pension mit Restaurant (empfehlenswert der *Brănză telemea* und die *Tocaniţa*) findet man 7 km nördlich von Negreşti-Oaş im Dorf Huta Certeze. Die **Pensiunea Agroturistică Huta Certeze** steht auf einer kleinen Anhöhe, von der Terrasse hat man eine herrliche Panoramasicht über das Tal. Strada Principală 321a, Tel. 0261-859 044, www.hutacerteze.ro. 16 Zimmer, EZ/DZ 70 RON.

Săpânţa ⇗II, B1

Das die Gemeinde Săpânţa mit gerade einmal 5000 Einwohnern weitaus mehr Privatpensionen besitzt als das nahe Baia Mare mit 150.000 Einwohnern hat sie einer Attraktion zu verdanken, die auf keiner Reise durch den Maramureş fehlen sollte: Der **„Fröhliche Friedhof“ (Cimitirul Vesel)** von Săpânţa hat es mittlerweile in alle großen Gazetten der Welt geschafft. Zu seinem 70-jährigen Bestehen am 29. Mai 2005 kamen über 21.000 Besucher. Zu verdanken hat die Gemeinde ihren weltweiten Ruhm der Idee eines mittellosen, aber fantasievollen Holzschnitzers namens **Stan Ion Pătraş** (1909–1977). Er kam auf die Idee, dem Tod etwas Farbe und Humor zu verleihen, indem er die Holzkreuze der Gräber mit dunkelblauer Farbe und mit Tafeln verschönerte, auf denen er mit einem geschnitzten bunten Bild und **gereimten Versen** kurz auf das interessante Leben der Verstorbenen einging. Letztlich sind es wohl die-

rum420 Foto: jr

Grabkreuze auf dem „Fröhlichen Friedhof“

Der Bildhauer, Maler und Dichter Dumitru Pop in seinem kleinen Privatmuseum

rum421 Foto: jr

se teils lustigen, teils rustikal-deftigen Reime, die den Friedhof in aller Welt berühmt gemacht haben. Einige der kleinen Geschichten verweisen auf die Trinksucht, andere auf die früheren Lieben des Verstorbenen oder seinen Hang zum ausgiebigen Feiern. Manche Inschriften können sich auch Seitenhiebe der zurückgelassenen Ehefrau auf den Ehemann nicht verkneifen. Die Tradition der fröhlichen Grabkreuze wurde nach dem Tod von *Stan Ion Pătraş* von einigen Holzschnitzern im Dorf fortgeführt. Als legitimer Nachfolger gilt heute **Dumitru Pop,** dessen Werkstatt mit kleinem Museum man ganz in der Nähe des Friedhofs besuchen kann.

Besonders schön strahlen die bunten Bilder und Kreuze im Sommer, doch genau dann suchen auch zahlreiche Busse mit Touristen den Ort auf, denn obwohl von seinem Schöpfer nicht als Marketinginstrument geschaffen, ist der „Fröhliche Friedhof" doch längst zu einer **sprudelnden Einnahmequelle** für Săpânța geworden. Wenn im Sommer die Horden über die Gräber stapfen, kann von Totenruhe wahrlich keine Rede mehr sein, und auf die Idee, die direkt am Friedhof liegende kleine Kirche zu besuchen, kommt kaum jemand. An der Hauptstraße stehen zur Hochsaison Verkaufsstände mit Teppichen, Decken, Hemden und bestickten Blusen.

Berühmt ist die Region für ihre schönen **handgemachten Wolldecken,** die **Cergi** (Pl.), die in allen möglichen langhaarigen und kurzhaarigen Variationen auch in Săpânța angeboten werden. Man benutzt die *Cergă* (Sg.) in Rumänien als Tagesdecke fürs Bett oder Sofa. Westliche Besucher jedoch entfremden sie im Sommer auch gerne einmal als Picknickdecke für ihre Ausflüge auf die Bergwiesen. Wer nicht so tief in die eigene Tasche greifen möchte, kann sich eine der handgewebten **Wolltaschen** (Sg. *Trăistă,* Pl. *Trăişti*) kaufen, die auch die Schäfer so gerne mit in die Berge nehmen.

Anreise

Man erreicht Săpânța vom 16 km entfernten **Sighetu Marmației** mit einem der zwölf täglichen Busse oder von **Satu Mare** aus, ebenfalls mit dem Bus, wobei man aber in Negreşti-Oaş umsteigen muss. Am besten erschließt man sich die Strecke entlang der Theiß und der ukrainischen Grenze allerdings mit dem eigenen Fahrzeug. Der „Fröhliche Friedhof" ist als Hauptattraktion des Ortes sehr gut ausgeschildert und leicht zu finden (ca. 300 m von der Hauptstraße entfernt).

Unterkunft

An Pensionen herrscht, wie schon gesagt, in Săpânța kein Mangel. Die Preise bewegen sich auch in der Hauptsaison (wegen der harten Konkurrenz) im erträglichen Bereich von 70–100 RON (inkl. Frühstück). In der Nebensaison sind die Zimmer etwa 20 RON billiger zu haben (die Preise der Holzhütten auf dem Campingplatz bewegen sich je nach Saison zwischen 30 und 40 RON). Hier nur eine kleine Auswahl:

- **Pensiunea Adriana,** Str. Principală 205, Tel. 0262-372 314.
- **Pensiunea Bianca,** Str. Principală 161, Tel. 0262-372 120.
- **Pensiunea Cris & Mona,** Str. Principală 292, Tel. 0262-372 470 (Familie *Codrea* verkauft auch Teppiche und Wolldecken).
- **Pensiunea Ioana,** Str. Principală 195, Tel. 0262-372 062.
- **Pensiunea Maria,** Str. Principală 16, Mobil 0746-991 999.
- **Pensiunea Maryuka,** Str. Principală 245, Tel. 0262-372 591.
- **Pensiunea Montana,** beim „Fröhlichen Friedhof", Mobil 0744-208 112.

Camping

- **Camping Poeni,** Str. Păstrăvăriei 632, Tel./Fax 0262-313 818. Camping in acht Hütten möglich, mit eigenem Grillplatz und Verköstigung auf Wunsch.

Essen und Trinken

- Ein Restaurant mit angeschlossenem **ABC-Minimarkt** findet man an der Hauptstraße Str. Principală, Nr. 116: Im **Mini-Restaurant** werden von 7–24 Uhr *Mici, Ciorbă* und *Mămăligă* serviert. Tel. 0262-372 084.

Sighetu Marmației

↗ III, C1

- **Meereshöhe:** 240 m
- **Vorwahl:** 0262
- **Einwohner:** 43.200
- **Deutscher Name:** Maramureschsigeth
- **Ungarischer Name:** Máramarossziget
- **Russisch-ukrainischer Name:** Sihota

Sighetu Marmației, oder kurz nur **Sighet,** wie es die Einheimischen nennen, liegt unmittelbar an der ukrainischen Grenze 40 km nördlich der Provinzhauptstadt Baia Mare.

Vor 1918, als das Gebiet um die Stadt noch **Ruthenien** genannt wurde, war Sighet ein Anziehungspunkt für Abenteurer und Schmuggler. Doch vom früheren „Wilden Norden" kann heute keine Rede mehr sein. Um die

Stadt am Zusammenfluss von **Iza** und **Tisa** (Theiß) ist es ruhig und beschaulich geworden. Bauern und Kunsthandwerker sind rund um Sighet noch zahlreich zu finden und beleben an jedem ersten Montag im Monat den alten Viehmarkt der Stadt, auf dem es freilich längst nicht mehr nur Pferde und Kühe zu kaufen gibt.

Anreise

Man erreicht die Stadt über die DN19 von Westen und Satu Mare kommend nach etwa einer Stunde mit dem Auto. Von Süden und Baia Mare aus benötigt man auf der DN18 etwas weniger Zeit. Die DN18 verbindet Sighet auch mit dem nordöstlichen Maramureş und dem Rodnei-Gebirge. Eine direkte Verbindung besteht auch ins Iza-Tal, sodass sich Sighetu Marmației hervorragend als Ausgangsort für eine Erkundung der Maramureş eignet.

Geschichte

Der Name Sighet verweist auf die historischen Wurzeln der Stadt, da das Wort sich vom dakischen Begriff *seget* für Festung ableitet. Noch frühere, prähistorische Zeugnisse lassen ahnen, dass die Gegend an Theiß und Iza bereits in der Bronzezeit von Menschen besiedelt war. Die ersten Rumänen kamen zwischen 1272 und 1290 in das Gebiet. Kurzzeitig war Sighet Hauptstadt des Maramureş (ab 1352) und wurde fortan zu einem beständigen **Spielball der Mächte,** die entlang des strategisch wichtigen Flusses Theiß zeitweise um jeden Meter Boden rangen. So gehörte Sighet wechselweise zu Transsylvanien, Ungarn und nach dem Ribbentrop-Molotow-Abkommen von 1939 kurzfristig auch zur Sowjetunion.

Traurige Berühmtheit erlangte Sighetu Marmației nach dem Zweiten Weltkrieg, als sich das **Gefängnis** von Sighet zu einer der berüchtigtsten Haftanstalten Rumäniens entwickelte, in der nicht nur regimekritische Intellektuelle, unerwünschte Priester und einfache Landarbeiter, sondern auch Jugendliche gefoltert und hingerichtet wurden. Heute ist das **Gefängnismuseum** eine mahnende Attraktion der Stadt (siehe Exkurs weiter unten).

Die schlimmen Zeiten des Kommunismus hat Sighet inzwischen fast vergessen. Vor allem am 27. Dezember schütteln die Einwohner alle Sorgen und Nöte von sich und tanzen und musizieren auf einem der bekanntesten und größten **Wintermaskenfeste** Rumäniens um die Wette. Die extra zum Winterkarneval anreisenden Gäste und diejenigen, die die nahen Täler der Iza und Vişeu erkunden oder den nur 16 km entfernten „Fröhlichen Friedhof" von Săpânța besuchen, finden in Sighetu Marmației einige der besten Hotels und Restaurants des Maramureş vor.

Sehenswertes

Rund um den Freiheitsplatz

Von der nördlich gelegenen Zug- und Busstation sind es über die Str. Iuliu Maniu nur 10 Minuten in die Innenstadt. Auch mit dem Auto ist es nicht schwierig, gelangt man doch unweigerlich aus allen Richtungen kommend zum zentralen Freiheitsplatz **(Piața Libertății).** Alle wesentlichen Attraktionen befinden sich direkt am oder in unmittelbarer Nähe des lang gezogenen Platzes, der sich gleichzeitig auch als quirlige Hauptverkehrsader von Sighet entpuppt.

Mitten auf dem Platz steht das **Landesmuseum Maramureș;** weder die naturwissenschaftliche Sektion noch die geschichtlich-archäologische Abteilung mit lustlos dargebotenen Säbeln und Gewehren in Glasschaukästen reißen einen vom Hocker.

Leider wird das Niveau im **Naturgeschichtlichen Museum** an der nordwestlichen Seite des Platzes (vor der katholischen Kirche) nicht besser. Auch hier zeigt sich eine eigenartige Liebe zu ausgestopften Luchsen, Mardern und Wölfen, die wie Jagdtrophäen präsentiert werden.

Wesentlich interessanter und sehenswerter ist die **Kunst- und Antiquitätensammlung** im **Museum Ioan**

Übernachtung
1 Motel Siesta
2 Hotel Perla Sigheteană
3 Motel Vila Royal
4 Pensiunea Buți
8 Casa Iurca de Călinești
9 Pension Flamingo

Essen und Trinken
5 Restaurant Krisz
6 Pizzeria Primavera
7 Pizzeria Veneția
8 Casa Iurca de Călinești
10 Pizzeria Romina

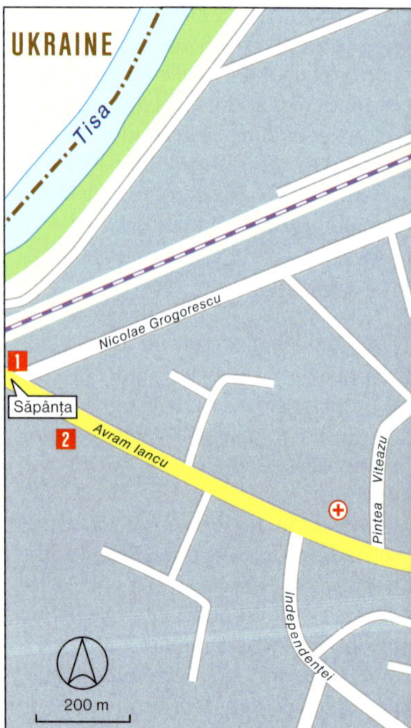

Mihalyi de Apşa in der gleichnamigen Straße, die direkt am Freiheitsplatz vorbeiführt. In vier Räumen sind hier neben kunstvoll verzierten und geschnitzten Originalmöbeln aus dem Leben des Hausherrn auch Teppiche, Decken und Wollvorhänge mit typischen Ornamenten, Mustern und Farben der Region Maramureş zu sehen. Eine gesonderte Ausstellung widmet sich dem Werk bildender Künstler aus dem 20. Jahrhundert (u.a. *Traian Bilțiu-Dăncuş, Gheorghe Chivu* und *Vasile Kazar*).

Erwähnenswert sind noch **zwei Kirchen:** Am östlichen Ende des Freiheitsplatzes steht die im 15. Jahrhundert erbaute ungarisch-reformierte Kirche, an seinem westlichen Ende (in einer kleinen seitlichen Sackgasse) die katholische Kirche, die ein Jahrhundert später errichtet wurde.

- **Muzeul Maramureşean (Gefängnismuseum),** Piața Libertății 15, Tel. 311 521, Mo. bis Fr. 9–15 Uhr, Eintritt 2 RON.
- **Muzeul de Istorie şi ştiințele Naturii,** Piața Libertății 23, Mo. bis Fr. 9–15 Uhr, Eintritt 2 RON.

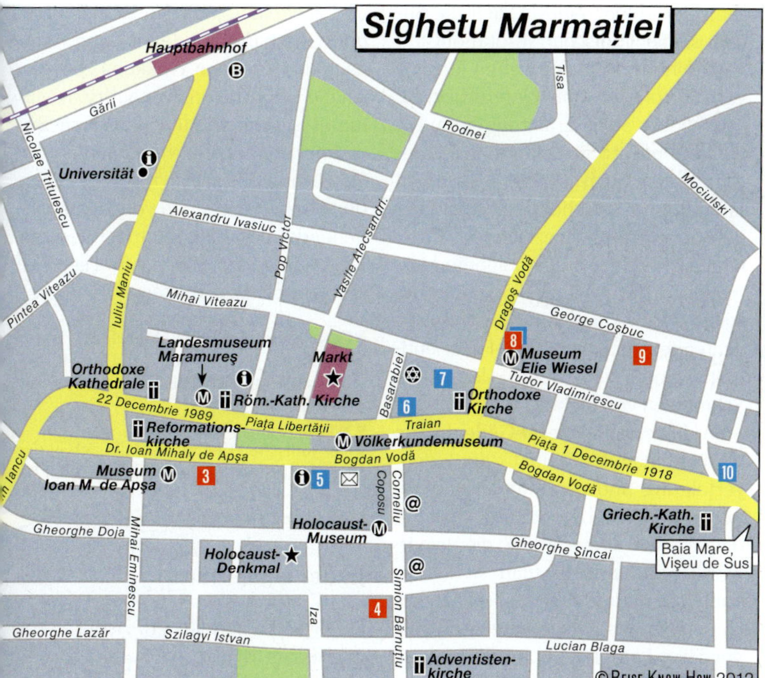

• **Muzeul Ioan Mihalyi de Apşa,** Str. Ioan Mihalyi de Apşa 17, Mo. bis Fr. 9–15 Uhr, Eintritt 2 RON.

Im Schtetl – das jüdische Sighet

Der berühmteste Sohn der Stadt ist zweifellos **Elie Wiesel,** der als 26-jähriger Student in Sighet von den Nationalsozialisten nach Auschwitz deportiert, dann nach Buchenwald verlegt und im Jahr 1944 von amerikanischen Truppen befreit wurde. Als Überlebender des Holocaust hat er später an der Sorbonne studiert und in seinen Werken „Gezeiten des Schweigens", „Der fünfte Sohn", vor allem aber im „Gesang der Toten" eindrücklich die Suche seiner jüdischen Protagonisten nach einem normalen Leben jenseits von Verfolgung und Unterdrückung geschildert. Seine Erfahrungen im KZ verarbeitete er in seinem wohl berühmtesten Buch „Nacht". Als er im Jahr 1986 in Stockholm mit dem Friedensnobelpreis ausgezeichnet wurde, hatte seine Geburtsstadt Sighetu Marmației, in der er auch die Schule besuchte, die Schrecken menschenverachtender Verfolgung und Folter endgültig hinter sich (siehe Exkurs „Die Schmerzen von Sighet").

Im kleinen **Elie-Wiesel-Gedenkhaus** versucht man die Thematik der Judenverfolgung und das dramatische Leben von *Wiesel* betont zurückhaltend darzustellen. Keinesfalls, so die Verantwortlichen, möchte man sich dem Thema in reißerischer Manier nähern. Neben einigen Dokumenten sind ausgewählte Fotografien und Manuskripte aus seiner Zeit als Journalist zu sehen. Hinter dem Haus ist im Garten ein großer Davidstern auf der Erde angebracht, den man auch von einigen Zimmern des gleich daneben liegenden Hotels gut erkennen kann.

Von der großen **jüdischen Gemeinde,** die noch um 1920 in Sighet bestand und über 40 Prozent der Stadtbevölkerung ausmachte, sind nur 100 Menschen übrig geblieben. Ein Rabbi kümmert sich um die immer kleiner werdende Gemeinde des ehemaligen Schtetl, die sich zum Gebet in der einzigen **Synagoge** des Maramureş in Sighet versammelt. Alle anderen der ehemals acht Synagogen der Stadt und zahlreiche jüdische Wohnhäuser und Geschäfte wurden im und noch nach dem Zweiten Weltkrieg zerstört. An die Deportation aller aus dem Maramureş stammenden jüdischen Bewohner erinnert ein Monument in der Str. Barnuțiu. Wer sich mit dem Leben und Sterben der Juden von Sighet eingehender beschäftigen möchte, kann weiterführendes Material im Elie-Wiesel-Gedenkhaus erhalten.

• **Casa Memorială Elie Wiesel,** Str. Tudor Vladimirescu 1, Di. bis So. 8–16 Uhr, Mo. geschlossen, Eintritt 3 RON, Schüler, Studenten 1,50 RON.
• **Synagoge,** Str. Bessarabia 10.
• Der **Jüdische Friedhof** befindet sich in der Str. Szilagyi Istvan. Seine Steinmauer ist schon von Weitem zu sehen, wenn man vom Zentrum südlich in die Str. Mihai Eminescu geht.

In der Umgebung

Unter völkerkundlichem Aspekt sehr interessant ist das am Rande von Sighet gelegene **Dorfmuseum,** in dem

Die Schmerzen von Sighet

Viele junge Rumänen in Sighet haben es wahrscheinlich verdrängt oder wollen von diesem Thema nichts mehr wissen, weil das, was in ihrer Stadt geschehen ist, so erschütternd ist. Wenn man Jugendliche nach dem Weg zum ehemaligen **Gefängnis** von Sighet befragt, kennen ihn nur sehr wenige. Ältere Menschen hingegen wissen sofort, wo der Ort zu finden ist, an dem das kommunistische Regime 1950 eine „spezielle Arbeitseinheit" mit dem Namen „Donaukolonie" errichten ließ. Es waren vor allem Bischöfe und Priester, Akademiker, Wissenschaftler, Historiker, Journalisten, aber auch ehemalige Minister und Militärs, die ohne Gerichtsverfahren hinter die Mauern des Gefängnisses von Sighet verschleppt wurden.

Dort wurde den Inhaftierten unter unhygienischen Bedingungen verboten, sich auf den eisernen Betten ihrer ungeheizten Zellen auszustrecken. Wer aus dem Fenster schaute, wurde mit Prügel und Isolationshaft in der so genannten „Sura", einer Dunkelkammer, bestraft.

Zwar wurden die meisten der Gefangenen 1955 aufgrund einer Amnestie vorübergehend in die Freiheit entlassen, weil das kommunistische Rumänien darum bemüht war, in die Vereinten Nationen aufgenommen zu werden, doch schon kurz darauf wurden wieder politische Gefangene nach Sighet gebracht. Für viele Lehrer und Intellektuelle war das Gefängnis von Sighet nur eine Durchgangsstation auf dem Weg in die Psychiatrieanstalt der Stadt.

Der Gefängnistrakt ist auf Initiative der Bürgerallianz *(Alianța Civica)* in eine **Gedenkstätte** umgewandelt worden. Man gedenkt der Opfer des Kommunismus und der Angehörigen des kommunistischen Widerstands u.a. in Form unzähliger Fotografien, die die Wände des Memorial Sighet bedecken. Zudem sind an den äußeren Wänden die Namen von acht Millionen Toten eingraviert, die in den Gefängnissen und Lagern in den Zeiten des Kommunismus ums Leben kamen.

Die **Führungen** (auch auf Deutsch) sind überaus empfehlenswert. Zahlreiche europäische Künstler haben sich an der Gestaltung des ehemaligen Gefängnisses beteiligt. So wurde in einem der Innenhöfe eine Gebets- und Meditationsstätte geschaffen, die auf künstlerische Weise die Begriffe Tholos und Katakombe verbindet. Zu den eindrucksvollsten Werken gehört die Skulpturengruppe „Der Opferzug": 18 Menschenkörper gehen mit erhobenen Händen auf eine Wand zu, die ihnen symbolisch genauso die Aussicht auf ein freies Leben verstellt, wie es der rumänische Kommunismus getan hat.

- **Memorialul Victimelor Comunismului și al Rezistenței Sighet,** Str. Corneliu Copusu 4, Tel./Fax 319 424, Memorialul.Sighet@mail.multinet.ro, www.memorialsighet.ro. **Gefängnismuseum:** täglich 9:30–18:30 Uhr (15. April bis 15. Oktober) und 9:30–16:30 Uhr (16. Oktober bis 14. April, Mo. geschlossen). Eintritt 4 RON, Schüler 2 RON, Foto 3 RON, Video 15 RON.

rum427 Foto: jr

Maramureș

man u.a. auch eine der typischen **Holzkirchen** aus dem Iza-Tal bewundern kann. Außerdem gibt es einige bemerkenswerte Holzhäuser und verzierte Holztore zu sehen.

- **Muzeul Satului Maramureşean,** Str. Muzeului 1, täglich 10–18 Uhr. Das Dorfmuseum ist ein Ableger des Landesmuseums am Freiheitsplatz. Allerdings ist es lange nicht so verstaubt und einen Besuch absolut wert. Informationen können auch im Web unter www.sintec.ro/muzeusighet eingesehen werden, jedoch nur auf Rumänisch (die englische Version sollte schon lange folgen ...). Wesentlich besser und informativer ist die Website von *Björn Reinhardt,* auf der man sogar einen kleinen virtuellen Rundgang durchs Dorfmuseum unternehmen kann: www.maramures.de/museum/museum.html.

Im **Privatmuseum der Familie Pipaş in Tisa** (3 km nordöstlich Richtung Vişeu de Sus) sieht man eine außergewöhnliche Sammlung rumänischer Avantgarde sowie klassischer Raritäten (Grafiken, Ikonen, Keramik, Trachten u.v.m.). Das Haus ist im kleinen Ort nicht schwierig zu finden, man frage einfach nach Familie *Pipaş*.

Die Sehenswürdigkeiten des nahen **Iza- und Mara-Tals** werden zwar in einer eigenen Rubrik noch besprochen, es sei jedoch hier schon darauf hingewiesen, dass das Iza-Tal kaum 10 km entfernt im Südosten beginnt. Sehenswert sind vor allem die alten Holzkirchen in den Gemeinden Strâmtura, Glod, Rozavlea, Şieu und Ieud. In den nahen Tälern können auch Kunsthandwerker besucht werden, und wer möchte, kann Kurse in den alten Künsten des Holzschnitzens, Webens oder der Hinterglasikonen-Malerei belegen.

Informationen

- **Info-Center,** Str. Piața Libertații 21, Tel. 312 552, maramuresinfoturism@yahoo.com.

Reisebüros

Informationen über Sighetu und das Umland erteilen auch folgende Reisebüros:

- **Pangaea Turism,** Piața Libertății 15, Tel. 312 228, pangaeamm@hotmail.com, www.pangaeaturism.ro. Vermittlung von Unterkünften und Pauschalreisen sowie weitere Angebote: Kutschfahrten, Kurse in traditionellem Tanz, Mountainbike-Verleih, Holzschnitzkurse, Organisation von Kinderferien oder Vermittlung eines persönlichen Reiseleiters etc.
- **Muri Tours,** Str. Bogdan Voda 12, Tel. 314 336, muri_tours@yahoo.com.

Service

- **Post: Sighetu Marmației I,** Str. Bogdan Voda 2, Tel. 311 115, Mo. bis Fr. 7–20 Uhr, Sa. 8–13 Uhr.
- **Banken: Raiffeisenbank,** Str. Andrei Mureşan 8a, Tel. 310 939; **BCR,** Str. Iuliu Maniu 32, Tel. 311 034.
- **Internetcafé:** Str. Juliu Maniu 19.

Notfälle

- **Kreiskrankenhaus: Spitalul Municipal,** Avram Iancu 22, Tel. 311 873, Fax 311 693.
- **Apotheken: Farmacia Manna,** Piața Libertății 16, Tel. 315 633; **Farmacia Minerva,** Piața Libertății 23, Tel. 311 977; **Farmacia Soranda,** Str. Avram Iancu 22, Tel. 317 677.

Mobilität

Züge

- **Bahnhof (Gara CFR),** Str. Garii 1–3 (400 m nördlich des Zentrums am Ende der Str. Iuliu Maniu), Tel. 192 952.
- Zugfahrkarten und Infos im **Reisebüro der CFR** am Piața Libertății 25, Tel. 312 666, Mo. bis Fr. 7–14 Uhr.

• **Nach Cluj-Napoca** fährt täglich ein Nacht-Schnellzug (Abfahrt 01:25, Ankunft 7:38 Uhr) und ein Zug am Nachmittag (Abfahrt 16:22, Ankunft 22:13 Uhr).

Busse

• **Busbahnhof (Autogara),** Str. Garii, in der Nähe des Hauptbahnhofs.
• Täglich fahren mehrere **Busse** nach Baia Mare, Satu Mare, Borşa, Budeşti, Câlineşti und Vişeu de Sus. Ein Bus pro Tag fährt nach Bârsana, Botiza, Ieud und Mara. Zum „Fröhlichen Friedhof" nach Săpânța pendelt stündlich ein Bus zwischen 8 und 14 Uhr.

Mietwagen

• Autos können in der **Pension Buți** ausgeliehen werden (s.u.).

Taxis

• **Party,** Tel. 318 888, Str. Bogdan Voda 5a.
• **Radiotaxi,** Tel. 317 443, Str. Solovan 32.

Unterkunft

Wem die Hotels in Sighet zu teuer sind, sollte 10 km weiter Richtung Iza-Tal fahren. Bereits im Ort Vadu Izei gibt es sehr gute und günstige Zimmer bei Privatfamilien.

Hotels

• **Iurca de Călineşti** (****), Str. Dragoş Vodă 14, Tel. 318 882, Fax 318 885, riurca@casaiurca.com. Das beste Hotel der Stadt liegt 5 Minuten nördlich des Freiheitsplatzes direkt neben dem Elie-Wiesel-Gedenkhaus. Hinter der kleinen Tür, die in ein schönes Holztor eingelassen ist, verbergen sich ein rustikal geschmücktes Restaurant und ein Hotel im Landhausstil mit Innenhof und Holzveranda. Erstklassiger Service und sehr ruhige Zimmer. EZ/DZ 150 RON, 3-Bett-Zimmer 180 RON, 3-Bett-Zimmer 250 RON (zuzügl. 3% Steuer), Frühstück inkl.
• **Vila Royal** (****), Str. Ioan Mihaly de Apşa 1, Tel. 311 004, Fax 314 859, office@vilaroyal.ro, www.vilaroyal.ro. Das im Jahr 1885 errichtete Haus mit Fassadenbalkon mitten im Zentrum wurde 2005 als Hotel eröffnet. Die Zimmer sind modern, großräumig und klar eingerichtet und verfügen zur Straße hin über Lärmschutzfenster. Zum Hotel gehören auch ein Restaurant und das Pub David. EZ 120 RON, DZ 140 RON, App. 160 RON.
• **Perla Sigheţeană** (***), Str. Avram Iancu 65a, Tel. 310 613, Fax 310 268, imberti@alphanet.ro. Aus Richtung Sathmar und Săpânța kommend, sieht man das Motel Perla Sigheţeană gleich am Ortseingang. Die Terrasse bietet einen schönen Blick auf den Dealul Cetații und auf den Fluss Iza. Da das Ambiente des Sommergartens gerne auch für Bankette und Hochzeiten genutzt wird, sollte man sich vorher telefonisch erkundigen, ob es laut werden könnte. Alle Zimmer mit eigenem Balkon. EZ/DZ 120 RON, App. 150 RON, Frühstück inkl.
• **Siesta** (***), Str. Avram Iancu 42, Tel. 311 468, Fax 311 253. Wie das Perla liegt das Siesta ebenfalls am Ortseingang und ist ein Motel für Durchreisende. Die schlichten Zimmer eignen sich vor allem für Gruppenreisende. EZ/DZ 100 RON, App. 120 RON, Luxus-App. 140 RON (Frühstück inkl.).

Pensionen

• **Pensiunea Flamingo** (**), Str. George Coşbuc 36, Tel. 317 265, 0744-398 052. Elegante, ruhige und sehr gepflegte Pension, in der man sich schnell heimisch fühlt. Die Speisekarte des kleinen „Restaurants" bietet eine Auswahl von 150 Gerichten an. EZ/DZ 90 RON, Frühstück extra.
• **Pensiunea Buți** (**), Str. Simion Bărnuțiu 6, Tel. 311 035, Fax 310 783, motel.buti@rdslink.ro. Das Motel 200 m südlich des Zentrums, bezeichnet sich wohl deshalb gerne als Pension, um damit eine Marktlücke zu füllen. Pensionen (zumindest gute) gibt es nicht allzu viele in Sighet. Das etwas antiquiert und bieder wirkende Haus verfügt über 26 Betten in schlichten, kleinen Zimmern und ein eigenes Restaurant. Eigener Autoverleih. EZ/DZ 95 RON, Dreibett-Zimmer 140 RON, App. 180 RON, Frühstück und Steuer extra.
• **Hotel Buți** (**), Str. Barnuțiu 19, Tel. 311 035, www.hotelbuti.ro. Dieses neue Hotel im Herzen der Stadt hat 3 EZ, 11 DZ und 3 Appartements. Die Zimmer sind gepflegt, ruhig und haben alle TV, Telefon, Bad und WLAN. EZ 100 RON, DZ 120 RON, App. 140 RON.

The Loom in der Str. 22. Decembrie 1989 Nr. 42, Tel. 316 204, 0740-635 673.

Markt

- Der **Viehmarkt (Târgul de animale)** findet in der ersten und zweiten Monatswoche (Mo. und Mi.) auf einer Wiese am Stadtrand (Richtung Baia Mare) statt.

Fest

- Das größte und bedeutendste Stadtfest, das **Festivalul Datinilor de Iarna „Marmaţia"**, wird am 27. Dezember gefeiert. Neben Originaltrachten und -kostümen der Bewohner aus den umliegenden Tälern sieht man beim größten Winterfest im Maramureş viele selbst gefertigte Masken und Winterkostüme. Die ganze Stadt scheint an diesem Tag auf den Beinen, um auch den Höhepunkt des Festes, die wilde Reiterparade, zu sehen (die weniger einer Parade, als vielmehr einer Parodie auf Westfilme gleicht). Das Fest wurde zum ersten Mal 1968 erlaubt und zieht heute auch Gruppen und Musikanten aus dem Banat, der Moldau und Dobrudscha an. Um 19:15 Uhr wird das Winterfest mit einem bunten, vor allen Dingen aber lauten Feuerwerk beendet.

Das Iza-Tal (Valea Izei)

Zu den echten **Höhepunkten einer Maramureş-Reise** gehört der Besuch des Iza-Tals, das sich über 60 km entlang des Iza-Flusses von Sighetu Marmaţiei bis nach Moisei erstreckt. Man wird das, was dieses Tal ausmacht, nur dann wirklich wahrnehmen und erleben, wenn man es sich erwandert, „erradelt" oder vielleicht vom Rücken eines Pferdes aus „erobert". Nicht nur die sehr lebendigen Dörfer mit ihren alten **Holzkirchen** erscheinen wie aus einer anderen Zeit. Auch für die Menschen des Tals scheinen die Uhren in dieser märchenhaften Region etwas anders zu gehen. Hinter den prächtigen, reich verzierten Holztoren leben in den Häusern mit ihren strohgedeckten Dächern viele **alte Traditionen** fort. So findet sich vor den Holzhäusern so mancher Baum, dessen Zweige voller Töpfe und Emaillebecher hängen – ein Zeichen, das jedem verdeutlichen soll, dass die Frau des Hauses bereits unter der Haube ist. Auch **alte Handwerksberufe,** die mancher nur vom Hörensagen kennt, wie Schnitzer, Hinterglasmaler oder Weber, kann man hier, wie in einem in die Realität verpflanzten Freilichtmuseum, sehen, erleben und bestaunen.

Vadu Izei ⇗ III, C1

Die kleine Gemeinde Vadu Izei liegt kaum 10 km von Sighetu Marmaţiei entfernt in südostlicher Richtung.

Zahlreiche Apfel-, Pflaumen- und Kirschgärten säumen den Weg entlang der Hügel, die von dichten Kiefern- und Eichenwäldern bedeckt sind. Der Ort, der lange Zeit den Namen **Wolfsdorf (Satul lui Lupu)** trug, hat sich vor allem als **Künstlerkolonie** einen Namen gemacht. Einige der berühmtesten Holzschnitzer, wie *Gheorghe Borodi,* Musiker wie *Gheorghe Covaci Ciota* und die Sängerin *Maria Trifoi* kommen aus Vadu Izei.

Gemeinsam mit Nachbargemeinden wie Sieu, Năneşti, Bârsana und all den anderen Dörfern, die sich entlang des Tals wie eine Perlenkette aufreihen, richtet Vadu Izei im Sommer das bekannte viertägige internationale **Maramuzical Festival der Folkmusik** und zum Sommerausklang einen **Jahrmarkt (Târg la Vadu Izei)** aus. Da der Ort neuerdings auch viele Künstler und Filmschaffende aus Cluj-Napoca angezogen hat, ist er mittlerweile so etwas wie die heimliche „Kulturhauptstadt" des Tals geworden. Für all diejenigen, die eine Unterkunft im Iza-Tal suchen oder sich über die Möglichkeiten im Maramureş informieren möchten, ist er der ideale Ausgangsort. In Vadu Izei lassen sich Wanderungen, Reitausflüge oder Fahrradtouren hervorragend organisieren. Das liegt zum einen an der großen Auswahl an privaten Zimmern, die hier zur Verfügung stehen, und zum anderen an der **Fundaţia Agro-tur-Art OVR,** die neben Führungen und Exkursionen auch Kurse in verschiedenen Kunsthandwerken oder traditioneller Musik anbietet.

Unterkunft

Die besten **privaten Zimmer** in Vadu Izei (Preise ca. 60 RON) findet man bei:

- **Teodora Teleptean** (**), Str. Dumbrava 506, Tel./Fax 0262-330 474.
- **Ioan Bledea** (**), Str. Bisericii 602, Tel./Fax 0262-330 358.
- **Doina Balasz** (**), Str. Şugău 75, Tel./Fax 0262-330 602.
- **Casa Muntean** (**), Str. Dumbrava 506, Tel. 0262-330 091, www.casamuntean.home.ro, EZ 9 Euro.

Falls die genannten Adressen bereits belegt sind, hier eine weitere Auswahl:

- **Ramona Ardelean** (**), Str. Principală 635, Mobil 0744-827 829.
- **Ileana Teleptean** (**), Str. Principală 320, Tel./Fax 0262-330 341.
- **Maria Michnea** (**), Str. Principală 232, Tel./Fax 0262-330 402.

Informationen über den Maramureş

Als Informationszentrum für den gesamten Maramureş fungiert die **Fundaţia Agro-tur-Art OVR** in der Str. Principală 161 in Vadu Izei, Tel./Fax 0262-330 171, Mobil 0744-285 036. Im schön restaurierten Haus beim Postamt erhält man neben Möglichkeiten zur Unterkunft und Auskünften zu Festen und kulturellen Veranstaltungen auch Informationen zu Kurs-Angeboten (z.B. Weben, Glasikonenmalerei, Schnitzen, traditioneller Tanz, Pilze pflücken, Wagenlenken u.v.m.) Außerdem kann man hier die Adressen der Kunsthandwerker des Iza-Tals erfahren (z.B. Glasikonen: *Ioan Borlean,* Schnitzereien: *Vasile Arba* usw.). Der Zusatz OVR bedeutet Operation Villages Romania und ist eine Initiative aus Belgien, die das traditionelle Leben in Vadu Izei unterstützt und fördert. Nähere Informationen im Internet unter www.vaduizei.ovr.ro.

Bârsana

III, C1/2

Auf dem Weg durchs Iza-Tal auf der DJ186 Richtung Borşa liegt der Ort Bârsana etwa 12 km von Vadu Izei entfernt. Auf der Strecke dorthin kann man bereits eine der zahlreichen Holzkirchen im kleinen Ort **Năneşti** besichtigen. Im nördlichen Zentrum von Bârsana, nahe dem Friedhof, findet man die **Kirche Sfântul Niculae.** Sie wurde an der Stelle eines älteren Gotteshauses aus dem 14. Jahrhundert im Jahr 1720 errichtet und zählt heute zu den bedeutendsten Holzkirchen im Maramureş. Der Innenraum wurde im Jahr 1806 durch die Maler *Toader Hodor* und *Ion Plohod* mit biblischen Szenen in strahlenden Farben ausgemalt. Die in den Jahren 1993 bis 1998 erbaute Klosteranlage **Mânăstirea Bârsana** besitzt eine aus Eichenholz gefertigte griechisch-katholische Kirche. Die neue Anlage ist am Ende des Ortes zu finden und feiert den Tag ihrer Schutzheiligen am 30. Juni mit einem großen farbenfrohen Fest.

Glod und Rozavlea

III, C2

Wenn man von der Hauptstraße DJ186 etwa 3 km hinter Bârsana nach rechts abzweigt, kommt man am Ende des Anstiegs zur kleinen Gemeinde **Glod,** in der eine der meistbesuchten Kirchen des Iza-Tals steht. Die Kirchenbänke sind mit bunten Wollteppichen ausgelegt, den Altar schmücken kunstvolle Fresken und Ikonen, an sommerlichen Festtagen wehen die bunten Kirchenfahnen sonnenbeschienen in der gläubigen Menschenmenge. Zur warmen Jahreszeit bietet sich Glod auch als Ausgangspunkt für Wanderungen in die nahen Lapuş-Berge an.

Die Holzkirche in **Rozavlea,** einem Ort, der mitten im Iza-Tal liegt, wurde zwischen 1717 und 1720 in einem Nachbarort erbaut und dann peu à peu per Ochsenkarren an ihren jetzigen Ort gebracht. Sie ist den Erzengeln *Michael* und *Gabriel* geweiht und inmitten des grünen Friedhofs zu finden. Der Untergrund wurde aus Ei-

rum434 Foto: jr

Dieser „Topf-Baum" zeigt an, dass hier eine Frau im heiratsfähigen Alter wohnt

chenholzbalken und Flusssteinen hergestellt. Rozavlea ist aber auch für seinen bunten Markt bekannt, auf dem handgewebte Blusen und Teppiche aus der Region verkauft werden. Leider hat der zunehmende Tourismus dazu geführt, dass manche der Waren, z.B. Spitzenbesatz, neuerdings industriell hergestellt werden. Eine Nachfrage lohnt sich also: *Este facut de mâna?* - Ist das handgemacht?

Unterkunft

- **Casa Tomşa** (**), Rozavlea, Tel./Fax 0262-333 155, EZ/DZ 50–70 RON.
- **Casa Caia** (**), Rozavlea, Haus 763, Tel. 0262-333 099, www.caia.home.ro, EZ/DZ 50–70 RON.
- **Ileana Florea** (**), Şieu, Str. Principală 456, Tel./Fax 0262-333 197, EZ/DZ 50–70 RON.

Poienele Izei

↗ III, C2

1 km hinter Rozavlea geht rechts im Dorf Şieu eine Straße ab, die in die beiden Orte Poienele Izei und Botiza führt. Die Kreuzung ins malerische Poienele Izei folgt nach weiteren 2 km und führt an Obstgärten, Wäldern und blühenden Weiden vorbei. Der Besuch in der **Holzkirche** ist, wie in einigen anderen Kirchen des Iza-Tals auch, kostenpflichtig (Anmeldung beim Pfarrer im Haus 210). Dafür gibt es allerdings in der 1604 erbauten Kirche auch **Fresken „der etwas anderen Art“** zu sehen, die es in dieser dramatischen Art nirgendwo sonst gibt. Die 1783 entstandenen, rot unterlegten Wandgemälde an den Wänden des Narthex zeigen Szenen des Jüngsten Gerichts, in denen die Teufel *(draci)* aus einem reichen Fundus aus Folterideen schöpfen und für jeden Tag in der Verdammnis und jede Berufsart eine besondere Bestrafungsart zu kennen scheinen. Nicht nur, dass alle Sünder vom Schlund eines grimmigen Vogels mit glühenden Nüstern empfangen werden. Die ziegenköpfigen Dämonen scheinen auch die Sünden der einzelnen Berufsstände genau zu kennen. So wird der sündige Schmid mit einem Blasebalg aufgeblasen, eine Engelmacherin wird gezwungen, ein Kind zu essen, und der Lügner wird an seiner Zunge aufgehängt.

Unterkunft

Poienele Izei bietet einige sehr gute private **Pensionen,** in denen man sehr schnell in Kontakt zur einheimischen Bevölkerung und ihrer unnachahmlichen Kochkunst kommt.

- **Maria Bârsoan** (**), Haus Nr. 135, Tel. 0721-517 263.
- **Ion de la Cruce** (**), Haus Nr. 15, Tel. 0262-334 365.
- **La Ioana din Poiană** (**), Haus Nr. 134, Tel. 0262-334 385.

Botiza

↗ III, C2

Im wunderschönen Ort Botiza, den man vom Dorf Şieu nach 10 km erreicht, hat die zunehmende Bekanntheit bereits zu einer reichen touristischen Infrastruktur geführt (siehe unten). Der Ort, der sich über zwei Täler erstreckt, wurde urkundlich zum ersten Mal 1385 erwähnt. Seine alte **Holzkirche** wurde 1694 erbaut und ist dem *hl. Paraschiva* geweiht, dessen Namen sie auch trägt. Sie bietet von ihrem erhöhten Standort einen herrlichen Blick auf das Iza-Tal. In der näheren Umgebung gibt es einige **mineralische Quellen** (Izvoare), nach deren Ursprung man sich auf einer eventuellen Wanderung erkundigen sollte.

Unterkunft

Botiza ist neben Vadu Izei der zweite Ort, der neben einem Informationszentrum auch über sehr viele Übernachtungsmöglichkeiten verfügt. Bei den nachfolgend aufgelisteten **Privatadressen** kostet ein Zimmer je nach Sternenanzahl zwischen 10 und 25 Euro pro Person und Nacht.

- Unterkunft in dem kleinen **Bauernhof der Familia Iulia und Vasile Neag,** Botiza Nr. 867, Tel. 0262-341 89, 15 Fußminuten vom Ortszentrum. Sehr gastfreundlich. Zwei Zimmer, vier Betten. Halbpension (reichhaltiges Frühstück und Abendessen) 70 RON pro Person und Nacht. Empfehlenswert!
- **Pension Costinar,** Bauernhaus mit netten Gastgebern. Angebot: Besichtigung von Handwerker-Ateliers, Holzkirchen, Schlittenfahrten im Winter. Gutes, authentisches Essen. Zwölf Schlafplätze in sechs DZ (8–10 Euro pro Person).
- **Casa Muche** (****), Haus Nr. 622, Tel. 0262-334 055.
- **Ioana Trifoi** (***), Str. Principală 785, Tel. 0262-334 131.
- **Casa Alina** (**), Str. Principală 201, Tel. 0262-334 230.
- **Casa Anca** (**), Haus Nr. 477, Tel. 0262-334 126.
- **Casa Florea** (**), Str. Principală 819, Tel. 0262-334 093.

Sonstiges

- Gut ausgeschildert ist die Adresse von **Georg Iurca,** der **Touren** anbietet (auch auf Deutsch), die etwa 20 Euro pro Tag kosten. Er vermietet auch Mountain-Bikes und bietet Angelausflüge an. Adresse: Haus Nr. 622, Tel. 0262-334 233.
- Die besten traditionellen **Wollteppiche** bekommt man bei **Ana Trifoi** im Haus Nr. 861, Tel. 0262-334 096.

Ieud

Knapp 3 km vor Bogdan Voda zweigt (von Sighet kommend) rechts ein Weg nach Ieud ab. Die kurze Strecke hinauf ins Dorf ist besonders im Frühsommer ein Erlebnis, wenn der Duft des Frauenmantels in der Luft liegt und violette Malven und blaue Kornblumen den Wegesrand säumen. Berühmt ist Ieud vor allem für seine **Holzschnitzer und Tischler,** deren Arbeit man in ganz Rumänien schätzt. So geht die Restauration der berühmten Karawanserei Hanul lui Manuc in Bukarest auf die Arbeiten von *Ion Ţâplea* zurück. Auch heute noch findet man in der lang gestreckten Ortschaft viele Holzkünstler, wie den gottesfürchtigen **Gavrila Hotico,** der zahlreiche neuere Holzkirchen im Maramureş (u.a. in Dragomireşti) und für Rumänen in Chicago (!) gebaut hat und es dank seiner Kunst auch zu einer Hauptrolle in einem Film brachte („Ein Land, in dem ich geboren bin", Deutschland 2002).

Die **Hügelkirche (Biserica de Lemn din Deal)** aus dem Jahr 1364 ist zwar schwer zugänglich, aber der Abstecher lohnt sich, da sie das älteste Gotteshaus im Maramureş ist. Die aus Tannenholz gefertigte Kirche mit Doppeldach und winzigen Fenstern wurde auf den Resten einer Ruine errichtet. Aus ihrem Pronaos führt eine Treppe zum Glockenturm, die aus einem einzigen Baumstamm gefertigt wurde. Der Maler *Alexandru Ponehalski,* der 1782 die Wandmalereien an den Gewölben beendet hatte, verkörpert mit seinem naiven Stil genau die für diese ländliche Gegend typische Bildsprache, die auch in den Fresken der Kirchen von Poienele Izei und Botiza zu finden ist. Auch in Ieud ist im Pronaos wieder das Jüngste Gericht dargestellt, und man findet die armen Sünder rechts vom Eingang bildlich „aufgelistet". Gleich daneben steht der mit Rechen und Sense bewaffnete Tod. Friedlichere Motive bietet die Sammlung an Hinterglasikonen.

In der Mansarde der Kirche fand man das berühmte **„Zbornicul"**, das „Buch der Gesetze". Dieser heute in der rumänischen Akademie in Bukarest aufbewahrte „Codex von Iued" ist das **älteste bekannte Dokument in rumänischer Sprache.**

Aber auch unten an der Hauptstraße des Dorfes steht mit der 1718 erbauten **Biserica din Şes** oder Biserica din vale (Kirche im Tal) ein kirchliches Juwel. Die Einwohner von Iued nennen sie auch **Holzkathedrale,** weil sie eine der größten Holzbauten Rumäniens ist. Ganz unüblich hat sie keinen Vorbau, dafür schmücken den Innenraum unzählige Votiv-Bilder, die auf kleine Holzstücke gemalt wurden. Sehenswert ist die Sammlung alter Glasikonen.

- Die **Biserica de Lemn din Deal** (Hügelkirche) ist gegen Gebühr täglich zu besichtigen. Anmeldung bei *Gavrila Chindriş,* Haus Nr. 598.
- **Casa Hotico,** das Haus des berühmten Holzkünstlers und Kirchenbauers findet man auf Nachfrage im Dorf sehr leicht. Tel. 0262-336 133.

Unterkunft

- **Casa Oniga** (**), Ieud, Nr. 275, Tel./Fax 0262-336 372, EZ/DZ 50–70 RON.

rum437 Foto: jr

- **Vasile Chindriş** (**), Ieud, Str. Principală 201, Tel./Fax 0262-336 197, EZ/DZ 50–70 RON.
- **Rişco** (**), Ieud, Str. Principală 705, Tel./Fax 0262-336 019, EZ/DZ 50–70 RON.

Bogdan Voda, Dragomireşti und Sălineştea de Sus ⇗III, C/D2

Knapp 48 km von Sighet entfernt liegt **Bogdan Voda,** das bis 1960 auch Cuhea genannt wurde. Die Gemeinde gilt als Geburtsort des Wojwoden *Bogdan,* der im Jahr 1352 in die Moldau-

Reich verziertes Holztor in Ieud

region aufbrach und als Gründer des dortigen Fürstentums gilt. Ihm zu Ehren wurde Cuhea umbenannt. Außer dieser historischen Note, einem wunderbaren holzgeschnitzten Kronleuchter in einer schönen Holzkirche und einer hässlichen Betonkirche unmittelbar daneben hat der überschaubare Ort nicht viel zu bieten.

4 km weiter, in **Dragomireşti,** ist das Wahrzeichen des Ortes verschwunden. 1936 ist auf Anordnung der damaligen Regierung die Holzkirche aus dem Jahr 1722 in das Dorfmuseum von Bukarest gebracht worden. Der Kirchenbauer *Gavrila Hotico* aus Ieud füllte im Jahr 1999 die Wunde und erbaute an gleicher Stelle ein neues hölzernes Gotteshaus.

Die letzte Perle des Iza-Tals, die kleine Ortschaft **Sălineştea de Sus,** erreichen die meisten der holzkirchengeschädigten Besichtigungstouristen, die aus Richtung Sighet aufgebrochen sind, nur noch ganz selten. Dabei besitzt auch die bereits im Jahr 1383 urkundlich erwähnte Gemeinde das Flair und den Charme, den die anderen Dörfer des Tals auszeichnen. Mit dem Bau von gleich zwei Holzkirchen ist auch Sălineştea etwas Besonderes gelungen. Die ältere Biserica de Lemn a Nistoreşti stammt aus dem Jahr 1680, die „jüngere" Biserica de Lemn a Bâlenilor wurde um 1722 erbaut. Als empfehlenswerte Abwechslung sei ein Besuch beim Holzschnitzer *Vlad Dumitru* in der Str. Buleni Nr. 807 erwähnt.

Wischau- und Wassertal (Valea Vişeului und Vaserului)

Parallel zum wunderschönen Valea Izei verläuft etwa 10 km weiter nördlich die DN 18 durch das nicht weniger besuchenswerte Wischautal, das bis zum Ort Vişeu de Sus (Oberwischau) reicht. Von hier führt einen das idyllische Wassertal (Valea Vaser) zu einer der größten Attraktionen des Maramureş, der Wassertalbahn. Die DN 18 ist sehr gut befahrbar, was man von einigen abenteuerlichen Seitenwegen weniger behaupten kann. Wer kein geländegängiges Fahrzeug oder gute Stoßdämpfer hat, sollte sein Gefährt an der Hauptstrecke abstellen und die Wanderstiefel schnüren oder, als wunderbare Alternative, die Eisenbahn benutzen. Die Strecke von Sighetu Marmaţiei nach Săcel zählt zu den landschaftlich reizvollsten Strecken Rumäniens. Auch die täglichen Busverbindungen von Sighet nach Vişeu de Sus sind sehr empfehlenswert.

● **Anmerkung:** Es sei kurz darauf verwiesen, dass die **männliche Genitiv-Endung „lui"** dem deutschen Wort „des" entspricht. Also heißt Valea Vişeului übersetzt so viel wie „Tal des Vişeu", weil der Vişeu-Fluss männlich ist. Weibliche Flussnamen wie Iza führen dazu, dass man das „Tal der Iza" auf Rumänisch Valea Izei schreibt.

Wischautal/Valea Vişeului

Ob auf der Straße oder mit dem Zug, von Sighetu Marmaţiei geht es zuerst einmal ein Stück der Tisa (Theiß) entlang Richtung ukrainische Grenze. Das Privatmuseum der Familie Pipaş im Ort Tisa, den man nach 3 km erreicht, wurde bereits im Abschnitt zu Sighetu Marmaţiei vorgestellt. Da es ansonsten entlang der Strecke nur eine Holzkirche gibt, kann man sich vollends auf die Natur konzentrieren. Die Straße ins Wischautal verlässt schon bald die Theißsenke und führt zu einigen Orten mit hohem ruthenischen Bevölkerungsanteil wie **Rona de Jos** und **Rona de Sus.** Die **Ruthenen** sind eine eigenständige ukrainische Minderheit, die sich beidseits der Grenze ihre ursprüngliche, traditionsreiche Art bewahrt hat. Untereinander spricht man noch die ruthenische Mundart, die der einer anderen Minderheit, der der Huzulen, sehr ähnelt, die auf rumänischem Gebiet heute hauptsächlich in der Südbukowina zu finden sind. Wer etwas Rumänisch versteht, sollte sich einmal von einem Ruthenen eine der zahlreichen Sagen oder Märchen erzählen lassen. Die meist sehr lehrreichen und lustigen Geschichten werden vielleicht bald schon nicht mehr überliefert werden können, da dieser Bevölkerungsanteil sehr überaltert ist und rapide schrumpft.

Kurz nach dem Ortsausgang von Rona de Sus führt rechts ein Weg nach **Coştiui.** Hier gab es bis ins 20. Jahrhundert noch 18 Salzgruben, doch der seit der Römerzeit überlieferte **Salzabbau** ist bereits seit den 1970er Jahren eingestellt. Heute dient das „weiße Gold", das ansonsten im Maramureş nur noch in Ocna Şugadag in größerer Menge gefördert wurde, vor allem therapeutischen Zwecken. Im malerischen kleinen Ort in Kessellage finden sich auch einige der ersten Häuser der **Zipser,** einer deutschsprachigen Minderheit, der man im weiteren Verlauf des Wischautals noch häufiger begegnen wird.

Selten besucht und gerade deshalb sehr reizvoll ist das Wischautal jenseits der Straße. Im Ort **Petrova** führt links ein Weg entlang der Bahnstrecke nach **Bistra,** und wer sich bereits bis hierher durchgeschlagen hat, sollte sich auf keinen Fall das dahinter liegende wildromantische **Tal des Vişeu** entgehen lassen, der sich nach etwa 5 km mit der Theiß vereinigt. Wer die Gegend einen Monat nach dem orthodoxen Osterfest bereist, kommt im rumänisch-ukrainischen Grenzort **Valea Vişeului** am Feiertag Santa Rosalia in den Genuss des größten ruthenischen Volksfestes im Maramureş.

Etwas mehr Zeit erfordert eine Wanderung in die **Munţii Maramureşului,** ein knapp 2000 m hohes Kammgebirge, das man am besten vom kleinen Seitental bei **Crasna Vişeului** oder direkt von **Poienile de sub Munte** (Lichtung unter dem Berg) aus angehen sollte. Letztgenannter Ort wird von den ortsansässigen Ruthenen und Rumänen übrigens nur Poiana und von den Zipserdeutschen Reussenau genannt. Wer es von hier aus ans **Capătul lumii,** ans „Ende der Welt", geschafft hat, dem bietet sich eine der fantastischsten Waldaussichten einer Rumänienreise. Mit dem Ende der Welt sind entweder der 1956 m hohe

Obcina – das Ende der Welt

Wenn ein Rumäne eine geografische Gegebenheit als das Ende der Welt *(Capătul lumii)* bezeichnet, so ist damit entweder eine grenznahe Gegend oder aber ein gottverlassenes Kaff gemeint, das auf keiner Karte verzeichnet ist. Tatsächlich gibt es einen solchen Ort, und er hat sogar einen Namen – Obcina. Der Begriff kommt aus dem Slawischen und bedeutet so viel wie Hügel oder Berg. Wahrscheinlich ist Obcina für die Bewohner von Vişeu de Sus aber auch das Ende der Welt, weil keine Straße in diesen kleinen Bergort führt. Den Bewohnern stehen als Anbindung an die Außenwelt nur die ausgetretenen Hirtenpfade zur Verfügung: einerseits der steile Pfad hinunter nach Poienile de sub Munte (Höhenunterschied 400 m), andererseits der nicht minder steile Pfad hinunter nach Vişeu de Mijloc (Mittelwischau, Höhenunterschied 500 m). Wer das abgelegene Bergdorf mit seinen zehn Häusern besuchen möchte, erreicht den Ort entweder von Poienile de Sub Munte durch das Valea Misica nach 2 Stunden oder auf einer längeren Route von Vişeu de Mijloc aus über das Valea Vinului (Weintal) nach etwa 3,5 Stunden. Von einem **Besuch bei den Bewohnern** der armen Gemeinde sollte man besser Abstand nehmen, da sie keine Mittel haben, um Wanderer zu bewirten. Wenn man denn unbedingt einen Besuch ins Auge fasst, sollte man genügend Proviant mitbringen oder einige Geschenke für die Kinder dabeihaben!

Vârful Farcău bzw. der 1937 m hohe Pop Ivan oder die auf keiner Karte verzeichnete Gemeinde Obcina gemeint.

Unterkunft

- **Gästehaus Talwein** im Valea Vinului, Tel. 0262-352 849. Das schöne Haus des Maramureş-Kenners *Björn Reinhardt* und seiner Frau *Florentina* liegt direkt im idyllischen Weintal. Die Einfahrt befindet sich etwa 500 m hinter dem Ortsschild von Vişeu de Sus (von Sighet aus kommend). Von hier führt links ein Feldweg 5 km hinauf ins Gästehaus. Ü pro Person 15 Euro, DZ 30 Euro (ab zwei Übernachtungen EZ 12,50 Euro, DZ 25 Euro). Eine Woche EZ kostet 100 Euro, DZ 180 Euro (Frühstück nach Absprache 4 Euro, Abendessen 7 Euro, im Winter kommt ein Heizkostenaufschlag von 5 Euro hinzu). Weitere Infos auf www.maramures.de/Pansion/Sites/index.html.

Vişeu de Sus

⇗ III, D2

- **Meereshöhe:** 427 m
- **Vorwahl:** 0262
- **Einwohner:** 17.500
- **Deutscher Name:** Oberwischau
- **Ungarischer Name:** Velsö Viso

Die Holzfällerstadt Vişeu de Sus erreicht man über die DN 18 von Sighetu Marmaţiei nach 50 km oder aus dem Osten von Vatra Dornei und dem Prislop-Pass nach 70 km. Vom Iza-Tal gelangt man am schnellsten (und schönsten) von Bogdan Voda in die Stadt der Zipser. Der Weg führt hier durch den Ort Bocicoel und über den gleichnamigen kleinen Pass, von dem sich ein wunderbarer Blick hinunter ins Vişeu-Tal bietet. Die Strecke in eine der nördlichsten Städte Rumäniens wurde erst nach dem Zweiten Weltkrieg verkehrsmäßig erschlossen (asphaltiert), heute ist die Stadt sehr gut und bequem erreichbar.

Die ersten urkundlichen Erwähnungen von Vişeu de Sus verweisen interessanterweise auf das Jahr 1353. Zu dieser Zeit hatte der aus dieser Region stammende **Fürst Bogdan** seine Heimat verlassen, um im Jahr 1359 im angrenzenden Moldaugebiet ein neues Fürstentum zu gründen. Die etwa 20 Dörfer des Iza- und Vişeu-Tals, die zu seinem ehemaligen Herrschaftsbereich gehörten, brauchten über 600 Jahre, um dieses „schmachvolle Verschwinden" *Bogdans* zu verzeihen. Umso größer ist heute der Stolz auf den berühmtesten Sohn der Region. Die kleine Gemeinde Cuhea benannte sich sogar in Bogdan Voda um (s.o.). Wer auch immer nach *Bogdan* die Macht übernommen hat, zu einer Stadtgründung konnte es lange nicht kommen, da Oberwischau bis 1832 erst etwas über 5000 Einwohner hatte.

Etwa ab dem Jahr 1549 war die Stadt auch unter dem Namen **Printre Riuri** bekannt, was „zwischen den Flüssen" bedeutet, da die Gemeinde zwischen, aber auch am Zusammenfluss von Wischau (Vişeu) und Wasser (Vaser) liegt.

Heute wird das Bild der verschlafenen Kleinstadt vor allem vom zentral gelegenen Rathaus und der katholischen und orthodoxen Kirche geprägt. Wen es hierhin verschlägt, der sucht keine Museen oder historischen Gebäude, sondern eine Ausgangsbasis für **Ausflüge** in die nahen Berge des Maramuresch oder des Rodnei-Massivs. Ein absolutes Highlight ist ein Ausflug mit der letzten dampfbetriebenen Waldbahn Europas, der **Wassertalbahn,** ins Valea Vaser. Der Bahnhof der Waldbahn ist allerdings vom Zentrum von Vişeu de Sus nicht ganz einfach zu finden. Am besten fragt man nach „Mocănita" oder „Viseuforest". Der **Bahnhof** befindet sich hinter dem zweiten Tor des ehemaligen Holzkombinats. Das Bahnhofsgebäude selbst ist auffällig mit schweizerischen und rumänischen Fahnen beflaggt. Hier bekommt der Reisende im Büro von Ecotours nicht nur Informationen über die Waldbahn, Übernachtungs- und Campingmöglichkeiten, sondern auch wertvolle Tipps für Wan-

Die Zipser

Was für viele junge Rumänen wie eine Insektenart klingt – **Ţipţeri** –, ist in Wirklichkeit eine deutschsprachige Bevölkerungsgruppe, die aus der Hohen Tatra bereits im 12. Jahrhundert in die Region des Maramureş eingewandert ist. Ebenso wie die Siebenbürger Sachsen und Banater Schwaben wurden sie auf „Einladung" des Königs willkommen geheißen, um das Land zu besiedeln. Da die Zipser aus der heutigen nordöstlichen Slowakei dort vor allem als Bergleute und Waldarbeiter gearbeitet hatten, lag es nahe, dass sie auch in ihrer neuen Heimat diesen Tätigkeiten nachgingen. Im Maramuresch begründeten sie Bergwerksstädte und waren die ersten, die den Erzabbau in dieser Gegend vorantrieben. Bereits in den 1970er Jahren wanderten die ersten Zipser aus Vişeu de Sus und Umgebung aus. Ihre Zahl beträgt heute im Maramuresch noch ca. 6000.

derungen und Ausflüge in der Region. Direkt neben dem Bahnhof findet sich die Café-Bar Elefant, ein historisches Holzhaus, das auch einen Museumsraum zur jüdischen Vergangenheit des Ortes beherbergt.

Die zentrale Ader der Stadt ist die gerade **Hauptstraße.** Hier findet man alles, was das Leben in Vişeu so bietet: kleine Kneipen, Geschäfte und sogar das eine oder andere Restaurant.

Der bekannteste Stadtteil von Vişeu ist die **Zipserei,** in der früher ausschließlich Deutsche lebten. Heute hört man hier nur noch vereinzelt ältere Menschen deutsch sprechen, da die meisten der Jüngeren im Laufe der letzten Jahre ausgewandert sind. Man erreicht das Zipserviertel, das seinen Namen nach der Anordnung seiner Häuser erhalten hat (Zipser Reih), mit dem Auto über die Zipserpruckn (Zipserbrücke). Hinter der Holzkirche geht es über eine kleine Brücke, nach der das Zipserviertel beginnt, in dem heute noch etwa 400 Deutsche leben.

Sehr sehenswert ist der von der EU initiierte **Naturpark Munţii Maramureşului** (Maramurescher Gebirge). Das Büro des Naturparks befindet sich im Zentrum der Stadt, Ecke Str. Libertaţii/ Str. 22. Decembrie. Informationen (in Englisch und Rumänisch) finden sich auf der Website des Naturparks (www.muntiimaramuresului.ro).

Unterkunft

- Im **Haus Bărsan** lebt die Familie des Lokheizers *Vasile Barsan,* der ein wenig deutsch spricht. 3 Gästezimmer für 6 Personen. Eigenes Bad und Toilette. Balkon unmittelbar am Gleis der Wassertalbahn. Zimmer pro Person und Tag 15–18 Euro (inkl. Frühstück und Lunch-Paket). Vollpension möglich. Tel. 355 653. Empfehlung des Autors.
- Auch die ruhige **Familienpension Danuţa** liegt direkt an den Gleisen der Wassertalbahn. Sie bietet 4 Zimmer, eigenes Bad, Esszimmer und Garten. Der Besitzer *Petre* spricht etwas deutsch. Zimmer pro Person und Tag 12 Euro (inkl. Frühstück). Weitere Mahlzeiten möglich. Mobil 0788-217 570.
- **Hotel Brad** (***), Str. Decembrie 50, Tel. 352 999, Fax 353 857. Wer der familiären Atmosphäre der Privatunterkünfte entfliehen möchte, kann in einem der elf schlichten Zimmer des Hotels Brad relativ anonym übernachten. EZ 70–80 RON, DZ 105–130 RON, App. (2 Pers.) 140 RON, App. (3 Pers.) 160 RON, App. (4 Pers.) 180 RON.
- Auch das **Deutsche Forum** in der Str. 9. Mai Nr. 27 bietet Schlafgelegenheiten an. Wer die Chance nutzen und von den Zipsern in ihrer altdeutschen Mundart etwas über die Vergangenheit des Zipserviertels erfahren möchte, meldet sich unter Tel. 355 060 oder geht gleich ins Informationscafé unter der angegebenen Adresse. Der Preis für ein Zimmer beträgt 12 Euro (Frühstück inkl.).
- **Pensiune Ancuta,** Str. Banat, Mobil 0745-196 150.
- **Pensiune Alina,** Str. A.I. Cuza, Tel. 355 132. Mit uriger Bähnler-Kneipe.
- In der Zipserei, dem ehemals deutsch-jüdischen Viertel, gibt es noch die **Pensiune Nagy,** Str. Prislopului, Tel. 354 681, www.pensiunea-nagy.ro. Sie wird von deutsch sprechenden Zipsern geführt. DZ 100 RON, EZ 75 RON mit Frühstück.

Essen und Trinken

- Das beste **Café** der Stadt ist das **Moak** in der Str. 1. Decembrie 31, Mobil 0788-210 234. Probieren: frisch gepresster Orangensaft und Espresso Macchiato.

Im Wassertal/Valea Vaserului

Das Wassertal lässt sich entweder in Wanderstiefeln erkunden oder mit der **Wassertalbahn** befahren. Den An-

Mal richtig Dampf ablassen – die Wassertalbahn

Ein absolutes Muss für all diejenigen, die in der Nähe von Vişeu de Sus vorbeikommen, ist eine Fahrt mit der legendären Wassertalbahn. Die Einheimischen nennen sie nur ganz liebevoll **„Mocăniţa".** Immer wieder stand sie kurz vor der Stilllegung, da vor allem die ständige Streckensanierung immense Kosten verursachte und die rumänischen Dampflokomotiven nach und nach durch Diesellokomotiven ersetzt werden. Ursprünglich wurde die seit 1925 verkehrende Schmalspurbahn nur zum Holztransport benutzt, in den letzten Jahren hat die fauchende Schönheit jedoch durch zahlreiche Reportagen und Berichte eine ziemliche Berühmtheit erlangt und wird mehr und mehr auch für den touristischen Transport genutzt. An manchen Sommertagen drängen sich bis zu 170 (!) Menschen in die kleine Bahn, und es kommt zu bestellten Sonderfahrten mit der „Cozla 1" (Name der Lokomotive). Vielleicht ist die Fahrt mit der Waldbahn durchs Valea Vaser ja eines der letzten Eisenbahnabenteuer Europas.

Ab den 1930er Jahren verdrängte die Mocăniţa die wesentlich ältere Methode des Flößens nach und nach. Der **Holztransport** mit der Eisenbahn erwies sich als wesentlich effektiver. Monatlich werden nach wie vor 4000 Kubikmeter Holz *(Brad)* auf den Waggons ins Tal geschafft. Wenn alle Wagen über die Verladerampen an den verschiedenen Stationen der **40 km langen Strecke** in den Bergen des Maramuresch mit Holz gefüllt sind, sammelt die Lokomotive sie wieder ein und es geht talwärts. Dann verteilen sich Bremser über den ganzen Zug, die je nach Kommando des Lokführers die Handkurbelbremsen anziehen oder lösen. Diese Arbeit ist vor allem im Winter und nach starken Regenfällen sehr gefährlich, Unfälle mit Todesfolge waren früher keine Seltenheit. Auch heute noch stehen die Bremser bei Wind und Regen auf den Plattformen zwischen den schwer beladenen Waggons. Auf der Fahrt macht die Dampflok an bestimmten **Stationen** Rast, um Wasser nachzutanken. Diese kleinen Pausen werden von den mitfahrenden Gästen nur allzu gerne genutzt, um auf Fotojagd nach den exotischsten Bildern zu gehen. Das Tempo, das die Wassertalbahn vorlegt, ist manchmal so gering, das man neben dem Zug hergehen könnte.

Seit 2006 ist die Lokomotive „Mocănita" nicht mehr alleine unterwegs. Eine in Bukarest restaurierte Lokomotive gleicher Bauart namens **„Mariuţa"** hilft nun das ganze Jahr über dabei, die Touristen hinauf ins Wassertal zu bringen.

- Die **Fahrkarten** kauft man am besten am Bahnhof in Vişeu de Sus im Eco-Tours-Büro (Mo. bis So. 7–10 und 16–19 Uhr). **Fahrpreis** 40 RON. **Abfahrtszeiten** Richtung Făina morgens etwa um 7:30 Uhr (je nach Saison auch erst um 8:30 Uhr). Man sollte sich jedoch rechtzeitig vorher erkundigen, da es auch schon einmal früher losgehen kann. Der obere Streckenabschnitt (Stevioară/Coman) wird von Diesellokomotiven bedient. **Fahrtdauer** Vişeu – Făina 2 Stunden. Im Büro von Eco-Tours sind auch Postkarten, Bahnliteratur und eine Wassertalkarte erhältlich.

fang (mit Blick auf die interessantesten Punkte der Zugfahrt) macht das rechts abgehende **Valea Scradei** (Schradental) mit dem im traditionellen Holzstil erbauten kleinen Kloster Sfânta Maria, das man auch in einem zweistündigen Fußmarsch von Vişeu de Sus erreichen kann. Am 8. September findet das traditionelle kirchliche Fest „Maria Geburt“ in dem kleinen Seitental statt.

Nach etwa 9 km passiert die Bahn einen Abzweig in den **Nowetzer Graben bei Novaț.** Diese Strecke entlang des Bergbachs wird noch bis zur Holzverladestelle Betigi befahren.

Nach der Waldarbeiterstation Cozia passiert der Zug den Haltepunkt **Novicior,** von wo man zu Fuss in ca. einer Stunde ein wunderschön gelegenes Hochplateau mit einer verlassenen Waldarbeitersiedlung und mehreren wilden Mineralwasserquellen erreicht.

Der folgende Streckenabschnitt windet sich durch ein enges, von markanten Felswänden geprägtes Tal. Kurz vor **Botizu** wird es so schmal, dass für die Bahn neben dem Fluss kein Platz war und deshalb drei Tunnels gebaut werden mussten.

Knapp 2 km weiter erreicht man den Ort **Şuliguli** (Schulligulli), wo sich früher bei einer mineralhaltigen Quelle ein Kurhaus befand. Heute bewacht in dieser abgelegenen Gegend nur noch ein rumänischer Grenzposten die Grenze zur Ukraine.

Nach 32 km kommt man nach **Fâina** (Feinen), einen Ort, in dem es auch einfache Übernachtungsmöglichkeiten und eine kleine Kneipe gibt. An dem von dem Zipser Baumeister *Rudolf Hagel* errichteten Holzkirchlein wird jährlich im August/September eine katholische Messe im Freien abgehalten (Ablass von Fâina), dann verkehrt ein Sonderzug. Der von Mai bis September verkehrende „Touristenzug“ hat in Fâina seine Endstation.

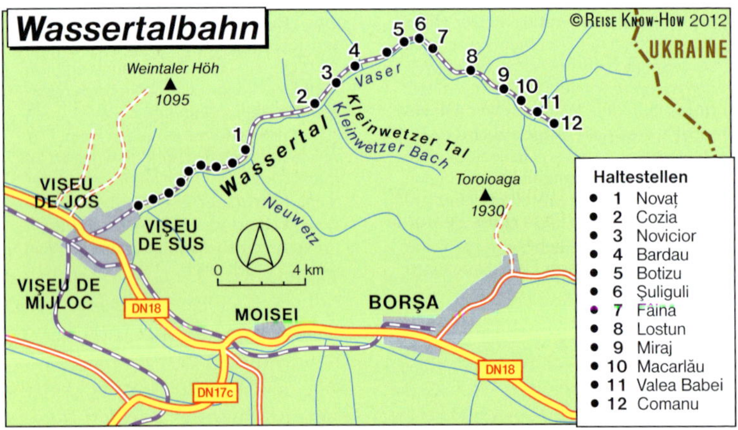

Über die nächsten Stationen Lostun und Miraj, wo das Hochwasser von 1970 einen Soldatenfriedhof weggespült hat, erreicht man **Macarlău** (Makerlau). Hier befinden sich die Reste einer mächtigen *Klaus* (Staudamm), wo bis zum Bau der Waldbahn der Fluss für die Flößerei gestaut wurde. Wurden die oberen Schleusen geöffnet, konnten die Floße (zusammengebundene Holzstämme) auf dem „künstlichen Hochwasser" bis ins Tal hinunterfahren; manche fuhren sogar bis zur nahen Tiza (Theiß).

Der nächste Punkt der Bahnfahrt ist das **Valea Babei** (Tal der alten Frau). Der Legende nach lebte in diesem Tal eine alte Hexe, die den Waldarbeitern immer wieder ihr Essensfeuer ausblies. Manche Bremser und Heizer der Waldbahn sind sich auch heute noch sicher, die Hexe würde in den oberen Wäldern hausen.

Nach den heute verlassenen Bergbaustationen Catarama und Ivoscaia gelangt man nach gut 40 km schließlich zum Ende der Waldreise nach **Comanu** (Koman). 2 km weiter folgt der letzte Holzverladeplatz, das Streckenende der Waldbahn. Hier – wie überhaupt im ganzen oberen Wassertal – ist **Grenzgebiet;** im Falle einer Kontrolle durch die rumänische Grenzpolizei kann der Pass oder Personalausweis verlangt werden.

Moisei und Borşa ⇗III, D2

Die beiden Ortschaften Moisei und Borşa liegen östlich von Vişeu de Sus am Fuße des Rodna-Gebirges auf der Strecke nach Vatra Dornei. Das recht verstreut liegende **Moisei** ist in Rumänien vor allem durch eine Kriegshandlung bekannt geworden, die der Bildhauer *Vida Géza* anhand von zwölf Säulen festgehalten hat. Im Oktober 1944 hatten ungarische Truppen den gesamten Ort in Flammen gesetzt und 29 Einheimische ermordet, die im einzigen noch stehenden Haus Zuflucht gesucht hatten. Heute ist dieses Gebäude zu einer **Erinnerungsstätte** geworden; es befindet sich 5 km östlich des Zentrums. Einige Kilometer südlich des Ortes findet man das friedliche, von Wäldern umgebene **Kloster Izvorul Negru** (Schwarze Quelle), das alljährlich am 15. August Ziel einer großen Wallfahrt ist. Moisei ist auch durch seine ausgesprochen schönen Folklorekostüme und traditionelle Handwerkskunst berühmt geworden, die man auf den vielen Festen der umliegenden Gegend bewundern kann. Die Frauen aus Moisei sind auf dem **Musikfest Hora de la Prislop,** 20 km östlich am Prislop-Pass, mit vielen Kunstgewerbeständen vertreten.

• Der rumänische Name der Ausstellung zu den Kriegsgeschehen in Moisei lautet **Expoziţia Documentar Istorică Martirii de la Moisei 14. Octombrie 1944.** Täglich geöffnet von 9–19 Uhr.

Die sich über eine Distanz von 15 km ziehende Stadt **Borşa** 5 km östlich von Moisei ist die letzte größere Ortschaft, die man vom westlichen Maramureş kommend über die DN 18 auf ihrem Weg in die Moldauregion passiert. Borşa ist **einer der ältesten Kurorte**

Hora de la Prislop

Zum ersten Mal hat der Autor dieses Buches vom **Bergfest** Hora de la Prislop erfahren, als es um das Thema **Hochzeits- und Mädchenmärkte** ging. Zu früheren Zeiten (noch um 1960) wurden tatsächlich Jungen und Mädchen auf der etwa 1200 m hoch gelegenen Wiese am Prislop-Pass zusammengebracht, um sich bei Musik und Tanz näher kennen zu lernen und sich recht bald für einander zu entscheiden. Doch heute geht es beim Musikfest an der Grenze zwischen den Regionen Moldau und Maramureş vor allem ums Feiern und Musizieren.

Wer sich in der ersten oder zweiten Augustwoche auf die Hänge nahe der Stadt Borşa aufmacht, sollte sich vorab gut überlegen, wie er dort hinkommt. Zu Zeiten des Festes sind alle Straßen verstopft, und bald schon gibt es kein Durchkommen mehr. Selbst der gut gemeinte Ratschlag, Fahrgemeinschaften zu bilden, fruchtet wenig angesichts der Menschenmassen, die sich auf den Weg zum Prislop machen. An warmen Tagen kamen in den letzten Jahren schon einmal 8000 Menschen zusammen, die dann auf engstem Raum an den Hängen saßen, um den verschiedenen Gruppen und Musikern aus allen Landesteilen zuzuschauen. In den Pausen bilden sich überall spontan kleine Musiker-Grüppchen, und wenn auch die Instrumente oft in einem erbarmungswürdigen Zustand sind, so entlocken die Musiker ihnen doch immer schöne Noten, zu denen sich das Tanzbein schwingen lässt.

Rumäniens und bietet mit seiner Lage in 850 m Höhe einen idealen Ausgangspunkt für Exkursionen ins südlich gelegene Rodna-Gebirge. Erstmals im Jahr 1356 urkundlich erwähnt, galt die Stadt bereits damals als Pilgerstätte für gesundheitsbewusste Mönche, die einige der heute noch bekannten Heilquellen in den Bergen entdeckt hatten. Bevor sich Borşa einen Namen als Kurort machen konnte, war die Stadt eine Bergarbeitersiedlung, in der sich um 1750 deutschstämmige Zipser aus der Slowakei ansiedelten. Der Kupfer-, Blei- und Silberabbau von damals wird heute nicht mehr betrieben. Angesichts des regen Kurbetriebs wären Bergwerke heute auch undenkbar.

Im Sommer empfiehlt sich ein Ausflug in die kleine Dependance des Kurortes. Nördlich führt ein ca. 3 km langer Weg ins höher gelegene **Băile Borşa** (Bad Borşa) mit zahlreichen Mineralquellen. Im Winter hingegen wird Borşa vor allem zu einem Eldorado für Sportbegeisterte, die sich im 8 km südöstlich (Richtung Prislop-Pass) gelegenen **Touristic Complex Borşa** einquartieren. Mit dem zweisitzigen Sessellift kommen auch Nicht-Bergsteiger auf ihre Kosten. Der Komplex wird aber auch im Sommer gerne besucht, weil er einen idealen Ausgangspunkt ins nahe gelegene Naturschutzgebiet Pietroşul Rodnei darstellt.

Unterkunft

- **Pensiunea Eladi** (***), Valea Ilei 10a, Tel. 0262-343 633. Schöne Pension am Waldrand mit allem Komfort, Terrasse, Balkon und agrotouristischer Ausrichtung. EZ 60 RON, DZ 100 RON, App. 160 RON (Extrabett 20

RON), Mansardenzimmer 40 RON, Frühstück 10 RON, Abendessen 30 RON.

- **Hotel Cerbul** (**), Str. Bradet 8, Tel. 0262-344 199. Das Hotel mit 27 Räumen befindet sich in unmittelbarer Nähe der Berge. Unten im Hotel ist ein kleiner ABC-Laden, in dem man sich das Nötigste für eine Wanderung kaufen kann. EZ 100 RON, DZ 120 RON, App. 200 RON.
- **Hotel Stibina** (**), im Touristic Complex Borşa, Tel. 342 864. Frisch renoviertes Großhotel. EZ 120 RON, DZ 140 RON.
- **Hotel Cascada** (**), im Touristic Complex Borşa, Tel. 0262-250 512. Etwas abgelebtes Großhotel mit 127 Betten, aber herrlicher Aussicht. Zimmerpreise je nach Saison: EZ 20–28 Euro, DZ 25–32 Euro.

Wanderung zum Prislop-Pass

- **Dauer:** 4–5 Stunden einfach.

Vom Touristic Complex Borşa führt ein durch ein rotes Dreieck markierter Weg linksseitig einem kleinen Bach namens Fântâna entlang nach oben. An der ersten Abzweigung geht man links bis zu einem ehemaligen Marmor-Steinbruch. Von hier aus führt der rot markierte Weg dem Cimpoiasa-Tal entlang nach oben zum höchstgelegenen Wasserfall Rumäniens. Von der **Cascada Cailor** bietet sich ein herrlicher Ausblick hinunter zur serpentinenreichen Strecke, die hinauf zum Prislop-Pass verläuft. Vom Wasserfall geht es auf einem Pfad weiter, der durch ein Geländer geschützt ist; nach 2–3 Stunden ist der Aussichtspunkt **Poiana Ştiol** auf 1530 m Höhe erreicht. Von dort aus ist es noch ca. 1 Stunde Fußmarsch zum Prislop-Pass. Man erreicht ihn über einen leicht absteigenden, mit roten Dreiecken markierten Weg in nordöstlicher Richtung.

Baia Mare

⇗ II, B2

- **Meereshöhe:** 145 m
- **Vorwahl:** 0262
- **Einwohner:** 138.600
- **Deutscher Name:** Frauenbach (seltener: Neustadt)
- **Ungarischer Name:** Nagybánya

Die Industriestadt Baia Mare am Fuß der **Gutâi-Berge** liegt 50 km östlich von Satu Mare im Tal des Flusses

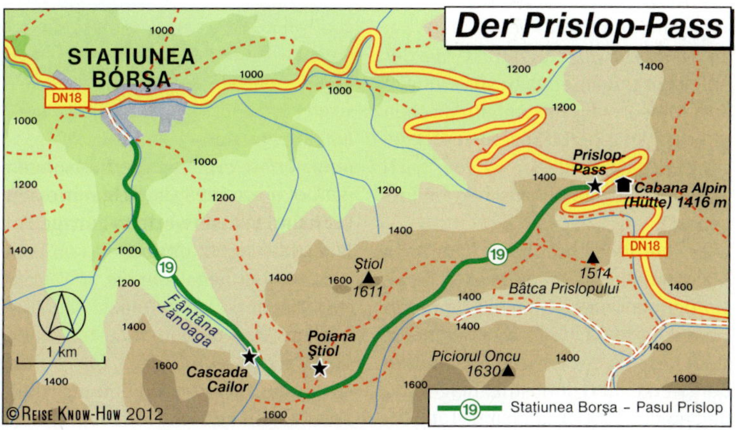

Săsar. Wörtlich übersetzt bedeutet der Stadtname im Deutschen „Große Grube", was den Charakter einer typischen **Bergbaustadt** noch einmal unterstreicht. Der wesentliche Grund, Baia Mare einen Besuch abzustatten, liegt sicherlich in der zentralen Lage begründet. Die günstige Anbindung an alle wichtigen Gebiete des Maramureş erfolgt über die DN 18 in östlicher Richtung. Nach Sighetu Marmaţiei und Săpânţa benötigt man mit dem Auto gerade einmal 1 Stunde. Auch das sehr sehenswerte Valea Izei ist etwa 1 Stunde entfernt. Im unmittelbaren Südosten von Baia Mare liegen einige der sehenswertesten Holzkirchen des Maramureş.

Bereits 1329 wurde die Stadt urkundlich erstmals als Bergbausiedlung erwähnt. Im 14. und 15. Jahrhundert erfolgte ihr Ausbau zur **„Goldgräberstadt"**, die im Jahr 1446 vollständig in den Besitz von *Iancu de Hunedoara* überging. Zur Befestigung der trotz ihrer Bodenschätze erstaunlich selten angegriffenen Stadt kam es 1469 unter *Matei Corvin*. Noch 1910 lag der Anteil der ungarischen Bevölkerung in Baia Mare bei 65 Prozent. Inzwischen ist er auf knapp 20 Prozent zurückgegangen, das Stadtleben ist aber nach wie vor stark vom ungarischen Einfluss geprägt.

Zu unrühmlicher Ehre kam Baia Mare bereits zu Zeiten *Ceauşescus*, als ein permanenter gelblicher Smog als Sulfur-Dioxid-Gemisch über der Innenstadt lag. Als die giftigen Schlote der Bergwerke und Industrieanlagen zu Beginn der 1990er Jahre ihre Tätigkeit reduzierten, ergaben die Messungen dennoch bis 1995 die **schlechtesten Luft- und Wasserwerte in Europa.** Im Jahr 2000 geriet der Name von Baia Mare erneut negativ in die Schlagzeilen, als der Damm eines Auffangbeckens der rumänisch-australischen Gesellschaft Aurul brach. Die Firma, die in der näheren Umgebung Gold abbaut, konnte nicht verhindern, dass

es zum Ausfluss einer zyanidhaltigen Flüssigkeit in die Flüsse Theiß und Someş kam. Europa erlebte einen der schlimmsten Umweltskandale seiner Geschichte.

Für all diejenigen, die sich trotz dieser nicht gerade werbewirksamen Einführung in die neuere Stadtgeschichte dazu entschließen sollten, der Innenstadt einen Besuch abzustatten, kann Entwarnung gegeben werden. Die strengen **Umweltauflagen der EU** haben zu einer spürbaren Verbesserung geführt. Baia Mare bemüht sich sogar darum, zu einem Musterknaben des Umweltschutzes zu werden und übertrifft manche der geforderten Vorgaben inzwischen deutlicher als manche vergleichbare Bergbaustadt in Tschechien oder Polen.

Erste Orientierung

Wer sich der Stadt von Westen, also von Satu Mare aus, nähert, wird ein Wechselbad der Gefühle erleben. Auf die grünen Hügel entlang des Someş-Flusses folgen abrupt die verrosteten **Industrieanlagen** der städtischen Peripherie. Doch zuerst einmal gibt es eine „hölzerne Überraschung". Schön verzierte Holztore und Holzpforten sind im ganzen Maramureş sehr beliebt, und so darf es nicht verwundern, dass auch der Metro-Konzern sich im Westen von Baia Mare den Eingang zu seiner dortigen Filiale mit einem mächtigen verzierten Holztor verschönert hat. Von Satu Mare kommend wird man ansonsten erst einmal wenig Erbauliches zu sehen bekommen. Neben dem Industriegebiet, das sehr verfallen wirkt, finden sich an der Straße traditionelle Handwerksbetriebe, die sich vor allem auf die im ganzen Land

rum450 Foto: jr

beliebten **Zinkblechdächer** spezialisiert haben. Die Herstellung von Zinkblechen *(Tablă zincată)* ist in Baia Mare inzwischen zu einem der Hauptwirtschaftszweige geworden. Von dieser gewerblichen Randzone sind es ins **Stadtzentrum** noch etwa 4 km.

Die **Altstadt** erschließt sich nicht gleich auf den ersten Blick. Wer mit der Bahn anreist, sollte die 2 km bis zum Zentrum am besten mit einem der zahlreichen Oberleitungsbusse zurücklegen (z.B. Linie 50). Als bester Ausgangspunkt für eine Stadtbesichtigung (für die man vielleicht 2 Stunden einplanen sollte) bietet sich der Piața Libertății an.

Sehenswertes

Piața Libertății

Rund um den recht weitläufigen Piața Libertății (Freiheitsplatz) wird seit Jahren renoviert und restauriert, doch reichen die Resultate in Baia Mare bei weitem nicht an die der Nachbarstadt Satu Mare heran. Das hat mehrere Gründe. Zum einen mangelt es an historischer Bausubstanz. Allein die Häuserfront neben dem alten **Restaurant Minerol** weist einige Gebäude auf, bei denen sich die Erhaltung der Mauern lohnen würde. Doch der Stadt mangelt es, im Gegensatz zu den Touristenhochburgen Sighetu Marmației und Satu Mare, an Geld.

Direkt am Flüsschen Săsar liegt die neue Kathedrale von Baia Mare

Bereits fertig renoviert ist der **Stefansturm (Turnul Sf. Ştefan)** am Beginn der südöstlich gelegenen Str. Crişan. Er ist Überbleibsel einer Kathedrale, die an dieser Stelle 1769 ausgebrannt ist. Der 50 m hohe Turm im gotischen Stil dominiert heute das schönste Stück Baia Mare an der Ecke Str. Crişan/Str. 30. Decembrie. Gleich gegenüber dem Turm befindet sich das sehenswerte **Stadttheater (Teatrul Municipal),** in dem sehr avantgardistische und mutige Stücke (auch solche gegen Umweltzerstörung) zu sehen sind. Die Liste der Sehenswürdigkeiten in dieser Ecke der Stadt wird fortgeführt mit der römisch-katholischen **Kathedrale der Heiligen Dreifaltigkeit (Catedrala Sfânta Treime),** die gleich neben dem Stefansturm steht, sowie dem **Kunstmuseum (Muzeul de Artă).** Viele der Kunstwerke ungarischer Künstler sind inzwischen (gegen Bezahlung) nach Budapest überführt worden, dennoch sind, neben zahlreichen Glas- und Holzarbeiten, einige berühmte Gemälde der Nagybánya-Schule noch im Museum zu sehen.

In die historische Zeile der Str. Crişan hat sich auch das **Hotel Union,** eines der sehr wenigen guten Gästehäuser der Stadt, eingereiht. Man findet es etwa 50 m südlich der **Sfântul Nicolae,** einer **Kirche** mit grün glänzendem Kupferdach, die im 19. Jahrhundert errichtet wurde.

Baia Mare scheint sehr viele fleißige Kirchgänger (gehabt) zu haben, da sich in unmittelbarer Nähe des Piața Libertății noch zwei weiter große Gotteshäuser befinden. Etwa 100 m östlich, in der Str. Vasile Lucaciu, findet man die **evangelische Kirche** und die **orthodoxe Kathedrale.**

Die „Straße der Kleider"

Eine Sehenswürdigkeit der ganz anderen Art erlebt man in der **Strada Carpaţi,** die den Piaţa Libertăţii mit dem Basar verbindet. In der 500 m langen Straße reiht sich ein Kleidergeschäft an das andere. Ein oder zwei Zinkblechbetriebe haben es gewagt, sich in das bunte Treiben zu mischen, ansonsten wird die gesamte Strecke hinüber zum Basar, vor allem im Sommer, wenn die meisten der Röcke, Blusen und Jacken draußen hängen, zu einem farbenfrohen Fest der Textilien. Die Kleiderausstellung mündet in den **Piaţa Izvorele,** den größten **Markt** von Baia Mare, auf dem man auf Anfrage angeblich „Mögliches und Unmögliches" erhalten oder zumindest besorgen kann. Die einheimische Bevölkerung nennt ihn nur Basar, aber mit diesem Begriff schmückt sich auch jedes kleinere Lebensmittelgeschäft der näheren Umgebung. Die einzigen Reste der ehemaligen Verteidigungsanlage von Baia Mare, den **Metzgersturm (Turnul Măcelarilor),** findet man gleich neben dem bunten Treiben des Marktes.

Vom „heimlichen" Stadtzentrum verlaufen sämtliche Tramlinien vom und zum Bahnhof sowie in die östlichen Stadtgebiete.

Stadt der Mineralien und der Kultur

Da der Reichtum Baia Mares zum allergrößten Teil auf die großen Vorkommen an Mineralien und Erzen zurückzuführen ist, liegt es auf der Hand, den edlen Steinen ein eigenes Museum zu widmen. Die im **Mineralienmuseum (Muzeul de Mineralogie)** ausgestellten Schätze des Bodens gehören zu den prächtigsten, die in Rumänien zu sehen sind. Freunde der Mineralogie werden sich sicherlich nicht nur an glänzenden Amethysten, Rauchquarzen und Gold, sondern auch an herrlich gesplitterten Feldspaten und bunt schimmerndem Pyrit erfreuen.

Schätze ganz anderer Art präsentiert das **Etnografische Museum (Muzeul Etnografic)** nördlich des Dealul Florilor Stadiums auf dem sogenannten Florilor-Hügel (15 Minuten Fußweg). Ein Rundgang zählt zu den Höhepunkten eines Stadtbesuchs, zumal man neben den vielfältigen Trachten, Kostümen und handgewebten Decken des Maramureş im **Dorfmuseum (Muzeul Satului)** auch Einblicke in Leben und Wohnen der Bevölkerung des Maramureş erhält. Für die Besichtigung der über 100 Holzhäuser, Wassermühlen und Holzkirchen sollte man ein wenig Zeit einplanen. Die Besichtigung ist vor allem für diejenigen interessant, die sich in den Dörfern über die Bauweise der bäuerlichen Häuser und die Bedeutung der Ornamentik informieren möchten.

- **Muzeul de Mineralogie,** B-dul Traian 8, Di. bis So. 10–17 Uhr, Eintritt 3 RON.
- **Muzeul Etnografic,** Strada Dealul Florilor 12, tägl. 9–18 Uhr, Eintritt 2 RON.
- **Muzeul Satului,** Strada Dealul Florilor 14, tägl. 9–18 Uhr, Eintritt 3 RON.

Informationen

Da es in Baia Mare kein eigenes Informationszentrum gibt, sollte man eines der folgenden **Reisebüros** aufsuchen:

- **Optimal,** Str. Culturii 6, Tel. 213 414, www.optimaltravel.ro.
- **Mara Holiday,** B-dul Unirii 11, Tel. 226 656, www.hotelmara.ro.
- **Mara International Tour,** B-dul Unirii 5, Tel. 221 038, www.mara-tour.ro.
- **Triumph,** B-dul Traian 17, Tel. 250 914, www.triumph-int.ro.

Post

- **Baia Mare I,** B-dul Traian 1a, Tel. 250 364, Mo. bis Fr. 7–20 Uhr, Sa. 8–13 Uhr.
- **Baia Mare II,** B-dul Bucureşti 5, Tel. 225 568, Mo. bis Fr. 7–20 Uhr, Sa. 8–13 Uhr.

Geldwechsel

- Im **Einkaufszentrum** Gh. Şincai 15/Ecke Str. Lăcătuş, Gh. Şincai 15 Nr. 2, Mo. bis Fr. 8–16 Uhr, Sa. 9–13 Uhr.

Banken mit Geldautomaten

- **Banca Comercială Carpatica,** B-dul Bucureşti 4; B-dul Unirii 11.
- **BRD,** B-dul Republicii 15; B-dul Unirii 10.
- **Raiffeisenbank,** B-dul Traian 5; B-dul Unirii 8.
- **Bancpost,** Str. Gării 4; B-dul Unirii 8.

Internet

- **Str. Gh. Şincai 33.** 34 Computer, 1,50 RON pro Stunde, Nichtraucher (liegt genau gegenüber dem Rathaus).

Notfälle

- **Kreiskrankenhaus: Spitalul Clinic Judeţean,** Str. G. Coşbuc 31, Tel. 275 0340.
- **Apotheke: Farmacia Diana,** Str. Gh. Şincai 7, Tel. 214 208, 8–19 Uhr.

Mobilität

Flüge

- Der **Flughafen** liegt 10 km westlich des Zentrums in der Gemeinde Tauţii Magheraus. Der öffentliche Transport vom Flughafen in die Innenstadt erfolgt für Passagiere kostenlos. Tel. 222 245, Fax 223 394, airport@sintec.ro, www.baiamareairport.go.ro.
- **Flüge nach Bukarest** erfolgen dreimal die Woche: Di. 9:40 Uhr, Ankunft 10:55 Uhr; Do. 19:05 Uhr, Ankunft 20:20 Uhr; Fr. 11:25 Uhr, Ankunft 12:35 Uhr.

Züge

- **Bahnhof (Gara CFR),** Str. Garii 4, ca. 2 km westlich des Zentrums, Tel. 220 950.
- Zugfahrkarten und Infos im **Reisebüro der CFR,** Str. Victoriei 5–7, Tel. 219 113.

Busse

- **Busbahnhof (Autogara),** Str. Garii 2, gleich um die Ecke des Hauptbahnhofs, Tel. 431 921.
- Es verkehren täglich zwei **Busse** nach Satu Mare, zwei nach Cluj-Napoca und vier nach Sighetu Marmaţiei über Baia Sprie. Mit dem Bus Nr. 8, der direkt vor dem Hotel Mara hält, gelangt man auch direkt nach Baia Sprie. Verbindungen mit dem Maxitaxi bestehen nach Satu Mare und Bistriţa. Täglich fährt ein Maxitaxi nach Budapest.

Mietwagen

- **Am Flughafen** bieten Avis, Europcar, Hertz, und Budget Mietwagen an.

Taxis

- **Galant,** Tel. 262 949.
- **Usi,** Tel. 262 949.
- **Taxiro,** Tel. 222 551.
- **Stotax,** Tel. 262 953.

Unterkunft

Da es in Baia Mare bis auf das Hotel Union kaum gute und preiswerte Übernachtungsmöglichkeiten gibt, empfiehlt sich ein Aufenthalt außerhalb der Stadt. So befindet sich, von Satu Mare kommend, 20 km vor Baia

Der höchste Eichenholzbau der Welt

Zu den absoluten Höhepunkten der rumänischen Architektur zählen die **Holzkirchen des Maramureş,** die unter anderem durch ihre ungewöhnlichen Dimensionen beeindrucken.

In **Surdeşti,** 12 km südöstlich von Baia Mare, findet man das höchste dieser außergewöhnlichen Bauwerke. Der hölzerne Glockenturm der dortigen Kirche misst bis zum Kreuz auf dem Turmhelm stolze 72 m und macht das Gotteshaus damit zum größten Eichenbauwerk der Welt. Der schlanke, in die Höhe strebende Kirchenturm von Surdeşti ist längst zu einem Markenzeichen der gesamten Region geworden und wegen seiner Größe auch nicht zu verfehlen, zumal die Gemeinde seit 2004 auch eigene Schilder mit der Aufschrift „Monument" in der Ortsmitte platziert hat. Die von 1721 bis 1724 erbaute und den Erzengeln *Michael* und *Gabriel* geweihte Kirche ist ein archetypischer Bau, der die Architektur der anderen Holzkirchen des Maramuresch maßgeblich beeinflusst hat. Nach den Tatarenüberfällen in der Region um 1717 und der Vernichtung der meisten alten Gotteshäuser wurde die Holzkirche von Surdeşti vollständig neu aus Eichenbohlen auf einem kleinen Hügel über einem Bach errichtet. Typisch sind ihre doppelte Dachtraufe, die tief im Erdgeschoss liegenden Fenster und die Malereien im Innenraum, die neben dem Abendmahl auch Szenen der Apokalypse zeigen.

Man betritt die Kirche durch einen so genannten *Pridvor,* einen kleinen Vorraum, der später an die Kirche angebaut wurde und von dem man in den Kirchenturm steigen kann. Sehenswert im fünfseitigen Altarraum ist die barocke Ikonenwand, die 1787 errichtet wurde. Die Sitzbänke der Kirche sind mit wärmender Schafswolle bedeckt, eine aus einem einzigen Eichenbaum geschnitzte Treppe führt hinauf zur Empore, die allein Männern vorbehalten ist.

Weitere sehenswerte Holzkirchen im Maramureş finden sich unter anderem in **Rogoz** 5 km östlich der Stadt Târgu Lapus, in **Sacalaceni** 10 km südlich von Baia Mare, im Nachbarort **Culcea,** in **Lapuş** 7 km östlich von Rogoz, wo sich neben der aus dem 17. Jahrhundert stammenden Holzkirche auch ein Dorfmuseum befindet, und in **Plopiş** (Holzkirche aus dem Jahr 1750).

- **Holzkirche in Plopiş:** Kontakt über den Priester *(Preot) Dumitru Gligan,* Tel. 0362-402 501.
- **Holzkirche in Surdeşti:** Falls die Kirche verschlossen ist, wende man sich an den Priester *Ioan Cosmuţa,* der in dem mit Bildern geschmückten Holzhaus gleich hinter der Toreinfahrt aufs Kirchengelände wohnt.

- **Unterkunft in Surdeşti: Pensiunea Mărtuca** (**), Surdeşti Nr. 109, Tel. 0262-298 727, Zimmer 70 RON (ohne Frühstück).
- **Unterkunft in Fereşti:** Wer sich die schönen Holzkirchen in Budeşti oder Călineşti angesehen hat und eine Unterkunft sucht, wird im kleinen Ort Fereşti (8 km nördlich von Budeşti) fündig. Die **Pensiunea Perla** (***), Tel. 0262-375 044, ist nach ökologischen Gesichtspunkten aus Holz gebaut. Alle Zimmer sind im traditionellen Landhaus-Stil des Maramureş eingerichtet. Vollpension ist möglich, ein Pferdeparcour und ein Schwimmbad sind in Planung. Zimmer ab 70 RON.

Mare, im Ort Săbişa die schöne **Landpension Centro San Pio.** Eine Übernachtung im DZ kostet 80 RON, Frühstück inkl.

Hotels

• **Best Western Eurohotel** (***), Av. Bucureşti 23, Tel. 222 405. Derzeit das beste Hotel der Stadt mit Pool, Fitnesscenter und Parkplatz. Wer ungestört schlafen möchte, sollte nicht die Zimmer zur Hauptstraße wählen. An sich ist das Hotel aber sehr ruhig und gepflegt. EZ ab 46 Euro, DZ ab 54 Euro.

• **Hotel Mara** (***), Bd. Unirii 11, Tel. 226 660. Renoviertes Großhotel mit 115 Gästezimmern, Restaurant, Terrasse, eigenem Touristik-Zentrum, Spa-Abteilung und Bar. EZ 42 Euro, DZ 52 Euro, 3-Bett-Zimmer 55 Euro, Zimmer mit Jacuzzi 65 Euro, App. 75–85 Euro, Extrabett 15 Euro.

• **Hotel Maramureş** (**), Str. Şincai 37a, Tel. 216 555. Das Hotel wirkt altbacken und ist zu teuer. EZ 110 RON, DZ 170 RON, Dreibettzimmer 200 RON.

• **Motel Laguna** (*), Str. 22. Decembrie 3, Tel. 0740-047 601. Das preisgünstigste Motel der Stadt ist eigentlich eine Pension. Die sehr schlichten Zimmer kosten als EZ 70 RON, als DZ 100 RON (ohne Frühstück).

Pension

• **Pension Marioana,** Str. 9. Mai 12a. Ein DZ in der kleinen, sauberen Pension kostet ca. 100 RON. Die Wirtin spricht englisch.

Essen und Trinken

• **Budapest,** Str. Cantemir 2/Ecke Str. Victoriei, ca. 300 m westlich des Zentrums. Das eindeutig beste Restaurant der Stadt. Unbedingt probieren: *Gulaş maramurească.*

• Das **Restaurant Butoiaşul cu Bere** in der Str. Şincai 15 hat einen recht originellen Eingang. Man geht durch ein Fass in die Gaststätte, die rustikal eingerichtet ist und ebensolche Gerichte präsentiert. Sehr lecker ist die Nachspeise *Plăcintă maramureşană.*

Einkaufen

Bücher und Karten

• **Librarie Cartea Romanească,** Piaţa Revolutiei 5, Tel. 211 834, Mo. bis Fr. 9–17 Uhr, Sa. 9- 13 Uhr, So. geschlossen.

Feste

• Baia Mare selbst feiert kein Stadtfest, aber im kleinen, 5 km östlich gelegenen Ort **Baia Sprie** finden im August die **Sărbătorile Oraşului** statt. Einige Tage lang feiert man dieses Stadtfest mit großen, bunten Umzügen, Ausstellungen und natürlich viel Musik und Tanz.

• Im Oktober wird in Baia Mare ein Kastanienfest zelebriert, das **Sărbătoarea Castanelor,** bei dem die Spezialität der Region in allen nur erdenklichen kulinarischen Variationen angeboten wird.

• Im Dezember feiert man in Baia Mare das **Festivalul datinilor şi obiceiurilor,** ein buntes Winterspektakel mit alten traditionellen Masken, Tanz und festlichen Liedern.

rum001 Foto: jr

Typische Szene vor einem Markttag im Maramuresch

rum456 Foto: jr

Moldau/ Bukowina

rum457a Foto: jr

rum457b Foto: jr

Maskenwinterfest in Târgu Neamț

Landschaft am Lacul Izvorul Muntelui

Kloster Neamț

Klöster, Dichter, Winterfeste

Die **nordöstlichste Region Rumäniens,** die Moldau (rum. **Moldova**), sorgt gelegentlich für einige Verwirrung, wird sie doch gerne mit der gleichnamigen Republik Moldau (Moldawien) verwechselt, die im Osten angrenzt. Der **Fluss Moldau,** nach dem die Provinz benannt ist, könnte die Sache noch weiter komplizieren, schließlich gibt es diesen Flussnamen auch in Tschechien. Dass die beiden Flüsse auf Deutsch den gleichen Namen tragen, ist ein Zufall, schließlich heißen sie auf Rumänisch und Tschechisch jeweils anders. Die gleich lautenden Namen der rumänischen Provinz und der angrenzenden Republik Moldau jedoch sind auf die gemeinsame Geschichte zurückzuführen.

Das **ehemalige Fürstentum Moldau** reichte in seiner Blütezeit im Osten bis zum Fluss Dnjestr, der auf Rumänisch Nistru heißt, und im Norden bis über die Stadt Czernowitz hinaus, die heute in der Ukraine liegt. Das Gebiet der Moldau dehnte sich um 1700 im Osten und Süden bis ans Schwarze Meer und die Donau, im Norden, als so genannte **Bukowina** (Buchenland), bis nach Galizien und Podolien aus. Heute ist das historische Gebiet der Moldau auf drei Staaten verteilt: Rumänien, Moldawien und die Ukraine.

Das unter dem Fürsten *Ştefan cel Mare* groß gewordene Donaufürstentum Moldau wurde erstmals nach dem Russisch-türkischen Krieg 1792 geteilt. Der östliche Teil geriet im Laufe der Geschichte als **Bessarabien** bzw. sozialistische Sowjetrepublik Moldau unter russischen Einfluss und erhielt erst 1991 als Moldawien seine Unabhängigkeit. Der nördlichste Teil, die **Nordbukowina,** fiel 1944 ganz an die Sowjetunion und ist heute Teil der Ukraine. Die **Südbukowina** und der Rest des Bezirks Moldau gingen im rumänischen Staat auf.

Berühmt geworden ist das Moldaugebiet wegen seiner außergewöhnlichen **Klöster,** die es heute zu einer der meistbesuchten Regionen Rumäniens machen. Besonders bekannt sind die Moldauklöster, deren Fassaden mit prachtvollen, flächendeckenden Außenfresken geschmückt sind, wie beispielsweise das Kloster Voroneţ, das aufgrund seiner Außengemälde auch den Beinamen „Sixtinische Kapelle des Ostens" erhielt.

Neben den Klöstern machen die Gedenkstätten an den größten Dichter Rumäniens, **Mihai Eminescu,** und der **Winterkarneval** mit seinen farbenfrohen Maskentänzen die nordöstlichste Region Rumäniens zu den kulturell reichen Gebieten Rumäniens.

Doch neben Kulturinteressierten entdecken auch immer mehr **Naturfreunde** die Moldau. Wanderer, Radler und Kletterer zieht es zum Beispiel in die Gebirgsmassive des Ceahlău, auf die Wege um den größten Stausee Rumäniens, den Izvorul Muntelui, oder in die atemberaubenden Steilfelsen der Bicaz-Schlucht. Rund um den Kurort Vatra Dornei bestehen zahlreiche Möglichkeiten zum Rafting, Eisklettern und Mountainbiken.

Vatra Dornei

⇗ IV, A/B3

- **Meereshöhe:** 800–860 m
- **Vorwahl:** 0230
- **Einwohner:** 18.500

Der nahezu vollständig von Bergen umgebene **Kur- und Wintersportort** Vatra Dornei ist die **westliche Eintrittspforte in die Moldauregion.** Man erreicht die Stadt auf drei Straßen nur über sehr spektakuläre Pässe: vom Maramuresch über die DN18 und den Prislop-Pass (1416 m), von Siebenbürgen über den Tihuta-Pass (1200 m) auf der E576 und von Norden her über den 1040 m hohen Paşcanu-Pass. Bereits seit der Habsburgerzeit ist der Ort als Spa bekannt und wird nach wie vor wegen seiner mineralischen Quellen und seiner sauberen Bergluft geschätzt.

Die Stadt am Zusammenfluss von Bistritz und Dorna liegt unmittelbar im **nördlichen Karpatenbogen,** etwas abseits der ehemaligen Handelsrouten, weshalb sie im Verlauf der Geschichte unter ihrem alten Namen Dorna allenfalls eine Nebenrolle spielte. Goldene Zeiten erlebte Vatra Dornei während der k.u.k. Monarchie, als es zu einem noblen Kurort aufstieg und die damalige High Society Österreich-Ungarns sich im Kasino zum Roulette und Tanz traf. Die Stadt gleicht heute einer schlafenden Schönheit, versucht aber an den Glanz der früheren Tage anzuknüpfen.

Vatra Dornei ist sehr **übersichtlich.** Vom Hauptbahnhof sind es kaum 100 m ins Stadtzentrum, zur Uferpromenade der Dorna mit ihren frisch renovierten Hotels aus dem 19. Jahrhundert und zum Kasino, das auf bessere Zeiten wartet.

Sehenswertes

Rund ums Kasino

Sicherlich mag Vatra Dornei schon bessere Zeiten gesehen haben, doch entlang der Dorna-Promenade und dem Kurpark wurden die **Fassaden** der großen Hotels und Kurgebäude rund ums Kasino bereits wieder so hergestellt, wie sie wohl vor 150 Jahren ausgesehen haben. In Ermangelung anderer Sehenswürdigkeiten muss sich der Kur-, Ski- und Erholungstourist neben der fantastischen Bergkulisse architektonisch allerdings auf die historischen Hotelgebäude wie das Carol oder das Maestro beschränken. Das **Kasino** der Stadt schläft nämlich weiterhin seinen Dornröschenschlaf, aus dem es bislang noch kein Investor geweckt hat. Wer dem maroden Charme der bröckelnden Barockfassade erliegt und ein Investitionsvolumen von 3 Mio. Euro aufbieten kann, ist – so die Stadtverwaltung – herzlich eingeladen, dem Spielkasino wieder Leben einzuhauchen. Die letzte Renovierung des einstigen Prunkstücks der Stadt sollte kurz vor der Revolution im Jahre 1989 erfolgen, doch dann fehlte das Geld und so schlummert der Bau seit 1990 friedlich vor sich hin, ist aber nach wie vor eines der beliebtesten Fotomotive der Kurstadt. In Rumänien gibt es nur drei große Kasinos, in Constanța, Sinaia (Poiana Braşov) und in Vatra Dornei, und so versucht man das Sanierungsprojekt auf nationale Ebene zu heben. Auch die orthodoxe Kirche engagiert sich und liebäugelt sogar mit einem Einstieg als Investor.

Nicht weit vom Kasino steht im zentral gelegenen **Kurpark** die 1921 erbaute **Dreifaltigkeitskirche.** Der hier tätige junge und sehr aufgeschlossene Gemeindepriester *Mihai Valică* (Tel. 375 439) erklärt interessierten Besuchern gerne die Geschichte des Kurorts sowie die Pläne der Gemeinde. Hauptattraktion des Parks und Anziehungspunkt für die Kurgäste ist die **Sentinela-Quelle,** die in einer pseudogotischen Kapelle aus dem Boden sprudelt und sehr wohlschmeckendes Mineralwasser zu bieten hat.

Gleich um die Ecke, in der Str. Unirii Nr. 3, findet man eines der beiden **Museen** der Stadt. Das Museum für Naturwissenschaft und Jagd besitzt jedoch nur zwei kleine und anspruchslose Abteilungen.

Der Rest der City

Nach dem Überqueren der Dorna (vom Hotel Maesto aus) kommt man in die wichtigste Geschäftsstraße der Stadt, die **Str. Luceafărului.** Von Internet-Shops und Restaurants umschlossen, findet man in dieser Fußgängerzone rechter Hand einen **jüdischen Tempel,** der an die einst reiche jüdische Kultur der Stadt erinnert. Am Ende der Straße geht es rechts zum weiß renovierten Rathaus und dem gleich daneben liegenden Ethnografischen Museum von Vatra Dornei, das seit einigen Jahren geschlossen ist.

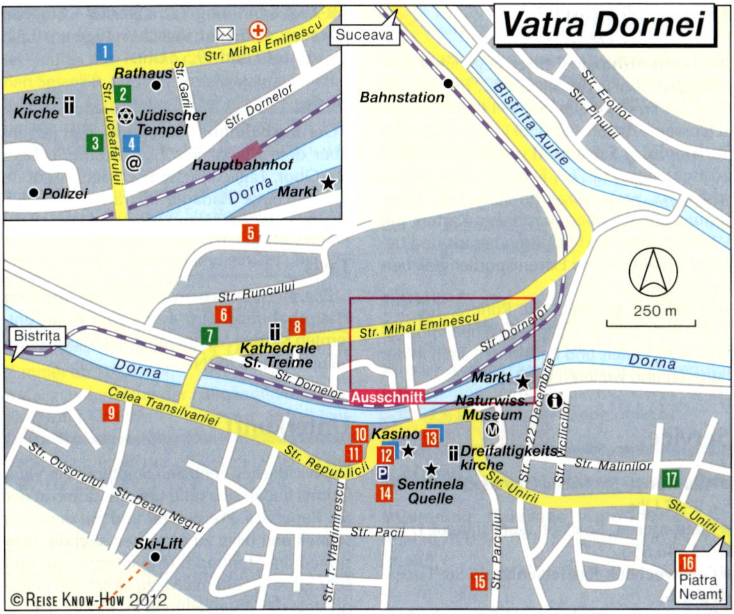

Übernachtung	**Einkaufen/Sonstiges**
5 Camping Runc	2 Buchhandlung
6 Caravan-Camping	3 Foto Sprint
8 Cembra	7 ANTREC-Reisebüro
9 Casa Bucovineană	17 Autoreparatur
10 Călimănel	
11 Intus	**Essen und Trinken**
12 Carol	1 Valea Dornelor
13 Maestro	4 Pizzeria Les Amis
14 Călimani	12 Carol
15 Villa Zimbru	13 Maestro
16 Pensiunea Dornelor	

hier gibt es einfache Snacks, Pizzen und rumänische Hausmannskost.

- Auch richtige Schnellgerichte sind in Vatra erhältlich, und zwar in der Str. 22. Decembrie Nr. 22, im **Mazal.**

Wintersport

Vatra Dornei ist in Rumänien zu einem Synonym für Wintersport geworden, da in den Bergen rund um die Stadt von Dezember bis April, an über 120 Tagen im Jahr, Schneesicherheit besteht. Unmittelbar aus der Stadt heraus führt ein Sessellift auf die Abfahrtsstrecken rund um den 1300 m hohen **Hausberg Dealul Negru,** die zwischen 900 und 5000 m lang sind.

- **Sessellift (Telescaun)** am Ende der Str. Coşbuc (täglich 10–17 Uhr im Winter, im Sommer bis 19 Uhr).

In der Umgebung von Vatra Dornei

Nonnenkloster

8 km südlich von Vatra Dornei ist zu Füßen des Giumalău-Berges und direkt am Fluss **Bistritz** im Jahr 2005 ein neues Nonnenkloster entstanden. Wer es besuchen möchte, sollte über ein geländegängiges Fahrzeug verfügen (Fahrt Richtung Suceava, nach der ersten Brücke gleich rechts in den Feldweg abbiegen und der Ausschilderung folgen). Empfehlenswert ist der Ausflug mit dem Taxi (15 RON). Durch einen gewaltigen Holzturm kommt man auf das Klostergelände, das zur Gemeinde **Dorna Arini** gehört. Das ganz aus Holz und unter ökologischen Gesichtspunkten erbaute **Kloster Ascoperământul Maicii Domnului** wurde von keinem professionellen Architekten errichtet, sondern von *Victor Păştinaru,* der von sich selber behauptet, nur ein „einfacher Schreiner" zu sein. Doch wer die gigantischen Türme und Holzgebäude mit ihren wunderbaren Drechsel- und Intarsienarbeiten sieht, kann das kaum glauben. Der Kirchturm der Holzkirche ist unverkennbar den Vorbildern im Maramuresch nachempfunden. In den beiden flankierenden Gebäuden finden sich Stilelemente aus Transsylvanien. Im **Hotel** des Klosters, das ebenfalls vollständig aus Holz errichtet wurde, sind über 100 Plätze für Gäste verfügbar, ein Zimmer kostet 50 RON.

Das Rarău-Massiv und die Bistritzer Berge

Das **Ţara Dornelor,** wie das Land um Vatra Dornei auch genannt wird, ist ein idealer Ausgangspunkt für Exkursionen in die umliegende Bergwelt, die unmittelbar an den Rändern des Kur- und Wintersportorts beginnt. Als Ausflugsziel bei den Einheimischen besonders beliebt sind die zahlreichen **Thermalquellen.** Die bekannteste, die **Quelle der Teufelsmühle (Moara Dracului),** findet man 20 km entfernt in Richtung Bistriţa, die **Heilquelle Poiana Negri** auf derselben Strecke nach 12 km.

Wer dem Fluss Bistritz Richtung Piatra Neamţ folgt, kommt in der Gemeinde **Rusca** zu einem mit rotem Dreieck markierten **Rundwanderweg,** der sowohl in die Giumalău-Berge links der Bistritz als auch in die gegenüberliegenden Rusca-Berge führt. Als Übernachtungsmöglichkeit bietet

rum465 Foto: jr

sich die **Hütte Zugreni** an, die kurz vor dem Bergdorf **Chiril** zu finden ist. Von der Hauptstraße 17B führt eine stabile, auch mit schwereren Geländewagen befahrbare Holzbrücke über den Fluss zum nahen Hotel mit Restaurant und Campingmöglichkeit. Von der Cabana Zugreni aus lassen sich auch Wanderungen ins nahe Rarău-Gebirge oder in den 5 km südlich von Vatra Dornei beginnenden Nationalpark Călimani starten. Bis zu dem **Hotel Alpin Rarău** in 1280 m Höhe sind es etwa 3 Stunden. Der Wanderweg ist mit einem roten Dreieck gekennzeichnet. Nach **Pojorîta** zur **Cabana Giumalău** dauert die Wanderung auf dem mit einem blauen Kreis markierten Weg ebenfalls etwa 3 Stunden. Wer eine längere Tour ins Auge fasst, kann zum **Valea Putnei** marschieren. Der mit einem blauen Kreis markierte Weg ist sehr gut begehbar. Auch vom 5 km entfernten Ort Chiril können Exkursionen ins Giumalău-Rarău-Massiv gestartet werden.

Unterkunft

- **Cabana Zugreni,** 70 Plätze, Zimmer saisonal 60–80 RON, Tel. 0230-574 548.
- Entlang der Bistritz, in **Broşteni,** einem Ort, in dem der Dichter *Ion Creanga* seine schönsten Märchen verfasst hat, findet man eines

Das Nonnenkloster
südlich von Vatra Dornei

Die Geheimnisse der Moldauklöster

Zwischen dem 15. und 16. Jahrhundert ist in der Moldau und Bukowina eine Vielzahl von Klöstern entstanden, deren bunte Außenfresken die Historiker und Kirchenkundler lange Zeit vor Rätsel stellten. Wieso haben Künstler einige der Außenwände der Klöster flächendeckend mit prächtigen und strahlenden Farben bemalt, wo doch die nordöstliche Region zu den klimatisch rauesten Gegenden Rumäniens zählt und die Bilder permanent der zerstörerischen Witterung ausgesetzt sind? Wie konnten einige der **Fresken** trotzdem die Jahrhunderte überdauern, ohne ihre Strahlkraft zu verlieren? Was ist das Geheimnis der glitzernden Blau- und Rottöne, die im Sonnenlicht eine einmalige Strahlkraft entfalten?

Herausgefunden hatte man bereits Folgendes: Der Tradition nach wurden alle befestigten Klöster aufgrund eines Gelübdes ihrer Stifter gegründet. Immer wenn ein Moldaufürst einen Sieg über die Türken errungen hatte, ließ er ein neues Kloster errichten. Allein *Stefan der Große* stiftete auf diese Weise über 40 Moldauklöster. Aber auch *Bogdan der Einäugige* und *Petru Rareş* hatten sich der Tradition verschrieben, nach jedem ihrer Siege über die Türken, Kosaken oder Tartaren ein neues Kloster zu gründen. Nach einer siegreichen Schlacht schossen die Krieger vom Rande eines Hügels Pfeile ab. Dort, wo der erste Pfeil auftraf, wurde ein Brunnen gegraben, der zweite Pfeil bezeichnete den Ort des Kirchenaltars, der dritte den des Glockenturms. Auf dem Hügel, von dem die Pfeile abgeschossen worden waren, ließ man Kreuze errichten.

Weshalb einige der Klöster außen mit einem bunten Freskenkleid versehen waren, fand man durch alte Aufzeichnungen heraus. Im ausgehenden Mittelalter feierten die Dorfbewohner die Gottesdienste gemeinsam mit ihren Feudalherren. Da die Klosterkirchen zu klein waren, um alle aufzunehmen, musste das gemeine Volk die Messe draußen feiern. Die Außenwände der Kirchen wurden für die vor der Kirche Betenden mit biblischen Szenen und Heiligenbildern versehen, die man auch **„Biblia pauperum"**, die Bibel der Armen, nannte. Die Strahlkraft der Farben konnte man teilweise auf Beimischungen von Lapislazulistaub und anderer Edelsteine zurückführen. Die letzten Geheimnisse der Farben konnten aber bis heute nicht gelüftet werden.

Alle Klöster der Bukowina sind 1973 ins **Weltkulturerbe** der UNESCO aufgenommen worden.

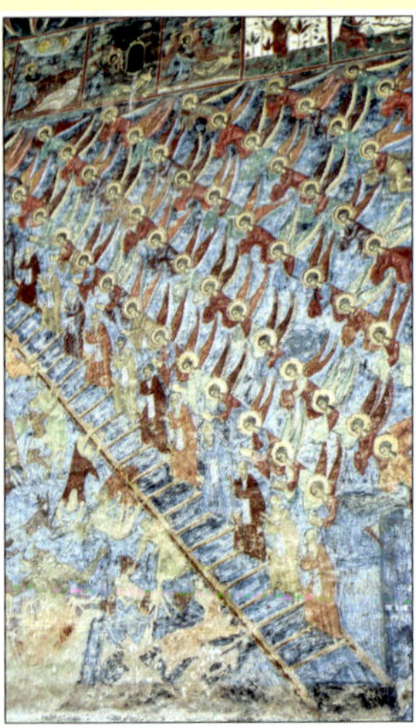
rum466 Foto: jr

„Die Stufenleiter der Tugenden", ein Motiv der Außenfresken im Kloster Suceviţa

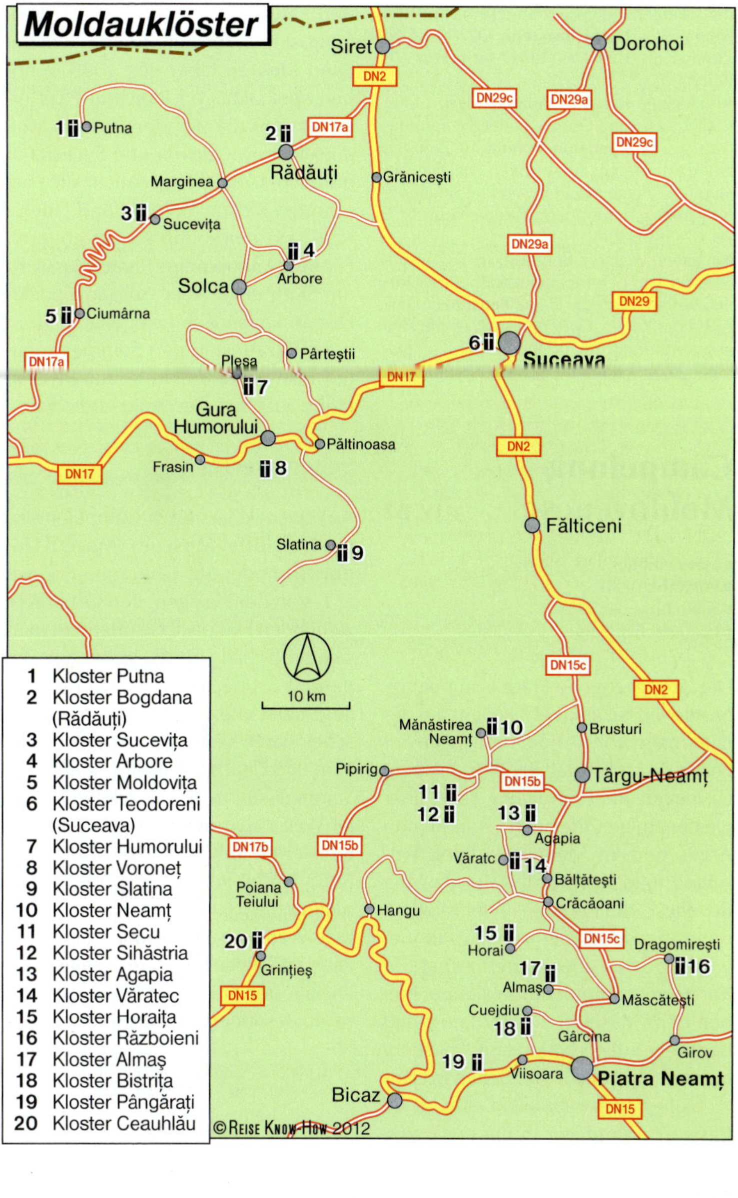
Moldauklöster
Siret
Dorohoi
DN2
DN29c
DN29a
DN29c
1 Putna
2 Rădăuți
DN17a
Marginea
Grănicești
3 Sucevița
DN29a
4 Arbore
Solca
DN29
5 Ciumârna
6 Suceava
Pârteștii
DN17a
Pleșa
DN17
7
Gura Humorului
Păltinoasa
DN2
Frasin
8
DN17
Fălticeni
Slatina
9
DN15c
10 km
DN2
Mănăstirea Neamț
10
Brusturi
Pipirig
11
DN15b
Târgu-Neamț
12
13
Agapia
DN17b
DN15b
Văratec
14
Bălțătești
Poiana Teiului
Crăcăoani
Hangu
15
DN15c
Dragomirești
Horai
16
20
17
Grințieș
Almaș
Măscătești
DN15
Cuejdiu
18
Gârcina
Girov
19
Viisoara
Piatra Neamț
Bicaz
DN15
1 Kloster Putna
2 Kloster Bogdana (Rădăuți)
3 Kloster Sucevița
4 Kloster Arbore
5 Kloster Moldovița
6 Kloster Teodoreni (Suceava)
7 Kloster Humorului
8 Kloster Voroneț
9 Kloster Slatina
10 Kloster Neamț
11 Kloster Secu
12 Kloster Sihăstria
13 Kloster Agapia
14 Kloster Văratec
15 Kloster Horaița
16 Kloster Războieni
17 Kloster Almaș
18 Kloster Bistrița
19 Kloster Pângărați
20 Kloster Ceauhlău
©REISE KNOW-HOW 2012

der wenigen Hotels der Strecke nach Piatra Neamţ, das **Hotel Broşteni.** DZ 50 RON, Zimmer für 3 Pers. 60 RON, für 4 Pers. 70 RON.

- Im kleinen Bergdorf **Poiana Negri,** 14 km südlich von Vatra Dornei, bietet die agrotouristische **Landpension Poiana** 10 Zimmer, ein Appartement und 4 Hütten an. Die weiträumige Anlage macht besondere Angebote für Familien mit Kindern. Poiana Negri 475, Tel. 0745-809 234.
- In einem weiteren Bergdorf, im 12 km südlich von Vatra Dornei gelegenen **Şaru Dornei,** befindet sich die kleine **Pensiunea Dăscăliţa** mit Kamin, Gartengrill und einem kleinen Restaurant. Tel. 0230-574 491, DZ zwischen 60 und 80 RON (je nach Saison).

Câmpulung-Moldovenesc

↗ IV, B2

- **Meereshöhe:** 620–740 m
- **Vorwahl:** 0230
- **Einwohner:** 20.500
- **Ungarischer Name:** Hosszúmezö

Die lang gezogene Stadt Câmpulung-Moldovenesc an der D 17 liegt auf der Durchfahrt von Vatra Dornei nach Suceava im Moldautal. Bis 1950 hieß die Gemeinde nur Câmpulung, da es aber gleichnamige Orte auch in der Region Argeş und im Maramureş gibt, entschied man sich für den Zusatz Moldovenesc, der die Lage in der Moldauregion verdeutlichen soll. Für die Bewohner ist es aber weiterhin bei der Kurzform Câmpulung geblieben. Neben dem Museum für Holzkunst und dem sehr interessanten Löffelmuseum hat die Stadt nicht viel Sehenswertes zu bieten; sie ist vor allem eine ideale Basis für **Wanderer** in die umliegenden bewaldeten Berge sowie Durchgangsstation für Kulturreisende in Sachen **Klöster.** Über den 1040 m hohen spektakulären **Paşcanu-Pass** erreicht man die wunderschönen Moldauklöster Moldoviţa und Suceviţa in nördlicher Richtung. Auch die berühmten Klöster Voroneţ und Humorului sind nur knapp 45 km entfernt. Für Bergwanderer ins Rarău-Massiv ist die Stadt ein idealer Ausgangspunkt. Der 16 km südlich gelegene, 1650 m hohe **Rarău** ist in den Sommermonaten bis zur Rarău-Hütte auf 1400 m Höhe auch mit dem Auto erreichbar.

Sehenswertes

Am spektakulärsten in Câmpulung ist das **Holzlöffel-Museum (Muzeul Linguriţii)** in der Str. Gheorghe Popovici 1. Von der einzigen, den Ort durchziehenden Hauptstraße orientiert man sich am Schild „Gara". In der abzweigenden Straße, die zum Bahnhof führt, liegt das Löffelmuseum in einem unscheinbaren kleinen Haus. Hier haben *Ioan* und *Elisabeta Ţugui* in jahrelanger Sammelleidenschaft Holzlöffel aus aller Welt zusammengetragen. Die letzte Inventur im Dezember 2005 ergab 5383 Löffel. Vom Erdgeschoss bis hinauf in die Räume im ersten Stock ist jede Wand des Hauses mit Löffeln aus allen möglichen Ländern behangen. Die ältesten Stücke sind über 200 Jahre alt. Besonders schön sind die Exem-

Im Holzlöffel-Museum kann jeder seinen Löffel abgeben

plare in der oberen Etage mit Tiermotiven des Bildhauers *Niculae Popa.* Alle vertretenen Esswerkzeuge sind handgeschnitzt. Da Touristen aus aller Welt hier gelegentlich „ihren Löffel abgeben", wird die Sammlung ständig bereichert, so durch Löffel u.a. aus Zaire/Kongo, Gabun, China, Japan und Russland. Auch deutsche Besucher sind herzlich eingeladen, sich an der Sammlung zu beteiligen.

Im wesentlich größeren **Museum für Holzkunst (Muzeul Artă de lemn)** sind neben bäuerlichen Schränken und Webstühlen auch typische Musikinstrumente der Bukowina wie Alphörner und Violinen zu sehen. Das Museum befindet sich neben der mit einem bunten Mosaikdach geschmückten Kirche des Ortes, hinter der auch ein kleiner Basar und der Busbahnhof von Câmpulung zu finden sind.

- **Muzeul Linguriții,** Str. Gheorghe Popovici 1, Tel. 311 315.
- **Muzeul Artă de lemn,** Calea Transilvaniei 10, Di. bis So. 9–17 Uhr.

Informationen

- **Ecoturism Club,** Calea Bucovinei 13, Tel. 312 988. Unterkunftsvermittlung in Privatpensionen und Bauernhöfen des Umlands.
- **Fota Turism,** Calea Transilvaniei 162b, Tel. 313 700.

Service

- **Post,** Calea Bucovinei 33, Tel. 312 020.
- **Geldwechsel: BancPost,** Calea Bucovinei, Bl. G 13; **BRD,** Piața Arboroasa 1.

rum469 Foto: jr

Moldau/Bukowina

●**Internet Club,** an der Hauptstraße Calea Transilvaniei 48, Mobil 0740-776 914, 1,50 RON pro Stunde.

Notfälle

●**Apotheke (Farmacia),** Calea Transilvaniei 65, gegenüber dem Internet Club.
●**Stadtkrankenhaus: Spitalul Municipal,** Str. Sirenei 25, Tel. 312 023.

Mobilität

Züge

Câmpulung-Moldovenesc verfügt über zwei Bahnhöfe: Vom Nebenbahnhof **Gara Est** kommt man gut nach **Rarău,** vom **Hauptbahnhof** in der Calea Bucovinei mehrmals täglich nach **Suceava** und **Vatra Dornei.**

Busse

●Täglich nach **Suceava:** 6, 9:30 und 17:30 Uhr, Dauer 2 Std., 10–13 RON.
●Täglich nach **Rădăuţi:** 10:45 und 12 Uhr, Dauer 3 Std., 12 RON.
●Täglich nach **Vatra Dornei:** 15:30 Uhr, Dauer 1½ Std., 8 RON.

Unterkunft

●**Hotel Manoir Mignon** (****), Calea Transilvaniei 162b, Tel. 314 694. Luxuriöses Hotel. Im angeschlossenen **Reisebüro** kann man Ausflüge in die Berge oder zu den Moldauklöstern buchen. Je nach Zimmerkategorie gelten gestaffelte Preise: EZ 35/40/60 Euro, DZ 45/65 Euro, Junior Suite 75/100 Euro, Suite 120 Euro. Bei Buchung von zwei Nächten oder für Gruppen ab 8 Personen gibt es 12% Discount.
●**Hotel Eden** (***), Calea Bucovinei 148, Tel. 314 733. Annehmlichkeiten wie Pool, Sauna und Fitness-Räume. Angegliedert sind einige Hütten in den Bergen, die gemietet werden können. DZ 45 Euro, EZ 34 Euro.
●**Hotel Izvorul Alb** (**), Str. Izvorul Alb, Tel. 0722-888 727. Kleines Hotel auf dem Weg nach Rarău. 6 Zimmer: DZ 80 RON, EZ 40 RON. Mit Skiverleih.
●**Pension Uranis** (**), Calea Bucovinei 144, Tel. 371 306. Schlichte Pension, DZ 70 RON.
●**Pensiunea Ecoturistică Maria,** Str. Caprioarei 47, Tel./Fax 0724-314 695.

Essen und Trinken

In allen **Hotels** und vielen **Pensionen** besteht auch die Möglichkeit zur Verköstigung für Nicht-Gäste. Am besten ist die Küche in den Hotels Eden und Manoir Mignon.

Wandern/Klettern

Im **Rarău-Gebirge** bieten sich vielfältige und fantastische Wander- und Klettermöglichkeiten. So führt die mit einem roten Punkt markierte Strecke von der Str. Gramăda im Zentrum von Câmpulung-Moldovenesc über die Poiana Sihăstriei zum 1540 m hoch gelegenen **Hotel Alpin Rarău** und der **Cabana Schiorilor** (Tel. 311 681). Der Aufstieg dauert 4–5 Stunden. Eine etwas längere Variante (mit rotem Kreuz markiert) führt in 7–8 Stunden von der Valea Caselor über die Şaua Ciobanilor ebenfalls zum Hotel Alpin. Die Übernachtung dort kostet im DZ ab 150 RON (je nach Saison).

Festival

●Mitte Juli findet in Câmpulung-Moldovenesc alljährlich ein großes internationales Folklore-Sommerfest statt, das **Întâlniri Bucovinene (Treffen in der Bukowina).**
●Im Winter, zwischen dem 1. und 5. Januar, feiert man in den Straßen der Stadt den traditionellen **Winterkarneval** mit bunten Tanz- und Maskenfesten.

In der Umgebung von Câmpulung-Moldovenesc

Pass und Bergdorf Mestecăniş ⇗IV, A/B2/3

Richtung Vatra Dornei liegt ganz in der Nähe des gleichnamigen Passes das kleine Bergdorf Mestecăniş mit seiner sehenswerten weiß-schwarz gestreiften **Kirche Sfântul Gheorghie.** Um das Gotteshaus etwa 200 m abseits der Hauptstrecke zu besichtigen, muss man im Ort erst fünf hintereinander liegende Bahngleise und den Fluss Bistritz überqueren.

Paşcanu-Pass ⇗IV, B2

Die Straße hinauf zum 1040 m hohen Paşcanu-Pass und weiter nach Vatra Moldoviței gehört zu den **schönsten Bergrouten in der Bukowina.** Kleine Raststationen laden zu einer kurzen Wanderung in die dichten Tannenwälder ein. Auf der Abfahrt vom Pass findet sich unterwegs als Unterkunft die kleine **Hütte Haihui** mit einem traumhaften Panoramablick.

- **Cabana Haihui,** Mobil 0721-768 214, fünf Zimmer, zwei Außenduschen, allerdings keine Mahlzeiten. 24 RON.

Vama – Vatra Moldoviței ⇗IV, B2

Eine ebenso schöne, allerdings wesentlich längere Strecke, um von Câmpulung nach Vatra Moldoviței und zum Kloster Moldovița zu gelangen, führt über den Ort Vama. Entlang dem Bergflüsschen Moldovița geht es hinauf zur Gemeinde **Frumosu** (übersetzt: „die Schöne"), in der die Fassaden der meisten Häuser nach alter Bukowina-Tradition noch mit weiß-roten Kacheln verziert sind. Auch die zahlreichen alten Brunnen und strahlenden Zinkdächer sind sehr sehenswert.

Vama ist eines der Zentren, in denen Touristen sich im kunstvollen **Eierfärben** üben können. Die Künstlerin der Miniaturornamentik in Vama heißt *Letița Orşivki* und ist über die Pension Casa Lucreția (s.u.) zu kontaktieren.

Unterkunft

- Wer es ruhig, ländlich und dennoch niveauvoll liebt, kann sich in der **Pension Casa Lucreția** verwöhnen lassen. Transport vom Bahnhof, Exkursionen zu Sennhütten und Besuch des Salzbergwerks in Cacica sowie folkloristisches Programm auf Wunsch. Die Küche bietet wunderbare Bio-Köstlichkeiten an, z.B. *Zacuscă de Cuiperci,* eine Vorspeise aus Tomaten und Pilzen, oder *Sufle de conopidă,* ein Blumenkohl-Soufflé. Mansardenzimmer kosten in der Saison 30 Euro, in der Nebensaison 25 Euro, Appartements zu 50 und 60 Euro inkl. Frühstück, Vollpension möglich (empfehlenswert). Vama, Str. Ion Luca Caragiale 18, Tel. 0230-239 456, Fax 314 929, gute deutsche Website: www.casa-lucretia.ro.
- Am Ausgang von Vama findet sich Richtung Moldovița eine gute und günstige Pension: Die **Pensiunea Gabriela** (Str. Petru Rareş 125, Tel. 0745-510 170) bietet Halbpension (Mittag- oder Abendessen inkl. Frühstück und Übernachtung) für 60 RON.
- Die **Casa Ott** in Vama (Str. Zăvori 1, Tel. 0230-309 040, Mobil 0722-521 656) ist Pension, Forellenhof und Restaurant in einem. Sehr großzügiges Terrain mit jeder Menge Auslauf für Kinder und Erwachsene.

Kloster Moldovița ⇗IV, B2

An der Bergstraße 17a von Câmpulung-Moldovenesc nach Rădăuți haben sich **vier Dörfer** zur **Gemeinde Moldovița** zusammengeschlossen. Die Hauptattraktion des 2500 Einwohner zählenden Ortes ist das 1532 gegründete Kloster, das mit seiner vollständig von Außenfresken bedeckten Fassade zu den schönsten der Moldauklöster zählt. Von Suceava und Gura Humorului erreicht man Moldoviţa über eine schöne und gut befahrbare Nebenstrecke, die im Ort Vama abzweigt.

Der Stifter und Begründer des Klosters, **Petru Rareş,** ließ die damalige Kirche mit riesigen Mauern und Wehrtürmen umgeben, sodass sie von außen ein wenig an eine Festung erinnert. Auf dem Plateau zwischen den Flüsschen Ciurmârna und Moldoviţa erhebt sich die Kirche im traditionellen Dreikonchentypus mit **fünf Innenräumen** und jeweils eigenem Gewölbesystem. Einzigartig in Moldoviţa sind außer dem Altar aus Ebenholz auch die monumentale offene Vorhalle mit ihren fünf großen Arkaden, die **Geheimkammer** über dem Grabgewölbe sowie ein außen rund um die Kirche verlaufender Halbsockel, der als Sitzbank für die Gläubigen gedacht ist. An der nordwestlichen Wand führt eine Steintreppe zu einer Schatzkammer. Recht eigenwillig ist die unübliche Beleuchtung der **Grabhalle** durch halbzylindrisch gewölbte Fenster auf der Südseite; Grabhallen liegen in allen anderen Moldauklöstern in den dunklen Teilen der Kirche.

Wer in weitere Geheimnisse der Kirchenarchitektur und in die Deutung der Freskenmalerei eingeweiht werden möchte, sollte sich am besten einfach einer der zahlreichen **Reisegruppen** anschließen, die täglich nach Moldoviţa kommen. Wer dabei die Nonne *Tatjana* mit ihrem Laserpointer als Führerin erlebt, kann sich auf eine rasante und engagierte Erklärung in deutscher Sprache gefasst machen, zumal durch eine raffiniert inszenierte Architektur des Altarraumes eine ausgesprochen gute Akustik gegeben ist.

Die **Außenfresken** sind bei dem großen Brand, der das Kloster am 12. April 2005 heimsuchte, nicht beschädigt worden und umfassen zwei große Ensembles. Am Pfeiler der Südfassade sieht man *Sankt Georg,* den Drachentöter, sowie *Sankt Dimitrie* und *Sankt Merkurius,* die sich ebenfalls im Kampf gegen Feinde der Kirche befinden.

Im oberen Teil der Fassade ist im **Akathistos-Hymnus** ein Dank- und Loblied an *Maria* gerichtet, das aus 24

Fotografieren in Klöstern

Grundsätzlich sind Innenaufnahmen in Kirchen streng verboten. Dies soll in erster Linie den Verkauf von Postkarten und Büchern fördern. Andererseits ist in den meisten Moldauklöstern gegen eine Gebühr ab 6 RON das Fotografieren und ab 10 RON das Videofilmen erlaubt. Einige Leserzuschriften weisen allerdings darauf hin, dass man – falls das Fotografieren auch nur einen „Touch von Professionalität" hat – oft rüde darauf hingewiesen wird, das Fotografieren (trotz Bezahlung) zu unterlassen. Auch wenn Sie bezahlt haben, sollten Sie also möglichst **unauffällig agieren.** Der Aufbau eines Stativs z.B. wird meist schon als Belästigung angesehen. Wer nicht nur drittklassige Schnappschüsse machen möchte, sollte die weniger frequentierten Klöster abseits der klassischen Reiserouten besuchen. Hierzu bieten sich die wunderschönen Klöster Probota und Arbore an. Dort können Sie meist ganz ungestört ihrer Fotopassion nachgehen.

rum477 Foto: jr

einzelnen Szenen besteht. Das Motiv dieser Ikonografie erschien erstmalig im 11. Jahrhundert auf dem Berg Athos und ist in Moldovița und im Kloster Humor am besten erhalten geblieben. Wie bei den meisten Moldauklöstern (außer in Sucevița) sind auch in Moldovița die Fresken der Nordfassade witterungsbedingt kaum mehr zu erkennen.

Kloster-Museum

Zu den markantesten Klostergebäuden zählt die 1612 errichtete Wohnung der Küster und Äbte gegenüber dem Kirchengebäude. Hier ist heute auch das Klostermuseum mit **Handschriften** aus dem 15. Jahrhundert untergebracht. Früher wohnten in dem Gebäude Kopisten und Miniaturisten, die alte Schriften und Bilder nachahmten. Die interessantesten Kalligrafien im Museum sind ein Tetraevangelium als Pergamentmanuskript aus dem Jahr 1613 und ein Psalter (Buch der Psalmen) von 1684. Außerdem sind Steinfragmente aus dem 15. Jahrhundert sowie Ikonen und Gefäße ausgestellt. Vor dem Gebäude steht die **Statue von Petru Rareş,** der im Klostergarten seine letzte Ruhestätte fand.

Die vollständig mit Außenfresken bedeckte Fassade des Klosters Moldovița zählt zu den besterhaltenen des Moldaugebietes

Die Belagerung Konstantinopels

Zu den markantesten Szenen der **Klosterfresken** von Moldovița zählt die unter dem Akathistos-Hymnus an der Südfassade dargestellte Belagerung Konstantinopels. Seit 1396 befand sich die Moldauregion unter dem Joch der türkischen Herrschaft. Als dem moldauischen Fürsten und Heerführer *Stefan der Große (Ștefan cel Mare)* vom Papst aufgetragen wurde, eine christliche Allianz gegen die Türken zu gründen, verwandelten die Osmanen 1485 als Antwort die damalige moldauische Hauptstadt Suceava in Schutt und Asche.

Das Gemälde auf der Außenwand des Klosters Moldovița entstand um 1537. Auf den Fresken sind türkische Kanonen gegen die Stadtmauern von Konstantinopel gerichtet. Im Stadtzentrum sieht man christliche Fürsten und betende Nonnen und Priester, während außerhalb die osmanische Kavallerie und die feindlichen Lanzenträger anrücken. Man hat also Konstantinopel als christliche Bastion angesehen, die „vorübergehend" unter osmanische Herrschaft geriet und die es nun, in der rumänisch-moldauischen Fantasie, gegen die Türken zu verteidigen galt. Als Schutzheilige für die kriegerischen Auseinandersetzungen wurde die heilige Jungfrau *Maria* auserwählt, die schließlich, so die damalige christliche Lesart, bereits den Byzantinern geholfen hatte, die Perser zu bezwingen.

- Das **Kloster Moldovița** möchte zukünftig auch Übernachtungsmöglichkeiten auf dem Gelände anbieten. Um Voranmeldung unter Tel. 0230-336 348 wird gebeten. Klostereintritt 4 RON, Foto, Video je 6 RON extra.

In der Umgebung des Klosters Moldovița

Waldbahn

Da die Waldbahn im Wassertal mittlerweile zu einem großen touristischen und damit ökonomischen Erfolg geworden ist, kam man auf die Idee, auch die stillgelegte Waldbahn in Moldovița im Juli 2005 zu neuem Leben zu erwecken. Das Sägewerk und die Schmalspurlokomotive wurden aus dem Maramureș-Ort Vișeu de Sus übernommen. Zu sehen sind eine alte Resița-Dampflokomotive und drei historische Personenwaggons. Nostalgiefans können auch die 1921 gebaute Krauss-Lokomotive auf einem kurzen Streckenabschnitt besichtigen, die gelegentlich als Sonderzug zum Einsatz kommt. Für die vollständige Inbetriebnahme der Museumsbahn muss die demontierte Waldstrecke jedoch neu angelegt werden.

Ciumârna-Pass

Vom Ort Vatra Moldoviței führt eine serpentinenreiche, aber traumhafte Strecke über den 1109 m hohen Ciumârna-Pass zum Kloster Sucevița. Oben auf der Passhöhe ist das überdimensionierte **sozialistische Monument** einer riesigen emporgestreckten Hand zu sehen. Die schwer zu entziffernde Inschrift lässt auch viele Rumänen ratlos zurück, was es mit diesem

Denkmal auf sich hat. Des Rätsels Lösung: Als die Passstraße 1960 errichtet wurde, fing man an zwei Punkten gleichzeitig mit dem Bauen an, im Dorf Ciumârna auf der südlichen Seite und in Sucevița auf der nördlichen Seite. Als sich die Bautrupps schließlich oben auf dem Pass begegneten, schüttelten sich alle begeistert die Hände. Die weiße Hand soll heute allgemein als Symbol für die Begegnung der Menschen stehen.

Die **wunderbare Bergstrecke** von Vatra Moldoviței nach Sucevița sollte man übrigens nicht nachts befahren. Nach Regengüssen kann es hier öfters zu plötzlichen Asphalt-Abbrüchen der Straße kommen, die evtl. nicht rechtzeitig zu sehen sind.

Unterkunft

- **Pension Kevin & Niky, Fam. Cretu,** besonders schöne, saubere und gastfreundliche Unterkunft. In Moldovița am Beginn der Straße zum Kloster auf der rechten Seite (gegenüber der Pension Vila Crizantema), Vatra Moldoviței, Mobil 0740-659 55, Tel. 0230-336 008. Halbpension mit 4-Gänge-Menü (sehr empfehlenswert) 22 Euro pro Person. 12 Zimmer (EZ, DZ und 3er-Zimmer) und Sauna. Positive Leserresonanz.
- In der Str. Stadionului 87 befindet sich eine **Pension** mit 10 DZ (artalucia@yahoo.com). Bei Halbpension 25 Euro pro Person, mit Vollpension 30 Euro pro Person. Jedes Zimmer hat Bad und Dusche, die Besitzer sprechen auch deutsch.

In der Str. Stadionului 87 ist übrigens ein **Museum für „angewandte Kunst am Ei"** der bekannten rumänischen Künstlerin *Lucia Condrea* entstanden. Es besteht aus drei Abteilungen; die Techniken der Eierbemalung werden demonstriert und auf Wunsch auch Kurse im Eierbemalen vermittelt.

- Gut übernachten kan **Crizantema** gleich zu Beg straße. Das Haus hat sich ganz d verschrieben und verfügt über ein nen Innenhof. Halbpension kostet hier 2 ro oder 70 RON. Alle 9 Zimmer sind mit Ba und TV ausgestattet. Str. Monastirii 204, Tel. 0230-336 116, www.vilacrizantema.ro.
- Im Ort Vatra Moldoviței betreibt die ehemalige Managerin **Margitta Gräfin von Moltke** eine Sonnenschein-Stiftung, die sich für wohltätige Zwecke (Kinder- und Seniorenprojekte) in Rumänien engagiert (Tel. 0230-336 240, Mobil 0744-103 511). Man findet das traumhafte Holzhaus der Gräfin gleich am Ausgang von Vatra Moldoviței Richtung Ciumârna-Pass, gegenüber der Vila Lulu. Die gegenüberliegende **Vila Lulu** ist aus hygienischen Gründen nur in äußersten Notfällen und für hartgesottene Touristen als Unterkunft zu empfehlen.

Kloster Sucevița ↗ IV, B2

Wer das schönste und am besten gelegene aller Moldauklöster, das Kloster Sucevița in der gleichnamigen Gemeinde, besuchen möchte, muss vorher den 1109 m hohen Ciumârna-Pass überwinden oder einen Umweg über die nordöstlich gelegene Stadt Rădăuți in Kauf nehmen. Von der Bezirkshauptstadt Suceava kommt man über die E85 und die ebenso gut befahrbare 17a mit dem Auto in einer Stunde zum Kloster. **Busse** fahren von den Städten Suceava, Rădăuți und Câmpulung-Moldovenesc aus zweimal am Tag direkt dorthin. Eine schöne Alternative ist die Wanderung vom nördlich gelegenen Kloster Putna über die hügeligen Ausläufer der Obcina-Mare-Bergkette (Wanderzeit: 8 Std.).

das
e eine
Beginn
arkplatz
Händler
d mitunter
ese Butter-
egen Rheu-

ma, Arthrose und Thrombophlebitis. Neben dem Parkplatz gibt es auch zwei kleine Läden (Magazin Mixt), in denen man sich mit dem Allernötigsten versorgen kann.

Die Klostergründung begann 1581 durch die Bojarenbrüder *Movilă*. Der **Stifter Ieremia Movilă,** der von 1595

rum473 Foto: jr

Der Skandal von Sucevița

Im Klostermuseum von Sucevița ist – neben Putna und Dragomirna – die reichhaltigste und wertvollste Sammlung von Stickereien, Ikonen, Büchern und Handschriften aller moldauischen Klöster zu sehen. Besonders eindrucksvoll sind dabei zwei handgestickte, mit Perlen, Goldfäden, Silber und Seide verzierte **Grabdecken aus dem Jahr 1592.** Für den oberflächlichen Betrachter zeigen sie nur die beiden Stifterbrüder *Ieremia* und *Simion Movilă* in historischen Kostümen ihrer Zeit. Doch die Art der Darstellung hat in der damaligen Kirche für einen handfesten Skandal gesorgt. Während sich *Simion* der Tradition gemäß in der Haltung eines Toten mit übereinandergelegten Händen und geschlossenen Augen abbilden ließ, hatte sein rebellischer Bruder Frevlerisches im Sinn. Entgegen den Vorgaben der damaligen Zeit ließ er sich auch auf seiner Grabdecke als lebendige, füllige Gestalt mit tiefschwarzem Bart abbilden. Als Vorlage diente ihm das Votivbild, das im Kirchenschiff auf einer Freske erscheint. Damalige Kritiker warfen *Ieremia Movilă* vor, er rückte sich mit dieser Darstellung in die Nähe eines Unsterblichen. Heute hat die orthodoxe Kirche kein Problem mehr mit dem Rebell und präsentiert stolz die beiden prachtvoll bestickten Tücher in der großen Halle des Klostermuseums.

bis 1606 Fürst der Moldau war, nutzte die unerwartete elfjährige Friedenszeit zum Ausbau des Klosters. Da die südlich gelegene Bergkette der Obcina Mare einen natürlichen Schutz vor Angreifern bot, wurde das Kloster Sucevița auch in den nachfolgenden Jahrhunderten kaum von Türken angegriffen. Von Norden jedoch fielen 1610 und 1615 Polen und Kosaken zweimal über das Kloster her, das in der Zwischenzeit zum reichsten der Moldauregion geworden war. 1629 wurde es noch einmal von räuberischen Horden geplündert. Erst 13 Jahre später zogen wieder Mönche in die leer stehende Anlage ein. 1954 wurde das zerfallene Dach originalgetreu wiederhergestellt.

Sucevița ist das wahrscheinlich schönste aller Moldauklöster

Das Kloster Sucevița ist das einzige, dessen **Fresken** innen und außen vollständig und in bester Qualität erhalten geblieben sind. Da die Motive der dem Wetter besonders stark ausgesetzten Nordfassade bei allen anderen Moldauklöstern fast vollständig verschwunden sind, ist es natürlich besonders interessant, welches Bild in Sucevița zu sehen ist. Es ist die **„Stufenleiter der Tugenden“,** die den Kampf zwischen Gut und Böse zeigt. Auf der obersten Stufe stehen wohlgeordnet und in strahlenden Farben gemalt die tugendhaften Engel; dann geht es stufenweise nach unten der Hölle entgegen. Nach sieben abwärts führenden Stufen stehen die Aspiranten für das Fegefeuer unmittelbar (und ohne helfende Flügel) vor dem Sturz über die Dachkante in die Höllenschlucht. Die herunterpurzelnden Gestalten sind auf dem Weg in die Hölle von den Klosterkünstlern *Ioan* und *Șofronie Zugravul* bewusst in einem chaotischen Durcheinander gemalt worden, um den Kontrast des Sündenfalls zur himmlischen Ordnung noch deutlicher herauszustellen.

Im Kircheninnern setzt sich die für das Kloster Sucevița typische Form der **erzählenden Malerei** fort. An der Ostwand der Vorhalle wird dies besonders deutlich, mit Szenen des Jüngsten Gerichts, in denen Teufel das Sündenregister der Menschen in weißen Paketen herantragen. Im Kirchenschiff sind mehrere Votivgemälde zu sehen, die den Gründer *Gheorghe Movilă* und Szenen aus dem Leben *Jesu* zeigen. Die Wände der zentral gelegenen Grabkammer dekorieren Szenen aus dem Leben von *Moses* und dem Auszug aus Ägypten. Ähnlich wie in anderen Klöstern kann die starke Aufsplitterung der ikonographischen Motive in zahllose kleine Bilder, die das Kircheninnere vollständig bedecken, für den Betrachter leicht verwirrend wirken. Für diejenigen, die tiefer in die Symbolik der zahlreichen Motive eintauchen wollen, empfiehlt sich die **Führung** durch eine der Nonnen von Sucevița, die sich, wie beispielsweise *Maica Veronica*, mehr Zeit zum Erklären nehmen, als in den hochfrequentierten Klöstern Voroneț und Humor.

- Da das **Kloster Sucevița** mit seinen hervorragend erhaltenen Fresken eine Sonderrolle unter den Moldauklöstern spielt und zudem wunderschön liegt, empfiehlt es sich für einen längeren Aufenthalt als die bei Touristen sonst übliche halbe bis dreiviertel Stunde. Wer im Ort übernachtet, kann das Kloster auch zu einem Abendgebet besuchen. Wenn die Touristenströme verebbt sind, herrscht auf dem Klostergelände eine völlig andere Atmosphäre als zur Tageszeit. Eintritt 4 RON, Foto, Video je 6 RON extra. Im Innern der Klosterkirche darf nicht fotografiert werden.

In der Umgebung des Klosters Sucevița

Richtung Rădăuți (gesprochen: Radautz) kommt man nach 8 km in die für ihre schwarze Keramik bekannte Ortschaft **Marginea.** Wer die berühmten Töpferwerkstätten ohne Gruppenführung besichtigen möchte, erkundigt sich am besten im Rathaus bei *Doamna Rotaru* (Tel. 0230-416 203 bzw. 204).

Von Marginea führt eine kleine, aber gut befahrbare Nebenstrecke über Solca mit seiner Bierbrauerei nach Arbore. Das dortige **Kloster Arbore** liegt direkt an der Hauptstraße, wird allerdings verhältismäßig selten besucht und muss darum häufig erst aufgeschlossen werden. Die 1502 von *Ștefan cel Mare* gegründete Anlage wurde bereits 1532 durch türkische Angreifer stark zerstört. Die heutigen Innen- und Außenfresken sind zum großen Teil erneuert, während die ursprünglichen Heiligenfiguren im Vorschiff erhalten geblieben sind.

Unterkunft

- **Casa Felicia,** etwa 200 m hinter dem Kloster Sucevița (vom Ciumirna-Pass kommend), rechts, erkennbar am grünen Zaun (Nr. 487). Diese Pension hat ein entzückendes Gästehäuschen mit zwei DZ und kleinem Bad und großem Garten. Sehr traditionell, sehr sauber. Frau *Felicia* (spricht französisch) kocht fantastische Hausmannskost, auf Wunsch auch vegetarische oder glutenfreie Kost. Sechs Wanderstunden bis nach Putna. Auf Wunsch wird das Reisegepäck von Wandergruppen mit dem Auto voraustransportiert. DZ pro Person mit Frühstück und 3-Gänge-Abendessen (inkl. Wein und Schnaps) 80–100 RON. Tel. 0230-417 083, cazac_dana@yahoo.co.uk.

- **Familiengästehaus Daniela und Trandafir Cazac,** Sucevița, Haus Nr. 487, Tel. 0230-417 083, cazac-dana@yahoo.com. Zwei hübsche Holzhäuser aus massiven Eichenplanken, großer Garten mit Apfel- und Kirschbäumen, traditionelle Mahlzeiten, ökologischer Anbau (Mitglied von Ecotourism Romania), sieben Zimmer, auf Wunsch Einführung in traditionelles Kunsthandwerk (Eier bemalen, Töpfern, Weben, Pilzsuche etc.). Kutschfahrten und geführte Wanderungen. Preis auf Anfrage (gutes Preis-Leistungsverhältnis!).
- Übernachten kann man im sehr idyllischen und ruhigen **Popas Turistic Bucovina.** Das Haus verfügt über 23 Zimmer, eine gute Küche und einen bewachten Parkplatz mit einem zur Zierde aufgestellten Wasserrad. Als Aktivitäten sind Tennis und Bogenschießen möglich, im Winter gibt es einen Verleih von Skiausrüstungen. Auf Wunsch werden auch Picknicks und Lagerfeuer veranstaltet. DZ 38 Euro (130 RON), EZ 33 Euro (110 RON).
- Auch die an der Hauptstraße gelegene **Casa Aspasia** mit seinem schattigen Innenhof ist sehr empfehlenswert. Der Hausherr bietet einen eigenen Grillplatz an. Zimmer 60 RON, Tel. 0230-417 072.
- Am grünen Berghang, in der Nähe eines Waldes, liegt die **Casa Lina** mit traumhafter Aussicht auf die Klosteranlage. DZ ab 100 RON, Mobil 0741-298 484, www.casa-lina.ro.

Essen und Trinken

- **La Hanul Mărioarei,** Tel. 0230-417 017, das einzige Restaurant des Ortes Sucevița bietet regionale bürgerliche Küche zu vernünftigen Preisen an. Die Spezialität des Hauses heißt *Tochitură Suceveană.*

Rădăuți/ Radautz

↗ IV, B1

- **Meereshöhe:** 374 m
- **Vorwahl:** 0230
- **Einwohner:** 27.800

Am Flüsschen Toplița gelegen, ist Radautz für die meisten Besucher nur eine **Durchgangsstation** auf dem Weg zu den Bukowinaklöstern Putna, Sucevița, Moldovița oder Arbore. Ehemals galt die Marktstadt als Musterbeispiel eines wohlhabenden jüdischen Stetls mit habsburgischem Flair und Bukowiner Charme. Die zwischen 1349 und 1370 von Fürst *Bogdan* erbaute Stadt ist eine der ältesten Siedlungen des Buchenlandes. Bis weit über die Grenzen hinaus bekannt war der Pferdemarkt, der auch Gestüte in Österreich und Deutschland belieferte.

Im Stadtzentrum steht ein sehenswerter **jüdischer Tempel,** der die alte jüdische Tradition der Stadt bezeugt. Noch 1920 lag der Anteil der jüdischen Bevölkerung von Radautz bei 35 Prozent.

In der **St. Nikolauskirche** an der Hauptstraße Richtung Suceava in der Nähe eines kleinen **Skulpturenparks** stehen die Büsten von *Alexandru Ion Cuza, Petru Rareş, Ştefan cel Mare* und *Alexandru cel Bun.*

Hinter dem Park kommt man gleich zur **Bogdana,** der **Nikolauskirche.** Sie wurde nach ihrem Stifter *Bogdan cel Batrin (Bogdan der Ältere)* benannt. Von außen erscheint die Kirche mit ihrem tief heruntergezogenen Schindeldach eher wie ein Bauernhaus. Erst im Innern offenbart sich die Kirche mit ihrer dreischiffigen Basilika und der hölzernen Altarwand mit den Abbildungen des Abendmahls. Die Kirche der Bogdana verwirrt mit ihrem überraschenden Äußeren nicht nur die Besucher. Einige Geheimgänge über den Seitenschiffen und die untypischen Scheinemporen stellen auch Kirchenkenner vor ungelöste Rätsel.

Post

- Str. Volovatului 77, Tel. 561 320.

Mobilität

Bus- und Zugstation liegen in der Str. Suceviţa und Str. Garii, etwa 300 m vom Zentrum entfernt.

- Täglich fahren vier **Züge von Rădăuţi nach Putna:** 6:57, 9:50, 15:13, 20:02 Uhr, Rückfahrten um 4:53, 8:36, 12:33 und 16:50 Uhr. Die einfache Fahrt dauert 1:17 Std. und kostet etwa 20 RON.
- **Von Rădăuţi nach Suceava** fahren täglich mehrere Züge, z.B. um 7:49, 9:48, 13:43, 18 und 19:28 Uhr. Die Fahrt dauert knapp über 1 Std. und kostet etwa 25 RON.

Unterkunft

- Die beste Unterkunft in Rădăuţi und eine gute Küche bietet das **Hotel Fast** in der Str. Ştefan cel Mare 80, unweit des Hauptbahnhofs, Tel. 0230-560 060, www.fast-radauti.ro. 6 DZ, 3 Zimmer mit großem Bett, ein 3-Bett-Zimmer. EZ 90–120 RON, DZ 140–160 RON, 3-Bett-Zimmer 180 RON.
- **Hotel Galan,** Str. 1. Mai Nr. 9, Tel. 561 987, DZ 70 RON.

Essen und Trinken

Drei Restaurants, die typische Spezialitäten aus der Bukowina anbieten, sind das **Restaurant Naţional,** Piaţa Unirii 67, Tel. 565 551, das **Restaurant Cina,** Str. 1. Mai Nr. 6, Tel. 561 745, und das **Restaurant Antique,** Alea Primăverii 12, Tel. 560 011.

Einkaufen

- **Markt:** Do. und Fr. findet im Stadtzentrum ein Basar statt, auf dem die Bauern der umliegenden Gemeinden und Händler aus der Ukraine ihre Waren anbieten.
- **Töpferwaren** sollten jedoch besser direkt an ihrem Herstellungsort im 8 km entfernten **Marginea** erstanden werden.

Kloster Putna

↗ IV, B1

Das nördlichste und abgelegenste Bukowinakloster, das Kloster Putna an der ukrainischen Grenze, ist sehr gut von Suceviţa und von Rădăuţi erreichbar. Mit dem Auto dauert die Fahrt über eine gute Straße von Suceviţa aus 40 Minuten. Für die gemütliche Reise mit einem der vier täglichen Züge von Rădăuţi benötigt man etwas länger als eine Stunde.

Der Legende nach wurde der Standort des **Männerklosters Putna** von seinem Gründer *Ştefan cel Mare (Stefan der Große)* durch einen Bogenschuss bestimmt, den er von einem Hügel über dem Ort Putna ausführte. Nach der siegreichen Schlacht gegen die Türken 1466 bei Chilia löste der Moldaufürst *Stefan* mit der Gründung ein Gelübde ein, das er vor der Schlacht abgelegt hatte. Der Ort, an dem *Stefan der Große* bei seinem Bogenschuss stand, ist heute durch ein großes weißes Kreuz gekennzeichnet.

Jedes Jahr am 2. Juli **pilgern Tausende von Gläubigen** zum Kloster Putna, um dort das Grab *Stefans des Großen* zu besuchen. Die von einer 4 m hohen Mauer umgebene Anlage gilt als wichtigstes Bauwerk des berühmten Klosterstifters. Gleich am Eingang wird der größte Dichter Rumäniens, **Mihai Eminescu,** mit einem Denkmal gewürdigt; er hatte das Kloster bei einem seiner vielen Besuche als „Jerusalem des rumänischen Volkes" bezeichnet.

Das zwischen 1466 und 1469 erbaute Wehrkloster Putna war im Laufe seiner Geschichte **zahlreichen Angriffen** der osmanischen Heere und der Kosaken ausgesetzt, die hinter den Klostermauern große Reichtümer vermuteten. Der Chronist *Ion Neculce* erzählt im 17. Jahrhundert von einem „schönen Kloster", das „ganz vergoldet, innen und außen bemalt und mit Blei bedeckt" war. Das vollständig aus Blei angefertigte Dach der Klosterkirche wurde um 1650 von den Kosaken bei einer Plünderung eingeschmolzen und zu Kanonenkugeln geformt. Viele der kunstvollen Gemälde und Ikonen wurden verbrannt, um daraus das Gold, das zur damaligen Zeit auch als „Farbe" verwendet wurde, zu gewinnen. Die Gebäude wurden bei den vielen Überfällen zum großen Teil eingerissen, um an die darin vermuteten Schätze und Grabbeigaben von *Ştefan cel Mare* zu gelangen.

Heute präsentiert sich das Kloster im Gegensatz zu anderen Bukowinaklöstern ohne farbige Außenfresken in einem schlichten weißen Anstrich. Auch das **Grab von Ştefan cel Mare** ist mit einem weißen Marmorbaldachin überdacht. Mit ihm gemeinsam sind zwei seiner drei Frauen, seine beiden Söhne *Bogdan* und *Petru* und einige nachfolgende Moldaufürsten im Kloster begraben.

Das Kloster Putna galt im Mittelalter nicht nur als kirchliche Trutzburg und Rückzugsstätte der Mönche, sondern auch als bedeutende Schreibwerkstätte und Kunstschule. Das **Museum** des Komplexes bewahrt einige Kirchenschätze auf, die zu den wertvollsten ihrer Art in der Welt zählen. Besondere Bedeutung hat das **Evangelium von Humor** aus dem Jahr 1473, das mehrere hundert Jahre in Geheimkammern des Klosters schlummerte und neben anderen silberbeschlagenen Handschriften im Museum zu den größten Schätzen Rumäniens zählt.

Draußen vor dem Kloster stehen neben einer an den Künstler *Brâncuşi* erinnernden Holzskulptur drei **Glocken,** die ehemals zu bestimmten Ereignissen geläutet wurden. Die links stehende, größte Glocke aus dem Jahr 1484 erklang zum letzten Mal 1918. Sie diente nur der Verkündigung großer Ereignisse, wie Krönungen, Hochzeiten von Fürsten oder deren Tod. Die **Blagovestenie** genannte Glocke soll bis ins 60 km entfernte Suceava zu hören gewesen sein und wurde bis 1989 vor den Kommunisten versteckt. Die mittlere und kleinste der drei aufgereihten Glocken wurde für den Alltagsgebrauch benutzt, während die letzte Glocke, rechts außen, das Geschenk eines Handwerkers, niemals zum Einsatz kam.

Sehr interessant ist die in den Felsen gehauene **Höhlenkirche (Biserica lui Daniil Sihastrul)**, die man am Berghang sehen kann. Einst diente sie als Eremitenwohnung für *Daniil*, einen Zeitgenossen von *Stefan dem Großen*. Der Überlieferung nach soll der Einsiedler den Moldaufürsten während der türkischen Belagerungen mit raffinierten Kriegsstrategien und „göttlichen Eingebungen" erfolgreich beraten haben.

Mihai Eminescu – Nationaldichter Rumäniens

Es gibt wahrscheinlich keine einzige rumänische Stadt, in der nicht wenigstens eine Straße oder ein öffentliches Gebäude nach dem größten Dichter Rumäniens, nach **Mihai Eminescu (1850–1889)** benannt ist. *Eminescu* gilt heute als die entscheidende poetische Stimme seines Zeitalters und seines Landes und darf auch in keiner Hochzeitsansprache, keinem kulturpolitischen Statement von Bedeutung und keiner Trauerrede in Rumänien fehlen. Das Verdienst *Eminescus* bestand darin, die rumänische Sprache in seinen Gedichten, Novellen und Märchen entscheidend beeinflusst zu haben. Der Dichter, der übrigens ein hervorragendes Deutsch sprach, bereicherte und modernisierte seine Muttersprache um völlig neue Wendungen und geniale Neologismen.

In subversiv-ironischem Ton nahm *Eminescu*, als wissenschaftlich und kulturell aufgeklärtes Kind seiner Zeit, in seinen Schriften auch zu gesellschaftlichen und religiösen Themen Stellung. Die kommunistische Literaturkritik hatte es denn auch nicht leicht, den freiheitsliebenden Dichter als jemanden zu etablieren, der als Nationaldichter „dem ganzen Volk zu dienen hatte". *Eminescu*, in dessen Gedicht „Menhire" (Berufung) 1880 eine Strophe mit den Zeilen „Und keiner bringt mich dazu, nach seiner Pfeife zu tanzen ..." beginnt, war dem Diktator *Ceaușescu* suspekt, war ihm zu sehr Individualist.

Eminescu galt bereits in seiner Kindheit als Einzelgänger. Geboren im moldauischen Botoșani, wo man ihm seit 1964 eine Gedenkstätte mit Museum eingerichtet hat, schloss sich der 16-jährige *Eminescu* nach seiner Schulzeit in Czernowitz einem Wandertheater an. Kaum vier Jahre später ging Eminescu nach Wien und Berlin, wo er Philosophie studierte und die Werke *Schillers* ins Rumänische übersetzte. Mittellos und ohne Studienabschluss kehrte er 1880 in seine Heimat zurück und versuchte sich im Zeitungs- und Verlagswesen, als Übersetzer und Deutschlehrer. Seine Stelle als Direktor der Universitätsbibliothek von Iași sollte die erste und letzte feste Anstellung des damals knapp 30-jährigen Dichters werden. Bereits 1885 erkrankte *Eminescu* schwer an der Syphilis und quälte sich (übrigens zur fast gleichen Zeit wie *Friedrich Nietzsche*) in geistiger Umnachtung durch seine letzten Jahre. In dieser Zeit äußerster Anspannung und großer Schmerzen entstanden einige seiner besten Gedichte, ein Roman, Novellen, Märchen und naturwissenschaftliche Abhandlungen.

•**Casa memoriala Eminescu,** in Ipotești, 10 km nordwestlich von Botoșani (DN29b), Di. bis So. 9–17 Uhr, Eintritt 4 RON. Zu dem 1964 eingerichteten Gedenkhaus ist nach 1990 auch ein Forschungs- und Nationales Studienzentrum für Literatur hinzugekommen.

Mobilität

- **Züge:** siehe bei Suceava und Rădăuți.
- **Busse:** Es soll von Rădăuți nach Putna eine permanente Buslinie entstehen. Falls diese nicht zustande kommt, bleibt man auf die Maxitaxis angewiesen, die vor dem Hauptbahnhof warten. Eine Fahrt zum Kloster Putna sollte ab Rădăuți nicht mehr als 10 Euro kosten (40–50 RON). Empfehlenswerter als die Anfahrt mit dem Bus ist die Bahnfahrt.

Unterkunft

- Das Kloster Putna bietet keine Übernachtungen auf dem Gelände an, doch in der Klosterstraße (Str. Mănăstirii) finden sich mehrere Pensionen und Gasthäuser. Einen guten Eindruck macht die kleine **Pensiunea Chitriuc,** Str. Mănăstirii 585, Tel. 0230-414 201. Neben den drei 3-Bett-Zimmern und zwei DZ bietet die Pension auch freien Zugang zur Küche, eine Grillgelegenheit und einen Kinderspielplatz. 3-Bett-Zimmer 120 RON, DZ 80 RON.
- **Cabana Putna Dorina,** Str. Putna 272. 4 DZ und ein Restaurant. DZ 80 RON.

Essen und Trinken

- Erste Wahl ist das **Restaurant Bucovina,** Str. Mănăstirii 157a, Tel. 0230-414 227.

Mystik und bunte Klöster

Die in Rumänien lebende Physikerin und Autorin **Nina May** bietet Führungen zu den Moldauklöstern der Bukovina an. Wer in der beeindruckenden Kulisse von Klosterfresken, malerischer Natur und archaischen Dörfchen bei Lagerfeuer, Steinpilzeintopf und einer Karaffe Landwein über Lichtquanten, Gemälde, Kulinarik, den rumänischen Alltag, Religion und Mystik philosophieren möchte, schreibe an *Nina May*, Tonciu Nr. 73, 427089 Galatii-Bistritei, Rumänien oder an ninamay.bluesphere@yahoo.de.

Suceava

↗ V, C2

- **Meereshöhe:** 270–435 m
- **Vorwahl:** 0230
- **Einwohner:** 117.800
- **Deutscher Name:** Suczawa

Suceava, die Hauptstadt des gleichnamigen Bezirks, ist dank eines eigenen Flughafens, zweier Bahnhöfe und der hervorragend befahrbaren Europastraße 85 sehr gut zu erreichen. Im Mittelalter galt die Stadt an der historischen Handelsroute vom Schwarzen Meer nach Krakau als wichtiger Umschlagplatz für Holzwaren, Stoffe und Gewürze, die von Konstantinopel über Constanța nach Suceava gelangten. Über ein Jahrhundert lang war Suceava Hauptstadt Moldawiens, bis ihr 1565 Iaşi diesen Rang streitig machte. Von der völligen Zerstörung durch die Osmanen (1624) hat sich die Stadt bis ins 18. Jahrhundert hinein kaum erholt. Während der Habsburgerzeit spielte Suceava keine wichtige Rolle. Heute sucht die Universitätsstadt, die gerade einmal 40 km von der ukrainischen Grenze entfernt liegt, nach einem neuen, modernen Profil. Ihre Rolle als industrieller Standort für Maschinenbau und Holzverarbeitung, die sie zu kommunistischen Zeiten hatte, wird die Stadt ohne neue Investitionen verlieren.

Orientierung

Leider zieht ein alles überragender Hinweisturm der Fast-Food-Kette McDonald's an der Hauptstraße im Stadt-

bestickte Folklorekostüme und wilde Masken, die in Suceava zum Winterkarneval während der Straßenumzüge getragen werden. Das sehr freundliche Personal des Museums gibt auch gerne Auskünfte zu den Bräuchen in der Bukowina sowie zur neueren und älteren Stadtgeschichte.

● **Hanul Domnesc,** Str. Ciprian Porumbescu 5, Tel. 213 775, täglich 10–18 Uhr.

Am Stadtpark

Der Stadtpark von Suceava, der den lebhaften Bulevard Ana Ipătescu zum verkehrsberuhigten Zentrum hin abgrenzt, liegt etwa fünf Minuten zu Fuß vom Hanul Domnesc und dem zentralen Platz des 22. Dezember entfernt. Die Fußgängerzone der Strada Ştefan cel Mare führt direkt dorthin. Am Stadtpark liegt das **Naturkundemuseum** mit einigen lebensnah inszenierten Situationen aus dem Tierreich. Neben kämpfenden Hirschen, schnuppernden Dachsfamilien, säugenden Rehmüttern und kabbelnden Bärenkindern findet man auch mineralische Funde aus der Bukowiner Bergwelt wie bunte Quarze und Piritsteine. Die Studenten, die im Foyer des Museums an der Kasse arbeiten, sind sehr hilfsbereit und verweisen Besucher der Stadt auch gerne auf andere Sehenswürdigkeiten wie zum Beispiel das **Planetarium.** Seit der Sonnenfinster-

rum486 Foto: jr

nis vom 11. August 1999, die in Rumänien wunderbar zu sehen war, erlebt die Sternwarte einen regelrechten Boom. Wer sich den nächtlichen Sternenhimmel über Suceava durch ein Fernrohr ansehen möchte, kann dies im Planetarium ab 22 Uhr tun.

- **Muzeul de Ştiinţele Naturii** (naturkundliches Museum), Str. Ştefan cel Mare 23, Tel. 213 775, Mo. 8–15 Uhr, Di. bis So. 9–17 Uhr, Eintritt 15 RON.
- **Planetarium,** Str. Universităţii 13a, Tel. 221 840 (vom Stadtpark aus mit dem Taxi 5 Minuten), Eintritt 20 RON.

Kirche Sfântul Dimitriu

Die Str. Ştefan cel Mare führt rechter Hand des Hauptplatzes 22. Dezember unmittelbar zur **ältesten Kirche der Stadt,** der Demeterkirche (Biserica Sfântul Dimitriu). Sie wurde 1534/35 vom Fürsten *Petru Rareş* im typisch moldauischen Stil errichtet. Der freistehende vierstöckige Glockenturm kam erst 1561 hinzu und wurde von *Alexandru Lâpuşneanu* konstruiert. Die bunten Dachziegel können leider nicht darüber hinwegtrösten, dass die Fresken im Innern durch Kerzenrauch völlig unkenntlich geworden sind. Auch die Außenmalereien sind kaum mehr erhalten und werden seit Jahren restauriert.

In der ehemaligen Fürstenherberge Hanul Domnesc ist heute ein sehenswertes Völkerkunde-Museum untergebracht

Modernste Kirchenkunst

In der Rosenallee (Alea trandafirilor), fünf Minuten vom Zentrum entfernt, findet sich ein Beispiel dafür, dass sich moderne orthodoxe Kirchen architektonisch nicht mehr nur an traditionelle Vorlagen halten. Die futuristisch anmutende **Kirche Fecioare Maria,** die 2005 fertiggestellt wurde, gilt als der modernste orthodoxe Kirchenbau Rumäniens. Konservative Kritiker haben die Kirche, die an Experimente evangelischer Autobahnkirchen erinnert, in der lokalen Presse mit dem Hinweis kommentiert, die Gläubigen mögen darauf achten, dass ihnen in diesem modernen Schiff nicht speiübel werde.

Rund um den Kulturpalast

Auf den ersten Blick reiht sich der vor dem Nationaltheater gelegene **Platz des 22. Dezember** nahtlos in die Liste anderer zubetonierter, uninspirierter Plätze in rumänischen Großstädten ein. Wer sich jedoch vor dem kleinen **Café Flora Bucovina** die Platzarchitektur ein wenig genauer betrachtet, wird so manches interessante Detail entdecken und sich nach einer Weile wie in einem sozialistischen Freilichtmuseum fühlen. So finden sich auf dem Boden vor einem kaum beachteten Betonspringbrunnen Ähren und Maschinenräder als abgetretene Marmorintarsien, die auf die Vorliebe der Kommunisten für kitschig-heroische Symbole verweisen. Als belebendes Element des Marktplatzes kommt im Sommer ein großer **Biergarten** hinzu, der direkt vor dem monumentalen Kulturpalast zu finden ist. Das protzige

Gebäude des Palastes beherbergt unter anderem das **Nationaltheater** und erinnert ein wenig an ein gewaltiges steinernes Raumschiff.

Erwähnenswert ist noch die **Messingstatue des Fürsten Petru Muşat,** der die Zitadelle von Suceava errichten ließ. Sie steht direkt vor dem Nationaltheater auf dem Marktplatz, verschwindet aber während der warmen Sommermonate regelmäßig zwischen den Planen der zahlreichen Bierzelte.

Die Zitadelle

Im östlichen Teil des Stadtzentrums liegt die Zitadelle, von der einheimischen Bevölkerung **Fürstenburg (Cetatea de Scaun)** genannt. Man erreicht sie über eine lange Treppe, die von der Str. Cetăţii, der Festungsstraße, abzweigt. Von der Hauptstraße aus ist die Festung nicht zu sehen.

Die Zitadelle wurde unter der Herrschaft von *Petru Muşat I.* von 1375 bis 1391 erbaut. Ursprünglich hatte der mächtige Bau vier Wehrtürme, eine gewaltige, 4 m breite Ringmauer, zahlreiche Munitionskammern, Schutz- und Wohnräume für den Fürsten und seine Familie sowie eine Burgkapelle. *Ştefan cel Mare* baute die Festung im 15. Jahrhundert weiter aus und ließ eine 30 m hohe zweite Ringmauer errichten, um feindlichen Bogenschützen und Kanonieren die Arbeit so schwer wie möglich zu machen. Dennoch wurde die Festung in der Folge mehrfach geschleift und schließlich 1675 von den Türken völlig zerstört. Die Bevölkerung bediente sich in den nachfolgenden Jahrhunderten und baute sich aus den verbliebenen Steinen Häuser. Seit 1944 ist die Restauration der Fürstenburg im Gange und hält bis zum heutigen Tage an.

- **Cetatea de Scaun,** täglich 9–18 Uhr, Eintritt Erwachsene 5 RON, Kinder 2 RON.

Achtung: Veraltete Stadtpläne

Leider werden in Rumänien immer noch veraltete Stadtpläne **in den Informationszentren** der größeren Städte ausgegeben. Wenn Sie also einen alten Plan von Suceava besitzen sollten, vergessen Sie ihn. Der Platz des 22. Dezember hieß früher Platz des 23. August, und auch andere markante Straßen und Hotels der Stadt haben mittlerweile ihren Namen gewechselt, wie zum Beispiel das frühere Hotel Suceava, das nach einer Renovierung nun als Hotel Central in Erscheinung tritt.

Informationen

- **Infoturism,** Muzeul de Şt. ale Naturii, Str. Ştefan cel Mare 23, Tel. 551 241, infoturism @suceava.rdsnet.ro.
- **Asociaţia pentru Turism Bucovina,** Str. Universităţii 15–17, Tel./Fax 531 977, www.bucovinaturism.ro.
- **Promtur Bucovina,** Str. Universităţii 9, Mobil 0740-019 277, www.e-promo.ro
- **Ecoturism Club,** Calea Bucovinei 13, Tel./Fax 314 741, www.carpathiantour.org.

Service

- **Hauptpost,** Str. Dimitrie Onciu 1, Tel. 512 222, und Str. Garii 5–7, Tel. 533 447.
- **Geldwechsel: Raiffeisenbank,** B-dul 1. Mai 5a und Str. Nicolae Bălcescu 2.
- **Internet:** Das **Assist** am Platz des 22. Dezember ist ein Internetcafé mit Kaffeeausschank und angeschlossenem Computerla-

den. An 17 Computern kann man für 2 RON die Stunde surfen. Sehr professionell, ruhig und empfehlenswert. Tel. 523 044.

- **Fotografie: Foto Schnell,** Str. Curtea Domnească 5, Tel. 520 272.

Notfälle

- **Apotheken:** Direkt am Platz des 22. Dezember befindet sich die **Farmacia de lângă tine.** Wahrscheinlich erkennen Sie sie sofort an der kleinen Schlange davor: Es ist die einzige Apotheke von Suceava, die auch Rezepte von Krankenversicherten annimmt. Zwei Häuser daneben befindet sich die **Farmacia Centrala,** Tel. 217 285. Da hier alles bar bezahlt wird, besteht kaum Wartezeit.
- **Stadtkrankenhaus: Spitalul Municipal,** Str. 1. Decembrie 1918, Tel. 222 098.
- **Zahnärzte: Dr. Mihaela Hodoroabă,** Str. Mihai Viteazu 38, Tel. 531 619, und **Dr. Dana Pavelescu,** Str. Lalelelor 11, Tel. 511 418.

Mobilität

Flüge

- Der **Flughafen Aeroportul Suceava** befindet sich 11 km östlich der City nahe dem kleinen Ort Salcea. Man erreicht ihn über die DN29, die nach Botoşani führt. Die vier wöchentlichen Flüge mit TAROM Airlines nach Bukarest erfolgen mit einem Zwischenstopp in Bacău.

Züge

- Suceava verfügt über zwei Bahnhöfe, den **Gara Centrală** und den **Gara de Nord.** Vom nördlichen Bahnhof fahren alle Züge nach Rădăuţi und Putna. Wer also seine Zugreise zum Kloster Putna von Suceava aus antritt, sollte sich das Umsteigen in der Stadt ersparen und sich gleich mit dem Taxi zum Gara de Nord fahren lassen.

Busse

- Den **Busbahnhof (Autogara)** findet man in der Stadtmitte in der Strada Armenească.
- Um 11 Uhr morgens fährt täglich ein Bus **nach Bukarest** (knapp 9 Std., 40 RON).

Auto

- **Werkstätten: Adria,** Str. Gheorghe Doja 119, Tel. 257 166, und **Autoplus,** Str. Delavrancea 2, Tel. 533 326. Eine weitere Werkstatt findet sich in Richtung Gura Humorului: **Cupola Lux Service IRL,** Str. Rumlumitului 143, Tel. 526 738, 0788-405 519.

Unterkunft

Hotels

- **Hotel Sonnenhof** (****), Bd. Sofia Vicoveanca 68, Tel. 220 033, contact@hotelsonnenhof.ro. Im Februar 2012 öffnete dieses wunderbare Hotel am Stadtrand von Suceava (Straße nach Falticeni und Piatra Neamţ, mit dem Taxi ca. 8 Euro) seine Pforten. Komfort und Einrichtung muten österreichisch an – kein Wunder: Der Chef des Hauses ist Österreicher. Im Hotelrestaurant verwirklicht sich der französische 2-Sterne-Koch *Raphael Behringer.* Die 48 modernen Zimmer verfügen über High-Speed-Internet, Telefon (auch im Bad!), Flachbildschirm-TV und Safe. Mal gucken, ob die Einstandspreise in dem 4-Sterne-Haus zu halten sind: DZ mit Einzelnutzung 45 Euro, DZ 55 Euro.
- **Hotel Continental** (***), Str. Mihai Viteazul 4–6, Tel. 0372-121 721, www.continentalhotels.ro/Continental-Suceava. Geschmackvoll eingerichtete Zimmer, ebenso schöne Terrasse und gehobene Küche. Komfort und Service werden großgeschrieben: TV mit 32 Kanälen, kostenfreies Internet, Mini-Bar und Frühstück im Zimmer, 24-Std.-Rezeption, behindertenfreundliche Zimmer. Haustiere auf Anfrage gestattet. EZ ab 32 Euro, DZ ab 43 Euro, App. 63 Euro.
- **Hotel Gloria** (***), Str. Vasile Bumbac 4–8, Tel. 521 209. Gepflegtes kleines Hotel im Zentrum. Großes Restaurant. DZ 150 RON.
- In der südlichen Peripherie von Suceava liegt der **Complex Hotelier Albert** (**), B-dul 1. Decembrie 1918, Nr. 58, Tel. 511 782. Das Hotel ist günstiger als vergleichbare Hotels in der Innenstadt, leicht über die E85 zu erreichen und verfügt über eine ausgezeichnete 3-Sterne-Küche. EZ/DZ ab 60 RON.
- Das **Hotel Balada** (***), Str. Mitropoliei 3, Tel. 522 146, bietet neben gepflegten Zim-

mern auch Internet-Anschluss, bewachte Parkplätze und eine Autovermietung an. Außerdem Terrassen-Restaurant.

Pensionen

- Wer aus südlicher Richtung über die E 85 kommt, sieht die **Pension Leaganul Bucovinei** gleich bei der Einfahrt nach Suceava linker Hand. Hinter dem Haus befinden sich ein großer Garten, zahlreiche Obstbäume und ein Grillplatz. Die Küche ist hervorragend. Ein idealer und ruhiger Einstieg ins turbulente Stadtleben. DZ 80–100 RON (je nach Saison), B-dul 1. Decembrie 1918, Nr. 52, Mobil 0740-828 888.
- Die **Pensiunea Bavaria** ist eine sehr angenehme Pension in der Str. Humorului 56, Tel. 526 260. Auch das gleichnamige Restaurant ist kein Geheimtipp mehr. DZ 60–70 RON.
- **Pensiune Agrotturistica Olympia,** 10 km außerhalb von Suceava Richtung Gura Humorului. Die Pension liegt ausgangs des Ortes Ilişeşti direkt am Wald, an der E576. Zimmer 50–80 RON je nach Saison, Mobil 0722-405 285.

rum12-015 Foto: lb

Mittelalterfest in Suceava

- **Motel Hanul Ilişeşti,** gleich neben dem Campingplatz der Cabana Ilişeşti (s.u.) 16 km außerhalb Suceavas Richtung Gura Humorului. Mobil 0788-404 290, EZ/DZ 180 RON.

Camping

- **Cabana Ilişeşti,** 16 km außerhalb von Suceava Richtung Gura Humorului findet man neben einem rot gestrichenen Holzhaus eine Campingmöglichkeit mit 15 Hütten. Je Hütte für 2 Personen 30 RON, Tel. 534 904.

Essen und Trinken

Restaurants

- Ähnlich wie in anderen größeren Städten der Bukowina gelten die **Hotel-Restaurants** als erste Wahl. In Suceava sind das vor allem die Speiselokale der Hotels Central, Gloria und Balada. Besser isst man allenfalls in **Pensionen,** in denen die Gastgeberin selber kocht, beispielsweise in der Pension Leaganul Bucovinei.
- Seit 2005 hat sich das **Piccolo Mondo** in der Str. Rareş 21, Tel. 522 837, in der Gastroszene Suceavas etabliert. Das Restaurant macht auf seiner Speisekarte eine kleine kulinarische Reise durch Süd- und Südosteuropa. Guter Service zu anständigen Preisen.
- Das **Ambra** in der Str. Universităţii 13, Mobil 0788-996 655, bietet gute Pasta und Pizza zu vernünftigen Preisen an. In der warmen Jahreszeit kann man auch auf der Sommerterrasse Platz nehmen.
- Die **Pizzeria Primavera** hat sich ganz auf die italienische Küche spezialisiert. Man findet sie am B-dul G. Enescu im Block T49.
- Zu den besten Restaurants der Stadt zählt das **Bavaria** in der Str. Humorului 56, Tel. 526 260. Es gibt einfache rumänische und internationale Küche, allerdings keine bayerische, wie man vermuten könnte.

Café

- **Flora Bucovina,** am Platz des 22. Dezember, Tel. 209 422. Kleines, verrauchtes Café im „alten Stil" mit vorgelagertem Freisitz. Der Name „Bukowina-Blume" ist zwar nirgends zu sehen - aber man nennt sich halt so. Hier verkehren ausschließlich Rumänen.

Bars/Club

- In der kleinen, aber stadtbekannten **Bar West** in der Str. Humorului 11, Tel. 526 626, treffen sich ab 20 Uhr vor allem Studenten und Anhänger von Jazz und Soul.
- Gleiches gilt für die **Bar Zona** in der Str. Universității, Tel. 523 187, nur dass hier vor allem House-Musik gespielt wird.
- Im **Club V** in der Str. Nicolae Bălcescu 2, Tel. 522 686, wird weder getanzt noch musiziert. Vielmehr dreht sich alles um die neun Billardtische und elektronischen Spielautomaten. Getränke und kleine Snacks bis in die Morgenstunden.

Einkaufen

Bücher

- Die beste Buchhandlung der Stadt ist etwas unauffällig und daher leicht zu übersehen. Die **Libreria Casa Carții „Mihai Eminescu"** befindet sich im zweiten Stock eines Musik- und Spielzeugladens in der Str. Nicolae Bălcescu 8, Tel. 530 337. Täglich, auch So. von 8–20 Uhr geöffnet.
- Die kleinste **Humanitas-Buchhandlung** Rumäniens findet man in der Str. Aleea Nicului 42. Sie bietet feinste Literatur auf gerade mal acht Quadratmetern an.

Galerie

- Gleich um die Ecke des Museums Hanul Domnesc (s.o.) können in einer Galerie mit angegliedertem Buchladen Kunstwerke alter und moderner Künstler gekauft werden. Sie nennt sich einfach **Galeria de Arta** und liegt in der Str. Porumbescu 1.

Gura Humorului ↗ IV, B2

- **Meereshöhe:** 470–540 m
- **Vorwahl:** 0230
- **Einwohner:** 16.500

Der **Luftkurort** Gura Humorului („Mündung der Humora") gilt als idealer Ausgangspunkt für den Besuch der Moldauklöster Voroneț und Humor. Er ist mit Bus und Bahn von den jeweils 20 km entfernten Städten Câmpulung und Suceava gut erreichbar. Der weiträumige Ortskern besticht vor allem durch die große Auswahl an Hotels aller Kategorien. Gute Pensionen findet man in der Peripherie des Ortes. Im 1490 urkundlich erstmalig erwähnten Ort existiert ein **Deutsches Forum,** das Unterkünfte anbietet und über die deutschsprachigen Traditionen in der Bukowina informiert.

Kloster Probota und andere Juwelen

Der Mehrwert eines Reiseführers für individuelles Resien ergibt sich auch daraus, auf schöne Sehenswürdigkeiten abseits des „Fließband-Tourismus" hinzuweisen. Aus diesem Grund sei jedem das wunderschöne **Kloster Probota** (Weltkulturerbe) wärmstens empfohlen. Es liegt etwa 50 km südöstlich von Suceava und wurde 2001 komplett renoviert. Das Kloster wurde 1530 durch *Petru Rareș* erbaut. Die dem heiligen Niklas geweihte Kirche hat ausgebleichte Außenfresken, innen jedoch überstrahlen die wunderbaren Fresken die Farbenpracht vieler touristisch überlaufener Klöster! Tel. 0230-204 743, www.romanianmonasteries.org/bucovina/probota (sehr schöne Webseite auf Englisch).

rum492 Foto: jr

Sehenswertes

Gura Humorului ist arm an architektonischen Sehenswürdigkeiten. Größte Attraktion des Ortes ist die neu errichtete **Kathedrale** am zentralen Piața Republicii, deren glänzende Kupferdächer Besucher schon von weitem anstrahlen. Gleich neben der Kathedrale ist das sehenswerte **Museum für Volkskunde und moderne Kunst** einen Abstecher wert. Der einst stark jüdisch geprägte Ort besitzt noch eine alte **Synagoge** und einen **jüdischen Friedhof.** Naturliebhabern empfiehlt sich eine **Wanderung** entlang der beiden stadteigenen Flüsse Moldava und Humora.

Waldarbeiter am Paşcanu-Pass,
30 km westlich von Gura Humorului

- **Muzeul Obiceiurilor,** Populare de Bucovina, direkt am Piața Republicii, neben den Taxiständen, täglich 8–16 Uhr geöffnet, Eintritt 2 RON, Tel. 231 108.

In der Umgebung

Im kleinen Bukowinadorf **Cacica,** 12 km nördlich von Gura Humorului, existiert ein **Salzbergwerk,** das zur Besichtigung geöffnet ist. Die Eintrittskarten werden am Pförtnerportal des Geländes gelöst und kosten 5 RON. Der Zugang führt zunächst über eine Treppe 25 m in die Tiefe zu einer ins Salz getriebenen Kapelle, in der sich morgens und abends die Bergarbeiter zum Gebet versammelten. Von hier führt eine weitere Treppe 10 m hinab zu den Gängen der alten Schachtaufzüge. Sie dienten dem Transport des gewonnenen Salzes. Auch in diesem zweiten unterirdischen Geschoss gibt es einen kleinen Altarraum mit interessanten, ins Salz gemeißelten Figuren. Der tiefer liegende Bereich, in dem 150 Jahre alte Stützhölzer angebracht sind, kann nicht besichtigt werden.

Wer unter Atembeschwerden oder Platzangst leidet, sollte vom Besuch des Bergwerks absehen. Ansonsten empfiehlt sich die Mitnahme einer guten Taschenlampe, um die ins Salz gemeißelten Figuren besser sehen zu können.

- **Salina Cacica,** Zugverbindungen von Gura Humorului um 9:25 und 16:44 Uhr (Richtung Suceava Nord).

Unterkunft

- Unterkunft zwischen Gura Humorului und Vama: Sehr gut übernachten kann man entlang der E576 in der **Pensiunea Voichița,** die man sofort im Dorf **Frasin** an der Hauptstraße entdecken kann. Die Zimmer kosten 70 RON, Tel. 235 117.
- Wer es etwas ruhiger haben möchte und über ein feldwegtaugliches Auto verfügt, sollte den Hinweisschildern kurz vor der Gemeinde **Molid** (4 km vor Vama) folgen. 1 km abseits der Straße liegt die **Pensiunea Lidana** mit Blick über den Fluss Moldova, exquisiter Küche und Sauna. Ruhe hat ihren Preis, und so kostet das Vergnügen 140 RON.

Informationen

- **Centrul de Informare Turistică,** Str. Stejarului 18, Tel./Fax 231 172.

Service

- **Hauptpost,** Str. Republicii 229, Tel. 231 020.
- **Geldwechsel: Raiffeisenbank,** Piața Republicii.

Notfälle

- **Apotheken: Farmacia Delia,** B-dul Bucovina 12, Tel. 231 555, und **Farmacia Veterinara,** Sfântul Gavril 4, Tel. 231 331.
- **Krankenhaus: Spitalul Teritorial,** Piața Republicii, Tel. 230 756.

Mobilität

Züge

- Der **Hauptbahnhof (Gara Centrală)** liegt 10 Fußminuten westlich des Zentrums an der Str. Garii 12.

Busse

- Den **Busbahnhof (Autogara)** findet man gleich gegenüber vom Hauptbahnhof.

Taxis

- Taxis findet man **am Piața Republicii** direkt vor der Kathedrale und dem Best West Hotel. Die einfache Fahrt zu den Klöstern Voroneț und Humor kostet 18–22 RON.

Unterkunft

Hotels

- Das Hotel der höchsten Kategorie ist das zur Kette Best Western gehörende **Bucovina, Club de Munte** (****). Die imposante Hotelburg in der Stadtmitte ist nicht zu übersehen und bietet EZ zu 60 Euro und DZ zu 78 Euro an. Außerdem Jacuzzi, Hamam und Sauna, die allerdings extra zu zahlen sind. Piața Republicii 18, Tel. 207 000, www.bestwestenhotels.ro.
- **Hotel Simeria** (***), Str. Mihail Kogălniceanu 2, Tel. 235 113. Das im Jahr 2004 gebaute Hotel bietet freundlichen, guten Service, helle Zimmer und eine passable Küche zu vernünftigen Preisen. EZ/DZ 30 Euro.

Pensionen

- **Hildes Residenz** (****), Str. Șipotului 2, Tel. 233 484, www.lucy.ro. Die hübsche Pension liegt 500 m außerhalb des Zentrums und vermag in jeder Hinsicht zu überzeugen. Das Haus verfügt über einen traumhaften Garten mit vielen Apfelbäumen und wird nach ökotouristischen Leitsätzen geführt, was nicht nur Ruhe und Entspannung in natürlicher Umgebung verspricht, sondern auch Gastronomie mit Bio-Lebensmitteln. Absolut empfehlenswert! Das Haus bietet neun Zimmer, zwei Junior-Suiten (im großen Haus und im Landhaus) und zwei Wohnungen. Alle Zimmer sind sehr individuell gestaltet und auf der Website einsehbar. Auch die saisonal variierenden Preise stehen auf der Website: Standard-DZ 35–45 Euro, Deluxe-DZ 45–60 Euro, Appartement 55–80 Euro.
- **Pensiunea Orchidea** (***), B-dul Bucovinei 103, Tel. 611 924. Gleich am Eingang des Ortes (von Suceava kommend) rechts liegt die Pension, deren Zimmer je nach Saison 70–80 RON kosten.
- Die kleine, versteckte **Pension Popasul Bucur** (***) liegt gleich neben der Pension Orchidea am Eingang von Gura Humorului. Das hinter Bäumen, abseits der Straße gelegene Holzhaus im alpenländischen Stil verfügt auch über ein kleines Restaurant (9–23 Uhr). B-dul Bucovinei 105, Tel. 230 897, EZ/DZ 60 RON.
- **Pensiunea Casa Boculeț** (***), mitten in der Natur gelegene Pension etwa 3 km vom Ortskern entfernt in der Nähe der Brücke über den Fluss Moldava, wunderbare Aussicht. Nach telefonischer Anmeldung holen die Vermieter Gäste aus der Stadt ab. Str. Toăca 28, Tel. 234 715, Mobil 0741-201 547, Zimmer pro Person 12 Euro, Frühstück, Mittag- und Abendessen 3–5 Euro.

Privatzimmer

- Das **Deutsche Forum (Forumul Local German)** gleich neben der katholischen Kirche (B-dul Bucovinei 8, Tel. 235 012) bietet eine private Unterbringung in schönen, neu gestalteten Räumen mit eigenem Bad an. Falls die Zimmer schon angemietet sind, vermittelt das Forum auch andere private Unterkünfte. Frau *Felicia Moroșan* erzählt gerne etwas über deutschsprachige Traditionen in der Bukowina und veranstaltet Kulturfahrten, Feiern und Feste. DZ 60 RON.

Essen und Trinken

- **Restaurant Lions,** B-dul Bucovina 36, Tel. 233 740. Delikate Spezialitäten der Bukowinaküche, Terrasse mit Freisitz.
- Das Restaurant im **Hotel Bucovina** (s.o.) ist für seine frischen und schmackhaften Gerichte bekannt. Rumänische und internationale Küche.
- **Moldova,** Piața Republicii 16, Tel. 235 003. Großrestaurant mit passabler rumänischer Hausmannskost. Sehr gute Gemüsesuppen.

Kloster Voroneț ↗IV, B2

Die Anreise nach Voroneț, zum **berühmtesten aller Moldauklöster,** erfolgt über die Stadt Gura Humorului. Wer über kein Auto verfügt, kann von der 5 km entfernten Stadt auch die Buslinie 53 nehmen, die einen direkt vor die Klostermauern bringt. Bei schönem Wetter bietet sich als Alternative eine Wanderung von Gura Humorului an. Eine Zugstrecke zum Kloster existiert nicht.

Der Bau des dem *hl. Georg* geweihten Gotteshauses wurde der Sage nach von *Stefan dem Großen* als Dank für eine erfolgreiche Vorhersagung veranlasst. Der in Voroneț ansässige **Eremit Daniil** soll ihm vor den Türkenkriegen im Jahr 1488 einen guten Ausgang geweissagt und neuen Mut geschenkt haben. Zwischen 1487 und 1488 wurde das Kloster in der Rekordzeit von drei Monaten und drei Wo-

chen erbaut und anfangs von Mönchen betreut. Als die Bukowina von der Habsburger Monarchie im Jahre 1785 annektiert wurde, verschwanden die Mönche, und erst 1991 wurde das Leben im Kloster von Nonnen wieder aufgenommen. Voroneț gehört mit sechs weiteren rumänischen Klöstern zum Weltkulturerbe der UNESCO.

Wegen des jahrhundertelangen Kerzenrauchs im Kircheninnern werden die rußgeschwärzten Malereien seit Jahren aufwendig restauriert. Die Außenfresken erstrahlen hingegen umso klarer und deutlicher.

Im Gegensatz zu anderen Moldauklöstern findet man nach Durchquerung der Ortschaft Voroneț nur eine einzeln stehende, vollständig von Außenmalereien bedeckte Kirche vor, die von einer Mauer umgeben ist. Weitere Klostergebäude sind nicht vorhanden, dafür aber ein riesiger Parkplatz, der stets gut gefüllt ist. Händler verkaufen hier traditionelle Kleidung, Wolldecken und Stickereien. Die weltweite Bekanntheit, die Voroneț erlangt hat und die man an den Besucherströmen ablesen kann, die das Kloster vor allem in den Sommermonaten überfluten, ist unter anderem auf die mysteriöse Leuchtkraft einer Farbe zurückzuführen, dem **„Voroneţer Blau“.** Dieser Farbton wurde nur für die **Außen-**

Kloster Voroneț – die berühmteste aller Moldaufresken: „Das Jüngste Gericht“

Ein weiterer Vergleich zum Kloster Voroneţ tut sich mit Blick auf die **Fresken** der Klosterfassaden auf. Auch in Humor haben die Außengemälde eine südliche Sonnenseite. Auf der nördlichen Wetterseite sind durch Schnee und Regen alle Fresken weggewaschen. Nur dicht unterhalb des schützenden Dachfirsts sind einige der kostbaren Gemälde erhalten geblieben.

Die turmlose Kirche gilt als einzigartig unter den moldauischen Klöstern, doch ganz ohne Aussichtsplattform kommt auch das Kloster Humor nicht aus. Der **freistehende Turm,** der sich bis auf halbe Höhe begehen lässt, verschafft Besuchern einen hübschen Überblick über das Klostergelände.

Das Hauptmotiv der gut erhaltenen **Südseite** ist der in der byzantinischen Welt sehr beliebte **Marienhymnus (Akathistos).** Er wird traditionellerweise immer in 24 so genannten Bildstrophen gemalt, wobei die Gemälde aus Humor es zu besonderer Berühmtheit gebracht haben. Man findet diese bildliche Marienverehrung auch in den Klöstern Moldoviţa, Suceviţa, Arbore und Baia wieder. *Maria* taucht als beliebtes Motiv häufiger an den Klosterwänden Humors auf. So zum Beispiel in der Vorhalle, dem Pronaos, wo sie in einem in Rumänien sehr berühmten Gemälde den Kopf des Jesuskindes stützt, das sich mit seinen Händen an ihren Schultern festhält.

• **Kloster Humor,** Eintritt 4 RON. Wer videofilmen möchte, muss noch einmal 3 RON, wer fotografieren will, 2 RON bezahlen.

rum499 Foto: jr

Anreise

Zwischen der Stadt Gura Humorului und dem Kloster Humor pendeln täglich mehrere **Busse;** die einfache Fahrt für die 5 km lange Strecke kostet umgerechnet weniger als 1 Euro. Doch auch die Fahrt mit dem **Taxi** ist recht preiswert (18–22 RON, ca. 5 Euro). Taxis findet man in Gura am Piața Republicii direkt vor der Kathedrale und dem Best West Hotel. Wer mit dem eigenen Wagen kommt, kann diesen vor dem Kloster Humor auf einem bewachten Parkplatz gegen Gebühr abstellen. Bei früher Anfahrt finden sich direkt vor den Klostermauern kostenlose Stellplätze.

Unterkunft

Alle nachfolgend genannten Preise (das gilt für das gesamte Gebiet der Moldauklöster) schwanken saisonal stark und können im Hochsommer während der Hochsaison schon mal deutlich über den angegebenen Preisen liegen!

- Bereits auf dem Weg von Gura Humorului zum Kloster Humor liegt rechter Hand 3 km außerhalb der Stadt eine wunderbare Pension. Die Übernachtung in der ganz mit Holzschindeln verkleideten **Casa Liliana** kostet pro Zimmer ab 80 RON. Das Haus ist mit einem Tor aus Zinkblech verziert. Mobil 0741-662 162.
- Übernachten kann man auch gleich neben dem Kloster in der **Casa Buburuzan,** Tel. 0230-572 800. Je nachdem, wie lange der Gast bleiben möchte, zahlt er hier zwischen 40 und 60 RON.
- Ebenfalls an der kurzen Klosterstraße, an der die Händler stehen, findet sich **La Maison de Bukowina** mit der Hausnummer 12, Mobil 0744-373 931. Die Preise sind saisonal gestaffelt und verhandelbar. Je nach Saison und Dauer kostet ein Zimmer ab 50 RON.
- Unschlagbar günstig und sehr empfehlenswert ist die kleine **Pension von Elena Macovai.** Man findet sie bei der Einfahrt nach Mănăstirea Humorului am Ende der ersten nach links führenden Seitenstraße (nach der Brücke), Str. Largă 34, Übernachtung mit Frühstück 10 Euro, mit Vollpension 12,50 Euro.

Nonnenkloster Slatina

Kloster Slatina ⇗V, C2/3

Im Gegensatz zu allen anderen Moldauklöstern finden sich in Slatina, 20 km südlich des Klosters Voroneț und 30 km westlich der Stadt Fălticeni, **kaum Touristen:** Zum einen sind die Wege zum Kloster in einem katastrophalen Zustand, zum anderen ziehen es die Nonnen hier vor, in Ruhe zu leben. Zwar heißen sie Touristen herzlich willkommen, sie sind jedoch spürbar nicht an der Vermarktung ihres Klosters interessiert. Die Nonnen versorgen sich an einem nahe gelegenen Teich mit Fischen, arbeiten im riesigen Klostergarten und meditieren.

Auch die Architektur des Klosters Slatina unterscheidet sich von den anderen Moldauklöstern. Die Klosterkirche aus dem Jahr 1561 ist **außen nicht bemalt** und benötigt daher auch kein tief heruntergezogenes schützendes Dach. Die großzügige, weiß getünchte Kirche wird von einer **Umfassungsmauer** mit Ecktürmen umschlossen.

Eine der Nonnen hat sich daran gemacht, die **Geschichte des Klosters** in Englisch, Französisch und Rumänisch zu verfassen. Kopien des Manuskripts können im Kloster erstanden werden.

- **Übernachtungen** auf dem Klostergelände sind nur nach vorheriger Anfrage und mit Genehmigung durch das Patriarchat in Iaşi möglich.

Târgu Neamţ

↗ V, C3

- **Meereshöhe:** 360 m
- **Vorwahl:** 0233
- **Einwohner:** 20.700

Târgu Neamţ (gesprochen: Tirgu Neamtz) liegt auf der Stecke zwischen den beiden größeren Städten Piatra Neamţ und Suceava am Fluss Ozana. Die beiden sich hier kreuzenden Nationalstraßen 15b und 15c sind durchgehend gut befahrbar. Die alte, rundum von Bergen umgebene Handelsstadt wird erstmalig um 1387 in historischen Dokumenten genannt. Ihr Name, der übersetzt **Deutscher Markt** bedeutet, verweist auf die wichtige Rolle, die der Warenaustausch mit westlichen Ländern in der Moldauregion bis zum 17. Jahrhundert spielte. Durch Târgu Neamţ verliefen im Mittelalter und der frühen Neuzeit zwei der meistfrequentierten Handelsrouten Osteuropas: über den Petru-Voda-Pass nach Transsylvanien, über Roman und Galaţi ans Schwarze Meer.

Heute nutzen Besucher die Gemeinde als zentralen Ausgangspunkt für die Besichtigung der beiden großen Moldauklöster Agapia und Neamţ. Die größte Attraktion des Ortes ist die **Festung Neamţ** hoch oben über der Stadt. Sie ist die am besten erhaltene Burg der Provinz Moldau.

Sehenswertes

Im Stadtzentrum

Die wenigen Sehenswürdigkeiten der kleinen Marktstadt lassen sich bequem zu Fuß in einer Stunde besichtigen. Die beiden wichtigsten liegen sich gleich unmittelbar am Bu-dul Ştefan cel Mare gegenüber. Das **Gedenkhaus Veronica Micle** aus dem Jahr 1834 stellt in einem winzigen Museum Manuskripte, Briefe, Bücher und Möbel der bekanntesten rumänischen Poetin aus. Die Geliebte des Nationaldichters *Mihai Eminescu,* die auch als Muse des Künstlers bezeichnet wird, lebte zwischen 1870 und 1880 in Târgu Neamţ. *Veronica Micle* und *Mihai*

Übernachtung
1 Motel Casa Arcaşului
6 Hotel Doina
7 Pension Vila Bella
8 Pension Belvedere

Essen und Trinken
4 Irish Pub Feeling

Einkaufen/Sonstiges
2 Apotheke
3 Reisebüro Mapamond
5 Autoreparatur

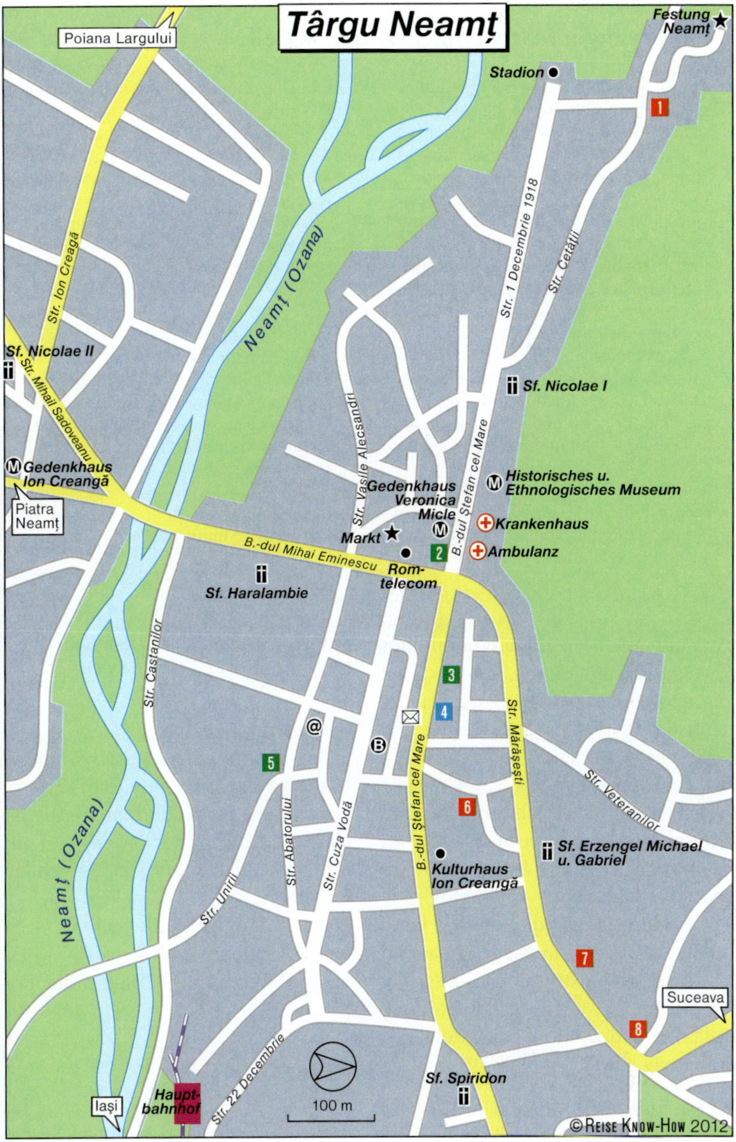
Târgu Neamț
Poiana Largului
Festung Neamț
Stadion
Str. Ion Creangă
Neamț (Ozana)
Str. 1 Decembrie 1918
Str. Cetății
Sf. Nicolae II
Str. Mihail Sadoveanu
Sf. Nicolae I
Str. Vasile Alecsandri
B.-dul Ștefan cel Mare
Gedenkhaus Ion Creangă
Piatra Neamț
Gedenkhaus Veronica Micle
Historisches u. Ethnologisches Museum
Krankenhaus
Markt
Ambulanz
B.-dul Mihai Eminescu
Rom-telecom
Sf. Haralambie
Str. Castanilor
Str. Mărășești
Str. Veteranilor
Str. Abatorului
Str. Cuza Vodă
Sf. Erzengel Michael u. Gabriel
Kulturhaus Ion Creangă
Str. Unirii
Suceava
Str. 22 Decembrie
Sf. Spiridon
Iași
Hauptbahnhof
100 m
©Reise Know-How 2012

Ion Creangă: Märchendichter und Rebell

Am 10. Juni 1839 wurde der berühmteste Märchendichter Rumäniens, *Ion Creangă,* in **Humuleşti** geboren. So steht es in den Dokumenten, die in seinem Geburtshaus ausgestellt werden – und so soll es auch bleiben. Das Dörfchen Humuleşti ist zwar nur 800 m vom Stadtzentrum in Târgu Neamţ entfernt, widersetzt sich aber vor lauter Stolz, der Geburtsort eines großen Dichters zu sein, seit Jahren den Bemühungen der Stadt, sich eingemeinden zu lassen.

Ein **Museum** im Geburtshaus *Creangăs* stellt neben Briefen und Manuskripten des Dichters auch historische Fotos aus dem 19. Jahrhundert aus, die aber nichts vom seinem bewegten Leben erkennen lassen. *Ion Creangă* war in erster Linie Priester und Lehrer, galt aber als ewiger Rebell, der sich ständig gegen die starren Regeln von Kirche und Staat auflehnte. 1870 führten seine „Exzesse" und sein „gottloses Verhalten" schließlich zu seiner Suspendierung. *Creangăs* „Verfehlungen" (Gelage, Theater- und Tavernenbesuche, Jagdausflüge) sind im Kloster Golia in Iaşi in einer dicken Akte festgehalten.

Doch *Creangă* ließ sich nicht entmutigen, eröffnete kurzerhand einen Tabakladen, da ihn das Rauchen stets zu fantastischen Gedanken inspiriert hatte, und begann fortan, Fabeln und Märchen zu dichten, die ihn weit über die Grenzen Rumäniens hinaus bekannt machen sollten. Einige der von ihm erfundenen Märchengestalten und Szenen aus seinen Geschichten sind in einem kleinen **Themenpark** neben dem Geburtshaus zu besichtigen.

● **Muzeul Memorial Ion Creangă,** Humuleşti, Str. Ion Creangă 8.

Eminescu werden oft als poetisches Zweigestirn angesehen, was auch auf die mysteriöse Tatsache zurückzuführen ist, das beide 1850 geboren und 1889 gestorben sind.

Genau auf der anderen Straßenseite befindet sich das **Historische und Ethnologische Museum.** Es zeigt als eines der wenigen Museen in Rumänien die genaue technologische Entwicklung der traditionellen Handwerksgeräte auf. In einer separaten Halle können historische Gerätschaften besichtigt werden (Landwirtschaft, Fellbearbeitung, Holz- und Metallverarbeitung usw.).

● **Casa Memorială Veronica Micle,** B-dul Ştefan cel Mare 33, Eintritt 3 RON.

● **Muzeul de Istorie şi Etnografie,** B-dul Ştefan cel Mare 27, Eintritt 5 RON.

Die Festung Neamţ

Die sehenswerte Festung Neamţ **(Cetatea Neamţ)** auf dem 913 m hohen **Berg Pleşu** führt ihre Besucher in die Zeit *Stefans des Großen* und des frühen Mittelalters zurück. Die genaue Entstehungszeit der Burg liegt im Dunkeln, erwähnt wird sie erstmals in einem Dokument aus dem Jahr 1395, als die ungarische Armee unter der

Über eine geschwungene Holzbrücke gelangt man in die Festung Neamţ

Führung von *Sigismund von Luxemburg* versuchte, Târgu Neamț zu erobern. Wahrscheinlich ist sie während der Herrschaft des Moldaufürsten *Petru Mușat I.* zwischen 1375 und 1391 entstanden.

Man erreicht die Festung am westlichen Stadtrand nach einem steilen Anstieg von etwa 20 Minuten zu Fuß. Fahrzeuge müssen unten neben dem Hotel Hanul Arcașului abgestellt werden. Über zehn riesige Steinsäulen führt ein Holzbogensteg in die Burg- und Festungsanlage, die ehemals mit über 300 Räumen ausgestattet war. Der Fürst und Feldherr **Ștefan cel Mare** (1457–1504) ließ seine Lieblingsfestung mit drei Bastionen und einem 800 Quadratmeter großen äußeren Hof verstärken. Auf diese Weise konnten die Kanonen in Richtung Südwest, in die weithin einsehbare Ebene, abgefeuert werden, die einzige Richtung, in der sich feindliche Heere versammeln konnten.

Die einzelnen **Räume** der Festung, Vorratskammern, Wohngebäude und Wandelgänge, sind bislang nur mit Hinweisschildern auf Rumänisch gekennzeichnet. Sehenswert ist der innere Hof *(Curtea interioară)* mit dem Brunnen *(Fântână)* und den vier hoch aufragenden Burgtürmen.

Von der oberen Plattform der Bastionen bietet sich bei schönem Wetter eine **weite Aussicht** über das Neamț-

rum503 Foto: jr

Gebiet. Wenn man Glück hat, zeigt einem ein Pensionär mit seinem Teleskop die umliegenden Klöster Agapia und Neamț, das Reservat mit den hier neu angesiedelten Bisons und erklärt einem die Schlachten, die hier stattgefunden haben (dem Autor wurden die Kämpfe von einem älteren Herrn so eindringlich geschildert, als sei dieser im Mittelalter selbst dabei gewesen!).

Die Festung Neamț gilt als bedeutendste Bastion im Kampf gegen die osmanischen Truppen und soll sogar *Mehmet II.*, dem bedrohlichsten Gegner der Moldau, getrotzt haben. Dennoch konnte im Jahr 1718 nicht verhindert werden, dass die Türken den Fürsten *Mihai Racovița* dazu zwangen, die Burg zu zerstören.

- **Cetatea Neamț,** täglich 9–18 Uhr, Eintritt 5 RON.

In der Umgebung

Bereits 1968 galt der **Bildhauer Neculai Popa** als der bedeutendste volkstümliche Künstler Rumäniens. Und ebenso früh fing der **Maskenmacher** an, sich vom Geld für seine Skulpturen und Masken ein privates **Museum** in seiner Heimatgemeinde **Târpeşti** bei Târgu Neamț aufzubauen. Die im Garten aufgestellten riesigen Holzmasken und skurrilen Steinskulpturen belegen, dass sich der 1919 geborene Künstler nicht nur von der Ornamentik und den Farben der einheimischen Töpfer und Holzschnitzer, sondern auch von afrikanischen Masken inspirieren ließ. Die Tanzmasken gehen auf eine uralte rumänisch-dakische Tradition zurück, die zu Jahresanfang in wilden Winterfesten auf den Straßen der Bukowina wiederbelebt wird.

Man erreicht das Dorf Târpeşti nur mit dem Auto (bzw. Taxi). Es liegt 10 km südlich von Târgu Neamț. Trotz schlechter Ausschilderung lässt sich das Maskenmuseum leicht finden, da jeder den Namen *Neculai Popa* kennt und den Weg zu seinem Haus anzeigen kann.

- **Muzeul popular – Neculai Popa,** Târpeşti, Tel./Fax 785 112, geöffnet täglich zwischen 9 und 19 Uhr, Eintritt 3 RON.

Auf dem Weg von Târgu Neamț zum Kloster Văratec befindet sich der Eingang zum **Bison Reservat Dragoş Vodă** mit einem der mittlerweile vier Bisonreservate in der Moldau. Man findet den Nationalpark knapp 4 km nach dem Ort **Vânători-Neamț.** Im großflächigen Reservat sind auch Braunbären, Wölfe, Hirsche und Rehe zu sehen. Doch während sich ein Braunbär und ein einsamer Wolf im Park mit einem relativ kleinen Käfig abfinden müssen, haben die Karpatenhirsche ein riesiges Freigehege zum Auslauf. Auch den Bisons steht ein riesiges Areal zur Verfügung, die Tiere drängen sich aber meist dicht an dicht in Gruppen zusammen und sind damit für Fotojäger leicht aufzuspüren. Gegen eine Fanggebühr von 22 RON dürfen im nahe gelegenen Weiher Karpfen geangelt werden. Die Zubereitung im Reservat ist allerdings verboten, da hier kein Feuer entzündet werden darf.

- **Bison Reservat Dragoş Vodă,** täglich 8–18 Uhr, Eintritt für Erwachsene 1 RON, für Kinder 0,50 RON.
- **Unterkunft:** An der Gabelung der E 85 von Târgu Neamţ nach Suceava und Gura Humorului findet sich das sehr günstige **Non-Stopp Motel Stibina** mit Restaurant. Es können auch einzelne, sehr günstige Holzhütten angemietet werden. EZ 40 RON, DZ 80 RON, Tel. 545 886.

Informationen

- Das touristische Informationszentrum für die Region um Târgu Neamţ liegt eigenartigerweise nicht in der Stadt, sondern im Dorf **Varatec** in der Nähe des Klosters Agapia: **Centrul de Informare,** Tel. 245 120.
- Das **Reisebüro Ozana,** Str. Eminescu, Block G4, Tel. 790 339, erteilt gerne Auskünfte zu Hotels und Pensionen in Stadt und Umgebung.

Service

- **Hauptpost,** Str. Ştefan cel Mare 36, Tel. 790 770.
- **Geldwechsel: Raiffeisenbank,** Ştefan cel Mare 43. Im **Geschäft Mapamond** in der Str. Ştefan cel Mare 1 nimmt man keine Kommission. Im Laden ist auch ein kleines Reisebüro.
- **Internetcafé Arena,** Str. Glorie, Tel. 791 134, 15 RON pro Stunde.

Notfälle

- **Ambulanz:** Tel. 790 657.
- **Krankenhaus,** B-dul Mihai Eminescu 5, Tel. 790 612.
- **Apotheke (Farmacia),** B-dul Mihai Eminescu 5, Tel. 790 228.

Mobilität

Züge

- Der **Hauptbahnhof (Gara Centrală)** liegt nur einige Minuten außerhalb des Zentrums am B-dul Garii 1 und der Str. Cuza Vodă.

Busse

- Den **Busbahnhof (Autogara)** findet man 5 Min. zu Fuß vom Hauptbahnhof entfernt an der Str. Cuza Vodă.
- Die Fahrpläne in Târgu Neamţ wurden zum Zeitpunkt der Niederschrift neu gestaltet. Täglich fahren mehrere Busse zu den **Klöstern Agapia und Secu.** Mit dem Mikrobus kommt man viermal am Tag zum **Kloster Neamţ** (7, 11, 15 und 20 Uhr; 4 RON). Vier Busse täglich fahren nach **Piatra Neamţ,** zwei nach **Iaşi** und einer nach **Bukarest** (über Bacău).

Taxis

Taxis findet man **am B-dul Ştefan cel Mare/Ecke B-dul Mihai Eminescu.** Die einfache Fahrt zu den Klöstern Agapia, Secu und Neamţ kostet 25–35 RON.

Auto

- **Werkstatt: SC MAPI SRL,** Str. Radu T. 5a, Tel. 791 881.
- **Rumänischer Automobil-Club:** Tel. 790 239.

Unterkunft

Hotels

- **Hotel Doina** (***), Str. Mihai Kogălniceanu 6–8, Tel. 790 270, www.hotel-doina.ro. Funktionell und modern gestaltetes Hotel mit der höchsten Einstufung der Stadt. EZ 80 RON, DZ 110 RON.
- **Motel Casa Arcaşului** (**), Str. Cetăţii 1, Tel. 790 699. Im Stil des futuristischen Metropolitan Art Museum in Bilbao erbautes Motel am Fuße des Berges Pleşu und der Festungsruine. DZ 80 RON, 3-Bett-Zimmer 90 RON.
- **Hanul Ursilor** (**), Tel. 251 364. Richtung Kloster Neamţ am Ortsausgang von Târgu Neamţ. EZ/DZ 60 RON.

Pensionen

- **Pension Vila Bella** (**), Str. Băile Oglinzi 2a, Tel. 790 291, Mobil 0745-270 671. Sehr freundlich, sehr gute Küche, saubere Zimmer, DZ 60 RON, 3-Bett-Zimmer 70 RON.
- Die **Pension Belvedere** (**), Tel. 790 730, befindet sich an der Ausfahrt nach Suceava

Ziegen-, Hexen- und Bärentänze

Im Winter ist es ja in einigen Teilen Europas üblich, die länger werdenden Tage laut und bunt zu begrüßen. Süddeutsche Beobachter des rumänischen **Winterkarnevals** werden einige der Hexenkostüme der *Baba Dochia* oder der rot gehörnten Dämonenfratzen sicherlich an die Alemannische Fasnacht erinnern. In wilden Tänzen durch die Straßen der Gemeinde versucht man die guten Geister zu beschwören und die bösen von sich zu weisen.

rum506 Foto: jr

Neben dem Wolf und dem Bär haben sich vor allem domestizierte Tiere wie die Ziege oder das Schaf einen festen Platz in der rumänischen Folklore und Tanzmythologie erobert. Jeder kann dabei selbst entscheiden, ob er sich bei den Winterfesten als Bärenmensch, als Schaf, Ziege oder Hexe hinaus ins Getümmel stürzt. **Dansul caprei** und **Dansul ursului,** Ziegentanz und Bärentanz, heißen zwei der Tänze, die die alte Verbundenheit zur Tierwelt symbolisieren und auch an die Märchen und Fabeln des Dichters Ion Creangă erinnern sollen, in denen Tiere eine zentrale Rolle spielten.

Die als Kesselflicker verkleideten rumänischen Männer klopfen entweder mit hölzernen Löffeln laut auf ihren Töpfen herum oder tanzen als *Căldărari* in ihren bunten, langen Zigeunerröcken durch die Menge. Ziegenköpfe aus Holz klappern lärmend an langen Holzstangen, die *Haiduci,* eine rumänische Variante des guten Räubers, der die Reichen bestiehlt und die Beute an die Armen verteilt, tanzen ausgelassen und wild durch die Gassen. Jugendliche schlüpfen stolz in grünliche Soldatenuniformen, die mit Schulterstücken aus Pappmaché und selbst gefertigten Orden aus Konservenbüchsen versehen sind, und verkünden mit strengem Blick, sie seien nun die neue Securitate und jeder hätte gefälligst eine Vergnügungssteuer zu bezahlen, wenn er tanzen wolle ...

auf einer Anhöhe. Preiswerte und gute Zimmer. Ein Restaurant gleichen Namens befindet sich auch im Haus. DZ 90 RON.

Essen und Trinken

- **Irish Pub Feeling,** direkt vor dem Hotel Doina findet sich ein kleines Stück Irland, Str. Mihai Kogălniceanu 6, Tel. 0746-062 001, Mo. bis Do. 7:30–24, Fr. bis So. 9–5 Uhr.
- **Hanul Ursilor,** Richtung Kloster Neamț am Ortsausgang. Gutes Restaurant mit den Spezialitäten Forelle mit Polenta und Geschnetzeltes mit Pilzen (*Păstrăv cu Mămăligută* und *Tochitură de Hribi*).

Fest

- **Wintermaskenfest:** Zu Anfang des neuen Jahres streifen sich die Menschen in Târgu Neamț selbst gebastelte Dämonen- und Tiermasken über und tanzen in bunten Röcken oder mit klappernden Ziegenköpfen aus Holz durch die Straßen. Die rituellen Wintertänze sind seit dem frühen Mittelalter überliefert und sollen, ähnlich dem Karneval in Westeuropa, die bösen Geister vertreiben.

Kloster Neamț

↗V, C3

Etwa 18 km westlich von Târgu Neamț entfernt liegt das Kloster Neamț, in dem **eine der ältesten Mönchsgemeinschaften Rumäniens** lebt. Bereits im 11. und 12. Jahrhundert, so haben Ausgrabungen ergeben, lebten Einsiedler und Mönche am Fuße des 883 m hohen Debreanu-Berges. Man betritt das Kloster durch den ältesten Teil der Anlage, den Glockenturm, der in die mächtige, bedachte Außenmauer eingelassen ist. Da verschiedene Stifter und Bauherren das Kloster im Laufe der Jahrhunderte ständig erweitert haben, lassen sich heute die **verschiedenen Stilarten** deutlich an der Architektur ablesen. Zur Epoche *Stefans des Großen* (15. Jahrhundert) gehören der Altarraum, das Kirchenschiff und die Grabkammer, während das Vorschiff und die Vorhalle der Zeit *Petru Rareş* zuzuordnen sind (16. Jahrhundert). Der Glockenturm ist ein Geschenk *Alexanders des Guten* und wurde bereits 1420 errichtet.

In Kirchenschiff und Altarraum befindet sich eine **Gemäldesammlung** aus dem Jahr 1497. Es ist das größte Ensemble, das aus der Zeit *Stefans des Großen* erhalten geblieben ist.

Bereits kurz nach der Gründung entwickelte sich das Kloster Neamț zu einem der bedeutendsten Zentren für Kalligrafie, Miniaturmalerei und Holzgravur in Europa. Im Laufe des 18. Jahrhunderts entstand die größte **Kloster-Malschule** der Welt, der über 1000 Mönche angehörten. Die riesige Kunstgemeinde besaß 72 Landgüter, Wälder und ganze Dörfer. Die in der Druckerei hergestellten Bücher mit Silberbeschlägen wogen nicht selten 30 kg und mehr. In der ältesten **Bibliothek** des Landes (1407) im Innenhof des Klosters werden über 19.000 historische Bücher und 540 Handschriften aufbewahrt. Im **Museum für alte Kunst,** das dem Kloster als Kuppelbau vorgelagert ist, sind viele der alten Handschriften und Goldstickereien zu bewundern, die im Mittelalter in Neamț entstanden sind. Neben kostbaren Goldschmiedearbeiten, Gemälden von *Nicolae Grigorescu* und einer Druckerpresse aus dem 17. Jahrhundert ist

Das Geheimnis des Oktopus

Der metallische Oktopus vor dem Eingang zur Georgskirche ist in dieser Form auch vor zahlreichen anderen rumänischen Kirchen und Klöstern zu sehen. Er dient als **Schlaginstrument** und ruft die Mönche und Nonnen zum Gebet. Die ungewöhnliche Form mit den zur Seite auslaufenden Armen dient dazu, den Klang besonders gut wiederzugeben und weiterzuleiten. Doch in einigen traditionell geprägten Klöstern werden die Mönche auch zum Gebet gerufen, indem einer von ihnen im Kloster umhergeht und mit einem Hammer auf ein Holzbrett einschlägt (die so genannte *Toăca*). Der Sage nach soll Gott *Noah* den Rat gegeben haben, störrische Tiere in die Arche zu rufen, indem er auf ein Holzbrett schlägt. Diese Symbolik wurde dann später auf die Gläubigen übertragen, die nun dem Ruf des Holzbretts in die rettende Arche des Kirchenschiffs folgen. Der historisch verbürgte Hintergrund des Holzbrettschlagens ist jedoch etwas banaler. Die Tradition, die Gläubigen so zum Gebet zu rufen, ist auf das türkische Verbot des Glockenläutens zurückzuführen, das im 15. Jahrhundert von den Besatzern ausgesprochen worden war.

rum508 Foto: jr

auch eine Kopie des berühmten und sehr seltenen **Tertraevangeliums Gavril Uric** im Museum ausgestellt. Das Originalmanuskript mit Miniaturmalereien stammt aus dem Jahr 1429 und ist unter mysteriösen Umständen zur Ceaușescu-Zeit in die Brodley-Bibliothek nach Oxford gelangt.

Im Innenhof des Klosters befindet sich die **Kirche des Heiligen Georg,** die an der Außenseite mit einem umlaufenden Fries aus bunter Schmelzglas-Keramik verziert ist. Ursprünglich stand die Kirche genau in der Mitte des Hofes, wurde aber 1959/1960 Stein um Stein abgetragen und 30 m weiter an der Ostseite, zwischen den Mönchszellen, wieder aufgebaut. Die Innenfresken der Kirche sind nicht besonders sehenswert, da der Zahn der Zeit stark an ihnen genagt hat.

Umso berühmter sind die **Reliquien und Kultgegenstände** des Klosters, vor allem die **„Madonna mit drei Händen".** Sie ist einer Ikone des Klosters Hilandar auf dem Berg Athos nachempfunden. Doch der Künstler hat der von Arabesken umrankten Maria eine dritte Hand „geschenkt", die der unaufmerksame Betrachter leicht übersehen kann. Das silbern strahlende Bild an der Altarwand wird von den Rumänen heute als wundertätige Ikone verehrt.

- Am Anfang des Klostergeländes befinden sich die **Gedenkstätte Visariou Puiu** und das kleine **Museum M. Sadoveanu**. Dem Kloster vorgelagert ist das **kulturelle und soziale Zentrum,** in dem zahlreiche **Zimmer** für Pilger und Touristen zur Verfügung stehen (Zimmer 60 RON, Frühstück 12 RON, Mittagessen 32 RON). Man kann allerdings auch im Innenhof übernachten. Hier stehen 18 DZ mit Blick auf die im Hof stehende Georgskirche zur Verfügung (60 RON).

- Wer eine **Führung** wünscht, wende sich an den **Mönch Antonius.** Er spricht deutsch und erklärt die Geschichte des Klosters äußerst lebendig und unterhaltsam.
- Mit dem **Mikrobus** kommt man viermal am Tag von Tîrgu Neamţ zum Kloster Neamţ (7, 11, 15 und 20 Uhr; 4 RON). **Taxis** kosten etwa 20 RON.

Die Klöster Agapia, Văratec, Secu und Sihăstria

Neben den **riesigen Klosteranlagen** von Agapia, Văratec, Secu und Sihăstria, 15 km westlich von Târgu Neamţ, mögen viele andere der über 300 Klöster Moldawiens wie kleine Kapellen erscheinen. Jährlich pilgern Tausende von Gläubigen und Touristen durch die gigantischen Anlagen im Osten des **Stânişoara-Gebirges.** Der Grund des Ansturms ist sicherlich nicht allein auf die Größe der Klöster zurückzuführen, die sich mühelos mit ihren deutschen Pendants in Altötting oder Ettal messen können. Was die Besucher fasziniert, ist vielmehr die wunderschöne Lage am Rande von Tannenwäldern und dem nahen Gebirge. So verschwinden die einzelnen Gebäude des weitläufigen Klosters Sihăstria fast vollständig zwischen Buchen, Tannen und Kiefern, die im Spätsommer in den prächtigsten Grüntönen wetteifern.

Agapia und Văratec ⇗V, C3

Das Kloster Agapia wird oft in einem Atemzug mit dem nur 6 km entfernten Kloster Văratec genannt. Beide gehören heute zu den größten Nonnenklöstern Europas. In der **Klosterkirche von Agapia** sind die Innengemälde des bekannten Malers **Nicolae Grigorescu** besonders sehenswert, die er im Alter von 20 Jahren schuf. *Grigorescu,* der als Begünder der modernen rumänischen Malerei gilt, hat seine Karriere in Agapia begonnen, wo er vier Jahre im Kloster verbrachte. Im klostereigenen **Museum** wurde ihm ein eigener Saal gewidmet, in dem auch wunderbar gestaltete Ikonen, Teppiche und Kreuze aus Zedernholz zu sehen sind.

Es lohnt sich, den 30-minütigen Weg zum **Kloster Văratec,** das im Jahr 1785 von der Nonne *Olimpiada* rings um eine kleine Holzkirche gegründet wurde, zu Fuß zurückzulegen. Der so genannte **„Weg der Königin"** führt an dichten Tannen-, Kiefern- und Eichenwäldern vorbei. Das Kloster Văratec ist in erster Linie als letzte Ruhestätte der Dichterin **Veronica Micle** bekannt geworden. Dicht an ihrem Grab steht das Standbild der Nonne *Safta Brâncoveanu* mit den Worten des Dichters *Eminescu:* „... das Nichts bringt dich herbei, es nimmt dich wieder fort."

Anreise

Alle **Busse von Piatra Neamţ nach Târgu Neamţ** (und umgekehrt) halten im Ort **Săcaluşeşi.** Von hier sind es 3 km zum Kloster Agapia. Die Wanderung zum höher gelegenen Kloster Văratec dauert noch einmal 30 Minuten.

Unterkunft

- **Casa Apostol** (**), Tel. 0230-247 212. Die umgebaute Pension von *Vasile Apostol* im Ort Săcaluşeşi bietet eine einfache und schlichte, aber sehr saubere Unterkunft in herrlicher Umgebung. EZ/DZ 60 RON.
- **Pensiunea Narcisa** (**), Tel. 0230-244 783. Sehr gepflegte Pension mit großem Garten in idyllischer Lage im Ort Agapia. 10 Plätze, EZ 60 RON, DZ 70 RON.
- **Pensiunea Padurea de Argint** (**), Văratec Nr. 75, Tel. 0230-244 707. Das Haus „Silberwald" von *Elena Pantelimon* bietet 22 Plätze in sehr schönen, sauberen Zimmern an. Auf Wunsch auch Verköstigung. EZ 60 RON, DZ 70 RON.
- **Casa dintre Pini** (**), Agapia, Tel. 0230-244 949. *Ana Pârvu* kann in ihrem kleinen Schmückkästchen mit buntem Garten 14 Personen unterbringen, die auch sehr gerne bekocht werden. EZ 60 RON, DZ 70 RON.

Secu und Sihăstria ⇗V, C3

Im Tal eines Flüsschens gleichen Namens wurde das **Kloster Secu** 1602 als Nachfolger einer kleinen Einsiedelei erbaut. Die Kirche überrascht durch ihre Ähnlichkeit mit Klöstern in Muntenien. Die Fassade erscheint in zwei Registern, die Vorhalle wird von Säulen gestützt. Im mächtigen, von einer 20 m hohen Mauer umgebenen Innenhof finden sich zwei Kapellen und das **Museum** mit alten Handschriften und Ikonen.

Über einen Schotterweg gelangt man talaufwärts nach 15 Gehminuten zum **Kloster Sihăstria.** Hier verdient die Kunst des Ikonenmalers *Irineu Protcencu* besondere Aufmerksamkeit. Das 1743 durch den Bischof *Ghedeon von Roman* gestiftete Kloster ist ein beliebter Ausgangspunkt für Wanderungen zum größten Stausee Rumäniens, dem **Lacul Izvorul Muntelui,** und zum 900 m hohen Petru-Vodă-Pass. Die achtstündige Route führt an der 3 km entfernten **Klause Sihla** vorbei, deren Holzkirche idyllisch im dichten Mischwald verschwindet.

Piatra Neamţ ⇗X, B1/2

- **Meereshöhe:** 310 m
- **Vorwahl:** 0233
- **Einwohner:** 126.000

Vom großen Stausee Lacul Muntelui kommend, schlängelt sich die Nordkarpatenstraße 15 längs der Bistritz hinunter nach Piatra Neamţ. Wer von Süden (Bacău) kommt, erreicht Piatra ebenfalls über die Straße 15 auf einem recht guten Teilstück nach 65 km. Piatra, wie die Einheimischen den Ort kurz und bündig nennen, liegt inmitten eines Ausläufers der **Ostkarpaten** und ist völlig von waldbedeckten Bergen umrahmt. Am besten begibt man sich gleich nach der Ankunft auf den **Aussichtsberg Cozla** (651 m); von hier hat man die beste Aussicht und gewinnt eine erste Orientierung. So erblickt man westlich den von den Einwohnern liebevoll „Steinchen" genannten Berg **Pietricica,** dessen Form ein wenig an einen buckligen Vulkan errinnert. Im Süden wird Piatra durch die wild gezackten Berge um den 851 m hohen **Cernegura** begrenzt.

Piatra Neamţ eignet sich hervorragend als **Ausgangspunkt für Ausflüge** zu den zum UNESCO-Weltkulturerbe zählenden Moldauklöstern, für eine Tagestour zur nahe gelegenen Bicaz-Schlucht, zum gleichnamigen Stausee oder zum Lacu Roşu (Roter See). Außerdem kann die Stadt auch als „Basislager" für Klettertouren ins Ceahlău-Gebirge dienen.

Kleine (Sprach-)Historie

Piatra Neamț ist eine sehr alte Stadt. 1997 wurde eine Zitadelle der Daker auf einem nahe gelegenen Berg ausgegraben. In römischer Zeit hieß die Stadt Petrodava (lat. steinerner Ort) und wurde als solche mehrfach vom Geschichtsschreiber *Ptolemäus* erwähnt. Ab 1453 erschien sie als Piatra lui Craciun (Weihnachtsfels) in den Annalen. Der heutige Name Piatra Neamț heißt übersetzt **„Deutscher Fels"**, und mag auf die ersten deutschen Siedler verweisen, die sich schon recht frühzeitig im Moldaugebiet niederließen. Der Name „Neamț" geht auf das slawische Wort „Niemetz" zurück, was ursprünglich „sprachlos" bedeutete und sich als Bezeichnung für die unverständlich sprechenden deutschen Siedler durchgesetzt hat.

Sehenswertes

Der zentrale Freiheitsplatz

Leider mussten große Teile der historischen Bausubstanz in der Innenstadt den staatskommunistischen Vorstellungen von Schönheit und Nutzen weichen. Was von der Altstadt noch erhalten ist, drängelt sich, ebenso wie die wichtigsten kulturellen Gebäude, dicht um den zentral gelegenen Freiheitsplatz **(Piața Libertății).** So die auf *Ştefan cel Mare* zurückgehende fürstliche Hofburg mit Kirche. Man erreicht sie durch einen kleinen, ansteigenden Park, in dem auch eine 10 m hohe, von *Oscar Han* geschaffene Statue des Moldaufürsten zu sehen ist.

Die **Fürstenresidenz** *Stefans* wurde erstmals am 20. April 1491 erwähnt. Die heute in den Überresten der Hofburg zu sehende Ausstellung zeigt die mittelalterlichen Dokumente, die dieses Datum verbürgen, sowie einige Insignien der fürstlichen Macht. Aus den wenigen erhaltenen Mauerresten der

rum511 Foto: jr

Der freistehende Glockenturm von Piatra Neamț direkt neben dem Kunstmuseum

Moldau/Bukowina

alten Festungsanlage wurde bereits 1497 die **Johanniskirche (Biserica Domnească Sf. Ioan)** erbaut. Sie diente dem Fürstenhof anfangs als Kapelle. Ihre farbenfrohe, reich verzierte Fassade schimmert heute mit den bunt glasierten Dachschindeln um die Wette. Die Johanniskirche weist eine seltene architektonische Besonderheit auf. Ihr gotischer Glockenturm steht einzeln und etwas abseits vom Kirchenschiff. Sein oberer Teil war früher nur über eine außen angebrachte Strickleiter zu erreichen, einmalig in der moldauischen Kirchengeschichte.

Unmittelbar am Friedensplatz befindet sich eines der beliebtesten Theater der Moldau. Das **Tineretului-Theater** genießt auch international einen hervorragenden Ruf und ist die zentrale Spielstätte des alljährlich Ende Mai stattfindenden Theaterfestivals.

- **Curtea Domnească a lui Ştefan cel Mare** (Fürstenresidenz *Stefans des Großen*), Piața Libertații 4, Di. bis So. 10–18 Uhr, Eintritt 2 RON.

Museen und Synagoge

Auf der Westseite des Glockenturms liegt der Eingang zum liebevoll eingerichteten **Museum für Volkskunde (Muzeul Etnografic)**, das sich auf das Leben der Bauern des Bistitz-Tals konzentriert. Im Rahmen einer deutschsprachige Führung werden die Eigenart der Volkstrachten und bäuerlichen Gerätschaften des Neamț-Gebietes geduldig und ausführlich erklärt.

Gleich neben dem Volkskundemuseum liegt der Eingang zur **Villa Brâncoveanu** und dem **Kunstmuseum (Muzeul de Artă)** der Stadt. Die erst 1980 zusammengestellte Sammlung präsentiert Gemälde, Skulpturen und Möbel einheimischer Künstler wie *Corneliu Baba, Nicolae Tonitza* oder *Ion Tuculescu*.

Im nördlich des Freiheitsplatzes gelegenen **Naturkundemuseum (Muzeul de Ştiinţe naturale)** sind eine schlichte mineralogische Sammlung und Fossilien aus dem Umland zu sehen. Ökologisch Interessierte erfahren

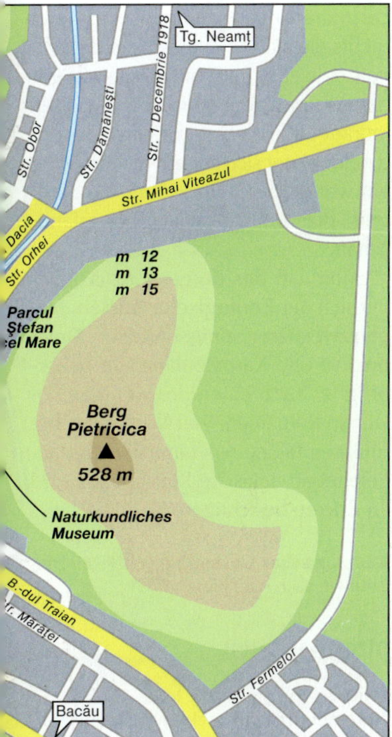

■ **Übernachtung**
1 Hotel Troian
2 Hotel Belvedere
3 Pensiunea Nora
4 Pensiunea Carmen
6 Camping Strand
13 Grand Hotel Ceahlău

■ **Essen und Trinken**
1 Restaurant Troian
5 Nefertiti
7 Villa Italia
8 Gelateria Italiana
11 Colibele Haiducilor
12 Cercul Gospodinelor
13 Colibele Haiducilor
15 Blue Star
16 The Kilkeny Irish Pub
17 Căprioara

■ **Nachtleben**
9 Laguna

■ **Einkaufen/Sonstiges**
10 Reisebüro Antrec
14 Humanitas (Buchhandlung)

etwas über die Reservate der Umgebung und über das Ökosystem des Moldaugebietes.

Südlich des Friedensplatzes befindet sich das sehr interessante **Historische Museum (Muzeul de Istorie)** mit über 20.000 Exponaten von der Neolithischen Ära bis zur Gegenwart. Sehenswert sind die bemalten Amphoren und Trinkgefäße aus dem Altertum, die in ihren Motiven einen starken griechischen Einschlag zeigen.

Ebenfalls im Zentrum, etwas nördlich des Freiheitsplatzes, in der Str. Petru Rareş, befindet sich die (leider oft verschlossene) **Hölzerne Synagoge (Sinagoga de lemn).** Sie ist eines der ältesten Gebäude dieser Art im Land. Der Gründer des Hassidismus, *Baal Shem Tov,* soll hier öfters gepredigt haben. Mittlerweile ist die Synagoge vollständig von Wohnhäusern umgeben, man sollte sich aber bei der Suche nicht entmutigen lassen.

Wo bitte geht's zum Strand?

Wer sich in Piatra Neamţ Richtung Südstadt bewegt, könnte gelegentlich das Wort „Strand" aufschnappen. Doch sollte man daraus keine falschen Schlüsse ziehen. Der „Ştrand" von Piatra Neamţ ist das überall in Rumänien gebräuchliche Wort für **Freibad.** Neben dem direkt am Fluss Bistritz gelegenen Freibad von Piatra Neamţ bietet sich auch der etwa 3 km westlich gelegene **See Batca Doamnei** zum Schwimmen an.

- **Muzeul Etnografic,** Piaţa Libertăţii 1, Di. bis So. 10–18 Uhr, Eintritt 2 RON.
- **Muzeul de Artă,** Piaţa Libertăţii 1, Di. bis So. 10–18 Uhr, Eintritt 2 RON.
- **Muzeul de Ştiinţe naturale,** Str. Petru Rareş, Tel. 224 211, Di. bis So. 10–18 Uhr, Eintritt 2 RON.
- **Muzeul de Istorie,** Str. Mihai Eminescu 10, Di. bis So. 10–18 Uhr, Eintritt 2 RON.
- **Synagoga de Lemn,** Str. Petru Rareş 7.

Cozla-Berg und Zoo

Wie bereits eingangs bemerkt, genießt man die schönste Aussicht über die Stadt auf dem **Cozla-Berg.** Dazu geht man vom Friedensplatz die von prächtigen Villen gesäumte Str. Ştefan cel Mare entlang stadtauswärts und rechts die sich spiralig windende Strada Cozla zum Berg hinauf. Bereits vor dem oben gelegenen Panorama-Restaurant und Biergarten Cercul Gospodinelor bietet sich auf auf halbem Weg ein wunderbarer Blick über die Stadt und die umliegende Gebirgslandschaft.

Unterhalb des Berges Cozla befindet sich der **Zoologische Garten.** Neben zwei Bären, einigen Wölfen, Steinböcken und Karpatenhirschen beherbergt er auch einen der wenigen Löwen in Rumänien. Vier Werke des berühmten Bildhauers *Pompiliu,* eng angelehnt an dakische Kunstwerke, sind im Zoo zu besichtigen.

- **Zoologischer Garten,** täglich 9–21 Uhr, Eintritt je nach Alter bis zu 1 RON.

Informationen

- **Antrec,** Str. Ştefan cel Mare 17, Tel. 234 204, misu.chiruc@decebal.ro. Das mit Abstand beste Info-Zentrum der Stadt. Hier

Ceahlău-Massiv

↗ X, A/B1

Der vom rumänischen Volksdichter *Eminescu* und dem moldauischen Fürsten *Cantemir* als **„Olymp der Moldau"** gefeierte, 1904 m hohe Ceahlău (sprich: Schachlao) gehört zu den spektakulärsten und populärsten Gebirgsmassiven der östlichen Karpaten. Bereits die Daker sahen in ihm einen mythischen Berg und hielten ihn für den Wohnsitz ihres höchsten Gottes *Zamolxis.* Heutige Bergwanderer und Naturfreunde kommen jedoch nicht allein aufgrund der Mythen und der grandiosen Gipfelaussicht. Im **Nationalpark Ceahlău** leben noch große Populationen von Bären, Wölfen, Wildschweinen, Gemsen, Steinböcken sowie Karpatenhirschen.

Als bester Ausgangspunkt für eine eintägige Besteigung des Gipfels bietet sich das kleine Bergdorf **Durău** an, das sich von Piatra Neamț oder Târgu Neamț auch mit dem Bus erreichen lässt. Eine der Hauptattraktionen des Ortes ist das am zweiten Sonntag im August stattfindende **Schafhirten-Festival (Festival de păstori).** In Durău kann man außerdem eine kleine **Einsiedelei** besichtigen, deren Außenwände ähnlich den Moldauklöstern mit bunt bemalten Bibelszenen ausgestattet sind.

In den letzten Jahren ist der Ceahlău auch zu einem beliebten Treffpunkt der Mountainbiker geworden. Einen **Mountainbike-Verleih** findet man im Hotel Bistița; für weitergehende **Informationen** über den Nationalpark sowie Führungen durchs Reservat wende man sich an das Hotel Durău.

- Der für den **Nationalpark** fällige **Eintritt** in Höhe von 5 RON ist entweder in der Bergrettung Salvamont in Durău oder in der Dochia- bzw. Izvorul-Muntelui-Hütte zu entrichten.

Unterkunft

Im Ort Ceahlău

- **Orhideea Inn** (**), Tel. 0233-258 184. Für 30 Personen in der Pension und 10 in Holzhütten, DZ 80 RON, Hütte 50 RON.
- **Gästehaus Colț de Rai** (**), Tel. 0233-258 287, DZ 70 RON.

In Durău

- **Hotel Bradul** (***), Tel. 0233-258 287, DZ 100 RON.
- **Hotel Brândușa** (**), Tel. 0233-256 573, DZ 80 RON.
- **Pension Köber/Șoimul** (****), Tel. 0233-256 616, DZ 100 RON.
- **Pension Gabriela** (**), Mobil 0744-509 394, DZ 80 RON.
- **Camping Alpinu** (**), Tel. 0233-256 538. 16 Hütten, Holzhütte 40–60 RON.
- **Camping Gheorghiu Maria** (**), Tel. 0233-258 212. 16 Holzhütten, Hütte 40–60 RON.

Wanderrouten

Von Durău (990 m) zur Dochia-Hütte (1750 m)

Vom östlichen Ende des Durău-Resorts führt ein mit einem roten Kreuz markierter Weg auf die Strecke zur Dochia-Hütte, für die **4–5 Stunden** zu veranschlagen sind. Anfangs steigt die Route entlang des Baches Pârâul lui Bucur nur leicht an. Man wandert vor allem durch Waldgebiet, bis man auf einer Höhe von knapp 1200 m auf der

Lichtung **Poiana Vesuri** angelangt ist. Anschließend geht es erneut durch den Wald; man folgt einem Bach namens Rupturii, der direkt zum **Wasserfall Duruitoarea** führt. In leichten Kurven geht die Strecke langsam vom Wald- in ein Wacholdergebiet über, das einen zum **Piatra-Lăcrimată-Pla-**

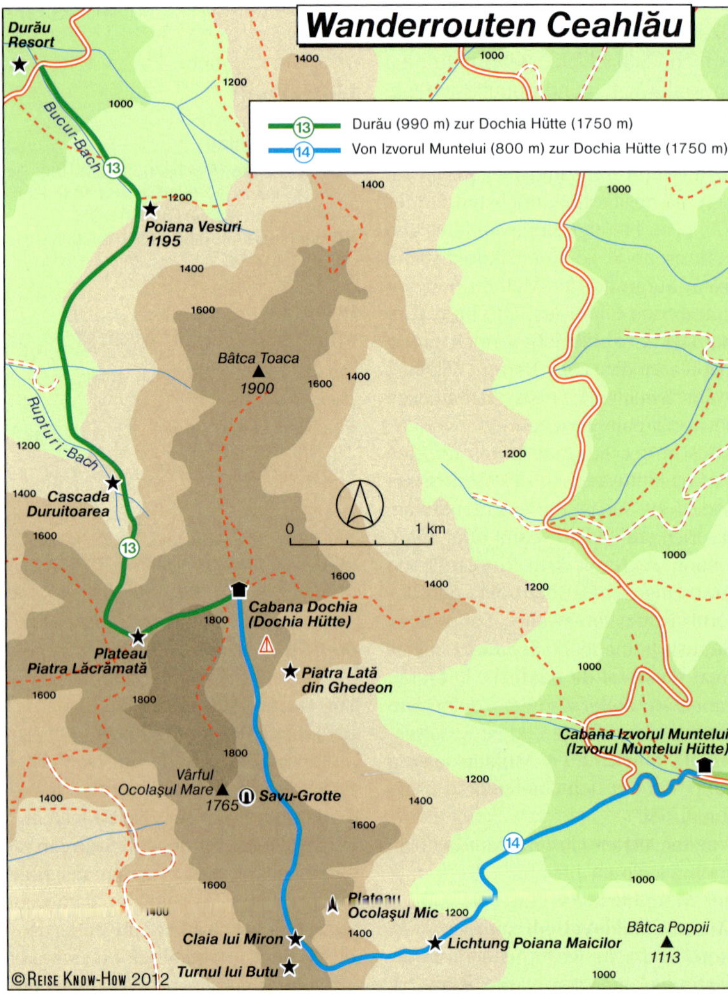

teau führt. Ein wenig weiter trifft man auf die mit einem blauen Streifen markierte Strecke, die ebenfalls hinauf zur Dochia-Hütte geht (in der übrigens ein ganz hervorragender Schafskäse - *Brânza muntelui* - serviert wird).

- **Bergrettung: Salvamont Piața Neamț,** Str. Alexandru cel Bun 27, Tel. 0233-212 890, www.salvamont.ceahlau.ro.
- **Hütte Fântânele,** 1220 m, 11 Räume, 4 Holzhütten, Tel. 0233-186 360.
- **Hütte Dochia,** 1750 m, Unterkunft für 100 Personen im Sommer und 70 im Winter, Tel. 0233-469 271.

Von Izvorul Muntelui (800 m) zur Dochia-Hütte (1750 m)

Von der Izvorul-Muntelui-Hütte führt ein mit senkrechtem roten Streifen markierter Weg zu einem der markantesten Punkte des Ceahlău-Massivs, dem steil aufragenden Gipfel **Ocolaşul Mare.** Die gesamte Strecke zur Dochia-Hütte dauert **4 bis 5 Stunden** und ist ein wenig anspruchsvoller als der Weg von Durău aus.

Kurz nach Verlassen der Hütte kreuzt man den kleinen Bergbach Izvorul Muntelui, der der Hütte ihren Namen gibt. Der 1113 m hohe Bâtca Popii säumt für die nächsten 3 km linker Hand die bewaldete Strecke, die einen nach 1:30 Stunden zur Lichtung **Poiana Maicilor** auf 1326 m bringt. Kurz nach der Lichtung kreuzt der aus der Ortschaft **Neagra** kommende Weg mit blauem Kreuz, der ebenfalls hinauf zur Dochia-Hütte führt.

Zum nächsten Aussichtspunkt, dem **Plateau Ocolaşul Mic,** steigt man zwischen den beiden Felsmassiven Claia lui Miron (rechts) und Turnul lui Butu (links) hindurch. Kurz darauf gelangt man durch ein Waldgebiet in die Nähe des bereits erwähnten imposanten Gipfels **Ocolaşul Mare,** in dessen Nähe sich auch eine kleine Höhle, die **Savu-Grotte,** befindet. Sobald der höchste Punkt der Strecke, das Felspanorama namens **Piatra Lată din Ghedeon,** erreicht ist, sind es nur noch 15 Minuten zur Dochia-Hütte.

- **Hütte Izvorul Muntelui,** 797 m, Platz für 50 Personen im Hostel und für weitere 20 in Holzhütten, Tel. 0233-234 269.
- Zwischen Bicaz und Izvorul Muntelui liegt die äußerst preisgünstige **Cabana Bicaz,** Tel. 0233-254 097, DZ 30 RON, inkl. Frühstück.

Unterkunft im Ort Izvorul Muntelui:

- **Pension Cruşitu** (**), Mobil 0723-589 661. 30 Personen, DZ 70 RON.
- **Gästehaus Licurici** (**), Mobil 0721-344 945. 10 Personen, DZ 70 RON.
- **Pension Dănilă** (**), Mobil 0723-317 583. 13 Personen, DZ 70 RON.

Bicaz-Schlucht ↗X, A/B2

Die Schlucht von Bicaz **(Cheile Bicazului)** zählt neben der hochalpinen Transfăgăraşan in Siebenbürgen zu den spektakulärsten Bergpassagen Rumäniens. Sie wird zwischen den Orten Gheorgheni und Bicaz von der Nationalstraße DN12c durchquert. Die bis zu 300 m hohen Felswände ragen nur einige Meter von der Straße entfernt vertikal nach oben oder hängen zum Teil auch über (Vorsicht: Steinschlaggefahr!). Von Bicaz kommend erwartet einen am Ende der 15 km langen Strecke durch die Schlucht der gefürchtete „Höllenschlund", eine extrem enge Passage. Die steilen Kalksteinwände der Klamm sind ein **beliebtes Klettergebiet,** oft sind einige Freeclimber direkt über der Passstraße im Fels zu sehen. Da sich die Schlucht an ihrem tiefsten Punkt ganz und gar ohne Kletterkenntnisse und hochalpine Erfahrung erwandern lässt, ist sie auch ein beliebtes Wochenendziel der Rumänen.

Lacul Roşu

⇗X, A2

Der **„Rote See",** 30 km westlich vom großen Stausee gelegen, hat seinen Namen der eisenhaltigen Tonerde zu verdanken, die dem Wasser einen rötlichen Schimmer verleiht. Die gespenstische Szenerie der zahlreichen Baumstümpfe und kahlen Kiefernspitzen, die aus dem See ragen, lassen er-

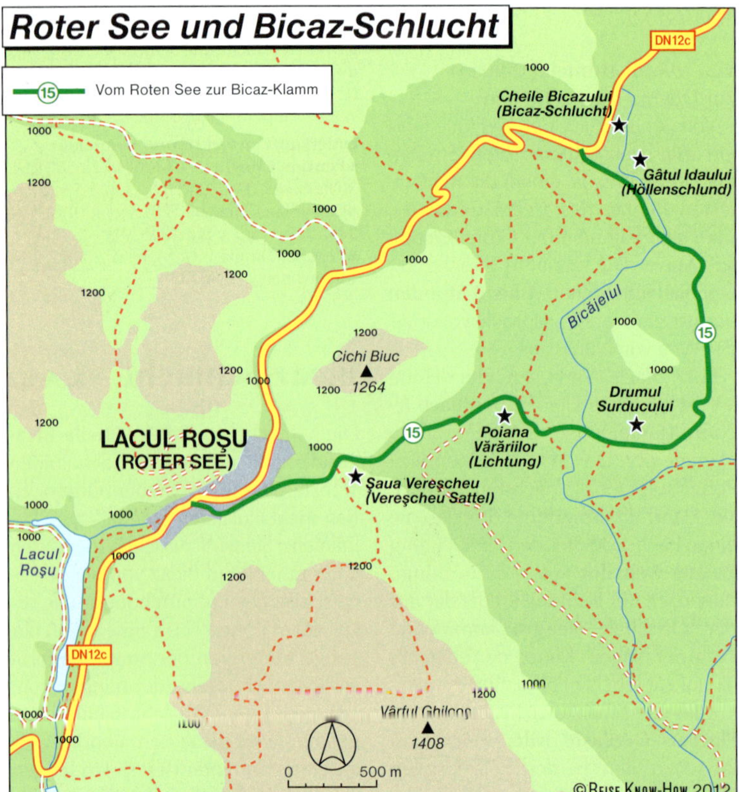

ahnen, das eine Katastrophe dem in ganz Rumänien berühmten Gewässer seinen Beinamen **„Mördersee"** verliehen hat. Einer der zahlreichen Legenden nach sollen Angler am Seerand von einem Riesen erschlagen worden sein. Die Farbe des Wassers wäre demnach auf ihr vergossenes Blut zurückzuführen. In Wirklichkeit rutschte 1838 ein bewaldetes Felsmassiv aus 1000 m Höhe in die Bicaz, einen Zufluss der Bistritz. Die Geröllmassen wirkten wie ein natürlicher Staudamm, die Kiefern ertranken und ragen heute nur noch mit ihren Stümpfen aus dem Wasser hervor.

Vom Roten See zur Bicaz-Klamm

Um dem Ansturm der meist mobilisierten Kurztouristen zu entgehen, empfiehlt sich eine **vierstündige Wanderung** abseits der Hauptstraße. Die Strecke führt vom Roten See zur Schlucht von Bicaz und ist mit einem senkrechten gelben Streifen markiert.

Eine der spektakulärsten Schluchten Rumäniens ist die Bicaz-Klamm

Von der Hauptstraße im Ort Lacu Roşu zweigt die Wanderstrecke 200 m südlich der Kirche **Sfântul Cristof** ostwärts ab. Nach 2 km kreuzt man den **Vereşcheu-Sattel** und kommt in eine Landschaft mit idyllischen Gehöften und kleineren Ortschaften. Der Weg zur Bicaz-Schlucht, auch unter dem Namen **„Drumul Surducului"** bekannt, führt zuerst über eine Lichtung (Poiana Vărăriilor), kreuzt den **Bach Bicăjelul** und wendet sich anschließend nordwärts zur Lichtung **Poiana Căprăriei.** Kurz darauf führt der Weg erneut am Bicăjelul-Bach entlang, dessen Wasser immer wilder wird, je näher man der Schlucht kommt. Nach Überquerung des Bergbachs gelangt man zur eindrucksvollsten Passage der Strecke, dem Höllenschlund oder **Gâtul Iadului.** Ein wenig weiter unten, nach einer Brücke, ist bereits die Nationalstraße DN12c sichtbar, die durch die Bicaz-Schlucht führt.

Unterkunft

- Unweit des Sees liegt die **Vila Bradul** (**), Tel. 0266-164 049, die auch über einen Campingplatz an einem Flüsschen verfügt. Alle Zimmer kosten ab 80 RON (ohne Frühstück), ein Stell- und Zeltplatz 5 RON oder 1 Euro.
- Direkt gegenüber, auf der anderen Straßenseite, liegt die hübsche **Vila Andrei** (**), Tel. 0266-380 004, Kontaktperson: *Micloş Anca*. 12 gepflegte Zimmer ab 80 RON. Das Haus hat kein Restaurant.

Roman

XI, C1

- **Meereshöhe:** 280 m
- **Vorwahl:** 0233
- **Einwohner:** 70.800

Ein kurzer Stopp in der 46 km östlich von Piatra Neamţ gelegenen unscheinbaren Stadt Roman lohnt aus drei Gründen: Zum einen ist sie die Heimatstadt des berühmtesten rumänischen Dirigenten, **Sergiu Celibidache,** zweitens gilt Roman als Gründungsort der Provinz Moldau, und drittens findet man in der Nähe der Stadt eines der besten Restaurants der Moldau.

Einer **Überlieferung** nach soll sich ein Heerführer namens **Dragoş** um 1349 im Moldaugebiet niedergelassen haben und bei der Jagd nach einem Büffel in das heutige Gebiet der Stadt Roman gekommen sein. Sein Jagdhund, dem der Wojwode den Namen *Moldau* gegeben hatte, fiel den Büffel an, wurde dabei jedoch getötet. Zum Andenken an seinen treuen Begleiter nannte Dragoş den Fluss, in dem der Kampf stattfand, Moldau und den Ort des Geschehens Roman. Auch dem Büffel sollte später Ehre zuteil werden, denn er ziert heute das Wappen der Moldau.

Die ersten historischen Spuren der Stadt Roman finden sich in einer Chronik aus dem Jahr 1392. Entgegen der oben genannten, sehr bekannten Legende um die Stadtgründung geht der Name auf den Fürsten **Roman Muşat I.** zurück (er regierte die Moldau von 1391 bis 1394), der die Stadt am

Zusammenfluss von Siret und Moldova gründete. Eine von *Ştefan dem Großen* links des Siret gebaute Festung überlebte die kriegerischen Wirren der Region und die Angriffe des Osmanenführers *Mehmed II.* nicht und wurde vom schmachvoll in die rumänische Geschichte eingegangenen „tatarischen Komplizen“ *Dumitraşcu Cantacuzino* 1675 endgültig demoliert. Roman galt trotz aller militärischen Niederlagen über die Jahrhunderte hinweg als **wichtige Marktstadt** auf der alten Handelsroute vom Schwarzen Meer nach Târgu Mureş.

Sehenswertes

Die Innenstadt verströmt den Charme frisch gestrichener Plattenbauten, die wohl zur Epoche der Beton-Renaissance zu zählen sind, und lohnt darum keinen längeren Aufenthalt. Interessant ist allerdings der Besuch der **Celibidache-Musikschule** und des **Sergiu-Celibidache-Museums.** Die Führung durch beide Häuser (deutsch, englisch und französisch) macht mit einigen kuriosen Episoden aus dem Leben des exzentrischen Künstlers und größten Sohnes der Stadt bekannt. Wer sich mit Kindern auf der Durchreise befindet, dem empfiehlt sich ein Ausflug in den kleinen, sehenswerten **Zoo** oder ins frisch renovierte **Freibad.**

- **Muzeul Sergiu Celibidache** und **Scoală de Musica,** Str. Titulescu/Ecke Str. Veronica Micle.

Unterkunft

- Empfehlenswert ist das **Hotel Mariko Inn** (***) an der Ausfahrtsstraße (E85) nach Iaşi und Suceava, etwa 3 km außerhalb des Zentrums von Roman, Str. Ştefan cel Mare 278, Tel. 742 525. EZ 95 RON, DZ 115 RON, Matrimonial 135 RON, App. 240 RON.

Sergiu Celibidache

Sergiu Celibidache war einer der wenigen rumänischen Dirigenten, die es wirklich zu Weltruhm gebracht haben. Der Musiker leitete von 1945 bis 1952 die Berliner Philharmoniker und war damit Nachfolger von *Wilhelm Furtwängler* und Vorgänger von *Herbert von Karajan,* den er in seiner musikalischen Entwicklung stark beeinflusste. *Celibidache* war Anhänger des Buddhismus, begnadeter Bruckner-Interpret, Philosoph und Jünger des Gurus *Sai Baba* gleichermaßen, was ihm in der Musikwelt den Ruf eines Exzentrikers einbrachte. Obwohl *Celibidache* selbst ein fantastischer Vermittler von klassischer Musik war, glaubte er nicht an die wirkliche Vermittelbarkeit von Musik oder Sprache. Als Konsequenz daraus verbot er – als erster und einziger Dirigent in der Welt – den Mitschnitt und die Veröffentlichung seiner Konzerte! Einigen Besuchern scheint es trotzdem gelungen zu sein, heimlich einige Aufnahmen zu machen, zumindest kursiert heute ein Celibidache-Konzert aus der Carnegie-Hall.

Seine Heimatstadt Roman, in der er am 11. Juli 1912 geboren wurde, hat nach der Revolution, also noch zu *Celibidaches* Lebzeiten, eine nach ihm benannte Musikschule begründet, die von Besuchern besichtigt werden kann.

- Wahrscheinlich werden sich nur völlig übermüdete Autofahrer im **Hotel Roman** niederlassen (sozialistischer Betonklotz), Str. Nicolae Titulescu 2–4, Tel. 742 600. EZ 130 RON, DZ 170 RON.

Essen und Trinken

- **Restaurant Roxi Orient,** Str. Nicolae Titulescu 13. Nichtraucher-Restaurant mit sehr guten Tagessuppen.
- Etwa 5 km hinter der Gabelung nach Iaşi befindet sich ein sehr beliebtes Ausflugslokal. Auch wer eigentlich geradeaus nach Suceava möchte, sollte den kleinen Umweg in Kauf nehmen und im **Hanul trei lazuri** eine Stärkung zu sich nehmen. Die „Herberge der drei Teiche" lädt den Gast ein, sich seine Fische selber zu fangen und sie dann von der Restaurantküche nach Wunsch zubereiten zu lassen. Wer dafür etwas mehr Zeit benötigt, kann sich auf dem am See gelegenen Campinggelände einrichten. Wer nicht angeln möchte, lässt sich die gegrillten Fische *(Peste prajite)* fertig auf der Sommerterrasse servieren und genießt den Blick auf die recht großen Teiche.

Achtung: Straßengraben!

Autofahrer sollten beachten, dass gleich nach Roman, Richtung Norden, ein etwa 5 km langer Graben die Straße begleitet. Nächtliche Fahrten könnten schnell in diesem enden, wenn man die Aufmerksamkeit und die Spur nicht halten kann.

Bacău

↗XI, C2

- **Meereshöhe:** 170 m
- **Vorwahl:** 0234
- **Einwohner:** 185.400

Zwar ist Bacău die drittgrößte Stadt der Moldau (nach Iaşi und Galaţi), bietet jedoch aus touristischer Sicht sehr wenig, was einen längeren Aufenthalt rechtfertigen würde. Die meisten Besucher nutzen die **zentrale Lage** auf der von Norden nach Süden führenden Europastraße 85 (von Suceava nach Bukarest) zur Übernachtung in einem der recht guten Hotels oder zu einem Einkaufsbummel auf dem großen, zentral gelegenen Markt.

Stadt im Umbruch

Seit einigen Jahren gibt es kaum einen Straßenzug in Bacău, in dem nicht gebaut, gebaggert oder restauriert würde. Leider mangelt es der Stadt aber an historischer Bausubstanz, und so ist es, wie vielerorts in Rumänien, die orthodoxe Kirche, die versucht, neue städtebauliche Akzente zu setzen.

Am zentralen Piaţa Unirii steht eine riesige **Kathedrale,** die mühelos mit den größten orthodoxen Kirchenhäusern Rumäniens mithalten kann. Das Sfântul Niculae Înălţarea Domnului genannte Gotteshaus wurde 2007 fertiggestellt. Auch zwei historische Gebäude an der Str. Nicolae Bălcescu ziehen die Aufmerksamkeit auf sich: eine **neobyzantinische Kirche** am nördlichen Ende und das im Brâncoveanu-Stil errichtete **Bacovia-Theater** im Süden der Straße. Eines der wenigen Zeugnisse dafür, dass Bacău älter als 100 Jahre ist, findet sich in der Str. 9. Mai. Den dort zu sehenden, vollständig von Plattenbauten umgebenen **Fürstenhof** ließ *Alexandru,* Sohn *Stefans des Großen,* im Jahr 1491 errichten. Leider lassen die verbliebenen Ruinen keine Rückschlüsse zu, wie der Hof einmal ausgesehen haben könnte.

Informationen

- Das **Orotaru-Informationszentrum** im Hotel Moldova, Str. N. Bălcescu 16, Tel. 571 915, hilft bei der Vermittlung von Zimmern.
- Sehr hilfsbereit sind die Damen und Herren in der **Buchhandlung Eminescu** in der Str. N. Bălcescu 12, Tel. 545 721.

Service

- **Hauptpost,** Str. Mărăşeşti 8, Tel. 588 342.
- **Mobil-Telefon: Cosmoplus,** Str. N. Bălcescu 12, Tel. 544 995.
- **Geldwechsel: BRD-Bank,** B-dul Unirii 2, und **Banca Transilvania,** Str. N. Bălcescu, Tel. 570 318.
- **Internet: Nonstop-Internet-Café,** B-dul Unirii 2, neben dem Café-Restaurant Monaco, Tel. 531 181, 2 RON die Stunde.

Notfälle

- **Apotheke (Farmacie),** Str. N. Balcescu 12, Tel. 576 980, 8–20 Uhr, So. geschlossen.
- **Stadtkrankenhaus: Spitalul Municipal,** Str. Şpiru Hareţ, Tel. 134 000.

Mobilität

Wichtig für Autofahrer

Man sollte sich nicht durch Hinweisschilder irritieren lassen, die einem die **Fahrt durch die Stadtmitte** verbieten. Die entsprechende Umleitung gilt nur für Lastwagen. Wer dieser Ausschilderung folgt, nimmt einen riesigen Umweg in Kauf. Außerdem ist die Umgehungsstraße oft verstopft! Besser den direkten Weg durch die City nehmen.

Flüge

- Der **Flughafen** liegt nur 5 km außerhalb der City an der Str. Aeroportului 1, Tel. 575 362. Zubringer zur Innenstadt sind die Busse der Linien 17, 18 und 22 (Preis in die City ca. 1,50 RON).
- Internationale und nationale **Flüge** mit Carpatair, Tel. 575 335, und TAROM, Tel. 546 343. Täglich Flüge mit Carpatair (außer So.) nach München, Stuttgart und Düsseldorf (über Timişoara) um 6:40 Uhr.

Züge

- Der **Hauptbahnhof** liegt 2,5 km vom Stadtzentrum entfernt in der Str. Garii 1, Tel. 519 908. Der Bahnhof Bacău liegt an einer Intercity-Strecke. Der Pendelbus Linie 18 zirkuliert zwischen Zentrum und Bahnhof.
- Die **Kartenverkaufsstelle der CFR** befindet sich in der Str. N. Bălcescu 12, Tel. 546 343.
- 2 IC-Züge täglich über Focşani, Buzău und Ploieşti **nach Bukarest:** 7:46, 18:39 Uhr, Ankunft Bukarest Nord: 11:41, 22:30 Uhr.

Busse

- Den **Busbahnhof (Autogara)** findet man gleich gegenüber dem Hauptbahnhof, Str. Garii 1, Tel. 571 907.
- **Zahlreiche Verbindungen** in alle großen rumänischen Städte.

Taxis

- **MMM,** Tel. 555 555.
- **IAC,** Tel. 965
- **Taxi Trans,** Tel. 970.

Unterkunft

In der Stadt

- **Hotel Moldova** (***), Str. N. Bălcescu 16, Tel. 511 514. Zentral gelegenes Cityhotel der Luxusklasse. Spa-Bereich mit Jacuzzi und

Sauna. Erstklassige Gastronomie. EZ/DZ ab 60 Euro.

- **Motel Levisticum** (***), Tel. 561 444. Modernes Motel mit eigenem Restaurant. Alle Zimmer sind mit Doppelbetten ausgestattet. EZ/DZ 120–140 RON, App. 200 RON, Frühstück 30 RON extra.
- **Pensiunea Moldovia** (***), moderne, im Jahr 2007 eröffnete Pension, bewachter Parkplatz, Internet. EZ 130 RON, DZ 150 RON, App. 190 RON.
- **Hotel Decebal** (**), Str. Ionita Sandu Şturdza 2, Tel. 570 020. Verlässlicher Standard in akkuraten Zimmern auf 12 Etagen. EZ/DZ ab 55 Euro.

In der Umgebung

- **Hotel Măgura** (**), im gleichnamigen Ort 8 km westlich. Schlichtes, aber gutes und preisgünstiges Waldhotel. EZ/DZ 60 RON.
- **Motel Agroturism „La Cişmea"** (**), 15 km außerhalb Richtung Bukarest/Galaţi, Tel. 251 299. EZ/DZ 60 RON.
- **Motel La Capul Dacului** (***), 32 km außerhalb Richtung Bukarest/Galaţi, Tel. 255 492. EZ 100 RON, DZ 120 RON, 3-Bett-Zimmer 150 RON.

Essen und Trinken

- Das **Restaurant Hanovra,** an der Rückseite des McDonald's in der Str. Erou Ciprian Pintea 13, Tel. 576 904, serviert hervorragende moldauische Fleischgerichte. Probieren: *Tochitură Haiduchească.*
- Im **Monaco,** B-dul Unirii 2, Tel. 523 679, gibt es Spaghetti, Penne und Pizza. Empfehlenswert die *Pizza tiroleze* mit Tomaten, Mozzarella und Schinken.
- **Restaurant Lions,** B-dul Bucovina 36, Tel. 233 740. Delikate und preiswerte heimische Küche.
- **Millenium,** Str. Aman 94, Tel. 580 194. Italienische und rumänische Küche.
- **Pizza Hut,** Str. N. Bălcescu 14, Tel. 552 299. Verlässlicher Pizza & Pasta-Genuss für Fast-Food-Freunde.

Iaşi/Jassy

⇗ XI, D1

- **Meereshöhe:** 150 m
- **Vorwahl:** 0232
- **Einwohner:** 321.500

Iaşi (gespr. Jasch), die **größte und schönste Stadt der Moldau** und seit jeher **kultureller und geschichtlicher Mittelpunkt der Provinz,** liegt nur knapp 20 km von der moldawischen Grenze entfernt. Sie hat im Verlauf der Geschichte türkische, tartarische, griechische, russische und österreichische Truppen gesehen, doch ihrem bezaubernden Flair hat dies nichts anhaben können. Die grüne Kulturmetropole mit ihren weitläufigen Stadtparks, den hervorragend restaurierten Palästen, Kathedralen und Theatern gilt zwar im Ausland immer noch als Geheimtipp, bei Rumänien-Kennern jedoch längst nicht mehr. In der heimlichen Kulturhauptstadt Rumäniens wurden das erste Theater des Landes und die erste Universität gegründet. Oft als **„Rom des Ostens"** beschrieben, zieht die lockere Atmosphäre der vielen Straßencafés und Szenelokale vor allem junge Rumänen und Rumäninnen an, die das Stadtbild heute entscheidend prägen.

Geschichte

Ein genaues Gründungsjahr kann nicht angegeben werden. Um 1387 tauchte Iaşi erstmals als **Jasski Tork** (Markt von Jasski) in einer Chronik auf, wobei der Name auf die russischen Stämme der *Iasigi* zurückgehen soll.

rum531 Foto: jr

Bereits seit 1415 gab es in der kleinen Marktstadt einen Fürstenhof. Unerwartet kam jedoch die Ernennung zur **Hauptstadt der Moldau** im Jahr 1565. *Stefan der Große* verlegte seinen Herrschaftssitz von Suceava nach Iaşi, da er glaubte, von hier aus die Verteidigung der Moldau gegen die Türken besser organisieren zu können.

Dabei stand die Region längst unter osmanischer Oberhoheit und entwickelte sich nach *Stefans* Tod mehr und mehr zu einem türkischen Satellitenstaat. Um nicht annektiert zu werden, zahlten die Fürsten horrende Abgaben an Konstantinopel. Dennoch blühte Iaşi während der Herrschaft von **Vasile Lupu** zwischen 1634 und 1653 unerwartet auf und nannte sich selbst fortan das zweite Byzanz. Die **glanzvolle Periode,** in der unter anderem die Academia Vasiliană, Vorläuferin der ersten rumänischen Universität, gegründet wurde (1640), sollte drei Jahrhunderte andauern. Zwar erlitt die Region Moldau durch den Verlust Bessarabiens und der Bukowina herbe Verluste, ihre Hauptstadt Iaşi bewies jedoch eine verblüffende Resistenz gegen Schicksalsschläge und bekam erst 1859 einen Dämpfer, als nach der Vereinigung der Moldau und der Wallachei zur Keimzelle des rumänischen Staates Bukarest und nicht Iaşi

Das Nationaltheater von Iaşi

zur Hauptstadt ernannt wurde, was der wirtschaftlichen und kulturellen Entwicklung der vitalen Stadt jedoch nichts anhaben konnte.

Sehenswertes

Das grüne Viertel Copou

Ebenso wie Rom breitet sich die Stadt Iași auf sieben Hügeln aus. Einer dieser **Hügel,** der Copou, ist vom Hauptbahnhof mit der Straßenbahnlinie 11 in nur 10 Minuten zu erreichen und empfiehlt sich aus mehreren Gründen als wunderbares Entrée in die Stadt. Einer dieser Gründe ist das **Goethe-Zentrum,** das unmittelbar am Bulevard Carol I. zu finden ist. Die überaus hilfsbereite Leiterin *Gabriela Linde* und ihr Mann *Radu* kennen anscheinend alle Geheimnisse der Stadt und haben für Reisende immer einen aktuellen Tipp parat.

- **Kulturhaus Goethe-Zentrum,** Bulevard Carol I. (Cotou) 21, Mo. bis Fr. 11–16 Uhr (und nach Vereinbarung), Tel. 214 051. sprach-goethezentrum@catv.embit.ro, www.goethezentrum.ro.

Rund um das Goethe-Zentrum zeigt sich die grüne Lunge der Stadt, das noble Villen- und Studentenviertel Copou, von seiner schönsten Seite. Links und rechts der Carol I. findet man prächtige Kastanien und einige schicke kleine Cafés und Gartenlokale. Bunt bemalte Straßenbahnen rauschen die Allee hinauf zum 100 m entfernten **Copou-Park (Grădina Copou),** in dem die Büsten rumänischer Schriftsteller des 19. Jahrhunderts (u.a. *Veronica Micle* und *Ion Creangă*) den Weg zur **Eminescu-Linde (Teiul lui Eminescu)** weisen. Der Baum wurde zu Ehren des Dichterfürsten gepflanzt, an der daneben stehenden Büste legen die Besucher noch heute Blumensträuße nieder. Linker Hand liegt das moderne **Museum Eminescu (Muzeul lui Eminescu),** in dem man meist relativ ungestört die Erstausgaben seiner Bücher, seltene Fotografien oder den Flügel seiner Schwester betrachten kann. Wer sich nach dem Kulturprogramm etwas entspannen möchte, kann sich am nahe gelegenen kleinen

Kesselschlacht im Zweiten Weltkrieg

Neben der Schlacht von Stalingrad gab es 1944 eine weitere wichtige und entscheidende Schlacht in Osteuropa, die den Ausgang des Zweiten Weltkriegs entscheidend beeinflusste. In der Kesselschlacht der Russen gegen die Deutschen, der so genannten **Operation Jassy-Kischinew** (Iași-Chișinău), standen sich im Winter 1944 930.000 Soldaten der Roten Armee und 650.000 deutsche und rumänische Soldaten gegenüber. Die 6. deutsche Armee wurde dabei vernichtend geschlagen, 150.000 Wehrmachtssoldaten fielen, 100.000 kamen in russische Gefangenschaft. Auf rumänischer Seite wurden ähnlich hohe Zahlen angegeben. Die Provinzregierung in Iași rief angesichts dieser Niederlage dazu auf, die Fronten zu wechseln, und tatsächlich schloss sich Rumänien der Sowjetunion an und gehörte am Kriegsende, knapp ein Jahr später, unerwartet zu den Siegerstaaten.

See niederlassen, der ganz in der Nähe der Künstlerwohnhäuser zu finden ist. 15 Min. vom Copou-Park entfernt liegt der **Botanische Garten,** den man über die von der Allee links abzweigende Str. George Coşbuc erreicht.

Die Universität

Der prächtigste Bau am Bulevard Carol I. (oder wie die Studenten ihn lieber nennen, Bulevardul Copou) ist das Hauptgebäude der **Alexandru-Ioan-Cuza-Universität,** 10 Minuten zu Fuß südlich des Goethe-Zentrums. Der 1897 von *Louis Le Blanc* konstruierte imposante Bau ist ein typisches Beispiel des pompösen Historizismus und glänzt an allen Ecken und Enden mit neobarocken Details. Vor seinem Eingang steht - wie könnte es anders sein - die Sockelbüste von *Mihail Eminescu,* der 1874/75 Direktor der Universitätsbibliothek war. Die Studenten halten sich jedoch im Sommer lieber an der schönen Brunnenanlage daneben auf. Insgesamt studieren mittlerweile über 40.000 Studenten an den beiden staatlichen und den neu hinzugekommenen privaten Universitäten.

Am Piaţa Unirii

Im kalten Januar 1859 versammelten sich Hunderte Bürger von Iaşi tagelang am Einheitsplatz, dem Piaţa Unirii, in der Stadtmitte und feierten die **Vereinigung der Moldau und Wallachei** mit einem riesigen Rundtanz, der **Hora,** und sangen dazu: „Hai să dăm mână cum mână, cei cu inima română." Frei übersetzt würde dieses berühmte rumänische Lied etwa so lauten: „Lasst uns tanzen Hand in Hand, für ein einig Vaterland." Die herausragende Bedeutung der Vereinigung mag man daran ablesen, das der Piaţa Unirii in Iaşi zum Namensgeber für viele Plätze in Rumänien geworden ist.

rum12-016 Foto: lb

Der Kulturpalast in Iaşi

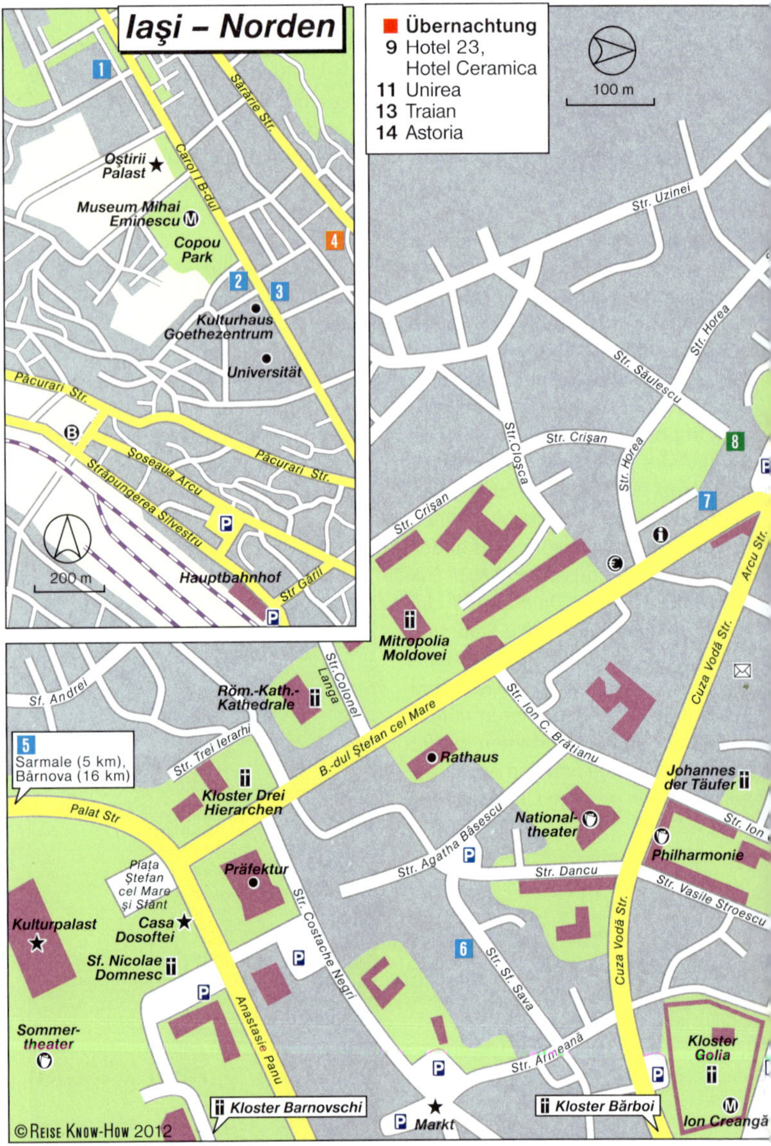
Iaşi – Norden
Übernachtung
9 Hotel 23, Hotel Ceramica
11 Unirea
13 Traian
14 Astoria
100 m
200 m
Oştirii Palast
Museum Mihai Eminescu
Copou Park
Kulturhaus Goethezentrum
Universität
Carol I B-dul
Sărărie Str.
Păcurari Str.
Şoseaua Arcu
Străpungerea Silvestru
Hauptbahnhof
Str. Gării
Str. Uzinei
Str. Săulescu
Str. Horea
Str. Crişan
Str. Cloşca
Mitropolia Moldovei
Röm.-Kath.-Kathedrale
Str. Colonel Langa
Sf. Andrei
Str. Trei Ierarhi
B.-dul Ştefan cel Mare
Str. Ion C. Brătianu
Rathaus
Kloster Drei Hierarchen
Sarmale (5 km), Bârnova (16 km)
Palat Str
Piaţa Ştefan cel Mare şi Sfânt
Präfektur
Str. Costache Negri
Kulturpalast
Casa Dosoftei
Sf. Nicolae Domnesc
Sommer-theater
Anastasie Panu
Kloster Barnovschi
Str. Agatha Bâsescu
National-theater
Str. Dancu
Johannes der Täufer
Philharmonie
Str. Ion
Str. Vasile Stroescu
Cuza Vodă Str.
Arcu Str.
Str. Sf. Sava
Str. Armeană
Markt
Kloster Bărboi
Kloster Golia
Ion Creangă

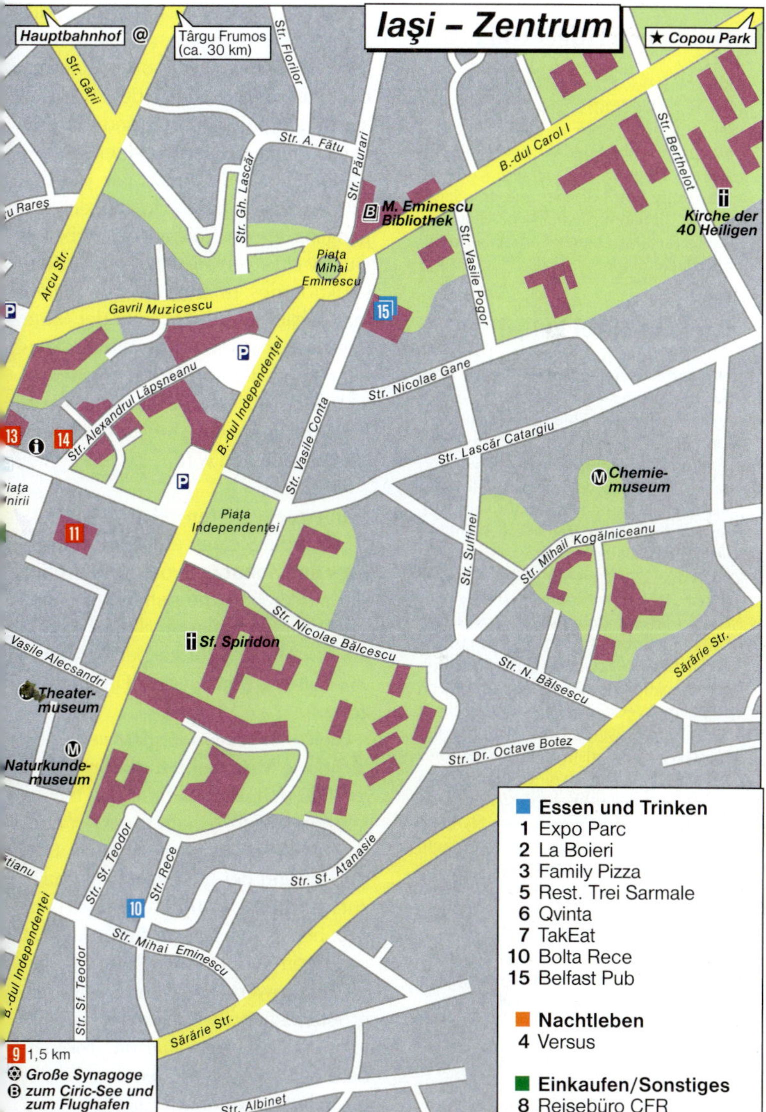
Iaşi – Zentrum
Hauptbahnhof
Târgu Frumos (ca. 30 km)
★ Copou Park
Str. Gării
Str. Florilor
Str. A. Fătu
Str. Păurari
Str. Gh. Lascăr
B.-dul Carol I
Str. Berthelot
Kirche der 40 Heiligen
M. Eminescu Bibliothek
Piaţa Mihai Eminescu
Arcu Str.
Gavril Muzicescu
Str. Vasile Pogor
Str. Nicolae Gane
Str. Alexandrul Lăpşneanu
B.-dul Independenţei
Str. Vasile Conta
Str. Lascăr Catargiu
Chemie-museum
Piaţa Independenţei
Str. Sulfinei
Str. Mihail Kogălniceanu
Str. Nicolae Bălcescu
Sf. Spiridon
Vasile Alecsandri
Theater-museum
Naturkunde-museum
Str. N. Bălsescu
Sărărie Str.
Str. Dr. Octave Botez
Str. Sf. Teodor
Str. Rece
Str. Sf. Atanasie
Str. Mihai Eminescu
Str. Albinet
9 1,5 km
Große Synagoge
zum Ciric-See und zum Flughafen
Essen und Trinken
1 Expo Parc
2 La Boieri
3 Family Pizza
5 Rest. Trei Sarmale
6 Qvinta
7 TakEat
10 Bolta Rece
15 Belfast Pub
Nachtleben
4 Versus
Einkaufen/Sonstiges
8 Reisebüro CFR
12 Buchhandlung Humanitas

Die sieben Hügel von Iaşi

Kein Wunder, dass der Nationaldichter *Eminescu* die Stadt Iaşi in seinen Gedichten gerne mit Rom verglich. Auch die Hauptstadt der Moldau breitet sich auf sieben Hügeln aus. Heute sind die **Stadtteile** von Iaşi nach diesen „Şapte Coline" benannt: Sie heißen: Cotou, Cetaţuia, Bucium, Dancu, Galata, Şiorogari und Bucium.

Gustave Eiffel in Iaşi

Der französische Ingenieur *Gustav Eiffel* hat im Laufe seines bewegten Lebens nicht nur den nach ihm benannten Eiffelturm in Paris konstruiert. Auch am Panama-Kanal, in Haiti, Korsika, New York, Sankt Petersburg und in Iaşi hat sich der Vielgereiste architektonisch verewigt. Als *Eiffel* mit einem rumänischen Freund und ehemaligen Studienkollegen um 1870 den Vorderen Orient bereiste und dabei schwer erkrankte, schlug der Freund Iaşi als „schönsten rumänischen Luftkurort" vor. Da sich *Eiffel* in Iaşi tatsächlich wider Erwarten schnell von seiner Krankheit erholte, bedankte er sich auf seine Weise, indem er für die Stadt das Eisengerüst des 1879 errichteten **Hotels Traian** konstruierte. Ein weiteres „Geschenk" *Eiffels* an die Stadt Iaşi kann heute leider nicht mehr besichtigt werden. Die von *Eiffels* typischem Hang zu stabilen Eisenkonstruktionen geprägte **Fischhalle** ließ *Ceauşescu* 1965 abreißen. Bis in die 1970er Jahre hinein lagen nach dem Abriss Tausende von riesigen Eisenpfeilern in der Innenstadt von Iaşi herum und dienten den *Căldăraşi* (Eisen- und Kupferschmieden der Roma) als kontinuierliche Einnahmequelle.

Heute ist der Einheitsplatz in Iaşi die zentrale Drehscheibe der Stadt und der Beginn des prachtvollen **Bulevardul Ştefan cel Mare,** der hinunter zum Kulturpalast führt. Rund um den Piaţa Unirii gruppieren sich einige der besten Hotels der Stadt, wie das berühmte Hotel Traian, in dessen Eingangshalle man stolz auf den Erbauer *Gustav Eiffel* verweist, der an der Konstruktion des 1879 eröffneten Hotels maßgeblich beteiligt war. In der Mitte des Platzes wurde die Statue des letzten Fürsten der Moldau, *Alexandru Ioan Cuza,* platziert, der nun tagaus tagein vom immer dichter werdenden Verkehr umkurvt wird.

Flaniermeile Ştefan cel Mare

Der B-dul Ştefan cel Mare ist **samstags und sonntags** von der Mitropolia-Kathedrale (nahe dem Piaţa Unirii) bis zum Kulturpalast (Palatul Culturii) für den Autoverkehr gesperrt und verwandelt sich dann in eine **Fußgängerzone.**

Gleich an seinem Beginn sieht man rechts die **Mitropolia-Kathedrale,** deren Bau sich über mehr als ein halbes Jahrhundert erstreckte, was man dem prachtvollen Bau mit seinen vier Ecktürmen und der imposanten Vorhalle auch ansieht. Die 1886 vollendete Kirche besitzt im Hauptschiff, das mit mehreren Kuppeln überdacht ist, einige sehenswerte Fresken. Sie gilt als größte Kathedrale Rumäniens und bietet den Gläubigen aus der Moldau dennoch am 14. Oktober, dem Tag ihrer Schutzpatronin, der *hl. Paraskeva,* nicht genügend Platz.

• **Catedrala Mitropolitană,** Bulevardul Ştefan cel Mare, tägl. 9–20 Uhr, Eintritt frei.

Gleich gegenüber der Kathedrale öffnet sich der **Park** des Nationaltheaters. Sobald es das Wetter zulässt, versammeln sich hier Ikonenverkäufer, Bouquinisten (Straßenbuchhändler) und Maler. Die Flaneure lassen sich porträtieren (verhandelbare 20 RON für ein Porträt), besichtigen die Statuen der großen Nationalheiligen oder erfrischen sich an einer der großen Brunnenanlagen. Das reich dekorierte **Nationaltheater** von 1896 beschließt den Park nach Nordosten hin. Wer Zeit hat, sollte sich den Theatersaal ansehen, er gehört zu den schönsten Sälen Rumäniens.

Das Nationaltheater wurde nach Plänen der österreichischen Architekten *Fellner* und *Helmer* errichtet. Die Pläne wurden in der Bauphase allerdings falsch gelesen. Ursprünglich war der Eingang zur Straße Cuza Vodă hin geplant. Wahrscheinlich hat der ausführende Bauherr den Plan also um 180 Grad verdreht gehalten. Doch der jetzige Eingang zum Park hin ist auch sehr reizvoll.

• **Opera şi Teatru Vasile Alecsandri,** Str. Agatha Bârsescu 18, Tel. 316 778. Öffnungszeiten je nach Proben und Aufführungen.

Gleich neben dem Park des Nationaltheaters findet sich in südlicher Richtung das **Rathaus** mit einer Statue von *Vasile Pogor* (1833–1908) davor. Touristen sind im Rathaus herzlich willkommen und können hier Informationen einholen.

Das jüdische Theater und der Broadway

Im Park des Nationaltheaters von Iaşi befanden sich früher wunderbare Holzhäuser. Doch nach dem Erdbeben von 1977 wurden sie abgerissen und nicht wieder errichtet. Auch das erste jüdische Theater der Welt, das **„Pomul verde“** (Der grüne Baum), das direkt am Park von *Abraham Goldfaden* gegründet worden war, ist heute nicht mehr zu sehen. Als es zur vorletzten Jahrhundertwende abgerissen wurde, wanderte *Goldfaden* nach Amerika aus und verwirklichte seine Theater- und Musical-Träume fortan am Broadway. Die Stücke und Musicals, die er und die jüdische Truppe „Broder Zinger“ in Iaşi gespielt hatten, feierten in New York riesige Erfolge und begründeten den Ruhm der erfolgreichen Broadway-Theater.

Das Juwel der Stadt: die Kirche der drei Hierarchen

Gegenüber dem Park des Nationaltheaters, am Bulevardul Ştefan cel Mare, liegt die Hauptattraktion von Iaşi, die Kirche der drei Hierarchen **(Biserica Trei Ierarhi).** Nach einer umfassenden Renovierung wurde die Kirche nach der Revolution im Juni 1994 wiedereröffnet. Im Hof findet sich die obligatorische überdimensionierte Büste von *Mihail Eminescu.* Dahinter bietet sich dem Besucher ein faszinierender Blick auf die tiefer liegende Südstadt von Iaşi.

1640 entstand in diesem Klosterkomplex inmitten der Innenstadt die bedeutende Lehranstalt **Academia Vasiliană** mit der ersten Druckerei der

Moldau. Um 1800 wurde die Akademie zur ersten Universität Rumäniens.

Über die Landesgrenzen hinaus berühmt wurde sie wegen der Verzierung ihrer **Außenfassade.** Diese ist vollständig übersät mit feinsten, in Stein gemeißelten Ornamentmotiven, die in 30 übereinander liegenden Friesen angeordnet sind. Das Erstaunliche dabei ist: Keines der fein ziselierten Friese wiederholt ein Motiv der anderen, und alle scheinen die unterschiedlichsten Traditionen zu vereinen. Man sieht russisches Flechtwerk, persische Arabesken, byzantinische Blattornamente, arabische Sonnenmotive sowie Muster, die man sonst nur von türkischen Moscheen oder armenischen und georgischen Kirchen kennt. An den Strebepfeilern ist der Einfluss der protestantischen Gotik Siebenbürgens in das Ornament-Ensemble integriert.

Früher war die Außenfassade sogar zusätzlich mit Gold und Lapislazuli geschmückt, doch führte diese überbordende prunkvolle Gestaltung zu Plünderungen und Beschädigungen.

In der Kirche werden seit 1641 die **Reliquien der** in Rumänien sehr verehrten **hl. Paraschiva** aufbewahrt. Außerdem befinden sich hier die **Gräber** der bedeutendsten **Fürsten** der Moldau: *Vasile Lupu* (Kirchenstifter), *Dimitrie Cantemir* und *Alexandru Ion Cuza.*

Zum Klosterkomplex gehört ein **Museum** (neben den drei großen Friedensglocken), in dem die Geschichte des Klosters behandelt wird. Unter anderem erfährt man, dass 1711 Zar *Peter der Große* das Kloster besuchte und der Dichter *Eminescu* sich 1874 zeitweise in das Kloster zurückzog.

● **Biserica Trei Ierarhi,** B-dul Ştefan cel Mare şi Sfânt, Tel. 216 349, Di. bis So. 9–12 und 15–19 Uhr, Eintritt 2 RON.

Der Traum des Patriarchen

Die drei Hierarchen, nach denen das bedeutende Kloster Trei Ierarhi in Iaşi benannt ist, gelten als die Gründer der orthodoxen Kirche Rumäniens. Die Anhänger von **Basilius dem Großen** (329–379), **Gregor von Nazianz** (330–390) und **Johannes Chrysostomos** (345–407) waren um 1000 n.Chr. jedoch so heftig zerstritten, das die orthodoxe Kirche zu zerbrechen drohte. Während der Herrschaft des byzantinischen Kaisers *Alexios Komnenos* (1081–1118) erschienen die drei Gründer dem **hl. Johannes Mauropus** im Traum. Sie baten ihn, die Rivalitäten zu beenden und einen Tag zu bestimmen, an dem sie alle drei gemeinsam geehrt würden. Heute feiert man diesen Tag am 30. Januar im ganzen Land.

Hofkirche der Fürsten

Am Ende des Bulevardul Ştefan cel Mare dürften Autofahrer keine Parkplatzprobleme haben. Der gigantische Kulturpalast, der hier zu sehen ist und bis heute zu den größten Gebäuden Rumäniens gehört, hat auch außen genügend Platz zu bieten. Rund um den davor liegenden **Stefansplatz,** der sich auf Rumänisch mit dem langen Namen Piaţa Ştefan cel Mare şi Sfânt schmückt, treffen die größten Straßen in Iaşi zusammen.

An der Stelle des Kulturpalastes stand vom 16. bis 19. Jahrhundert der

Fürstenhof, an den heute nur noch die **Hofkirche Sankt Nikolaus** erinnert. Sie wirkt zwischen den Massen des neugotischen Kulturpalastes und des stalinistisch anmutenden Großhotels Moldova fast etwas deplatziert. *Stefan* ließ den wunderschönen Bau 1492 als **Krönungskirche** errichten, und tatsächlich wurden im Laufe der Jahrhunderte zahlreiche Wojwoden in ihren schlichten Räumlichkeiten inthroniert. Sehenswert sind die Ikonostase aus Lindenholz im Altarraum und die Fresken im neubyzantinischen Stil.

- **Biserica Sfântul Nicolae Domnesc,** täglich von 8 Uhr bis Sonnenuntergang, Eintritt frei.

Kulturpalast

Die 365 von dem Architekten *Ion Berindei* entworfenen Räume des Kulturpalastes beherbergen heute die wichtigsten **Museen** von Iaşi. Das Sehenswerteste ist das **Volkskundemuseum,** das bei manchem Besucher die Vorfreude auf die Maskenwintertänze und Musikfeste der Moldau entfachen könnte. Neben den zahlreichen Masken, Kostümen und dekorativen Textilien sind die Musikinstrumente hervorzuheben. Auf dem Weg zum Kunstmuseum kommt man an einer **Uhr** vorbei, die zu jeder Stunde die bereits erwähnte **Vereinigungshymne** von 1859 spielt, die *Hora Unirii.* Im **Kunstmuseum** kann sich der an der Moldau interessierte Besucher unter anderem auf einige sehenswerte Gemälde von *Nicolae Grigorescu* freuen, die ihm die Landschaft der Moldau und das Leben der Bauern im 19. Jahrhundert lebhaft

Die Türkenschlacht bei Valea Alba

Direkt vor dem Kulturpalast steht eines der größten Denkmäler, das man dem **Fürsten Ştefan cel Mare** je in Rumänien errichtet hat. Hoch zu Ross schaut der Wojwode mit einer Krone auf dem Kopf Richtung Piaţa Unirii, eine symbolische Anspielung an seinen Beitrag zur Einheit Rumäniens. Da fast alle Besucher des Kulturpalastes nach der Visite erschöpft (die Gänge der vier Museen sind über 8 km lang!) am Denkmal vorbeigehen, sei hier auf ein sehenswertes Detail hingewiesen. Auf dem Basisrelief des Sockels ist eine erschütternde Schlachtszene aus der Türkenschlacht bei Valea Alba und Dumbrava Roşie dargestellt. Die Schilderung der blutrünstigen Einzelheiten seien dem Leser an dieser Stelle erspart ...

rum539 Foto: jr

vor Augen führen. Zu den wichtigsten Exponaten des **Moldauischen Geschichtsmuseums** zählen die roten, schwarzen und weißen Keramiken aus der Cucuteni-Kultur, die 4000 Jahre vor Christus in der Moldauregion ansässig war. Schließlich ist auch das **Museum für Wissenschaft und Technik** im Kulturpalast untergebracht, das eine erstaunliche Sammlung historischer Musikgeräte zeigt. Die Drehorgeln, Leierkästen und das unglaubliche Orchestrion aus drei Geigen und Pianola sind wirklich sehenswert.

• **Palatul Culturii,** Piața Ştefan cel Mare şi Sfânt, Tel. 218 383, Di. bis So. 10–17 Uhr, Eintritt: je nach Besuch der Museen zwischen 2 und 6 RON.

Das Haus Dosoftei

Neben dem Kulturpalast bietet sich ein trister Anblick. Das **Sommertheater (Teatrul de Vară)** ist ein liebloser Betonkomplex, der bis heute keine Bestimmung gefunden hat. Hier fanden zu Zeiten *Ceauşescus* historische Inszenierungen und Volksfeste statt. Die kommunistische Liebe zum zeitlosen Beton feiert linker Hand wahre Exzesse in einer ausgedehnten Wüste in Grau. Der weitere Gang die Str. Anastasie Panu hinunter lohnt nicht!

Zu empfehlen ist jedoch ein kurzer Abstecher zum restaurierten, arkadenreichen **Dosoftei-Haus,** einem der wenigen Gebäude, das aus dem 17. Jahrhundert erhalten geblieben ist. Unter dem Gelehrten *Dimitrie Dosoftei* (1624–1693) wurden hier die ersten Bücher in Rumänisch gedruckt und das Slawische als Liturgiesprache vom Rumänischen abgelöst. Eine riesige Statue, die *Dosoftei* ein Buch lesend zeigt, ist vor dem Haus zu sehen. Das Dosoftei-Haus knüpft heute nahtlos an seine literarische Tradition an und beherbergt das **Museum alter moldawischer Literatur.**

Kloster Golia

Geht man auf der Allee Ştefan cel Mare zum Nationaltheater zurück und um den imposanten Bau herum, kommt man in ein sehr interessantes Viertel mit sehenswerten, **engen Altstadtgassen.** An der von Trambahnschienen dominierten Str. Cuza Vodă geht es rechts entlang bis zur Statue des Politikers *Corneliu Coposu.* Kurz dahinter befindet sich das 1546 errichtete **Kloster Golia.** Über dem Eingangstor ist der moldauische Büffel des Heerführers *Dragoş* zu sehen, der von zwei Löwen getragen wird. Im mächtigen Eingangsturm des Klosters arbeitet auf halber Höhe **Radio Trinitas Domizil,** das seine kulturellen Sendungen landesweit ausstrahlt und das besichtigt werden kann. Vom **Turm,** der bis zu einem Hotelbau im Jahr 2003 das höchste Gebäude in Iaşi war, bietet sich ein umfassender Blick über die Klosteranlage. Man sieht breite Arkadengänge, korinthische Pfeiler und Gesimse mit geschmückten Konsolen, kurz: einen völlig anderen Baustil als den der anderen Kirchen in Iaşi, die sich eher an Byzanz orientierten. Es ist dies dem aufgeschlossenen Fürsten **Vasile Lupu** zu verdanken, unter dem die Moldau eine wirtschaftliche und kulturelle Blütezeit erlebte. Für den Bau der Klosterkirche lud Fürst *Lupu* italienische Bauherren und Künstler nach Iaşi ein, die dem Gebäude einen unverkennbaren Renaissancestil verliehen. Nur das Innere der Kirche wurde traditionell byzantinisch gestaltet. Im Chorstuhl des Klosters Golia soll das Herz des russischen Fürsten *Potemkin* aufbewahrt sein, der 1791 in Iaşi ums Leben kam, als er im Auftrag *Katarinas II.* einen Friedensvertrag mit den Türken aushandelte.

- **Mănăstirea Golia,** Str. Cuza Vodă 51, tägliche Besichtigung, Eintritt frei, www.golia.ro.
- **Radio Trinitas Domizil,** kulturelles Radio für Rumänien, www.trinitas.ro.

Die **Tramlinien** 6 und 7 bringen Besucher zurück zum Piaţa Unirii oder zum Hauptbahnhof.

Die Große Synagoge

Die **jüdische Gemeinde** der Stadt, die bis 1940 über die Hälfte der Stadtbevölkerung ausmachte, gehörte einst zu den kulturellen Stützpfeilern der moldauischen Metropole. 1868 wurde das weltweit erste jüdische Theater in Iaşi gegründet (siehe Exkurs „Das jüdische Theater und der Broadway“) und kurz danach das Gedicht „Hoffnung“ von *Samuel Cohen* zu einer moldauischen Volksmelodie vertont, die später zur israelischen Nationalhymne werden sollte. Neben zahlreichen jüdischen Kulturhäusern, Bibliotheken und Schulen gab es über 100 Synagogen in der moldauischen Hauptstadt. Nur eine einzige ist erhalten geblieben.

Vom Kloster Golia sind es ca. 200 m zur **Großen Synagoge** von Iaşi. Man geht dazu die Str. Cuza Vodă links hinunter und biegt rechts in die Str. Sinagogilor, wo man den Davidstern über der Kuppel bereits sieht. Die Große Synagoge aus dem Jahr 1671 ist das älteste jüdische Gotteshaus Rumäniens. Direkt neben der Synagoge befindet sich auch ein **jüdisches Museum.**

- **Sinagoga Mare,** Str. Sinagogilor 7, Tel. 259 787. Anmeldung bei *Pincu Kaisermann,* dem Repräsentanten der jüdischen Gemeinde, der auch den Weg zum **Cimitirul Evreiesc,** dem jüdischen Friedhof, erklären kann. Dieser befindet sich an der Şos. Păcurari Richtung Bukarest.

In der Umgebung

Cucuteni ⇗ XI, C1

Knapp 40 km westlich von Iaşi liegt der historische Marktflecken **Târgu Frumos.** Übersetzt heißt der Ortsname so viel wie „Der hübsche Markt“, was jedoch leider nicht den Tatsachen entspricht. Die Fahrt nach Târgu Frumos ist dennoch einen Abstecher wert, da 8 km nördlich die **Ruinen von Cucuteni** zu finden sind. Die hier gefundene bunte Keramik aus der Zeit um 4000 v.Chr. zählt zu den eindrucksvollsten Ausstellungsstücken in den Museen von Iaşi bis Constanţa. Die entsprechende Epoche der Eisenzeit ging in die archäologischen Annalen als Cucuteni-Epoche ein.

Cotnari ⇗ V, D3

Ein Ausflug von Iaşi zu den Ruinenfeldern von Cucuteni lässt sich gut mit einem Besuch des bekannten rumänischen **Weinanbaugebietes** um das Dorf Cotnari verbinden, das 15 km nördlich von Târgu Frumos zu finden ist. Das für die dort produzierten Weißweine typisch süße Bouquet, das ein wenig an den ungarischen Tokajer erinnert, verdankt der Wein der Grasă-Traube, die bereits zu Zeiten *Stefans des Großen* in der Gegend bekannt war. Zu den Weinbergen geht es von Cotnari aus 6 km Richtung Băiceni.

• **Hotel Coroana** (***), 31 km auf dem Weg von Iaşi nach Târgu Frumos, Tel. 711 500. Modernes, gepflegtes Hotel mit Sauna, Jacuzzi, Internet (WiFi), TV und DVD-Player, Terrasse und eigenem Parkplatz. Preis auf Anfrage (variiert je nach Saison).

Informationen

• **Touristen-Informationszentrum,** Piaţa Unirii 12, Tel. 261 990, turism.iasi@gmail.com, www.turism-iasi.ro.

Zece Prajine und die Musiker von Fanfare Ciocârlia

Immer mehr deutsche Liebhaber der **moldauischen Brass-Musik** von Fanfare Ciocârlia machen sich auf den Weg in deren Heimatgemeinde Zece Prajine, die 42 km südwestlich von Iaşi zu finden ist. Das winzige Roma-Dorf mit seinem verträumten Dorfteich liegt in der Tat wunderschön zwischen den Hügeln östlich von Roman versteckt, an der Bahnlinie nach Băceşti. Doch eine Reise dorthin endet meist mit der Enttäuschung, die Musiker nicht anzutreffen. Die schnellsten Blechbläser der Welt sind die meiste Zeit des Jahres auf Tourneen von Japan bis Kalifornien unterwegs, und die zurückgebliebenen Bewohner sprechen weder deutsch noch englisch!

• Im eleganten Studentenviertel Cotou liegt die Villa des **Goethe-Zentrums;** dessen sehr hilfsbereite Leiterin *Gabriela Linde* und ihr Mann kennen sich gut aus in der Stadt und können mit so manchem Tipp weiterhelfen. B-dul Carol I. (Cotou) 21, Mo. bis Fr. 11–16 Uhr (und nach Vereinbarung), Tel. 214 051, sprach-goethezentrum@catv.embit.ro.

Service

• **Hauptpost,** Str. Cuza Voda 3, Tel. 252 544. Eine eigene Eilpoststelle findet sich gleich neben dem Hauptbahnhof hinter McDonald's.
• **Geldwechsel/Bankomat:** Geld sollte man nicht rund um den Hauptbahnhof und die Bahnhofsstraße (Str. Garii) tauschen; die Wechselstuben nehmen hier sehr hohe Kommissionen (bis zu 6%). Empfehlenswert: **Luca & Co,** Bulevardul Ştefan cel Mare 8 (auch Fotokopien und Reisebüro); **Raiffeisenbank,** B-dul Ştefan cel Mare 2, Tel. 215 961.
• **Internet:** Gegenüber dem Kloster Golia befindet sich am B-dul Independenta das **Non-Stop-Internet** mit 18 Computern und teilweise ruinierten Tastaturen, Tel. 407 844. **Take Net,** Ecke Şos. Arcu/Str. Garii, 21 Computer, nonstop.

Notfälle

• **Apotheke (Farmacia): Iassy Farm,** Piaţa Unirii, 3, Tel. 220 549, nonstop, täglich, direkt hinter dem Hotel Unirea, in der Passage.
• **Krankenhaus:** Gleich gegenüber dem Hauptbahnhof befindet sich die **Poliklinik Medcenter,** Str. Strapungerea Silvestru, Tel. 213 931, Mo. bis Fr. 7–19, Sa. 7–13 Uhr.

Mobilität

Flüge

• Der **Flughafen** liegt nur 6 km nördlich der City und östlich des Ciric-Parks in der Str. Aeroportului 1, Tel. 271 570. Zubringer zur Innenstadt sind die Buslinien 15 und 16 (Preis zur City ca. 2,50 RON). Internationale und nationale Flüge mit den Linien Carpatair, Tel. 575 335, und TAROM, Tel. 546 343.

Der Hafen

Im **Roman „Dracula"** von *Bram Stoker* reist der Rechtsanwalt *Jonathan Harker* in die Stadt Galați, um dort einen Dampfer zu besteigen, der ihn den Siret-Fluss hinauf in die Berge zur Bistritz bringt, dem Standort des Dracula-Schlosses am Bârgău-Pass. In Wirklichkeit wäre eine solche Reise nicht möglich, da die Siret im hohen Norden viel zu flach und nicht mehr schiffbar ist.

In Galați hingegen führt der **Zusammenfluss von Siret und Donau** (und etwas weiter noch der Prut) zu einer 1,5 km breiten und 40 m tiefen Wasserstraße. Im **größten Binnenhafen Rumäniens** liegen sogar Hochseeschiffe vor Anker, die in den dortigen Werften repariert und seetüchtig gemacht werden. In der Vergangenheit wurde der Hafen von Galați vor allem als Kriegshafen genutzt. In den Jahren nach der Revolution gewann er zunehmend an wirtschaftlicher Bedeutung, da er der letzte Umschlagplatz vor dem Donaudelta ist.

Sehenswertes

Das historische Zentrum

Obwohl Galați sich von der im Süden und Osten liegenden Donau bis hinauf zum Brateş-See (Lacul Brateş) über eine Länge von 20 km hinzieht, ist der interessanteste Teil der Stadt, das historische Zentrum, gemütlich innerhalb einer Stunde zu durchwandern. Wer mit dem Auto unterwegs ist, kann sein Fahrzeug an der Universitätsstraße abstellen, an der immer genügend Parkplätze vorhanden sind. Die Universität ist auch ein guter Ausgangspunkt für einen Bummel durch die **Str. Domnească,** in der die Hauptattraktionen von Galați zu sehen sind. Wie durch ein Wunder haben hier einige klassizistische Prachtbauten die Bombardierung durch die Deutschen im Jahr 1944 überstanden; das aus dem Jahr 1889 stammende Gebäude der **Donau-Universität** gehört dazu. Viele der 20.000 Studenten, die der Hafenstadt heute viel jugendliches Flair verleihen, genießen ihre vorlesungsfreie Zeit in den Straßencafés oder sonnen sich im Sommer im kleinen **Park** rund um das **Traian-Denkmal** und die unvermeidliche **Lupoică,** die Statue der römischen Wölfin, die *Romulus* und *Remus* säugt.

Die Kriegsschäden am nahen Rathaus und dem gegenüberliegenden **Historischen Museum** konnten bereits in den 1960er Jahren behoben werden. Heute sind in dem 1939 gegründeten Museum vor allem Funde aus den nördlichen Grabungsstätten rund um die Ruinen des Traianstals zu sehen, die gerade einmal 15 km von Galați entfernt liegen. Auch die Keramiken aus prähistorischer Zeit und die Goldgeschmeide und Münzen der Daker sind äußerst sehenswert. Wer sich von der Vielzahl der Ausstellungsstücke (über 15.000) erschlagen fühlt, kann sich danach oder zwischenzeitlich im benachbarten **Eminescu-Park** erholen.

- **Muzeul de Istorie** (Historisches Museum), Str. Iancu Fotea 2, Tel. 412 408.

Die Donaupromenade

Das Highlight eines Besuchs von Galați sind die Donaupromenaden, die am südlichen Ende der zentralen Str. Domnească liegen. Über eine kleine Allee, die hinunter zum Hotel Vega führt, gelangt man zur **Str. Portului** und folgt der Donau wahlweise stromaufwärts oder -abwärts. Einzigartig ist die **Fernsicht,** die man von den Promenadenhügeln genießen kann. Da die alte Konkurrentin, die Donaustadt Brăila, nur 20 km entfernt liegt und ebenso wie Galați auf einer Anhöhe angesiedelt ist, kann man sie von den Donauhügeln sehr schön erkennen. Bei gutem Wetter sind auch die südöstlich gelegenen, 50 km entfernten Berge der Dobrudscha rund um den Ort Greci zu sehen. Da sich nördöstlich von Galați die flache, endlose Ebene der moldawischen Republik ausbreitet, erlaubt die Hügellage an der Donau auch hier einen tiefen Fernblick bis weit ins Nachbarland hinein.

Informationen

- Eine eigene Touristeninformation existiert in Galați nicht. Auskünfte zu Unterkünften in der Stadt, zu Exkursionen ins Donaudelta oder zu Flussfahrten erteilt das **Reisebüro Galtour,** Str. Domnească 15, Tel. 460 704.

Service

- **Hauptpost,** Str. Lahovary 6, Tel. 411 114.
- **Geldwechsel/Bankomat: Raiffeisenbank,** Str. Brailei 31.
- **Internet: NetCaffe,** Str. George Coşbuc 45, nonstop, Tel. 0747-987 563.
- **Foto/Video,** Str. Brăilei 3, Tel. 461 217, gegenüber vom CFR-Reisebüro.

Übernachtung
1 Hotel Dunasi
2 Hotel Sport
7 Hotel Dunărea
9 Hotel Galați
11 Hotel Alex
14 Hotel Vega
16 Hotel Faleza
18 Vila Classic
21 Hotel Magnus

Essen und Trinken
12 Tazz
13 Pizzeria Panoramic
15 Café Royal
17 Fischrestaurant Pescarul

Einkaufen/ Sonstiges
3 Dunărea
4 Komplex Olimpic
5 Modern
6 Buchhandlung Humanitas
8 Apotheke Hygeia
10 Apotheke
19 CFR-Reisebüro
20 Kaufhaus Agnes Toma

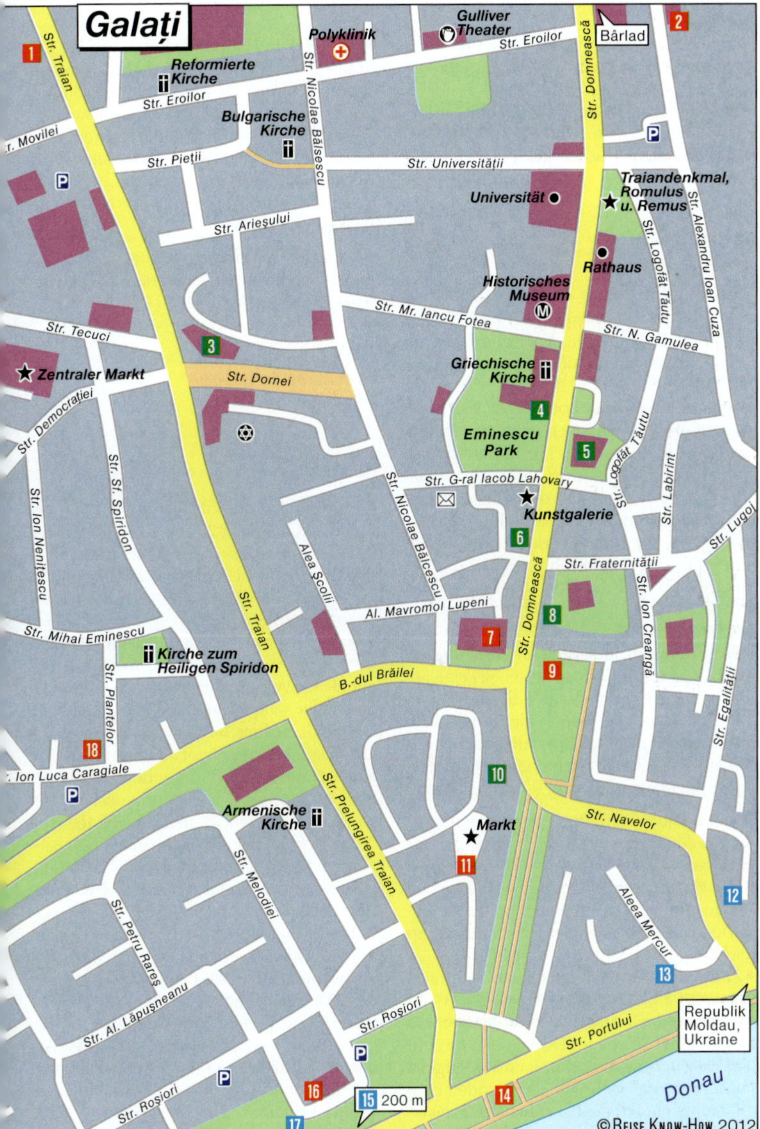
Galați
Str. Traian
Reformierte Kirche
Str. Eroilor
Polyklinik
Gulliver Theater
Str. Eroilor
Str. Domnească
Bârlad
Str. Movilei
Bulgarische Kirche
Str. Nicolae Bălcescu
Str. Pieții
Str. Universității
Traiandenkmal, Romulus u. Remus
Universität
Str. Arieșului
Str. Alexandru Ioan Cuza
Str. Logofăt Tăutu
Rathaus
Historisches Museum
Str. Mr. Iancu Fotea
Str. N. Gamulea
Str. Tecuci
Zentraler Markt
Str. Dornei
Griechische Kirche
Str. Democrației
Eminescu Park
Str. G-ral Iacob Lahovary
Kunstgalerie
Str. Ion Nenițescu
Str. Sf. Spiridon
Alea Școlii
Str. Labirint
Str. Lugoj
Str. Fraternității
Al. Mavromol Lupeni
Str. Ion Creangă
Str. Mihai Eminescu
Kirche zum Heiligen Spiridon
Str. Plantelor
B.-dul Brăilei
Str. Egalității
Str. Ion Luca Caragiale
Armenische Kirche
Str. Prelungirea Traian
Markt
Str. Navelor
Str. Melodiei
Aleea Mercur
Str. Petru Rareș
Str. Al. Lăpușneanu
Str. Roșiori
Str. Portului
Republik Moldau, Ukraine
200 m
Donau
©Reise Know-How 2012

Notfälle

- **Apotheke: Farmacia Hygeia,** Str. Domnească 13, Tel. 220 549.
- **Medizinische Privatpraxis: Cabinet medical Avamed,** Str. Petru Rareş 12, Tel. 437 743.
- **Stadtkrankenhaus,** Str. Stiintei 117, Tel. 360 771.

Mobilität

Fähren/Schiffe

- Wenn man von Galați/Brăila nach Tulcea möchte, muss man mit der Fähre über die Donau übersetzten (Fußgänger ab 5 RON, Pkw 16 RON). Bei Galați verkehrt eine der wenigen **Autofähren** über die Donau (eine weitere im 20 km südlich gelegenen Brăila und eine dritte in dem 150 km entfernten Cernavodă). Über eine 18 km lange Nebenstrecke erreicht man auf der anderen Seite die DN22, die nach Tulcea und ins Donaudelta führt. Die Fähren verkehren im 10-Minuten-Takt. Die letzte Fähre verlässt das auf der anderen Seite der Donau gelegene Dorf I. C. Brătianu abends um 20 Uhr (letzter Bus aus Tulcea).
- Zwischen den rumänischen **Donauhäfen Brăila, Galați und Tulcea** bestehen keine geregelten Schiffsverbindungen für den Personenverkehr. Es gibt jedoch die Möglichkeit, mit einem einfachen **Fährschiff (Bacul)** von Galați nach Tulcea zu fahren. Informationen unter: Bacul pe ruta Galați – Tulcea, Tel. 460 848, Preis 5–8 Euro.

Züge

- Der **Hauptbahnhof** liegt im nordöstlichen Teil der Stadt (15 Busminuten) in der Str. Garii 1 und ist mit Bussen der Linie 9 und 20 erreichbar.
- **Zugtickets im CFR-Reisebüro,** Str. Brăilei 3, Tel. 461 217.
- Da keine direkte Bahnverbindung über die Donau nach Tulcea im Donaudelta besteht und die Zugreise mit Umsteigen in Medgidia (bei Constanța) mehr als 7 (!) Stunden dauert, empfiehlt sich die **Fahrt ins Delta** mit einem Bus oder Maxitaxi.

Busse

- Neben dem Hauptbahnhof in der Str. Garii 1 liegt der **zentrale Busbahnhof.** Achtung: Wer die Fahrt nach Tulcea mit dem Bus antreten möchte, muss vom Donau-Fähranleger auf der anderen Flussseite abfahren! Eine Fahrt nach Tulcea dauert 1:45 Minuten, nach Constanța 4 Stunden.

Parkplätze

- Bewachte Parkplätze *(parcare cu plata)* befinden sich in der **Str. Universitații/Ecke Str. Ioan Cuza,** pro Stunde 0,60 RON.

Taxis

- **Leonardo Taxi,** Tel. 947.
- **Samatax,** Tel. 945.

Unterkunft

- Erste Wahl ist die **Vila Classic** (****) in der Str. I. L. Caragiale 2, Tel. 325 532, www.vilaclassic.ro. Das moderne Haus verfügt über Internet, Air Condition, Kabel-TV und einen Fitnessraum. EZ 45 Euro, DZ 55 Euro, Suite 85 Euro.
- Manche Gäste wählen das **Hotel Vega** (***) alleine wegen des wunderschönen Donaublicks. Wer sich nicht in dem 20-stöckigen Haus einquartieren möchte, sieht die Donau auch vom Terrassenrestaurant Vega. Das Komfort-Hotel bietet Internet, Sauna und einen Fitnessbereich, außerdem verfügt es über ein eigenes Donau-Ausflugsschiff („Vega-River") und mit dem „Vega-Hotel" seit 2011 auch über einen Katamaran für Donaufahrten. B-dul Marii Unirii 107, Tel. 306 080, www.vegahotel.ro. EZ 45 Euro, DZ 60 Euro, App. 90 Euro.
- **Hotel Magnus** (***), Str. Otelarilor, Micro. 20, Tel. 445 545, receptie@hotelmagnus.ro, www.hotelmagnus.ro. Gepflegtes Hotel aus dem Jahr 2010 mit 49 Zimmern in modernem Design. In der Lobby kann man auf drei Laptops zugreifen, ansonsten gibt es WLAN und TV auf allen Zimmern. Im Hotel befindet sich ein schönes Weinkeller-Restaurant, das Crama Lautarilor. Zimmerpreise: DZ 205–225 RON, Suite 295 RON.

• Das **Hotel Galaţi** (***) in der Str. Domnească 12, Tel. 460 040, ist der älteste „Wolkenkratzer" am Platz. Die renovierten Räume der obersten Etagen lassen die Donau im Süden erahnen. Gut ausgestattetes Geschäftshotel mit Sauna und Fitnessraum. EZ 167, RON, DZ 184 RON, App. 500 RON.

• **Hotel Dunasi** (***), etwas abseits der Donau, Str. Traian 81, Tel. 411 118. Familiär, 11 EZ, 9 DZ und 3 Appartements, alle mit eigenem Kühlschrank, TV und Air Condition. EZ 120 RON, DZ 150 RON, App. 220 RON, Frühstück inkl.

• **Hotel Alex** (***), Str. Aurorei 1, Tel. 461 166. Zentral gelegenes Haus mit Blick auf den Markt. EZ 80 RON, DZ 100 RON.

• Das lang gestreckte **Hotel Dunărea** (**) liegt gleich gegenüber des Hotels Galaţi an der Str. Domnească 13, Tel. 418 041. Moderner Standard zu verträglichen Preisen. EZ 110 RON, DZ 132 RON, inkl. Frühstück.

• **Hotel Sport** (**), Str. Dimitrie Bolintineanu 2, Tel. 611 346. Renoviertes Mittelklassehotel. EZ 80 RON, DZ 100 RON.

Camping

Es gibt einige Campingplätze rund um Galaţi, die man unter der telefonischen Sammelnummer 461 116 erreicht (Camping Stejarul, Pinul, Cor, Padurea Garboa vele).

Essen und Trinken

Restaurants

• Das spektakulärste Restaurant der Stadt findet man auf dem 100 m hohen Fernsehturm. Wer im **Perla Dunării** einen Sitzplatz möchte, sollte sich eine Woche vorher anmelden, Tel. 480 233. Häufig Betriebsfeiern, Hochzeiten und Geburtstagsfeiern.

• Ein weiteres Restaurant mit Panoramaaussicht ist das **Blue Sun & Panoramic** in der obersten Etage des Hotel Galaţi (s.o.).

• Eine ebenfalls sehr schöne Aussicht und eine hervorragende Küche bietet das erstklassige **Fischrestaurant Peşcarul** am B-dul Marii Unirii, Tel. 472 390, 10–24 Uhr. Frischer Deltahecht *(Ştiucă)* und Wels *(Somn)*.

• **Pizzeria Panoramic,** an der Donau, Str. Portului 1, Tel. 493 492, 10–24 Uhr. Überraschend günstig trotz Edelaussicht.

• Im **Tazz** in der Str. Navelor 23, Tel. 324 630, gibt's Fast-Food, auf Wunsch auch traditionell rumänisch.

Cafés

• **Café Journal,** Str. Domneasca 100, Tel. 416 722. Studentencafé, das auch abends immer gut gefüllt ist.

• **Royal,** Café und Patisserie in der Str. Armata Poporului 55, Tel. 325 662. Hier gibt es den besten Kuchen der Stadt.

Abends unterwegs

• Der heißeste Platz zum Tanzen ist der **Club Ibiza** am Donaustrand. Nonstop-Programm, Tel. 264 947.

• **Club T,** Tanzschuppen in der Str. Eroilor 15, Tel. 342 064. Von 10 Uhr morgens (!) bis zum letzten Gast geöffnet.

Einkaufen

• Das **Kaufhaus Agnes Toma** gehört zur Kette Winmarkt und bietet auf drei Etagen alles, was man benötigen könnte (Str. Brailei 177).

• **Buchhandlung: Humanitas,** Str. Domnească 17, Tel. 468 822.

Aktivitäten

Billard/Bowling

• **Club One,** Str. Tecuci 4, Tel. 325 030. Mit durchgehend geöffneter Billard-Bar.

Schwimmen

• Das **Olimpic House** gegenüber dem Metro-Großmarkt an der DN26 ist eines der beliebtesten Freibäder der Stadt. Mit Restaurant und Bar. Mobil 0745-366 372.

rum552 Foto: jr

Dobrudscha

rum553a Foto: jr

rum553b Foto: jr

Typisches Fischerhaus im Donaudelta

Strand bei Vama Veche

Motorboot auf dem Brațul Sfântu Gheorghe

Delta, Häfen, Schwarzmeerküste

Der von der Donau, dem Delta und dem Schwarzen Meer umgebene östlichste Landesteil wird von den Rumänen **Dobrogea** genannt. Die Donau kommt hier nach ihrer langen Reise an ihr Ziel, um sich in einem faszinierenden **Delta** zu entfalten. Hunderte von Süß- und Salzwasserseen, Kanälen und mäandernden Flussarmen machen die nördliche Dobrudscha zu einem einzigartigen **Wasserparadies,** das ganzjährig Treffpunkt euroasiatischer Zugvögel ist.

Noch vor 2000 Jahren schloss sich südlich dieses Wasserlabyrinths eine fruchtbare Ebene an, die vollständig von Wäldern bedeckt war. Starke Rodungen haben das **Landesinnere** der Dobrudscha jedoch in eine **steppenartige Landschaft** verwandelt, die heute das trockenste Gebiet Rumäniens ist. Auch an der 130 km langen **Schwarzmeerküste** fällt selten Regen. Im Sommer steigen die Temperaturen auf bis zu 40 Grad, im Winter fallen sie stellenweise auf unter -30 Grad. Das extreme Klima und die Lage „am Rande Europas" machten den Landstrich bereits bei den Römern zum Ende ihrer Welt; in das unwirtliche Gebiet schickte man missliebige Bürger ins Exil, etwa den Dichter *Ovid.* Spätere Siedler, wie russische Lippowener, Tataren und Kosaken, nutzten die Labyrinthe des Deltas als **Zufluchtsort** vor Verfolgungen, und die griechische Mythologie weiß sogar zu berichten, dass die **Argonauten** im Delta des Flusses Istros (griechischer Name der Donau) Zuflucht gesucht haben, um dort ihr Goldenes Vlies zu verstecken.

Heimat von Griechen, Römern und Osmanen

Zu den frühen Kolonisten der Dobrudscha zählten die **Griechen,** die ihre Handelssiedlung Tomis bereits im 6. Jahrhundert v.Chr. am Schwarzen Meer gründeten, ebenso die Häfen Histria (Istros) und Mangalia (Callatis). Die bereits am Schwarzen Meer ansässigen **Geten** und **Daker** unterhielten, wie der griechische Geschichtsschreiber *Herodot* berichtet, friedliche Handelsbeziehungen mit den Griechen, deren Architekten sogar beim Bau ihrer Städte mitwirkten.

Auf die Griechen folgten die **Römer,** die an der Schwarzmeerküste ihre **Provinz Moesia** gründeten. Bis 679 gehörte die Region zum Oströmischen Reich, eine Periode, in der die Küstenstädte aufblühten, durch ihren Reichtum aber die kriegerische Aufmerksamkeit der Goten, Hunnen, Awaren und Slawen auf sich lenkten. Es folgte eine Zeit unter byzantinischer und bulgarischer Herrschaft. Im 13. Jahrhundert gelang dem bulgarischen Fürsten und Heerführer **Dobrotitsch** kurzzeitig die Gründung eines eigenen Schwarzmeer-Staates (nach ihm ist die Region Dobrudscha benannt). Nach einer fast 500 Jahre währenden Herrschaft der **Osmanen,** die sich bereits 1260 in Babadag niedergelassen hatten, wurde die historische Landschaft der Dobrudscha aufgeteilt. Nach dem türkisch-russischen Krimkrieg und dem Berliner Vertrag von 1878 fiel die Nord-Dobrudscha an **Rumänien,** der Süden an **Bulgarien.**

rum555 Foto: jr

Angehöriger der Minderheit der Lippowener (altgläubige Russen)

Das Donaudelta

Das zweitgrößte Delta Europas

Am Ende ihrer 2860 km langen Reise von Donaueschingen zum Schwarzen Meer hat die Donau in den letzten 10.000 Jahren eines der faszinierendsten und schönsten Deltas der Welt geschaffen. Mit 5165 Quadratkilometern (inkl. Halmyris-Bucht und Razim-See) ist das Donaudelta über zweimal so groß wie das Saarland und nach dem Wolgadelta das zweitgrößte Delta Europas. Das durch die Donau stromaufwärts transportierte **Schwemmland** erweitert die Fläche des Donaudeltas kontinuierlich, sodass das rumänische Staatsgebiet sich langsam immer weiter ins Schwarze Meer hin ausweitet (siehe Exkurs unten).

Der größte Teil des Deltas mit einer Fläche von 3446 Quadratkilometern gehört zu **Rumänien (82%),** während die restlichen 18% auf ukrainisches Gebiet entfallen. Die Republik Moldau grenzt zwar mit ihrer südlichen Grenze direkt ans Delta, hat aber keinen Anteil daran.

Im Wasserlabyrinth

Das Naturphänomen Donaudelta lässt sich nicht nur auf das dichte Netz aus **Kanälen,** schwimmenden **Inseln,** mäandernden **Flussläufen, Sümpfen, Schilflandschaften** und **Seen** reduzieren. Der eigentliche Reiz des Deltas besteht im überraschenden Wechsel zwischen dem eben genannten Wasserlabyrinth und steppenartigen Gebieten, kleinen Dünenwüsten sowie tropenähnlichen Wäldern.

Zwar stehen 80 Prozent des Deltas meistens unter Wasser, doch ohne die trockenen Landstriche wäre eine dauerhafte Besiedlung nicht möglich gewesen. Die wenigen verstreuten Ortschaften des Deltas haben es dabei seit jeher mit sich **ständig verändernden Landschaften** zu tun. So verlief die Küstenlinie des Schwarzen Meeres vor 10.000 Jahren dort, wo sich heute die **Urwälder des Caraorman** und die **Dünen von Letea** befinden.

Neben dem herangeschwemmten Donauschlamm sorgen auch die 2700 Quadratkilometer **Schilfröhricht** (die größte Schilflandschaft der Welt) für eine ständige Umwandlung des Deltas. Als schwimmende Inseln befindet sich der Röhricht auf ständiger Wanderschaft in die von Wasserrosen übersäten Seen. Gemeinsam mit Wurzelstöcken und Pflanzenresten bildet das dichte Schilf ideale Biotope für die einzigartige Artenvielfalt der **325 Vogel- und 150 Fischarten.**

Die drei Donauarme

Kurz vor dem Eintrittstor zum Donaudelta, der Hafenstadt Tulcea, teilt sich die Donau in drei Arme auf, die ihrem Mündungsgebiet die typische Form

Wie Rumänien größer wird

Wenn von einem geologisch aktiven Gebiet die Rede ist, so denkt man gewöhnlich an den Vulkanismus, der Landschaften umgestalten und stark verändern kann. Doch auch das Donaudelta gehört zu den geologisch aktiven (und jüngsten) Regionen der Erde. Die Leuchttürme, die man 1802 (in Sulina) und 1865 (in Sf. Gheorghe) am Meeresufer errichtet hat, stehen heute 2 bzw. 3 km von der Küste entfernt im Landesinneren. Da die Donau permanent Schwemmland an die Küste trägt (jährlich 50 Millionen Tonnen, 20 Mal mehr als der Rhein), wächst das Delta unaufhörlich an. Rumänien ist damit (neben der Ukraine und ihrem Wolgadelta) eines der beiden Länder Europas, dessen Fläche sich auf natürliche Weise ständig vergrößert.

des griechischen Buchstabens Delta verleihen.

Der **nördlichste** dieser Arme, der 120 km lange **Brațul Chilia,** ist der jüngste, kräftigste und längste Wasserlauf des Donaudeltas. Er transportiert die größte Wassermenge und hat im Laufe seiner Entwicklung mehrere so genannte **Sekundärdeltas** geformt. Das erste befindet sich in der Nähe der Stadt Pardina, das zweite nach der Stadt Chilia Veche, das dritte bei Periprava. Der relativ wenig befahrene Chilia-Arm ist vollständig für den Schiffsverkehr geöffnet. Seine wichtigsten Häfen, Ismail und Vilkov, liegen auf ukrainischem Gebiet.

Der **mittlere** Arm **Brațul Sulina** wurde bereits ab 1856 kanalisiert. Die weitere Begradigung in der Periode von 1862 bis 1902 verkürzte seine ursprüngliche Länge von 92 auf 64 km. Die gleichzeitige Vertiefung des Flussbetts ließ den motorisierten Schiffsverkehr ständig zunehmen. Paddler und Kanuten meiden den schnurgeraden Donauarm, wo sie nur können.

Der **südliche Brațul Sfântu Gheorghe** ist mit seiner Länge von 108 km der ursprünglichste, wildeste und älteste der drei Arme, doch auch er erlitt künstliche Veränderungen. So wurden sechs seiner Mäander durch neue Wasserwege verbunden, um die Strecke für Schiffe zu verkürzen.

Tulcea

- **Meereshöhe:** 50 m
- **Vorwahl:** 0240
- **Einwohner:** 92.800

Tulcea gilt als das **Tor zum Donaudelta.** Man erreicht es über die beiden gut befahrbaren Straßen E87 aus Constanța und DN22 aus Brăila und Galați. Der kleine Flughafen von Tulcea wird seit dem Jahr 2003 aus Bukarest angeflogen, zu anderen rumänischen Donaustädten fahren Schiffe.

Das Leben konzentriert sich (vor allem abends) auf die Flaniermeile in der geschäftigen **Str. Isaccei** im Stadtzentrum und entlang der Uferpromenade mit den dort ankernden Hotelschiffen. Die sehenswerte **Azizie-Moschee** ist nur 5 Minuten zu Fuß vom Hafen entfernt, und auch die anderen Attraktionen der Stadt sind alle in unmittelbarer Nähe des überschaubaren Stadtkerns um den Piața Civica zu finden. Dies soll jedoch keine Empfehlung sein, die Stadt mit ihrem maritimen Flair, die von den meisten Durchreisenden nur zum schnellen Transfer ins Donaudelta genutzt wird, im Eildurchgang zu durchlaufen. So lohnt sich ein Bummel zu dem nur 2 km vom Hafen entfernten **Ciuperca-See** mit seinen idyllischen Bootsstegen, den guten Fischrestaurants und dem wunderbaren neuen Hotel Insula, das dort auf einer kleinen Insel entstanden ist. Im Monat August ist es das **Folkfestival** von Tulcea, das einen längeren Aufenthalt in der Donaustadt rechtfertigt und im Dezember der sehenswerte **Deltakar-**

neval. Die Stadt verfügt über die besten Einkaufsmöglichkeiten im Donaudelta. Vor einer Bootstour bieten die Vermieter und Geschäfte Tulceas alles vom Kanu bis zur Angel.

Geschichte

Tulcea ist nachweislich eine der ältesten städtischen Siedlungen Rumäniens. Erstmalig erwähnt wurde die im 8. Jahrhundert v.Chr. gegründete getodakische Siedlung durch *Herodot,* im Jahr 450 vor unserer Zeitrechnung. Der weit gereiste Grieche bezeichnete die bereits im 7. Jahrhundert v.Chr. durch Kolonisten aus dem griechischen Milet gegründete Stadt in seinen Aufzeichnungen als **Castrum Aegyssus.** Diese Bezeichnung geht, wie *Ovid* 200 Jahre später berichtet, auf den dakischen Gründer *Carpyus Aegyssus* zurück (die Reste der Siedlung Aegyssus sind noch auf dem Hügel Dealul Monumentului zu sehen).

Die **Römer** machten die Hafenstadt im 1. Jahrhundert zur Basis ihrer Schwarzmeerflotte. Nach wechselnden Herrschaften von Byzanz, Genua und der Walachei eroberte 1416 *Mehmet I.* die Stadt und gab ihr den neuen Namen **Tolçu.** Die **Osmanen** blieben bis zur Mitte des 19. Jahrhunderts die bestimmende Kraft in der aufblühenden Hafenstadt. Erst der türkisch-rumänische Vertrag von 1934, der für eine Umsiedung der Türken sorgte, führte zu einem Ende der moslemischen Dominanz in der Stadt. In der zweiten Hälfte des 20. Jahrhunderts zog es ein buntes **Völkergemisch** aus

Lippowener Russen, Griechen, Türken, Armeniern, Juden und Krimtataren nach Tulcea, die der Stadt noch heute ein weltoffenes Gesicht verleihen.

Sehenswertes

Rund um die Uferpromenade

Das Stadtzentrum ballt sich südlich einer Donauschleife rund um die Uferpromenade und den Hafen. Eine **Fähre,** die in der Nähe des Hotels Delta

ablegt, ist die einzige Verbindung zum nördlich gelegenen, ruhigen und unspektakulären Stadtteil Tudor Vladimirescu auf der anderen Donauseite.

Auf der Strecke von der Fähre bis zur Ablegestelle für die Schiffe und Schnellboote ins Delta, die etwa 600 m weiter westlich in der Nähe des Busbahnhofs zu finden ist, liegen zahlreiche **Hotelschiffe** entlang des Ufers. Leider unternehmen diese Floating Hotels, ebenso wie die benachbarten **schwimmenden Restaurants,** keine Rundfahrten, sondern sind ganzjährig fest verankert. Neben den Hotels und Restaurants haben sich im Laufe der letzten Jahre auch andere Dienstleister wie Apotheken und Reisebüros an der profitablen Ufermeile auf den zahlreichen Pontons niedergelassen.

Weiter die Donaupromenade entlang, kommt man nach einem Fußmarsch von einer halben Stunde (von der Fähre aus gerechnet) zum westlich gelegenen **Ciuperca-See.** Mitten in der Stadt hat sich hier ein ländliches Wasseridyll mit Schilfbewuchs und reichem Fischvorkommen erhalten. Den See mit einer kleinen Insel (plus Hotel mit Restaurant), der hübschen Windmühle und dem Angel- und Bootsverleih nutzen die Bürger von Tulcea als Rückzugsort, um dem geschäftigen Treiben der Innenstadt zu entfliehen.

Das Kunstmuseum

Gleich hinter dem hoch aufragenden Hotel Delta beginnt das von den Einheimischen **„Kulturviertel" (Cartierul Culturii)** genannte Stadtgebiet. Als erstes kommt man über die Str. Grigore Antipa zum rechts liegenden Kunstmuseum, das sehenswerte Arbeiten des Malers *Victor Brauner* (1903–66) zeigt. Die aus dem Jahr 1923 stammenden Werke „Adam şi Eva" sowie „Muncitoare" (Arbeiterin) zählen zu den bedeutendsten Frühwerken des jüdischen Künstlers, der 1930 nach Paris gegangen war, um sich dort den Surrealisten um *André Breton* anzuschließen. In der ersten Etage sind Bilder der Künstler *Gheorghe Sirbu* und *Nicolae Dărăscu* zu sehen, die beide aus dem Delta stammen.

● **Muzeul de Artă,** Str. Grigore Antipa 2, Tel. 513 249, Di. bis So., Juli bis Okt. 9–17 Uhr, Nov. bis Juni 8–16 Uhr, Eintritt 2 RON.

Geamia-Azizie-Moschee

Aus dem Museum kommend geht es rechts die Str. Grigore Antipa hinauf auf einen Hügel, von dem sich die Donau wunderbar überblicken lässt. Oben gleich rechts um die Ecke lädt die ruhig gelegene Geamia-Azizie-Moschee zu einer kleinen Verschnaufpause ein. In den heißen Sommermonaten sind die kühlen Räume der 1863 erbauten Moschee, die ohne Schuhe bis Sonnenuntergang betreten werden darf, eine wahre Wohltat (das 22 m hohe Minarett darf nur von unten besichtigt und nicht bestiegen werden!).

Museen für Archäologie, Volkskunst und Naturkunde

Hinter der Moschee geht es durch die Str. Gloriei an weiß getünchten adretten Häuschen mit grünen Gärtchen entlang zu einem Park auf dem **Hügel Dealul Monumentului,** in dem man die Reste der **römischen Siedlung Aegyssus,** einen Obelisken und das **Archäologiemuseum** findet. Der **Obelisk** ist den Opfern des Krieges von 1877/78 gewidmet. Das Museum zeigt Keramiken, Münz- und Waffenfunde aus der geto-dakischen, der hellenistisch-griechischen und der Römerzeit. Auch auf das Mittelalter und die kurzen Phasen der Tatarenherrschaft wird eingegangen.

Die Straße des 14. November führt wieder an der Moschee vorbei, hinunter zu einem kleinen Platz, an dessen südlicher Seite das **Museum für Ethnografie und Volkskunst** zu finden ist. In dem Eckbau mit dem markanten runden Turm als Eingangspforte finden sich nur wenige Exponate; Höhepunkte sind folkloristische Kleidung, Webstühle und die in einem eigenen Pavillon ausgestellten Arbeitsgeräte zur Weinherstellung.

26, Tel. 510 078. Es handelt sich um eine gute und preiswerte Alternative zu den etwas überteuerten Hotels des Hafenviertels. Von der Dachterrasse ahnt man bereits ein Stück Donaudelta. DZ 70- 80 RON.

- Die Edelpension **Pensiunea Egreta Albă** (****) in der Str. Păcii 93 verfügt über zehn DZ mit eigenem Bad, Air Condition, Kühlschrank und TV im Zimmer. Im Parterre befindet sich ein Restaurant mit Bar. DZ 120 RON ohne Frühstück.
- Nur 3 km vom Zentrum entfernt liegt die preisgünstige **Pension Mila 35,** die auch per Boot erreichbar ist. Verleih von Motorbooten und eigener Tennisplatz. Mila Marina 35, Braţul Tulcea, Tel. 0744-688 404, www.mila35.ro, EZ 38-48 RON, DZ 48-58 RON (am Wochenende teurer).

Floating Hotels

- Die **stationären Hotelschiffe „Hera" und „Terasa R"** liegen unübersehbar nebeneinander am Brennpunkt der Donaupromenade Str. Portului. Wem eine schlichte und enge Kabine als Schlafplatz ausreicht, ist hier genau richtig. Kabinen mit eigenem Bad und solche mit Gemeinschaftsbad. Die feste Verankerung sorgt für Nächte ohne Schwankungen. EZ/DZ 50-60 RON.

Wer gerne mit einem Floating Hotel **auf Reisen ins Donaudelta** gehen möchte, wende sich an eine der folgenden **Gesellschaften:**

- **S.C. Liscom** (**) bis (****), Str. Viitorului 13, Tel. 536 726. Das schwimmende Hotel Anda bietet 9 DZ mit Internetanschluss und Kabel-TV, Anglerausrüstungen, Bad und Dusche in jeder Kabine. Transfer vom Flughafen. Vollpension. Tagespreise je nach Anzahl der Personen und Kategorie 50-130 Euro.
- **S.C. Galex Tour** (***), Str. Isaccei 45, Bl. 3, Sc.A. Ap 16, Tel. 519 309, www.toursgalex.ro. Vollpension, Tagespreis je nach Anzahl der Personen 45-105 Euro.

Camping

Es gibt keine Campingplätze in der unmittelbaren Umgebung von Tulcea, dafür aber sieben gute Möglichkeiten zum Campieren **im Donaudelta** (siehe im weiteren Verlauf des Kapitels).

Jugend-Camp

- Das **Jugend-Camp Bididia (Tabăra Bididia)** liegt an der Strecke Tulcea - Mahmudia (12 km außerhalb von Tulcea). Es bietet 340 Übernachtungsplätze, besitzt zwei Swimmingpools, einen botanischen Garten sowie mehrere Sportplätze. Es sind auch Einzelanmeldungen möglich, und zwar unter Tel. 514 386 oder bei der Leitung aller Delta-Camps in Tulcea, Tel. 516 234.

Essen und Trinken

Restaurants

- Die Empfehlung des Autors ist die **Pizzeria da Tino,** Str. Isaccei 11, Tel. 511 332. Der Italiener direkt an Tulceas beliebtester Flaniermeile bietet eine sehr köstliche Pizza an, die mit Kartoffeln und Brânza-Käse überbacken ist. Außergewöhnlich gut.
- Seefahrerisch gibt sich das **Restaurant Pub Rolion,** Str. Port Faleză 1, Tel. 511 855, das bei rumänischen Ausflugsgruppen sehr beliebt ist. Traditionelle rumänische Küche wird hier auch auf der großen Gartenterrasse aufgetischt.
- In der **Pizzeria Don Pepi** serviert man auf Wunsch auch Riesenpizzas. Str. Babadag 24, gegenüber der BRD-Bank, 8-24 Uhr.
- Das **Terrassenrestaurant Royal Trident,** Str. Babadag 2, Tel. 519 508, bietet ein breites Spektrum von in der Patisserie selbst zubereiteten Kuchen bis hin zu raffinierten Fischgerichten; angegliedert ist zudem ein Schnell-Restaurant namens **Fast-Food-Trident.**
- Eine der schönsten Aussichten hat das Restaurant auf dem Deck des **Hotelschiffes „Terasa R"** an der Donaupromenade Str. Portului. Leider kann die wunderbare Kulisse nicht über die Schwächen der gebotenen Kochkunst hinwegtäuschen.
- Drei erfrischende und moderne Restaurants finden sich im Zentrum von Tulcea: das **Kardeleni,** Str. Isaccei 1, Tel. 515 285, das **Union Visa,** Str. Unirii 2, Tel. 515 163, und

das **Central,** Str. Babadag 3, Bl. A5, Mobil 0740-014 257.

Café

•**Café Journal,** Str. Domneasca 100, Tel. 416 722. Studentencafé, das auch abends immer gut gefüllt ist.

Abends unterwegs

Bars

•**Club Marinarul,** Str. Spitalului 34.
•**Club 21,** Str. Grigore Antipa, Mobil 0745-040 631, 7–4 Uhr.
•Der kleine **Jazz Club,** Str. Pacii 101, Tel. 513 092, erinnert an ein gemütliches Parkettzimmer. Musikwünsche der Gäste werden berücksichtigt.
•In der kleinen **Bar Deep** können die Gäste bis morgens um 4 Uhr tief in die Cocktailgläser schauen. Das Lokal befindet sich im Gewerkschaftshaus in der Str. Piața Independenței 1, Mobil 0745-075 813.

Diskothek

•Die **Disco Keops** im Complex Danubiu an der Donaupromenade Str. Portului 2, Tel. 514 753, gilt als der exotischste Tanzclub von Tulcea. Ägyptisches Ambiente und farbenfrohe Drinks. 20–4 Uhr.

Aktivitäten

•Einen **Kanuverleih** gibt es im **Donaudelta Canoe Center,** Str. 14. Novembrie Nr. 6, Ap. 15, Mobil 0745-059 410, und bei **Barefoot Tours,** Str. Craițelor 25, Mobil 0744-861 828.
•Die besten und kompetentesten **Kanutouren** im Donaudelta veranstaltet **Barefoot Tours** (s.o.). Es gibt auch einen deutschen Kontakt über *Michael Rieding,* Kochstr. 26, 04275 Leipzig, michael@barefoot-tours.com, und die informative Website www.barefoot-tours.com (auch auf Deutsch). Die international gemischte Truppe um *Adrian Haralambie* und *Stephan Müller* hat neben ökologischen Abenteuer-Kanufahrten und Kanu-Training auch Sportangeln und Vogelbeobachtungen im Angebot. Eine 4-Tages-Tour um Crişan kostet ca. 190 Euro.
•Einen **Verleih von Hausbooten, Motorbooten** und kleinen Schiffen betreibt die **S.C. Watergate S.R.L.,** Str. Gavrilov Corneliu 312, Tel. 513 711.
•Auch die **Pension Mila 35** verleiht **Motorboote,** Mila Marina 35, Brațul Tulcea, Mobil 0744-688 404, www.mila35.ro.
•**Nita Pargras** (S.C. Nitacom S.R.L., Loc. Tulcea) vermietet **Hausboote,** Tel./Fax 823 712, Tel. 094-346 822.
•Vom Flugplatz starten **Helikopter** zum Delta. Ein **Rundflug** kostet pro Stunde und Person ca. 150 Euro, bei einer Auslastung von drei Passagieren.

Einkaufen

•Der beste **Wochenmarkt** von Tulcea, wo man sich mit frischem Obst und Gemüse eindecken kann, befindet sich südlich des Zentrums, die Str. Păcii hinunter, hinter der Kirche Sf. Gheorghe.
•Der **Ukrainische Markt,** auf halber Strecke zum Bahnhof in der Str. Isaccei, bedient eher die Touristen, die an billigem Import-Trödel Gefallen finden.
•Im **Magazinul Anda** in der Str. Isaccei findet der Campingtourist Zelte, Schlafsäcke und Zubehör.
•Die größten und besten **Shopping-Center** liegen beide am Piața Civica, das **Diana Center** und der **Winmarkt.**
•Die **Gemäldegalerie Galeria de Artă Modernă,** Str. Babadag 21, zeigt sehr sehenswerte Werke des Künstlers *Eugeniu Barău,* die an *Hieronymus Bosch* denken lassen.
•**Galeria de Artă,** gegenüber dem Hotel Delta, Str. Isaccei, Bl. M1.

Feste und Events

•Im Mai findet im Rathaus der Stadt der nationale **„Musikwettbewerb George Georgescu“** statt.
•Am 29. Juni feiert man den **Donautag (Ziua Dunarii)** mit zahlreichen Veranstaltungen und Straßenumzügen.

- Vom 15. bis 19. Juli präsentieren sich beim internationalen **Musikfestival Peştişorul de Aur** („Das goldene Fischchen") die bekanntesten Folkloregruppen der Dobrudscha.
- Zu den größten Festen Rumäniens gehören vom 12. bis 15. August die Feiern **Dunarea – Fluviu al Europei** („Donau – ein europäischer Fluss"); dann ziehen auch viele Gäste aus Deutschland, Österreich, Ungarn, Serbien und Bulgarien durch das Hafenviertel und die Innenstadt. Zur gleichen Zeit findet alljährlich das **Bierfest (Festivalul Berii)** statt.
- Der **Tag der Dobrudscha (Ziua Dobrogei)** wird am 14. November gefeiert.

In der Umgebung von Tulcea

Seenplatte Untere Donau

Auf ihrem Weg zum Delta lassen viele Besucher die Seenplatte zwischen Galați und Tulcea oft links liegen. Die dem Delta vorgelagerten **Seen Somova, Sabele und Parcheş** rechts der Donau gehören jedoch zu einem der natürlichsten Gebiete der Dobrudscha und sind eines der besten Areale, um wilde Schwäne, Rohrdommeln und Weißkopfadler in freier Wildbahn zu beobachten. Auch kulturell hat die wilde Naturlandschaft rund um die Dörfer Parcheş, Somova und Telița viel zu bieten.

Niculițel und die Klöster Saon und Cilic-Dere

Im kleinen Ort Niculițel (20 km westlich von Tulcea auf der DN22 Richtung Brăila, 5 km vor Isaccea, links ab) ist um 1900 vom Pastor *Nuculița* eine christliche Basilika aus dem 13. Jahrhundert in der Erde entdeckt worden. Die bis heute unangetastete kleine **Kirche Sfântul Atanasie** ist damit das älteste noch genutzte Gotteshaus der Dobrudscha. Seinerzeit hatten die Osmanen den Bau christlicher Kirchen verboten, darum wurden die Gotteshäuser heimlich unter der Erde errichtet. Sehr sehenswert ist auch der beeindruckende innere Kuppelbau der **Kathedrale** von Niculițel.

Nur 8 km nördlich von Niculițel (von der DN22 rechts ab) liegt idyllisch das **Nonnenkloster Saon** mit einer alten Getreidemühle südlich des Telincea-Sees. Südostwärts (die DN22 erneut kreuzend, 2 km südlich des Dorfes Telița) folgt das bekanntere **Kloster Cilic-Dere,** dessen Nonnen uralte Kochrezepte bewahren. Wer die Gelegenheit hat, sollte im Kloster bei der Oberin *Melentina Popa* oder der Äbtissin *Cassiana* nachfragen, wo man die berühmte Mönchssuppe *(Ciorbă călugărească),* in Salz gegrillten Stör *(Saramură de păstruga)* oder gefüllten Hecht *(Ştiucă umplută)* probieren kann.

- Private **Unterkunft** in Niculețe bei **Gicu Constantin,** Str. Gurgoaia 746, Tel. 0240-516 166, 50 RON. Übernachtungen sind aber auch in allen genannten **Klöstern** möglich, Preis und Verköstigungen nach Vereinbarung zwischen 30 und 50 RON.

Isaccea

In der kleinen, rechts der Donau gelegenen **Hafenstadt** Isaccea (5600 Einwohner) haben **Griechen, Römer, Russen und Osmanen** ihre **architektonischen Spuren** hinterlassen. Die ehemalige Siedlung Novodunum (bzw. Vicina) galt über viele Jahrhunderte hinweg als schwer befestigte Grenzstadt, die das byzantinische gegen das russische Hoheitsgebiet nach

rum568 Foto: jr

Norden hin schützen sollte. Direkt am Donauufer sind heute römische Marmorsarkophage mit griechischen Inschriften und ionische Säulenkapitelle zu besichtigen. Etwas verloren steht die kleine türkische Minarett-Moschee aus dem 17. Jahrhundert in der Ortsmitte neben einigen Wohnblocks (5% türkische Bevölkerung). Sehenswert sind die eindringlichen Höllenszenarien der Malereien im Vorraum der kleinen **Kirche von Sfântii Voievozi.** Viele der ursprünglich zum Stadtbild gehörenden Seen und Schilfgebiete sind heute nicht mehr vorhanden, da sie in den 1970er Jahren für neue Agrarflächen trockengelegt wurden.

Kühe in den überschwemmten Waldgebieten westlich von Tulcea ernähren sich lange Zeit des Jahres von Wasserpflanzen

- **Biserica Sfântii Voievozi,** Str. Curentului 1, Tel. 0240-540 675 (Preot Mocanu Costel).

Unterwegs im Donaudelta

Von Tulcea nach Periprava

Der Hauptgrund, warum der **nördliche Chilia-Arm der Donau** touristisch wenig befahren wird, liegt an der unzureichenden Infrastruktur im Norden des Deltas. Im direkten Grenzgebiet zur Ukraine gibt es kaum Orte, die Besuchern ansprechende Unterkünfte zur Verfügung stellen können, und auch in den Städten Periprava und Chilia Veche sind gute Pensionen und Hotels rar gesät.

Eine sehr gute Möglichkeit, sich dennoch die sehenswerten, nördlich gelegenen Wasserwege des Deltas zu erschließen, besteht darin, seine Fahrt am dritten Halt der Navrom-Strecke Tulcea - Chilia Veche zu unterbrechen. Im Dorf **Pardina** (710 Einwohner) gibt es eine Pension (Marian Calinoiu) mit direktem Wasserzugang. Die Eigentümer unternehmen Fahrten zum wenig befahrenen und wunderschönen, südlich gelegenen Seengebiet rund um den **Lacul Lung** und **Lacul Meşter.**

Der zweite Halt im Dorf **Ceatalchioi** (350 Einwohner, 20 km nördlich von Tulcea) lohnt sich besonders für Wanderer, die über gute Karten verfügen und sich durch die schönen Wälder der Sireasa am **See Topolca** vorbei in den Norden Tulceas schlagen wollen. Auch die Straße von Ceatalchioi die Donau entlang zurück nach Tudor Vladimirescu (nördlicher Stadtteil Tulceas) bietet sich für eine Wanderung an.

- **Pensiunea Marian Calinoiu,** Comuna Pardina, Mobil 0788-570 255. DZ 80 RON, App. 150 RON. Kosten der Motorbootausflüge nach Vereinbarung, Tag ca. 60–80 Euro.
- **Türme zur Tierbeobachtung** an den Seen Purcalu, Nebunu und Carasu.

Chilia Veche und Roşca-See

Die 5½-stündige Fahrt von Tulcea über den Chilia-Arm führt in die Ortschaft **Chilia Veche** (übersetzt: „Altes Chilia"). Die verträumte kleine Stadt war während der Zeit, als Bessarabien zu Rumänien gehörte, ein südlicher Teil der Hafenstadt Chilia (dem heutigen Kiliya in der Ukraine). Zu Zeiten ihres größten Triumphes, der Niederschlagung eines Türkenangriffs im Jahr 1476, lag Chilia gerade einmal 5 km von der Meeresküste entfernt, heute sind es 40 km! Von Chilia Veche lohnt eine Wanderung durch die südlich gelegenen Wälder ins 8 km entfernte Dorf **Câşliţa.**

Die Berge des Donaudeltas

Wer zum ersten Mal ins Donaudelta kommt, wundert sich meist darüber, in der flachen Ebene, die teilweise sogar unter dem Meeresspiegel liegt, einige recht imposante Berge zu erblicken. So grenzt das Donaudelta, als geohistorisch jüngstes Gebiet Europas (knapp 10.000 Jahre alt), im Westen unmittelbar an eines der ältesten Gebirge der Welt, die **Berge von Măcin.** Die aus reinem Granitgestein im Paläolithikum geformte höchste Erhebung des kleinen Gebirges, der **Ţuţuiatu** (oder Greci), überstand sämtliche Eiszeiten und ragt heute als einsames steinernes Monument aus der flachen Ebene auf, die sich ansonsten auf Meeresniveau befindet.

Tief im Delta gibt es einen Ableger dieses urzeitlichen Gebirges, die 242 m hohen **Berge von Beştepe** (zwischen Tulcea und Murighiol). Auch ihr Granit taucht als überraschende Berglandschaft aus der Ebene auf und hat den Abschliff kilometerdicker Eismassen in den Kälteperioden unseres Planeten fast schadlos überstanden.

Über den **Braţul Cernovca** (Cernovca-Arm) gelangt man in den Ort **Babina,** wo man von einem Aussichtsturm einen weiten Blick über die südlich gelegenen Seen hat. Ein Highlight des Donaudeltas liegt 8 km südlich von Babina. Der **Roşca-See (Lacul Roşca)** ist Heimat von **Europas größter Pelikankolonie.** Auch Wildgänse, Silberreiher und Störche leben an dem völlig von Wäldern umgebenen See. Man erreicht den Roşca-See und die südlich gelegenen Tierparadiese um die **Seen Matiţa, Trei Iezere und Babina** auch über den Sulina-Arm von Mila 23 und Crişan aus.

Vogelglossar Donaudelta

- **Barză albă** – Weißstorch
- **Călifar alb** – Brandgans
- **Călifar roşu** – Rostgans
- **Ciocântors** – Säbelschnäbler
- **Cocor mare** – Kranich
- **Corcodel mare** – Haubentaucher
- **Cormoran mare** – Großer Kormoran
- **Egretă de stuf** – Rohrweiher
- **Egretă mare** – Silberreiher
- **Huhurez mic** – Waldkauz
- **Lebădă de vară** – Höckerschwan
- **Lopătar** – Löffler
- **Nagâţ** – Kiebitz
- **Pelican comun** – Rosa Pelikan
- **Pelican creţ** – Krauskopfpelikan
- **Pescăruş albastru** – Eisvogel
- **Pescăruş râzător** – Lachmöwe
- **Piciorong** – Stelzenläufer
- **Prigorie** – Bienenfresser
- **Raţă mare** – Stockente
- **Şoim dunărean** – Würgfalke
- **Stârc cenuşiu** – Fischreiher
- **Ţigănuş** – Sichler
- **Vultur codalb** – Seeadler

- **Camping Vital,** Chilia Veche, Tel. 0240-547 444, Mobil 0744-276 435, www.vital-chiliaveche.ro. Die Strohhäuschen sind inzwischen durch eine schöne, sehr empfehlenswerte Pension ergänzt worden. Die Mitarbeiter sind hilfsbereit und organisieren auch Touren ins Delta zu vernünftigen Preisen.

Von Tulcea nach Sulina

Die Fahrt mit dem Gleitboot von Tulcea nach Sulina dauert nur 1½ Stunden und lockt viele Besucher zu einem schnellen Abstecher ans Schwarze Meer. Vom eigentlichen Donaudelta bekommt man auf einem solchen Kurztrip jedoch nichts zu sehen, außer dem schnurgeraden, **monotonen Donauarm.** Die kostbare Urlaubszeit sollte auch nicht in den trostlosen Seehafen Sulina, sondern besser in eine der sehenswerten Siedlungen im Delta investiert werden, die von Mila 23 und Crişan gut zu erreichen sind.

Weil der Donauarm nach Sulina vertieft und stark begradigt wurde, nutzen ihn neben zahlreichen Motorbooten und Kähnen auch **Großfrachter und seetüchtige Schiffe** für ihre Fahrt von Tulcea zum Schwarzen Meer. Paddler und Kanuten sind permanent dem starken Wellengang der Großschiffe und Gleitboote ausgesetzt. Sie sollten ihre Fahrt besser auf einem der ruhigeren Wasserwege beginnen (z.B. in Mahmudia, Murighiol, Dunavăţu de Jos oder Mila 23).

Delta-Idylle mit Fischerboot in der Nähe von Mila 23

Trotz des regen Verkehrs lohnt sich eine Schiffsreise zu den Orten am Sulina-Arm, weil die dortige **gute Infrastruktur** dazu führt, dass man fast überall Bootsausflüge zu den ruhigen Wasserwegen, Seen und Wäldern jenseits der Hauptstrecke unternehmen kann. In Mila 23 und Crişan vermieten die Fischer auch Boote und Kanus.

Ilganii de Sus und Maliuc

Etwa 8 km hinter Tulcea gehen Sulina- und Sf. Gheorghe-Arm auseinander. Der erste Ort Richtung Sulina heißt **Ilganii de Sus** und liegt genau gegenüber dem Fischerort **Partizani** („Ruderfähre" zwischen den Orten durch Fischer). Da weder die Schnellboote noch die Navrom-Schiffe hier anlegen, erreicht man die beiden Siedlungen am besten per Motorboot (private Vermittler im Hafen von Tulcea, einfache Fahrt ca. 10 Euro). Unterkunft ist in den Privathäusern der Fischer auf Anfrage möglich, die einen auch zu den herrlichen Waldseen Meşter, Alb und Lung rudern.

In **Maliuc,** der ersten Schiffshaltestelle, gibt es einen kleinen Campingplatz und das gute Hotel Salcia, das auch Ausflüge zu den Pelikankolonien am nur 20 Minuten entfernten **Furtuna-See** unternimmt. Das Schilf um den Furtuna-See ist auch Brutgebiet von Haubentauchern, Fischreihern und Kormoranen.

rum08-571 Foto: jr

Unterkunft:
- **Hotel Salcia** (**), Maliuc, Tel. 0240-546 539, Tel. 0788-362 720. Alle Zimmer mit TV, Telefon, Kühlschrank; gutes Restaurant. EZ 50 RON, DZ 80 RON, Vollpension (drei Mahlzeiten) 120 RON (Preise lassen sich verhandeln, je nach Länge des Aufenthalts). Ruderboote 30 RON/Tag, Motorboote (4 Pers.) 30 RON/Stunde, Anglergerät 9 RON/Tag.
- **Pension Nada Apelor** (***), Maliuc, Mobil 0744-516 808. Hier können drei kleine Häuschen direkt am Wasser angemietet werden. Zimmer mit Terrasse, Kühlschrank, Kochnische mit Geschirr und Besteck. DZ 70 RON, Mahlzeiten 15–30 RON.
- **Camping Euro Club** (***), Partizani, Mobil 0788-320 441. Sehr schöne 2-Personen-Hütten mit gepflegten sanitären Einrichtungen. 40 Schlafplätze, gutes Restaurant. Hütte 60–80 RON.

Die Meile 23

So mancher Besucher des Donaudeltas fragt sich, warum die bekannte lippowanische Deltasiedlung Mila sich noch die Zahl 23 an ihren Namen angehängt hat. Die eigentümliche Ortsbezeichnung Mila 23 heißt übersetzt „Meile 23" und leitet sich von der international üblichen **Meilen-Einteilung der Donau** ab. An der Donaumündung in Sulina befindet sich ein Schild mit der Aufschrift „Mila 0". Von hier an werden die Donaumeilen stromaufwärts gezählt und bezeichnen somit die jeweilige Entfernung zur Mündung am Schwarzen Meer. So liegt beispielsweise Tulcea landeinwärts am Meilenpunkt 39, also genau 39 Meilen von der Donaumündung entfernt. Da Mila 23 aber an einem abzweigenden Seitenarm liegt und nicht direkt am begradigten Sulina-Arm der Donau, befindet sich auch der Ort Maliuc ziemlich genau beim Punkt Meile 23 ...!

Kanutipp:
- Kanuten sei die wunderbare Strecke **vom Lacul Meşter** über den Gârla Şontea- und Olguţa-Kanal **zum Arm Dunarea Veche** und nach Mila 23 ans Herz gelegt. Auf der Strecke befinden sich vier Aussichtstürme (u.a. am Nebunu-See).

Mila 23

Mitten im Donaudelta, auf halber Strecke zwischen Tulcea und Sulina, liegt der Fischerort Mila 23. Er ist Haltestelle der AZL-Colanda-Linie und befindet sich am **Seitenarm Dunarea Veche** („Alte Donau") 10 km nördlich der begradigten Hauptstrecke. Frühmorgens und nachmittags treffen auch Besucher der Navrom-Linie im Ort ein, die von Crişan mit dem Fährboot nur 20 Minuten benötigen.

Im dem geschäftigen Fischerdorf mit 2400 Einwohnern leben über 90 Prozent **Lippowener,** altgläubige Russen, die es bereits im 17. Jahrhundert ins Delta verschlagen hat. Ihre Kirche ist zum Mittelpunkt des Dorfes geworden, das hauptsächlich aus Strohlehmhäusern mit Schilfdächern besteht, deren Fenster- und Türrahmen häufig in den deltatypischen Farben Blau und Grün verschönert sind.

Mila 23 wurde 1960 nach einer völligen Überflutung wieder aufgebaut und gehört heute mit seinen urigen Fischerhäuschen und den zahlreichen Gemüse- und Obstgärten zu den **klassischen Deltazielen,** die über genügend Pensionen und kleinere Verpflegungsläden verfügen, um als Ausgangsbasis für Deltaexkursionen dienen zu können. Bereits im Frühjahr bieten Fischer Fahrten in motorisierten

Langkähnen (sog. *Lotca*) zu den umliegenden Tierparadiesen Lacul Bogdaproste, Trei Iezerie und Matița an.

Unterkunft:
Hier einige der zahlreichen Privatpensionen (Preise pro Zimmer ca. 40–70 RON, je nach Saison und Länge des Aufenthalts verhandelbar, bei Fischerfamilien ist meist auch Vollpension möglich):

- **Pension Marcov** (**), Tel. 0240-546 425. *Pavel* und *Aurica Marcov* haben vier sehr gepflegte Zimmer, DZ 7–10 Euro, Mahlzeiten 3–7 Euro.
- **Pension La Vica** (**), am Wasserturm, Tel. 0240-546 442. Vier Zimmer, Halbpension möglich.
- **Pension Valodea** (**), Tel. 0240-546 393. Fischerfamilie mit vier Zimmern, Halbpension möglich.
- **Pension Valentina Lisov** (**), Tel. 0240-546 450. *Valentina* bietet zwei Räume und leckere Fischgerichte an. Vollpension möglich.
- **Pension Nicolae Chitai** (**), Tel. 0240-546 446. Zwei gepflegte Zimmer bei einem ehemaligen Fischer.

Crişan

Crişan ist eines der bekanntesten Touristenzentren zwischen Tulcea und Sulina. Man erreicht es mit dem Gleitboot von Tulcea in 1½ Stunden. Der Bootssteg am Meilenpunkt 13 liegt genau gegenüber dem Monument, das König *Carol I.* 1894 errichten ließ, als die Donau auf diesem Abschnitt erstmals begradigt wurde.

Am nördlichen Ufer von Crişan befindet sich das **EcoInfoCenter** (s.u.), in dem man die nötigen Eintrittskarten für die Naturschutzgebiete erhält.

Der lang gestreckte Ort Crişan zieht sich über 5 km an der Südseite des Donauarms hin und ist der ideale Ausgangspunkt für Bootsausflüge zum geschützten **Pădurea-Caraorman-Gebiet,** in dem sich Seeadler, Falken und Wölfe tummeln (Eintritt nur mit lizenziertem Führer). Die Region um das kleine, 12 km südlich gelegene Dorf **Caraorman** (türk. für Schwarzer Wald) zeichnet sich durch ihre eindrucksvolle Fauna aus und gehört zu den **besterhaltenen Urwäldern Europas.** Die Häuser des Dorfes wurden über eine Strecke von 3 km entlang einer 18 km langen Sanddüne gebaut.

Wer statt mit dem Boot lieber zu Fuß unterwegs ist, sollte sich die großen **Pelikankolonien am Iacob-See** nicht entgehen lassen, der bequem in einer vierstündigen Wanderung über den südlichen Deich erreichbar ist.

Crişan:

- **Informationen** zu Crişan und Umgebung erhält man im Donauinformations-Zentrum in Tulcea (siehe dort).
- **Fischerpension Petre und Caroline Vasiliu,** sehr empfehlenswerte (geführte) Kanutouren und Kanuverleih (engl. und franz.), Mobil 0744-957 148 und 0744-761 323, perrerotl@yahoo.com.
- **Hotel Sunrise** (***), Tel. 0240-547 191. Sehr empfehlenswertes modernes Hotel am Wasser. 18 Zimmer mit Bad, Klimaanlage, Telefon und TV. Dazu Grillplatz, Schwimmhalle, Terrasse, Disco und Nachtbar. Ausflüge mit Essen in der Natur und Feuercamp. EZ/DZ 70 RON, inkl. Frühstück und Tax.
- **Hotel Lebada** (***), Mobil 0744-254 420. Das „Hotel zum Schwan“ ist ein gepflegtes Haus. EZ/DZ 70 RON.
- **Pension Ovidiu** (****), Mobil 0744-601 262. Die beste Pension am Ort liegt am Landesteg links, 200 m über den Deich der Donau entlang. Vier Zimmer, Vollpension und Ausflüge mit dem Ruder- oder Motorboot ins Delta. DZ ab 60 RON.
- **Pension Pelican** (****) + (**), Tel. 0240-534 958, DZ ab 50 RON.

Die Wüstendünen von Letea

Nördlich von Crişan erreicht man mit dem Boot über den Arm der alten Donau (Dunarea Veche) den **Magearu-Kanal.** Dieser führt direkt zum kleinen Ort Letea, der zu den absoluten Highlights des Donaudeltas zählt. Hier, wo sich heute kilometerlange Dünen *(Grinduri)* erstrecken, lag vor 13.000 Jahren die Küstenlinie, die heute 20 km östlich zu finden ist. Der ehemalige Meeressand türmt sich hinter Letea bis zu 15 m hoch, und man glaubt sich, mitten im Donaudelta, in eine Sandwüste Afrikas versetzt. Die in den Dünensenken wachsenden **Auenwäldchen** gehören ebenfalls zu den großen Naturwundern des Deltas. Im Frühjahr, wenn das Donauhochwasser die Senken überflutet, steht die gesamte Vegetation vollständig unter Wasser. Erst im Sommer trocknet das Gebiet so weit aus, dass die Schlingpflanzen, Steineichen und Schwarzpappeln wieder sichtbar werden. Auf die Flut folgt extreme Trockenheit. Mit ihren tiefen, weit verzweigten Wurzeln halten die Auenbäume den Wanderdünen stand und ernähren sich vom Wasser, das unter den Dünen vorhanden ist.

Vom Dorf Letea erreicht man die Dünen mit dem Pferdefuhrwerk. Die Fahrt kostet ca. 5 Euro pro Person. Anfragen an *Costel,* Mobil 0740-966 373.

- **Pension Valentina Pocora** (**), Tel. 0240-547 036. DZ ab 40 RON, Halbpension möglich, gute Küche.
- **Pension Andrei Oprisan** (**), Tel. 0240-547 034, DZ ab 50 RON.
- **Pension Valentin Hristu** (**), Tel. 0240-547 122, DZ ab 50 RON.
- Kanu- und Hausboot-Touren um Crişan (auf Deutsch): **TIOC,** Mobil 0743-025 154, contact@tioc-reisen.ro, www.tioc-reisen.ro.

Caraorman:

- **Pension Maria Maxim** (**), Mobil 0744-381 528, EZ/DZ ab 40 RON.

Sulina

Die bereits im Jahr 950 in byzantinischen Dokumenten erwähnte **Hafenstadt** Sulina war seit jeher ein abgelegener Ort, der lange Zeit als Schlupfwinkel der **Schwarzmeerpiraten** berüchtigt war. Eindringlich geschildert wird die raue Atmosphäre „am Rande Europas" in *Jules Vernes'* Buch „Der Donaulotse" (1908) und im 1921 erschienenen Roman „Europolis" des Deltadichters *Jean Bart.*

In den letzten Jahren hat sich das einst raue Flair der 7 km vom Meer entfernten Stadt gewandelt und erinnert wieder an die Blütezeit in den 1920er Jahren. Besucher flanieren über die gepflasterte **Hafenpromenade** und lassen sich die Schwarzmeerluft um die Nase wehen. Sulina wacht so langsam aus seinem Dornröschenschlaf auf.

Als Relikt der alten Zeit hat sich das historische Gebäude der **Donaukommission** aus dem Jahr 1856 erhalten, das daran erinnert, wie bedeutsam der Ort an der Donaumündung einst war. Auch der 18,5 m hohe, 1802 errichtete und 1870 zum letzten Mal renovierte **Leuchturm (Farul Vechi)** kündet von diesen glorreichen Zeiten.

Die **Friedhöfe** zwischen dem 20 km langen **Sandstrand** und der Stadt zeugen von der ethnischen Vielfalt früherer Zeiten. Orthodoxe, Muslims, Juden, Protestanten und Katholiken lebten einst in Sulina friedlich zusammen.

- **Informationszentrum,** Str. I, ähnlich gute Beratung wie in Tulcea. Geöffnet Mai bis Okt. täglich (außer Mo.) 9–12 und 16–19 Uhr, So. nur bis 13 Uhr.

Mobilität:

- Es gibt einen **Kleinbus Richtung Sfântu Gheorge,** der allerdings nur nach Bedarf fährt. Richtpreis: 300 RON, 30 RON/Person bei voller Besetzung. Die Strecke ist sehr ruppig, man ist ungefähr 3 Std. für die 45 km unterwegs. Ebenfalls nach Bedarf fährt (mehrmals) täglich ein Bus zum 7 km entfernten Strand. Die Bootsfahrten im Donaudelta kosten von Sulina aus etwa 30 Euro pro Stunde.

Unterkunft:

- **Pension Coral** (***), Str. I, Tel. 0240-543 777. Sieben liebevoll ausgestattete Zimmer mit Bad, Air Condition und TV. Donauterrasse mit sehr gutem Restaurant (außen Plastikstühle). DZ + Vollpension 30 Euro.
- **Pension Jean Bart** (***), Str. I, Tel. 0240-543 128. Helles Steinhaus, Zimmer mit Wasserblick, Platz für 25 Personen, rusikale Holzmöbel, DZ + Vollpension 25 Euro.
- **Pension Delta** (**), Str. I, Nr. 288, Tel. 0240-543 261, DZ ab 60 RON.
- **Pension Adriana** (**), Str. IV, Nr. 124, Tel. 0240-543 575, DZ ab 60 RON.

Essen und Trinken:

- **Restaurant Marea Neagră** (***), Str. Deltei 178, Tel. 0240-543 139. Restaurant mit sehr günstigen Fischgerichten. Leider variiert die Tagesform des Kochs: mal Gerichte zum Genießen, dann wieder schlechte Küche. Achten Sie darauf, das der Rotwein nicht eiskalt serviert wird!

Von Tulcea nach Sfântu Gheorghe

Von den drei Hauptarmen der Donau ist der südlich verlaufende **Brațul Sfântu Gheorghe** (Sfântu-Gheorghe-Arm) der ursprünglichste und längste. In starken Mäandern windet er sich durchs Schwemmland und sucht sich ständig neue Wege. Da größere Boote und Schiffe diesen Wasserweg meiden, gehört er bei Kanuten und Paddlern zu den beliebtesten im ganzen Donaudelta.

Da eine **Straße** den Donauarm über mehr als 70 km bis Dunavățu de Jos begleitet, sind die auf der Strecke liegenden Orte Nufărul, Mahmudia, Murighiol und Dunavățu de Jos ideale Ausgangspunkte für Wassersportler, die ihr Equipment mit dem Auto ins Delta transportieren möchten.

Wer ohne eigenes Fahrzeug unterwegs ist, kann von Tulcea mit dem Bus bis nach Dunavățu de Jos reisen (zwei Busse täglich) oder mit den Schiffen der Navrom innerhalb von 5 Stunden von Tulcea nach Sfântu Gheorghe gelangen.

Beştepe

Wer sich mit dem Auto oder Bus von Tulcea ins südliche Delta auf den Weg macht, wird sich nahe der Ortschaft Beştepe wahrscheinlich verwundert die Augen reiben. Denn wer hätte gedacht, mitten im flachen Delta 242 m hohe Berge vorzufinden. Der Name dieser **Kuppelberge (Dealul Beştepe)** verweist auf die lange osmanische Herrschaft in dieser Region, denn *Beş Tepe* ist Türkisch und steht für „Fünf Hügel". Die in der Eiszeit ziemlich glatt polierten Granitberge gelten seit Urzeiten im Donaudelta als mystischer Ort, an dem Zauberer und Feen ihr Zuhause haben. Auch mythologisch weniger Interessierten bietet sich von den fünf Hügeln ein faszinierend tiefer Blick in die ansonsten sehr flache Deltalandschaft.

Mahmudia, Murighiol und Uzlina

Bereits im Dorf **Nufărul,** 12 km hinter Tulcea, sind einige Relikte aus der Vergangenheit der Region zu sehen, z.B. Reste der Festungsmauern der römischen Stadt Talamorium, die sich zwischen dem 10. und 14. Jahrhundert zur Festung Perislava entwickelte.

In **Mahmudia** findet man die Überreste der römisch-byzantinischen Zitadelle von Salsovia auf einem Hügel am Flussufer, in der der römische Kaiser *Konstantin* seinen Widersacher *Licinius* 324 n.Chr. ermorden ließ.

10 km hinter Mahmudia liegt die Ortschaft **Murighiol** (1420 Einwohner), die auf einigen älteren Karten immer noch als Independenţa verzeichnet ist.

Viele Kanuten beginnen ihre Touren in Murighiol oder dem 10 km entfernten **Uzlina,** da sie dort direkten Wasserzugang haben und vom Campingplatz bis zum luxuriösen schwimmenden Wasserhotel die ganze Bandbreite an Unterkünften vorhanden ist. Besonders sehenswert sind die **Tierreservate um die Seen Uzlina, Isaac, Chiril und Poiarnia** mit ihren reichen Populationen an Mittelmeer-Möwen, Kranichen, Kormoranen und Störchen. Die Kolonien der rosa Pelikane und

rum576 Foto: jr

Krauskopfpelikane um den Isaac- und Uzlina-See sind streng geschützt und dürfen nur aus größerer Distanz beobachtet werden.

Unterkunft:

- **Pension Carpo Vasile** (**), Mahmudia, Mobil 0744-364 218, EZ/DZ 50 RON.
- Im Ort Murighiol bietet sich dem zahlungskräftigen Gast eine wirkliche traumhafte Gelegenheit zur Übernachtung. Die **Pension Morena** (*****), Tel. 0240-545 645, morena @esa.ro, www.morena.ro, ist ein architektonisches Holzhaus-Wunderwerk mit sieben eleganten Zimmern, Klimaanlage, Internet in jedem Raum, Sat-TV, eigenem Balkon und einer außergewöhnlich guten Küche. Künstler aus Tulcea haben die Wände mit Keramiken verziert, der Besitzer führt gerne durch sein kleines Privatmuseum. Bootsausflüge nach Vereinbarung für ca. 20 Euro/Stunde, EZ 200 RON, DZ 210 RON, Frühstück inkl.
- Sehr günstige private Unterkünfte in Murighiol erhält man über den kleinen **Magazin-Mixt-Laden** am Ende des Ortes (bei Lili 40 RON inkl. Frühstück).
- **Complex Cormoran** (***), Uzlina, Tel. 0240-515 753, www.cormoran.ro. Luxusanlage, die von eleganten Bungalows bis zum Appartement mit Jacuzzi im schwimmenden Hotel alles bietet. Restaurant, Tennisplätze, Pool, Sauna, Fitness usw. Zimmer im Hotel 45–65 Euro, im Bungalow 35–50 Euro.

Dunavățu de Jos

Die ehemals eher für Offroad-Freunde geeignete Schlaglochpiste hinter Murighiol ist inzwischen einer voll geteerten Straße gewichen, auf der Fahrzeuge jeder Art bequem bis nach

Blick von einem der zahlreichen Aussichtstürme am Lacul Uzlina bei Murighiol

Kleines Deltavokabular

• **Angeln**	a pescui
• **Anlegesteg**	Ponton
• **Aussichtsturm**	Foişor
• **Barsch**	Biban
• **Boot**	Luntre
• **Boot (schnelles)**	Şalupă
• **Brasse**	Plătică
• **Brücke**	Pod
• **Düne**	Dună
• **Fähre**	Bac
• **Floß**	Plută
• **Hecht**	Ştiucă
• **Insel**	Insulă
• **Karpfen**	Crap
• **Langkahn**	Lotca
• **Motorboot**	Barcă cu motor
• **Ruderboot**	Barca cu vâsle
• **Sandbank**	Grindul
• **Schiff**	Vapor
• **Schilf**	Stuf
• **Schilfinsel**	Plaur
• **Schleie**	Lin
• **Schnellboot**	Vapor rapid
• **Seerosen**	Nuferi
• **Wasserarm**	Brațul
• **Wels**	Somn
• **Zander**	Şalău

Informationen über das Donaudelta

Die Wissenschaftler des deutschen WWF-Auen-Instituts in Rastatt gehören zu den besten Kennern von Flora und Fauna im Donaudelta. Sie sind vor Ort auch an zahlreichen Naturschutz-Projekten beteiligt und informieren kompetent über die aktuelle Situation.

- **Deutsches WWF-Auen-Institut,** Josefstr. 1, 76437 Rastatt, Tel. (in Deutschland) 07222-380 70, auen@wwf.de.

Dunavățu de Jos fahren können. Man kommt hier in eine relativ wenig besuchte faszinierende Gegend des Deltas mit unberührter Natur und zwei charmanten Dörfchen am Ende der auf Straßen befahrbaren Deltawelt.

In **Dunavățu de Sus,** dem ersten Ort an der Strecke, hat die Trockenlegung großer Areale des Deltas durch *Ceaușescu* zu einer ökologischen Katastrophe geführt. Einstmals lag das hübsche Fischerdorf direkt am Wasser, heute wohnen gerade noch einhundert, meist ältere Menschen im Ort.

Im 5 km entfernten **Dunavățu de Jos** hingegen blüht das Leben in den letzten Jahren spürbar auf. Mittlerweile leben hier über tausend Menschen vom erstarkenden Tourismus.

Unterkunft:

- **Hotel Egreta** (***), Mobil 0722-644 027, www.hotelegreta.ro. Sehr modernes, völlig neu gestaltetes Luxushotel direkt am Wasser mit exzellentem Restaurant, eigenem kleinen Hafen und Swimmingpool. EZ 140 RON (So. bis Mi.), 190 RON (Do. bis Sa.), DZ 190–220 RON, App. 280–300 RON.
- **Pension Pelikan** (***), gleich gegenüber vom Hotel Egreta. Kleine, saubere Zimmer. DZ ab 40 Euro inkl. Frühstück. Man kann sich hier auch Ruder- oder Motorboote (auf Wunsch mit Fahrer) ausleihen (Ruderboot für 20 Euro den ganzen Tag).
- **Pension Holbina** (****), am Razelm-See, Tel. 0240-514 114. Pension mit wunderschöner Aussicht und gutem Service. DZ 200–280 RON.
- **Pension Solinia** (***), am Ortsende gelegenes Haus mit Restaurant, Air Condition, Schwimmbad und eigener Terrasse. Angesichts der hohen Preise sind die Räume sehr schlicht. Schlechtes Preis-Leistungsverhältnis. EZ 150–180 RON, DZ 200–220 RON, TZ 250–270 RON, inkl. Frühstück und Benutzung des Schwimmbads.

Bootfahren und Angeln im Donaudelta

- Gleich am Ortseingang erkennt man die hervorragende **Pension Puiu** (**) an der orangenen Färbung des Hauses. Garten mit Grill, ausgezeichnete Fischküche, moderne, gut ausgestattete Räume. Die Betreiber *Rodi-*

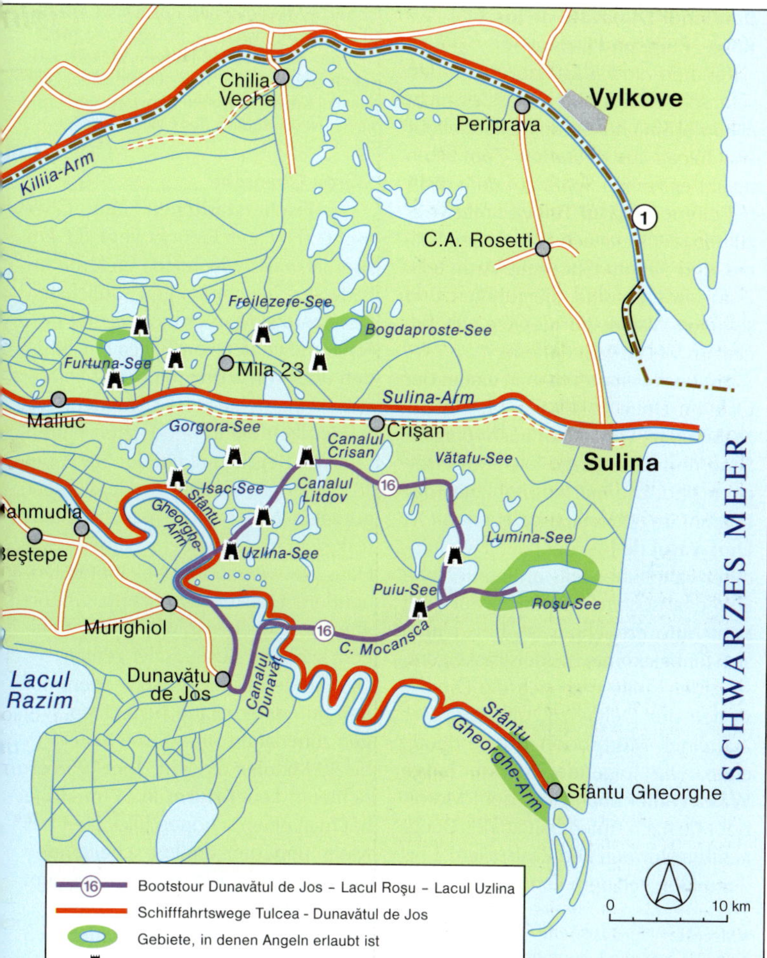

ca und *Dan* unternehmen individuell gestaltete Bootstouren durchs Delta. Str. Dunareni 74, Mobil 0744-630 225 oder 0742-043 234, pensiunea.puiu@yahoo.com, www.pensiuneapuiu.ro. DZ 80–100 RON, je nach Saison und Länge des Aufenthalts, Motorbootexkursionen pro Tag 50–80 Euro, je nach Anzahl der Passagiere.

Bootstour Dunavățu de Jos – Roșu-, Puiu- und Uzlina-See

Kanuten und Kajakfahrer werden sehr schnell feststellen, dass es nicht allzu viel Sinn macht, seine Paddeltour von Tulcea aus zu starten. Zum einen macht es keinen Spaß, auf dem dicht befahrenen **Brațul Tulcea** unterwegs zu sein, der sich nach 3 km in den Sulina- und Sfântu-Gheorghe-Arm teilt. Zum anderen sind die ruhigen und schönen Wassersportgebiete von Tulcea aus viel zu weit entfernt.

Am besten startet man in einem der Orte im Delta (z.B. Mila 23, Maliuc, Mahmudia), von denen auch ruhigere Seen und Seitenarme leicht zu erreichen sind. Die hier empfohlene Tour beginnt im südöstlich gelegenen Ort **Dunavățul de Jos,** der nach zweistündiger Fahrt über teils abenteuerliche Straßenabschnitte von Tulcea auch mit dem Auto erreichbar ist. Bevor man sich für bestimmte Paddelstrecken entscheidet, sollte man sich die Dimensionen des Deltas zu Anfang besser auf einer Motorbootfahrt verdeutlichen. Die folgende, **60 km lange Wasserfahrt** dauert mit dem Motorboot (je nach Aufenthalt an den Beobachtungstürmen und Raststellen) 3 bis 4 Stunden, mit dem Kanu 1 bis 2 Tage.

- **Strecke:** Dunavățul de Jos – Canalul Dunavăț – Sfântu-Gheorghe-Arm – Canalul Mocansca – Puiu-See – Roșu-See – Lumina-See – Vătafu-See – Canalul Crișan – Canalul Litcov – Isac-See – Uzlina-See – Sfântu-Gheorghe-Arm – Dunavățul de Jos.
- **Vogelwelt und Aussichtstürme:** Neben Silber- und Fischreihern sieht man auf dieser Strecke unter anderem (je nach Jahreszeit) Pelikane, Kormorane, Wildschwäne, Störche, Kraniche, Seeadler und Rostgänse. Oft begleiten Lachmöwen die Boote. Aussichtstürme für Naturbeobachtungen stehen zwischen dem Puiu- und Lumina-See, am Canalul Crișan, zwischen dem Isac- und Uzlina-See sowie südlich des Uzlina-Sees.

Sfântu Gheorghe

Das **Fischerstädtchen** Sfântu Gheorghe (Heiliger Georg) liegt 83 km stromabwärts von Tulcea entfernt am Ende des gleichnamigen südlichsten Donauarms. Man erreicht es mit den Navrom-Schiffen von Tulcea in 5 Stunden oder von Sulina mit dem Minibus (Wackelpartie) in etwa 3 Stunden.

Vor allem die in den letzten Jahren forcierte Begrünung hat der Stadt, die 1318 erstmals erwähnt wurde, sichtbar gutgetan. Man sieht so manches pittoreske, bunt bemalte schilfbedeckte Haus, vorwiegend im bekannten Donaudelta-Dunkelblau. Sfântu Gheorghe hat sich, ebenso wie Sulina, zu einem schönen Ausflugsziel gemausert. Die meisten Besucher schlendern auf den mit feinem Sand bedeckten Wegen zum nahen Strand, den man in 15 bis 20 Minuten erreicht. Vom 1968 errichteten **Leuchtturm** in 57 m Höhe hat man einen schönen Blick über das Meer und den endlos scheinenden **Sandstrand,** der in der Tat insgesamt über 30 km lang ist.

Seit einigen Jahren verwandelt sich die malerische, fröhliche 1000-Seelen-Gemeinde im Spätsommer in ein Mekka für **Filmenthusiasten,** die während des Internationalen Filmfestivals Anonimul die Hotels und Pensionen der Stadt in Beschlag nehmen und am endlosen Strand oder im neuen eleganten Green Village rauschende Feste feiern.

- **Filmfestival (Festivalul International de Film Independent Anonimul),** immer im August. Nähere Informationen unter info@deltasfantugheorghe.ro.

Mobilität:
- **Schnellboot** (Mo. und Do.): 13.30 Uhr Tulcea, 14.30 Mahmudia, 15.30 Uhr Sfântu Gheorghe
- **Klassisches Motorboot** (Mi. und Fr.): 13.30 Uhr Tulcea, 15.30 Mahmudia, 17.30 Uhr Sfântu Gheorghe

Unterkunft:
- **Green Vilage** (***), sehr schöne Anlage, die beste Wahl in Sfântu Gheorghe, Autorenempfehlung. Fünf 4-Sterne-Villen, eine 3-Sterne-Villa, zwei Restaurants, drei Bars auf dem Wasser, Pool, Sauna, Badmintonspielfeld usw. Im August ist die Anlage meist wegen des Filmfestivals ausgebucht. Rechtzeitig vorher anmelden! 3-Sterne-Villa 100–170 RON, 4-Sterne-Villa 210–320 RON. Infos und Buchungen: Tel. 004021-230 05 07, 230 05 08, Fax 004021-230 12 98, Mo. bis Fr. 9–17 Uhr, info@deltasfantugheorghe.ro.
- **Pension Ovidiu,** schöne Zimmer, freundlicher Service, hervorragende Küche (Fischgerichte!). Preis: mit Vollpension ab 120 RON pro Person. Positive Leserbewertung.
- **Pension Visconti** (**), Str. Mircea Vodă, Tel. 0240-511 279, DZ 50 RON.
- **Pension Agora** (**), Tel. 0240-546 802, DZ 50 RON.
- **Pension Maria Ignat** (**), Tel. 0240-546 884, DZ 50 RON.
- **Camping Delfinul** (****), 16 schilfgedeckte Holzhütten, Bar, Restaurant, Fahrradverleih, Pferdekutsche, Reiten, Kajakverleih (5 Euro/Stunde, 30 Euro/Tag). Hütte mit 2 Betten 55 RON, Zeltplatz 15 RON.

Rund um den Razim-See

Im Südosten des Donaudeltas liegt der **größte See Rumäniens,** der **Lacul Razim,** der ursprünglich eine offene Lagune des Schwarzen Meeres war. Heute trennen ihn zwei schmale Sandbänke vom Meer und machen ihn zu einem abgeschlossenen Ökosystem, das im Dezember Millionen von sibirischen Wildgänsen anfliegen. Auch im Sommer gilt der See als größte europäische Transitstation für **Zugvögel.**

Von Mahmudia oder Murighiol kommend, gibt es nur eine einzige Straße in den Süden. Sie führt am Salzsee **Lacul Săraturii** vorbei, am nördlichen Ufer des Razim-Sees entlang, über Sarichioi in Richtung Babadag und Constanța. Auf dieser Stecke liegen einige der reizvollsten und interessantesten Orte der Dobrudscha, wie die **Festung Enisala,** die alte osmanische Stadt **Babadag, Gura Portiței,** ein Tipp für Strandurlauber, und die berühmten Ruinen der griechischen Hafenmetropole **Histria.**

Sarichioi

Eine Fahrt von Murighiol nach Sarichioi kann sehr windig sein, da ständig heftige Winde vom Schwarzen Meer über den Razim-See ins Landesinnere fegen. Radfahrer sollten sich jedenfalls auf eine kontinuierlich steife Brise aus Südost einstellen. Die linker Hand sichtbare **Insel Popina** ist seit 2004 streng geschütztes Brutgebiet und

Lippowener – die Altgläubigen des Donaudeltas

Ein Leben im Delta ist für die Bauern, die hier Land- und Wasserbewohner zugleich sind, nicht gerade leicht. Die wenigen zur Verfügung stehenden Ackerflächen können während der heißen Sommermonate nur unter großen Anstrengungen mit Gemüse und Getreide bepflanzt werden. Während der eisigen Winter frieren die Gewässer zu, und im Frühling überschwemmt das Hochwasser regelmäßig die Äcker, weicht die Dämme auf und hinterlässt nichts als Schlamm und Geröll auf den Feldern. Wer sich besonders gut an diese Umstände anpassen konnte, sind die so genannten Lippowener (rum. **Lipoveni**), die auch als **Delta-Russen** bezeichnet werden. Die exotische Minderheit nennt sich selber gerne „Menschen des wahren Glaubens". Als „Raskolniki", als Altgläubige, wurden sie im 17. Jahrhundert im Zarenreich verfolgt, über 20.000 von ihnen fanden den Tod auf dem Scheiterhaufen, da sie eine 1654 eingeleitete Glaubensreform des Patriarchen ablehnten. Zuflucht fanden die zumeist blauäugigen und blonden Lippowener in den Labyrinthen des Deltas mit seinen Schilflandschaften und unzugänglichen Wasserwegen. Den Pelikanen hätten sie diese Fluchtstrategie abgeschaut, sagen heute einige von ihnen, auch diese wüssten sich hervorragend im Dickicht des Donaudeltas zu verstecken.

Die Lippowener, die in verstreut liegenden Siedlungen in ihren meist mit Schilf gedeckten Holzhäuschen direkt am Wasser wohnen, sind geschickte Fischer und kennen die Wasserlabyrinthe des Deltas wie ihre Westentasche.

Im sozialistischen Rumänien waren die ausgezeichneten Paddler und Ruderer der Garant des Regimes für Gold- und Silbermedaillen bei Olympischen Spielen. Die lippowenischen Wassermenschen, so sagt es die Legende, können zuerst ein Boot fahren, bevor sie gehen lernen. Doch viele von ihnen sind mittlerweile auch auf dem Festland angekommen. In den Städten und Dörfern entlang des Razim-Sees sieht man sie noch vereinzelt mit langem Bart und ihrer typisch russischen Tracht auf den Bänken sitzen oder die Straßen entlang schlendern.

In typischen Lippowenerhäusern, beispielsweise in Jurilovca oder Sarichioi, darf die **Banja,** die russische Sauna, nicht fehlen. Zum Ritual des Saunierens gehören, ganz ähnlich wie in Finnland und Russland, Birkenruten und Reisigbündel, mit denen man in einer festgelegten zeremoniellen Reihenfolge den Körper abklopft und die Durchblutung fördert.

An orthodoxen Feiertagen gehen die Lippowener in ihrer alten Tracht, die ebenfalls noch aus dem 17. Jahrhundert stammt, in ihre eigene, russisch-orthodoxe Kirche. Heute mag man kaum glauben, dass die Gründe, weshalb die Altgläubigen einst die Flucht ins Delta antraten, nur in kleinen Abweichungen ihrer alten russischen Liturgie bestanden, an der sie unbedingt festhalten woll(t)en. So nimmt ein altgläubiger Lippowener zum Bekreuzigen weiterhin zwei Finger wie die westlichen Christen (die orthodoxen Christen nehmen drei), oder sie backen an Festtagen sieben heilige Brote anstatt nur fünf wie die „modernen" Orthodoxen.

Einige Ältere von ihnen bemängeln, dass die Jungen für die Traditionen nicht mehr so zu gewinnen seien und sich erst nach ihrer Pensionierung einen Bart stehen lassen würden. Aber wenigstens, so ein Lippowener aus Jurilovca, könne jeder in der Familie noch die uralten russischen Lieder singen.

kann nur von Wissenschaftlern mit Genehmigung besucht werden.

Der Ort **Sarichioi,** der bald am Rande das Razim-Sees auftaucht, gilt als eine der bekanntesten Siedlungen der **Lippowener Russen** im Donaudelta. Auf 3764 Russen im Ort kommen gerade einmal 100 Rumänen. Dennoch sucht man die typischen langen Bärte und bunten Trachten der Lippowener an gewöhnlichen Tagen vergebens im Straßenbild. Nur an den russisch-orthodoxen Feiertagen legen die Altgläubigen hier ihre Festtagskostüme an. Wer gerne in Kontakt zu Lippowenern kommen möchte, frage nach dem Haus des Lehrers *Dolghi Vasile* (spricht nur russisch oder rumänisch).

Enisala

Im ruhigen Örtchen Enisala 8 km östlich von Babadag ist neben dem Museum Gospodâria Tărăneasca die **Zitadelle Heraclea** mehr als nur einen Abstecher wert. Die Burgruine liegt außerhalb des Ortes erhaben auf einem Hügel, der einen weiten Blick über den rechts liegenden Razim-See und den Babadag-See im Inland erlaubt. Die Burg wurde im 13. Jahrhundert von Händlern aus Genua auf den Ruinen einer alten byzantinischen Burg errichtet. Ursprünglich befanden sich an der Nordostseite der 7 m hohen Mauern vier Türme. Imposant ist die westliche Mauer, die sich direkt über eine steil abschüssige, 80 m hohen Felswand erhebt.

Leider ist die Burgruine Heracleea **schwer zu finden,** da immer noch vernünftige Hinweisschilder fehlen. Vom Ortsausgang in Enisala ist es der dritte Feldweg links, der 2 km außerhalb des Ortes nach oben zur Zitadelle führt. Die Strecke ist schlecht zu befahren. Am besten lässt man sich von einem einheimischen Kutscher mit dem Pferdewagen zum Abzweig bringen und geht die restlichen 3 km zu Fuß (im Sommer Getränke mitnehmen!).

Jurilovca und Gura Portiței

Wer vom Razim-See mit dem Auto auf dem schnellsten und besten Wege nach Constanța kommen möchte, sollte auf jeden Fall über Babadag und die gut befahrbare E87 fahren!

Die etwas abenteuerliche Straße 222 südlich von Enisala Richtung Jurilovca nehmen jedoch all diejenigen gerne in Kauf, die den **schönsten Strand der rumänischen Schwarzmeerküste** in **Gura Portiței** besuchen möchten. Für Kultur- und Geschichtsinteressierte empfiehlt sich vorab ein kurzer Abstecher zur **Ruine von Argamum,** die als Zeugnis der ältesten griechischen Stadt auf rumänischem Gebiet 5 km außerhalb von Jurilovca zu finden ist. Auch das ethnografische Museum des Ortes zeigt einige sehenswerte Funde aus der Zeit der griechischen Besiedlung.

Im Hafen von **Jurilovca** setzen Fährboote um 9, 14 und 16 Uhr hinüber nach Gura Portiței (ab 8 Euro). Wer nicht so lange warten möchte, lässt sich von einem der zahlreichen im Hafen auf Kundschaft wartenden Schiffer hinübersetzen (der Preis für die einfache Überfahrt von 8 km sollte nicht mehr als 10 Euro betragen). Achtung: In Jurilovca gibt es keinen Supermarkt. Für alle diejenigen, die sich nicht bereits vorab mit Proviant versorgen, besteht nur die Möglichkeit, sich überteuerte Getränke und Essen im Restaurant der Anlage zu kaufen.

Gura Portiței ist nach wie vor ein touristischer Geheimtipp. Auch wenn der kilometerlange weiße Sandstrand mittlerweile als Kulisse für Filmfestivals und Partys der Bukarester High-Society herhalten muss, ist das abgelegene Fleckchen Erde im Sommer nicht überfüllt. Und wenn es einmal etwas voller wird, findet man auf der 80 km langen Küstenzunge bestimmt irgendwo ein ruhiges Stückchen Sand.

Türkische Orte

Die **türkische Vergangenheit der Dobrudscha** zeigt sich wohl nirgends so deutlich wie an den vielen türkischen Ortsnamen. So bedeutet Sarichioi „Gelbe Stadt“, Enisala „Neues Dorf“, Babadag „Der Berg des Vaters“, Murighiol „Violetter See“, und der Ort Mahmudia ist nach dem türkischen Eroberer *Mahmud II.* benannt. Beştepe, ein Ort auf dem Weg von Tulcea nach Murighiol, bedeutet auf Türkisch „Fünf Hügel“, und den rumänischen Ort Altintepe übersetzt man am besten mit „Goldberg“. Sein goldig schimmerndes Kupfersulfat hielten die Türken ursprünglich für reines Gold und gruben tiefe Schächte in den Berg.

Unterkunft

- **Hotel Albatros** (**), Jurilovca, Str. 6. Marți, Tel. 0240-563 758, EZ/DZ 100 RON, inkl. Frühstück.
- **Pension Milica** (**), Jurilovca, Tel. 0240-519 214, EZ/DZ 70 RON.
- **Bungalows und Camping La Eden** (***), Gura Portiței, Tel. 0240-561 429, Mobil 0723-527 510, www.guraportitei.ro. Schilfgedeckte Häuser und kleine Bungalows in einem eigenen Urlaubsdorf (Sat de Vacanța) mit über 100 Plätzen. DZ 50 Euro mit Terrasse zum Meer, DZ 40 Euro ohne Terrasse. Außerhalb der Saison vom 15.4. bis 14.7. und 16.9. bis 15.10 jeweils 10 Euro billiger.
- Hinweis für alle **Zeltbesitzer:** Die Hütten (einfache DZ) am Strand sind nicht gerade hochwertig und sicher keine 250 RON (in der Hauptsaison) wert; der Zeltplatz nebenan ist kostenlos und nutzt die selben, schlechten sanitären Anlagen.

Babadag

↗ XXIII, D1

Von Tulcea kommt man über die DN22 oder die Bahnstrecke recht schnell ins 25 km entfernte Babadag, einen der letzten moslemisch geprägten Orte Rumäniens. Wer sich der Stadt von Osten über Enisala nähert, wird mitten durch ein bekanntes **Weinbaugebiet** geführt, in dem unter anderem die roten Sorten Merlot, Chaslar und Muscat sowie die weißen Sorten Feteasca Regală und Aliote angebaut werden. Zur Erntezeit strömen jugendliche Traubenpflücker aus dem ganzen Land in die Region und feiern anschließend ausgelassene Weinfeste auf den Straßen von Babadag.

Von der nördlich gelegenen Zugstation sind es nur 15 Minuten über die Str. Rahovei ins Stadtzentrum zur zentralen **Ali-Gazi-Paşa-Moschee,** dem ältesten islamischen Gebäude in Rumänien. Die 1619 erbaute Moschee wurde von *Basa suri Saltuh* nach 300 Jahre alten Plänen aus dem Jahr 1304 konstruiert. Sie beherbergt das Mausoleum von *Gazi Ali Paşa,* dem ersten Hodscha (moslemisch-religiöser Führer) von Babadag.

Unweit der Moschee zeigt das orientalische **Museum Casa Panaghia,** das von 1837 bis 1901 als türkische Schule diente, Keramiken, Kleidung und Teppiche aus dem Vorderen Orient. Auf der anderen Straßenseite findet man den **Busbahnhof** mit Verbindungen nach Tulcea, Enisala und Constanţa. Wer im heißen Sommer etwas Schatten nötig hat, findet diesen im weitläufigen **Park** gegenüber dem Rathaus in der Str. Republicii.

- **Ali-Gazi-Paşa-Moschee,** Str. Geamiei 14.
- **Casa Panaghia,** Str. Mihai Viteazul 6, Orientalisches Kunstmuseum, täglich außer Mo. von 10–18 Uhr, Eintritt 3 RON, 1 RON für Kinder und Studenten.

Unterkunft/ Essen und Trinken

- **Pension Doi Iepuraşi,** Tel. 0240-562 035, 3 km südlich von Babadag liegt diese angenehme Herberge zu den „zwei Hasen" mit schöner Stufenterrasse und einem Restaurant (probieren: *Salată Dobrogeană*) im rustikalen Folklore-Stil. DZ 60 RON.
- **Restaurant Hibia,** Str. Republicii (neben dem Rathaus).

rum585 Foto: jr

Zierstein, der einst in einem Tempel-Speisesaal in Histria Verwendung fand

In der Umgebung von Babadag

Histria

Der bedeutende **griechische Handelsstützpunkt** Histria, 18 km südlich von Babadag, teilt das Schicksal anderer historischer Deltastädte. Vor 2000 Jahren lag die Siedlung ionischer Seefahrer aus Milet mit ihrem wichtigen Handelshafen, genauso wie die Stadt Sulina, noch direkt am Schwarzen Meer. Aber Strömung und Gezeiten haben im Lauf der Jahrhunderte den Hafen versanden lassen, sodass die griechischen Flotten nach Tomis (Constanţa) und Callatis (Mangalia) ausweichen mussten. Heute türmt sich in der Bucht von Sinoie vor der Stadt eine riesige Sandbank auf und führt jeden Gedanken an einen ehemals prachtvollen Hafen ad absurdum.

Das modern eingerichtete **Museum des rumänischen Dorfes Istria** zeigt eine sehenswerte Sammlung griechischer Statuen, Keramiken und Mosaiken aus der Blütezeit der ionischen Kultur und bereitet auf den Besuch der unmittelbar neben dem gläsernen Museumsbau liegenden Ruinenfelder vor. Doch auf dem Rundgang draußen ist von den ehemaligen Tempeln, Thermen und byzantinischen Basiliken, die hier im Mittelalter entstanden sind, nicht mehr viel zu sehen. Die Reste von unterirdischen Heißluftröhren und überirdischen Warmwasserbecken lassen erahnen, welche Technologien bereits im Altertum entwickelt wurden, um in aller Muße baden und kuren zu können.

- Das **Muzeul Istria** erreicht man über die DN22 zwischen Tulcea und Constanţa. Beim Ort Mihai Viteazu abbiegen, dann in Sinoie der Ausschilderung folgen, die nach 2 km zum geschichtsträchtigen Ort am Ufer des Sinoe-Sees führt. Tel. 0241-618 763, Di. bis So., im Sommer 9–20 Uhr, im Winter 9–17 Uhr, Eintritt 4 RON.

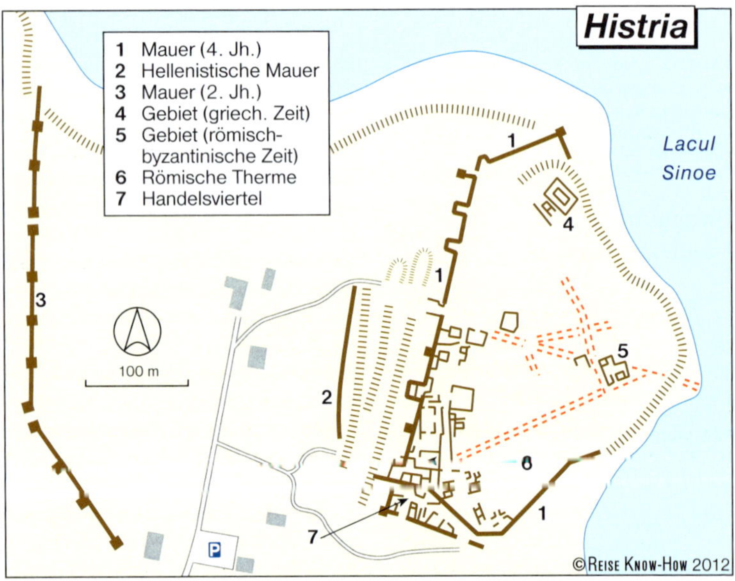

Die Schwarzmeerküste

Wer es genau nimmt, wird die Länge der rumänischen Schwarzmeerküste von der Mündung des nördlichen Chilia-Donauarms bis hinunter an die bulgarische Grenze bemessen, das wären dann stolze 245 km. Im engeren Sinne jedoch spricht man in Rumänien von der Schwarzmeerküste oder Litoral als dem Abschnitt **zwischen dem Norden Constanțas und dem Ort Vama Veche im Süden** (etwa 85 km). An diesem Küstenabschnitt reihen sich die rumänischen Kur- und Badeorte wie an einer Perlenschnur aneinander.

Heute ist der Begriff „Rumänische Schwarzmeerküste" für die Rumänen in erster Linie zu einem Synonym für **Badeurlaub** geworden. Bis zu 2,5 Millionen rumänische Urlauber und Gäste aus den sozialistischen Bruderstaaten DDR, CSSR, Ungarn, Polen und der Sowjetunion bevölkerten in den 1970er und 1980er Jahren die Strände und sorgten dafür, dass 40 Prozent aller Hotels des Landes in der Nähe des Meeres gebaut wurden.

Eine Sonnenscheindauer von über 12 Stunden pro Sommertag, eine milde Meeresbrise, Seebäder ohne gefährliche Strömungen, 300 m breite Sandstrände und günstige Preise sind auch heute noch **ideale Voraussetzungen,** um sich im internationalen Wettbewerb mit dem Billiganbieter Bulgarien zu messen. Doch die Sanierungsarbeiten an den alten Strandhotels wirken sich heute wie ein Bremsklotz auf die Bemühungen Rumäniens aus, seine Seebäder, Kurkliniken und Strandpromenaden an westliche Standards heranzuführen.

Viele Besucher der rumänischen Schwarzmeerküste suchen auch gar nicht nach einem zweiten Mallorca oder Rimini, sondern sie meiden den Trubel von Mamaia und machen sich auf den Weg in die stillen, kleinen Orte, die sich wie Vama Veche an der bulgarischen Grenze und Gura Portiței im südlichen Delta ganz nonkonformistisch geben. Man kurt in den nostalgischen Heilwasser- und Schlammbädern um den See Techirghiol, besucht das Weingut um Murfatlar oder eines der bedeutendsten Monumente des römischen Reiches in Adamclisi.

Auch die Drehscheibe der Küste, die Hafenstadt **Constanța,** rückt in den letzten Jahren wieder in den Brennpunkt des Interesses, da sich hier, inspiriert von den Beispielen Marseille und Istanbul, eine maritime Kunst- und Kulturszene ganz eigener Prägung herausbildet.

Constanța

↗ XXIII, D3

- **Meereshöhe:** 0–150 m
- **Vorwahl:** 0241
- **Einwohner:** 370.000
- **Deutscher Name:** Konstanza

Die wie eine kleine Halbinsel ins Meer ragende Hafenstadt Constanța hat sich in den letzten Jahrzehnten in rasantem Tempo zur **zweitgrößten Stadt Rumäniens** entwickelt und damit Iași, Cluj und Timișoara den

Rang abgelaufen. Man erreicht sie von Bukarest in 2 Stunden über die Autobahn A 2 und die 22 C über Cernavodă und Medgidia (266 km) oder in 1½ Stunden mit dem Intercity. Über den Hochseehafen bestehen Verbindungen nach Odessa, Sewastopol, Varna und Istanbul. Am bequemsten erreicht man die Stadt über den internationalen Flughafen Mihail Kogălniceanu, der 25 km außerhalb zu finden ist.

Vom eigentlichen Herz der Stadt, dem Hafen und dem historischen Zentrum um den Ovidius-Platz und das Kasino, werden die meisten Besucher bei ihrer Fahrt durch die ausgedehnten Straßenschluchten Constanțas lange nichts zu sehen bekommen. Am schönsten präsentiert sich die Stadt, die einst als „Stambul von Rumänien" bezeichnet wurde, demjenigen, der sich von Osten, also vom Schwarzen Meer, annähert. Über dem riesigen Hafen erhebt sich steil ansteigend die **pittoreske Altstadt** mit ihren großen Hafenvillen.

Bevölkerungsexplosion

Welch rasante Bevölkerungsentwicklung Constanța in den letzten 70 Jahren gemacht hat, mag man daran ersehen, dass die Stadt 1930 nur 60.000 Einwohner hatte (1890 waren es gerade einmal 20.000). Mit der explosionsartigen **Industrialisierung** in den 1950er und -60er Jahren stieg die Zahl der Einwohner auf 135.000 an. Doch erst das schnelle Wachstum des Schiffs- und Maschinenbaus, der Textil-, Nahrungsmittel- und Zellulosefabriken in den letzten 30 Jahren ließ die Bevölkerungszahl auf annähernd 400.000 ansteigen und die Stadt beinahe aus allen Nähten platzen.

Geschichte

Gemeinsam mit den verbündeten Hafenstädten Histria, Kallatis, Dionysopolis und Odessos stieg die historische Stadt **Tomis** im 6. Jahrhundert zum wichtigen griechischen Handelsstandort auf. Tomis, der Vorläufer des heutigen Constanța, war die größte Metropole am Pontus Euxinus, wie das Schwarze Meer in der Antike genannt wurde. Die **Griechen** wickelten über Tomis den Großteil ihres Handels mit dem rumänischen Hinterland ab und machten es schnell zur Drehscheibe ihres Frachtverkehrs.

Die bevorzugte Stellung von Tomis wurde von den **Römern,** die die Stadt um 250 n.Chr. übernahmen, weiter ausgebaut. *Octavian Augustus* machte sie zum Zentrum der pontischen Städte. Dennoch galt Tomis bei den Römern immer auch als das geografische Ende ihres Imperiums, in das man zur Zeitenwende den Dichter *Ovidius Naso* ins verhasste Exil schickte.

Unter dem römischen Kaiser *Konstantin I. (dem Großen)* wurde im 3. Jahrhundert, ähnlich wie im Falle Konstantinopels (!), das griechische Tomis zu einem römischen **Constantiana.** Wie andere Städte der Region litt auch Constantiana während der so genannten Völkerwanderung unter den **Angriffen** von Goten und Tataren. Die **Zerstörungen** erlebten im 7. Jahrhundert einen Höhepunkt, als die Awaren die Stadt völlig auslöschten.

Vom 12. bis 14. Jahrhundert nutzten Händler und Seeleute aus Genua den Seehafen und begannen auf den Ruinen ein neues Constanța zu erbauen, das unter der nachfolgenden türkischen Herrschaft schnell zum größten Hafen des heutigen Rumänien wurde.

Erste Orientierung – im Zentrum

Viele Besucher wollen die Straßenschluchten der City möglichst schnell hinter sich bringen und begeben sich rasch zum architektonischen Höhepunkt der Stadt, dem Kasino am Hafen, und verpassen so Sehenswertes in der City und Altstadt.

Wer nichts verpassen möchte, beginnt seinen Gang durch das Zentrum am besten entlang des **B-dul Ferdinand** (dem früheren B-dul Republicii). Man erreicht ihn von Norden (Flughafen, Autobahn) mit allen Buslinien, die den großen, zentralen **B-dul Tomis** hinunter zur Altstadt fahren. Der B-dul Ferdinand grenzt unmittelbar an den **archäologischen Park,** den man im Straßengewirr sehr gut als „grüne Orientierungsmarke" wählen kann. Von hier sind es zu Fuß etwa 30 Minuten zum **Piața Ovidiu** in der südlich gelegenen Altstadt und weitere 20 Minuten bis zum Leuchtturm am **Hafen,** dem eigentlichen Ende der Stadt.

Sehenswertes

Rund um den B-dul Ferdinand

Der Brennpunkt der City liegt am Schnittpunkt des B-dul Tomis und des B-dul Ferdinand. Von hier gelangt man in 5 Minuten in die pulsierenden **Geschäftsstraßen Cuza Vodă** und **Ștefan cel Mare,** die nördlich zu finden sind und in denen es, von der Post über Internetcafés bis hin zu großen Kaufhäusern, alles gibt, was man von einer Großstadt erwartet. Direkt am B-dul Ferdinand liegt der **archäologische Park** mit dem Sommertheater und dem **Teatru National** (dem früheren Teatru Fantasio). Zahlreiche alte Amphoren und Stehlen, antike Fresken und Säulenbruchstücke sind über die Grünflächen verstreut und machen den Park zu einer Art Freilichtmuseum im Herzen der City.

Im Marinemuseum

Ein Muss für Seefahrt-Interessierte ist das Marinemuseum südlich des archäologischen Parks in der Str. Traian. Der Name ist allerdings etwas irreführend, denn das Museum zeigt in einer sehenswerten Abteilung nicht nur die rumänische Marinegeschichte, sondern u.a. auch **Galeeren** (sog. Trieren) aus der Zeit der Griechen und die Einfahrt des **Panzerkreuzers „Potemkin"** in den Hafen Constanțas im Jahr 1905. Über die aktuelle Marinegeschichte Rumäniens erfährt man dagegen recht wenig, rein gar nichts z.B. über die Beteiligung an der Besetzung Odessas oder die Unterstützung der Reichsmarine der Nazis.

- **Muzeul Marinei Române,** Str. Traian 53, im Sommer 10–18 Uhr, ansonsten 9–17 Uhr, Eintritt 2 RON.

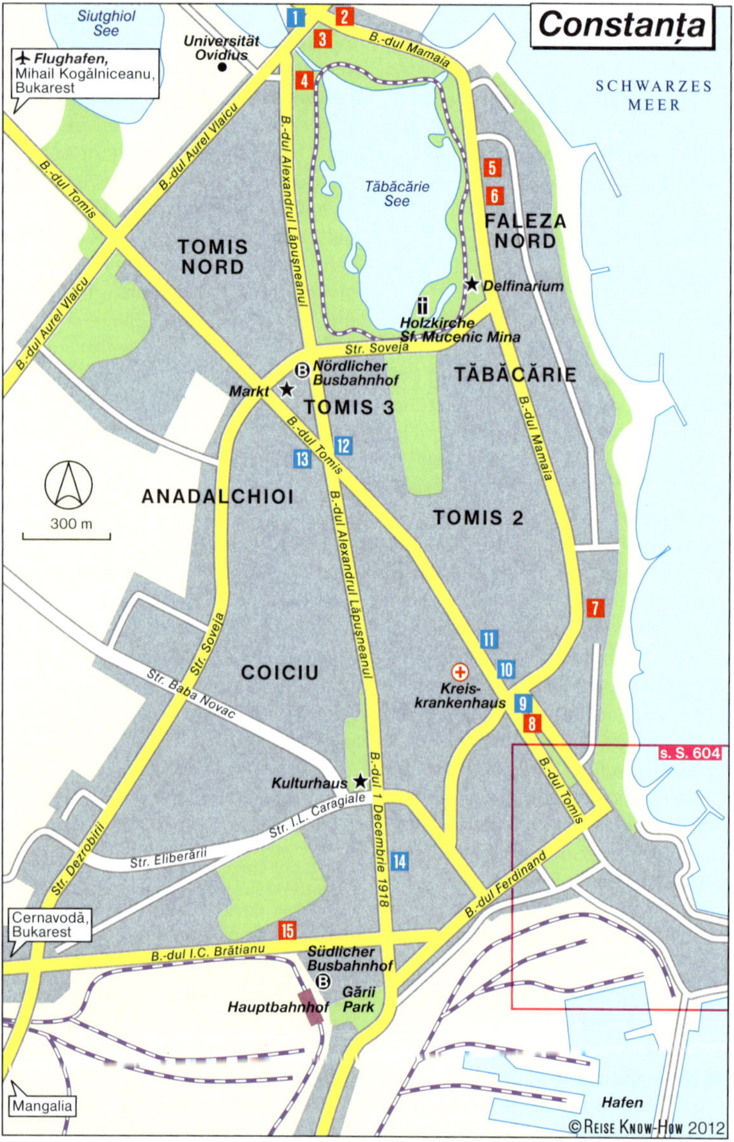
Constanța
Siutghiol See
Flughafen, Mihail Kogălniceanu, Bukarest
Universität Ovidius
SCHWARZES MEER
B.-dul Mamaia
B.-dul Aurel Vlaicu
B.-dul Tomis
B.-dul Alexandrul Lăpușneanul
Tăbăcărie See
FALEZA NORD
TOMIS NORD
Delfinarium
Holzkirche Sf. Mucenic Mina
Str. Soveja
Nördlicher Busbahnhof
TĂBĂCĂRIE
Markt
TOMIS 3
ANADALCHIOI
300 m
TOMIS 2
Str. Soveja
COICIU
Str. Baba Novac
Kreis-krankenhaus
s. S. 604
Kulturhaus
Str. I.L. Caragiale
B.-dul 1 Decembrie 1918
Str. Eliberării
Str. Dezrobirii
B.-dul Ferdinand
Cernavodă, Bukarest
B.-dul I.C. Brătianu
Südlicher Busbahnhof
Gării Park
Hauptbahnhof
Mangalia
Hafen
1
2
3
4
5
6
7
8
9
10
11
12
13
14
15

Übernachtung	Essen und Trinken
2 Perla	1 On Plonge
3 Oxford	9 138 Café
4 Dobrogea	10 Tabu Café
5 Tibotours	11 Ital'Panini
6 Turist	12 Themenrestaurants
7 Militar	13 Fabaria
8 Capri	14 La Proțap
15 Florentina	

Gegenüber am Hotel Class vorbei geht es rechter Hand zum **Kunstmuseum (Muzeul de Artă)** am B-dul Tomis. Hier sind einige der wichtigsten Werke von *Theodor Aman, Nicolae* und *Lucian Grigorescu, Theodor Pallady* und *Gheorghe Petrascu* zu sehen. Im kleinen Kunstladen gleich neben dem Museum können Kataloge und Drucke der Künstler erstanden werden. Die Bilder des Dobrogea-Malers *Fransisc Șirato* vermitteln einen besonders guten Einblick in das frühere Leben im Delta und an der Küste.

• **Muzeul de Artă,** B-dul Tomis 82–84, im Sommer Mi. bis So. 10–20 Uhr, sonst 9–17 Uhr, Eintritt 2 RON.

Richtung Altstadt

Als Alternative zum belebten B-dul Tomis, der hinunter zur Altstadt und zum Hafen führt, bietet sich die ruhigere und schönere Stecke über die **Str. Mircea cel Bătrân** an, die rechts vom B-dul Ferdinand am Meer entlang verläuft. Von der hoch gelegenen Straße hat man einen schönen Blick über den Strand von Constanța, der über einige Treppen erreichbar ist.

Nach 10 Minuten kommt man an der kleinen, hübschen **Kirche Schimbrea la față** und dem **Puppentheater Elpis** vorbei. Wer sich für die volkstümliche Kunst der Dobrogea interessiert, kann hier einen kleinen Abstecher zum 100 m entfernten **Museum für volkstümliche Kunst** am B-dul Tomis machen.

• **Puppentheater Elpis, Teatru de Păpuşi Elpis,** Eintritt 5 RON.

Vis-à-vis des Museums erhebt sich die **Geamia-Hunchiar-Moschee** mit eindrucksvollem Minarett. Die Mauern der kleinen Moschee wurden 1867 aus den Steinen einer zerstörten osmanischen Brücke erbaut. An einigen orientalischen Kaffeehäusern und italienischen Restaurants vorbei kommt man nach 50 m zum zentralen Herzstück der Altstadt, dem Platz des Ovid.

Piața Ovidiu

Etwas verloren und melancholisch, wie man ihn sich vorstellt, steht die **Statue des römischen Dichters Ovid** (mit vollem Namen *Ovidius Naso*), mitten auf dem nach ihm benannten Platz im Zentrum der Altstadt. Die Sockelinschrift bittet den Besucher auf Lateinisch und Rumänisch, für ihn zu beten: „Oh, du, der du hier vorbei-

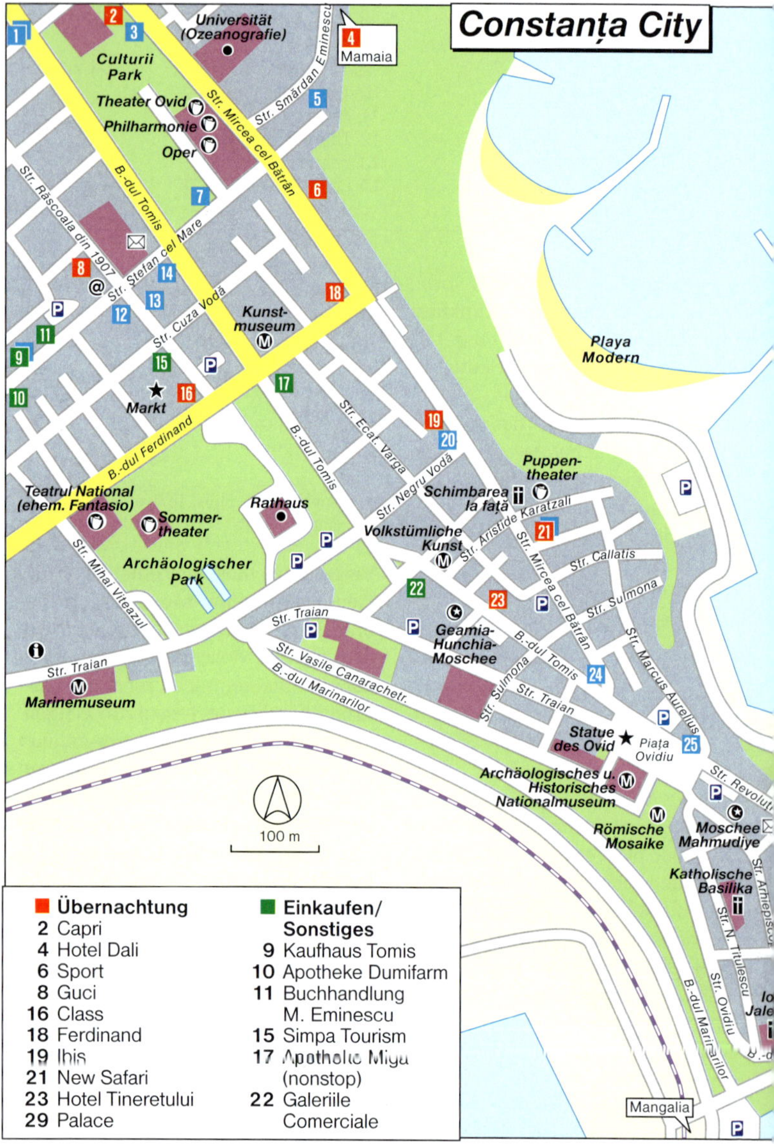
Constanța City
Mamaia
Universität (Ozeanografie)
Culturii Park
Theater Ovid
Philharmonie
Oper
Str. Mircea cel Bătrân
Str. Smârdan
Eminescu
B.-dul Tomis
Str. Răscoala din 1907
Str. Ștefan cel Mare
Str. Cuza Vodă
Kunstmuseum
Markt
B.-dul Ferdinand
Playa Modern
Str. Ecat. Varga
Str. Negru Vodă
Puppentheater
Schimbarea la față
Str. Aristide Karatzali
Teatrul National (ehem. Fantasio)
Sommertheater
Rathaus
Archäologischer Park
Str. Mihai Viteazul
Volkstümliche Kunst
Str. Callatis
Str. Sulmona
Str. Traian
Geamia-Hunchiar-Moschee
Str. Marcus Aurelius
Str. Vasile Canarachetr.
B.-dul Marinarilor
Marinemuseum
Statue des Ovid
Piața Ovidiu
Archäologisches u. Historisches Nationalmuseum
Römische Mosaike
Str. Revoluției
Moschee Mahmudiye
Katholische Basilika
Str. Arhiepiscopiei
Str. N. Titulescu
Str. Ovidiu
Mangalia
100 m
Übernachtung
2 Capri
4 Hotel Dali
6 Sport
8 Guci
16 Class
18 Ferdinand
19 Ibis
21 New Safari
23 Hotel Tineretului
29 Palace
Einkaufen/ Sonstiges
9 Kaufhaus Tomis
10 Apotheke Dumifarm
11 Buchhandlung M. Eminescu
15 Simpa Tourism
17 Apotheke Miga (nonstop)
22 Galeriile Comerciale

kommst, wenn du jemals geliebt hast, bete aus tiefster Seele für Ovid, auf das er einen leichten Schlaf habe." Der Text weist auch darauf hin, dass die Gebeine von *Ovid* genau unter der Statue begraben liegen, was die Aufforderung zum Gebet mitten auf dem belebten Platz etwas verständlicher erscheinen lässt.

Museum für Archäologie und Geschichte

Am südlichen Ende des Platzes steht das **kulturelle Prunkstück** Constanțas, das archäologische und geschichtliche Museum. Das wunderschöne Juwel im Herzen des alten Viertels ist mit wertvollen Ausstellungsstücken nur so gespickt, und selbst Museumsmuffel werden sich die fantastischen Goldschätze, die hier ausgestellt sind, wohl kaum entgehen lassen.

Neben den **Exponaten** der Schatzkammer gehören die „Schlange von Glykon" aus dem 2. Jahrhundert, eine Aphrodite-Statue (400 v.Chr.) sowie die neolithische Plastik „Der Denker von Hamangia" (4000 v.Chr.) zu den wertvollsten Stücken. Ein besonderer Fund gelang im Jahr 1975: Ein 2000 Jahre alter Torso der *Venus* stand bis zu diesem Zeitpunkt kopflos in der Schatzkammer, doch Bauarbeiter stießen keine 50 m vom Museum entfernt auf das fehlende Antlitz.

- **Muzeul Național de Istorie și Arheologie,** Piața Ovidiu 12, Tel. 614 562, 24 Räume, Mi. bis So., im Sommer 10–20 Uhr, sonst 10–17 Uhr, Eintritt 10 RON. Der Museumsdirektor spricht übrigens ausgezeichnet deutsch und freut sich über Besuch.

Ovid – Metamorphosen im Exil

Wir schreiben das Jahr 8. n.Chr. In stürmischer See läuft im November ein römisches Handelsschiff in den Hafen von Tomis am Schwarzen Meer ein. Nach langer, unruhiger und frostiger Fahrt steigt der **römische Dichter Ovidius Naso** von Bord. In seine geliebte Heimatstadt Rom, zu seiner Frau und seinen Kindern, sollte er nie wieder zurückkehren. In seinen traurigen Texten, den „Tristien", gibt er den Grund für diese, seine letzte Reise an. Ein Dekret des Kaisers *Augustus* hatte ihn ans Ende der römischen Welt verbannt, weil er mit seinem Gedicht „Ars amatoria" „frivole Dichtung verfasst" und damit zum Ehebruch aufgerufen habe. Wer die drei Bände von *Ovids* Liebeskunst heute liest, wird erstaunt sein über diese Begründung und die erfolgte Verbannung. *Ovid* galt bereits zu seinen Lebzeiten, neben *Vergil* und *Horaz,* als einer der größten römischen Dichter. Sicherlich schildert er auch pikante erotische Szenerien, bleibt in seinem Werk, das eine Anleitung sein soll, wie man „eine römische Frau kennen lernt, erobert und behält", aber stets ganz römischer Kavalier. So gibt er Ratschläge, wie man einer Frau, die neben einem im Circus Maximus sitzt, galant den Staub aus dem Kleid bürstet. Die Römer liebten dieses Werk, und die Nachfrage war riesig. Historiker vermuten hinter dem Beschluss des *Augustus* denn auch eher eine elegante Methode, jemanden loszuwerden, der etwas Indiskretes auch aus der kaiserlichen Familie hätte ausplaudern können.

rum594 Foto: jr

Vor dem Museum für Archäologie in Constanța steht heute eine riesige Statue des Dichters, unter deren Sockel sich sein Grab befindet. Die Rumänen sehen ihn längst als den Ihren an, nennen ihre Söhne seit 2000 Jahren stolz *Ovidius* (ein bis heute beliebter Name) und verweisen bei jeder Gelegenheit darauf, wie positiv *Ovid* über das Donaudelta und die Küste in seinen Werken „Metamorphosen" (Verwandlungen) und „Epistulae ex Ponte" (Briefe vom Schwarzen Meer) berichtet habe. In der Tat hat *Ovid* eine erstaunliche Wandlung, eben eine Metamorphose, am Schwarzen Meer durchgemacht. Anfangs konnte er der rauen Gegend kaum etwas abgewinnen, doch die Freundlichkeit der Menschen und die Wildheit des Deltas machten ihn in seinen späten Jahren zu einem regelrechten Bewunderer dieser Gegend. Er schrieb: „Ihr fleißigen Bauern, die ihr mit euren knarrenden Wagen und den sarmatischen Rindern die Felder bestellt, (...), ihr lieben Leute von Tomis, wie ihr freundlich euch meines harten Schicksals angenommen, ich werde euch nie vergessen."

Mosaik-Museum

Gleich hinter dem Museum für Archäologie und Geschichte befindet sich eine weitere Attraktion der Stadt, die von vorbeieilenden Touristen gerne übersehen wird. Im neu gestalteten, gläsernen Mosaik-Museum befindet sich **eines der größten und am besten erhaltenen römischen Mosaike der Welt.** Das 850 Quadratmeter große Kunstwerk wurde erst 1959 entdeckt, ist aus Abertausenden bunter Steine zusammengesetzt und zeigt geometrische Formen und Pflanzenmotive. Die auf drei Stockwerke verteilten Ausstellungsräume befinden sich im **alten Handelssitz** von Constanța, der bis zum 7. Jahrhundert bestand und dessen Lagerhallen bis zum Hafen hinunter reichten.

- **Edificiul Roman cu Mozaic,** Piața Ovidiu 12, Di. bis So. 10–20 Uhr, Eintritt 2 RON.

Hinunter zur Hafenpromenade

Vom Piața Ovidiu kommend, führt ein verwirrendes Labyrinth an Straßen hinunter zum Hafenviertel. Doch alle abschüssigen Straßen der Altstadt enden letztlich unweigerlich unten an der Hafenpromende **B-dul Elisabeta** und am Kasino.

Gleich hinter dem Platz des Ovid (Richtung Hafen) sieht man die beeindruckende **Mahmudiye-Moschee.** Das 1910 erbaute Gotteshaus ist der Sitz des Muftis, des spirituellen Oberhauptes der 70.000 Moslems in Rumänien. Die Moschee wurde der großen Moschee in Konya nachempfunden und beeindruckt mit ihren aus schwarzem italienischem Marmor gefertigten Intarsien am Eingangstor. Das Innere ist vollständig mit bunten Arabesken verziert. Das 50 m hohe Minarett vermittelt einen umfassenden Rundblick über die Altstadt und den Hafen.

Sehr sehenswert auf dem Weg zum Hafen ist auch die große, 1883 errichtete **Petrus-und-Paulus-Kathedrale,** die aus der unteren Altstadt unübersehbar herausragt. Der gesamte Innenraum ist mit Fresken bedeckt, deren Motive oft verblüffende Ähnlichkeit mit denen der Moldauklöster haben. Das von oben durch die Kuppel einflutende Licht zeigt unter anderem das typische Gemälde „Das Jüngste Gericht", auf dem ein mit Flügeln ausgestatteter Teufel die Sünder auf geradem Weg in die Hölle fliegt.

Rund ums Kasino

Draußen vor der Kathedrale geht es links hinunter zum theatralischen Bau des Spielkasinos. Längst ist das imposante **Jugendstil-Gebäude** zum Wahrzeichen Constanțas geworden. Die Architekten *Daniel Renard* und *Petre Antonescu* haben ihrer Fantasie beim Gestalten des prächtigen Bauwerks freien Lauf gelassen. Tausende von Hobbyfotografen lichten die prunkvoll im Sonnenlicht schimmernde Fassade täglich ab. In den Abendstunden und am Wochenende flanieren hier Pärchen über die Uferpromenade, trinken einen frisch gepressten Orangensaft oder tanzen zur Akkordeonmusik der Straßenmusiker. Von der Promenade aus ist nicht direkt zu erkennen, dass es auf der rückwärtigen Seite des Kasinos eine **Restaurantterrasse mit Hafenaussicht** gibt.

Genau vis-à-vis des Kasinos lohnt sich ein Besuch des **Aquariums,** das über 5000 Arten von Wasserbewohnern aus der Küstenregion und dem Donaudelta präsentiert.

- **Aquarium Prof. Borcea,** B-dul Elisabeta 1, im Sommer 9–20 Uhr, sonst 9–16 Uhr. Eintritt 15 RON, Fotografieren kostet 10 RON extra. Hinweis: Das Aquarium ist ziemlich klein; für alle, die den Standard eines Sea Live Aquarium erwarten, ist ein Besuch nur bedingt empfehlenswert.

Leuchtturm und Jachthafen

Entlang der Kasinopromenade säumen einige **Monumente** den Weg, deren Bedeutung sich Besuchern nicht ohne Weiteres erschließt. So ist es westlich des Kasinos der Ingenieur *Anghel Saligny* (1854–1925), der stolz auf sein Werk blickt. Er gilt als Konstrukteur des Hafens von Constanța und hat ihn während der Bauphase von 1899 bis 1910 fortwährend modernisiert.

Am anderen Ende der Promenade, 200 m hinter dem Kasino, enden die meisten Spaziergänge am **Genueser Leuchtturm.** Kaum zu glauben, dass dieser Leuchtturm en miniature den Seefahrern früher wirklich den Weg in den Hafen gewiesen haben soll. Davor ist die Statue des Nationaldichters *Mihai Eminescu* und seiner Muse und Geliebten *Veronica Micle* zu sehen.

Hinter dem Leuchtturm geht es rechts zum **Jachthafen** von Constanța, an dessen Ufer eines der besten Fischrestaurants der Stadt zu finden ist, das On Plonge (ein gleichnamiges, ebenso gutes Restaurant findet sich im Norden, am Siutghiol-See).

Im Norden

Wer sich nicht gleich der quirligen Hafenstadt ausliefern möchte oder nach einem Besuch der City etwas Ruhe und Entspannung nötig hat, sollte mit der Trambahn hinauf zum **Lacul Tăbăcăriei** im Norden der Stadt fahren (auch eine Taxifahrt ist günstig, die Fahrt vom Zentrum zum See kostet 4–6 RON).

Neben Weidenbäumen, Anglern, einem **Delfinarium** und einem kleinen **Amphitheater** findet man rund um den beschaulichen See, den man mühelos in einer Stunde umrunden kann, eine sehenswerte, aus dunklem Holz im Maramuresch-Stil gefertigte Holzkirche. Besonders hervorzuheben ist der durchgehend vergoldete Altar der in den Jahren 1994 bis 1998 erbauten **Biserica Neagră** (Schwarze Kirche).

- **Delfinarium,** B-dul Mamaia 255, zwei Meerwasserbecken, zwei Freiluftanlagen, Seelöwen, Delphine, während der Saison tägliche Vorstellungen.

Mamaia

Das seit den 1970er Jahren berühmte touristische Vergnügungsviertel Mamaia im Norden der Stadt hat sich trotz eines neu errichteten Wasser-

Von der Café-Terrasse auf der rückwärtigen Seite des Kasinos hat man einen schönen Blick auf den Hafen von Constanța

rum597 Foto: jr

sportparadieses namens **Aqua-Park** seit Jahrzehnten kaum verändert. Insgesamt reiht sich hier Hotelblock an Hotelblock (35 Hotels), immer noch fährt die alte **Kabinenbahn,** und auch die neuen Diskotheken und Bars können kaum positive Akzente setzen. Mamaia ist nichts für Individualtouristen, zumal ihnen für jede Einfahrt ins Touristenghetto ein Eintritt von 2,70 RON abverlangt wird. Auch der viel gepriesene feine weiße Sandstrand von Mamaia ist keineswegs besser als an anderen Küstenabschnitten. Ein Ausflug nach Mamaia lohnt nur für einen Besuch des exzellenten Restaurants On Plonge (nicht zu verwechseln mit dem gleichnamigen Restaurant am Jachthafen) und für Familien mit Kindern (die lieben den Aqua-Park und die 2 km lange Fahrt mit der Kabinenbahn vom Hotel Perla bis zum Hotel Condor).

- Die einmalige **Einfahrt nach Mamaia** mit dem Pkw kostet 3 RON.
- **Kabinenbahn (Telegondola),** 5 RON pro Fahrt.
- **Aqua-Park,** Wasserrutschen, Nichtschwimmerbecken etc. Eintritt 10–20 RON.
- In Mamaia ist nur das **Hotel Albatros** (***) zu empfehlen, Tel. 831 381, office@hotelalbatros.ro, EZ 43 Euro (150 RON), DZ 54 Euro (190 RON), App. 84 Euro (300 RON).
- Das Hotel Jupiter wurde nach einer Generalsanierung umbenannt und heißt jetzt **Fantasy Beach** (***). Das DZ kostet 270 RON. Es wird vor allem von Rumänen gebucht, d.h. wer erleben will, wie die Einheimischen Urlaub machen, ist hier richtig. Das Hotel liegt direkt am Strand, der Pool ist sehr klein.

- In der Nähe von Mamaia befinden sich mehrere schöne **Campingplätze** (nur ca. 2 Min. von Mamaia mit dem Auto entfernt). Alle liegen direkt am Strand, sind mit eigenen Restaurants und kleinen Läden (Magazin Mixt) ausgestattet und sehr gepflegt (***). Preis: 2 Personen mit Auto oder Zelt 35–45 RON. Achtung: Hier machen die Rumänen Urlaub, am Wochenende kann es daher richtig voll werden!

Informationen

- Die Touristeninformation **„Info Litoral"** befindet sich nahe des archäologischen Parks in der Str. Traian 36, Block C1, Aufgang C, Zimmer 31, www.infolitoral.ro, Tel. 555 000, Fax 555 111, Mo. bis Fr. 9–16 Uhr. Sehr freundlicher und effizienter Service, Zimmervermittlung, Verkehrsmittel, Restaurants etc.
- **Constanța Tourist Information Center,** B-dul Tomis 221, Tel. 708 600. Die Agentur hat sich ganz auf Constanța und Umgebung spezialisiert. Keine Auskünfte darüber hinaus.
- Zusätzlich kann man sich hervorragend im nachfolgenden **Reisebüro** informieren: **Simpa Turism,** Str. Răscoala 9, Tel. 660 468, www.simpaturism.ro. Sehr freundliche, geduldige Beratung, auch zu Ausflügen ins Donaudelta; Autovermietung.

Service

- **Hauptpost:** Für eine Stadt mit annähernd 400.000 Einwohnern geht es auf dem Hauptpostamt in der Str. Ştefan cel Mare 98 erstaunlich ruhig zu. Die kleine Post bietet auch Postkartenverkauf und Telefonkarten an. Mo. bis Fr. 7–20 Uhr, Sa. 8–13 Uhr, So. geschlossen.
- **Geldwechsel/Bankomat:** Gleich neben der Mahmudiye-Moschee ist ein Geldautomat der **BRD-Bank,** Str. Arhiepiscopier 7–9; **BCR-Bank,** Str. Traian 68, Tel. 638 200; **Citibank,** B-dul Tomis 143a, Tel. 551 101.
- **Internet: Planet Games** (nonstop), im Untergeschoss finden sich 34 Computer, Std. 2 RON, Ştefan cel Mare/Ecke Str. Răscoala; **Nexum,** 8–22.30 Uhr, 1,50 RON/Std., 8 Computer, im Laden können auch Fotokopien gemacht werden, B-dul 1. Decembrie 1918, Nr. 5, Mobil 0740-664 364.
- **Fotografie: Foto Pro,** Mircea cel Bătrân 63.
- In der Str. Sarmisegetusa 8, Tel. 657 994, gibt es seit 2001 eine **deutsche Bibliothek** mit etwa 2000 Büchern.

Notfälle

- **Apotheke: Farmacie Dumifarm,** Str. Ştefan cel Mare 49, Tel. 672 009; **Farmacie Miga,** B-dul Tomis 80 (beide nonstop).
- **Landeskrankenhaus: Şpitalul Județean,** B-dul Tomis 145, Tel. 662 222.
- **Privatkrankenhaus: Iowemed,** B-dul Aurel Vlaicu 9, Tel. 559 962, 24-Stunden-Ambulanz.
- **Zahnarzt: Dr. Cristina Nuca,** B-dul Tomis 217, Mobil 0723-715 510.

Mobilität

Flüge:

- Der internationale **Flughafen Mihail Kolgăniceanu** liegt 25 km außerhalb des Zentrums im Nordwesten, Tel. 255 100. Zubringer sind alle TAROM-Busse oder jeder Bus Richtung Hârşova.
- **Flugtickets** gibt's bei der Fluggesellschaft TAROM, Str. Ştefan cel Mare 15, Tel. 662 632.
- Täglich Flüge mit TAROM **nach Bukarest** (außer Sa.) um 6:45 Uhr.
- Täglich Flüge mit Carpatair (außer So.) **nach München, Stuttgart und Düsseldorf** (über Timişoara) um 6:40 Uhr.

Züge:

- Der **Hauptbahnhof** liegt nahe dem südlichen Busbahnhof am B-dul Ferdinand, 1,5 km vom Zentrum entfernt. Die 24-Stunden-Gepäckaufbewahrung liegt im Untergeschoss des Hauptgebäudes.
- **CFR-Buchung von Zugtickets,** Str. Canarache Vasile 4, Tel. 614 960.
- **Zugverbindungen SNCFR,** Tel. 952.

Busse:

- Constanța hat zwei Busbahnhöfe. Vom **südlichen Busbahnhof (Autogară Sud)** am B-dul Ferdinand, Tel. 665 289, fahren die Fernbusse nach Istanbul (20 Std., 50 Euro), Ticketverkauf bei Özlem Tur, Tel. 514 053, direkt gegenüber der Busstation. Auch die Maxitaxis nach Brăila und Galați starten hier.

●Vom **nördlichen Busbahnhof (Autogară Nord)** in der Str. Soveja 35, Tel. 641 379, fahren die Busse Richtung Bukarest (10 täglich), Iaşi, Chişinău und Tulcea.

●Die **Oberleitungsbusse und Straßenbahnen** wurden sukzessive aus dem Verkehr genommen und verkehren seit 2011 endgültig nicht mehr.

Parkplätze:

●Ein bewachter Parkplatz *(parcare cu plata)* befindet sich **in der Nähe des Yachthafens,** Stunde 1 RON.

Autoverleih:

●**Hertz,** B-dul Tomis 65, Tel. 661 100.

Taxis:

Vor dem Hauptbahnhof in der B-dul Ferdinand befindet sich der größte Taxistand der Stadt. Ansonsten empfiehlt sich der Anruf bei **Taxi Romaris,** Tel. 690 000, oder **Mondial Taxi,** Tel. 693 333.

Unterkunft

●**Hotel Dali** (****), Str. Smârdan 6a, Tel. 616 114, www.hotel-dali.ro. Luxushotel mit Blick auf den Jachthafen und Strand. EZ 150 RON (bei drei Nächten 130 RON), DZ 180 RON, Suite 240 RON.

●**Hotel Class** (***), Str. Răscoala din 1907 Nr. 1, Tel. 660 766. Erstklassiges Hotel in der Innenstadt, das keine Wünsche offen lässt. Internet, TV. EZ 200 RON, DZ 220 RON, App. 265 RON, inkl. Frühstück.

●**Hotel Ibis** (***), Mircea cel Bătrân 41, Tel. 222 722, www.ibishotel.ro. Sehr angenehmes, relativ neues Hotel mit Meeresblick. Im Restaurant gibt es mediterrane Küche *(Couscous, Tapas, Paella)* und sehr gute Fischgerichte. EZ 59 Euro, DZ 68 Euro, Suite 79 Euro.

●Kurz vor der Einfahrt zum Resort Mamaia steht das elegante **Hotel Oxford** (***), EZ 169 RON, DZ 219 RON, App. 289 RON, inkl. Frühstück, B-dul. A. Lăpuşneanu 202 A, Tel. 606 510, www.hoteloxford.ro.

Essen und Trinken

●Schön liegt das **Restaurant On Plonge** (franz.: Absprung) mit seiner kleinen Terrasse direkt am Siutghiol-See. Abends und mittags kommen auch Besucher hierher, die mit Mamaia sonst wenig im Sinn haben. Bei leckeren Fischgerichten blickt man auf die Schilfinseln im See. Reservierung dringend empfohlen, Mobil 0723-602 533.

●Ein weiteres **Restaurant On Plonge,** Tel. 601 905, liegt unübersehbar in einem skurrilen Gebäude im Jachthafen. Spezialität: alle „Früchte des Meeres". Nehmen sie besser den Fisch.

●Das beste Innenstadt-Restaurant heißt nach wie vor **Marco Polo,** Str. Mircea cel Bătrân 103, Tel. 617 537. Der einzige Nachteil: In diesem wunderbaren italienischen Restaurant bekommt man nur sehr schwer einen Platz. Rechtzeitig reservieren und einen der „Tische in der Gartenlaube" bestellen.

●Warum nicht? Das **Kasino** gehört zwar nicht zu den preiswertesten Lokalen, bietet aber abends ein bezauberndes Ambiente. Restaurant mit Nachtprogramm und Terrasse mit Blick über den Hafen. B-dul Elisabeta 2, 11–1 Uhr.

●Gleich hinter dem Hotel Oxford im Norden, B-dul Lăpuşneanu 202a, finden sich in einem verwinkelten Gelände mehrere **Themenrestaurants.** So z.B. die **Terasa Mureş,** ein größerer Biergarten, oder die **Casa Prahova,** die sehr gute *Sărmaluţe în foi de varză* (Krautwickel) anbietet. In beiden Restaurants ist keine Reservierung möglich.

●Eine gute italienische Küche bietet das schicke **Restaurant Fabaria** mit Aussicht auf die Statue von *Ovid* und das Historische Museum am Ovid-Platz. Auf der Straßenterrasse sollte man sich vor allem die Pasta-Gerichte schmecken lassen. B-dul Tomis 3 (Ovid-Platz), Tel. 609 660.

●Im **La Proţap,** B-dul 1. Decembrie 1918, Nr. 2, Tel. 639 622, werden vor allem Wildgerichte serviert. In folkloristischer Umgebung kann man auch Exotisches wie Bärenfleisch probieren. Ansonsten schmeckt der Klassiker Spanferkel hier ganz vorzüglich. Reservierung empfohlen.

●Vor dem Hotel Condor in Mamaia bietet das **Non-Stop-Restaurant Maxy** neben rumänischer auch gute italienische Küche an. Probieren: *Penne al Tonno e Cipolla.* Abends gibt es dazu in der Saison Folkloremusik.

● Gleich gegenüber der Hauptpost kann man im **La Pizza,** Str. Ştefan cel Mare 107, passabel italienisch speisen. Die Gelateria ist jedoch schmeckbar nicht in italienischer Hand. Das Eis schmeckt künstlich und ist zu stark gezuckert.

● **Café Phoenix,** Str. Eugeniu Dobriă. Jazz, Blues oder Folk live, Kaffee und Cocktails zu günstigen Preisen.

● **138 Café,** B-dul Tomis 138, Mobil 0720-138 138, 8:30–24 Uhr.

● **Tabu Café,** B-dul Tomis 133, 7–24 Uhr.

● Wunderbar speist man im **Straßencafé Ital'Panini** unweit des Ovid-Platzes im Süden der Stadt. Pizzas auch zum Mitnehmen. B-dul Tomis 2, Tel. 555 344.

Abends unterwegs

● **Irish Pub,** Str. Ştefan cel Mare 1, Tel. 550 400, www.irishpub.ro, 10–5 Uhr.

● Im **Domino** in der Str. Mircea cel Bătrân 105 findet man unten eine Bar und oben ein Pub, die ab 22 Uhr geöffnet sind.

● Die **Diskothek No Limit,** B-dul A. Lăpuşneanu 194, ist schon seit vielen Jahren die Trend-Disco in der Stadt.

rum12-013 Foto: ml

Es muss nicht immer Mamaia sein: Auch Constanţa hat schöne Strände

Aktivitäten

● **Fitness: Energy Club,** Str. Ştefan cel Mare 51–53, Tel. 584 442. Aerobic, Tae Boo, Massage, tägl. 9–20 Uhr.

● **Billard/Bowling:** Der **Club Sport's Palace** im Mamaia Holyday Village hat von 9–3 Uhr geöffnet. Neben Bowling und Billard kann man sich auch im elektronischen Dartsspiel üben.

Einkaufen

● Den besten **Obst- und Gemüsemarkt** findet man auf der Piaţa Griviţa. Hier gibt's täglich auch frische Eier, Milch- und Fleischprodukte.

● Das große **Kaufhaus Tomis** in der Str. Ştefan cel Mare ist nur eines von vielen Einkaufszentren in der zentral gelegenen Straße.

● Wie im Westen: **Supermarkt Mega Image,** B-dul Tomis 130a.

● **Stadtpläne** von Constanţa und einen Küstenführer auf Englisch, den „Romanian Seaside Guide" *(Ghidul Litoralului României),* gibt's in der **Librarie Mihai Eminescu** gleich gegenüber dem Tomis-Kaufhaus, Tel. 665 207, Mo. bis Fr. 8–20 Uhr, Sa. 9–17 Uhr, So. 9–13 Uhr.

● **Optiker: Optica Malaga,** B-dul Tomis 67. Kontaktlinsen, Designerbrillen.

Feste und Events

● Im August finden am Strand die **Sărbătorile Mării,** die „Festtage des Meeres", statt (ähnlich der Veranstaltung im 24 km südlich gelegenen Costineşti). Theater, Musik und Tanz bis in den frühen Morgen.

● Der größte Musikevent in Rumänien ist das jährlich stattfindende **Folkloremusik-Festival** in Mamaia im Sommer.

● Am „Tag der Marine" am 15. August feiert man zu Ehren der christlichen Beschützerin der Seefahrt, *Maria,* den **Ziua Marinei** mit einer bunten Show im Hafen.

● Das international besetzte **Opernfestival** findet jeden Sommer im Opernhaus am B-dul Tomis statt.

Die Küste südlich von Constanța

Die Schwarzmeerküste von Constanța **bis Vama Veche** lockt mit flach abfallenden, feinsandigen, kinderfreundlichen Stränden ohne Ebbe und Flut. In den **13 Kur- und Badeorten** bis zur bulgarischen Grenze findet man ein gigantisches Angebot an Hotels (allein in Eforie Nord 19.000 Übernachtungsplätze!), doch erstaunlicherweise bieten erst seit 2005 auch kleinere Pensionen entlang der Küste Zimmer an.

Man erreicht die Badeorte über die gut ausgebaute **Küstenstraße E87,** die fast schnurgerade über den Donau-Schwarzmeer-Kanal bis hinunter nach Mangalia führt. Auch mit der Bahn sind die Orte an der Schwarzmeerküste bequem und schnell zu erreichen. Fast halbstündlich macht sich ein **Schnellzug von Constanța** aus auf den Weg Richtung Süden und hält dabei in Efori, Costineşti, Olimp, Neptun und Mangalia. Die weiter südlich nahe der bulgarischen Grenze gelegenen Badeorte 2. Mai und Vama Veche haben keinen Bahnanschluss, liegen jedoch nur 10 bzw. 20 Busminuten von Mangalia entfernt.

Eforie Nord

Als im Jahr 1894 die **erste Kurklinik** am Schwarzen Meer im Seebad Eforie Nord eröffnet wurde, war noch nicht daran zu denken, welchen Boom die „Gesundheitswelle" einmal auslösen würde. Ganz zu schweigen vom Badetourismus. Das nahe gelegene Städtchen Constanța hatte gerade einmal 20.000 Einwohner, die nur selten den Weg ins 14 km entfernte Dörfchen Eforie mit seinen 200 Einwohnern und dem weißen Sandstrand fanden.

Erstaunlicherweise ist der jetzige Lieblingsstrand der Bewohner von Constanța trotz der 80 Hotels von Mai bis Juni immer noch erstaunlich leer. Wer ruhige Strände liebt, sollte allerdings nicht im Juli und August ins Seebad Eforie kommen.

Man erreicht den 500 m von der Straße entfernt liegenden **Strand** in Eforie Nord über absteigende Treppen. Falls man mit dem Auto unterwegs ist, bietet sich der Parkplatz des Hotels Europa an. Die Zugstation ist 10 Minuten entfernt.

Das **Kurzentrum Efosan** (Alea Specială 1, Tel. 0241-905 350, www.efosan.ro, deutsche Website) hat sich auf die Behandlung von rheumatischen Entzündungen sowie Haut- und Atemwegserkrankungen spezialisiert. Seine balneo- und physiotherapeutische Abteilung gehört zu den besten in ganz Rumänien.

Achtung: Autoservice!

Am Schwarzen Meer sieht man häufig Schilder mit der Aufschrift „Autoservice". Hierbei handelt es sich nicht etwa um eine Service-Station für Ihr Fahrzeug, sondern um den Hinweis, dass man sich sein Essen in einem Restaurant selber zusammenstellen und abholen soll. Gemeint ist also: **Selbstbedienung!**

Unterkunft

Neben der großen Anzahl meist überteuerter Kurhotels bieten auch zwei wesentlich günstigere Pensionen Zimmer an:

- **Pension Dana** (***), Str. 23. August 7, Tel. 0241-741 716, www.pensunea-dana.ro. Schöne moderne Pension, 6 Zimmer, Air Condition, Kühlschrank, TV, Telefon. Gestaffelte Preise je nach Saison, von DZ 20 Euro (Juni) bis 50 Euro (August).
- **Pension Vera** (***), gegenüber der Pension Dana. Jedes Zimmer hat einen eigenen Balkon. Die Pension ist ganzjährig geöffnet, ruhig, hell und freundlich. DZ 120 RON, App. 180 RON.

Camping

- **Camping Meduza,** 200 m südlich des Strandes, direkt am Meer, Tel. 0241-742 385. Über 400 Stellplätze für Caravan bis Zelt, 24-stündiger Wachdienst, einfache sanitäre Anlage, Pizzeria. Auto und Caravan 30–50 RON, Zelt 20 RON.

Essen und Trinken

- **Nunta Zamfirei,** B-dul Republicii 14, Tel. 0241-741 651 (unbedingt reservieren). Das beliebte Restaurant bietet Spezialitäten der Küstenregion zu flotter Folkloremusik.
- Am Strand gibt es einige **Selbstbedienungsrestaurants** wie das **Restaurant Imperial** unterhalb des Hotels Europa. Unbedingt probieren: die leckeren *Gogoşi* mit Käse *(cu brânză)* oder mit Schokolade *(cu ciocolată)*.

Sonstiges

- **Geldwechsel** im **M&S Exchange** unweit des Hotels Vera in der Str. Republicii 5 (keine Kommission!).

Eforie Süd

Den 2 km langen Strand von Eforie Süd findet man auf der Höhe des **Techirghiol-Sees,** knapp 10 Autominuten vom Nordstrand entfernt. Der südliche Teil des Seebads Eforie war in den 30er Jahren des letzten Jahrhunderts auch unter dem Namen **Carmen Silva,** dem Pseudonym der dichtenden Königin *Maria von Rumänien,* bekannt. Der Strand ist etwas schmaler als der im Norden und nicht so beliebt.

Unterkunft

- **Pension Floare de Colț** (***) („Edelweiß"), Str. Dezrobirii 53, Tel. 0241-748 030. Hier kann man nicht nur gut übernachten, sondern im gleichnamigen Restaurant auch sehr gut traditionell speisen. DZ ab 80 RON.

Camping

- **Camping Cosmos,** Str. Cantacuzino 94–98, Tel. 0241-742 654. Neben der Vermietung von Stell- und Zeltplätzen werden auch einfache Holzhütten angeboten. Stellplatz für Auto und Caravan 30–50 RON, Zelt 20 RON, Hütte 40–60 RON (je nach Saison).

Essen und Trinken

- **Apollo,** Str. Mihai Eminescu 8, Tel. 0241-749 410. Gute Fischgerichte.
- Wer neben dem Essen ein Folkloreprogramm sehen möchte, geht in den **Hanul Haiducilor,** Str. Cantacuzino 72 (neben dem Hotel Măgura). Traditionelle rumänische Küche, auch aus anderen Regionen des Landes.

Lacul Techirghiol

18 km südlich von Constanța taucht auf der rechten Seite der berühmte Techirghiol-See auf, dessen **schwefelhaltiger Moorschlamm** in allen Kurbädern entlang der Schwarzmeerküste geschätzt wird. Am frischesten und therapeutisch wertvollsten ist er freilich gleich an der Quelle, und so ist direkt an der Westseite des Sees bereits 1899 das **Sanatoriul Balnear Techir-**

ghiol entstanden. Das Kurzentrum ist für seine Mooranwendungen mit Schwefelschlamm *(Nămol)* weithin berühmt. Wer in Techirghiol kurbaden möchte, sollte als Besucher aus dem Westen vorab jedoch ein paar **Dollar** einstecken, denn die Landeswährung Lei wird in der Klinik nur von Rumänen akzeptiert!

- Im **Sanatoriul Balnear Techirghiol** kostet eine halbstündige Ganzkörpermassage ca. 15 Euro. Tageskarte (Unterkunft, Verpflegung, vier Anwendungen) ab 45 Euro. Kontakt: *Dr. Maria Dobre,* Mobil 0742-086 591.
- Achtung: Schlammbäder kann man im Sanatoriul Balnear Techirghiol nicht mehr buchen; die beste Adresse hierfür ist das **Hotel Europa** (s.u.), ein weithin sichtbares 4-Sterne-Hotel mit einer großen Wellness-Abteilung (Baden im Salzwasser 15 Euro, Schlammbad 25 Euro).

Kleine rumänische Bäderkunde

- **Baie cu nămol:** Schlammbad.
- **Duş subacval:** Persönliche Unterwasser-Druckstrahl-Massage mit Schlauch.
- **Duş vichy:** Warm-kalte Wechselgüsse fließen von oben auf den liegenden Kurgast herab, während der Körper gleichzeitig massiert wird (eine sehr nasse Angelegenheit!).
- **Hidromasaj:** Hier ist keine persönliche Schlauchmassage, sondern eine Art Jacuzzi gemeint, ein mechanischer, starker Whirlpool, der den Körper durch zirkulierendes Wasser massiert.
- **Masaj cu nămol:** Moorschlamm-Massage; der jodhaltige Schlamm wird ins Hautgewebe einmassiert.
- **Masaj uscat:** Trockenmassage.
- **Nămol:** Schwefelschlamm.

Wer in Techirghiol Halt macht, kann sich das schwarze, zweitürmige **Holzkirchlein der heiligen Maria** ansehen. Es wurde im 17. Jahrhundert im Maramuresch erbaut, dann zum Schloss Peleş in die Karpaten verpflanzt und ist schließlich 1951 am Schwarzen Meer gelandet.

Unterkunft

- **Hotel Europa** (****), das Hotel befindet sich 500 m vom Sanatorium entfernt (vom Ausgang rechts). Privater Strandabschnitt und jodhaltiger Pool. In der Nähe des Hotels bestand früher ein Salzwassersee, der inzwischen mit einem Süßwassersee zusammengefasst wurde. EZ 342 RON, Suite 418 RON, Club Room 456 RON, inkl. Frühstück.
- **Vilele Bella** (*), Str. Oituz 3, Tel. 0241-736 629. Sehr preiswerte und gute Unterkunft, EZ/DZ 40 RON.

Costineşti

Auf der Strandpromenade von Costineşti (28 km südlich von Constanța) sieht man häufiger **junge Leute** als in Eforie oder den südlicher gelegenen „Planetenbädern" Neptun, Venus und Jupiter. Traditionellerweise war Costineşti lange Zeit ein Zentrum der sozialistischen Jugendgruppen mit eigenen Camps und Ferienlagern, und bis 1989 war es sogar nur Jugendlichen erlaubt, die Einrichtungen des Feriendorfes Compania de turism pentru Tineret zu nutzen. Heute können die Bungalows und die kleinen Holzhütten, die sich stolz Villas nennen, von jedermann angemietet werden.

Der 8 km lange und 200 m breite **Strand** liegt geschützt südlich des **Cap Tuzla.** Er gehört neben den Stränden von Mamaia und Vama Veche zu den beliebtesten der südlichen Dobrudscha, was vielleicht auch am seltenen Angebot zweier **Nacktbadestrände** liegt.

Die Möglichkeiten für **Wassersport** sind riesig: Neben dem Schwarzen Meer (Segeln, Wasserski, Surfen, Motorbootfahren) bietet sich der nahe gelegene Süßwassersee **Lacul Costinești** für Kanuten, Ruderer und Angler an.

Unterkunft

- Das **Hotel Club Vox Maris** (***) ist die größte 3-Sterne-Anlage am Schwarzen Meer mit vier Restaurants, drei Bars, zwei Pools und der riesigen Diskothek Vox Maris. Man wohnt in einer der 21 Villen mit TV, Air Condition und Balkon nur 80 m vom Strand entfernt. Wer einmal in einen rumänischen Strandclub schnuppern möchte, in dem bis in die späte Nacht ein Unterhaltungsprogramm geboten wird, liegt mit dem Vox Maris nicht verkehrt. Der Service und die Zimmer sind ausgezeichnet. Tel. 0241-734 062, Fax 734 288, www.voxmarisclub.com. Preis für eine Villa für 2 Personen zwischen 30 und 90 Euro, je nach Saison und Kategorie.
- Wer weit weg vom lärmenden Strand mit der Diskothek Vox Maris übernachten möchte, kann dies im 3 km entfernten **Dörfchen Schitu** preiswert tun. Jeder im Ort kennt die hübsche **Pensiunea Andreea,** Tel. 0241-759 473, DZ 40 RON, auf Wunsch auch Verköstigung; ansonsten ist es auch in der **Pension AF Porto,** Str. Gării 35, Mobil 0740-154 472, ziemlich ruhig.

Essen und Trinken

- Direkt am Strand gelegen und dennoch ruhig ist das **Restaurant Spring Time** (nördlicher Strandabschnitt 200 m vom See entfernt), in dem sehr gute Welsgerichte serviert werden.
- Wer direkt am See speisen möchte, kann dies in den **Terrassenrestaurants Briza Mării** und **Steaguri** tun.

Sonstiges

- Die **Bahnstation Costinești Tabără** liegt direkt neben dem Hotel Ștefania, nördlich des Sees in der Str. Gŕrii 2. Zum See Costinești und zum Strand braucht man vom Bahnhof aus knappe 10 Minuten.
- **Apotheke: Farmacii Acorus,** Str. Tineretului 36b, Mobil 0740-316 414 (24 Std.).
- Im Juli feiert man am Strand die bunten **Sărbătorile Mare,** die „Festtage des Meeres", mit Folkloremusik, Tanz und Feuerwerken.
- Jazzfans zieht es zwischen dem 16. Juli und 22. August in das Seebad, wenn direkt am Strand das große internationale **Jazz-Festival** von Costinești veranstaltet wird.

Neptun und Olimp

Die beiden benachbarten **Baderesorts** Neptun und Olimp liegen 38 km von Constanța und 9 km von Mangalia entfernt. Anders als die nördlich gelegenen historischen Seebäder wurden sie **erst 1972 erbaut** und haben, wie man an den Kunstnamen erkennt (ähnlich wie Jupiter, Venus und Saturn), keine gewachsene Ortsstruktur als Hintergrund. Die Einwohner des kleinen Fischerdorfs Galați, das hier einst lag, wurden umgesiedelt.

Die meist riesigen Hotelanlagen lassen wenig Raum für Individualtourismus, der Aufenthalt in einem der Luxushotels wird vor allem von **Kurgästen** bevorzugt, die den preisgünstigen Kurservice in Anspruch nehmen.

Die Hotelanlagen zwischen dem **Tatlageac-See** und dem **Comorova-Wald** haben in den letzten Jahren häufig den Besitzer gewechselt, wodurch sich starke Leistungsschwankungen im Service ergeben können. Die beste balneo-therapeutische Einrichtung vor

Ort ist der **Komplex Doina,** wo man sich auf rheumatische Krankheiten spezialisiert hat.

Unterkunft/Kur

- **Hotel Doina** (***), Tel. 0241-701 012. Das ganze Jahr geöffnetes Kurhotel mit Hydro- und Elektrotherapie, Saunen, Süß- und Meerwasserpools und Gymnastiksälen. Pauschale Angebote empfohlen. Vollpension und Kuranwendungen ca. 70 Euro pro Tag.

Sonstiges

- **Apotheke: Farmacii Sensi Blu,** Complex Mocea U 129, Tel. 0241-732 010 (nonstop).

Jupiter und Cap Aurora

Die **Hotelanlage Jupiter,** 1968 für 8500 Gäste rund um die künstlich angelegten **Seen Tismana und Jupiter** erbaut, wurde fünf Jahre später um die Hotels am Cap Aurora erweitert. Ebenso wie die anderen nach Planeten benannten Resorts gehören Jupiter und Cap Aurora zur Verwaltung der Stadt Mangalia, die 10 km südlich liegt. Jupiter hat keinen eigenen Bahnhof, ist aber per Bus oder Taxi gut von Mangalia aus zu erreichen.

Unterkunft

- **Sunshine Club Tismana** (***), Familienhotel direkt am Tismana-See. Wer zum 100 m entfernten Strand möchte, kann durch die Parkanlage zwischen den Seen gehen. Preise auf Anfrage, Tel. 0241-702 000.

Venus und Saturn

Die beiden letzten, 1969 und 1972 errichteten **Hotel- und Kurresorts** vor Mangalia wurden ebenso wie ihre Trabanten im Norden um **künstliche Seen** herum errichtet. Über 30 Hotels gruppieren sich kreisförmig in Venus um den gleichnamigen See, in Saturn sind es gar über 50 Hotels, die sich an der Bucht von Mangalia auf engstem Raum drängeln. Im Sommer sind die feinkörnigen weißen Sandstrände von Venus und Saturn rappelvoll, weniger mit Kurgästen, sondern mit den Einwohnern der 2 km entfernten Stadt Mangalia.

Tipp: Restaurant Insula

Individuell Reisende tun sich manchmal schwer, zwischen den großen Hotelanlagen am Schwarzen Meer in Neptun, Saturn oder Jupiter geeignete Restaurants zu finden, die jenseits massentouristischer Abfertigung gute Qualität zu vernünftigen Preisen bieten und auch noch schön anzusehen sind. Eine positive Überraschung ist das Restaurant Insula in Neptun, das idyllisch am Lacul Neptun liegt und über eine **Seeterrasse mit tropischem Pflanzenlabyrinth** verfügt. Die Gäste können sich direkt am See ihr eigenes verstecktes Plätzchen zum Essen suchen. Wem das zu kompliziert ist, kann auch im rustikal eingerichteten Restaurant im Holzhaus speisen. Spezialität: Frische Fischgerichte aus dem hauseigenen See.

- **Restaurant Insula,** Neptun, gleich neben den Hotels Delta und Sulina, Tel. 0241-731 306.

Unterkunft

- **Hotel Carmen** (****), Luxushotel mit mehreren Restaurants, Bars und Hallenbad. Preise auf Anfrage, Tel. 0241-761 608.

Mangalia

Von der historischen, im 6. Jahrhundert von griechischen Seefahrern gegründeten Handelsstadt **Callatis** ist in der heutigen Stadt Mangalia (50.000 Einwohner) nicht mehr viel erhalten geblieben. Die wenigen Überreste verstecken sich hinter schmucklosen Fassaden und lieblosen Wohnblocks. Aus der Monotonie heraus erhebt sich die **Sultan-Esmahan-Moschee** aus dem Jahr 1590. Sie ist von einem moslemischen Friedhof umgeben und zeigt in ihrem Inneren orientalische Teppiche mit aufwendigen Stickereien. Im **Archäologischen Museum** der Stadt dominieren Funde aus der römisch-byzantinischen Zeit, hinzu kommen solche der griechischen Periode.

Nach Istanbul versetzt glaubt man sich auf dem orientalischen **Basar** der Stadt, der zwischen den Straßen Mihail Eminescu und Vasile Pârvan zu finden ist.

- **Moscheia Esmahan Sultan,** Str. Oituz 180, Mo. bis So. 8–20 Uhr, Eintritt frei.
- **Muzeul de Arheologie Callatis,** Șos. Constanței 19, Tel. 0241-753 580, Di. bis So. 9–20 Uhr, Eintritt 5 RON.

Unterkunft

- **Hotel President** (****), Str. Treior 6, Tel. 0241-755 861, www.hpresident.com. Sehr modernes Business-Hotel mit Blick aufs Meer und den Strand von Mangalia. Beim Bau des Hotels im Jahr 1998 wurden Teile der historischen Festungsanlage gefunden und in das neue Hotel integriert. EZ/DZ 80–120 Euro.
- **Hotel Mangalia** (***), Str. Rozelor 35, Tel. 0241-752 052. Großhotel mit eigenem Thalasso-Therapiezentrum und gutem Restaurant. DZ 110 RON.

Sonstiges

- In Mangalia gibt es ein Gestüt, in dem man **Reiten** lernen kann. Zur Verfügung stehen in der Hauptsaison von Mai bis Sept. über 60 Rassepferde. **Hipodromul şi Herghelia Mangalia,** Şos. Constanței 3 (Statiunea Venus), Tel. 0241-751 325, 8–12 und 15–18 Uhr.
- Berühmt ist Mangalia für sein **Festival Callatis.** Rumänen aus aller Welt reisen im August an, um sich die Shows am Meer anzuschauen und die Nächte durchzutanzen.

Vama Veche

Die Meinungen der Leser zu Vama Veche sind sehr geteilt. So ist der kleine Ort **8 km nördlich der bulgarischen Grenze** für einige der beste Tipp, um sich abseits des Massentourismus der nördlichen Seebäder und Resorts zu erholen. Andere meinen, die vielen Bars und **improvisierten Campingplätze** in den Hinterhöfen und Gärten (meist ohne ausreichende sanitäre Anlagen) seien nur etwas für alternative Aussteiger. Vor allem zu Zeiten des **Musikfestivals Stuf-Stok** am Ende des Sommers verwandelt sich Vama Veche in der Tat in ein alternatives, staubiges Stückchen „heile Welt". Vama Veche sieht sich selbst gern als „Künstlerkolonie", was man sofort bestätigen wird, wenn man sich die in den letzten Jahren neu erbauten Pensionen und Privathäuser am Strand anschaut.

Berühmt sind die **Strandpartys,** zu denen sich manchmal auch Größen des rumänischen Films einfinden. Musiker entschließen sich in Bibis Bar spontan zu einer Jazz-Session, andere eröffnen am Strand die kleinste Buchhandlung Rumäniens oder stellen ihre aus Muscheln gefertigten Kunstwerke aus. Der Autor meint: Wer am Schwarzen Meer unterwegs ist, sollte sich Vama Veche auf keinen Fall entgehen lassen.

Unterkunft

- **Hotel Laguna** (***), Mobil 0722-372 004, www.corsarulvamaveche.ro. Von *Gaudí* inspiriertes Hotel mit Teich und Grünpflanzen im schönen Innenhof. Elegante Zimmer, je nach Saison 50–100 RON. Das Restaurant am Strand serviert gute Fischgerichte und ist der einzige Anbieter für Scuba-Diving.
- Hinter dem Restaurant Stuf-Stok (s.u.) liegt eine schöne, völlig aus Holz errichtete **Pension.** Die **Casa John** hat 40 Zimmer mit (zum Teil) wunderbarem Ausblick auf das Meer. Die sehr komfortablen Räume zwischen 28 und 40 Quadratmetern kosten 100–150 RON. In der kühlen Nachsaison kann der Preis auch schon einmal unter 100 RON purzeln. Mobil 0722-270 878, Reservierungen auch unter 0720-806 450.
- **Hotel ca'Biana** (***), nettes Hotel mit 21 Zimmern direkt am Stand. DZ 80 RON.
- **Camping am Strand** kostet zwischen 10 und 20 RON (sanitäre Anlagen nur zum Teil vorhanden!).

Essen und Trinken

- Im **Restaurant Stuf-Stok** vor der Pension Casa John (s.o.), direkt am Strand, werden sich Asienreisende an die Strandbars von Goa oder Koh Lanta erinnert fühlen. An den mit Schilf überdachten Bänken und langen Tischen der *Terasa de Seara* sitzt man hier meist bis tief in die Nacht und tauscht am offenen Feuer (über dem Fische gebraten werden) Reiseerlebnisse aus. Der Name Stuf-Stok soll übrigens an das legendäre Woodstock erinnern (*Stuf* heißt Schilf).
- Eine Institution ist **Bibis Bistro.** Sehr gute rumänische und internationale Küche zu Jazzmusik und Chansons. Der Szenetreff macht sich für den Erhalt des ursprünglichen Vama Veche stark und ist auch Veranstaltungsort des jährlich stattfindenden Jazz-Festivals. Unbedingt probieren: frittierte Hamsi-Fischchen.

Festival

- Das **Musikfestival Stuf-Stok** findet immer am Ende des Sommers statt. Die besten Gruppen Rumäniens und Moldawiens spielen hier auf, z.B. *Blazzaj, Zdop și Zdip, Phoenix.* Es ist dann sehr schwer, eine Unterkunft zu finden; über 10.000 Besucher überfluten zur Festivalzeit täglich den kleinen Ort. Entweder übernachtet man zu dieser Zeit in ruhigen und preiswerten Pensionen und Hotels nördlich von Vama Veche, oder man tanzt einfach die Nacht am Strand durch.

Adamclisi

Am Ende einer Fahrt in die Dobrudscha darf ein Besuch in Adamclisi nicht fehlen. Man erreicht den kleinen, verschlafenen Ort über die Nationalstraße 3 von Constanța aus, auf halber Strecke nach **Silistra.** An der Einfahrt ins Dorf steht die originalgetreue Nachbildung des **Tropaeum Traiani,** eines Siegesmonuments für Kaiser *Traian.* Darauf sind die entscheidenden Szenen der Schlacht gegen die Daker abgebildet, ähnlich wie auf der berühmten Traianssäule in Rom. Auf dem monumentalen Sockel erhebt sich eine 54 m hohe geflügelte Figur.

Unweit des Monuments findet man mitten in wogenden Getreidefeldern die Reste der **Burganlage** von Adamclisi und ein **Museum,** das dakische Schätze und Exponate aus der Zeit *Traians* ausstellt.

- **Muzeul Adamclisi,** Mi. bis So. 8–20 Uhr, Eintritt 5 RON.

rum608 Foto: jr

Muntenien

rum609a Foto: jr

rum609b Foto: jr

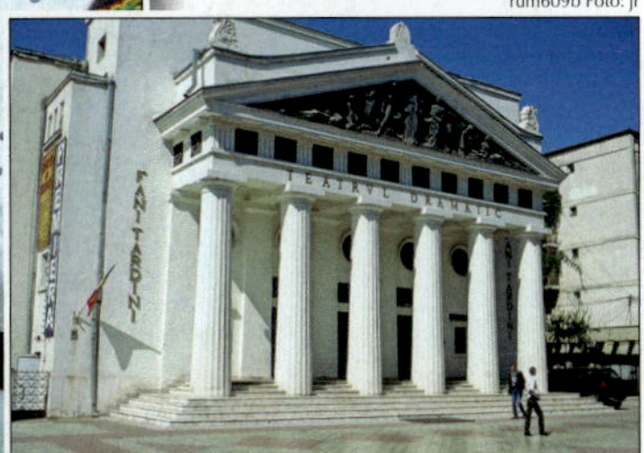

Tanztruppe in traditioneller Tracht

Der alte Fürstensitz Curtea de Argeş

Neoklassizistisches Stadttheater in Brăila

Flachland, Hauptstadt, Walachei

Zwischen Karpaten und Donau

Jahrhunderte bevor der Name Rumänien auf den Landkarten auftauchte, war Händlern und Fürstenhäusern die Gegend zwischen der Donau und den Südkarpaten als **Walachei** bekannt. Die Rumänen sehen Walachia, das Gebiet der weiten südlichen Ebenen und endlos wogenden Getreidefelder rund um Bukarest, heute als ihr eigentliches Stammland an und nennen es auch **Muntenia** oder **Ţara Românească,** „das rumänische Land".

Der durch die **Flüsse Donau, Olt und Siret** begrenzte Landesteil fällt im Norden von den 2500 m hohen Bergen der **Südkarpaten** (Făgăraş-Gebirge) nach Süden hin sehr schnell flach ab. Berge (rumänisch: *munte*), die der Region Muntenien ihren Namen verliehen haben, gibt es bis hinunter zur bulgarischen Grenze keine mehr. Vielmehr besteht das Land hier nur noch aus einer endlos weiten Tiefebene, die über 80 Prozent der Fläche Munteniens ausmacht.

Touristisch gesehen spielt die Region rund um die Hauptstadt nur eine Nebenrolle. Die Hauptattraktion, das **Schloss Peleş in Sinaia,** liegt nur 5 km außerhalb Transsylvaniens und wird schon seit über 100 Jahren gedanklich diesem Landesteil zugerechnet. Die großen Metropolen des Landes, die **Industriestädte Piteşti** und **Ploieşti,** können kaum Sehenswertes aufweisen und sind keine Konkurrenz zu den vielfältigen Attraktionen in anderen Landesteilen. Und so bleibt es ver-

streut liegenden Sehenswürdigkeiten wie dem **Kloster Snagov,** der **Donaustadt Brăila,** den **Schlammvulkanen bei Buzău** oder den **alten Fürstenhöfen in Târgovişte und Curtea de Argeş** vorbehalten, der touristischen Ignoranz in der „Kornkammer Rumäniens" ein Ende zu setzen.

Das historische Stammland der Rumänen

Die Walachei entstand ursprünglich aus der Vereinigung wojwodischer Herzogtümer. Der Titel **Wojwode** (slawisch auch: Bojare) wurde von den Fürsten eines Landes an Adlige verliehen, die sich Verdienste als Heerführer erworben hatten. Einer der bekanntesten von ihnen war der Wojwode **Basarab I.** (1310–1352), der die Walachei erstmals von der ungarischen Oberhoheit befreite, die Herzogtümer südlich der Karpaten einte und der darum auch als „Basarab der Gründer" in die Geschichte einging. 1330 besiegte er in einer Schlacht bei Argeş den König von Neapel, *Robert von Anjou,* und dehnte den Herrschaftsbereich der Walachei bis nach Brăila am Donaudelta aus.

Die erste Hauptstadt der neu entstandenen Region, der **Fürstenhof Curtea de Argeş,** verbündete sich im 15. Jahrhundert mit dem einstigen Feind Ungarn gegen die Tataren. Das noch junge Staatswesen erreichte unter *Mircea cel Bătrân (Mircea dem Alten)* seine größte Machtfülle und Ausdehnung und reichte vom Banat bis zum Schwarzen Meer.

Während Bulgarien und Serbien längst in türkische Hand gefallen waren, widersetzten sich die walachischen Fürsten zwar, erlitten aber empfindliche Niederlagen und mussten bis ins 17. Jahrhundert Tributzahlungen und die Leibeigenschaft ihrer Bauern ebenso hinnehmen wie den Verlust der Dobrudscha. Zu den bekanntesten walachischen Herrschern dieser Zeit gehörte unter anderem **Vlad III. Drăculea,** dem man aufgrund seiner Härte gegen die Osmanen auch den Beinamen „der Pfähler" gab.

Nachdem seit der „Gründung" der Walachei im Jahr 1215 unter *Radu I.* bis 1856 insgesamt 140 Herrschaftswechsel erfolgt waren, gelang es **Alexandru Ioan Cuza** 1859, erstmals die Fürstentümer Walachei und Moldau zu vereinigen und das Fundament des späteren Rumänien zu schaffen.

Die Große und die Kleine Walachei

Im modernen rumänischen Sprachgebrauch verwendet man heute den Begriff **Walachia** (Walachei) ausschließlich für den Landesteil **Muntenia** (Muntenien). Im deutschsprachigen Ausland hingegen umfasst die Bezeichnung Walachei auch die Landschaft jenseits des Flusses Olt und unterscheidet die westliche **Kleine Walachei (Oltenien)** und die östliche **Große Walachei (Muntenien)** voneinander. Dies entspricht der historischen Landschaft der Walachei, die sich im Mittelalter vom westlichen Banat bis ans Donaudelta erstreckte und die um 1600 von *Mihail Viteazul* zum ersten Mal mit der Moldauregion vereinigt wurde.

Die Walachen und der Wallach

„Den schicken wir in die Walachei“, hieß früher eine deutsche Redewendung, wenn es darum ging, jemanden loszuwerden. Ähnlich der Dobrudscha am Schwarzen Meer galt auch die Walachei im frühen Mittelalter als trostlose, endlose Ebene, in die man eben nur seine schlimmsten Feinde schicken würde. Selbst die Hengste hatten dort nichts zu lachen, da die Walachei die erste Region Europas war, in der sie kastriert wurden (wovon sich übrigens die Bezeichnung **Wallach** ableitet).

Die Walachei hat aber nicht nur als Sprichwort oder als Bezeichnung für einen Hengst im Deutschen ihren Platz gefunden. Auch die Bewohner der Walachei, die Walachen, finden sich erstaunlicherweise in unseren Breitengraden wieder (nein, nicht als rumänische Auswanderer!). **Walache** ist nämlich nichts anderes als der Oberbegriff für viele romanischsprachigen Volksgruppen in Europa. Der Begriff hat sich aus dem Lateinischen entwickelt, als die alten Römer alle Völker, die romanisiert wurden (also begannen, ihre Sprache zu sprechen), **Vlaxis** nannten. Das Wort findet sich auch in den Bezeichnungen **Wallis** (in der Schweiz) oder **Wales.**

Die Rumänen selbst haben sich niemals als Walachen bezeichnen, für sie kommt diese Bezeichnung fast einem Schimpfwort gleich. Sie nennen sich lieber stolz Römer, also **Români.**

Brăila

- **Meereshöhe:** 50 m
- **Vorwahl:** 0239
- **Einwohner:** 223.000

Die Donaustadt Brăila sieht ihre Wurzeln genauso wie die 20 km nördlich gelegene Schwesterstadt Galați eher im Donaudelta als in der Walachei. Über Buzău erreicht man sie in 3 Stunden von Bukarest über die sehr gut befahrbare E85 und DN2b (240 km). Die **Autofähre über die Donau** nach Smârdan ist neben den Fähren in Cernavodă (120 km entfernt) und Galați eine der wenigen Möglichkeiten, die östliche Donau zu überqueren.

Die beschauliche Stadt, die 1350 erstmals in einem spanischen Buch als „wichtigster walachischer Hafen“ erwähnt wird, betrachtet sich heute zu Unrecht als touristische Diaspora. Die eleganten Adelshäuser des 19. Jahrhunderts erstrahlen wieder in neuem Glanz, die Fußgängerzone M. Eminescu ist bis zum Piața Traian neu gepflastert, und die Promenaden mit ihren Villen und Straßencafés verströmen an warmen Sommertagen die gleiche maritim-entspannte Eleganz, wie man sie von Tulcea im Donaudelta kennt.

Sehenswertes

In den konzentrisch um den zentralen Trajanplatz **(Piața Traian)** verlaufenden Straßen links der Donau reiht sich ein neoklassizistisches Gebäude an das andere. Der Namensgeber des Platzes, der römische Kaiser *Trajan,* thront auf einem gigantischen Sockel neben der **Kirche des Erzengels Michael,** die ursprünglich um 1750 von den moslemischen Herrschern als Moschee errichtet wurde. Der freistehende weiße Kirchturm kam erst später hinzu und gilt heute als heimliches Wahrzeichen der Stadt. Beeindruckend sind die Malereien der Ikonostase zwischen dem Kirchenschiff und dem Altarraum, die ebenso wie die gusseiserne Kirchenglocke ein Geschenk des russischen Zarenhauses sind.

Wer sich die Blütezeit Brăilas vor Augen führen möchte, kann das im **Historischen Museum** tun, wo Fotos aus der 1920er und -30er Jahren die Jugendstilgebäude entlang der zentralen Promenade Calea Călăraşilor zeigen.

Hinter dem Hotel Traian geht es zu den **Uferpromenaden der Donau** hinunter, von denen man an klaren Tagen bis hinüber nach **Balta Brăilei** schauen kann, der großen Donauinsel, die stromaufwärts Möwen, Enten und Wildgänsen zur Heimat geworden ist.

Service

- **Hauptpost,** Str. Danubiului 8, Tel. 672 222, Tel. 512 222.
- **Geldwechsel: BRD Bank,** Piaţa Traian 12.
- **Reisebüro: Avia Travel,** B-dul A. Ioan Cuza 33, Tel. 615 475, tägl. 9–20 Uhr.
- **Fotografie: Vobis,** Str. M. Eminescu 82.

Notfälle

- **Apotheke: Farmacia Arnica,** Str. Dorobanţilor 470, Tel. 617 952, nonstop.
- **Zahnarzt: Promedica,** B-dul Independenţei 2, Tel. 619 050, tägl. 9–16 Uhr.
- **Kreiskrankenhaus: Spital judeţean,** B-dul Independenţei 4, Tel. 691 500.

Mobilität

- Der **Hauptbahnhof** von Brăila liegt 1,5 km außerhalb des Zentrums, Str. Gen. Eremia Grigorescu 1, Tel. 619 797. Die historische Innenstadt erreicht man mit dem Bus Nr. 4.
- Der **Busbahnhof** liegt 200 m vom Hauptbahnhof entfernt, Str. Siretului 10, Tel. 619 219. Auch von hier fährt der 4er Bus ins Stadtzentrum.
- Die **Autofähre** über die Donau nach Smârdan legt nördlich des Zentrums ab (über die Str. Dorobanţilor in 10 Min. erreichbar), Überfahrten alle halbe Stunde. Fähre Richtung Tulcea 14 RON für einen normalen Pkw.

Unterkunft

- Das beste Hotel der Stadt ist der **Complex Edy's** (****) in der Fußgängerzone M. Eminescu, Nr. 13–14, Tel. 623 024. Das 2006 renovierte Haus mit historischem Flair (erbaut 1890) bietet erstklassigen Service zu fairen Preisen. EZ 120 RON, DZ 230 RON.
- **Hotel Belvedere** (***), Piaţa Independenţei 1, Tel. 619 928, www.belvedere-braila.ro. Modernes Hotel am Rande der Donau mit 50 etwas düster ausgestatteten Zimmern. Bad, TV, Kühlschrank und Air Condition, eigener Parkplatz, Restaurant. EZ 230 RON, DZ 250 RON, Suite 700–900 RON, inkl. Frühstück.
- **Hotel LMS** (***), Calea Galaţi, Tel. 611 900. Kleine, aber nett ausgestattete Räume, Restaurant und Club. EZ 100 RON, DZ 130 RON, inkl. Frühstück.
- Das **Hotel Triumph** (***), Str. Călăraşilor, Tel. 687 500, bietet Bad, TV und Internet. EZ 25 Euro, DZ 32 Euro, Suite 55 Euro.

Essen und Trinken

- Das **Ajo,** Str. Rahova 32, trägt zwar einen spanischen Namen, doch die Küche ist typisch rumänisch. Zu empfehlen ist das Barschfilet mit Pilz-Käsesauce (*Filé Şalău cu sos de ciuperci şi caşcaval,* 20 RON).

•**Casa Artemis,** Str. 1. Decembrie 1918, Nr. 108, Tel. 625 500, tägl. 8–24 Uhr. Mexikanisches Restaurant mit bemerkenswert authentischer Küche. Probieren: *Piept de pui fâşii,* Hühnerbrust mexikanisch.

In der Umgebung

Lacul Sărat

Einen der schönsten Badeseen Südrumäniens sollte man sich nicht entgehen lassen, wenn man Brăila besucht. Der Lacul Sărat 10 km südlich der Donaustadt, in der Nähe des gleichnamigen Dorfes, lockt im Sommer sogar viele Hauptstädter an. Von einem passablen Strand kann zwar kaum die Rede sein, doch kompensiert wird dieses Manko durch das angenehm **salzige Thermalwasser** des Sees, das sich auch die angrenzenden **Therapiezentren** zunutze machen. Am nördlichen Rand des Sees gibt es zwei Campingplätze mit bescheidenen sanitären Einrichtungen.

Unterkunft:
•**Hotel Flora** (**), direkt am See, Tel. 683 699, DZ 80 RON.

Essen und Trinken:
•**Restaurant Diana,** direkt am See, Tel. 687 256.

Camping:
•**Camping Donaris,** Tel. 686 771, Hütte 30 RON, Zelt- und Stellplatz 40 RON.
•**Camping Lacu Sărat,** Tel. 689 916, Hütte 30 RON, Zelt- und Stellplatz 40 RON.

Die Schlammvulkane bei Buzău

↗ XVII, C3

Rumänien ist eine **erdbebengefährdete Region.** Jährlich gibt es bis zu 30 messbare Erdstöße, die aber meist eine so geringe Stärke haben, dass sie kaum spürbar sind. Doch im Verlauf seines Lebens bekommt jeder Rumäne im Durchschnitt zumindest ein kleineres Erdbeben am eigenen Körper zu spüren. 1977 traf es die Hauptstadt Bukarest besonders schlimm, als bei einem Beben über 1500 Menschen ihr Leben verloren und die Innenstadt einem Trümmerfeld glich.

Etwa 30 km nördlich der Stadt Buzău zeigt sich der Vulkanismus der Erde in Form von **Schlammvulkanen** oder **Vulcanii Noroioşi,** was für das europäische Festland einzigartig ist (wer sich für dieses geologische Phänomen interessiert, muss sonst nach Island reisen).

•Der **Eintritt** zur Besichtigung der Schlammvulkane kostet 6 RON.

Festes Schuhwerk nicht vergessen!

Wer einen Ausflug zu den faszinierenden Schlammvulkanen unternehmen möchte, sollte an festes Schuhwerk denken. Die **Rutschgefahr** bei Aufstiegen zu den blubbernden Kratern ist außerordentlich hoch. Es ist stets damit zu rechnen, sich zwischendurch einmal „hinzusetzen". Also auch passende Kleidung tragen, die etwas Schmutz verträgt!

rum615 Foto: jr

Anreise

Von Bukarest fährt man über die sehr gut befahrbare E85 ins 85 km entfernte **Buzău** im Nordosten. Von hier geht es über die DN10 (Richtung Braşov ausgeschildert) bis zum Dorf **Sătuc,** wo man rechts den kleinen Fluss Buzău überquert und in die Gemeinde **Berca** kommt. Die letzten 8 km führen über eine asphaltierte Straße direkt hinauf zu den Schlammvulkanen.

- **Taxiunternehmen in Buzău** (Vorwahl 0238): **Speed,** Tel. 444 949; **Bucegi,** Tel. 444 952; **Aeg,** Tel. 444 944 (zu den Vulkanen kostet die einfache Fahrt ca. 15 Euro).
- **Busse** fahren von Pâclele und Berca nach Buzău.

Unterkunft

- Seit einigen Jahren besteht die Möglichkeit, in unmittelbarer Nähe der kleinen Krater und blubbernden Vulkane zu übernachten. Das Haus **S.C. Vulcanii Noroioşi** oberhalb der Eingangspforte bietet acht Zimmer mit jeweils drei Plätzen an. Der einfache Schlafplatz kostet (ohne Frühstück) 50 RON, Mobil 0722-623 021, Tel. 0238-437 544 (Ansprechpartner: *Roşu Dumitru*).
- In **Maracineni** (5 km nördl. von Buzău): **Motel Milenium** (**), Tel. 724 933, DZ 60 RON.
- In **Poşta Câlnău** (10 km nördl. von Buzău): **Hanul Neptun,** Tel. 521 400, DZ 60 RON.

Die meisten der Schlammvulkane erreichen kaum 1 m Höhe

Schlammvulkane – die Erde unter Druck

Schlammvulkane – dieses Wort, das sich im ersten Moment so anhört, als hätte es sich ein cleverer Tourismusmanager ausgedacht, ist in Wirklichkeit ein anerkannter Fachbegriff aus der Geologie. Im Gegensatz zu heißem Magma sind hier **unterirdische Gase** die treibenden Kräfte, die neben Wasser auch Schlamm aus den tieferen Sedimentschichten nach oben pressen. Die typischen Strukturen, die dabei an der Erdoberfläche entstehen, sind Schlammkegel oder -krater, die, falls sie noch aktiv sind, meist friedlich vor sich hin blubbern oder auch, falls Methan-Schwefel-Gemische mit im Spiel sind, tüchtig vor sich hin stinken. Die meisten Schlammvulkane findet man auf dem Meeresboden, auf dem europäischen Festland sind sie verhältnismäßig selten.

Faszinierende Mondlandschaft

Bereits auf der Anfahrt passiert man Bäche mit zäh fließendem Schlamm, unwirklich aussehende, glitschig schimmernde Hügel und tiefe Gräben erodierten Lehms. Die vegetationslose Landschaft steigert sich dann oben auf dem Plateau, in dem die Schlammvulkane liegen, und wird zu einem einzigen Crescendo in Blubbergrau. Kreisförmige Schlammkrater tun sich vor den Füßen auf, steile, bis zu 2 m hohe Vulkankegel sind zu bewundern, die man aber besser nicht erklimmt (es sei denn, man findet an Rutschpartien im Schlamm Gefallen). Vor allem Kinder haben Spaß an den manchmal melonengroßen Schlammblasen, die sich meist mit einem dumpfen Gurgeln ankündigen, um dann mit einem lauten Blobb an die Oberfläche des Schlammtümpels zu stoßen.

Wer nach dem Ausflug in die bizarre Mondlandschaft auf den Geschmack gekommen ist und weitere merkwürdige geologische Strukturen sehen will, fährt hinauf ins 20 km entfernte **Lopătari** (über Scorţoasa, Căneşti und Chiliile). Dort sind einmalige schneeweiße Berge zu sehen. Die Rumänen nennen diese trockenen Schneeberge **Grunj.**

Ploieşti

⇗ **XXI, C1**

- **Meereshöhe:** 250 m
- **Vorwahl:** 0244
- **Einwohner:** 267.000

Die beiden Industriestädte Ploieşti und Piteşti (s.u.) sind weder attraktiv noch lohnen sie einen Aufenthalt als Sprungbrett, um in die nahen Karpaten, die Salzminen von Slanic oder die Fürstenstadt Târgovişte zu fahren (dafür bieten sich die vielen guten, nördlich gelegenen Landpensionen um Vălenii de Munte, Comarnic oder Câmpulung eher an). Der Lärm der umfassenden Bau- und Sanierungsarbeiten, der seit Jahren auch die an Staub, Ölgeruch und Schmutz gewöhnte Bevölkerung langsam zu nerven beginnt, kommt auf der Negativliste neben verstopften und desaströsen Straßen als weiterer Minuspunkt hinzu.

Bernsteinmuseum in Colţi

Das **einzige Bernsteinmuseum Rumäniens** befindet sich nur 15 km von Buzău entfernt im kleinen Örtchen Colţi. Die Fahrt mit dem Taxi von Buzău sollte nicht mehr als umgerechnet 10 Euro kosten (für Hin- und Rückweg).

Viorica Nica führt seit 1979 durch das hübsche Museum, ihr Mann *Dumitru* erklärt als Historiker, Gärtner und Bienenzüchter die anderen wichtigen Sehenswürdigkeiten, die man in der Walachei auf keinen Fall versäumen sollte. Die beiden bieten eine preiswerte Übernachtungsmöglichkeit an.

- **Muzeul Chihlimbarului,** Bernsteinmuseum, Tel. 0238-522 555, Eintritt 5 RON.
- **Casa Nica** (**), 5 Zimmer, Tel. 0238-522 555, DZ 60 RON.

Kurort Sărata Monteoru

Die **Thermalquellen** von Sărata Monteoru 10 km südwestlich von Buzău sind bereits seit 1482 bekannt. Solch prominente Gäste wie *Şerban Cantacuzino* und *Constantin Brâncoveanu* hielten sich hier bereits 1680 zum „Kurlauben" auf. Heute gilt das Spa als ideale Basis für einen Besuch der Schlammvulkane (25 km), des Skulpturenparks von Măgura (35 km) und des Bernsteinmuseums in Colţi (20 km). Ein **Gesundheitszentrum** bietet das ganze Spektrum an Heilbehandlungen an, von Massagen über Inhalationen bis hin zu Wasserkuren und Magnetotherapie.

Adressen (Vorwahl 0238):

- **Casa cu Tei** (**), Drumul Schelei 207, Tel. 451 255, www.casacutei.ro, EZ 50 RON, DZ 60 RON.
- **Pension Casa Costea** (**), gleich neben dem Freibad, erstklassig gut, im Grünen, ruhig und billig, EZ 50 RON, DZ 60 RON, Halb- und Vollpension möglich und empfehlenswert.
- **Landpension Marin** (**), Str. Principala 338, Tel. 451 135, DZ 70 RON.
- **Hotel Monteoru** (**), Tel. 451 110, www.monteoruspa.ro, EZ 55 RON, DZ 75 RON.
- **Camping Adventura,** Tel. 451 110, 8 km südwestlich, über die DN1b Richtung Ploieşti, Abfahrt Merei, Stell- und Zeltplätze, gute sanitäre Einrichtungen, 50 einfache Holzhütten für 15–30 RON, Zelt 10 RON, Auto 15 RON.
- **Restaurant Anemona,** Tel. 451 117, bestes Restaurant im Ort.

Drăgaica-Festival in Buzău

Das **Mittsommerfest** Drăgaica in Buzău zählt zu den Höhepunkten der kulturellen Veranstaltungen in Muntenien. Zur Sommersonnwende (20., 21. oder 22. Juni) streifen sich die Mädchen des Ortes ihre traditionellen Folklorekostüme über und tragen Kronen aus Blumengebinden auf dem Kopf. Singend und tanzend geht es durch die Straßen der Stadt, in der an diesem Tag viele ihr Kunstgewerbe ausstellen. In den letzten Jahren entwickelte sich das Fest immer mehr zu einem bunten und ausgelassenen (Kunst-)Markt.

Schade ist dies vor allem für die **sehenswerten Museen** in Ploieşti und die **aufblühende kulturelle Szene** der beiden Städte, deren junge Künstler den Kontakt mit westlichen Besuchern herbeisehnen.

Bislang jedenfalls zieht es vor allem Geschäftsleute der **Ölindustrie** nach Ploieşti und Piteşti, die dann aber wegen Zeitmangel und Verständnisproblemen wenig am kulturellen Leben teilnehmen können, obwohl man einige amerikanische und chinesische Manager schon in einem Museum in Ploieşti gesehen haben will – im Ölmuseum.

Ploieşti, die **größte rumänische Ölstadt,** hat einige Superlative zu bieten. So war Ploieşti 1857, gemeinsam mit Petrolia in Kanada, die erste Stadt der Welt, die eine Ölquelle hatte und diese auch nutzte. Bereits einige Jahre später machte das sprudelnde Öl aus Ploieşti das 50 km entfernte Bukarest zur weltweit ersten Stadt, die Erdöl zur Straßenbeleuchtung nutzte. Zu Zeiten des Ersten Weltkriegs gab es bereits zehn Raffinerien in der Stadt, die allerdings allesamt ausländischen Gesellschaften gehörten. Die zunehmende Industrialisierung und die zentrale Lage machten aus Ploieşti den zentralen Eisenbahnknotenpunkt Rumäniens.

Museen

Das sehenswerte **Uhrenmuseum** mit über 800 Einzelstücken zeigt unter anderem die erste Taschenuhr, die übrigens auch nach über 300 Jahren noch die Zeit misst (falls sie aufgezogen wird) und dazu eine kleine Melodie von sich gibt. Das Uhrenmuseum ist in einem der schönsten Gebäude der Stadt untergebracht. Die Architektur aus dem 19. Jahrhundert ist stark an den Brâncoveanu-Stil angelehnt, ist aber noch verspielter und nimmt fast den Jugendstil vorweg.

Die gesamte Geschichte der rumänischen Erdölindustrie ist in einer zugleich pathetischen und bedrückenden Ausstellung im **Nationalen Erdölmuseum** zu sehen.

Einige der wichtigsten rumänischen Maler wie *Theodor Aman* und *Nicolae Grigorescu* sind im **Kunstmuseum** der Stadt recht ansprechend in Szene gesetzt (ein besseres Museum, um die Werke *Grigorescus* zu studieren, ist in der walachischen Stadt Câmpina, das Muzeul Nicolae Grigorescu).

Die Kenner rumänischer Literatur werden sicher nicht am **Muzeul Nichita Stănescu** vorbeikommen, in dem einige seiner schönsten Gedichte als Originalskripte zu sehen sind.

Last but not least ist das **Museum für Geschichte und Archäologie** zu erwähnen, das zwei große Sektionen der Zerstörung der Stadt im Zweiten Weltkrieg und den großen Sportheroen Rumäniens widmet, aber auch ein uraltes Boot ausstellt, das im Moor des Donaudeltas die Zeit erstaunlich unbeschadet überstanden hat.

Das Kunstmuseum von Ploieşti

- **Muzeul Ceasului** (Uhrenmuseum), Str. N. Simache 1, Tel. 142 861, Eintritt 4 RON, Di. bis So. 9–17 Uhr.
- **Muzeul Naţional al Petrolului** (Erdölmuseum), Str. Dr. Bagdasar 8, Eintritt 3 RON, Di. bis So. 9–17 Uhr.
- **Muzeul de Arta** (Kunstmuseum), B-dul Independenţei 1, Eintritt 4 RON, Di. bis So. 8– 17 Uhr.
- **Muzeul Nichita Stănescu,** Str. Nichita Stănescu 1, Eintritt 3 RON.
- **Muzeul de Istorie şi Arheologie** (Museum für Geschichte und Archäologie), Str. Toma Caragiu 10, Tel. 11 44 37, Eintritt 5 RON.

Service

- **Hauptpost,** Piaţa Victoriei 8, Tel. 594 764.
- **Geldwechsel: Raiffeisenbank,** Str. Unirii 2, Mo. bis Fr. 8.30–18 Uhr, Sa. 9–14 Uhr.
- **Optiker: Vaida Optic,** Str. Constanţei 22, Mo. bis Fr. 9–18 Uhr, Sa. 9–12 Uhr.

Notfälle

- **Apotheke (Farmacia): Europharm,** B-dul Unirii 4, Tel. 522 860, nonstop.
- **Privatklinik: Al Medica Berlin,** B-dul Republicii 6, Tel. 510 051, Mo. bis Fr. 8–19 Uhr, Sa. 8–13 Uhr, westeuropäischer Standard.

Mobilität

Züge

Der Hauptgrund, der viele Menschen nach Ploieşti bringt, werden die **exzellenten Zugverbindungen** sein, die einen in die attraktiveren Gegenden Rumäniens befördern. Wer die schnellen IC- und R-Züge von und nach Bukarest, Constanţa, Timişoara, Craiova und die Moldau nehmen möchte, muss zum **südlichen Bahnhof (Gară de Sud),** Piaţa 1. Decembrie 1918, Tel. 520 730; Nahverkehrszüge (z.B. nach Vălenii de Munte) fahren

rum619 Foto: jr

vom **westlichen Bahnhof (Gară de Vest)** ab, Str. Domnişori 95, Tel. 520 731. Tickets gibt's vorab im **CFR-Büro,** Str. Republicii 1, Tel. 557 191.

Busse

- Es gibt **zwei Busbahnhöfe** in Ploieşti. Zum nördlichen in der Str. Dragolina geht man 15 Min. vom Zentrum oder nimmt den 4er Bus. Der südliche liegt gleich neben dem Südbahnhof. Der Umbruch, in dem sich die Stadt befindet, spiegelt sich übrigens auch in den Abfahrtszeiten der Busse wider, die Ploieşti einmal mehr zu einem chaotischen Platz machen („Sie wollen weg? Nehmen Sie besser den Zug!").

Taxis

- **Index,** Tel. 944.
- **Willis,** Tel. 967.

Auto

- **Autowerkstatt,** Str. Gărgeni 92a, Tel. 512 981.

Unterkunft

- Wer schon in Ploieşti übernachten muss, kann es sich vielleicht leisten, das beste Hotel der Stadt aufzusuchen. Das **Hotel Central** (****), B-dul Republicii 1, Tel. 526 641, ist gar nicht mal so teuer: EZ 140 RON, DZ 180 RON, App. 290 RON. Wer hier nicht schläft, sollte sich zumindest eine Mahlzeit im ausgezeichneten Restaurant gönnen.

Camping

- Mit Bussen und Bahnen zwar nicht zu erreichen, aber mit einem der günstigen Taxis (oder dem eigenen Auto) kein Problem: **Camping Româneşti,** 10 km außerhalb der Stadt, südlich an der E 60, Richtung Bukarest, Kilometerpunkt 49; einfache Holzhütten und sanitäre Einrichtungen, Hütte 30 RON, Auto und Zelt 30 RON.

Essen und Trinken

- Im britischen Ambiente des **London House Club,** B-dul Independenţei 2, Tel. 595 938, gegenüber dem Kunstmuseum, schmecken Roast-Beef und gebackene Kartoffeln so gut, dass man Ploieşti wünscht, bald eine größere Rolle im Tourismus zu spielen.
- Im **Marlen,** B-dul Republicii 307, Reservierungen unter Mobil 0722-264 645, wird klassisch rumänisch gekocht. Entspannte Atmosphäre, vor allem im Sommer auf der grün umrankten Terrasse. Probieren: *Mămăligă la Cuptor.*

rum12-017 Foto: jr

Die Industriestadt Piteşti hat durchaus ihre grünen Seiten

Piteşti

↗XX, A1

- **Meereshöhe:** 270 m
- **Vorwahl:** 0248
- **Einwohner:** 187.000

Der Name der 120 km westlich von Ploieşti gelegenen Stadt Piteşti ist unweigerlich mit dem einzigen Auto verbunden, das jemals in Rumänien hergestellt wurde, dem **Dacia.** Seit 1966 rollen die einstmals begehrtesten Autos Rumäniens in den Hauptwerken im Norden der Stadt von den Bändern. Aber erst 1996 kam mit dem Dacia Nova zum ersten Mal ein Modell auf den Markt, das auch hundertprozentig von Rumänen designed und produziert wurde. Die vorherigen Modelle (siehe Exkurs „Dacia – der rumänische Volkswagen") lehnten sich an Technik und Design westlicher Modelle an. Im Jahr 1999 gewann Renault gegen Peugeot das Rennen um die Dacia-Werke in Piteşti und brachte im Jahr 2005 den 5000 Euro teuren Dacia Logan auf den Markt, das erste Exportprodukt Rumäniens auf den westlichen Märkten.

Die grausigen Experimente von Piteşti

Sehenswerte Museen, Denkmäler oder architektonische Kleinode hat die im Zweiten Weltkrieg stark zerstörte Stadt Piteşti nicht zu bieten, dafür aber ein bedenkenswertes **Mahnmal.**

Zwischen 1949 und 1952 fand im Gefängnis von Piteşti (später auch in Gherla und Aiud) ein Experiment statt, das sich **Umerziehungsprogramm** nannte. Die daran „teilnehmenden" Priester, Studenten, Künstler und Intellektuellen mussten in der ersten Phase des grotesken Schauspiels ihre Verbrechen bekennen und wurden anschließend gezwungen, ihre eigenen Mitgefangenen dafür zu bestrafen. Das so genannte Experiment von Piteşti wuchs sich im Laufe der Zeit zur schlimmsten Folter aus, die 30 Gefangene nicht überlebten. In den drei Jahren bis zum Verbot durchlitten Tausende von Rumänen diese Tortur.

Den Opfern, die gleichzeitig zu Tätern (gemacht) wurden, ist heute an der Stelle, wo einst das Gefängnis stand (Str. Negru Voda 80, gegenüber dem Militärmuseum), eine kleine Gedenksäule gewidmet.

Service

- **Hauptpost,** Str. Victoriei 14, Mo. bis Fr. 9–19 Uhr, Sa. 9–12 Uhr.
- **Geldwechsel: Banca comercială Română,** B-dul Republicii 83, Mo. bis Fr. 8.30–17 Uhr.
- **Reisebüro: Novatouring,** Str. Victoriei 28 (in den Galeriile Pavone), Tel./Fax 223 118. Organisiert auch Rundreisen und Touren nach Curtea de Argeş. Autovermietung.

Notfälle

- **Salvamont-Bergrettung:** Tel. 217 800.
- **Apotheke: Farmacia Dona,** Str. Exerciţiu 27, Tel. 251 133, Mo. bis Fr. 7.30–22 Uhr, Sa./So. 8–18 Uhr.
- **Kreiskankenhaus: Spitalul judeţean,** Str. Exerciţiu 39, Tel. 624 100.

Mobilität

- Der **Südbahnhof (Gara de Sud)** am B-dul Republicii ist der eigentliche Hauptbahnhof der Stadt. Von hier fahren täglich 3 Intercitys nach Bukarest und 3 Schnellzüge nach Craiova und Constanţa. Regionalzüge verkehren vom **Gara de Nord** in der Str. Bascov. **Zugauskünfte:** Tel. 635 400.
- Der **südliche Busbahnhof (Autogara de Sud)** befindet sich 100 m vom Südbahnhof entfernt, Str. Târgul din Vale 47, Tel. 636 302. Von hier starten auch private Maxitaxis in die größeren Städte im Süden und in die Hauptstadt. Ein weiterer Busbahnhof liegt im Norden, Str. George Coşbuc 12, Tel. 282 201.

rum-dacia Foto: dr

Auf den ersten Dacia musste man noch lange warten – der Dacia 1100

Dacia – der rumänische Volkswagen

Die meisten Rumänen können die verschiedenen Dacia-Automodelle noch heute mühelos runterrasseln, auch wenn immer weniger von ihnen auf rumänischen Straßen zu finden sind. Kein Wunder, allzu viele Typenbezeichnungen hat es nicht gegeben, und für viele bedeutete der rumänische Kleinwagen die erste Chance auf ein wenig unabhängige Mobilität.

Während man sich in der DDR erst 1984 entschloss, den Trabant mit einem 1,1-Liter-Viertakter von Volkswagen aufzurüsten – was einige Zyniker zu dem Kommentar veranlasste, das sei so, als wenn man einer Leiche einen Herzschrittmacher einpflanzen würde – setzte die rumänische Staatsführung von Anfang an auf westliche Technologie. 1966 gab es eine internationale Ausschreibung für den Bau eines rumänischen Wagens, an der Alfa, Fiat, Renault, Peugeot und Austin teilnahmen. Als Wunsch hatte die Bukarester Führung einen Mittelklassewagen bis 1300 cm^3 vorgegeben. **Renault,** das den Kooperationszuschlag erhielt, baute jedoch aufgrund „technischer Schwierigkeiten" zuerst nur ein 1100-cm^3-Modell, den Dacia 1100, der als Renault 8 auch für den französischen Markt hergestellt wurde.

Ähnlich dem DDR-Trabant war der nach dem ehemaligen Königreich Dakien benannte Dacia 1100, vor allem aber das Nachfolgemodell 1300, ein Wagen, auf den man **lange warten** musste. Wer ihn schließlich nach fünf bis acht Jahren bekam, nutzte die ungewohnte Freiheit dazu, zuerst einmal kreuz und quer durchs Land zu reisen. Von der ungarischen Grenze bis zum Schwarzen Meer sah man den Wagen ab 1970 immer öfters auf den Straßen.

Im 1968 gegründeten Werk in Piteşti gab es in der kommunistischen Zeit **zwei Herstellungsbänder,** eins für den Export, eins für die Inlandsproduktion. Die Einzelteile der für Rumänien produzierten Dacias waren schlechter, was aber die meisten Rumänen durch eigenhändige, oft wöchentliche Reparaturen wieder wettmachten.

Unterkunft

- Das kleine **Hotel Carmen** (***), B-dul Republicii 84, Tel. 222 699, ist die beste Adresse in der Stadt. Auch das Hotel-Restaurant gehört in die Kategorie „empfehlenswert".

Bergdorf Cheia und Salzmine Slănic

Nördlich von Ploieşti führt die gut befahrbare A1 durch eine der schönsten Regionen Munteniens, das **Tal des Flusses Teleajen.** Auf der stetig ansteigenden Straße Richtung Braşov (Transsylvanien) erreicht man zuerst den Ort **Vălenii de Munte.** Wer sich für die rumänische Politik der Nachkriegszeit interessiert, kann hier einen Abstecher ins **Museum Nicolae Iorga** machen. Die Ausstellungsräume im sehenswerten Holzhaus aus dem 17. Jahrhundert stellen auch gleichzeitig den Tatort dar, an dem der Historiker und Premierminister *Iorga* 1940 durch die von ihm mitbegründete Eiserne Garde ermordet wurde. Angeschlossen ist ein **Museum,** das **Ikonen** und Kultgegenstände der Orthodoxie präsentiert.

- **Muzeul Nicolae Iorga,** Str. G. Enescu 3, Tel. 0244-280 861, Di. bis So. 9–17 Uhr, Eintritt 4 RON.
- **Muzeul de Artă Religioasă** (Museum für religiöse Kunst), Str. G. Enescu 1, Tel. 0244-280 861, Di. bis So. 9–17 Uhr, Eintritt 4 RON.

Salzmine Slănic ↗XVI, B3

Von Vălenii de Munte sind es knapp 8 km zum nördlich gelegenen **Kurort Slănic Prahova** (der Zusatz Prahova verweist darauf, dass es in der Region Moldau einen weiteren Ort namens Slănic gibt, nämlich Slănic Moldova). Die Hauptattraktion der Mittelgebirgsstadt ist die Salzmine, die auch als Therapie- und Sportzentrum dient. Man findet sie am Ende des Ortes. Zuerst geht es am kleinen **Salzmuseum** vorbei, dann führt die Straße geradeaus, bis man am Ende rechts eine kleine Brücke überquert (leider ist die Salzmine sehr schlecht ausgeschildert!).

Entdeckt wurde die **Saline** im Jahre 1689. Man grub sehr frühzeitig Stollen in die Tiefe, und bald wurde den Menschen der Region bewusst, dass sich die salzhaltige Luft tief im Erdinnern positiv auf die Atemwege und Atemwegserkrankungen auswirkte.

Heute führt ein 208 m tiefer **Fahrstuhl in die Tiefe** (er sieht zwar altertümlich aus, wird aber vom rheinländischen TÜV kontrolliert). Unten betritt man dann eine 84.000 Quadratmeter große Mine, in der sich Handball-, Volleyball- und Fußballfelder befinden! Auch **Billardsäle, Cafés und Restaurants** hat man nicht vergessen, damit es den Salzkurgästen an nichts fehlen möge. Die Temperatur von nur 13 Grad, die unter Tage herrscht, ist allerdings, vor allem im Hochsommer, stark gewöhnungsbedürftig (Pullover mitnehmen).

- **Salina Slănic,** Besichtigung und Führung täglich 9–17 Uhr, Mo. geschlossen, Eintritt 10 RON, Kinder 5 RON.
- **Muzeul Sării Slănic** (Salzmuseum), Tel. 0244-240 961, tägl. 9–17 Uhr, Eintritt 2 RON, Fotografieren, Filmen 2–5 RON extra.

Unterkunft

Auf dem Weg zur Saline liegen drei **Pensionen** mit Zimmerpreisen von 50–70 RON:

- **Jean** (**), Mobil 0723-648 638.
- **Elena** (**), Mobil 0724-724 170.
- **Livada** (***), Tel. 0244-241 612.

Bergdorf Cheia ↗ XVI, A/B3

Von Ploieşti kommend führt die A1 über Vălenii de Munte weiter Richtung Norden, sprich: Richtung Karpaten. Die kontinuierlich ansteigende Straße passiert 15 km hinter Vălenii das **Nonnenkloster Suzana,** welches rechtsseitig, pittoresk am Flüsschen Teleajan, vor einer schönen Bergkulisse liegt. Das im 18. Jahrhundert erbaute Kloster wurde zwischen 1835 und 1838, nach einer Zerstörung, völlig neu aufgebaut und mit den prachtvollen Ikonen des Künstlers *Gheorghe Tattarescu* verschönert.

Auf halber Strecke von Slănic nach Braşov erreicht man auf 900 Höhenmetern das wunderschöne **Bergdorf Cheia** zu Füßen der **Ciucaş-Berge.** Der friedliche und ruhige Ort ist eine wahre Erholung für alle Großstadtgeschädigten, die vielleicht aus den Metropolen Bukarest oder Ploieşti hier heraufgefunden haben. Cheia ist eine vorzügliche Ausgangsstation für Bergtouren in die Ciucaş-Berge (Krähenstein). Leichte und nicht allzu lange Routen führen rechts hinüber in die **Roşu-Berge** und zur 7 km entfernten **Hütte Muntele Roşu** (1281 m). Von hier dauert der Aufstieg zur netten, einfach ausgestatteten Ciucaş-Hütte auf 1600 m noch einmal 2 Stunden

Auf dem Weg in die Berge: Câmpina und Breaza

Die meisten Besucher, die sich von Bukarest nach Sinaia, Predeal und Braşov auf den Weg machen, nehmen die schnellste und direkteste Route, die Europastraße 60. Die Zwischenstationen, die sich hier auf halber Strecke zwischen Ploieşti und Sinaia anbieten, heißen Câmpina und Breaza.

Als kleiner Abstecher und „kulturelle Tankstelle" auf dem Weg in die Berge empfiehlt sich das nette, kleine **Muzeul Niculae Grigorescu in Câmpina.** Zwar gibt es auch in Ploieşti einige Werke des bedeutendsten rumänischen Malers zu sehen, aber im hübsch eingerichteten Landhaus in Câmpina kommen die Landschaftsporträts und Stillleben des Künstlers wesentlich besser zur Geltung.

In **Breaza** bietet sich die Möglichkeit eines Zwischenstopps oder einer günstigen Übernachtung an (für einen Bummel zur hübschen Bergkirche Sf. Nicolae sollte Zeit sein). Oder wie wäre es mit einer Partie **Golf** im ersten professionellen Club Rumäniens (Lac de Verde)?

- **Muzeul Niculae Grigorescu,** Câmpina, B-dul Carol I., Di. bis Fr. 9–17 Uhr, Sa./So 9–13 Uhr, Eintritt 4 RON.
- **Lac de Verde** (****), Str. Caraiman 57, Tel. 0244-343 525, www.lacdeverde.ro, EZ/DZ 80–120 Euro. Modernes Golfhotel der Luxusklasse.
- **Hotel Belvedere** (**), Str. Prundului 11, Tel. 0244-345 100. Schön gelegenes Hotel mit ausgezeichneter Küche.

(die Hütte ist bis zum Winter 2007 wegen Renovierungsarbeiten nicht benutzbar!).

Vom nahe gelegenen **Bratocea-Pass** auf 1263 m, der auf der anderen Seite hinunter nach Braşov führt, liegt die Babarunca-Hütte (rechts der Straße) nur 5 km entfernt.

Wer nicht klettern, sondern nur einen Zwischenstopp einlegen möchte, kann sich am **See Măneciu** im Angeln üben (hier gibt es ausgezeichnete Forellen).

- **Bergrettung: Salvamont Cheia,** Mobil 0722-140 858.
- **Cabana Muntele Roşu,** Tel. 0244-294 141, Zimmer mit 2–8 Betten, 44 Plätze, fließend Wasser, Heizung, Elektrizität, Übernachtung 20–30 RON.

Unterkunft

- **Pension Reginei** (****), Tel. 0244-294 161, www.floareareginei.com.ro (in Englisch), auf der A 1 am Kilometerpunkt 135 (ist ausgezeichnet). Die Pension mit Restaurant bietet allen erdenklichen Komfort, wie Internet, Sauna, Jacuzzi und einen Fitnessraum. EZ/ DZ 70–80 RON.
- **Casa Română** (***), im Ortsteil Măneciu, in Seenähe, liegt die adrette, moderne Pension mit Terrasse und schönem Ausblick. Gute Küche, Vollpension möglich. EZ/DZ 80 RON, App. 100 RON, Tel. 0723-536 125, mehr unter www.casaromana.go.ro (leider nur auf Rumänisch, aber Abbildung!).

Târgovişte

↗ XX, B1

- **Meereshöhe:** 350 m
- **Vorwahl:** 0245
- **Einwohner:** 90.000

Die Stadt Târgovişte (alte Schreibweise: Tîrgovişte, Betonung auf dem o!) liegt 60 km von Bukarest entfernt auf halber Strecke zwischen Ploieşti und Piteşti. Man erreicht sie bequem von der Hauptstadt über die neu gebaute Autobahn (Abfahrt Găeşti). Das im Hügelland der Vorkarpaten gelegene Târgovişte hat zwar in den letzten 50 Jahren eine ähnliche Entwicklung zur Industriestadt vollzogen wie seine Nachbarstädte, verdient aber mehr Aufmerksamkeit, da sich die Relikte der **einstigen Hauptstadt der Walachei** relativ gut erhalten haben. Zu den wichtigsten Überresten der Blütezeit Târgovişte s zählt der alte **Fürstenhof,** für dessen Besichtigung man durchaus einen Tag einplanen sollte.

Während der Revolution von 1990 rückte die Stadt am Fluss Ialomiţa in den Brennpunkt der Zeitgeschichte, als **Nicolae und Elena Ceauşescu** ihre Flucht mit dem Helikopter hier in der Nähe des Fürstenhofs unterbrechen mussten, festgenommen und hingerichtet wurden. Târgovişte ist damit zu einem Symbol für das Ende einer Epoche geworden, allerdings nicht zum ersten Mal in der Geschichte.

Bewegte Geschichte

Als 15-jähriger Knappe geriet der spätere deutsche Kreuzritter und Weltreisende **Johannes Schiltberger** 1396 (nach der Schlacht von Nikopolis) in osmanische, später dann in mongolische Gefangenschaft. Dies hielt ihn nicht davon ab, seine Reisen à la *Marco Polo* minutiös zu beschreiben. So war er es, der die Stadt Târgovişte um 1400 erstmals in seinen Reiseerzählungen erwähnte.

50 Jahre später wurde am Fürstenhof von Târgovişte jene Person inthronisiert, die schon bald für die Herrschenden Europas zur Hoffnung gegen das Osmanische Reich, aber auch zum Sinnbild für brutale Kriegshärte werden sollte: **Fürst Vlad III. Draculea,** genannt „der Pfähler", die historische Vorlage für *Bram Stokers* Roman „Dracula".

Târgovişte war kurz zuvor zur Hauptstadt der Walachei aufgestiegen (der Fürstensitz befand sich vorher in der benachbarten Stadt Curtea de Argeş, s.u.). *Vlad Draculea* hatte bereits seine Kindheit in Târgovişte verlebt, geriet dann aber mit seinem Bruder in türkische Gefangenschaft. Die Rache für dieses Martyrium sollten die Osmanen auf grausame Weise zu spüren bekommen. *Vlad* gelang die Flucht aus Konstantinopel; er baute Târgovişte zur Festung aus und führte von hier seine erfolgreichen Feldzüge gegen die Osmanen. Nach siegreichen Schlachten ließ *Vlad* meist alle Gefangenen aufspießen und die Gepfählten über Kilometer hinweg an der Südgrenze der Walachei als Warnung für zukünftige osmanische Eindringlinge auf- und ausstellen. Die Türken rächten sich nach dem Tod *Vlads,* indem sie die Stadtmauern Târgoviştes schleifen und den Fürstenhof in Brand stecken ließen.

Târgovişte sollte dennoch bis 1714 Hauptstadt der Walachei bleiben, erst danach verlagerte man den Fürstensitz noch weiter ostwärts, nach Bukarest.

Sehenswertes

Der historische Fürstenhof

Am besten beginnt man seinen Rundgang in Târgovişte im **Stadtpark rund um den Chindia-See.** Der Park ist genau im Zentrum zu finden und nur 15 Minuten vom Bahnhof entfernt. Hier wurden die Ruinen der alten Stadt ausgegraben und rekonstruiert. Wen die Geschichte *Vlad Draculeas* interessiert, findet gleich neben dem Park im **Turnul Chindiei** eine umfassende Ausstellung zur Person *Vlads,* die sich glücklicherweise an die historischen Tatsachen hält und nicht in eine kitschige Dracula-Welt abgleitet.

Vlad hatte den ehemaligen Wohnturm (der später zum Wachturm werden sollte) während seiner Residenzzeit von 1456 bis 1462 gleich neben den Fürstenhof gesetzt. Dessen Überreste sind direkt südlich des Turms zu sehen.

Insgesamt dreimal wurde der Fürstenhof von den Osmanen in Brand gesetzt und auch dreimal wieder aufgebaut. So ließ **Fürst Petru Cercel** (1583–1585) gleich neben dem alten einen neuen Fürstenhof errichten, der inmitten eines italienischen Renaissancegartens angelegt war. Nach der erneuten Zerstörung dieses Hofes war es

Muntenien

rum627 Foto: jr

Matei Basarab (1580–1654), der den Fürstenhof (inklusive eines türkischen Bades!) wieder aufbauen ließ.

Im Jahr 1660 wurde der Hof von Târgovişte ein letztes Mal durch die Osmanen komplett zerstört, doch der Wojwode **Constantin Brâncoveanu** (1654–1714) ließ ihn 1698 abermals aufbauen.

Die Fürstenkirche

Der aufgeklärte Humanist **Brâncoveanu** orientierte sich gerne an westlichen Vorbildern und ließ die von den Osmanen 1660 zerstörte Fürstenkirche als von einem Turm gekrönte Kreuzkuppelkirche wieder aufbauen. Der Grundriss gleicht dem eines griechischen Kreuzes, die **Fresken** aus dem Renovierungsjahr 1698 erstrahlen seit ihrer neuerlichen Renovierung im Jahr 2003 in neuem Glanz.

Auf einem Votivbild ist *Constantin Brâncoveanu* mit einem Modell der Fürstenkirche in der Hand abgebildet, neben ihm die bereits im vorigen Abschnitt erwähnten „Aufbaufürsten" *Petru Cercel* und *Matei Basarab*.

Die ikonografischen Gemälde im Südwesten des Hauptraums (Naos) zeigen eine in der Orthodoxie einmalige Szene: die wundersame Brotvermehrung.

Der Fürstenhof in der alten Walachei-Hauptstadt Târgovişte

●**Curtea Domnească** (Fürstenhof) und **Biserica Domnească** (Fürstenkirche), Zugang über den B-dul Bălcescu, Di. bis So. 9–17 Uhr, Eintritt 5 RON.

Kloster Dealului

Ein wenig außerhalb von Târgovişte lädt ein wichtiges Kloster zur Besichtigung ein. Um das Kloster Dealului zu erreichen, fährt man über die DN71 in Richtung Norden (Sinaia). Nach der Ausfahrt Richtung Ploieşti biegt man nach 1 km links ab.

Die hier auf einer Anhöhe zu sehende Klosterkirche zählt zu den elegantesten in ganz Rumänien. Der um 1500 vollendete Bau trägt zwei kleine Kuppeln, die über einer **reich geschmückten Fassade** thronen. Die orientalischen Zierelemente und die Rundbögenarkaden verleihen dem gesamten Gebäude einen schlichten und zugleich vielfältigen Charakter.

●**Mănăstirea Dealului,** Mo. bis So. 8–18 Uhr, Eintritt 3 RON.

Service

●**Hauptpost,** Str. Laminorului 3, Tel. 617 030, 14, Mo. bis Fr. 9–19 Uhr, Sa. 9–12 Uhr.
●**Geldwechsel: BRD Bank,** Str. Stelea 1, Mo. bis Fr. 8.30–17 Uhr.
●**Fotoladen: Revo Center,** Str. Arsenalului 24.
●**Reisebüro: Blue Moon Travel,** Str. Arsenalului 63, Tel. 606 035. Buchung von Zug- und Flugtickets, Zimmervermittlung.
●**Optiker: Dioptria,** B-dul Mircea cel Batrân 6, Tel. 640 641, Mo. bis Fr. 8–19 Uhr, Sa. 8–16 Uhr.

rum628 Foto: jr

Notfälle

- **Apotheke: Farmacia Clepsidra,** B-dul Independenţei 7, Mo. bis Fr. 7.30–22 Uhr, Sa./So. 8–18 Uhr.
- **Private Klinik: Polimed,** Str. 10. Mai, Nr. 15, Te. 217 519, Mo. bis Fr. 7.30–20 Uhr, Sa. 8–13 Uhr.

Mobilität

- Der **Hauptbahnhof (Gara)** liegt 1 km vom Stadtzentrum entfernt. Man erreicht ihn mit dem Oberleitungsbus 5 und dem Bus 6; Tel. 611 243. Das **CFR-Büro** verkauft gleich neben dem Bahnhof Tickets vorab, Tel. 613 772.
- Der **Busbahnhof (Autogara)** befindet sich 1,5 km vom Stadtzentrum entfernt, B-dul Eroilor 1, Tel. 612 574. Tickets gibt's auch bei **S.C. Transport,** Str. Unirii 6, Tel. 616 633.
- **Taxi: Blue,** Tel. 941; **Car,** Tel. 944.

Unterkunft

- **Hotel Valahia** (***), B-dul Libertăţii 7, Tel. 634 491. Großhotel (über 100 Zimmer) mit erträglichen Preisen: EZ 90 RON, DZ 95 RON, App. 160 RON, inkl. Frühstück.
- 15 Minuten außerhalb von Târgovişte (im Ort Pucioasa) liegt die sehr günstige und gute **Pension Verona,** Str. Trandafirilor, Tel. 0722-402 558. DZ für Ausländer 70 RON (für Rumänen 60 RON).

Essen und Trinken

- **Restaurant Licurici,** an der Ausfahrt Richtung Sinaia, Tel. 761 005, tägl. 10–24 Uhr. Spektakuläre Aussicht von der Terrasse, ruhige Atmosphäre, guter Kaffee.
- **Casa Domnească,** B-dul Arsenalului 14, täglich 10 Uhr bis open end, Reservierungen unter Tel. 613 173. Einfaches und schickes Restaurant in der City mit ebenso schnörkelloser Küche.
- **Clubul Aristocrat,** Str. I. Cuza 17, Tel. 206 100, tägl. 10–2 Uhr. Keine Bange, hier trifft sich nicht nur der Adel. Draußen gibt's ein Café, unten einen gemütlichen Weinkeller.

Die Ruinen des Fürstenhofs –
auch ein beliebter Abenteuerspielplatz

Curtea de Argeş ⇗XX, A1

- **Meereshöhe:** 290 m
- **Vorwahl:** 0245
- **Einwohner:** 32.500

Die alte Fürstenstadt Curtea de Argeş 30 km nördlich von Piteşti ist wirklich eine Reise wert. Das hervorragend erhaltene Kloster gehört zu den schönsten sakralen Bauten Rumäniens. Curtea de Argeş war die **erste Hauptstadt der Walachei** – auch wenn der Fürstenhof einige Jahre zuvor in Câmpulung residierte, war Câmpulung doch niemals Hauptstadt.

Die Geschichte der kleinen Stadt am Fluss Argeş ist also eng mit den Anfängen der Walachei verbunden. Die vorangestellte Bezeichnung Curtea (rumänisch für „Hof") verweist auf den **Hof des Fürsten,** der bereits unter *Basarab I.* (1310–1352) hier residierte. Als mit Billigung Konstantinopels 1359 auch noch der erste walachische Metropolit (orthodoxes Kirchenoberhaupt) seinen Sitz nach Curtea de Argeş verlegte, war die kleine Stadt (mit damals gerade einmal 10.000 Einwohnern) nicht nur zum weltlichen, sondern auch zum religiösen Zentrum der Walachei geworden.

Sehenswertes

Die Kastanienallee (Weg zum Kloster)

Vom südlich gelegenen Bahnhof oder Busbahnhof sind es über die schattige Kastanienallee **(B-dul Basarabilor)** nur etwa 20 Min. zu Fuß bis zur Hauptattraktion des Ortes, dem gewaltigen Kloster- und Kirchenkomplex. Man sollte sich also nicht von den vielen aufdringlichen Taxifahrern zu einer Fahrt überreden lassen, zumal der Spaziergang durch die erstaunlich grüne Stadt bereits eine sehr schöne Einstimmung auf die wirklich sehenswerte und überwältigende Klosterkirche ist.

Unterwegs laden **Straßencafés** zum Verweilen ein. Autofahrer finden in der lang gezogenen Allee sicherlich immer einen Parkplatz (es sei denn, es ist ein Feiertag!).

Die Fürstenkirche des hl. Nikolaus

Am Ende der Kastanienallee geht es rechts auf das Terrain, auf dem sowohl die Fürstenkirche des hl. Nikolaus als auch die prächtig gestaltete und riesige Klosterkirche zu besichtigen sind.

Als erstes kommt man an der Fürstenkirche vorbei, **einer der ältesten Kirchen Rumäniens** (1352), die vollständig erhalten ist und niemals zerstört wurde – was angesichts der kriegerischen Vergangenheit Rumäniens einem Wunder gleichkommt! Die einfache und ohne Verzierung gestaltete Kirche besticht durch den regelmäßigen Wechsel zwischen rotem und hellem Ziegelputz, den man niemals dem 14. Jahrhundert zugeschrieben hätte, denn die Kirche sieht modern aus. Die **Fresken** im Innern aus dem 17. Jahrhundert sind nach aufwendigen Renovierungen (sie waren über ein Jahrhundert von den Kerzen im Kircheninneren rußgeschwärzt) wieder deutlich zu sehen und zeigen klar byzantinische Einflüsse.

● **Biserica Domnească Sfântu Nicolae,** Di. bis So. 9–18 Uhr, Eintritt 5 RON.

Die Bischofs- oder Klosterkirche

Ein **wahrer Augenschmaus** und für viele der Höhepunkt jeder Muntenien-Reise ist die berühmte Bischofskirche von Curtea de Argeş. Wie gestern erst fertig gestellt wirkt der wunderbare Bau, der mühelos arabische und türkische Einflüsse integriert. Frisch und strahlend zeigen sich auch die Innenfresken, die 1875 durch den Franzosen *Lecomte de Nouy* restauriert wurden – allerdings im Bukarester Kunstmuseum, das diese schönen Exponate sakraler Malerei leider von seinem Ursprungsort entfernt hat.

Der Zauber der Kirche von Curtea de Argeş ist nur mit dem der Drei-Hierarchen-Kirche in Iaşi vergleichbar. Die unglaubliche Vielfalt der Arabesken an der Außenfassade, die originellen, gegeneinander gerichteten Spiraltürmchen (der Zeichner *Escher* hätte seine Freude daran gehabt) und die Umgebung des üppigen Parks ergeben ein imposantes Gesamtbild. Kein Wunder, dass viele Pauschaltouristen ihre Busse nur höchst ungern wieder besteigen wollen.

• **Mănăstirea Curtea de Argeş,** Mo. bis So. 8–20 Uhr, Eintritt 5 RON.

Informationen

• Die freundliche Infostelle **im Hotel Posada,** B-dul Basarabilor 27–29, Tel. 721 451, hilft beim Organisieren von Tickets und empfiehlt auch private Pensionen im Umland.

Service

• **Hauptpost,** B-dul Basarabilor 121, Mo. bis Fr. 7–20 Uhr, Sa. 9–12 Uhr.
• **Geldwechsel: Raiffeisenbank,** B-dul Basarabilor 29, neben dem Hotel Posada.

Notfälle

• **Apotheke: Farmacia Arges,** B-dul Basarabilor 123, Mo. bis Fr. 7.30–22 Uhr, Sa./So. 8–18 Uhr.
• **Stadtkrankenhaus,** Str. Cuza Vodă 23, Tel. 722 152.
• **Bergrettung: Salvamont,** Tel. 217 800.

Mobilität

• Der **Hauptbahnhof (Gara)** liegt direkt im Stadtzentrum, Str. 1. Mai, Nr. 4, Tel. 726 525.
• Der **Busbahnhof (Autogara)** befindet sich in der Nähe des Hauptbahnhofs, Str. 1. Mai, Nr. 23, Tel. 721 685.

Unterkunft

• **Hotel Posada** (***), B-dul Basarabilor 27–29, Tel. 721 451. Auf halbem Weg zwischen Fürstenkirche und Kloster liegt dieses freundliche Hotel mit Restaurant. DZ 100–120 RON.

Essen und Trinken

Am schattigen B-dul Basarabilor finden sich zahlreiche gute Cafés und Restaurants. Hier nur zwei Vorschläge:

• **Pizzeria Montana,** B-dul Basarabilor 13, Pizzas bis zum Abwinken, dazu abends Live-Musik.
• **Ti amo,** B-dul Basarabilor 18. Gute Pizzas und Pasta, zudem öffnet das Ti amo abends seine Tanzfläche (meist bis in den frühen Morgen hinein).

rum632 Foto: jr

Oltenien

rum633a Foto: jr

rum633b Foto: jr

Idyllische Szenerie zwischen
Râmnicu-Vâlcea und Curtea de Argeş

Der „Tisch des Schweigens" von
Constantin Brâncuşi steht in Târgu Jiu

Der Olt auf seinem Lauf durch die Karpaten

Vom Olt bis zum Eisernen Tor

Kulturell und historisch ist die Region Oltenien (rum. **Oltenia**) im Süden Rumäniens sehr eng mit dem benachbarten Muntenien verbunden, mit dem es im Laufe des Mittelalters bis in die Neuzeit als Walachei vereint war. Dieser gemeinsame Weg wird heute noch im deutschsprachigen Ausland gewürdigt, wo man das flächenmäßig größere Muntenien auch als „Große Walachei" und Oltenien als „Kleine Walachei" bezeichnet.

Landschaftlich und kulturell ist Oltenien, ein **Gebiet zwischen Donau, Olt und Südkarpaten,** in weiten Teilen reizvoller als die große, „flache" Schwester Muntenien. Die abwechslungsreiche Szenerie umfasst Weinberge, umwaldete Thermalbäder und das zauberhafte Olt-Tal, das sich auch auf dem Floß und auf geführten Wanderungen mit Schäfern erkunden lässt. Das malerische **Gartenkloster Horezu,** die **Einsiedeleien,** Târgu Jiu mit dem **Skulpturenpark** des größten rumänischen Künstlers, *Constantin Brâncuşi,* und schließlich der beeindruckende **Donaudurchbruch** durch die Karpaten am Eisernen Tor machen Oltenien zu einem kleinen, aber überaus spannenden Reisegebiet.

Im Gegensatz zu den multiethnischen Gebieten, wie Moldau, Transsylvanien oder Dobrudscha, ist in Oltenien die **ursprüngliche rumänische Kultur** über Jahrhunderte hinweg am besten erhalten geblieben. So nennt man sich (ebenso wie in Muntenien) auch in der Kleinen Walachei stolz **Ţara Românească,** das Rumänische Land.

Verstärkt wird das Bewusstsein, eine geschichtliche Keimzelle Rumäniens zu sein, durch die frühe Besiedlung durch **Daker und Römer** in diesem Gebiet, als deren direkte Nachfahren sich die Rumänen sehen. Das heutige Oltenien wurde 106 n.Chr., nach der Eroberung durch Kaiser *Traian,* zur römischen Provinz Dacia inferior.

Auf den gemeinsamen geschichtlichen Weg mit Muntenien, der im Mittelalter ab 1247 zur Bildung des **Fürstentums Walachei** führte, wurde bereits mehrfach hingewiesen. Spannender ist die Frage, wie es zur Trennung der Walachei kommen konnte.

Bis 1718 herrschten die **Osmanen** offiziell über das gesamte Gebiet südlich der Karpaten, und die Bauern und Adligen der Walachei galten als gute und regelmäßige Tributzahler, seit sie von **Phanarioten** (byzantinischen Adligen griechischer Abstammung) regiert wurden, die den Vasallenstatus der Walachei unnachgiebig finanziell ausnutzten. Doch militärisch konnte Konstantinopel die Walachei niemals vollständig unterwerfen.

Nachdem das Osmanische Reich bereits 1687 empfindliche Niederlagen erleiden musste, schloss Sultan *Ahmed III.* 1716 mit Habsburg *(Karl IV.)* und Venedig einen Friedensvertrag **(Friede von Passarowitz).** Darin traten die Osmanen den kleineren Teil der Walachei, westlich des Olt, an die Habsburger ab: die Geburtsstunde der Region Oltenien.

Im Tal des Olt

Im Gegensatz zu der hochalpinen Straße, die einen von Curtea de Argeş über die serpentinenreiche Transfăgăraşan auf 2300 Höhenmeter bringt, verläuft die Karpaten-Strecke im Olt-Tal 25 km weiter westlich wesentlich flacher, aber nicht weniger spektakulär. Hier in Oltenien führt die Route ins nördliche Transsylvanien eben nicht über, sondern durch die Karpaten. Die Straßenbauer hatten es vergleichsweise leicht, mussten sie doch

Der Olt

Der 670 km lange Olt (dt. Alt) fließt vollständig auf rumänischem Gebiet. Von der siebenbürgischen Hochebene in den Ostkarpaten fließt er westwärts, wendet sich bei Turnu Roşu nach Süden und durchbricht am Rote-Turm-Pass die Karpaten, um in Oltenien in die Donau zu münden. Der lehmige Fluss, den die Römer Alutus nannten, führt oft Hochwasser und ist nicht schiffbar. Früher feierte das Flößerhandwerk auf den wilden Wellen Hochkonjunktur. Heute sind die meisten der *Plutaşi* (Flößer) arbeitslos, oder sie verdingen sich als Bauanweiser für westliche Touristen. Das Adventure-Rafting per selbst gebautem Floß erfreut sich nämlich in den letzten Jahren steigender Beliebtheit.

• Der Veranstalter **Romania Gorj Aventura** in Târgu Jiu, Str. Victoria 7a, hat sich auf Abenteuertourismus spezialisiert (Kajak, Mountainbike, Rafting, Canyoning etc.), Tel. 221 555, www.turism-aventura.ro (auch englisch).

Sheep Travel

Am Pasul Turnu Roşu, 25 km südlich von Sibiu, an der transsylvanisch-oltenischen Grenze, stehen zur warmen Jahreszeit immer einige Schäfer, um ihre Waren anzupreisen. Man sollte nicht erwarten, dass sie dies kundenwirksam in der typischen Schäferstracht machen, das wäre einfach zu warm. Doch **Constantin Stroilă** setzt auch im Hochsommer zum Spaß schon einmal die typische Schäfermütze *Căciulă* auf, wenn er ein gutes Geschäft gemacht hat.

Er verkauft frischen **Schafskäse,** den man all seinen Beteuerungen zum Trotz im Sommer schnell aufessen und nicht zu lange im Auto transportieren sollte. Auch der berühmte Schafskäse in Tannenrinde *(Brânză Burduf în Coajă de Brad)* übersteht eine Reise nach Deutschland nur gut gekühlt.

Doch *Constantin Stroilă* verkauft nicht nur Käse, er besitzt auch einige Schafherden und bietet **Unterkunft und Verpflegung** auf seiner Hochalm an. Leider spricht *Constantin* nur Rumänisch, das kleine Wörtchen „Cazare" (Unterkunft) reicht als Kontaktnahme jedoch aus!

- **Constantin Stroilă,** Dorf Tălmăcel, Haus Nr. 381, Tel. 0269-556 749.

rum636 Foto: jr

nur dem Verlauf des Flusses Olt, der genau von Nord nach Süd fließt, zu folgen. Links und rechts der E81 von Sibiu ins oltenische Râmnicu-Vâlcea erheben sich steile Felswände, wenn es über die höchste Erhebung der Strecke geht. Hier am **Pasul Turnu Roşu (Roter-Turm-Pass)** auf 400 m Höhe lädt eine kleine Verpflegungsstation zur Rast und zum Blick auf die steil aufragenden Zweitausender ein. Gleich oberhalb des Passes liegen einige schöne Hochalmen.

Wer rumänische **Schäfer** und ihre Herden einmal in ihrer ursprünglichen Umgebung erleben möchte, sollte ruhig einen Schäfer an der Passstraße ansprechen. Einige stehen regelmäßig am Turnu Roşu, um Schafskäse zu verkaufen.

Călimăneşti

↗ XIV, B3

- **Meereshöhe:** 280 m
- **Vorwahl:** 0250
- **Einwohner:** 18.000

Kuren und Baden

Der Kurort Călimăneşti (in voller Länge: Călimăneşti-Căciulata) liegt am südlichen Ende einer 50 km langen Schlucht auf der rechten Seite des Flusses Olt. Călimăneşti-Căciulata befindet sich damit am Rande des so genannten **oltenischen Bädergürtels.** Im Luftkurort, der früher eine dakisch-römische Siedlung war, entspringen über 30 kalte und heiße **Mineralwasserquellen,** die teilweise über 1000 m ins Gestein hinabreichen. Die zahlreichen Kurkliniken bieten quasi gegen jedes Zipperlein ein eigenes Heilwasser an. Das Kuren hat hier Tradition, schon die römischen Soldaten durften nach erfolgreichen Schlachten im Ort mit dem (für fremde Zungen) überlangen Namen ihre wunden Knochen kurieren, und 1860 behandelte *Napoleon III.* hier seine Nierensteine.

Kloster Cozia

Wer von Norden in das von dichten Tannenwäldern umgebene Călimăneşti kommt, sieht links, 5 km vor der Orteinfahrt, das sehenswerte, berühmte Kloster Cozia, eines der ältesten Kirchenhäuser Rumäniens. 1387 von *Mircea cel Bătrân* (1386–1418) gegründet, diente es allen anderen Dreikonchenkirchen der Walachei als Vorbild. Viele kulturell und kirchengeschichtlich interessierte Besucher sehen in diesem Kloster den Höhepunkt einer Oltenien-Reise.

Den besten Blick auf den großräumigen Gesamtkomplex hat man von der gegenüberliegenden Seite des Flusses. Umgekehrt hat man aus einem der Klosterfenster eine ebenso herrliche Sicht auf den Olt und die umliegenden Berge.

Im **Klosterhof** steht die Kirche mit Naos, Pronaos und einem in Rumänien sehr seltenen offenen Säulenatrium. Typisch byzantinisch, ähnlich dem Kloster in Curtea de Argeş, ist die Außenverzierung mit farblich wechselnden Materialien. Die kunstvollen, bunten Terrakotta-Friese und Rundfensterbögen verweisen auf italienische Einflüsse. Der Höhepunkt des Klosterrundgangs sind die **Fresken** aus der Gründerzeit, die im Pronaos zu sehen sind. Typisch für die Zeit des 14. Jahrhunderts sind die überlangen, schlanken Figuren (in Cozia sind es Eremiten), die sich von den „gewöhnlichen" Gläubigen eben durch diese Darstellungsweise abheben sollen.

Zum Kloster gehört auch ein **Museum** mit Ikonen, Stickkunst und Buchdrucken aus der Zeit des 16. bis 19. Jahrhunderts.

Kleines Kloster-ABC

Auf vielen Faltblättern und in mehrsprachigen Broschüren, die man in den Klosteranlagen Rumäniens erhalten kann, ist von „Dreikonchentypus", „Apsiden" und „Ikonostasen" die Rede. Hier eine kurze Liste der wichtigsten kirchenarchitektonischen Ausdrücke mit Erklärung:

- **Apsis** (Pl. Apsiden): halbkreisförmige Altarnische.
- **Atrium:** Vorhalle.
- **Dreikonchenkirche:** kreuzförmige Kirche mit drei halbrunden Nischen.
- **Ikone** (griech. *eikona* = Bild): gemaltes Heiligenbild auf Holz oder Glas.
- **Ikonostase:** mit Bildern geschmückte Wand, die den Altarraum vom Besuchsraum trennt.
- **Mitropolit:** Bischof der orthodoxen Landeskirche.
- **Naos:** Hauptraum in orthodoxen Kirchen.
- **Pronaos** (oder Narthex): Vorraum des Kirchenschiffs.

• **Mănăstirea Cozia** (früher: Kloster Nucet), Tel. 750 230, Mo. bis So. 8–18 Uhr, Eintritt 3 RON. Die kleine Kapelle des Siechenhauses *(Bolniţă)* gegenüber auf einem Hügel ist meistens verschlossen. Den Schlüssel gibt's auf Nachfrage im Kloster.

Klöster Stânişoara und Turnu

Aus Richtung Sibiu führt 3 km hinter **Cozia** nach links ein Weg über den Olt. Die ansteigende Straße bringt einen direkt in eine traumhafte Bergwelt, in deren Wäldern das schlichte **Kloster Stânişoara** ein schattiges Plätzchen einnimmt. Verständlich, dass die beiden Gründer, die Mönche *Sava* und *Teodosie,* die vom griechischen Berg Athos 1803 hierher kamen, sich ausgerechnet diesen Platz am Rande der Berge ausgesucht haben.

Auch das **Kloster Turnu** liegt etwas versteckt nahe der gleichnamigen Bahnstation. Die ursprünglich hier stehende Holzkirche wurde auf den Gebeinen der Einsiedler *Daniil* und *Misail* errichtet.

• **Mănăstirea Stânişoara,** Mo. bis So. 8–18 Uhr, Eintritt frei. Achtung: Das Leben der Mönche hier ist keinem touristischen „Programm" unterworfen und von strengen Regeln geprägt. So ist der Verzehr von Fleisch auf dem Klosterkomplex strikt verboten.
• **Mănăstirea Turnu,** Mo. bis So. 8–18 Uhr, Eintritt frei.

Unterkunft

An der Calea lui Traian gibt es mehrere Hotels aller Kategorien (Căciulata, Liliacul, Trandafirul, Oltul, Traian, Central usw.). Die Besten dieser Hotels sind zweifelsohne das Hotel Cozia und das Casa Românească. Ansonsten sind die Pensionen wesentlich billiger und einigen geräuschvollen Hotels (besonders zur Hauptsaison) vorzuziehen.

• **Hotel Casa Românească** (***), Calea lui Traian 268, Tel. 702 038. Hier findet man alles an einem Platz: Eleganz, Freundlichkeit, Sauberkeit. Hervorzuheben sind der Pool mit Thermalwasser und der Weinkeller *(Cramă).* 25 Zimmer, EZ 120 RON, DZ 150 RON, App. 300 RON, inkl. Frühstück (bei mehr als drei Tagen Aufenthalt gibt es einen Preisnachlass).
• **Hotel Cozia** (***), Calea lui Traian 794, Tel. 750 441. Modernes Hotel mit 400 Plätzen. TV, Diskothek, Bowling und Restaurant. DZ 100 RON.
• **Vila Brânduşa** (***), Calea lui Traian 475–479, Tel. 0744-617 191. In der Vila Brânduşa und ihren zwei Nachbarvillen ist die Benutzung des Pools im Innenhof im Preis inbegriffen. 12 Räume, EZ 80 RON, DZ 90 RON, App. 130 RON.
• **Călimăneşti** (**), Str. Gării 13, Tel. 750 895. Einfache und freundliche Pension. EZ/DZ 60 RON.
• **Vila Anghel** (**), Calea lui Traian 499, Tel. 750 520. Eine der wenigen Pensionen in der Hotelstraße. EZ/DZ 70 RON.

Camping

• Wer sich auf den Weg zum Kloster Turnu begibt, kommt hinter der großen Staumauer links an einen Campingplatz mit 16 kleinen Sommerhäuschen. Eine der Holzhütten des **Camping Turnu** kostet 40 RON die Nacht (einfachste sanitäre Einrichtungen).

Essen und Trinken

• **Cozia,** Calea lui Traian 794, Tel. 750 441. Im gleichnamigen Hotel, gute internationale Küche.
• **Oltul,** Calea lui Traian 413, Tel. 750 401. Im gleichnamigen Hotel, auch oltenische Spezialitäten wie *Tochitura oltenească,* gemischte Fleischplatte nach oltenischer Art.

Feste und Events

• In der ersten Woche im August werden gleich **zwei wichtige Feste** gefeiert: zum einen das bekannte **Töpferfest** mit einem bunten Markt und dann das große **Gesangsfestival der oltenischen Folkloremusik, Cântecele Oltului.**

Felsenhöhlen und Cozia-Massiv

Der Fluss Olt ist zwischen Călimăneşti und Râmnicu-Vâlcea angestaut, was einige **Wassersportler** im Sommer zum Wasserski, Surfen oder Paddeln animiert (Auskunft im neuen Hotel Dada oder dem Café Viena am See, DZ kosten im Hotel 20 Euro/70 RON).

Etwa 2 km nördlich des Klosters Cozia, nahe dem Gara Mănăstirea Turnu (Bahnhof der Hauptstrecke Râmnicu-Vâlcea nach Sibiu), liegt das Kloster Turnu. Es ist von gemeißelten **Felsenhöhlen** umrahmt, in die sich im 16. Jahrhundert Eremiten jahrelang zu ihrer einsamen Meditation zurückgezogen haben. Die steinernen Mönchsklausen sind ein wunderbarer Ausgangspunkt für eine zweistündige **Wanderung ins Cozia-Massiv.** Die durch einen roten Streifen markierte (sehr steile) Strecke führt direkt hinauf zur **Cozia-Hütte** auf 1573 m Höhe. Durch die nördlichen Făgăraş-Berge geschützt, hat dieses Bergmassiv das wärmste Klima der Karpaten, sodass man auf der Wanderung noch in einer Höhe von 1300 m an Walnusssträuchern, Eichen und wilden Rosen vorbeikommt.

- **Cabana Cozia,** Mobil 0722-721 922, Zimmer mit 2, 3 oder 8 Betten. Eine Schlafstelle kostet 20 RON. Gute Website (auf Rumänisch): www.cabana-cozia.ro.
- **Bergrettung: Salvamont Vâlcea,** Mobil 0725-826 668.

rum639 Foto: jr

Bewaldetes Tal am Rande des Cozia-Massivs

Voineasa

XIV, B3

- **Meereshöhe:** 600–800 m
- **Vorwahl:** 0250
- **Einwohner:** 8000

Westlich von Călimăneşti geht das **Lotru-Tal** ab, das nach 40 km den wunderschön gelegenen Stausee **Lacul Vidra** erreicht. Auf einem 1500 m hohen Plateau ist der See nördlich vom 2242 m hohen **Vârful Ştefleşti** und südlich vom 2170 m hohen **Micaia** umrahmt. Noch vor dem See kommt man in den vollständig zwischen bewaldeten Bergen gelegenen Bergort **Voineasa.** Ursprünglich als hydroelektrische Versorgungsstation des nahen Stausees geplant, entwickelte

Oltenien

sich das kleine Bergdorf bald zu einem bekannten **Kurort,** der ein exzellenter Ausgangspunkt für Bergwanderungen in die umgebenden Karpaten ist. Es gibt mittlerweile sechs größere, preisgünstige Kurhotels in Voineasa, doch am schönsten wohnt es sich in dem netten **Holzhaus La Sandel** hoch oben am Berghang, von dem man eine fantastische Aussicht über das Lotru-Tal und den Ort genießen kann.

Unterkunft

- **La Sandel** (**), Str. I.G. Duca 47, Tel./Fax 754 426, www.voineasa.ro. Man kann das ganze Haus für 200 RON pro Tag mieten, das 10–12 Personen Platz bietet. Fragen Sie nach der *Stâna* des Schäfers *Matei Borboana,* um das traditionelle Leben einer rumänischen Landfamilie hoch oben in den Bergen kennen zu lernen.
- Auf der Hauptstraße DN7 befindet sich auf Höhe des Gura Lotrului, inmitten bewaldeter Berge, das lang gestreckte **Motel Lotru** (**). Die Zimmer sind trotz der exponierten Lage (gleich am Straßenrand, neben einer Tankstelle), auch nachts außergewöhnlich ruhig und günstig obendrein. Mit Terrassenrestaurant. EZ/DZ 60 RON.

Die Heilbäder Olteniens ⇗ XIV, B3/XIX, D1

Auf der landschaftlich äußerst reizvollen Strecke zwischen Râmnicu-Vâlcea und Târgu Jiu (DN67) findet man die größte Dichte an Heilbädern und Luftkurorten in Oltenien. Nordwestlich von Râmnicu-Vâlcea liegt **Băile Olăneşti** im Tal des gleichnamigen Flusses. Bereits im 16. Jahrhundert zog es Adlige und Wohlhabende aus der ganzen Walachei in den früh aufstrebenden Kurort. Da Băile Olăneşti über mehr als 15 Mineralwasserquellen mit sehr unterschiedlichen Konzentrationen und Temperaturen verfügt (einige reichen bis in 1200 m Tiefe), spricht man in Oltenien auch von vielen Kurorten, die sich hier an einem Ort versammelt hätten. Es wird von spektakulären Heilungen berichtet, die Erkrankungen der Haut ebenso umfassen wie Nieren- und Lungenleiden.

Südlich von Băile Olăneşti liegt das Salzbad **Ocnele Mari** im Tal des Sărat. Der Fluss Sărat, der das Salz schon im Namen trägt, weist darauf hin, dass hier schon im Altertum das „weiße Gold" gewonnen wurde. Der traditionelle Salzhandelsweg von West nach Ost *(drumul sării)* kreuzt sich in Ocnele Mari mit dem von Norden nach Süden verlaufenden Schafsweg *(drumul oilor).* Auf die Heilkraft der Solen, der wässrigen Salzheilwasser, ist man erst in früher Neuzeit gekommen. Über der Stadt existieren Überreste der dakischen Siedlung Buri.

Wie einträglich das Kurgeschäft mittlerweile geworden ist, kann man an den vielen Villen sehen, die im wohlhabenden Kurort **Băile Govora** zwischen den alten traditionellen Holzhäuschen entstanden sind. Der bekannte, 1879 eröffnete Kurort hat neben seinen Heilquellen auch einen sehenswerten Klosterkomplex vorzuweisen, der 1496 entstanden ist und 200 Jahre später vom Fürsten *Brâncoveanu* erweitert wurde. Im Juli schmückt sich die gesamte Stadt zum **Folklorefestival Florile Govorei.**

Informationen

- Das **Info-Zentrum Oltenia San Tour** in Ocnele Mari vermittelt Übernachtungen im Ort sowie Ausflüge in die weitere Umgebung. Str. A.I. Cuza 47, Tel. 0250-730 231, Fax 772 351.

Unterkunft

- **Hotel President** (***), in Băile Olăneşti, Str. Forestierilor 5, Tel. 0250-775 022, www.hotelpresident-olanesti.ro. Das neueste Hotel der Stadt, sehr ruhig gelegen, 25 Zimmer, EZ 120 RON, DZ 150 RON (bei Buchung über drei Tage Preisnachlass möglich).
- **Hotel Tisa** (**), in Băile Olăneşti, Str. Libertății 2a, 17, Tel. 0250-775 112. Sehr gepflegtes Kurhotel mit breitem Therapiespektrum, gutem Restaurant und sehr klaren, angenehmen Zimmern. EZ/DZ 100 RON.
- **Pensiunea Flora** (**), in Băile Govora, Str. Eroilor 58, Tel./Fax 0250-770 742. Schöne Pension mit Terrasse und TV. EZ 10 Euro, Vollpension möglich für 15–20 Euro (bei längerem Aufenthalt ist der Preis verhandelbar).
- Wer sich im **Kloster Govara** einquartieren möchte, sollte unbedingt im Voraus buchen. Tel. 0250-770 342, nur 10 Gästebetten à 40–50 RON.

Râmnicu-Vâlcea

↗ XIX, D1

- **Meereshöhe:** 250 m
- **Vorwahl:** 0250
- **Einwohner:** 108.000

Das Umland westlich und nördlich der Stadt ist sicherlich wesentlich interessanter als die geschäftige Stadt Râmnicu-Vâlcea selbst, die das ruhige Flair der umliegenden Kurorte nicht teilt. Dabei ist auch Vâlcea (gesprochen etwa: Wültscha), wie die Stadt von den Einheimischen kurz genannt wird, eine **Kurstadt.** Viele Trekking-Touristen, die von Voineasa im Norden in die Berge aufbrechen, nehmen Vâlcea als Zwi-

Die Holzkirche aus nur einem Stamm

Südlich von Râmnicu-Vâlcea steht in **Franceşti** ein wunderbares Kloster, das einem nach dem Eintritt in die Anlage gleich das Gefühl vermittelt, man sei in einer völlig anderen Welt. Bereits die zum Kloster führende Allee und auch die beiden Innenhöfe sind von Gärten gesäumt, sodass man gerne auch von einem Gartenkloster sprechen mag, zumal die Klosteranlage im Frühjahr und Sommer wirklich sehr grün umrankt ist.

Das Kuriose am Kloster ist der Name, der neugierig macht: „Kloster aus einem Holz“ **(Mănăstirea dintr-un Lemn).**

Der Sage nach soll ein Einsiedler hier die Ikone der Muttergottes im hohlen Stamm einer riesigen alten Eiche erblickt haben. Anschließend baute ein Zimmermann im Jahr 1660 aus diesem einen Stamm eine Kirche – eben die „Kirche aus einem Holz“, die nun an der Stelle der Eiche steht. Herrlich anzusehen sind die vielen Ikonen im Innenraum. Die berühmte Ikone aus dem Baum befindet sich in der Steinkirche, die neben der Holzkirche steht.

- **Mănăstirea dintr-un Lemn,** Mo. bis So. 8–18 Uhr, Eintritt 3 RON.
- **Übernachtung im Kloster** (unbedingt im Voraus buchen, die Übernachtungen sind sehr begehrt!), Franceşti, Tel. 0250-765 224, 9 2-Bett-Zimmer, Verköstigung auf Wunsch. Schlafstätte 50 RON.

schenstopp oder „Verpflegungsstation“, um Lebensmittel, Rucksäcke oder Zelte zu erstehen, denn Campingplätze gibt es in den Bergen des Kreises Vâlcea erstaunlich viele.

Die Hauptverkehrsstraße, die von Sibiu kommend den Ort durchschneidet, die **Calea lui Traian,** ist vielleicht nicht der beste Haltepunkt für diejenigen, die mit dem Fahrzeug unterwegs sind (Parkplatzmangel). Von Norden kommend biegt man besser links in den **B-dul Vladimirescu** und fährt Richtung Hauptbahnhof bzw. Olt.

Sehenswertes

Im Zentrum

Auf dem Hauptboulevard Tudor Vladimirescu fällt als erstes ein riesiges **Monument** ins Auge. Eine Fahnenträgerin in pathetischer Pose aus dem Jahr 1915 erinnert an die 200 Einwohner Vâlceas, die im Unabhängigkeitskrieg von 1877/78 gefallen sind. Unweit des Denkmals, südlich des zentralen Platzes Mircea cel Bătrân, liegt der große tägliche **Obst- und Gemüsemarkt,** und an der Nordseite, gegenüber dem Hotel Alutus, überragt die **Kirche Buna Vestire** aus dem Jahr 1545 alle anderen Gebäude. Sie wurde von *Mircea dem Schäfer* gegründet und nach ihrer Zerstörung 1747 im gleichen Jahr durch die Bürger von Sibiu wieder aufgebaut.

Der Weg über die leicht ansteigende Calea lui Traian führt an zwei weiteren älteren **Kirchen** vorbei, der **Sfântul Paraschiva** (1557–1587) und der **Toţi Sfinţii** (Alle Heiligen) aus dem Jahre 1762. Interessant sind die Verzierungen an den neo-brâncoveanischen Türmen, die den Eindruck erwecken, als seien sie in sich gedreht.

Hinter der Alle-Heiligen-Kirche an der Str. Carol I. findet man in einer modernen Villa eine **Kunstausstellung** mit Werken von *Grigorescu* und *Pallady.* Sehr lohnenswert ist der 15-minütige Spaziergang in den Norden der Stadt zum **Freilichtmuseum Bujoreni.** Die rund um ein *Cula* (traditionell befestigtes oltenisches Haus) gruppierten 54 Gebäude reichen teilweise bis ins Jahr 1785 zurück, etwa die beeindruckende Holzkirche. In der komplett eingerichteten Dorfschule aus dem Jahr 1865 sind neben den Originalmöbeln sogar noch die alten Landkarten, die im Unterricht verwendet wurden, zu bewundern. Wer möchte, kann sich die Funktionsweise eines alten Ziehbrunnens *(Fântâna cu cumpănă)* aus der Gemeinde Stroeşti erklären lassen.

- **Muzeul Satului Vâlcean,** Bujoreni, Mo. bis So. 9–18 Uhr, Eintritt 5 RON.

Service

- **Hauptpost,** Str. Tudor Vladimirescu 6, Tel. 736 910.
- **Geldwechsel: BCR-Bank,** B-dul Tineretului 6.
- **Internet: Underground Internet,** Str. Grigore Procopiu 7, Tel. 717 828.
- **Reisebüros: Blue Moon Travel,** Str. Mai 21, Tel. 711 960, und **Christour,** Str. Ştirbei Vodă 7, Tel. 733 451.
- **Übersetzungen: Bă-Mă,** Str. Luceafărul 6, Tel. 721 751.
- **Optiker: Dr. Ana Cioboată,** Calea lui Traian 57, Tel. 720 132.

Notfälle

- **Apotheke: Farmacia Remedium,** Calea lui Traian 193, Tel. 749 268, Mo. bis Sa. 7–21.30 Uhr, So. 7:30–14 Uhr.
- **Zahnarzt: Dr. Marioaia Gigi,** Calea lui Traian, Tel. 713 791, in dringenden Fällen Mobil 0740-311 530.
- **Private Klinik: Centrul Medical Sanmed,** Str. Matei Basarab 5, Tel. 741 974.

Unterkunft

Hotels

Eine Übernachtung in einem der überteuerten Großhotels in Vâlcea empfiehlt sich nur in Ausnahmefällen. Ein wesentlich besseres Preis-Leistungsverhältnis bieten die zahlreichen kleinen Pensionen, die mittlerweite in der Hauptstadt des Kreises Vâlcea eröffnet haben.

- **Hotel Alutus** (**), Str. General Praporgescu 10, Tel. 736 601. Der zentral gelegene Hotelwürfel gleich gegenüber dem Rathaus bietet einen guten Service, ist aber auch sehr teuer. EZ 165 RON, DZ 175 RON.

Pensionen

- **Pension Supca** (**), an der Hauptstraße Richtung Craiova am Stadtausgang, Tel. 713 857. Wirkt von außen klein, hat aber 30 erstaunlich große Räume im Angebot, sehr sauber und preisgünstig. 9 EZ à 60 RON, 21 DZ à 70 RON.
- **Riviera** (**), Calea lui Traian 129, direkt an der großen Hauptstraße, Tel. 742 489. 26 Zimmer, EZ/DZ 90 RON, App. 120 RON.

Camping

- Am südlichen Stadtrand findet man an der Hauptstrecke rechts **Popas Ostroveni.** Der kleine Campingplatz bietet einfache Holzhütten zur Übernachtung. Hütte 40 RON. Zelten ist möglich, Platz ca. 20 RON.

Essen und Trinken

- **Hanul Haiducelor,** Calea lui Traian 171, Tel. 717 956. Traditionell rumänische Küche in rustikaler Atmosphäre. Unbedingt probieren: *Cârnaciori olteneşti* (oltenische Würstchen).

Mobilität

Züge

- Der **Hauptbahnhof** von Vâlcea liegt im Zentrum, Str. Maior V. Popescu 2, 800 m vom zentralen Platz Mircea cel Bătrân entfernt. Man erreicht ihn mit den Bussen Nr. 2, 6 und 7 für umgerechnet 0,25 Euro. Auskünfte unter Tel. 730 000.
- Die **Agenția CFR** verkauft Zugtickets in der Str. Calea lui Traian 14 (im Anton-Pann-Gedächtnishaus, parterre), Tel. 736 043.

Busse

- Der **Busbahnhof Traian** liegt 2,5 km vom Zentrum entfernt am B-dul N. Bălcescu, Tel. 732 674. Man erreicht ihn mit den Stadtbussen Nr. 2, 4, 6 und 7. Vom Busbahnhof Traian fahren Busse Richtung Bukarest, Cluj, Timişoara, Craiova, Braşov, Curtea de Argeş und Turnu-Severin.
- Der kleinere, 1,5 km entfernte **Busbahnhof, Str. Coşbuc 4,** Tel. 737 649, bedient die Strecke zu den Heilbädern Ocnele Mari und Băile Olăneşti.

Taxis

- **Scooters,** Tel. 945.
- **Bel Rapid,** Tel. 741 111.
- **Emy's,** Tel. 713 333.

Rund um das Kloster Horezu

Wer 20 km westlich über die DN67 Richtung Târgu Jiu fährt, kommt an der Abfahrt zur Gemeinde **Costeşti** auf eine Wegstrecke, auf der mehrere Sehenswürdigkeiten aufeinander folgen. Die bedeutendste ist das **Kloster Horezu,** die größte Klosteranlage der Walachei. Unweit davon stehen die zwei sehenswerten **Klöster Arnota und Bistriţa.** Nördlich geht es in die atemberaubende **Schlucht Cheile Bistriţei** mit dem von Sagen umwobenen, 850 m hoch gelegenen Felsenkloster, südlich von Horezu befindet sich das **Freilichtmuseum Măldăreşti.**

Kloster Horezu ⇗ XIV, B3

Im Mittelalter galt das Kloster Horezu als das wichtigste spirituelle und kulturelle Zentrum der Walachei. Sein Begründer, **Constantin Brâncoveanu** (1688–1714), hatte ursprünglich nur an eine repräsentative Grabstätte gedacht. Doch im Laufe der Zeit entwickelte sich Horezu auch zur größten Malschule des Landes. Töpfer, Schriftgelehrte, Steinmetze, Glockengießer, Schreiner und Tischler – kurz: mehr als **20 verschiedene Zünfte** begründeten hier eine einzigartige Gemeinschaft, die nach der Errichtung des prächtigen Klosters eine handwerkliche und künstlerische Blütezeit der gesamten Walachei einläutete.

Brâncoveanu hatte sich für sein Vorhaben, ein einmaliges Kloster zu errichten, keine geringeren **Vorbilder** erwählt als die berühmten **Mönchsklöster auf dem Berg Athos.** Der Klosterhof ist von einer Verteidigungsmauer umgeben und wird von den schönen Arkadengängen der zweistöckigen Wohnhäuser eingefasst. Die Treppengeländer, die zu den Arkaden nach oben führen, sind mit kunstvollen schmiedeeisernen Geländern verziert. Die vollständig ausgemalte Hauptkirche in der Mitte des Hofes beeindruckt mit ihrem Baldachineingang, der mit zahlreichen Schnörkeln verziert ist. Von den **Fresken** aus dem 17. Jahrhundert sind fast alle erhalten geblieben. Natürlich darf, wie auch bei den moldauischen Klöstern, die Darstellung des Jüngsten Gerichts nicht fehlen. Der Herrscher *Brâncoveanu* stellt sich im Pronaos mit seiner Ahnenreihe dar. Der Maler der Fresken hat sich selber auch ins Bild geschmuggelt. Man sieht ihn unter den Gerechten des Jüngsten Gerichts (Ostwand der Vorhalle).

Das Kloster Horezu stellt heute eines der komplettesten Klöster Rumäniens dar. Selbst das von *Brâncoveanus* Frau gestiftete Krankenhaus außerhalb der schützenden Mauern ist erhalten geblieben. Insgesamt bilden **fünf Kirchen,** die historische **Bibliothek** (4000 Bände), die **Kunstsammlung, Nebengebäude** und das **Hospiz** eine einzigartige Klosteranlage. Die Vorgaben des Stifters *Brâncoveanu* wurden in allen Punkten umgesetzt, und er selbst begründete durch die Mischung aus byzantinischer Tradition, italienischer Renaissance und einem Hauch Barock den ganz eigenen Stil, der später nach ihm benannt wurde.

Nur ein Wunsch *Brâncoveanus* ging nicht in Erfüllung: Das Kloster wurde nicht zu seiner letzten Ruhestätte. Er und seine vier Söhne wurden 1714 in Konstantinopel geköpft, da sie sich mit Österreich und Russland gegen das Sultanat verbündet hatten. Sein Grab im Kloster ist bis heute leer.

●**Mănăstirea Horezu,** auf der DN67 Richtung Horezu abfahren, 1 km vor dem Dorf steht rechts die Klosteranlage. Übernachtung möglich, 10 DZ sowie 3- und 4-Bett-Zimmer, Schlafplatz 40 RON.

Unterkunft

●**Pension Ceramica Paloşi** (**), Str. Tudor Vladimirescu 15, Tel. 0250-861 634. Unterkunft bei der freundlichen Töpferfamilie *Palosi,* die gerne auch durch ihre Töpferwerkstatt führt und erklärt, was es mit der Glasur, dem

rum645 Foto: jr

Der Hahn von Horezu

Der Ortsname Horezu leitet sich vom rumänischen Wort für Eule, *Huhurez,* ab, die in den umliegenden Wäldern früher sehr zahlreich gewesen sein soll. Dennoch haben sich die **Töpfer** von Horezu, die zu den besten Rumäniens gezählt werden, dazu entschieden, den Hahn zu ihrem Erkennungszeichen zu machen. Der berühmteste Keramikort des Landes nennt denn auch seinen riesigen Töpfermarkt, der nur einmal im Jahr (am ersten Sonntag im Juni) stattfindet, **Cocoşul de Horezu,** „Hahn von Horezu".

Wer dann keine Zeit hat, kauft sich meist in den Geschäften rund ums Kloster etwas aus dem überquellenden Keramik-Angebot. Günstiger und entspannter kommt man jedoch im nördlichen Viertel Olari („Töpfer") an die Tonware mit den schmucken Verzierungen – gute Beratung und einen Schluck Pflaumenschnaps inklusive.

●**Töpferviertel Olari,** im Nordwesten von Horezu, Richtung Urşani; Familien: *Popa, Palosi, Bâscu, Vicsooreanu, Iorga.*

Şmalţ (Schmalz), auf sich hat. Halbpension möglich. DZ 60 RON.

- **Pension Dana** (**), Str. Olari 15, Tel./Fax 0250-860 113, www.pensiunefrigura.go.ro. DZ 60 RON.

Kloster Bistriţa und Arnota

↗ XIV, B3

Von der Hauptstraße zwischen Râmnicu-Vâlcea und Târgu Jiu zweigt am Kilometerstein 159 eine Straße zur Ortschaft **Costeşti (Bistriţa)** ab, die vor allem durch ihre beiden Klöster bekannt ist. Das Dorf Bistriţa wurde nach Costeşti eingemeindet, wundern Sie sich also nicht, wenn es auf modernen Karten nicht mehr erscheint.

Das erste Kloster findet man hinter der Ortschaft, die **Bistriţa** flussaufwärts, am Eingang der gleichnamigen Schlucht (Cheile Bistriţei). Die erste Holzkirche, die hier 1492 erbaut wurde, ließ „Mircea der Schlechte" *(Mircea cel Rău)* niederreißen. Reiche Bo-

Das Höhlenkloster in der Bistritz-Schlucht

Leider haben nur wenige Reisende, die das Kloster Bistriţa per Omnibus besuchen, auch noch die Zeit, sich auf den steilen, abenteuerlichen Weg in die dahinter liegende **Schlucht Cheile Bistriţei** zu machen. Wer individuell unterwegs ist, sollte sich dieses Vergnügen jedoch keinesfalls entgehen lassen.

Denn direkt hinter dem Kloster steigt links ein schmaler Pfad in den Wald empor, der entlang steiler Felswände auf 850 m Höhe zu einer Höhle mit fantastischer Aussicht führt. Der Name dieser Höhle lenkt ganz bewusst von dem Geheimnis ab, das sich darin verbirgt.

Im dunklen Bauch der **Fledermaushöhle** des Klosters Bistritz gibt es zwar in der Tat einige Fledermauskolonien, die der Höhle ihren Namen gaben, doch es verbergen sich auch **zwei alte Klöster** darin, die sich hier über Jahrhunderte dem Zugriff christlicher Feinde entzogen haben. Die Höhle ist allerdings mit einem Gitter verschlossen und kann nur in Begleitung einer Nonne des Kloster Bistriţa besichtigt werden!

Der schmale Eingang in der Felswand weitet sich recht schnell zu einem beachtlichen **Höhlensaal.** Im oberen Bereich der Höhle sieht man eine in den Fels getriebene Kapelle, deren Altarraum mit Fresken ausgemalt ist. Diese kann man freilich nur erkennen, wenn man eine Lampe mitnimmt, denn elektrisches Licht gibt es in der Höhle nicht.

In einer tiefer liegenden Galerie kommt man an ein großes **Felsfenster,** das eine wunderbare Aussicht auf die bewaldete Schlucht gewährt. Hier schmiegt sich eine kleine Klosterkirche, die 1635 von den hier lebenden Mönchen *Macarie* und *Daniel* errichtet wurde, an die Felswand. Innen ist sie mit bunten Fresken versehen und birgt auch einen kahlen kleinen Wohnraum, den man auf Wunsch besichtigen kann.

- **Peştera Liliecilor de la Mănăstirea Bistriţa** (Fledermaushöhle des Kloster Bistritz), Eintritt und Führung durch eine Nonne des Klosters, Dauer des Aufstiegs auf 70 m über dem Tal: 15 Minuten, Höhe der Höhle: 850 m. Eintrittspreis verhandelbar. In Gruppen gibt jeder etwa 2 Euro, Einzelführungen kosten 5–10 Euro.

jaren bauten dann 1515 das heutige Kloster, das aber 1838 durch ein Erdbeben fast vollständig zerstört wurde. Der Wiederaufbau dauerte zehn Jahre. Die neugotischen Fresken im Innenraum wurden 1850 vom Maler *Gheorghe Tattarescu* angefertigt.

Für die Besichtigung des **Bergklosters Arnota** lässt man sein Fahrzeug am besten unten in Bistriţa stehen. Zwar ist die steile Serpentinenstraße nach oben befahrbar, aber in sehr schlechtem Zustand.

Oben angekommen, kann man den rumänischen Kosenamen „Adlerhorst" für dieses Kloster gut verstehen. Die **grandiose Aussicht** vom Klosterhügel entschädigt für eventuelle sommerliche Mühen beim Aufstieg. Das 1633 bis 1637 erbaute Prunkstück der Orthodoxie ist eine Stiftung des Fürsten *Matei Basarab* und bereits bei Baubeginn als dessen Grabstätte geplant gewesen. Die große Grabplatte aus weißem Marmor zählt zu den schönsten Steinmetzarbeiten jener Zeit.

- **Mănăstirea Bistriţa,** Mo. bis So. 8–18 Uhr, Tel. 0250-863 327, Übernachtung auf dem Klostergelände möglich. 60 Schlafplätze in 4- bis 6-Bett-Zimmern. Mahlzeiten auf Wunsch. Ein Bett kostet 30 RON die Nacht. Das Kirchweihfest wird am 15. August gefeiert.
- **Mănăstirea Arnota,** Mo. bis So. 8–18 Uhr. Für den Hin- und Rückweg sind zu Fuß etwa 2 Stunden einzuplanen.

Freilichtmuseum Măldăreşti

Überall in Rumänien gibt es Dorfmuseen, die alte Wohnhäuser, Handwerksstätten, Holzkirchen und Mühlen aus allen Regionen des Landes zusammentragen, um traditionelle Bau- und Lebensweisen zu präsentieren. Manchmal ist das Freilichtmuseum für die gut erhaltene alte Bausubstanz die letzte Rettung, wie zu Zeiten des Ceauşescu-Regimes, als alles Alte und Traditionelle im Verdacht stand, im sozialistischen Ausland als rückständig wahrgenommen zu werden.

Fast immer wird in den „Freiluftmuseen" (wie Freilichtmuseen in Rumänien genannt werden) die Welt der einfachen Dorfbevölkerung gezeigt, die Welt der Bauern und Handwerker. In Oltenien ist das anders.

In unmittelbarer Nachbarschaft der Gemeinde Horezu liegt in Măldăreşti ein sehr beeindruckendes Freilichtmuseum, das als Besonderheit auch **oltenische Bojarenhäuser,** also Adelshäuser, zeigt, die in anderen Museen dieser Art nicht zu sehen sind.

Was einem bei den beiden Herrschaftshäusern, dem **Cula Greceanu** und dem **Cula Duca,** als erstes ins Auge fällt, ist die massive Bauweise. Die weiß getünchten hohen Häuser erinnern mit ihren dicken, kargen Hauswänden an mächtige Trutzburgen. Die kleinen, vergitterten Fenster im zweiten Stock mussten oft als Schießscharten herhalten.

Betont sachlich und pragmatisch nach außen, präsentieren sich die beiden Adelshäuser im Innern im festlichsten Gewand. Hat man erst einmal die steile Innentreppe erklommen, fühlt man sich wie in einem kleinen Palast. So sind im Cula Greceanu noch das prächtige Originalmobiliar, farbenfrohe Wandmalereien und zahlreiche kunstvolle Kunstobjekte zu sehen. Das andere Haus bietet sich als Museum dar und stellt Möbel, Waffen, Gemälden und Ikonen aus.

• **Complexul Muzeul Măldăreşti,** 3 km von Horezu entfernt, Tel./Fax 0250-861 510, Mo. bis So 9–18 Uhr, Eintritt 5 RON. Das Wort *Cula* für die Bojarenhäuser kommt übrigens aus dem Türkischen und bedeutet Verteidigungsturm.

rum648 Foto: jr

Die Unendliche Säule von Brâncuşi

Târgu Jiu

↗ XVIII, B1

- **Meereshöhe:** 210 m
- **Vorwahl:** 0253
- **Einwohner:** 97.000

Târgu Jiu liegt genau auf der interessantesten Route in Oltenien, zwischen Râmnicu-Vâlcea am Olt und Turnu-Severin an der Donau. Viele werden die von *Ceauşescu* aus unerfindlichen Gründen zwangsmodernisierte Stadt vor allem wegen **Constantin Brâncuşi** besuchen. Der berühmteste Künstler Rumäniens hat der Stadt mit seinem **Skulpturen-Ensemble-Park** eine unverwechselbare Sehenswürdigkeit beschert, die immer populärer wird. Jedenfalls steigt das Brâncuşi-Fieber in den letzten Jahren stetig an und hat neben den USA (wo der Künstler im Museum of Modern Art ausgestellt ist) mittlerweile auch Japan und Korea erreicht, wie man der Besucherstatistik entnehmen kann.

Sehenswertes

Die Unendliche Säule

In den 30er Jahren des letzten Jahrhunderts bat die Stadt den Künstler *Brâncuşi,* ein Monument für die gefallenen Soldaten des Ersten Weltkriegs zu errichten. Solche Denkmäler sieht man in Rumänien in jeder größeren Stadt; aufgrund der oft sehr pathetisch-heroischen Darstellung finden die Monumente meist eher die Aufmerksamkeit der rumänischen Bevölkerung als die der ausländischen Besucher. In Târgu Jiu ist das anders.

Constantin Brâncuşi ignorierte den Wunsch nach einem pathetischen Kriegerdenkmal und schuf ein **Ensemble von Kunstwerken,** die sehr ausdrucksstark sind, weil sie eben auf jedes Pathos verzichten. Das bekannteste von ihnen, das Wahrzeichen der Stadt, die **Unendliche Säule (Coloană infinita),** findet man am östlichen Ende der **Calea Eroilor.** Die Allee durchzieht Târgu Jiu als zentrale Achse von West nach Ost, vom Flussufer des Jiu bis zum Säulenpark.

Hier ragt die 29 m hohe Säule aus gleichmäßig aufeinander gesetzten Rhomben in den Himmel. Sie ist die bildnerische Metapher für die Unendlichkeit, ein wichtiges Thema von *Brâncuşi,* das immer wieder in seinen Werken auftaucht und das er durch mehrfache Wiederholung einfacher Stilelemente darstellte.

Der Tisch der Stille

Am westlichen Ende der Calea Eroilor begrüßt der Skulpturenpark seine Besucher mit dem **Tor des Kusses (Poarta Sărutului),** einer steinernen Metapher für die Liebe. Humorvoll einem mächtigen Triumphbogen nachempfunden, soll dieses Tor eben genau dies ausdrücken, den Triumph der Liebe über die Schrecken des Krieges. Dies, so sollte *Brâncuşi* später zu *Picasso* sagen, sei das wahre Heldendenkmal, das er allen Menschen widme, die sich für den richtigen Weg entscheiden würden, der jenseits von Hass und Gewalt zu finden sei.

Folgt man dem weiteren Weg in den Park, so kommt man zum Ausgangspunkt des von *Brâncuăi* geschaffenen spirituellen Kunstweges: zum **Tisch der Stille (Masa Tăcerii).** Zwölf Stühle sind hier in gleichem Abstand um den Tisch gruppiert und schaffen so (von oben gesehen) ein Sonnenzeichen, wie man es auch von den Holztoren im Maramuresch her kennt (Symbol der Geburt).

Târgu Jiu als Lebensweg

Zwischen 1936 und 1938, als die Skulpturen entstanden, gab es zwischen dem Tisch der Stille (als Metapher für die Geburt) und der 1 km östlich auf einem Hügel stehenden Unendlichen Säule (als Metapher für den Tod) noch keine Gebäude. *Brâncuşi* hatte die unbebaute Strecke der Heldenallee als eine Art „leere Leinwand" betrachtet, auf der später noch neun weitere Kunstwerke entstehen und den vollen Lebenszyklus repräsentieren sollten. Alle Entfernungen und Höhen waren exakt nach der Goldenen Zahl 19 berechnet worden, alle Materialien standen schon bereit, doch das Werk von *Brâncuşi* blieb unvollendet und ist heute nur als die beschriebene Trilogie erhalten.

Die Kunstgalerie

Da Târgu Jiu ganz auf Kunst setzt, empfiehlt sich neben der Besichtigung der sehenswerten Skulpturen des *Brâncuşi* auch der Besuch der modernen Kunstgalerie, in der man mehr zu

Constantin Brâncuşi (1873–1957)

Wohl selten hat ein rumänischer Künstler eine Stadt so sehr beeinflusst wie es der **Bildhauer** *Constantin Brâncuşi* in Târgu Jiu getan hat. Der aus einfachsten Verhältnissen stammende Sohn eines Bauern wurde 1876 im kleinen Dorf Hobiţa unweit von Târgu Jiu geboren. Sein erstes Geld verdiente er sich als neunjähriger Laufbursche, um davon Schnitzwerkzeug zu kaufen. Bereits mit zehn Jahren eignete er sich die traditionellen Techniken der oltenischen Schnitzer und Kunsthandwerker an. Seine ersten Holzskulpturen erregten solches Aufsehen, dass er ein Stipendium erhielt, um in Craiova und Bukarest Kunst studieren zu können.

Im Alter von 28 Jahren hielt es ihn nicht mehr in Rumänien, er hatte in der Kunstgewerbeschule ein Werk des Bildhauers *Rodin* gesehen. Er musste unbedingt nach Paris. 1904 machte er sich auf den Weg – zu Fuß! Von Bukarest nach Paris, 2000 km, nur weil er eine Skulptur von Rodin gesehen hatte! Dort angekommen, arbeitete er als Messdiener und Kellner, bevor er 1907 endlich sein großes Vorbild *Rodin* kennen lernte. Dieser war von dem Talent des jungen Rumänen derartig begeistert, dass er ihm anbot, als Geselle in seiner Werkstatt zu arbeiten. Doch *Brâncuşi* entgegnete ihm nur: „Nichts kann im Schatten eines großen Baumes wachsen." Er wollte seinen Weg selber gehen. *Brâncuşi,* der bis 1957 in Paris tätig war, gehörte zum Freundeskreis *Picassos,* lernte *Le Corbusier* und *Braque* kennen.

Heute sind die Werke von *Brâncuşi* im Museum of Modern Art in New York ebenso zu sehen wie im Centre Pompidou in Paris, wo man in einer permanenten Ausstellung auch die Originalwerkstatt von *Brâncuşi* besuchen kann.

Constantin Brâncuşi gilt als einer der größten Revolutionäre im Bereich der modernen Kunst. Er war ständig auf der Suche nach dem einfachen Ausdruck, der simplen Form und versuchte seine Plastiken auf eine „Ästhetik pur" zu reduzieren. Er wolle, so sagte er seinem Freund *Amedeo Modigliani,* das Wesentliche aus der Form herauskitzeln, bis nur noch die Essenz als Kern sichtbar wäre. Seine Inspirationen bezog *Brâncuşi* von afrikanischen Plastiken und prähistorischer Kunst gleichermaßen. Seine wichtigen Werke „Die Feder", „Der Anfang der Welt", „Der Tisch der Stille" oder „Das Tor des Kusses" haben immer auch einen religiösen oder philosophischen Aspekt, der auf die Frage abzielt: Was ist die Essenz, das Wesen des Menschen?

rum650 Foto: jr

Werke im Atelier von Constantin Brâncuşi

den Hintergründen seiner Kunst erfahren kann. Man findet sie im Norden des Skulpturenparks. Neben Werken moderner rumänischer Künstler sind hier auch Ikonen aus den letzten drei Jahrhunderten zu sehen.

- **Galeria de Arta contemporana** (Moderne Kunstgalerie), Di. bis So. 9–17 Uhr, Eintritt 5 RON.

In der Umgebung

30 km von Târgu Jiu entfernt (über die DN67d) liegt der **Geburtsort von Constantin Brâncuşi, Hobiţa (Thierdorf).** Das Geburtshaus ist heute zu einem kleinen **Museum** umgestaltet worden, in dem jedoch nur wenig aus der Zeit des Bildhauers erhalten geblieben ist. An den Schnitzereien der Säulengalerie und denen am großen Holztor erkennt man, wie sehr die traditionelle Volkskunst die Arbeiten des Künstlers beeinflusst hat.

- **Casa şi Muzeul Constantin Brâncuşi,** Mo. bis So. 9–17 Uhr, Eintritt 6 RON.

Ebenfalls über die DN67d erreicht man nach 30 km das **Kloster Tismana** (10 km hinter dem Dorf Peştişani rechts ab). Überaus sehenswert ist die pittoreske Umgebung des Klosters, das sich 50 m über dem Fluss Tismana auf einer bewaldeten Anhöhe, von der ein Wasserfall in die Tiefe stürzt, präsentiert. Das milde Klima lässt Edelkastanien, Nussbäume und wilden Flieder wachsen.

Der Sage nach gilt der *heilige Nikodemus* als Stifter des Klosters, das im Laufe der Zeit mehrmals umgebaut wurde. Heute weben die Nonnen des Klosters die farbenfrohen oltenischen Teppiche und stellen Hinterglasikonen her. Die größte Feier und festlichsten Umzüge im Jahr erlebt das Kloster Tismana zu Mariä Himmelfahrt am 15. August *(Adormirea Maicii Domnului).*

- **Mănăstirea Tismana,** Mo. bis So. 9–19 Uhr, Eintritt frei.

Informationen

Ein Informationszentrum existiert noch nicht, die beiden nachfolgend genannten Reisezentren sind Spezialisten für die Beratung von Individualtouristen und sehr hilfsbereit, auch was die Suche nach einer Unterkunft betrifft:

- **Romania Gorj Aventura,** Str. Victoria 7a, Tel. 221 555, www.turismaventura.ro (auch englisch). Hat sich auf Abenteuertourismus spezialisiert (Kajak, Mountainbike, Rafting, Canyoning etc.).
- **Gorj Tourism România,** B-dul Republicii 24, Tel./Fax 227 435, www.gorjtourism.ro.

Service

- **Hauptpost,** Str. Eroilor 17, Tel. 219 476.
- **Geldwechsel: Raiffeisenbank,** Str. Tudor Vladimirescu 17.
- **Internet: DexterNet,** Str. Victoriei 8, nonstop.
- **Reisebüro: Guardo Tours,** Str. Tudor Vladimirescu 17, Tel. 223 081.
- **Fotografie: Cip Audio Video Film,** Str. Victoriei 44, Tel. 221 661.
- **Optiker: Onioptic,** Str. Popa Şapca 4, Tel. 215 249, Mo. bis Fr. 9–17 Uhr, Sa. 9–13 Uhr.

Notfälle

- **Bergrettung: Salvamont,** Tel. 982.
- **Apotheke: Galien Farm,** Str. Victoriei 27, Tel. 218 238, 24-Std.-Service.

• **Zahnarzt: Policlinica 8. Mai,** Str. 22. Decembrie 1989, Nr. 7, Tel. 221 223, Mo. bis Fr. 8–13 Uhr, 15–19 Uhr.
• **Private Klinik: Praxmed,** Str. 23. August 6, Tel. 237 327, Mo. bis Fr. 8–15 Uhr.

Mobilität

Züge

• Der **Hauptbahnhof** liegt 1 km östlich des Zentrums in der Str. Titulescu, Tel. 242 263. Târgu Jiu liegt an der Zuglinie Petroşani – Craiova, direkte Verbindungen aber auch nach Arad und Cluj.
• Zugtickets sind bei der **Agenţia CFR** am Piaţa Mare erhältlich, Tel. 211 924.

Busse

• Der **Busbahnhof** liegt nur 100 m südlich des Hauptbahnhofs in der Str. Titulescu, Tel. 210 542.
• Von Târgu Jiu fahren **Busse** Richtung Bukarest, Râmnicu-Vâlcea, Cluj-Napoca, Timişoara, Craiova, Braşov, Curtea de Argeş und Turnu-Severin.

Taxis

• **Lazăr,** Tel. 206 028.
• **Eurotaxi,** Tel. 228 000.

Unterkunft

Hotels

• **Lexi Star** (***), Str. Progresului 1, Tel. 407 755, Mobil 0731-505 570, www.hotel-lexistar.ro. Eines der besten Hotels mit elegantem Restaurant. 16 Zimmer: EZ 120 RON, DZ 155 RON, App. 210 RON, inkl. Frühstück.
• Das bekannteste Hotel der Stadt ist das **Brâncuşi** (***), B-dul C. Brâncuşi, Tel. 215 981. Wie der Name schon vermuten lässt, liegt es gleich neben dem Skulpturenpark. Es bietet ein gutes Preis-Leistungsverhältnis. 40 Zimmer: 7 EZ für 36 RON, 31 DZ für 40 RON, 3 App. für 58 Euro; inkl. Frühstück.
• **Hotel Dasiana** (***), Str. Jiului (Ausgang Richtung Tismana), Tel. 211 995. Sehr ruhige grüne Gegend, guter Service, faire Preise. 20 Zimmer: 2 EZ für 65 RON, 16 DZ für 92 RON, 2 App. für 164 RON; inkl. Frühstück.
• Etwas außerhalb, auf halber Stecke zwischen Târgu Jiu und dem Kloster Tismana, liegt das **Hotel Jaleşul** (***), Tel. 278 327 (Reservierung empfehlenswert). Der Tipp in Târgu Jiu! Hotel im Grünen mit Swimmingpool, Tennisplatz, Billard etc. Ruhig, gut und günstig. 18 Zimmer, 2 EZ, 95 RON, 14 DZ, RON, 2 App., 160 RON, inkl. Frühstück.
• Das **Casa Tineretului** (**), Str. N. Titulescu 26, Tel. 238 353, hat den Vorteil, in Bahnhofsnähe zu liegen und preisgünstig zu sein. 27 einfache DZ für 60 RON.

Pensionen

In Târgu Jiu findet man kaum günstige Pensionen, dafür aber außerhalb der Stadt, und manchmal muss man gar nicht so weit fahren:

• 11 km entfernt (auf der DN67d) Richtung Băile Herculane liegt das traumhafte **Motel Camping Jalesul** (**) in Arcani. *Irina* und *Nicolae Davitoiu* haben sich ein Schmuckstück am Waldrand mit Swimmingpool (Benutzung für 10 RON), großem Garten, Grillgelegenheit u.v.m. geschaffen. DZ mit Frühstück kosten 120 RON, bei längerem Aufenthalt ist ein Preisnachlass möglich.

Essen und Trinken

Restaurants

• **Ambasador,** Str. Victoriei 110, Tel. 210 718, täglich 11–1 Uhr. Internationale Küche mit rumänischer Note in heimeligem Ambiente. Für den großen Hunger.
• **Europa,** Calea Eroilor 22, täglich 8–24 Uhr, Mobil 0723-525 139. Das Restaurant liegt in der Nähe des Skulpturenparks. Sehr gut schmeckt *Ciulama de Pui* (Hühnerfrikassee in heller Soße).
• **Dorexim,** Str. 30. Decembrie, Nr. 2, Tel. 224 377, täglich 8–24 Uhr. Schönes Terrassenrestaurant mit vorwiegend italienisch inspirierter Küche.
• **Tip Top,** Str. 22. Decembrie 1989, Nr. 22, Tel. 227 457, täglich 8–24 Uhr. Gute Pizzeria mit vielfältigem Angebot.

- **Fantastic,** Str. Victoriei 25, tägl. 7–23 Uhr. Gute schnelle Küche mit Schnitzel & Co.

Cafés

- **Jaqueline,** Str. Victoriei 29, Tel. 215 223. Selbst gemachte Kuchen und guter Cappucchino.
- Gegenüber liegt das **Terrassencafé Keops,** Str. Victoriei 28, mit drei Billardtischen und reicher Kaffeeauswahl.

Bars

- **Eclipsa,** Str. T. Vladimirescu 17, Mobil 0722-326 484. Die Bar hat auch eine schöne, große Terrasse.
- **Tabu,** Str. Alexandru Vlahuţă 1–3, Mobil 0722-373 392, im Untergeschoss.

Einkaufen

Kaufhaus

- **Parângul,** Str. Victoriei 29, Mo. bis Fr 8:30–21 Uhr, Sa. 8:30–19 Uhr, So. 9–14 Uhr. Das Shopping-Center im Herzen der Stadt mit der reichsten Auswahl.

Souvenirs

- **Charisma,** Str. Victoriei 44. Natürlich haben viele Souvenirs die Motive von Brâncuşi zum Thema, doch Kitsch ist hier eine Ausnahme.

Feste und Events

- Das große **Stadtfest Festivalul Naţional de Folk şi Balada** (Nationales Folklore- und Gesangsfest) findet regelmäßig im Juni statt.
- Im Winter wird das **Festival der Bezaubernden Wasserquelle (Izvoare Fermecate)** veranstaltet, meistens in der dritten Februarwoche.

Drobeta Turnu-Severin ⇗XVIII, A2

- **Meereshöhe:** 70 m
- **Vorwahl:** 0252
- **Einwohner:** 105.000

Über die Europastraße E70 gelangt man sowohl vom Norden aus dem Banat als auch von Südosten, von Craiova, in die **alte Daker- und Römerstadt** Drobeta Turnu-Severin an der serbischen Grenze. Das heutige, sehr moderne Erscheinungsbild von Drobeta, wie die Bewohner ihre Stadt kurz nennen, lässt kaum erahnen, welch bewegte Vergangenheit die Donaustadt bereits hinter sich hat. Die Überreste der römischen Besiedlung sind heute direkt entlang der Donau zu sehen. Keinesfalls verpassen sollte man das eindrucksvolle **Museum des Eisernen Tores,** das in der Nähe der Ruinen der **Trajan-Brücke** errichtet wurde, die einst als achtes Weltwunder in Rom gefeiert wurde. Auch die Ruinen einer römischen Bastion sind direkt an der Donau, neben der ehemaligen Brücke, zu finden. Zwischen der Bastion und dem Hotel Parc stehen an der Uferpromenade die Überreste einer mittelalterlichen Zitadelle.

Sehenswertes

Die Trajan-Brücke

Der Architekt des Kaisers *Trajan,* **Apollodorus von Damaskus,** verantwortlich für die berühmte Trajan-Säule in Rom, bekam um 100 n.Chr. den Auftrag, die größte und mächtigste

Brücke des Römischen Reiches zu errichten. Die Stelle, an der dies zu erfolgen hatte, um eine Anbindung an die römischen Heeresstraßen ins Reich der Daker zu gewährleisten, lag direkt bei der römischen Siedlung Severinus. Die Donau weist an dieser Stelle eine Breite von über 800 m auf und war zur damaligen Zeit ein wilder und reißender Strom.

Drei Jahre sollte der Brückenbau dauern, danach standen 20 mächtige Steinpfeiler im Fluss, die eine fast **1200 m lange Brücke** trugen. Die 14,5 m breite Holzfahrbahn, die ab **105 n.Chr.** über die Trajan-Brücke führte, konnte mühelos eine ganze römische Legion gleichzeitig tragen (4000 bis 6000 Mann). Der Historiker *Cassius Dio* schrieb um das Jahr 200 n.Chr.: *„Trajan* ließ eine Brücke über den Ister (= Donau) schlagen, wofür ich keine Worte finde, um meiner Bewunderung genügend Ausdruck zu geben."

Heute ist von dem gigantischen Bauwerk nur noch **ein Brückenpfeiler erhalten,** den man am Donauufer, bei den römischen Ruinen, besichtigen kann. Aber alleine dieser Pfeiler lässt erahnen, zu welch grandiosen Bauleistungen die Römer fähig waren.

Museum Eisernes Tor

Der **Donaudurchbruch durch die Karpaten,** 30 km von Drobeta Turnu-Severin stromaufwärts, ist als „Eisernes Tor" bekannt. Vieles in der Stadt trägt diesen berühmten Namen, von Restaurants bis hin zu Modeboutiquen, und natürlich schmückt sich auch das bedeutendste Museum Drobetas damit. Das Museum Eisernes Tor ist überaus sehenswert. Es liegt am südlichen Ende der Str. Independenţiei, wo auch alle wichtigen **Relikte aus römischer Zeit** zu finden sind. Rumänische Schulkinder beeindruckt die Fülle an römischer Pracht im Museum kaum, sie drücken sich lieber an der neuesten Errungenschaft, einem riesigen **Aquarium,** die Nasen platt, in dem Fische und Pflanzen aus der Donau zu sehen sind. Besonders eindrucksvoll ist ein Riesenwels *(Somnul),* den man in der Donau gar nicht vermutet hätte.

In der Sektion „Römisches Reich" sind die Überreste eines römischen Bades zu sehen sowie Relikte der Donaubastion und einer Basilika aus dem 14. Jahrhundert. Leider sind alle ethnologischen, archäologischen und historischen Sektionen nur in rumänischer Sprache ausgeschildert.

- **Muzeul Porţile de Fier,** Str. Independenţiei 2, Tel. 312 177, Di. bis So. 9–18 Uhr, Eintritt 5 RON.

Informationen

- Informationen über die Stadt erhält man im **Reisebüro Miliennium Tour,** Str. Crişan 16, Tel. 333 577. Die Agentur übernimmt auch sämtliche Ticket-Reservierungen und Anmeldungen für Donaufahrten zum Eisernen Tor.

Service

- **Hauptpost,** Str. T. Costescu 3–5, Tel. 317 549.
- **Geldwechsel: Raiffeisenbank,** B-dul Tudor Vladimirescu 125–27.
- **Internet: Xtreme Internet Café,** Str. Orly 25, Tel. 332 930, rund um die Uhr.

- **Reisebüro: Guardo Tours,** Str. Tudor Vladimirescu 17, Tel. 223 081.
- **Fotografie: Minetti Foto Film,** Str. Traian 119, Tel. 315 304.
- **Optiker: Optiplus,** Str. Mihai Viteazul 26, Tel. 322971, Mo. bis Fr. 9–19 Uhr, Sa. 10–14 Uhr.

Notfälle

- **Apotheke: Farmacia Sensibiu,** Str. Horia 12, rund um die Uhr.
- **Zahnarzt: Dentamed,** Str. Avram Iancu 18, Tel. 312 230.
- **Private Klinik: Eurolap,** Str. Revoluţiei Dec. 89, Nr. 23, Tel. 214 351.

Mobilität

Züge

- Der **Hauptbahnhof** von Drobeta Turnu-Severin liegt 1 km nördlich des Zentrums. Drobeta liegt auf der Zuglinie Bukarest - Timişoara, und alle Züge zwischen diesen Destinationen halten hier.
- Zugtickets in der **Agenţia CFR,** Str. Decebal 43, Tel. 311 244.
- **Drobeta Turnu-Severin - Bukarest** (über Craiova): 2 IC-Züge um 9:18 und 18:13 Uhr, Ankunft 13:35 und 22:30 Uhr.
- **Drobeta Turnu-Severin - Timişoara** (über Orsova): R-Zug um 15:33 Uhr, Ankunft 19:12 Uhr.

Busse

- Der **Busbahnhof** liegt 3 km außerhalb des Zentrums (Stadtbusse 18 u. 20), Tel. 315 599.
- Von Drobeta Turnu-Severin fahren stündlich **Busse** zum Porţile de Fier (Eisernes Tor). Außerdem 6 Busse täglich nach Craiova und 3 nach Băile Herculane.

rum655 Foto: jr

Bereit zum Sprung? – Statue an der Donau westlich von Drobeta Turnu-Severin

Taxis

- **Ok,** Tel. 941.
- **Nova,** Tel. 944.
- **Ygrek,** Tel. 949.

Unterkunft

Hotels

Alle Hotels in der City sind überteuert. Selbst der Donaublick kann die in den letzten Jahren explodierenden Preise nicht rechtfertigen. Zumal die Donau nur vom Continental und vom Severin (nicht aufgeführt) zu sehen ist. Empfehlenswerter sind kleinere Pensionen entlang der Strecke.

- **Tropical** (***), Str. I. L. Caragiale 39, Tel. 311 922. Hotel mit schöner Sommerterrasse. 10 Zimmer, 6 EZ, 95 RON, 4 DZ, 130 RON, inkl. Frühstück.
- **Europa** (***), B-dul Tudor Vladimirescu 66, Tel. 333 737. Überteuertes Mittelklassehotel in Donaunähe, das sogar eine Präsidenten-

Suite anbietet. EZ 130 RON, DZ 170 RON, App. 210 RON, inkl. Frühstück.

- Das **Hotel Continental** (***) am B-dul Carol I., Tel. 306 730, liegt zentral und bietet den auch im Westen bekannten Standard. 29 EZ, 145 RON, 107 DZ, 195 RON, 5 App., 290 RON, inkl. Frühstück.

Pensionen

In Drobeta Turnu-Severin findet man keine guten, günstigen Pensionen, aber Richtung Craiova auf der E 79, 40 km außerhalb der Stadt, im Ort **Perişor,** liegt eine traumhafte Unterkunft mitten auf dem Lande:

- **Pensiunea Cristian** (**), Tel. 0251-415 071, Fax 415 173, DZ 80 RON, inkl. Frühstück. Bei längerem Aufenthalt ist eine Preisreduzierung möglich.

Essen und Trinken

- **Linz,** B-dul Tudor Vladimirescu 151, täglich 9–1 Uhr, Tel. 325 430. Schönes und gutes Terrassenrestaurant mit hohen Ansprüchen und tiefen Preisen. Best in Town. Empfehlung: *Muşchi de vită în sos de piper,* Kalbsteak in Pfeffersoße.
- **El Grande,** Str. N. Grigorescu 24, Tel. 312 328, täglich 11–3 Uhr. Wie der Name schon sagt, ein großes Restaurant mit internationaler Küche. Es wird gerne für Hochzeiten und andere Feste gebucht und ist auch ansonsten meist sehr voll!
- **Lebăda,** Str. Aurelian 54, Tel. 313 775, täglich 8–24 Uhr. Ruhiges Restaurant mit schönem Innendekor (Decke!). Spezialitäten: Süßwasserfische (nicht nur aus der Donau).
- **Grigo,** B-dul Tudor Vladimirescu 126, Tel. 324 181, täglich 10–24 Uhr. Gute Pizzeria mit reichhaltigem Angebot. Ausprobieren: *Grigo Pizza.*

Abends unterwegs

- Der **Club 58,** Str. Traian 17, garantiert lange dunkle Nächte mit House Music im Gothic Style.
- **Ada Kaleh,** Str. Bibicescu 4, Tel. 312 471. Die Bar ist innen und außen (Terrasse) ganz im orientalischen Stil ausgestattet. Guter türkischer Kaffee.

Einkaufen

Kaufhaus

- **Decebal,** Str. Horia 12, Mo. bis Sa. 8–22 Uhr, So. 9–15 Uhr. 4-stöckiges Shopping-Center mit Supermarkt im Tief-Paterre.

Souvenirs

- **Royal,** Str. Traian 117, Mo. bis Sa. 9–20 Uhr. Riesige Auswahl, von der nachgebauten römischen Galeere en miniature bis zum Decebal-Briefbeschwerer.

Am Eisernen Tor

„Eisernes Tor" ist die Bezeichnung für das größte **Staudammprojekt** an der Donau nahe der Stadt **Orşova** und dem dazugehörigen Elektrizitätswerk. Auf der anderen Seite steht dieser Name aber auch für **einen der imposantesten Flussdurchbrüche Europas.** 30 km westlich von Drobeta Turnu-Severin bahnt sich die **Donau** spektakulär ihren Weg **zwischen den rumänischen Südkarpaten und den serbischen Balkankarpaten** hindurch. An ihrer schmalsten Stelle ist die Donau hier nur noch 160 m breit, an beiden Ufern steigen die Karpatenwände bis auf 500 m steil in die Höhe.

Wer die Strecke mit einem Schiff befährt, wird sich wundern, dass sich nach dem Donaudurchbruch plötzlich ein 2 km breiter See auftut. Doch diese Verbreiterung kurz vor Orşova, die als **Cazan (Kessel)** bezeichnet wird, ist weiterhin die schöne blaue

Donau. Das Phänomen erklärt sich durch den künstlichen Rückstau, den man 1972 eingeleitet hat und der das Donauwasser hier auf ein Vielfaches seines normalen Volumens bringt.

Ruhig und gemächlich passieren die Donaupassagierschiffe heutzutage die Schleusen am Eisernen Tor, um sich dann ebenso langsam Richtung Donaudelta auf den Weg zu machen. Doch der friedliche Strom war nicht immer so ruhig und hat durchaus wesentlich bewegtere und **wildere Zeiten** hinter sich. Der Donauabschnitt an den Banater Bergen galt bereits bei den Römern als einer der gefährlichsten. An Fahrten mit dem Schiff war aufgrund der vielen Stromschnellen und Felsriffe nicht zu denken.

Im Jahr 1956 beschlossen Rumänien und das damalige Jugoslawien ein kommunistisches Joint Venture zur Schiffbarmachung der Donau. Dieses gigantische **Staudammprojekt** würde wahrscheinlich heute in Europa zu einem riesigen Aufschrei führen. Nach den Arbeiten an den Schleusen und der Staumauer, die von 1960 bis 1972 dauerten, lag die Höhe der Donau um 33 m über dem alten Wert. Die Gemeinde Ada Kaleh und die Altstadt von Orşova versanken ebenso wie eine Donauinsel für immer in den Fluten. Die Bürger der alten römischen Siedlung Orşova wurden umgesiedelt und leben heute an der Mündung der Cerna in einer Stadt ohne historische Wurzeln.

Craiova

↗ XIX, C3

- **Meereshöhe:** 100–110 m
- **Vorwahl:** 0251
- **Einwohner:** 310.000

Um es gleich vorwegzunehmen: Die Universitätsstadt Craiova spielt, was die Aufmerksamkeit der Reisenden anbelangt, meist nur eine Statistenrolle. Die Gründe dafür mögen in der star-

Die Donau – kurz gefasst

Die wichtigste Lebensader Rumäniens ist die Donau, die mit 1075 km die längste Strecke ihrer Reise auf rumänischem Boden zurücklegt und in die fast alle anderen Flüsse Rumäniens (direkt oder indirekt) münden. Das in römischer Zeit mit zahlreichen Stromschnellen und Wasserfällen noch sehr wilde und ungezügelte Gewässer namens **Istros** wurde im Lauf der Jahrhunderte reguliert und befahrbar gemacht. Am deutlichsten sieht man das heute rund um das Eiserne Tor an der serbischen Grenze. Hier durchbricht die **Dunărea** die Banater Südkarpaten und ist für Schiffe nur in Schleusen passierbar.

Auf ihrem weiteren Weg nach Osten bestimmt die Donau als Grenzfluss zu Bulgarien ganz wesentlich das Tieflandrelief im südlichen Rumänien. Sie umfließt zum Schluss ihrer Reise das Bergland der Dobrudscha, indem sie noch einmal einen Umweg nach Norden nimmt. Nach insgesamt **2850 km** – ab der Entstehung durch den Zusammenfluss von Brigach und Breg bei Donaueschingen in Deutschland – erreicht sie die Stadt Tulcea im Donaudelta und spaltet sich in drei Flussarme auf, mit denen sie das zweitgrößte Flussdelta Europas bildet.

ken Industrialisierung liegen, die zu Beginn der 1960er Jahre einsetzte, oder einfach darin, dass Craiova abseits der meisten touristischen Routen liegt. Dabei haben sich die **Adelshäuser** der Innenstadt, die prachtvolle **Präfektur** und das **Minerva-Haus,** das in den 1970er und -80er Jahren zu den besten Restaurants Rumäniens zählte, in den letzten Jahren fein herausgeputzt. Ein sehr gutes Argument, mit dem man für Craiova werben kann, ist das einzigartige **Kunstmuseum,** in dem sich der Architekt *Paul Gottéreau* dank eines unbegrenzten Budgets gnadenlos kreativ ausleben konnte. Auch der **Botanische Garten (Parcul Romanescu)** keine 10 Minuten vom Zentrum entfernt lädt jederzeit zu einem Zwischenstopp im Grünen ein.

Wer sich also auf dem Weg durchs südliche Oltenien befindet, sollte sich die langsam erwachende Schönheit Craiova einmal anschauen. Das kleine **historische Zentrum** der ausgedehnten Stadt lässt sich in etwa 3 Stunden mühelos erkunden. Doch manche bleiben dann doch länger, denn Craiova hat so manche Überraschung zu bieten.

Ein Kunstpalast fürs Volk

Am Beginn der Calea Unirii in Craiova versteckt sich ein weißer, verspielter Zuckergussbau hinter hohen Kastanienbäumen und einer Mauer, sodass man ihn beim Vorbeigehen leicht übersieht. Wer sich doch durchs Eisentor wagt, hält das Gebäude anfangs vielleicht für einen alten Palast. Für das einfache Volk jedenfalls scheint es nicht gebaut worden zu sein. Dabei hat der Architekt **Paul Gottéreau** das Gebäude von 1900 bis 1907 bewusst auch als „Festhaus für das Volk“ und als einen „Kunstpalast für den kleinen Mann“ geplant. Er und sein Geldgeber, **Constantin Mihail** (seinerzeit der reichste Mann Rumäniens nach dem König), planten einen Palast, wie es ihn in der Walachei bis dahin noch nicht gegeben hatte. Geld sollte keine Rolle spielen.

Heute wird das **Kunstmuseum** von Craiova meist mehr bewundert als die ausgestellten Kunstwerke darin, beschwert sich sein Direktor. Die venezianischen Spiegel, die Kristallleuchter aus Murano-Glas, die Treppen aus Carrara-Marmor, die mit Lyoner Seide aufgepolsterten Wände und die prachtvollen Stuckarbeiten und Deckenmalereien lenken in der Tat sehr von den Gemälden ab, die in prächtigem Wettstreit mit der Innenarchitektur stehen. Dem Volk jedenfalls hat es gefallen. Bei seiner Eröffnung im Juni 1907 wollten 100.000 Bürger aus der ganzen Walachei ihren Kunstpalast sehen.

Sehenswertes

Im Zentrum

Die Hauptachse des Zentrums bildet die **Fußgängerzone der Calea Unirii,** die wichtigste Nord-Süd-Verbindung im Stadtkern. Die breite Straße zeigt sich janusköpfig. Vom Norden, also vom Kunstmuseum kommend, sieht man links die historisch interessanten und gut restaurierten Gebäude aus dem 19. Jahrhundert, wie das Muzeul de Arta, die Präfektur und das ehemalige Kasino Minerva. Auf der anderen Seite hingegen zieht sich ein gewaltiger grauer Neubau aus den 1970er Jahren in die Länge, der einst

rum659 Foto: jr

der ganze Stolz der kommunistischen Machthaber war und heute als Ladenmeile herhalten muss.

Anfangs der Calea Unirii kommt man in 5 Minuten zum kleinen **Park Alexandru Ion Cuza,** der direkt dem mächtigen Rathausbau von 1845 und dem daneben liegenden **Stadttheater** vorgelagert ist. Wer von hier durch die Altstadt bummelt und die Stadt von früher her kennt, wird erstaunt sein, wie gut einzelne Bojarenhäuser und Jugendstilbauten renoviert wurden. So z.B. die Häuserzeile um das **Casa Puiu Pleşea** oder die alte **Nationalbank.** Auch die altehrwürdige **Universität** von 1869 und die prächtigen Villen an der Str. Mihail Viteazul wie der **Curtea de Conturi** und das **Gedenkhaus der Elena Farago** erstrahlen wieder in altem Glanz.

Im Kunstmuseum

Anfangs, um 1907 bis 1920, war im prunkvollen Kunstmuseum in der Calea Unirii die **Sammlung „Alexandru und Aristia Aman"** untergebracht. Dabei handelte es sich um Werke, die aus dem Nationalen Kunstmuseum in Bukarest ausgelagert wurden.

Heute zeigt das Haus auch international bedeutende Werke, die ihm von Sammlern vermacht wurden, wie diejenigen im **flämischen Flügel,** wo anonyme Werke aus dem Kreis um *Peter Paul Rubens* hängen. Dazu zählen auch Bilder von *Daniel van Heil* und *Cornelis de Heem.* Die **italienische Schule** ist mit Bildern aus dem 16.

Das Kunstmuseum von Craiova

Oltenien

Jahrhundert vertreten. Zu sehen sind unter anderem Werke von *Niccolo Boldrini* aus dem Jahr 1550. Die große Zahl von Gemälden **rumänischer Maler** wird angeführt von *Theodor Aman* und dem größten und bekanntesten rumänischen Maler, *Nicolae Grigorescu*, von dem allein 20 Bilder im Museum zu sehen sind.

Natürlich darf auch *Constantin Brâncuşi* nicht fehlen, der in Craiova seine ersten Werke schuf. Eines seiner wichtigsten Frühwerke, „Der Kuss“ (von 1907), ist im Museum ausgestellt.

Der Romanescu-Park

Der **Botanische Garten** oder **Parcul Romanescu** gehört zu den größten

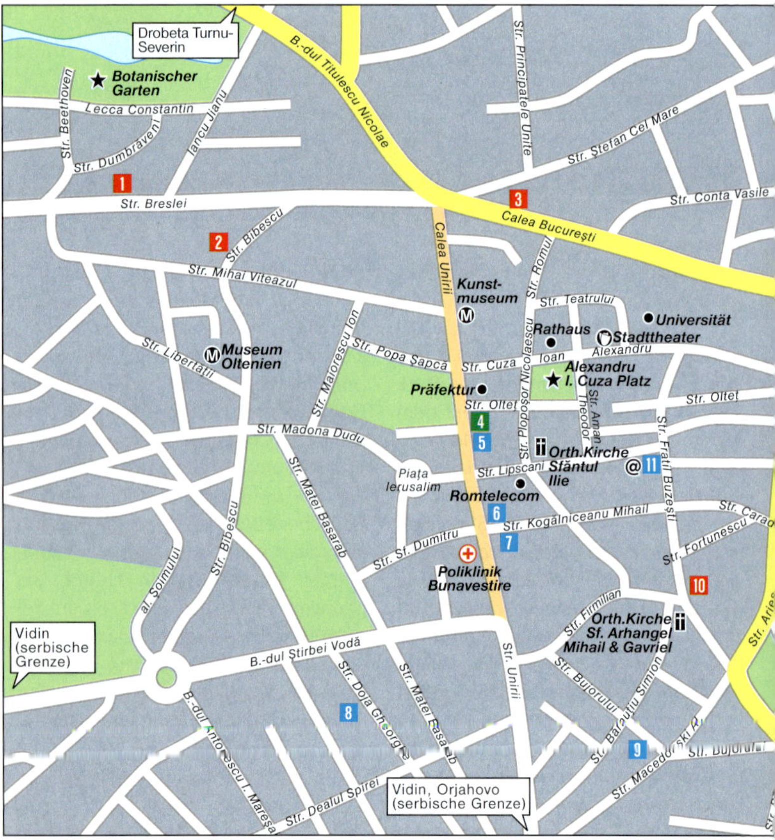

Parkanlagen Europas und liegt dabei mitten im Stadtzentrum. Wer die Gehwege der grünen Lunge von Craiova vollständig erkunden möchte, sollte sich vielleicht ein paar Tage länger in seinem Hotel einquartieren, da man nämlich über 80 km zurückzulegen hätte. In dem 1900 eröffneten Park stehen heute über 250 verschiedene Baumarten. Ein authentisches **mittelalterliches Schloss** in der Parkmitte lässt sich über eine Brücke oder aber mit dem Ruderboot erreichen. **Zahlreiche Restaurants,** ein kleiner (unspektakulärer) **Zoo** und einige schön gelegene Terrassencafés runden den positiven Eindruck ab, den der Park vermittelt.

Übernachtung
1 Hotel Golden House
2 Hotel Parc
3 Hotel Jiul
10 Hotel Green House
15 Hotel Bavaria
16 Pension Luisa
17 Hotel Ada
18 Hotel Emma

Essen und Trinken
5 Restaurant Viena
6 Restaurant Minerva
7 Restaurant El Greco
8 Restaurant Zorba's
9 Restaurant Il Nabucco
11 Internet Café Night Bringer
12 Restaurant La Dolce Vita
13 Restaurant El Greco

Nachtleben
14 Club Corona

Sonstiges
4 Mapamont Reisebüro

Informationen

- **Agenţia de Turism Mapamont,** Str. Olţet 2-4, 1. Stock, hinten durch (!). Sehr freundliche Angestellte, die auch Übernachtungen in ANTREC-Häusern auf dem Lande vermitteln.

Service

- **Hauptpost,** Calea Unirii 54, Tel. 523 520.
- **Geldwechsel: Raiffeisenbank,** Calea Unirii 14.
- **Internet: Night Bringer Café,** Str. Lipşcani 44, nonstop.
- **Reisebüro: Touropa,** Calea Unirii 23c, Tel. 410 091.
- **Fotografie: Live Foto,** Str. I. A. Cuza 42, Mobil 0722-557 762, Mo. bis Fr. 8.30–21 Uhr.
- **Optiker: Onioptic,** Str. Vasile Conta 2, Mo. bis Fr. 9–19 Uhr, Sa. 10–14 Uhr.

Notfälle

- **Apotheke: Farmacia 3F,** Calea Bucureşti 17b, nonstop.
- **Zahnarzt: Dr. Catrinel Georgescu,** Piaţa Gării 2, Mobil 0723-317 735.
- **Private Klinik: Policlinica Bunavestire,** Calea Unirii 90, Tel. 524 078.

Mobilität

Flüge

- Der **Flughafen Craiova (Aeroportul International Craiova)** liegt 7 km außerhalb der City an der Şos. Craiova nach Bukarest, Tel. 416 860. Die Busse 28 und 32 bedienen die Strecke Innenstadt – Flughafen.
- **Fluggesellschaft TAROM,** Büro im Unirea-Einkaufszentrum gegenüber dem Hotel Jiul, Calea Bucureşti 2, Tel. 411 049.

Züge

- Der **Hauptbahnhof** von Craiova liegt 1 km nördlich des Zentrums am Piaţa Gării 1, Tel. 411 620. Craiova liegt an der Zuglinie Bukarest – Timişoara; alle Züge zwischen diesen Destinationen halten hier.
- Zugtickets bei der **Agenţia CFR** im Zentrum Unirea, Tel. 411 634.

Busse

- Der **Busbahnhof** liegt neben dem Hauptbahnhof, Tel. 411 187.
- Von Craiova fahren **Busse** nach Calafat, Câmpulung, Târgu Jiu und Râmnicu Vâlcea.

Taxis

- **Romnicon,** Tel. 421 919.
- **PMI,** Tel. 590 002.

Grenzübergang nach Bulgarien

In der kleinen Stadt **Calafat** 70 km südlich von Craiova liegt ein wichtiger Grenzübergang nach Bulgarien. Die hübsche Stadt an den Ufern der Donau ist sehr übersichtlich und vor dem Passieren der Grenze einen kurzen Bummel wert. Vom Bahnhof aus sind es 10 Minuten ins Stadtzentrum, das man am unvermeidlichen Kriegerdenkmal erkennt. Der Markt ist rechter Hand zu finden, links verteilen sich einige Bars, Restaurants und ein so genanntes Kulturhaus.

Fähren (wie im Englischen: *ferry boat* oder *bac*) nach Bulgarien fahren im Sommer stündlich von 5:30 Uhr morgens bis Mitternacht. Die Fahrt nach Vidin dauert 30 Minuten und kostet 20 RON pro Person und 80 RON pro Fahrzeug.

Unterkunft

Hotels

- **Hotel Bavaria** (****), Str. Caracal 3, Tel. 461 761, www.hotel-bavaria.ro. Exzellentes Hotel in ruhiger Gegend, einziger Nachteil: Es ist (für rumänische Verhältnisse) zu teuer: DZ 60 Euro, App. 70 Euro.
- **Hanul Doctorului** (***), Str. Viitorului 1, Tel. 435 413. Wunderbares Hotel und originelles Restaurant in urigem Stil. Beide empfehlenswert. EZ 100 RON, DZ 120 RON.
- **Green House** (***), Str. Fraţii Buzeşti 25, Tel. 414 010. Sehr professionell geführtes, modernes Haus 10 Minuten vom Zentrum entfernt (liegt nicht im Grünen!). EZ 60 RON, DZ 65 RON, App. 130 RON.

- **Hotel Parc** (***), Str. Bibescu 12, Tel. 417 257. 43 Zimmer, Air Condition, Parkplatz, Kühlschrank, Kabel-TV. EZ 50 RON, DZ 55 RON.
- **Hotel Emma** (***), Calea Bucureşti 82a, Tel. 406 288, www.hotel-emma.ro. Neben einer Tankstelle gelegenes modernes Hotel, das zu den elegantesten der Stadt zählt. EZ 30 Euro, DZ 45 Euro.
- **Hotel Jiul** (**), Calea Bucureşti 1–3, Tel. 414 166. Mittelklassehotel. Die Preise der in zwei Klassen geteilten tadellosen Zimmer sind zu hoch: EZ ** 27 Euro, *** 45 Euro, DZ ** 36 Euro, *** 60 Euro, App. *** 75 Euro.
- **Hotel Ada** (**), B-dul Tudor Vladimirescu 125–127, Tel. 326 123. Das freundliche Hotel hat ein ausgezeichnetes Restaurant. EZ 135 RON, DZ 175 RON, inkl. Frühstück.
- **Golden House** (*), Str. Brestei, Tel. 406 207. Passables Haus, etwas zu teuer für das Gebotene. EZ 100 RON, DZ 120 RON.

Pension

- **Luisa** (**), Str. Caracal 12. Sieht klein aus, hat aber viel Platz. Italienische Hausleitung. Reservieren unter Tel. 441 735 oder Mobil 0744-562 963. 13 Zimmer, EZ 80 RON, DZ 100 RON, App. 120 RON.

Essen und Trinken

- **Restaurant & Café Minerva,** Str. Unirii 23, Tel. 411 706, 7.30–22 Uhr. Das Minerva gehörte in den 1970er und -80er Jahren zu den elegantesten, besten und teuersten Restaurants ganz Rumäniens. Unweit der prunkvollen Präfektur entstand nach seiner Renovierung ein zweigeteiltes, ebenso prächtiges Architektur-Vergnügen. Das Café Minerva ist nun eine verkleinerte Variante des alten Riesenrestaurants in grellem Jugendstilblütentürkis. Die Selbstbedienung mutet allerdings ein wenig fremd an in dem prächtigen Saal. Das Essen ist tadellos.
- **Restaurant Viena,** gleich am Piaţa Prefecturii gelegen, bietet das Viena eine gute und preiswerte Küche in einem sehr harmonischen und eleganten Interieur. Spezialitäten: *Bulz ciobănesc* (*Mămăligă* mit Sahne, Ei und Schinken), *Tochitură oltenească* (Geschnetzeltes mit *Mămăligă,* Ei und Tomatensauce) Außerdem Pizza und Pasta.
- **Zorba's,** Str. Gheorghe Doja, Tel. 533 545. Restaurant mit original griechischem Essen und griechischem Wein.
- **Il Nabucco,** Str. Al. Macedonski 38, Mobil 0741-229 936. Rumänische und italienische Küche der kräftigen Art. Gut gewürzt und preisgünstig.
- **El Greco,** Str. A.I. Cuza 9, Tel. 416 549. Für den kleinen Hunger zwischendurch: Pizza und rumänische Pasteten.
- **La Dolce Vita,** B-dul Carol I., Nr. 6, Tel. 466 604. Typisch italienische Küche, z.B. *Saltimbocca.*

Abends unterwegs

- **Murphy's Pub,** Str. Panait Moşoiu 5, Mo. bis Fr. 9–24 Uhr, Sa. 10–1 Uhr, Do. abends Live-Konzerte mit irischer Musik.

Einkaufen

- **Kaufhaus:** Das **Mercur** am Rathausplatz ist unübersehbar das größte und wichtigste Einkaufszentrum in der City. Hier bekommt man alles von Alteisen bis zur Zahnseide.

rum664 Foto: jr

Banat

rum665a Foto: jr

rum665b Foto: jr

Arad – das Denkmal ist allen Helden der rumänischen Geschichte gewidmet

Heuernte bei Băile Herculane

Straßenkünstler in Timişoara

Zwischen Donau, Theiß und Mieresch

Im Gegensatz zu Oltenien, das sich mit Muntenien zusammen stolz Ţara Românească (Rumänisches Land) nennt, war der benachbarte Banat seit jeher eine **Vielvölkerregion.** Rumänen, Ungarn, Serben und Deutsche haben das Gebiet im äußersten Südwesten Rumäniens entscheidend mit geprägt. Die ersten deutschen Siedler (1720–1730) berichteten in bewegenden Aufzeichnungen davon, wie mühsam es war, die ausgedehnten Sümpfe trockenzulegen und das Land urbar zu machen. Das Gebiet im Dreiländereck war vor allem bei den Schwaben sehr beliebt, die in Massen in den Banat auswanderten. Noch 1910 lag der Anteil der deutschen Bevölkerung, der so genannten **Donauschwaben,** im Banat bei über 25 Prozent. Deutsche stellen heute mit 5 Prozent nur noch eine kleine Minderheit. Die Mehrzahl der heute hier lebenden Menschen ist rumänischer, serbischer und ungarischer Abstammung.

Der Banat ist in den letzten Jahren zu einer aufstrebenden **Weinbauregion** geworden. Die Landwirtschaft spielt nach wie vor eine große Rolle im Land der Schwarzerdeböden und fruchtbaren Flusstäler. Riesige Obstplantagen, Weizen-, Raps- und Maisfelder ziehen sich im Gebiet rund um Arad bis zum Horizont. Aber auch Adventure-Touristen und Kulturfreunde entdecken den Banat neu. Die Berge um Caransebeş sind beliebte Trekking- und Mountenbike-Gebiete, und westliche Austauschstudenten zieht es nach **Timişoara,** in Rumäniens „westlichste Stadt“.

Geschichte im Dreiländereck

Im frühen Altertum war der Banat eine typisch **dakische Region,** an der die Römer aber sehr schnell Gefallen finden sollten. Wie in Transsylvanien und im Gebiet der nördlichen Crişana, hatte man auch auf dem Boden des Banat **Gold und mineralische Quellen** entdeckt, eine Mischung, der die römischen Soldaten nicht lange widerstehen konnten. So wurde das Gebiet im heutigen Dreiländereck zwischen 106 und 274 n.Chr. der **römischen Provinz Dacia** angeschlossen.

Es folgte eine lange **Zeit politischer Wirren,** die erst im 12. Jahrhundert durch die Eroberung durch die Ungarn endgültig geklärt schien. Doch die aufstrebende Walachei und die Osmanen machten in der Folgezeit den Banat ebenso zu einem Zankapfel wie die Serben und Habsburger.

Bis zur Zeit Kaiserin *Maria Theresias* und der Etablierung einer habsburgisch-ungarischen Monarchie wechselte die Herrschaft über den Banat mit schöner Regelmäßigkeit zwischen Budapest und Wien hin und her.

Erst im **Ersten Weltkrieg** entschied sich das Schicksal der politisch instabilen Region endgültig. Der westliche, kleinere Teil des Banat ging an Ungarn, ein weiterer, südwestlicher Teil an Serbien. Das größte Stück aber, den östlichen Teil, bekam die noch junge Monarchie Rumänien. Von diesem Gebiet soll in der Folge die Rede sein, auch wenn „Banat", ähnlich wie im Falle der Bukowina, insgesamt ein geteiltes Gebiet bezeichnet.

Der Ban

Der Banat (rum. **Banatul**) beschreibt eine Region, die nicht allein auf das Territorium Rumäniens beschränkt ist. Im Dreiländereck des äußersten Südwestens reicht sein Gebiet auch auf die Staaten von Serbien (große Teile der heutigen Vojvodina) und Ungarn hinüber. Auf Ungarisch heißt das Gebiet **Bánság.** Der Name leitet sich nicht etwa – wie von Einheimischen in vielen lustigen Wendungen behauptet – vom rumänischen Wort *bani* für Geld ab. Vielmehr geht er auf den aus dem Persischen stammenden Titel **Ban** zurück, den mittelalterliche Herrscher in Kroatien, Bosnien und der Walachei getragen haben. Noch vor 500 Jahren hieß auch Bosnien Banovina. Ungarische Herrscher bezeichneten im 16. Jahrhundert sämtliche ihrer Provinzen als **Banat,** ein Wort, das dem deutschen Begriff Markgrafentum entspricht.

Timişoara/ Temeschwar ↗XII, A1/2

- **Meereshöhe:** 90 m
- **Vorwahl:** 0256
- **Einwohner:** 330.000
- **Ungarischer Name:** Temesvár
- **Deutscher Name:** auch Temeschburg

Timişoara ist eine Reise wert. Wer die Stadt am Fluss Timiş zwei Jahre nicht gesehen hat, wird sich wundern, in welchem Tempo die Sanierung im historischen Altstadtzentrum voranschreitet. Schon früher war Schnelligkeit ein Markenzeichen der Stadt. So gab es in Timişoara die **ersten Straßenbahnen,** die von Pferden gezogen wurden

Die Revolution begann in Timişoara

Ende 1989 hatte sich die Welt durch *Gorbatschows* Perestroika grundlegend verändert. *Ceauşescu* war am 4. Dezember noch einmal nach Moskau geflogen, um *Gorbatschow* milde zu stimmen; dieser hatte ihm beim letzten Besuch gehörig den Kopf gewaschen. Doch die Gespräche verliefen unterkühlt.

In Rumänien spitzten sich die Ereignisse derweil zu, und es war nicht, wie etwa erwartet, die Arbeiterschaft, die den Sturz *Ceauşescus* einläutete, sondern ein Mann aus dem Klerus. Der Pfarrer der reformierten Kirche in Timişoara, **Laszlo Tökes,** hatte wegen seiner regimefeindlichen Predigten Berufsverbot erhalten, predigte jedoch ohne Bezahlung weiter. Als *Tökes* durch die Securitate aus seiner Wohnung zwangsvertrieben werden sollte, versammeln sich am 16. Dezember über 1000 Menschen im Stadtzentrum. Es kommt zu spontanen Arbeitsniederlegungen, Verwüstungen und antikommunistischen Losungen. Als Antwort des Regimes auf die Rufe nach Freiheit und Demokratie fliegen die Schlagstöcke, und gepanzerte Fahrzeuge der Armee rollen auf. Die erste kleine Revolution wird niedergeschlagen - doch, und das ist entscheidend, ohne Schüsse.

Ceauşescu ist in Rage. Er hatte den Militärs befohlen, scharfe Munition einzusetzen. Vor einer Auslandsreise nach Teheran gibt er seinem Verteidigungsminister *Milea* noch eine „letzte Chance". Falls es wieder zu Protesten kommen sollte, würden einige der „Hooligans und chauvinistischen ungarischen Nationalisten" eben hinterher nicht mehr laufen können - auf *Ceauşescus* Befehl hin sollte das Militär allen Protestlern in die Beine schießen.

Doch es kam anders. In Timişoara war die ganze Stadt im Streik. Menschenmassen überfluteten den zentralen Opernplatz. Revolutionsführer sprachen vom Opernbalkon zur Menge. Überall waren Rufe zu hören wie: *Noi suntem poporul* (Wir sind das Volk), *Acum sau niciodată* (Jetzt oder nie) oder *Fără violență - Armata e cu noi* (Ohne Gewalt - die Armee ist mit uns).

Doch dem war anfangs nicht so. Am 19. Dezember begann das Militär zu schießen, doch nicht nur in die Beine. Es gab die ersten Toten - einen Tag später kam es dennoch zu den ersten Verbrüderungsszenen zwischen Bevölkerung und Soldaten. Timişoara war zur ersten freien Stadt Rumäniens geworden - doch kaum einer im Rest des Landes wusste davon, denn alle Telefonleitungen waren heimlich gekappt worden. Die Bestinformierten waren in Rumänien zum damaligen Zeitpunkt die Fernsehzuschauer, die westliche Programme empfangen konnten.

- **Revolutionsmuseum,** Str. Emanoil Ungureanu 8, www.memorialulrevolutiei.ro.

rum668 Foto: jr

(1869), und auch die **ersten Wasserleitungen Rumäniens** wurden (ebenfalls 1869) in der Hauptstadt des Banat verlegt. Natürlich ließ es sich die Stadt, die dem Westen und seinen technischen Entwicklungen immer schon sehr zugeneigt war, auch nicht nehmen, bei der Elektrifizierung „aufs Gas zu drücken". So bekam Timişoara 1884 die **erste elektrische Straßenbeleuchtung Europas,** ein beispielloser Vorgang für eine Stadt, die niemals Hauptstadt eines Staates gewesen ist. Zu guter Letzt dürfen in dieser Aufzählung die Ereignisse im rumänischen **Revolutionsjahr 1989** nicht fehlen. Mit **Laszlo Tökes,** einem engagierten Pfarrer der reformierten Kirche in Timişoara, hatte damals alles angefangen. Die Leute seiner Stadt erklärten sich mit ihm solidarisch, und irgendwann sprang der Funke auf das ganze Land über.

Kurze Stadtgeschichte

Bereits 1154 taucht der Name der Stadt erstmals in den historischen Dokumenten des arabischen Geographen *al-Idrisi* auf. Ins Bewusstsein der Geschichtsschreibung rückte sie dann vollends im 14. Jahrhundert, als die kleine Siedlung um die alte Festung Castrum Temesiensis sich zur **Hauptstadt des Banat** aufschwang. Nach einer ziemlich rüden Herrschaft der Osmanen seit 1552 übernahmen die Habsburger 1716 das Stadtzepter und führten die aufstrebende Metropole zu einer Blütezeit im 18. und 19. Jahrhundert. Aus dieser Zeit sind noch einige architektonische Bauten erhalten geblieben.

Erste Orientierung

Wer das Zentrum von Timişoara auf einer Karte betrachtet, dem wird die sorgfältige Planung der Straßenzüge auffallen. Die Altstadt befindet sich in einem inneren Ring, der vom **Bega-Kanal** umgeben ist. Dieser wurde auf Betreiben der Habsburger gegraben, um einerseits die Sümpfe zwischen den Flüssen Timiş und Bega trockenzulegen und andererseits den Überschwemmungen im Frühjahr Einhalt zu gebieten. Heute trennt der Bega-Kanal die Altstadt vom Neubauviertel.

In der **Altstadt** gibt es eine Achse vom nördlich gelegenen Einheitsplatz (Piaţa Unirii) zum zentral gelegenen Freiheitsplatz (Piaţa Libertaţii) und hinunter zum Siegesplatz (Piaţa Victoriei). Auf dieser Strecke liegen einige der markantesten und historisch wichtigsten Bauwerke der Stadt.

Sehenswertes

Der Einheitsplatz

Am Verkehrsknotenpunkt **Piaţa Unirii** spiegelt sich am besten die habsburgische Zeit wider. Der wunderschöne Platz ist vollständig von gelben, grünen und roten Handelshäusern umgeben. Hier fanden im 18. Jahrhundert die Aufmärsche, Militärparaden und religiösen Feste statt, und hier entzündete sich auch im Dezember 1989 der Revolutions-Funke, der von den Massen zu den anderen zen-

Timişoara
Botanischer Garten
Calea Al. I. Cuza
Piaţa Mărăşti
Str. Oituz
100 m
22 600 m
23 600 m
Arad
Str. Gheorghe Lazăr
Str. Ghe. Dima
Römisch-Katholischer Dom
Str. G. Coşbuc
Serbische Kirche
Piaţa Unirii
Evang. Kirche
Str. V. Alecsandri
Kunstmuseum
Str. Augusin Pacha
Str. I. Doda
Markt
Piaţa Matir Radian Belici
Str. Eugeniu de Savoya
Str. Mercy
Str. Mărăşeşti
Str. Ungureanu
Str. Coriolan
Piaţa Sf. Gheorghe
Str. Proc. de la Timişara
Piaţa Libertăţii
Str. Dr. Iosif Nemoianu
Str. Col. I. Enescu
Str. Paris
Str. V.V. Delamarina
Piaţa Mircea Eliade
Str. Sf. Ioan
Deutsches Theater
Str. Cantemir
Str. Carol Telbisz
Str. Bolyai János
Oper
Nationaltheater
Stadtpark
Str. Liviu Gabor
Piaţa Operi
Piaţa Iancu Huniade
B.-dul I.C. Brătianu
Piaţa Regina Maria
B.-dul Republicii
Str. Dr. Nicolae Paulescu
Banater Landesmuseum
Katholische Kirche
Str. Vincenţiu Babeş
B.-dul Regele Ferdinand I
Piaţa Victoriei
Str. N. Lenau
B.-dul M. Eminescu
Str. 20 Decembrie 1989
Str. Patriarh Miron Cristea
Zentralpark
B.-dul C.D. Loga
Orthodoxe Kathedrale
B.-dul Politehnicii
Philharmonie
Sommerkino
Str. Acad. Alex. Borz
B.-dul 16 Decembrie 1989
Park Catedralei
Park Justiţiei
Rosenpark
Bega-Kanal
19 1 km, Moraviţa (serbische Grenze)

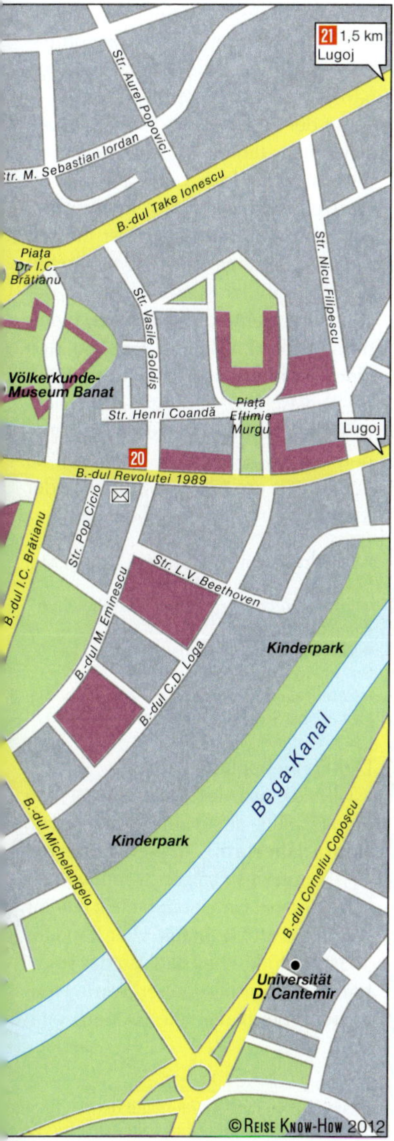

Übernachtung
8 Hotel Timişoara
19 Hotel Reghina Blue
20 Continental Cornel
21 Hotel Tresor
22 Hotel Next

Essen und Trinken
1 Salon Vivaldi
2 Baroque
3 Café Dominion
4 Café Cuza
5 La Cetate
6 La Pizza
9 Lemon Bar
10 Casa cu flori
12 Ciminelli Eiscafé
13 Maestro
15 Lloyd
17 Café Opera
18 Café Violetta

Nachtleben
9 Lemon Bar
14 Club 30

Einkaufen/Sonstiges
7 Apotheke Diantus
11 Apotheke Bodea
16 Buchhandlung M. Eminescu
23 Shopping Center Terra und Kappa Center

tralen Plätzen getragen wurde. Deshalb kann man sich am Einheitsplatz auch nicht so recht für einen Namen entscheiden. Teilweise hängen Schilder mit der Bezeichnung „Domplatz" an den Häuserwänden, auf anderen ist bereits der neue, erwünschte Name Piața Revoluții zu lesen.

Der Hinweis auf einen Domplatz bezieht sich auf den römisch-katholischen **Dom,** der an der Ostseite des Platzes steht. Er ist ein wunderbares Beispiel für den von Wien propagierten Barockstil, den der Erbauer, der Wiener Architekt *Emmanuel Fischer von Erlach,* so umsetzte, wie er es von seinen Bauten in Linz und der österreichischen Hauptstadt her kannte. Der von zwei Türmen flankierte Dom entstand übrigens zwischen 1736 und 1773 zu einer Zeit, als die Region Banat vom Österreicher Prinz *Eugen von Savoyen* gerade erst erobert wurde.

Auf der Südseite des Einheitsplatzes sieht man den riesigen Barockpalast der alten **Präfektur,** der 1754 auch als Gouverneurspalast Verwendung fand. Auch das **Kunstmuseum** ist hier zu finden, das einige Gemälde flämischer und italienischer Meister zeigt. An der Westseite steht das **Vikarhaus,** hinter dessen überbordender Fassade sich eine faszinierende Sammlung religiöser Kunstschätze verbirgt. Die schlichte **serbische Kathedrale** gleich daneben zeugt von der großen Anzahl an Serben, die um 1745, dem Baujahr der Kirche, in Timişoara gelebt haben.

rum672 Foto: jr

- **Catedrala Romano-Catolică** (Dom), Mo. bis So. 8- 16 Uhr, Eintritt frei.
- **Palatul Vechii Prefecturi** (alte Präfektur), keine Besichtigung.
- **Muzeul de Artă** (Kunstmuseum), Di. bis So. 10–18 Uhr, Eintritt 6 RON.
- **Catedrala Sârbească** (serbische Kathedrale), Mo. bis So. 7–18 Uhr, Eintritt frei.

Der Freiheitsplatz

Über die Str. Alecsandri gelangt man vom Einheits- direkt zum Freiheitsplatz **(Piața Libertății),** dessen Mitte mit der Statue des *heiligen Nepomuk* geschmückt ist. Ein Gebäude fällt hier ins Auge: das **alte Rathaus.** Hier stand bis 1730 ein türkisches Bad (an das sogar mit einer Inschrift erinnert wird). Heute beherbergt das alte Rathaus eine

Winterliches Taubenfüttern auf dem Siegesplatz vor dem Nationaltheater

Musikschule. Ursprünglich wurde der Bau im Barockstil errichtet, oben am Giebel sieht man das Wappen von Timişoara. Gleich um die Ecke des Platzes ist eine der großen **Synagogen** zu sehen. Auch sie wurde von einem Wiener Architekten entworfen, allerdings nicht im barocken, sondern im maurischen Stil.

Der Siegesplatz

Das Crescendo der drei Plätze im Zentrum von Timişoara erreicht am südlichsten Platz, nahe der Bega, seinen Höhepunkt. Den Namen **Piaţa Victoriei** (Siegesplatz) hat man ihm unmittelbar nach der Revolution von 1989 gegeben. Hier sprachen die Revolutionsführer vom Balkon der **Oper** zu den aufgebrachten Massen. Man sieht das imposante Gebäude, das auch das **Nationaltheater (Teatrul Naţional)** umfasst, gegenüber der orthodoxen **Kathedrale,** die im letzten Jahrhundert errichtet wurde. Da der Platz früher Sumpfgebiet war, sind alle Gebäude mit Hunderten von unterirdischen Pfeilern abgesichert. Das Opernhaus wurde von den Wiener Architekten *Hellmer* und *Fellner* entworfen, die uns in diesem Reiseführer schon in Oradea und Iaşi als Bauherren begegnet sind. Die Kathedrale hat in ihrem Untergeschoss ein interessantes **Museum** eingerichtet, in dem schöne Ikonostasen sowie Glas- und Holzikonen zu sehen sind.

rum673 Foto: jr

Die orthodoxe Kathedrale von Timişoara erinnert an russische Kirchen

Von der obligatorischen Wölfin und den Zwillingen *Romulus* und *Remus* am lang gestreckten Siegesplatz sind es nur 15 Minuten hinunter zum Fluss. Doch der Weg könnte etwas länger dauern, da unterwegs sehr viele ausgezeichnete Cafés und Restaurants zur Einkehr locken.

- **Colecţia Muzeală a Mitropoliei Ortodoxe** (Museum der orthodoxen Kathedrale), Di. bis So. 9–17 Uhr, Eintritt 3 RON.

Die Bastion

Im 13. Jahrhundert war Timişoara vollständig von dicken Wehrmauern umgeben, wie viele andere rumänische Städte auch. Um sich **gegen die**

Angriffe der Osmanen zu schützen, wurden diese Mauern später durch Bastionen an den wichtigsten Punkten verstärkt. Als die Österreicher die Stadt erstmals 1716 eroberten, bestanden sie darauf, die Wehrmauern abzureißen und durch eine Wehranlage in Form eines neunzackigen Sterns zu ersetzen. Diese Bastei ist heute noch in Timişoara zu besichtigen.

Man geht dazu vom Siegesplatz zum östlich gelegenen **Stadtpark,** der als riesige Freifläche gleich nach dem Iancu-Hunida-Platz erscheint. Durchquert man den Park, sieht man schon die mächtigen, 20 m hohen **Wehrmauern** der heutigen Bastei. Neben einer Buchhandlung, dem Restaurant La Cetate und einer Diskothek beherbergt das ehemalige Waffenarsenal der Stadt heute auch ein ethnografisches **Museum.** Das Banater Museum stellt hier seine Sektion rumänischer Volkskunst aus.

- **Muzeul Banatului, Secţia de Etnografie** (Banater Museum), Str. Popa Şapcă, Di. bis So. 10–17 Uhr, Eintritt 4 RON.

Informationen

- **Informationszentrum für Touristik,** Str. Alba Iulia 2 (direkt rechts neben der Oper). Öffnungszeiten: in der Saison Mo. bis Fr. 10–20 Uhr, außerhalb der Saison Mo. bis Fr. 10–18 Uhr. Tel./Fax 437 973, infoturism@primariatm.ro.

Service

- **Hauptpost,** Str. B-dul Revoluţei 1989, Nr. 2, Tel. 492 871.
- **Geldwechsel: Raiffeisenbank,** Calea Aradului 64, 274 774.
- **Internet: Internet Café,** Str. Medicinei 1, Tel. 190 203, und **Computer Club,** neben dem Pret á Manger Restaurant, Str. Aurelianus 19, Tel. 199 757.
- **Fotografie: Foto Central,** B-dul Regele Carol I., Nr. 14, Tel. 493 032. Gute Filmentwicklung zu günstigen Preisen.
- **Optiker: Tanja,** Str. Semenic 17, Tel. 431 069. Gute Beratung.

Notfälle

- **Apotheken: Farmacia Diantus,** Str. Libertaţii 1, Tel. 432 842, Mo. bis Sa. 8–20 Uhr, So. geschlossen; **Farmacia Bodea,** Str. Iancu Vacaresu 24–26, Mo. bis Sa. 8–20 Uhr, Sa./So. 9–17 Uhr.
- **Kreiskrankenhaus: Judeţean,** B-dul Iosif Bulbuca 156, Tel. 463 001.
- **Privatklinik: Centrul Medical Dr. Stan** *(cu plată),* Str. Gheorghe Lazăr 36–40, Tel. 226 630. Der Ausdruck „cu plată" bedeutet, dass es sich um eine private Klinik handelt, in der man direkt bezahlen muss. Vorteil: Es geht schnell.
- **Zahnarzt: Dr. Golea,** Str. Ciprian Porumbescu 2, Tel. 295 082.

Mobilität

Flüge

- Der **Flughafen** von Timişoara **(Aeroportul International Traian Vuia,** Tel. 493 639) liegt 12 km von der Innenstadt entfernt und ist die zentrale Drehscheibe für die **Karpatair-Fluglinie,** die von Deutschland (München, Stuttgart, Düsseldorf und Frankfurt) u.a. elf rumänische Flughäfen und Chişinău, die Hauptstadt der Republik Moldau, anfliegt (siehe Website www.carpatair.ro). Anbindung an die City mit dem Bus 26.

Züge

- Der **Hauptbahnhof (Gara Timişoara Nord)** liegt 1 km vom Zentrum entfernt (B-dul Republicii). Anbindung durch die Straßenbahnen 1 und 11 und die Oberleitungsbusse 11, 14 und 18.

Busse

- Der **Busbahnhof (Autogara)** liegt in der Nähe des Hauptbahnhofs, Str. Reşiţa 54, Tel. 493 471. Anbindung durch die Straßenbahnen 1 und 11 sowie mit den Oberleitungsbussen 11, 14 und 18.

Taxis

- **Taxi Radio,** Tel. 940.
- **Taxi Tudo,** Tel. 945.
- **Taxi Prompt,** Tel. 942.

Unterkunft

Hotels

- Eines der besten Hotels in der Stadt ist das **Hotel Tresor** (****), Str. Aleea Ghirodei 32 (neben dem Tennisclub Tivoli), Tel. 228 754. Swimmingpool, Sauna, Internet, Bar. DZ 90 Euro, inkl. Frühstück.
- **Hotel Timişoara** (***), Str. Mărăşeşti 1-3, Tel. 498 852, www.hoteltimisoara.ro. Zentral gelegenes Hotel mit Spa-Bereich, Restaurant und renovierten, schönen Zimmern. EZ 75 Euro, DZ 120 Euro.
- **Hotel Reghina Blue** (***), Str. Cozia 51-53, Tel. 407 299, Fax 407 298, www.reghinablue.ro. Sehr sauberes und gutes Hotel mit Air Condition, Internet, TV usw. Auf Wunsch Transfer zum Bahnhof bzw. Flughafen. DZ 120 RON.
- **Continental Cornel** (***), B-dul Revoluţiei 3, Tel. 134 144. City-Hotel mit 250 Zimmern. DZ 80 Euro.
- **Hotel Next** (***), Str. Academician 18, Tel. 296 148. Kleines, günstiges Hotel in der Peripherie. Air Condition, TV. EZ 90 RON, DZ 110 RON.

Pensionen

- **Pensiunea Zefir** (****), Str. Tulcea 17, Tel. 474 766. DZ 40 Euro.
- **Pensiunea Morretti Plaza** (***), Str. Romulus 12, Tel. 220 760. Klein, aber fein und in Citynähe. 5 DZ, jeweils 120 RON, inkl. Frühstück.
- **Pensiunea Casa Leone** (***), B-dul Eroilor 67, Tel. 292 621. DZ 30 Euro.

Camping

- **Camping International,** Alea Pădurea Verde 6, Tel. 208 925, www.campinginternational.ro (deutsche Seite). Campingplatz, den man rundum empfehlen kann. Sehr gepflegtes Gelände, gute sanitäre Einrichtungen, 40 Hütten mit Heizung, 67 Zeltplätze mit Stromanschluss, Restaurant. Die Hütten sind leider zu teuer: 92-220 RON. Die Zeltplätze dagegen sind überraschend günstig: einfacher Zeltplatz ab 20 RON, für 2 Personen mit Zelt und Auto (je nach Saison) ab 60 RON. Positive Leserresonanz.

Essen und Trinken

Restaurants

- Ein wirkliches Spitzenrestaurant ist das **Casa cu flori,** Str. Alba Iulia 1, Tel. 435 080, täglich 12-24 Uhr. Im Untergeschoss gibt es noch eine Café-Bar im Wiener Stil. Spezialitäten: *Medalion de Viţel cu Sos de Vişine* (Kalbsmedaillon mit Sauerkirschsoße) und *Borş de Peşte* (Fischsuppe).
- Das **Maestro,** Str. Janos Bolyai 3, Tel. 431 471, hat Bodenständiges auf der Karte. Der *Gustare ţărănească,* der Bauernschmaus, schmeckt vorzüglich. Dazu unterhält Live-Musik.
- Das **Lloyd** am Opernplatz, Piaţa Victoriei 2, Tel. 294 949, ist mit Vorsicht zu genießen: Einerseits schmecken die Speisen hervorragend (allen voran das *Filet Mignon à la Chef*), andererseits kann es passieren, dass die Kellner in dem oft überfüllten Restaurant den Überblick verlieren und die bestellten Menüs nicht richtig servieren. Für Touristen fallen Rechnungen auch schon mal „versehentlich" zu hoch aus.
- Im **La Cetate** findet man historisches Ambiente vor. Das Restaurant ist in die Festung integriert und aufs Prächtigste renoviert. Die Preise sind erdverbunden, das Menü ist lecker. Aufpassen: *Ficat de Gâscă* (Gänseleber) ist nicht billiger, nur weil man in Rumänien speist; die kleine Portion kostet 25 Euro. Sehr gut das Gulasch vom Reh *(Guyaş de Căprioară).*

- **Goethestraße,** das Restaurant in der Str. Ianos Paris bietet original deutsches Frühstück, Mittagessen und Abendessen an. Tel. 270 170, täglich 7–24 Uhr.
- **La Pizza,** Str. V. Alecsandri 18, täglich 9–23 Uhr. Tiramisu, Bruschette, Pizza, Pasta & Co. Gut und günstig.

Cafés

- Das sehr elegante **Café Opera,** Piața Victoriei 6, existiert seit 2004. Ein echter Hingucker, und obendrein gibt es guten *Ştrudel de mere* (Apfelstrudel), Espresso und eine gut bestückte Salatbar.
- Den Opernplatz etwas weiter hinunter folgt das **Café Violetta,** das immer gut gefüllt ist und guten Kaffee serviert. Kein Touristencafé, hier verkehren Rumänen. Piața Victoriei 18, Mo. bis Fr. 8–21 Uhr, Sa./So. 9–22 Uhr.
- **Café Cuza,** Str. Augustin Pacha 6, Tel. 437 217.

Abends unterwegs

Bar/Diskothek

- **Lemon Bar,** Str. Alba Iulia 1, Tel. 0721-744 241, täglich 9–22 Uhr. Wenn man in diese Bar eintritt, dann riecht es schon nach Zitrone – sehr erfrischend. Im Untergeschoss ist eine Diskothek untergebracht, der **Lemon Club.** Hier ist erst Schluss, wenn der letzte Gast gegangen ist.

Diskotheken

- In der Festung wird ab 22 Uhr gute Musik aufgelegt, und zwar im **Sound Club.**
- Auch in Rumänien denkt man langsam über die Älteren nach: Im **Club 30** legt man daher „Oldies but Goldies" auf. Piața Victoriei 7, Tel. 229 934, täglich 18–3 Uhr.

Einkaufen

Kaufhaus

- Zwei Shopping-Center dicht nebeneinander bieten wahrscheinlich die größtmögliche Auswahl in der Stadt. Man findet sie in der Str. Divizia 9: **Terra** und **Kappa Center.**

Bücher

- **Librăria M. Eminescu,** Str. Măcesilor 2, Tel. 494 123.

Souvenirs

- **Casa Luxor,** Str. Paris 2. Preislich im oberen Segment, eben „luxor", aber dafür gibt's auch Souvenirs der gehobenen Art.

Aktivitäten

Fitness

- **Sala Florin Teodorescu,** Str. Ripensia 7, Tel. 0356-805 877. Mit Terrasse, zwei Saunen und (!) eigener Bücherei.

Billard/Bowling/Darts

- Im **Club K** spielt man rund um die Uhr Darts oder auch mal einen gepflegten Poker. Str. Divizia 9, Tel. 281 883.

Das Timiş-Tal

Von Timişoara folgen sowohl die E70 als auch die Hauptbahntrasse dem Fluss Timiş Richtung Süden. Die Strecke führt durch die alten Habsburger Städtchen Lugoj und Caransebeş bis hinunter ins römische Kurbad Băile Herkulane. Von Caransebeş aus bieten sich **Bergtouren** an, die zum Muntele mic oder zum 2190 m hohen Țarcu-Gipfel führen.

Lugoj/Lugosch ↗ XII, B2

- **Meereshöhe:** 125 m
- **Vorwahl:** 0256
- **Einwohner:** 44.000
- **Ungarischer Name:** Lugos

60 km südlich von Timişoara führt die E70 in das ruhige und beschauliche Lugoj. Vom Hauptbahnhof verläuft die gepflasterte Str. Andrei Mocioni hinunter zum Timiş-Fluss. Nachdem man einige Hotels und Cafés passiert hat, gelangt man zum **Stadtmuseum.** Hier werden einige typische Banater Folkloretrachten ausgestellt, außerdem Keramiken und Waffen aus dem Mittelalter. Über eine Eisenbrücke geht's weiter zur **Kathedrale** der unitarischen Kirche mit außergewöhnlich schönen neo-byzantinischen Fresken. Ganz in der Nähe steht die orthodoxe **Himmelfahrts-Kirche** aus dem Jahr 1759. Sie gehört zu den wichtigsten Barockkirchen im Banat und wurde vom Wiener Architekten *Emmanuel Fischer von Erlach* gestaltet.

Heide- und Heckenschwaben

Bereits vor den Zeiten *Maria Theresias* herrschte in den österreichisch-ungarischen Metropolen ein großes strategisches Interesse daran, das Gebiet des Banat zu besiedeln und urbar zu machen. Die angebotenen Ländereien und Vergünstigungen lockten schon um 1722 die ersten **Siedler aus Franken, Bayern, Österreich und der Rheinpfalz** in das unwirtliche, aber fruchtbare Gebiet. Die Siedler werden heute unter dem Begriff Donauschwaben zusammengefasst. Die mutigen Aussiedler schifften sich meist an der Donau in Ulm oder Passau ein, mussten dann aber noch über 100 km zu Fuß in ihr eigentliches Siedlungsgebiet zurücklegen, das zur damaligen Zeit fast vollständig aus Morast und Sümpfen bestand. Die Neuankömmlinge überlebten Seuchen und Hungersnöte, machten sich den fruchtbaren Humusboden zunutze und verwandelten das öde Land in Weizen-, Mais- und Rübenfelder. Die flache Ebene bis nach Temeşvar hinauf nannten sie **Heide** oder in ihrer eigenen Mundart **Heed.** Mit dem botanischen Begriff der Heide hat der Name kaum etwas gemein. Als Heide im geographisch-regionalen Sinn ist das Banater Weideland ebenso gemeint wie die neu entstandenen Weinanbaugebiete.

Im Gegensatz zu den Heideschwaben hatten es die **Donauschwaben** weiter nördlich nicht ganz so einfach mit der Bebauung. Zwar gab es in den kargen Hügeln des nördlichen und östlichen Banat keine Sümpfe, doch auch keinen fruchtbaren Boden. Man kämpfte sich vielmehr durch dichtes Gestrüpp, Wälder und Hecken. Also nannten die Banater Schwaben das Gebiet **Hecke.** Auf alten Karten von 1764 ist noch deutlich zu erkennen, das drei Viertel des Flurlandes aus Gestrüpp und Hecken bestanden. Doch auch den Heckenschwaben gelang es, dem öden Land durch Waldrodungen und Abbrennen des Buschwerks Ackerland abzuringen.

Seit Beginn der Besiedlung pflegten Heide- und Heckenschwaben den friedlichen **Wettstreit.** Wo der Heidebauer sich der Rekordernten seiner Maisfelder rühmte, hob der Heckenbauer die hohe Qualität seines Weizens oder seiner Sojabohnen hervor. Beide, Heckler und Heeder, waren jedoch wahre Meister im **Weinanbau,** und so war jeder Schwabe stets voll des Lobes für den edlen Tropfen des Konkurrenten.

rum678 Foto: jr

Die Lokomotiven von Reşiţa

Südöstlich von Timişoara liegen die Bergbaustädte Reşiţa (dt. Reschitza), Bocşa und Anina. Vom Charme der Habsburger Zeit konnte sich allenfalls Bocşa ein wenig bewahren. Die technologische Entwicklung stand in dieser Region, insbesondere zu Zeiten *Ceauşescus,* viel zu sehr im Mittelpunkt, als dass man auf den Erhalt historischer Gebäude Wert gelegt hätte. Bereits im Mittelalter hatte man hier begonnen, Schächte zur Kohlegewinnung ins Erdreich zu treiben. Einen regelrechten Boom erlebte der Banater Süden, als Österreich 1718 die Herrschaft über die Region zu einer gründlichen Modernisierung von Bergbau, Metallverarbeitung und Transportwesen nutzte. Über 200.000 Banater Schwaben (sog. Donauschwaben), zogen in die Region und wurden in der Folgezeit zu einer wichtigen Stütze der Industriellen Revolution in Rumäniens Südwesten. Reşiţa avancierte unter den Habsburgern zu einem der wichtigsten Industriestandorte Europas. Noch vor den Krupp-Werken (1811) wurden hier die ersten modernen Verhüttungstechnologien eingeführt, 1854 konnte die Inbetriebnahme der ersten Bahnstrecke zwischen Anina und dem Donauhafen Basiaş gefeiert werden.

Heute erinnert in der zersiedelten Stadt Reşiţa wenig an diese Zeit. Einen Besuch lohnt aber das **Lokomotivenmuseum,** das man 1972 anlässlich der 100-Jahr-Feier des Lokomotivbaus in Reşiţa eröffnete. Auf dem Areal befinden sich 16 Lokomotiven aus der Gründerzeit. Die abenteuerlichste Reise hat wahrscheinlich das erste Modell, eine Haswell-Lokomotive aus dem Jahr 1871, hinter sich, die als Vorlage über die Donau und auf dem Landweg mit 36 Ochsenpaaren nach Reşiţa gebracht wurde. Heute sieht man ihren Nachbau aus dem Jahr 1872 auf dem Gelände als die berühmte Nr. 1 – die erste rumänische Eisenbahnlokomotive.

• **Muzeul de Locomotive,** Reşiţa, das Gelände ist ganztags zu besichtigen, der Eintritt ist frei.

- **Muzeul de Lugoj,** Str. Bălcescu 14, Di. bis So. 10–17 Uhr, Eintritt 2 RON.
- **Catedrală de Lugoj,** täglich 8–18 Uhr, Eintritt frei.

Unterkunft

- **Cabana Cerbul** (**), 29 km von Haţeg entfernt am Muntele Mic. Schöne neue Zimmer, eigene Küche. Informationen beim Inhaber *Nelu Gherga,* Tel. 0255-515 544. DZ mit Halbpension 70 RON. Leserempfehlung.
- **Pension Union,** Str. Andrei Saguna 1, Tel. 351 204. Das Haus beherbergt die Union der Bildenden Künstler und bietet günstige Räume an. DZ 40 RON.

Camping

- **Camping Ana Lugojana,** an der E 70, km 9, Tel. 353 060. Zeltplatz 8 RON.

Caransebeş/ Karansebesch

↗XII, B3

- **Meereshöhe:** 180 m
- **Vorwahl:** 0256
- **Einwohner:** 28.400
- **Ungarischer Name:** Káransebes

Das alte Habsburgerstädtchen Caransebeş ist ein idealer Ausgangspunkt, um in die noch weithin unbekannten **Munţii Ţarcului** aufzubrechen. Die 1806 m hohe Erhebung des Muntele mic und der 2190 m hohe Ţarcu sind über Zerveşti, Turnu Ruieni und Borlova zu erreichen. Vom Ţarcu bietet sich ein herrlicher Blick hinüber zum Retezat-Gebirge.

Wer sich vorab noch das entspannte Leben in Caransebeş anschauen will, dem empfiehlt sich ein Blick ins **Landesmuseum für Ethnografie.**

Informationen

- Die Stadt Caransebeş gehört zu den ganz wenigen Gemeinden, die eine wunderbare **Website auf Deutsch** ins Netz gestellt haben; wirklich lesenswert mit vielen wichtigen Infos (auch zum Muntele Mic & Co.): **www.caransebes.ro.**

Unterkunft

- Übernachtung am Muntele Mic in 1550 m Höhe in der kleinen **Pension Iepuraşul** (Häschen) des Meteorologen *Ioan Epure,* Tel. 0744-565 679. 15 Euro, Vollpension.
- Übernachtung am Muntele Tarcu in der **Cabana Prietenii Munţilor,** Tel. 0744-262 833. Bett 40 RON.
- Weitere Übernachtungen am Muntele Mic (z.B. in Borlova) über **Sergio Morariu,** Str. Trandafirilor 4, Timişoara Tel. 0256-491 565.

Tarzan und Dracula aus dem Banat

Der Name des Ortes **Lugoj** klingt nicht von ungefähr so ähnlich wie der des großen Hollywood-Schauspielers **Béla Lugosi.** Der neben *Christopher Lee* und *Klaus Kinski* wohl charismatischste Dracula-Darsteller wurde hier geboren. Auch andere Künstler stammen aus dem kleinen Städtchen, etwa der Tenor *Traian Grozăvescu* (1895–1927), der Komponist *Ion Vidu* (1836–1931) oder der Ballzauberer *Jupp Posipal,* seines Zeichens rechter Vorstopper der deutschen WM-Elf von 1954. Ein wichtiger Banater Schauspieler soll die Sammlung berühmter Persönlichkeiten aus dem Timiş-Tal komplettieren: **Johnny Weissmüller,** bekannter Tarzan-Darsteller und olympischer Schwimmer, stammt auch fast von hier, genauer gesagt aus Freidorf, einem heutigen Stadtteil von Timişoara.

Băile Herculane/ Herkulesbad ⇗XVIII, A1

- **Meereshöhe:** 170 m
- **Vorwahl:** 0256
- **Einwohner:** 6100
- **Ungarischer Name:** Herkulesfürdö

Am südlichen Ende des Banat erreicht die E70 das **alte Römerbad Aqua Herculis** oder, wie der Ort heute heißt, Băile Herculane. Die Legende besagt, das *Herkules* hier seine Wunden pflegte, die er im Kampf mit der neunköpfigen Wasserschlange *Hydra* davongetragen hatte. Die neun Quellen des Bades lassen sich geologisch bestimmt auch ohne mythische Heldentaten erklären, doch der Name des *Herkules* war bereits in römischen Zeiten ein wichtiges Gütesiegel, wollten doch auch die vom Krieg mit den Dakern verwundeten und erschöpften römischen Soldaten bald nur noch hier kuren.

Wer in die warmen, **schwefelhaltigen Quellen** steigen möchte, kann das auf der Durchreise auch „auf die Schnelle" machen. Entweder besorgt man sich im Badezentrum einen Stempel für die begehrten **Freibäder,** die auf Rumänisch „Ştrand" heißen, oder man fährt, falls die Kurzentren geschlossen sind, hinauf zum **Cerna-Stausee.** Auf dem Weg gibt es mehrere **Naturbecken** mit heißem Thermalwasser, in die man sich kostenlos oder für wenig Geld begeben kann. Fragen Sie einfach nach den **sieben Quellen (şapte izvoare),** die dort oben für jedermann aus den Felsen sprudeln.

Sehr schön ist die Fahrt weiter hinauf ins Cerna-Tal in das kleine Bergdorf **Tatu.** Von hier hat man eine herrliche Aussicht hinunter ins Tal und hinauf zum 1928 m hohen Dobrii-Gipfel.

Unterkunft

- **Hotel Ferdinand** (****), Piaţa Hercules 1, Tel. 561 131, www.hotel-ferdinand.ro (auf Englisch), EZ 120 Euro, DZ 140 Euro.
- **Hotel Afrodita** (**), Str. Complexelor, Tel. 560 730.

rum680 Foto: jr

Băile Herculane – das Luxushotel Ferdinand im Ortskern

Camping

- **Camping am Cerna-Stausee,** Zeltplatz 10 RON, einfache Hütten 30 RON.
- **Camping Pecinisca Herculane,** Str. Trandafirilor 160, Tel. 560 175. Zeltplatz 15 RON, einfache Hütten 35 RON.

Arad

↗ VI, A3

- **Meereshöhe:** 116 m
- **Vorwahl:** 0256
- **Einwohner:** 170.500

Arad, die **zweitgrößte Stadt des Banat,** liegt ebenso wie das nördliche Oradea nur knapp 15 km von der ungarischen Grenze entfernt. Man erreicht die sehr sehenswerte Stadt von Norden und von Süden über die schnurgerade, gut befahrbare E671 und von Osten (Deva) über die nicht minder gute Straße E68.

Wie Oradea und Timişoara ist das Stadtbild von Arad infolge des habsburgischen Einflusses in erster Linie durch den **Barock** geprägt. Viele Durchreisende, die mit dem Auto durch die Stadt fahren, werden auf dem breiten **Boulevard der Revolution (B-dul Revoluţiei),** der die Stadt von Nord nach Süd durchzieht, bereits eine Vielzahl der mächtigen, verspielten Bauten aus dem 19. Jahrhundert zu sehen bekommen. Theater, Museen und Kirchen reihen sich hier in einer Weise aneinander, dass man glauben könnte, Arad bestünde nur aus dieser einen imposanten Allee.

Dabei hat die Stadt an der **Muresch** gerade abseits dieser kulturellen und architektonischen Hauptschlagader viel zu bieten. Wer sich nur auf einen kurzen Abstecher ins Altstadtzentrum begeben möchte, dem sei die kleine Nebenstrecke zum schönen Platz der Kathedrale ans Herz gelegt. Hier schlägt der Puls der Stadt zwar nicht so schnell, dafür aber umso kräftiger.

Kurze Stadtgeschichte

Ähnlich wie ihre südliche Nachbarin Timişoara fand auch Arad frühzeitig Anschluss an die industriellen Revolutionen des mittleren 19. Jahrhunderts. Bereits 1858 wurde Arad an das österreichische Eisenbahnnetz angeschlossen und entwickelte sich anschließend in rasantem Tempo von einem hübschen, verschlafenen Grenzstädtchen zu einer industriellen Vorzeigestadt. Ihren **frühen wirtschaftlichen Wohlstand** hatte die Stadt der Flößerei und dem Handel mit Gewürzen und Salz zu verdanken. Um 1860 waren es Textil-, Waggon- und Maschinenbaufabriken, mit denen die großen Handelshäuser entlang der Prachtmeile des B-dul Revoluţiei ihr Geld verdienten. Die Bevölkerung wuchs innerhalb von 50 Jahren von 20.000 auf 100.000 an. Die Stadt drohte zeitweise ihren Charme an den Dreh- und Werkbänken abzugeben. Vor allem *Ceauşescu* sah in Arad ausschließlich das perfekte sozialistische Vorzeigemodell.

Doch nach der Revolution von 1989 hat sich der Wind in Arad tüchtig gedreht. Die Stadt gibt sich heute entspannt und fröhlich, fast südländisch. Über die nahe Grenze strömen nun wochentags Ungarn in die Innenstadt und bewundern, was sich so dicht hinter ihrer Grenze getan hat.

Nord-Süd-Achse: B-dul Revoluţiei

Korrekter müsste die Überschrift „Im langen Zentrum“ lauten, denn der alles dominierende Bulevardul Revoluţiei (der früher Republicii hieß) zieht sich endlos lang und breit über **5 km direkt durch die City.** Diese mächtige Nord-Süd-Achse mit einer Breite von bis zu 300 m ist zu allen Tageszeiten sehr stark befahren, da der Boulevard die natürliche Verlängerung der Europastraße 671 ist.

Sehenswertes

Am Rathaus

Am besten beginnt man die Besichtigung der Prachtallee Revoluţiei an ihrem markantesten Punkt, dem Rathauspalast. Man findet ihn nicht, er findet einen, und zwar gleich neben der **Universität.** Wer mit dem Auto unterwegs ist, braucht sich übrigens keine Sorgen um einen Parkplatz zu machen – hier finden sich wirklich genügend.

Das Rathaus ist mit einem 45 m hohen **Turm im Stil der Renaissance** ausgestattet und wurde von 1872 bis 1876 erbaut. Gleich gegenüber dem Rathaus blinken **verschnörkelte Jugendstilfassaden** um die Wette. Eine der protzigsten Bauten, die aus dem historistischen Ensemble heraussticht, ist das ehemalige **Gebäude der Eisenbahndirektion CENAD** (Bulevardul Nr. 73). Das im Stil der Neorenaissance errichtete Gebäude ist ein sichtbares Symbol dafür, welchen Wohlstand die Eisenbahn einst in den Banat gebracht hat.

Wer sich das „Freilichtmuseum am Bulevardul Revoluţiei“ einmal von oben anschauen möchte, muss dazu allerdings ein Gebäude aus dem 20. Jahrhundert betreten, von denen es mittlerweile auch einige in der Nähe des Rathauses gibt. Von der Terrasse des 80 m hohen **Astoria-Hotels,** das 1969 nach einem Entwurf von *Miloş Cristea* gestaltet wurde, bietet sich ein weiter Blick bis hinunter in den Süden zur römisch-katholischen Kirche und hinüber zur grün gesäumten Muresch.

Die Mureş entlang

Wer sich schnell vom Klassizismus und den Neorenaissancehäusern im Zentrum von Arad erschlagen fühlt, kann eine Verschnaufpause im grünen Gürtel entlang der Mureş einlegen. Zwischen Rathaus und Universität führt die **Str. Xenopol** auf geradem Weg zum Fluss. Doch prachtvolle Gebäude lassen auch hier nicht lange auf sich warten. Nach 10 Minuten tauchen bereits der **Kulturpalast** und die **Philharmonie** an der Uferpromenade auf. Da diese Gebäude jedoch für eine Besichtigung nicht vorgesehen sind, lockt bald ein anderes Ziel, das man südlich schon erkennen kann.

Nur wenige Brücken führen in Arad über den Fluss Muresch. Da liegt es auf der Hand, dass man beim Anblick der ersten Brücke gleich auf den Gedanken kommt, doch einmal zu schau-

rum683 Foto: jr

en, was auf der anderen Seite des Flusses zu finden ist. Wer sich allerdings dafür entscheiden sollte, der Muresch und ihrem grünen Ufersaum zu folgen und südlich über die **Decebal-Brücke** zur Zitadelle zu spazieren, wird enttäuscht werden. Die **Zitadelle** liegt viel weiter entfernt, als es auf den ersten Blick aussieht, und ist man dort angekommen, stellt sich heraus, dass man sie gar nicht besichtigen kann. Hier befindet sich militärisches Sperrgebiet.

Zum Platz der Kathedrale

Vom B-dul Revoluţiei oder der Verlängerung der Decebal-Brücke kommt man unweigerlich zum **Piaţa Avram Iancu.** Gleich hinter dem **Staatstheater** begann früher das älteste Viertel der Stadt. Der interessanteste Weg führt vom Piaţa Avram Iancu entlang der Str. V. Goldis zum Platz der Kathedrale **(Piaţa Catedralei).**

Die rumänisch-orthodoxe **Kathedrale (Catedrala Ortodoxă),** die hier zu sehen ist, wurde 1889 errichtet. Bis zum heutigen Tag scheint der Umbau dieses Gotteshauses aber kein Ende zu finden. Sehenswert sind die geschnitzte Altarwand des Künstlers *Mihai Ianici* und die Fresken aus verschiedenen Jahrhunderten.

Das Rathaus – eines der mächtigsten Gebäude in Arad

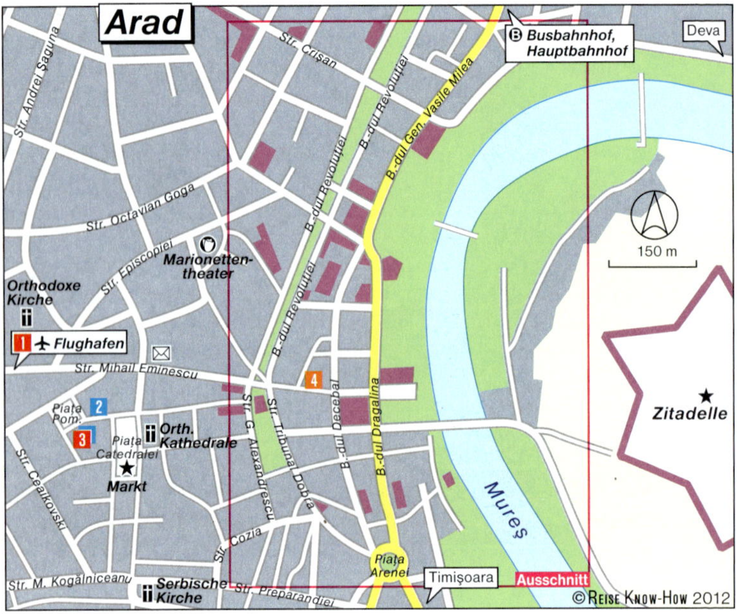

Übernachtung
1 Hotel Cosmin
3 Hotel Petrol
6 Hotel Central
7 Hotel Mureşul
8 Hotel Continental
9 Hotel Arad
13 Hotel Ardealul
20 Hotel Parc

Essen und Trinken
2 Café Fantasy
3 Restaurant Gordon Bleo
10 Il Padrino
14 Time to Time
15 Pizzeria La Mutti
16 Weinkeller Clujul
17 Sori-Bar
18 Pizzeria Coandi
19 Café de Moar

Nachtleben
4 Jazz-Bar Frontiera

Einkaufen/Sonstiges
5 Kaufhaus Ziridava
11 CFR
12 Buchhandlung Corina

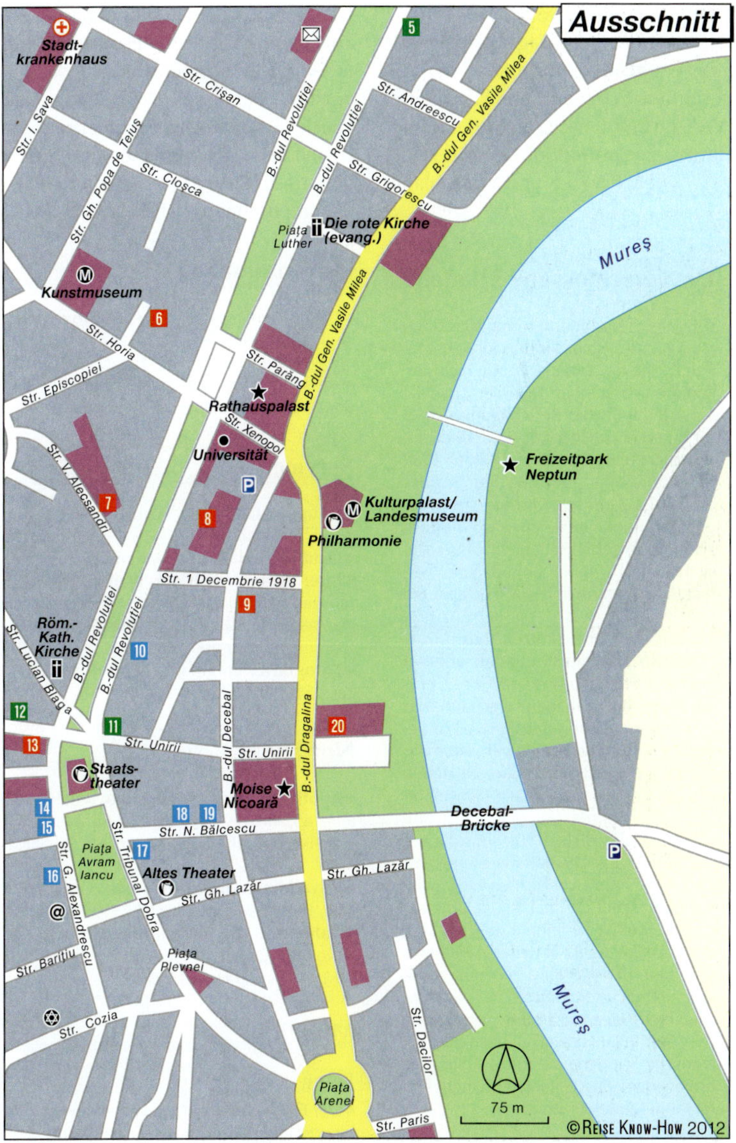
Ausschnitt
Stadt-krankenhaus
Str. I. Sava
Str. Crişan
B.-dul Revoluţiei
Str. Andreescu
B.-dul Gen. Vasile Milea
Str. Grigorescu
Str. Gh. Popa de Teiuş
Str. Cloşca
Piaţa Luther
Die rote Kirche (evang.)
Mureş
Kunstmuseum
Str. Horia
Str. Episcopiei
Str. Parâng
Rathauspalast
Str. Xenopol
Universität
Str. V. Alecsandri
Freizeitpark Neptun
Kulturpalast/ Landesmuseum
Philharmonie
Str. 1 Decembrie 1918
Röm.-Kath. Kirche
Str. Lucian Blaga
B.-dul Decebal
B.-dul Dragalina
Str. Unirii
Staats-theater
Moise Nicoară
Decebal-Brücke
Str. N. Bălcescu
Piaţa Avram Iancu
Str. Tribunal Dobra
Altes Theater
Str. Gh. Lazăr
Str. G. Alexandrescu
Str. Bariţiu
Piaţa Plevnei
Str. Cozia
Str. Dacilor
Piaţa Arenei
Str. Paris
75 m
©Reise Know-How 2012

Draußen, direkt vor der mächtigen Kirche, findet jeden Tag ab 7 Uhr morgens ein **großer Markt** statt, der den gesamten Platz in Beschlag nimmt. Wer sich hier umschaut, wird mitunter Naturheiler antreffen, die ihre selbst gesammelten Wald- und Wiesenkräuter anbieten oder ein Wunderelixier im Sortiment haben, das gegen alle nur erdenklichen Schmerzen (auch die der Seele!) helfen soll. Wer dann das Glück hat, von diesem Zaubertrank zu kosten, wird mit Erstaunen feststellen, dass es sich um ganz „gewöhnlichen" Pflaumenschnaps handelt.

Die verschlossene Zitadelle

Wie die Menschen nun mal sind, interessieren sie sich besonders für die schönen Dinge des Lebens, die sie nicht bekommen können. Im Falle der Zitadelle von Arad führt das Besichtigungsverbot oft zu einer Trotzreaktion. Jugendliche Touristen versuchen es mit wilden Kletterpartien oder mutigen Stunts über dem Fluss Muresch. Um es klar zu sagen: Die Rumänen nehmen ein **militärisches Sperrgebiet** sehr ernst. Man sollte sich also nicht durch unbedachtes Verhalten in Gefahr bringen. Für alle, die wissen wollen, was es mit der Zitadelle auf sich hat, hier ein kurzer Abriss:

Ebenso wie die Festungen anderer Städte wurden die Bollwerke der Christen gegen die Osmanen so gebaut, dass sie in ihrem Inneren das Wertvollste beschützen konnten. Fast immer waren das die Kirchen und ihre Altäre, an denen man zu Kriegszeiten um die Gunst Gottes bitten konnte. Auch in Arad umschließen die dicken Festungsmauern ein Gotteshaus. Die barocke Garnisonskirche mit ihren zwei Türmen verschwindet ganz hinter der mächtigen Ummantelung. Zeitweise diente die Festung auch als Gefängnis, in dem die Anführer der Bauernkriege eine schlimme Zeit durchlebten oder Soldaten der napoleonischen Armee auf immer verschwanden. Seit 2001 ist die Zitadelle nun militärische Sonderzone, und es bleibt zu hoffen, das keine Gefangenen mehr hinter ihren Mauern schmoren ...

Informationen

- Das Informationszentrum **Info-Tour Arad** liegt gegenüber dem Hotel Continental, B-dul Revoluției 84–86, Tel./Fax 270 277. Man erreicht es vom Bahnhof/Busbahnhof mit den Straßenbahnlinien 1, 2, 3 und 6.

Service

- **Hauptpost,** Str. B-dul Revoluției 46–48, Nr. 2, Tel. 232 222.
- **Geldwechsel: Raiffeisenbank,** Str. Unirii 1.
- **Internet: Internet Café Akando,** Piața Avram Iancu 8. 14 schnelle Computer, Surfen im Web für 3,50 RON pro Stunde. Raucher, rund um die Uhr geöffnet.
- **Fotografie: Enigma,** B-dul Revoluției 80, Tel. 251 459, täglich 8–20 Uhr.

Notfälle

- **Apotheke: Farmacia Sensiblu,** B-dul Revoluției 43, Mo. bis Sa. 8–20 Uhr, So. geschl.
- **Kreiskrankenhaus: Județean,** Str. Spitalului 1, Tel. 342 567.
- **Privatklinik: Bioclinica,** Str. Ciobanului 603, Tel 289 831, Mo. bis Fr. 7–19 Uhr.
- **Zahnarzt: Dr. Simona Mereanu,** B-dul Revoluței 62, Tel. 256 665, Mo., Mi., Do. 14–20 Uhr, Di. und Fr. 8–13 Uhr.

Mobilität

Flüge

- Der **Flughafen** von Arad liegt 4 km von der Innenstadt entfernt an der Calea Bodrogului,

Tel./Fax 254 454. Die nächsten Straßenbahnen in die City sind die Linien 1, 2, 3 und 6. Von Arad werden **nur Inlandsflüge** bedient.
- **Agentur der Fluglinie TAROM,** Str. Unirii 1, Tel./Fax 211 777.

Züge

- Der **Hauptbahnhof** liegt weniger als 2 km vom Zentrum entfernt, Piața Gării 3–4. Anbindung mit den Straßenbahnen 1, 2, 3, 6.
- **Bahn-Agentur CFR,** Str. Cernei 16, Tel. 280 977.

Busse

- In Arad gibt es einen **alten (Autogara veche)** und einen neuen Busbahnhof. Der alte liegt 2 km vom Zentrum entfernt, Calea Vanatori 2, Tel. 270 097. Anbindung ans Zentrum durch die Straßenbahnen 1, 2, 3 und 6. Hier bestehen Verbindungen zu den Kreisstädten Timişoara und Oradea.
- Der **neue Busbahnhof (Autogara nouă)** an der Kreuzung Str. Corneliu Coposu/Str. Banu Maracine, Tel. 273 323, bedient u.a. die Strecke nach Zalău und Satu Mare und ist Endstation der ausländischen Reisebusse.
- Die **Bus-Gesellschaft Eurolines** fährt auf einer ihrer Strecken auch von Arad aus nach Deutschland; Informationen: B-dul Revoluției 31, Tel. 250 397.

Taxis

- **Taxi Getax,** Tel. 280 100.
- **Taxi Arad,** Tel. 274 244.
- **Taxi Diesel Star,** Tel. 212 222.

Unterkunft

Hotels

- **Hotel Coandi** (***), bestes Luxushotel in Arad mit eigenem Tennisplatz und Strandabschnitt am Fluss Mureş sowie Night Club. Man findet das Hotel an der Hauptstraße nach Timişoara vor der Brücke über die Mureş links.
- **Hotel Cosmin** (***), Str. Ioan Calvin 2, Tel. 0357-800 231, www.hotel-cosmin.ro. Sehr schönes, elegantes Hotel mit 16 Zimmern, Parkplatz und überdachtem Hof. Alle Zimmer mit Flatscreen-TV und Internet. EZ 125 RON, DZ 150 RON.
- Mitten in den Grünanlagen der Mureş hat sich das **Hotel Parc** (**) + (***) ein idyllisches Plätzchen ausgesucht, B-dul General Dragalina 25, Tel. 280 820. Den herrschaftlichen Beinamen „Impăratul Romanilor" verdient sich das von außen sehr nüchtern wirkende Hotel durch die gediegene Inneneinrichtung, sehr guten Service und schöne Zimmer. EZ 165 RON, DZ 225 RON.
- **Hotel Continental** (***), B-dul Revoluției 79–81, Tel. 280 840. Konferenzhotel am Hauptboulevard (früheres Hotel Astoria), Bowlinghalle. EZ 306 RON, DZ 365 RON, App. 420 RON, Frühstück inkl.
- Eine gelungene Mischung aus Alt und Neu bietet das **Hotel Central** (***), Str. Horea 8, Tel. 256 636. Großzügige Zimmer mit überraschend gut ausgesuchten Möbeln aus den 1970ern. Doch es gibt auch Zimmer im klassizistischen Look. 42 Räume, EZ 60 Euro, DZ 70–80 Euro, App. 130 Euro, inkl. Frühstück (schwedisches Büffet).
- **Hotel Ardealul** (**), B-dul Revoluției 98, Tel. 280 358, www.hotelardealul.ro/de (auch deutsch). In diesem fürstlichen 2-Sterne-Haus logierten schon *Franz Liszt* (1846) und *Johannes Brahms* (1847). EZ 24 Euro, DZ 24 Euro, 3-Bett-Zimmer 36 Euro.
- Nahe der Kathedrale steht das **Hotel Petrol** (**), Str. Meresiev 1–3 (ex Piața Pompierilor), Tel. 281 621. Wie der Name schon sagt, gehört es zur gleichnamigen rumänischen Tankstellengruppe. Aber bitte nicht abschrecken lassen: Das Hotel bietet sehr adrette Zimmer an, dazu Sauna, Fitness und Jacuzzi. Das Highlight ist das Garten-Restaurant im wunderschönen überdachten Innenhof mit tropischen Pflanzen. EZ 75 RON, DZ 110 RON, 3-Bett-Zimmer 135 RON, App. 150 RON, inkl. Frühstück.
- **Hotel Arad** (**), B-dul Decebal 9, Tel. 280 894. Erstaunlich nobel für zwei Sterne. 30 Zimmer mit Bad, Telefon, Kabel-TV, Internet, Air Condition, Restaurant, Parken im Hof. DZ 80–100 RON.

Pensionen

- **Pensiunea Alexander** (***), Calea Radnoi 175, Tel. 279 199. Strahlend gelbes Haus mit strahlendem Service. Sehr empfehlenswert. DZ 70–80 RON.

- **West Hotel,** Str. Petru Rareş 66, Tel. 234 257, am Stadtrand (Hauptstrecke Richtung Oradea). DZ 70–80 RON.
- **Motel Rareş,** Str. Petru Rareş 119, Tel. 218 820, noch ein Stückchen weiter als das West Hotel. DZ 80–100 RON.
- **Pensiune Eden,** 15 km vor Arad (von der ungarischen Grenze kommend auf der rechten Seite). Moderne, große und ruhige Pension mit Hof und Parkplatz. 6 Zimmer, EZ 40 RON, DZ 80 RON.
- **Pensiune Turistică,** an der Stadtausfahrt Richtung Sebeş findet man diese preiswerte und gepflegte Pension, Tel. 0254-240 849. EZ 50 RON, DZ 65 RON.

Camping

- Einen sehr empfehlenswerten Campingplatz findet man **23 km von Arad entfernt.** Sehr hilfsbereite Besitzer, neue Sanitäranlagen, sehr nettes, schön bepflanztes Gelände. Preise und Infos: www.routeroemenie.nl.

Essen und Trinken

Restaurants

- Eines der besten Restaurants in Arad liegt direkt am Prachtboulevard B-dul Revoluției (Nr. 89), Tel. 211 994. Dabei ist der Edelitaliener **Il Padrino** keineswegs teuer, im Gegenteil. Unbedingt probieren: *Pizza Principessa* mit Tomaten, Büffel-Mozzarella und Parma-Schinken. Schönes, klares Ambiente mit Sitzempore und Spitzenküche.
- Ein Tipp ist das schöne *Restaurant Grădina* (Garten-Restaurant) namens **Gordon Bleo** im überdachten tropischen Innenhof des Hotel Petrol am früheren Feuerwehrplatz, Str. Meresiev 1–3, Tel. 281 621.
- **Pizzeria Coandi,** Str. Bălcescu 6, Tel. 281 514, italienische Spezialitäten täglich 10–24 Uhr (gleich gegenüber der Pizzeria befindet

rum688 Foto: jr

sich in einem schönen Barockhaus eine Eisdiele).

●**Restaurant und Weinkeller Clujul,** Piața Avram Iancu 18, Tel. 281 624. Kleines, uriges Restaurant mit einem Weinkeller *(Cramă);* äußere Treppe ins Untergeschoss benutzen! Von 21 Uhr bis zum letzten Gast.

Essen auf dem Markt

●Auf dem täglichen Markt am Piața Catedralei gibt es viele **Imbisse,** an denen man frisch zubereitete Banater Spezialitäten probieren kann, z.B. *Langoşi cu brânza* (frittierte „Donuts" mit Käse).

Cafés

●Das beste Café in der Stadt ist das **Time to Time,** B-dul Revoluției 102, täglich 8–24 Uhr. Es besitzt eine der ganz seltenen Elektra-Espressomaschinen, von denen es nur vier Stück in Rumänien gibt (Stückpreis 15.000 Euro). Fantastischer Bananen-Shake, frischer Kiwi- und Orangensaft, Sommerterrasse. Probieren: *Choco Cream,* heiße Schokolade mit Baileys und Sahne.

●Sehr beliebt ist das **Café Fantasy,** Str. M. Eminescu 30, Tel. 0357-410 816, täglich bis 23 Uhr, am Wochenende bis 24 Uhr geöffnet. Das Café ist immer ziemlich gut besucht, zeichnet sich durch eine tolle Stimmung aus und das ohne jeden Ausschank von Alkohol. Spezialität: Illy-Kaffee, interessant sind die alten Stadtansichten an den Wänden.

●**Café de Moar** (früheres Malibu), Str. Decebal 6. Guter Milchkaffee, heiße Schokolade.

Café Time to Time –
eines der besten Cafés in der Stadt

Abends unterwegs

●Die **Sori-Bar,** Str. Bălcescu 2, Tel. 281 478, hat sich auf Schnellgerichte spezialisiert. Kitschiges Interieur, niedrige Preise.

●In der **Jazz-Bar Frontiera,** Str. Unirii 5–7, Tel. 211 211, geht es häufig ganz leise zu, sehr entspannend.

Einkaufen

Kaufhaus

●Das **Ziridava** am B-dul Revoluției ist eines der bestsortierten Kaufhäuser von Arad. Sehr modern und professionell.

Markt

●Am **Piața Catedralei** wird täglich ein Markt abgehalten. Vor dem Dom gibt es die Lebensmittel, hinten links Haushaltsgeräte und Krimskrams. In der „Kräuterabteilung" des Marktes sollte man nach *Ioan Condure* fragen. Der Heiler bietet medizinische Pflanzen, Tees und interessante Tinkturen gegen alles Mögliche an (*Plante medicinale Condure,* Poieni de Jos 78, Mobil 0740-914 225).

Bücher

●**Librăria Corina,** Str. Mihai Eminescu 2, Tel. 284 749.

Aktivitäten

Fitness

●**Gold Gym,** Str. Cozia 3, Tel. 211 899, Mo. bis So. 9–21 Uhr.

Billard/Bowling/Darts

●**Fire Club,** Str. Mihai Eminescu 39, Mobil 0746-809 039.

●**Ighi Buu,** Str. Mureşanu 46, Tel. 253 235.

EUROM BANK

Crişana

rum691a Foto: jr

rum691b Foto: jr

Prunkvolle Häuser in Oradea

Einkaufspassage Vulturul Negru in Oradea

Brunnen in den weiten Ebenen der Crişana

Habsburg, Bäder, Apuseni

In Rumänien haben sich einige Landesteile den Namen ihrer Flüsse einverleibt. Die Region Moldau hat sich nach dem gleichnamigen Fluss benannt, auch in Maramureş versteckt sich die Mureş, und bei Oltenien ist es nur allzu offensichtlich, dass hier der Olt Namenspate stand. Im Falle der Region Crişana (gesprochen: Grischana) ist es nicht anders. Sie verdankt ihren Namen den **Flüssen Crişul Repede, Crişul Alb** und **Crişul Negru,** die westwärts nach Ungarn fließen, um dort in die Körös (rum. Criş) zu münden.

Da die Crişana über lange Jahre hinweg zur k.u.k. Monarchie Österreich-Ungarn gehörte, bekamen die Flüsse, Berge und Städte im gesamten Staatsgebiet unweigerlich auch deutsche Namen. Der Fluss Criş wurde daraufhin zur **Kreisch,** die Crişana kurzerhand **Kreischland** genannt. Heute ist diese Bezeichnung jedoch weitgehend unbekannt. Selbst Deutsche, die in Oradea oder in Aleşd leben, sprechen lieber von der Crişana – vielleicht einfach nur, weil es besser klingt.

Landschaftlich gesehen ist die Crişana sehr abwechslungsreich, auch wenn sie sich den meisten Transittouristen, die die Europastraße der Tiefebene nach Arad und Timişoara bevorzugen, nur als Flachland präsentiert. Kleine Teile der westlichen Crişana gehören noch zur **pannonischen Tiefebene Ungarns,** die stellenweise kaum höher liegt als 50 m über dem Meeresspiegel. Doch in ihrem Südwesten reicht die Crişana auch an die **westlichen Ausläufer der Südkarpa-**

ten heran. Die Provinz Bihor steigt in ihrem äußersten Südosten auf erstaunliche 1849 m Höhe an, und das kaum 100 km vom tiefsten Punkt der Crişana bei Salonta entfernt. Hier um den Berg Bihor gruppieren sich einige der faszinierendsten **Höhlen** Rumäniens, wie die Gletscherhöhle (Peştera Scărişoara) oder die Bärenhöhle (Peştera Urşilor). In dieser Ecke der Region Crişana (und kartografisch ist es wirklich die äußerste Ecke) liegt eine der zauberhaftesten Landschaften Rumäniens, das **Apuseni-Gebirge,** wo die Menschen ihre alten Bräuche über die Jahrhunderte ähnlich bewahrt haben wie im Maramureş.

Wer sich von der größten Stadt der Region, von Oradea aus, auf den Weg nach Cluj-Napoca macht, wird an der Grenze zu Transsylvanien wiederum ein etwas anderes Bild der Crişana gewinnen. Das Gebiet um den **Piaţra-Craiului-Pass** ist ein **Mittelgebirge,** wie man es auch auf der Strecke von Oradea hinunter nach Deva bewundern kann.

Oradea/ Großwardein

VI, B1

- **Meereshöhe:** 150 m
- **Vorwahl:** 0259
- **Einwohner:** 221.800
- **Ungarischer Name:** Nagyvárad

Oradea, die Hauptstadt des rumänischen Kreises Bihor, lernen die meisten Besucher Rumäniens nur flüchtig kennen. Wer über die nur 15 km entfernte ungarisch-rumänische Grenze (Übergang Borş) fährt, hat es meistens eilig. Die Region Crişana kannten viele bisher nur als Transitstrecke. Seitdem sich aber herumspricht, dass sich die Altstadt von Oradea langsam zu einer der schönsten in Rumänien entwickelt, beginnen sich die Dinge zu ändern.

Man mag es tatsächlich kaum glauben, welch' schöne Perle sich hinter der abweisenden Kruste der Vorstadt verbirgt. Die habsburgischen Architekten haben in Oradea ganze Arbeit geleistet. Nirgends in Rumänien fühlt man sich so sehr **an Wien erinnert** wie in der aufblühenden City der ehemaligen österreichischen Stadt Großwardein.

Vielvölkergemisch

Seit dem 10. Jahrhundert haben die Ungarn das Gebiet der heutigen Crişana fest in ihrem Blick. Doch immer wieder kommt es, ähnlich wie im südlichen Banat, zu Begehrlichkeiten Österreichs, die erst ihr Ende finden, als es zu einer Allianz der beiden Mächte und der Etablierung einer habsburgisch-ungarischen Doppel-Monarchie kommt. Die **sprachlichen Relikte** dieser Zeit kann man heute noch in Oradea bewundern, wenn man über den Markt geht und einem Crişaner Rumänen zuhört, wie er mit einem Händler um den Preis einiger *Paradişii* (Paradischi) feilscht. Österreicher würden ohne Weiteres ihren „Paradeiser" raushören, den man auf Deutsch ganz unromantisch Tomate nennt.

Doch neben den sprach-kulinarischen Hinterlassenschaften der Habsburger gibt es auch andere sprachliche Schätze zu heben, die einem bewusst machen, wer (überraschenderweise) im 16. und 17. Jahrhundert noch in Oradea lebte. Kaum ein Rumäne würde nämlich den regionalen Begriff „scatola" verstehen, während die Bürger von Oradea sogleich die „Schachtel" darin wiedererkennen.

Der Ausdruck „scatola" stammt aus Italien und wurde von italienischen Handwerkern nach Oradea gebracht, als diese gemeinsam mit österreichischen Architekten an den Renaissancepalästen am Ufer des Crişul Repede (Schnelle Kreisch) arbeiteten. Wer heute dem Fluss auf seiner östlichen Seite in das Herz der Altstadt folgt, wird überrascht sein, wie viele Menschen hier **Italienisch** reden (und sich auf Nachfrage zu ihren italienischen Wurzeln bekennen). Erstaunliche 30 Prozent aller männlichen Bewohner von Oradea haben in den letzten Jahren schon einmal in Italien gearbeitet. Aber dies ist natürlich keine Erklärung für die Renaissance der Italiener in der Stadt.

Manchmal wiederholt sich die Geschichte auf verblüffende Weise. Denn seit 1995 sind wieder italienische Geschäftsleute in der Stadt, die unter anderem in die prächtigen Bauten entlang der **Pasajul Vulturul Negru** investiert haben. Diese Passage ist der berühmten Kuppel-Passage am Piazza del Duomo in Mailand nachempfunden. Die „Passage des Schwarzen Adlers" stellt einen idealen Ausgangspunkt dar, um die Altstadt von Oradea zu entdecken – und zu genießen.

Sehenswertes

Der Palast des Schwarzen Adlers

Man erreicht die Passage und den gleichnamigen Palast mit der Straßenbahnlinie 4, die am **Piaţa Unirii** direkt vor dem imposanten Gebäude zum Halten kommt. Der riesige Komplex am Einheitsplatz wurde zwischen 1907 und 1909 errichtet. Mit der Planung waren zwei Architekten aus Oradea beauftragt, *Komor Marcell* und *Jakob Dezcö*.

Die Hotelfront entlang geht es zur erwähnten Passage. Ein Besuch des **Kinder- und Jugendtheaters** gleich am Eingang lohnt sich auch für Erwachsene – interessant, was rumänische Jugendliche Kreatives auf die Beine stellen.

Der Episkopal-Palast direkt am Fluss Crişul Repede im Zentrum von Oradea

Mitten im Zentrum der mit Glaskuppeln überdachten und mit edelstem Marmor ausgelegten Komposition hat sich die Hauptfiliale der Banca Italo-Romano niedergelassen. Eine kleine italienische Espressobar draußen vor der Passage und eine Eisdiele ergänzen den Eindruck, das sich die Römer in Oradea wieder ein kleines Stück des ehemals verlorenen Terrains (auf sympathische Weise) zurückerobern.

- **Palatul Vulturul Negru** (Palast), nur Besichtigung von außen möglich.
- **Pasajul Vulturul Negru** (Passage), ganztägig bis 24 Uhr geöffnet.
- **Teatrul de Stat pentru copii şi tineret** (Kinder- und Jugendtheater), verschiedene Aufführungszeiten.

Der Episkopal-Palast

Auf der gegenüberliegenden Seite des Einheitsplatzes (Piaţa Unirii) ist das schönste Gebäude Oradeas zu sehen, der griechisch-katholische Episkopal-Palast. Die Einflüsse der italienischen Renaissance, denen der ungarische Architekt *Rimanóczy Kálman* ausgesetzt war, sind an diesem schlossähnlichen Bau deutlich zu sehen. Es heißt, ein reicher Händler habe sich 1908 bereit erklärt, das Dach des 1903/04 errichteten Baus ganz mit Franz-Joseph-Goldmünzen abzudecken. Die arrogante Präfektur von Oradea soll daraufhin in einem Schreiben geantwortet haben, dass sie damit einverstanden sei, wenn er alle Goldmünzen

Crişana

rum695 Foto: jr

mit der Kante aneinander lege; flache Goldmünzen würden im Sonnenlicht das Volk sonst zu sehr blenden ... Heute befindet sich im Palast die **Gheorghe-Şincai-Bibliothek.**

• **Palatul Episcopal Greco-Catolic,** Mo. bis Sa. 9–19 Uhr, Eintritt frei.

Die Kirche mit dem Mond

Gegenüber dem Episkopal-Palast gelangt man, etwas westlich, zur Kirche mit dem Mond. Eigentlich heißt die orthodoxe Kathedrale „Maria Himmelfahrt", doch in ganz Oradea kennt man sie unter ihrem populären Namen. Der zwischen 1784 und 1790

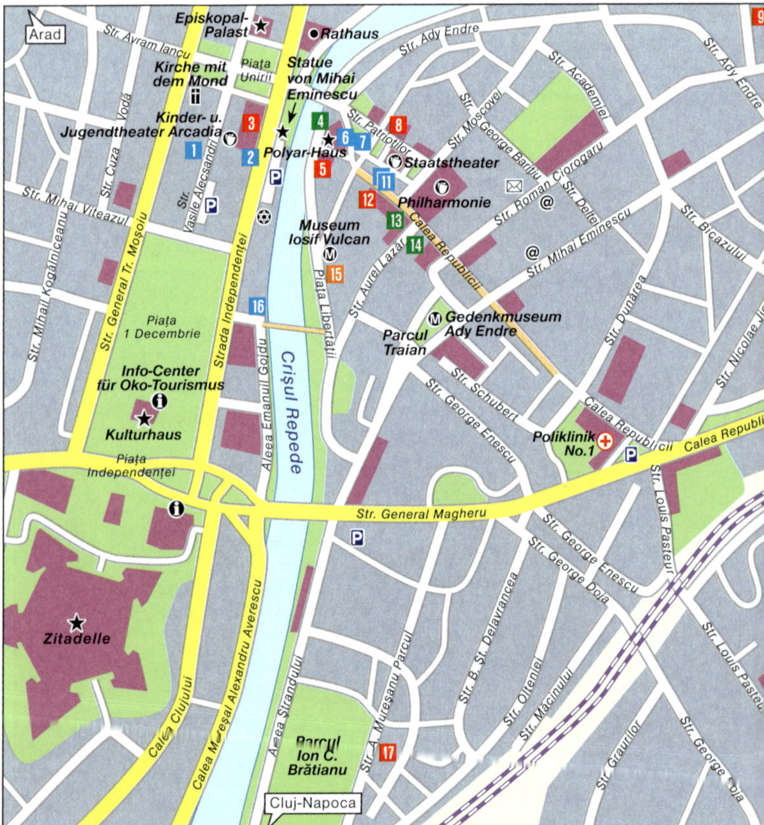

mit dem Segen des österreichischen Kaisers *Joseph II.* erbauten Kirche hat der Hobbyastronom und Uhrmacher *Georg Rüppe* einen künstlichen Mond hinzugefügt: Der zur Hälfte schwarze und zur Hälfte gelbe Mond ist in einem Turm über dem Haupteingang zu sehen. Ein raffiniert ausgetüftelter Mechanismus ließ bereits im Baujahr 1793 die Mondphasen erkennen.

● **Biserica cu Luna,** Mo. bis So. 8–18 Uhr, Eintritt frei.

Rund ums Hotel Astoria

Friedensreich Hundertwasser hätte am Hotel Astoria sicher seine helle

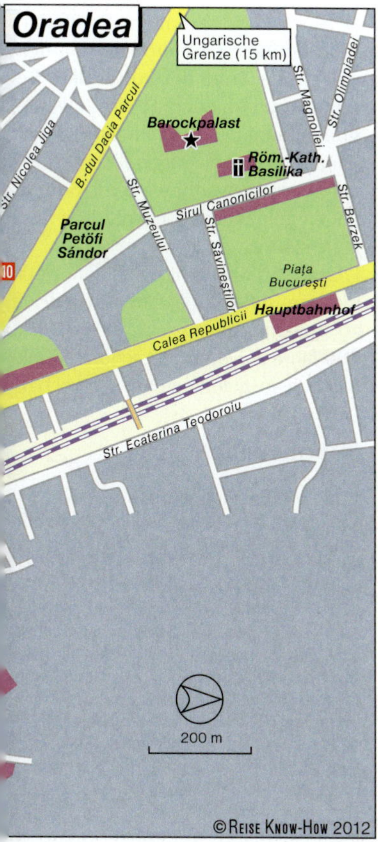

Übernachtung
3 Hotel Vulturul Negru
5 Crişul Repede
8 Hotel Astoria
9 Hotel Gala
10 Hotel Scorilo
12 Hotel Parc
17 Hotel Elite

Essen und Trinken
1 Café York
2 Café Lion
6 Restaurant Piano
7 La Galleria
11 Irish Kelly's Pub, Marlyn Café
16 Restaurant The Bridge

Nachtleben
15 Joy Club

Einkaufen
4 Farmacia Procardia
13 Humanitas Buchhandlung
14 Apotheke Hygea

Freude gehabt. Man erreicht den bunten Sezessionsbau, indem man über die Avram-Iancu-Brücke geht, die am Piaţa Unirii über den Crişul Repede führt. Hier um den **Piaţa Regele Ferdinand** gruppieren sich einige sehr sehenswerte Gebäude.

Das Astoria zeigt sich nach seiner über sechsjährigen Renovierung wieder im alten Glanz und wartet mit zahlreichen Erkertürmchen und verspielten Fensternischen in Rosa, Weiß und Rot auf. Der 1902 gebaute Hotelpalast geht auf *Sztarill Ferenc,* einen steinreichen Adeligen, zurück, den man heute in der Stadt besser unter dem Namen *Emke* kennt.

Das Staatstheater und das Poynar-Haus

Geht man vom Piaţa Regele Ferdinand die Calea Republicii hinunter, so kommt man links am **Staatstheater** vorbei. Das mit mächtigen Kapitellen und einem klassizistischen Vorbau versehene Gebäude lässt deutlich die Handschrift der Wiener Architekten *Fellner* und *Helmer* erkennen. Es wurde zur vorletzten Jahrhundertwende errichtet.

Nach weiteren 200 m gelangt man zum berühmten **Polyar-Haus.** Das eindrucksvolle Eckgebäude wurde, ebenso wie das Hotel Astoria, vom Architekten *Sztarill Ferenc* konzipiert und 1910/11 fertig gestellt. Es beherbergt heute den schönsten und bestsortierten Buchladen von Oradea, die Librăria M. Eminescu.

● **Teatrul de Stat,** Str. Patrioţilor 4.

Auf dem weiteren Weg durch die Altstadt wären noch zahlreiche weitere prächtige Bauten zu bewundern, darunter die **Policlinic 1,** ein Gebäude aus dem Jahr 1895, oder das **Rathaus.** Doch etwas weiter östlich lockt ein schöner Park mit Cafés.

Im Petöfi-Park

Die mit kulturellen, repräsentativen und kirchlichen Bauten reich gesegnete Stadt Oradea hat im Petöfi-Park rund um den 1762 erbauten Barockpalast eine **Zone der kulturellen Begegnung** eingerichtet. Im kleinen, grün umrankten Amphitheater spielen Theatergruppen, Jugendliche treten zum Gesangswettbewerb an, oder es finden gelegentlich dezente Jazz-Konzerte statt.

Unweit davon gibt es im Park noch die römisch-katholische **Kathedrale** zu bewundern, die auch schon fast 300 Jahre auf ihrem mit schönen Zinkblechen ausgelegten Dachbuckel hat.

Informationen

● Das **Informationszentrum** für Touristen findet man in der Piaţa Independenţei 39, Tel. 413 876. Öffnungszeiten: Mo., Di. und Fr. 8:30–16:30 Uhr, Do. 8:30–18:30 Uhr, Sa. und So. geschlossen.

● Für all diejenigen, die wegen des herrlichen Apuseni-Gebirges in die Crişana gekommen sind, gibt es eine andere gute Adresse. Das **Informationszentrum für Abenteuer- und Ökotourismus (Apuseni Experience)** kann Bergfreunden wirklich weiterhelfen: Ausarbeitung von Wander- und Kletterrouten, Kartenmaterial und Begleitung durch erfahrene Bergführer. Piaţa 1. Decembrie 4–6, I. Etage, Zimmer 8, Mo. bis Fr. 10–18 Uhr, Tel./Fax 472 434, www.apuseniexperience.ro.

Service

• **Hauptpost** (mit vergoldetem Briefträger in der Schalterhalle), Str. Roman Ciorogariu 12, Tel. 476 310.
• **Geldwechsel: Raiffeisenbank,** Str. Avram Iancu 2; **Exchange** (ohne Kommission), Str. Republicii 4.
• **Internet:** Str. M. Eminescu 4, 20 schnelle Computer, Surfen im Web für 1,20 RON pro Stunde, tagsüber Rauchverbot, nonstop; **Internet Café Nr. 17,** gleich gegenüber der Hauptpost, 6 Computer, Raucher, die Stunde Surfen nur 1 RON.

Notfälle

• **Apotheken: Farmacia Procardia,** Str. Libertații 4, Tel. 418 242; **Farmacia Fontana,** Str. Transilvaniei, Tel. 143 779; beide mit 24-Stunden-Dienst.
• **Krankenhäuser: Spitalul Județean,** Str. G. Doja 57, Tel. 137 193; **Policlinic Nr. 1,** Str. Republicii 35, Tel. 137 750.
• **Zahnarzt: Dr. Carmen Daraban,** Str. Bumbacului 32, Tel. 0744-705 177.

Mobilität

Flüge

• Der **Flughafen** von Oradea liegt 8 km von der Innenstadt entfernt, Calea Ardului 1, Tel. 413 085. Drei Fluglinien fliegen den Flughafen an: Carpatair, TAROM und Club Air.
• **Agentur der Fluglinie TAROM,** Str. Regele Ferdinand 2, Tel./Fax 231 918, Mo. bis Fr. 8–17 Uhr. Vom Flughafen fahren Mikrobusse der Agentur TAROM bis zu deren Stadtbüro. Von dort verkehren die Straßenbahnen 1, 2 und 4 ins Zentrum (2 Stationen).

Züge

• Der **Hauptbahnhof** von Oradea liegt 2 km vom Zentrum entfernt, Bukarester Platz 3, Tel. 414 970. Anbindung ans Zentrum durch die Straßenbahnen 1 und 4.
• **Agentur CFR,** Str. Republicii 2, Tel. 230 578.

Busse

• Der **Busbahnhof (Autogara)** liegt 3 km außerhalb des Zentrums, Str. Razboieni 81, Tel. 418 998. Das Zentrum erreicht man mit dem Stadtautobus 10. Es verkehren Busse u.a. nach Deva, Zalău, Băile Felix (halbstündlich), Baia Mare und Alba Iulia. Internationale Busse fahren nach Debrecen und Budapest.
• Die **Busgesellschaft Eurolines** fährt auf einer ihrer Strecken auch von Oradea aus nach Deutschland. Weitere Informationen: Piața 1. Decembrie 3, Tel. 432 128.

Taxis

• **Taxi Vip,** Tel. 944.
• **Taxi Start,** Tel. 274 940.

Unterkunft

• **Vulturul Negru** (****), Str. Independenței 1, Tel. 450 000. Luxushotel und architektonische Augenweide im Herzen der Stadt mit prächtiger Wendeltreppe. Erbaut in den Jahren 1907 bis 1909, heute mit allem erdenklichen Luxus ausgestattet. Alle Zimmer mit Internet. EZ 100 Euro, DZ 120 Euro, Executive und Junior Suite 135 Euro.

Die Grenze in Borş

Der **rumänisch-ungarische Grenzübergang** Borş (Richtung Oradea) ist die **am meisten frequentierte Transit- und Zollstelle in Rumänien.** Gleich hinter der Grenze erwarten den Reisenden illegale Geldwechsler, Lederjackenverkäufer und Anbieter von billigen Grundstücken. Hier gilt wie an anderen rumänischen Grenzen: Kein Geld an der Straße tauschen, alle selbst ernannten Immobilien-Händler ignorieren. Auch die benötigten Straßenvignetten werden nicht am Straßenrand verkauft! Achtung: Trickbetrüger!

• **Zoll- und Grenzpolizei,** Tel. 0259-412 395.

- **Hotel Astoria** (***), Str. Teatrului 1, Tel. 130 508. 111 Zimmer, EZ 110 RON, DZ 130 RON, App. 170–230 RON.
- **Hotel Scorilo** (***), Parcul Petöfi 16, Tel. 470 910, EZ 90 RON, DZ 110 RON, App. 130–170 RON.
- **Hotel Gala** (***), Str. Haşdeu 20, Tel. 467 176, EZ 80 RON, DZ 100 RON, App. ab 130 RON.
- **Hotel Parc** (**), EZ 20 Euro (ohne Bad), DZ 25 Euro (mit Bad), 3-Bett-Zimmer 35 Euro. Haus aus dem Jahr 1810, große, antik eingerichtete Zimmer.
- Auf dem Weg Richtung ungarische Grenze (E60) liegt linker Hand das **Hotel Iris** (***) hinter der Stadtgrenze. Guter Komfort, gute Zimmer. EZ 44 Euro, DZ 58 Euro. Die Appartement-Räume sind behindertengerecht, kosten aber auch stolze 96 Euro (für bis zu 3 Personen!). Reservierungen unter Tel. 401 200.
- Ein weiteres Hotel am Wegesrand Richtung ungarische Grenze ist das **Durchreise-Hotel Scorpion.** Einfache EZ/DZ ab 40 RON.
- Ebenfalls an der E60 Richtung Ungarn liegt das **Motel La Mama** (**). Schlichte, saubere Zimmer. EZ/DZ 20 Euro, Triple 30 Euro.
- **Hotel Orizont,** 18 km vor Oradea, an der E671 von Arad kommend, Tel. 0744-555 206. Fernfahrerhotel. EZ/DZ 80 RON.
- 34 km vor Oradea, an der E671 von Arad kommend, liegt wunderschön im Grünen das **Motel Millenium** (***), Tel. 0745-636 252, www.motelmilenium.ro. Riesiger Kinder-Abenteuerspielplatz, Fischteich in der Nähe, Angelmöglichkeit, gutes Restaurant. EZ/DZ 29 Euro, App. 35 Euro, inkl. Frühstück.

Essen und Trinken

Restaurants

- **Restaurant Piano,** Str. Ferdinand, Mobil 0788-050 500. Empfehlung des Autors; man höre sich nur mal dieses Gericht an: Gänsekeule in Blaubeerensoße mit Püree-Kroketten *(Pulpa de Gâscă în Sos de Afine)* ...
- Im **Restaurant The Bridge** gibt es traditionelle rumänische Küche vom Feinsten. Früher hieß das Restaurant Romeo şi Julietta und versuchte sich in südländischen Gaumenfreuden, dann besann man sich auf die Künste der Banater Köche, und seitdem ist es in Oradea eine Institution. Probieren: Gefüllte Truthahnbrust mit Käse und Schinken *(Piept de Curcan umplut cu Cascaval şi Şunca)*. Alea Emanuil Gojdu, Tel. 472 644 (mit Liefer- und Pizzaservice).
- Die beste Aussicht hat man sicherlich im **La Ciuperci** oben auf dem Aussichtsberg der Stadt (ein Taxi hinauf kostet umgerechnet 3 Euro; Str. Gheorge Doja).
- Eines der besten italienischen Restaurants in Oradea ist das **La Galleria,** Str. Madach Imre 1–5, Tel. 475 490, Mo. bis Fr. 12–15 u. 9–23:30 Uhr. Hier gibt es frischen Meeresfisch; probieren sollte man *Peşte Spadă la gratar*, gegrillten Schwertfisch.
- Der **Irish Kelly's Pub** wird in die Rubrik Restaurants aufgenommen, da man hier besser essen als trinken kann. Es gibt Guinness nur aus der Dose, dafür aber gute, deftige Banater Gerichte. Empfehlenswert sind die im Steinofen überbackenen Bratkartoffeln *(Cartofi tăiaţi în Felii, Copţi în Cuptor)*.

Cafés

- Das tagsüber sehr beschauliche **Café Lion** verwandelt sich abends in einen Tanzclub. Piaţa Independenţei 1, Mo. bis Fr. 7–1 Uhr, Sa./So. 7–3 Uhr.
- **Marlyn Café,** täglich 8–22 Uhr.
- Im **Café York** gibt es ausschließlich Getränke. Wen also Hunger plagt, der sollte vorab etwas essen oder sich einfach seinen Imbiss mit ins Café mitbringen, was auch geht.

Abends unterwegs

- **Club Café Casino,** Str. N. Grig 4, nonstop.
- **Joy Club,** Str. Libertaţii 12, Mobil 0788-134 882. Terrassencafé und Club.
- **Disco No Problem,** Mobil 0722-178 284. Drei Partys die Woche: Do. sind die Studenten dran, Fr./Sa. heißt es Feiern für jedermann. Kein Türsteher, keine Einlasskontrolle!

Einkaufen

- **Bücher; Librăria M. Eminescu,** Calea Republicii 1 (im berühmten Polyar-Haus), Tel. 494 123. Breites Sortiment.

rum704 Foto: jr

Crişana

Băile Felix/ Felixbad

- **Meereshöhe:** 170 m
- **Vorwahl:** 0259
- **Einwohner:** 6300

Über die Europastraße E79 sind es von Oradea aus nur knapp 10 km bis zum **größten rumänischen Badekurort** Băile Felix (Anfahrt von Oradea mit der Straßenbahnlinie N3 bis Endstation; Schleife und Markthalle; dann in den dortigen Bus umsteigen). Bereits vor mehr als 2000 Jahren entdeckten die Römer hier Thermalquellen, die ihnen den Aufenthalt fernab der römischen Heimat versüßten. In den nachfolgenden kriegerischen Jahrhunderten verloren die Quellen immer mehr an Bedeutung, bis sie dann 1221 zum ersten Mal unter dem Titel **„Termae Varadiensis"**, also Bad von Oradea (rum. Băile Oradiei), urkundlich erwähnt wurden. In der angehenden Neuzeit, um 1536, wird die Heilwirkung der Thermalbäder vom bedeutendsten rumänischen Vertreter des Humanismus, *Nicolaus Olahus,* lobend hervorgehoben. Doch die meisten Menschen der damaligen Zeit schie-

Künstliche Palmen in Băile Felix

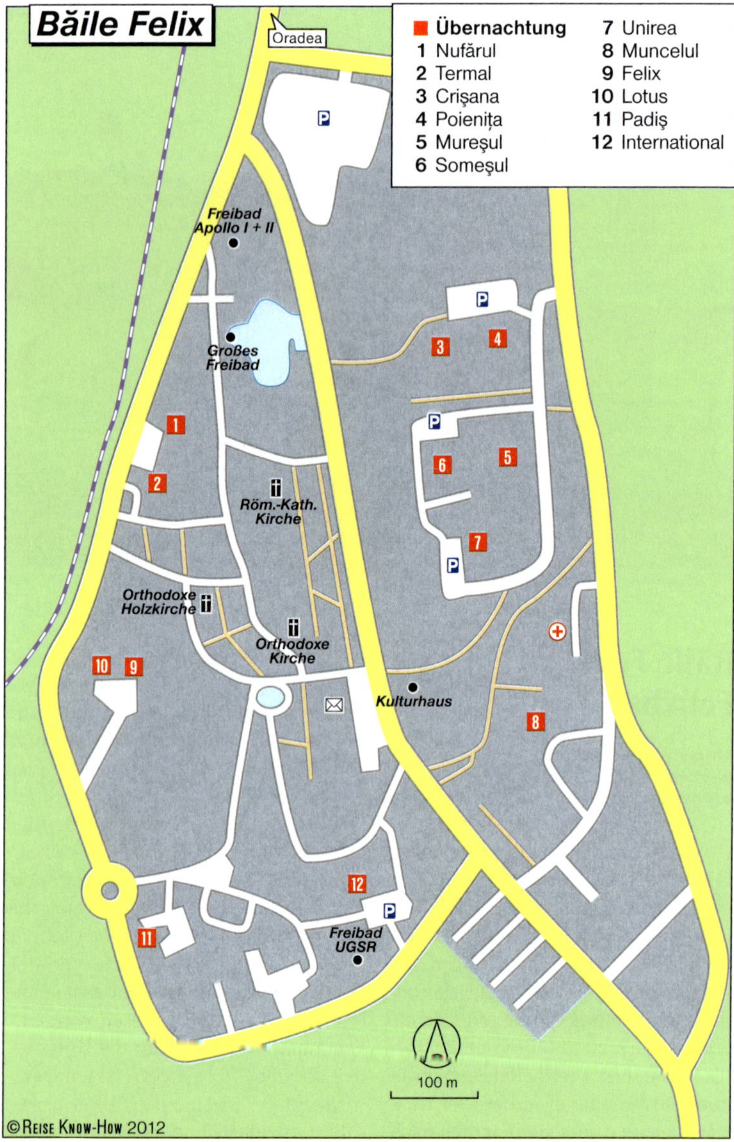

Băile Felix
Oradea
Übernachtung
1 Nufărul
2 Termal
3 Crişana
4 Poieniţa
5 Mureşul
6 Someşul
7 Unirea
8 Muncelul
9 Felix
10 Lotus
11 Padiş
12 International
P
Freibad Apollo I + II
Großes Freibad
Röm.-Kath. Kirche
Orthodoxe Holzkirche
Orthodoxe Kirche
Kulturhaus
Freibad UGSR
100 m
©Reise Know-How 2012

Băile Felix und die Säule des Trajan

Wie der Historiker *Plinius der Ältere* berichtet, sollen die dakischen Frauen aus der Nähe von Varadiensis, dem heutigen Oradea, eine geheime Quelle gekannt haben, die ihnen geradezu übernatürliche Kräfte verlieh. Auch die römischen Soldaten mussten die **„Dakerinnen der heiligen Wasser"** sehr gefürchtet haben. Jedenfalls wurde ihnen von den tapferen Amazonen aus dem römischen Bad, das sich später „das Glückliche" nennen sollte, auch in den Schlachten übel mitgespielt. Zwar gibt es nur spärliche Berichte über Folterungen römischer Krieger durch Dakerinnen, aber es existiert eine detaillierte antike Kriegsberichterstattung, wie man sie sich glaubwürdiger kaum vorstellen könnte.

Man überlege, ein Kriegsreporter unserer Tage würde die grausamen Übergriffe von Frauen an den eigenen, bestens ausgebildeten Soldaten detailliert beschreiben, mehr noch, die unmenschlichen Szenen männlicher Entwürdigung könnten anschließend vom Volk in aller Ruhe betrachtet werden, weil sie auf einem eigens errichteten Monument verewigt wurden.

Was heute undenkbar und vielleicht aus kriegspsychologischer Sicht auch nicht allzu clever erscheint, wurde von den Römern wahrscheinlich anders gesehen. Mitten auf dem Forum Ulpia in Rom ließen sie eine 40 m hohe Säule errichten, auf der in einer umlaufenden Reliefspirale die Schlachtbilder der Römer gegen die Daker en détail zu sehen sind. Die betreffende Szene, in der dakische Frauen römische Soldaten quälen, sollte dabei wohl dokumentieren, wie brutal und „unzivilisiert" die Daker waren, dass sie sogar Frauen in die Schlacht schickten. Auch sonst geizt das 200 m lange Reliefbild nicht mit deftigen Szenen aus dem Schlachtgetümmel.

Einige rumänische Historiker sehen in dem in Stein gehauenen Wehrmachtsbericht jedoch eine versteckte Hommage an die Kampfkraft, Schönheit und Weisheit der dakischen, sprich: der urrumänischen Frauen. Schließlich seien die Hüterinnen des heiligen Quellwassers mit wehenden langen Haaren und schönem Profil ins rechte Bild gesetzt.

Wie dem auch gewesen sein mag, viele der Dakerinnen scheinen auf die römischen Soldaten in der Tat nicht abschreckend gewirkt zu haben, denn die Zahl der römischen Neusiedler auf dakischem Gebiet stieg nach den Kriegen extrem an. Das rumänische Wort „mire" für Bräutigam leitet sich direkt vom römisch-lateinischen Begriff „miles" für Soldat ab. Was aber blieb den dakischen Frauen auch anderes übrig, als einen Soldaten, eben einen Römer, zu heiraten, wenn die eigenen Männer in der Schlacht gefallen waren. Insofern müsste man die rumänische Kontinuitätstheorie ein klein wenig abwandeln: Es waren nicht die Daker, die Latein lernten und durch die Vermischung mit den Römern zu Rumänen wurden, sondern zum großen Teil die Dakerinnen.

nen eine unerfindliche Aversion gegen warmes, sprudelndes Wasser zu haben.

Es sollte zwei weitere Jahrhunderte dauern (1721), bis ein gewisser **Felix Heldrex** eine der vielen Thermalquellen wieder entdeckte, die ihm zu Ehren später Felixbad genannt wurden. Der Name wird heute für die Gesamtheit der über 180 Quellen verwendet.

Nachdem der medizinische Fortschritt es erlaubte, die Qualität eines

Heilwassers zu überprüfen, was bereits gegen 1731 der Fall war, ordneten die damaligen Kurwächter eine regelmäßige Überprüfung an. Bei der **Weltausstellung in St. Louis** im Jahr 1896 gelang es dem Wasser aus den „glücklichen Quellen" erstmals, weltweit Anerkennung zu erlangen – die Thermalquellen von Băile Felix errangen die Goldmedaille für das **beste Wasser der Welt!** Kaiser und Könige reisten fortan zum Kuren in das Criş-Tal und berichteten danach von Erfolgen im Kampf gegen entzündlichen Rheumatismus und Gelenksteife. Sogar nach traumatischen Wirbelschäden soll das Wasser geholfen haben.

Das Wunderwasser erlangte fortan eine derartige Berühmtheit, dass im Laufe der Zeit aus einem kleinen Heilbad mit gerade einmal einem Hotel (für 50 Gäste) eine Kleinstadt mit heute über 5000 Behandlungen am Tag wurde.

In den **Parkanlagen mit alkalischen Schwefelquellen** herrscht ein ganz besonderes Mikroklima. Bereits 1789 hat man im Peta-Bach des Parks einige Exemplare der **Thermen-Seerose** entdeckt. Diese äußerst seltene Lotusblume namens *Nymphaea lothus thermalis* wächst weltweit nur hier und gilt als ein botanisches Relikt aus der Tertiärzeit. Mittlerweile ist die Lotusblume zu einem Wahrzeichen von Băila Felix geworden und gibt dem Stadtteil Nufărul (Seelotus) seinen Namen.

Infrastruktur

- **Eine Touristeninformation gibt es in Băile Felix nicht!** Allerdings haben sich einige Hotels zusammengeschlossen und betreiben im Hotel Felix ein Info-Büro. Dort erhält man auch einen kleinen Plan von Băile Felix und auf Wunsch einen Stadtplan von Oradea.

  An der Bushaltestelle in der Ortsmitte warten in den Sommermonaten und in den Ferien private Zimmeranbieter. 2012 wurde im Kurort an vielen Stellen gebaut. Es gibt ein Internetcafé in der Bücherei hinter dem Einkaufszentrum, in der auch deutsch- und englischsprachige Bücher zur Verfügung stehen.
- Mittlerweile gibt es **über 5000 Hotelbetten** in Felixbad, so z.B. in den 3-Sterne-Hotels Termal, Nufărul und Internaţional, in den 2-Sterne-Häusern Poieniţa, Mureo, Someo, Unirea und Lotus sowie im 1-Sterne-Hotel Felix.
- Darüber hinaus stehen **über 30 Restaurants und sechs Kurkliniken** zur Verfügung. Der Kurort weist ein modernes Kulturhaus, mit Thermalwasser gespeiste Hallen- und Freibäder, Sportplätze, Fitness- und Wellness-Zentren auf.
- Wer preiswert in der Nähe des Kurbads übernachten möchte, kann dies 2 km südlich von Băile Felix in der **Pensiune Vidra** (DZ ohne Frühstück 60 RON).
- Direkt an der südlichen Einfahrt ins Kurbad (an der Hauptstraße E79) liegen die **Pensionen Connyland** (***) und **Diana** (***), Str. Principala 67 und 67G. EZ/DZ-Preise nach Absprache 25–60 Euro. Internet, Grillplatz. Web-Adressen: www.kazare.ro/de/location/2957/pension-connyland-baile-felix, www.pensiunediana.ro.
- An der E79 liegt gegenüber dem Restaurant Jäger (an der Einfahrt nach Băile Felix), eine **Pension ohne Namen,** die in ihrem Garten auch Möglichkeiten zum **Camping** anbietet. 5 Campinghäuschen mit je drei Schlafplätzen jeweils 80 RON, Zimmer im Haus 80–100 RON, Vollpension ist möglich.

Das Apuseni-Gebirge

Um es vorwegzunehmen: Die Schönheit des Apuseni-Gebirges erschließt sich nur dem Wanderer, nicht dem bloß vorbei Fahrenden. Zwar ist die westliche Flanke des Gebirges von Oradea aus über die E79 (bis Vaşcău) und die DN75 (Arieş-Tal) in 2 Stunden zu erreichen, doch die Strecken, die zu den größten Attraktionen dieser Gegend führen, der **Bärenhöhle von Chişau** und der **Gletscherhöhle von Scărişoara,** sind nicht im besten Zustand. Dies mag der Grund dafür sein, das die ursprüngliche Landschaft mit ihren zahllosen Schluchten, Wasserfällen, sanft ansteigenden Almen und den typischen Strohdachhäusern der Motzen (Bergbauern) erst spät ins Blickfeld der Touristen gerückt ist.

Noch immer gilt der Apuseni als Geheimtipp, obwohl in den abgelegenen Tälern und Karstbergen neben immer neuen Tropfsteinhöhlen (insgesamt über 800) auch ständig neue Quellen, Dolinen und unterirdische Seen entdeckt werden. Naturliebhaber werden hier voll auf ihre Kosten kommen, da sich **Bären, Bisons, Luchse** und **Wölfe** im Apuseni-Gebirge besonders wohl fühlen und rund um die subalpinen Almen und alpinen Mischwälder zahlreiche **seltene Pflanzen** zu sehen sind.

Beiuş/Beius

VII, C2

- **Meereshöhe:** 250 m
- **Vorwahl:** 0259
- **Einwohner:** 12.800
- **Ungarischer Name:** Belényes

Die erste größere Gemeinde, die man auf dem Weg ins Apuseni-Gebirge von Oradea aus erreicht, ist das 55 km entfernte Beiuş. Die Straße E79 ist bis hierher wunderbar befahrbar und wird regelmäßig erneuert. Auf der Fahrt in die kleine Stadt am Ufer der Schwarzen Kreisch (Crişul Negru) sieht man die Glockentürme der Holzkirchen über die Getreidefelder ragen. Hier beginnen die **Westkarpaten,** das **Land der Moţi (Motzen),** eines ursprünglichen Bauernvolks, das die alten Traditionen noch pflegt. Die selbst geflochtenen Körbe und geschnitzten Bottiche sowie die ländlichen Spezialitäten vom *Tuică de prune* (Pflaumenschnaps) bis zum *Caşcaval apusenesc* (Apuseni-Käse) werden donnerstags auf dem zentralen Markt von Beiuş angeboten.

Die grünen, von kleinen Cafés gesäumten **Alleen** des Ortes münden alle im Zentrum des Städtchens, wo sich baptistische, griechisch- und römisch-katholische sowie orthodoxe Kirchen ein Stelldichein geben.

Im **Museum für Volkskunst** kann eine umfangreiche Sammlung volkstümlicher Kunst und Keramiken aus der Region der Motzenbauern besichtigt werden.

- **Muzeul etnografic,** Piaţa Vulcan 16, Tel. 322 347, Di. bis So. 10–15 Uhr, Eintritt 4 RON.

Im Winter wird Beiuş zum Ausgangspunkt für **Skifahrer,** die hinauf ins Wintersport-Resort **Stâna de Vale** fahren. Das 1100 m hoch gelegene Gebiet bietet drei einfache Pisten an, die von November bis April in Betrieb sind. Im Sommer führt hier eine fünfstündige Wanderung vom guten Berghotel Iadolina hinauf zur **Padiş-Hütte** auf dem berühmten Padiş-Plateau in den **Vlădeasca-Bergen.**

Unterkunft

- **Hotel Izvorul Minulinor** (**), Str. Petru Rareş 16, Tel. 320 863, DZ 80 RON.
- **Hotel Iadolina** (**), Tel. 599 334. Exzellent geführtes Berghotel mit fantastischer Aussicht. Preiswerte Zimmer: DZ 70–80 RON, je nach Saison, inkl. Frühstück.

Die Bärenhöhle von Chişcău

↗ VII, C2

Die auf 1500 m Höhe liegende Bärenhöhle **(Peştera Urşilor)** 24 km südöstlich von Beiuş zählt zu den berühmtesten Höhlen Rumäniens. Einer Sprengung in einem Marmorsteinbruch hat man es zu verdanken, dass sie 1975 überhaupt entdeckt wurde. In der einzigartigen, 1,5 km tiefen Höhle fand man über 141 Schädel des vor 20.000 Jahren ausgestorbenen Höhlenbären *(Ursus spelaeus)* sowie ein gut erhaltenes Skelett des Kavernenbären. Weltweit gibt es nach Aussage von Höhlenforschern nur eine Hand voll solcher Funde, Rumänien ist das einzige Land der Welt, in dem sie auch besichtigt werden können.

Die Besucher werden auf einer **geführten Tour** durch die obere, zur Begehung angelegten Ebene auf 850 m Länge an den Skeletten und faszinierenden Felsformationen vorbei durch die so genannte Racoviţa-Halle und die nachfolgende Kerzenhalle geführt. Eine untere Ebene ist für Besucher noch nicht freigegeben, da sie noch erforscht wird.

- Die Bärenhöhle **Peştera Urşilor** liegt 3 km südlich von Chişcău und ist ohne größere Probleme mit dem Pkw zu erreichen (Vierradantrieb ist nicht mehr notwendig!). Über die E79 (Abfahrt 2 km hinter Rieni, links Richtung Valea de Joş und Chişcău), dann Richtung Giuleşti, ab hier ist die Höhle gut ausgeschildert. Führungen Di. bis So. 9–18 Uhr, Eintritt 10 RON, Fotografieren und Filmen ist in der gut ausgeleuchteten Höhle möglich und kostet 15 RON extra. Die Führungen dauern ca. 2 Stunden, sie werden nur auf Rumänisch durchgeführt. Die Höhle ist riesengroß und auf jeden Fall sehenswert!

Ab Oradea bietet das Informationszentrum für Abenteuer- und Ökotourismus (siehe bei Oradea) auch **Touren zur Höhle** an; siehe auch Transilvania, Aktiv- und Kulturreisen weiter unten.

Das Karstplateau von Padiş

Das Plateau von Padiş **(Plateaul Padiş)** gehört zu den interessantesten und geheimnisvollsten Karstgebieten Rumäniens. Man erreicht es von der Padiş-Hütte bei Beiuş im Rahmen einer fünfstündigen Wanderung. Unter dem Plateau gibt es zahlreiche **Höhlen** und **unterirdische Seen.** Auf den im Sommer kunterbunt bewachsenen Wiesen tun sich urplötzlich rostrote Löcher auf, eine geologische Eigenart, die das Sickerwasser hier geschaffen hat. **Dolinen,** trichterförmige Mulden und Senken, schaffen eine sanft geschwungene Hügellandschaft, in der dann plötzlich bewaldete, steil abstürzende Abgründe klaffen. Zahlreiche **Tropfsteinhöhlen** sind hier in den letzten Jahren entdeckt worden, und bestimmt verbirgt diese zauberhafte Landschaft voller Rätsel noch weitere Geheimnisse.

Die Gletscherhöhle Scărişoara ⇗VII, C/D3

Auch die Gletscherhöhle Scărişoara nördlich des Ortes **Gârda de Sus** lässt sich mit einem gewöhnlichen Auto nicht erreichen. Zur 20 km östlich von **Vaşcău** gelegenen Höhle kommt man nur mit einem Geländewagen mit Allradantrieb oder noch besser zu Fuß oder mit dem Mountainbike von Gârda de Sus aus. Immer mehr Besucher nehmen aber auch den seit 2004 angebotenen Service rumänischer Führer in Anspruch und reiten auf einem Maultier oder Pferd hinauf zur sagenumwobenen Höhle. Im Winter werden seit kurzem auch Schlittenfahrten angeboten. Doch bei all diesen Angeboten ist zu bedenken, dass man die letzten Meter auf jeden Fall selbst gehen bzw. über eine Metallstiege hinabklettern muss!

Zwei Routen (s.u.) führen zur Höhle Scărişoara, einem einmaligen **Relikt aus der Eiszeit.** Eine über 75.000 Quadratmeter große Eisdecke bedeckt das Innere der Höhle, deren Alter von 3000 Jahren man mittlerweile genau bestimmt hat. Zahlreiche glänzende Eisstalagmiten und -stalaktiten machen das Innere der stellenweise beleuchteten Höhle zu einer wahren Wintermärchenlandschaft. Von der Natur geschaffene skurrile Eisskulpturen und kristalline Salzfelsen sind auf dem gut befestigten Weg zu sehen (dürfen nicht berührt werden!).

rum707 Foto: jr

Typisches Bauernhaus im Apuseni-Gebirge

- **Gheţarul de la Scărişoara,** leider ist der Zugang zur Höhle nicht mehr ausgeschildert, weder für Autos noch für Wanderer. Zudem ist die Strecke zur Gletscherhöhle wahrlich kein schöner Wanderweg mehr, da die Einheimischen die gesamte „Wanderstrecke“ mit dem Auto befahren. Die Höhle ist in den letzten Jahren fast abgetaut. Der Abstieg in die Höhle ist gegen Ende eine einzige Rutschpartie. Der hintere, noch erhaltene Teil ist gesperrt, insgesamt ist nur noch ein Raum begehbar. Führungen werden angeboten (nur auf Rumänisch, Preis 5 RON). Ansonsten darf man auch alleine in die Höhle, der „Rundgang“ dauert ca. 15 Minuten. Es empfiehlt sich die Mitnahme eines warmen Pullovers. Viele Leser wiesen darauf hin, dass die Gletscherhöhle im Sommer nicht so sehenswert sei wie beschrieben.
- **Geführte Höhlenwanderung: Transilvania, Aktiv- und Kulturreisen** (siehe auch unten) bietet eine Wanderreise an, die neben einem Ausflug ins Goldgräberdorf Roşia Montana und in die Berge des Apuseni auch eine Besichtigung der Eishöhle von Scărişoara und der Basaltsäulen von Detunata vor-

sieht. Nähere Infos auf www.transilvania-aktiv.de oder unter Tel. 0421-380 44 60.

Pensionen in Gârda de Sus

- **Pensiunea Izvoarele,** Str. Izvoarele 7a, Mobil 0744-765 670. Schöne Pension am Waldrand von Gârda. Auf Wunsch Vollpension (30 RON) und Vermittlung von Führungen (mit Maultieren) zur Gletscherhöhle. Sehr freundlich und sauber. EZ/DZ 60 RON.
- **Pensiunea Danciu,** Str. Gârda 51, Mobil 0740-094 385. Sehr schönes Landhaus, das auch Vollpension anbietet. Traditionelle Mahlzeiten aus dem Apuseni. Sehr freundlich. EZ/DZ 60 RON.
- **Pensiunea Popa Roman,** Str. Gârda 21, Tel. 0258-777 191, Mobil 0744-182 206. Schlichte, günstige Pension. Herr *Popa* bietet auch Ausritte in die Berge rund um Gârda de Sus und zur Gletscherhöhle an. EZ/DZ 50 RON, Ausritte pro Stunde 90 RON.
- **Pensiunea Mama Uta,** Str. Centru 97, Mobil 0744-627 901. Einfache Pension, die lang Gewachsenen gefährlich werden könnte, da

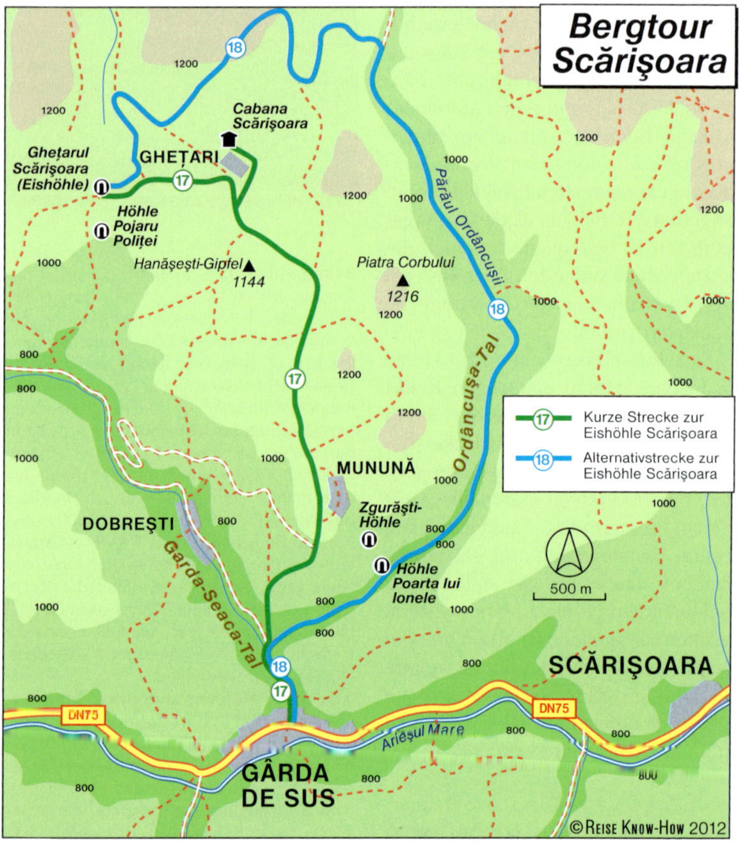

die Zimmer sehr niedrig sind. Frau *Popescu* kocht herrliche *Mămăliguță cu Brânză și Smântână* (Maiskuchen mit Käse und Sahne). Vollpension 90 RON, DZ 50 RON.

Bergtour Gârda de Sus – Gletscherhöhle Scărişoara

Route 17 (grün)

Der kürzeste Weg zur Gletscherhöhle Scărişoara verläuft nördlich des Ortes **Gârda de Sus** auf dem mit einem roten Kreuz gekennzeichneten Wanderpfad. Leider ist die Gletscherhöhle nicht ausgeschildert, bis man zur **Gabelung des Ordâncuşa- und Gârda-Seacă-Tals** kommt. Von hier führt der Weg steil nach oben in die Ortschaft Munună und nach weiteren 5 km in den Ort Ghețari. Von oben hat man eine fantastische Aussicht auf das **Bihor-Gebirge.** Der Wanderweg führt im weiteren Verlauf an interessanten Karstformationen, Quellen und Dolinen vorbei und erreicht schließlich sowohl die Gletscherhöhle (Ghețarul Scărişoara) als auch die neue Hütte Cabana Scărişoara.

Route 18 (blau)

Eine alternative Strecke zur Gletscherhöhle dauert zwar etwa 1 Stunde länger, verläuft allerdings durch das malerische **Ordâncuşa-Tal.** Auch hier geht man nördlich des Ortes Gârda de Sus auf dem mit einem roten Kreuz gekennzeichneten Wanderpfad, biegt aber dann nach rechts in den mit einem blauen Streifen markierten Wanderweg ab. Nach 1 km kommt man an die engste Stelle des Tals, wo der Weg über einen Bergbach führt. Zwei Höhlen liegen hier in unmittelbarer Nähe, die **Höhle Poarta lui Ionele** und die **Höhle Zgurăşti.** Nach weiteren 7 km entlang des Baches Părăul Ordâncuşii zweigt der markierte Weg nach links zur Gletscherhöhle Scărişoara ab, die man aus Norden kommend nach 3 km erreicht. Etwa 500 m südlich der Gletscherhöhle liegt die weitaus weniger besuchte **Höhle Poiaru Poliței.**

● **Sven Panthöfer** bietet mit einem Team **geführte Wanderungen** in die Höhlen der Apuseni-Berge und ins Bergbaudorf Roşia Montana an. Außerdem im Programm: Wanderstudienreisen in den Maramuresch, in die Südkarpaten und eine Rundreise zur Romamusik. **Transilvania, Aktiv- und Kulturreisen,** Fleetstr. 26, 28219 Bremen, reisen@transilvania-aktiv.de, www.transilvania-aktiv.de.

Der Goldrausch und die Wahrheit

Wer sich für die Hintergründe des Streits um den Goldabbau in **Roşia Montana** interessiert, sollte einige Tage in einer der schönsten Bergregionen Rumäniens einplanen. *Eugen David* von der Umweltorganisation „Alburnus maior" informiert in seinem Gästehaus umfassend über die ökologischen Gefahren des Goldabbaus im Naturschutzreservat um Roşia Montana. Zwar hat die rumänische Regierung kanadische Pläne zum Goldabbau 2007 gestoppt, doch eine touristische Aufwertung der wunderbaren Region tut dringend Not. Roşia Montana gilt als eine der ältesten Siedlungen Rumäniens. Unterkunft und Informationen: **Eugen David,** Str. Tarina 1250C, 517615 Roşia Montana, Tel. 0258-859 310. Weitere Informationen im Internet (auf Englisch): Suchmaschinen-Eingabe „Eugen David Guesthouse" und „Stephanie Roth".

rum786 Foto: jr

sound trip
in cooperation with
piranha
Musik im
Reise Know-How Verlag
Reise Know-How
East Africa
Northern Africa
South Africa
The Andes
Argentina
Australia
The Balkans
Baltic States
Barbados
Oriental Belly Dance
Northeast Brazil
Canada
Chile
China
Colombia
Cuba
Finland
Iceland
India
Ireland
Israel
Japan
Mexico
New Zealand
Norway
Russia, St. Petersburg
Scotland
Switzerland
Turkey
Uruguay
Die Compilations der CD-Reihe sound trip stellen aktuelle, typische Musik eines Landes oder einer Region vor.
Im Buchhandel erhältlich | Unverbindl. Preisempf.: EURO 15,90 [D]
Kostenlose Hörprobe im Internet.
www.reise-know-how.de

Register

HILFE!

Dieser Reiseführer ist gespickt mit unzähligen Adressen, Preisen, Tipps und Infos, die nur vor Ort wirklich überprüft werden können. Unsere Autoren sind zwar stetig unterwegs und versuchen, alle zwei Jahre eine komplette Aktualisierung zu erstellen, aber auf die Mithilfe von Reisenden können sie nicht verzichten.

Darum: Schreiben Sie uns, was sich geändert hat, was besser sein könnte, was gestrichen bzw. ergänzt werden soll. Nur so bleibt dieses Buch immer aktuell und zuverlässig. Wenn sich die Infos direkt auf das Buch beziehen, würde die Seitenangabe uns die Arbeit sehr erleichtern. Gut verwertbare Informationen belohnt der Verlag mit einem Sprechführer Ihrer Wahl aus der über 220 Bände umfassenden Reihe „Kauderwelsch".

Bitte schreiben Sie an:
REISE KNOW-HOW Verlag Peter Rump GmbH, Postfach 140666, D-33626 Bielefeld, oder per E-Mail an: info@reise-know-how.de

Danke!

Der Autor

Joscha Remus

Der Schriftsteller und Reisejournalist *Joscha Remus* bereist Rumänien seit über 35 Jahren – die erste Reise erfolgte 1976 mit Interrail. Seine Interviews und Reportagen erscheinen u.a. in „DIE ZEIT" und in dem Magazin „ZEIT-WISSEN". 2008 ist von ihm ein Erzählband über Rumänien herausgekommen: „Der sanfte Flug der schwarzen Damen – Rumänische Rhapsodien", Picus-Verlag, Wien.

Weitere Bücher von *Joscha Remus:* der Sprachführer „Lëtzebuergesch – Wort für Wort", „KulturSchock Rumänien", „CityTrip Trier" und „CityTrip Luxemburg" (allesamt im Reise Know-How Verlag, Bielefeld).

Danksagung

Alle Personen aufzuführen, die wichtige Informationen zu diesem Buch beigesteuert haben, würde Seiten füllen. Nur stellvertretend seien darum genannt: Patriarch *Daniel Ciobotea, Mircea Cărtărescu* und *Ioana Nicolaie, Gheorghe Zamfir, Nadia Comăneci, Herta Müller, Eginald Schlattner, Gabriela* und *Radu Linde, Ticu Lacatus, Henry Ernst, Attila Sandor Demeter, Hilke Gerdes* und ihr Mann *Harald, Claudia Cirlig, Hans Frank, Michael Werther, Eugen Cojocaru* und *Iuliana Vasiloiu.*

Ein besonderer Dank gilt *Beatrice Ungar* und der Redaktion der „Hermannstädter Zeitung", die zahlreiche Bilder aus ihrem Archiv zur Verfügung gestellt haben, *Hermann Fabini* für seine Informationen über die Kirchenburgen sowie die zur Verfügung gestellten Zeichnungen und Fotos, *Mihaiela Donisa* vom „Insight Magazin" sowie den geduldigen Mitgliedern des Deutsch-Rumänischen Forums Stuttgart.

Ein **herzliches Dankeschön an die Leser** für Ihre (teils sehr) ausführlichen Briefe und die vielen wertvollen Hinweise. Einen riesigen Dank möchte ich nach Biertan zu *Cristian* und *Christa Richter* schicken, die sich in einer wahren Fleißarbeit in das Buch vertieft haben und sich dabei als wirkliche Kenner und Liebhaber Rumäniens ausgewiesen haben. Mein Dank gilt auch *Beatrice Asavinei, Michael Luck, Florian Utz, Franz Santner, Michael Ledinger, Clemens Wieland, Christina Brey, Annika Manegold, Hans Peter Fischer, Nina May, Horst Frank, Manuela Voggenauer, Michael Schneeberger, Dr. H. E. Röttger, Jasmin Hornstein, Karin Höpp, Liana* und *Jens Kielhorn, Rudolf Troll, Dr. Peter Pfarl, Petra Schulze* und *Alexander Lutter, Markus Kötter, Dr. Annette Busch, Engelbert* und *Eva Rieder, Eveline Gutzwiller, Lena Maly, Klaus Commissi, Alois Peham, Benjamin Lassiwe, André Guerotto, Manuel Böck, Dr. Michael Schneider, Doris Mache, Anna Mayrhauser, Franziska Paizs, Georg Weege, Melanie Danner-Kurz, Mirza Benca, George Iurca, Dieter Temmeyer, Friedrich-Jörn Zauner, Jochen Plambeck* sowie *Greti* und *Günther Kofler.*

Joscha Remus

Legende zu den Karten im Innenteil

- Übernachtung
- Essen und Trinken
- Einkaufen/Sonstiges
- Nachtleben
- ★ Sehenswürdigkeit
- Touristeninformation
- Museum
- Kirche, Kloster
- Moschee
- Synagoge
- Theater, Oper, Philarmonie
- Bibliothek
- Post
- @ Internetcafé
- Bank, Geldautomat
- Flughafen
- Busbahnhof, Bushaltestelle
- U-Bahn
- Parkplatz
- Krankenhaus
- Camping
- Berghütte
- Höhle

Die Karten auf den folgenden Seiten sind verkleinerte Ausschnitte aus der Rumänien-Karte des **world mapping project** von REISE KNOW-HOW

1 : 800 000
Blattschnitt
Seite **XXIV**

0 10 20 km

E70 E576 Europastraßennummern / European road numbers
A1 29 29a Straßennummern / Road numbers
Autobahn mit Anschlussstelle / Motorway with junction
Autobahn im Bau / in Planung / Motorway under construction / projected
Schnellstraße / Expressway
Fernstraße / Tunnel / Major road / tunnel
Hauptstraße / Main road
Nebenstraße / Secondary road
Sonstige Straße / Tunnel / Other road / tunnel
Fahrweg / Fußweg / Track / Path
4 Entfernung in Kilometern / Distance in kilometres
Eisenbahn / Tunnel / Railway / tunnel
Seilbahn / Cable car
Fähre / Ferry
Fluss / Wasserfall / Damm, Wehr / River / waterfall / dam, weir
Kanal / Canal
1418 Molviş Berg (Höhe in m) / Mountain (height in m)
1105 Pass (Höhe in m) / Pass (height in m)
Staatsgrenze / International boundary
Bezirkgrenze / Region boundary
Grenzübergang / Border check point

Besiedeltes Gebiet / Populated area
Flughafen / Airport
Flugplatz / Airfield
Hafen / Harbour
Leuchtturm / Lighthouse
Nationalpark / Naturpark / National park / nature reserve
Zoo / Zoo
Botanischer Garten / Botanical garden
Strand / Beach
Höhle / Cave
Campingplatz / Camping site
Aussichtspunkt / Viewpoint
Berghütte / Mountain hut
UNESCO Welterbe / UNESCO world heritage
Burg, Schloss, Fort / Ruine sehenswert / Castle, palace, fort / ruin of interest
Kloster / Ruine sehenswert / Monastery / ruin of interest
Kirche / Ruine sehenswert / Church / ruin of interest
Moschee / Mosque
Synagoge / Synagogue
Museum sehenswert / Museum of interest
Archäologischer Fundort / Archeological site
Sonstige Sehenswürdigkeit / Other point of interest

150 Höhenlinie (Höhe in m) / Contour lines (heights in m)
Tiefenschichtzahl (Tiefe in m) / Bathymetric tints number (depths in m) 30

> 3000 m	2500 - 3000 m	2000 - 2500 m	1500 - 2000 m	1200 - 1500 m	900 - 1200 m	600 - 900 m	300 - 600 m	150 - 300 m	0 - 150 m	0 - 30 m	> 30 m

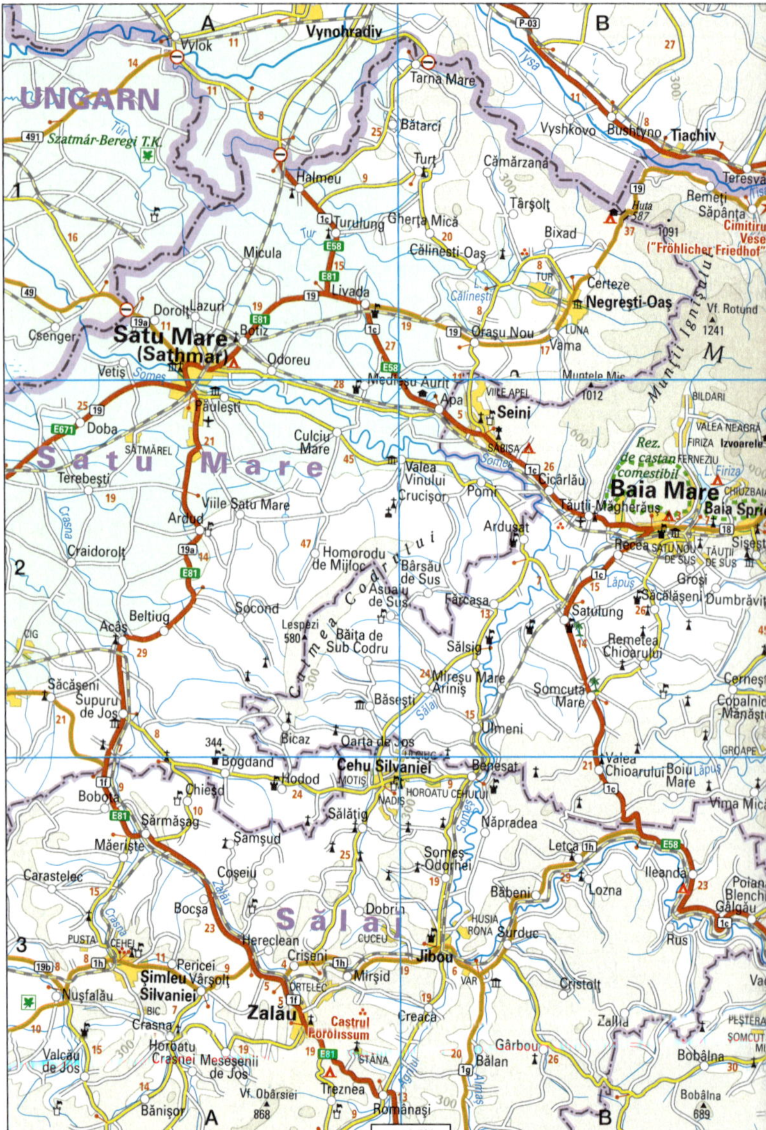

UNGARN
Vylok
Vynohradiv
Tarna Mare
Bătarci
Turţ
Cămărzana
Târşolţ
Bixad
Vyshkovo
Bushtyno
Tiachiv
Teresva
Remeţi
Săpânţa
Cimitirul Vesel
("Fröhlicher Friedhof")
Huta
587
1091
Szatmár-Beregi T.K.
Tur
Halmeu
Turulung
Gherţa Mică
Călineşti-Oaş
L. Călineşti
Certeze
Negreşti-Oaş
Vf. Rotund
1241
Munţii Igniş
Micula
Livada
Lazuri
Doroltţ
Satu Mare
(Sathmar)
Botiz
Odoreu
Csenger
Vetiş
Someş
Orasu Nou
Vama
LUNA
Muntele Mic
1012
Medieşu Aurit
Apa
Seini
VIILE APEI
SÂBIŞA
BILDARI
VALEA NEAGRĂ
FIRIZA
Izvoarele
Rez. de castan comestibil
FERNEZIU
L. Firiza
Baia Mare
CHIUZBAIA
Baia Sprie
Păuleşti
Doba
SATMĂREL
Satu Mare
Culciu Mare
Terebeşti
Valea Vinului
Crucişor
Pomi
Cicârlău
Tăuţii-Măgherăuş
Viile Satu Mare
Ardud
Ardusat
Recea
SATU NOU DE SUS
TĂUŢII DE SUS
Sişeşti
Crasna
Craidorolţ
Homorodu de Mijloc
Bârsău de Sus
Asuaju de Sus
Fărcaşa
Codrului
Culmea Codrului
Lăpuş
Groşi
Săcălăşeni
Dumbrăviţa
Satulung
Beltiug
Socond
Acâş
CIG
Lespezi
580
Băiţa de Sub Codru
Sălsig
Remetea Chioarului
Săcăşeni
Supuru de Jos
Mireşu Mare
Ariniş
Şomcuta Mare
Cerneşti
Copalnic-Mănăştur
Băseşti
Sălaj
Ulmeni
Bicaz
344
Bogdand
Oarţa de Jos
Cehu Silvaniei
Benesat
Valea Chioarului
Boiu Mare
GROAPE
Hodod
MOTIŞ
NADIŞ
HOROATU CEHULUI
Chieşd
Bobota
Sărmăşag
Sălăţig
Năpradea
Vima Mică
Măeriste
Şamşud
Letca
Ileanda
Someş-Odorhei
Carastelec
Coşeiu
Lozna
Băbeni
Poiana Blenchii
Gâlgău
Bocşa
Dobrin
Zalău
Sălaj
PUSTA
CEHEI
Hereclean
CUCEU
Jibou
HUSIA
RONA
Surduc
Rus
Pericei
Crişeni
Şimleu Silvaniei
Vârşolţ
ORTELEC
Mirşid
VAR
Cristolţ
Nuşfalău
BIC
Crasna
Zalău
Castrul Porolissum
Creaca
Zalha
PEŞTERA
ŞOMCUTA
Horoatu Crasnei
Meseşenii de Jos
STÂNA
Gârbou
Bălan
Bobâlna
Valcău de Jos
Treznea
Vf. Obârsiei
868
Bănişor
Românaşi
Almaş
Agrij
Bobâlna
689
Tysa
E58
E81
E671
A
B
1
2
3
M

⇗ VII

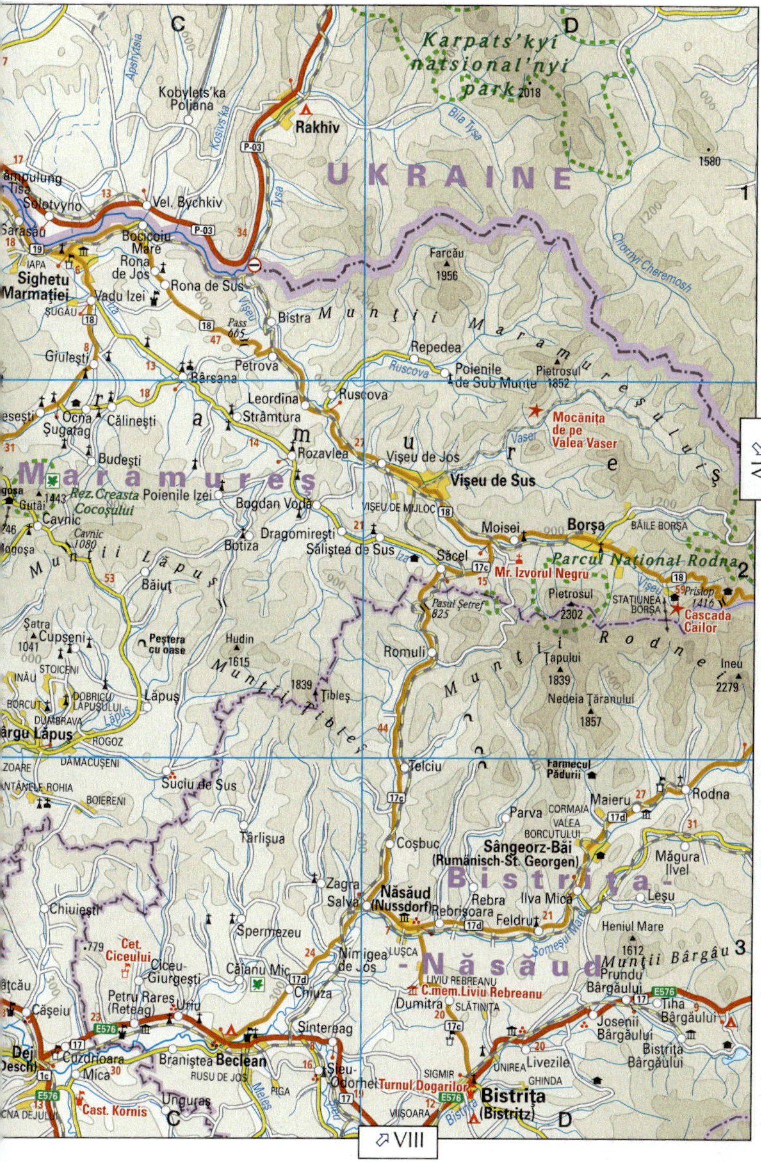
C
D
Karpats'kyi natsional'nyi park
2018
Kobylets'ka Poliana
Apshytsia
Kosivs'ka
Rakhiv
P-03
Bila Tysa
UKRAINE
1580
1
Câmpulung la Tisa
Solotvyno
Vel. Bychkiv
Tysa
Sarasău
Bocicoiu Mare
Rona de Jos
Rona de Sus
Sighetu Marmației
Vadu Izei
ŞUGĂU
Chornyi Cheremosh
Farcău 1956
Bistra
Munții Maramureșului
Vișeu
Pass 665
Repedea
Ruscova
Poienile de Sub Munte
Pietrosul 1852
Giulești
Bârsana
Petrova
Leordina
Strâmtura
Ocna Șugatag
Călinești
Mocănița de pe Valea Vaser
Vaser
Rozavlea
Vișeu de Jos
Vișeu de Sus
Budești
Maramureș
Rez. Creasta Cocoșului
Poienile Izei
Bogdan Vodă
Gutâi 1443
Cavnic
Cavnic 1080
VIȘEU DE MIJLOC
Moisei
Borșa
BĂILE BORȘA
Dragomirești
Botiza
Săliștea de Sus
Iza
Săcel
Mr. Izvorul Negru
Parcul Național Rodna
2
Munții Lăpuș
Băiuț
Pasul Șetref 825
Pietrosul 2302
STAȚIUNEA BORȘA
Prislop 1416
Cascada Cailor
Șatra
Cupșeni 1041
Peștera cu oase
Hudin 1615
Romuli
Munții Rodnei
Țapului 1839
Ineu 2279
STOICENI
INĂU
DOBRICU LĂPUȘULUI
BORCUT
Lăpuș
DUMBRAVA
Târgu Lăpuș
ROGOZ
1839
Tibleș
Munții Țibleș
Nedeia Țăranului 1857
ZOARE
DĂMĂCUȘENI
FÂNTÂNELE ROHIA
BOIERENI
Suciu de Sus
Telciu
Farmecul Pădurii
Rodna
Maieru
Parva
CORMAIA
VALEA BORCUTULUI
Târlișua
Coșbuc
Sângeorz-Băi (Rumänisch-St. Georgen)
Măgura Ilvei
Bistrița-Năsăud
Zagra
Salva
Năsăud (Nussdorf)
Rebra
Rebrișoara
Ilva Mică
Feldru
Leșu
Chiuiești
Spermezeu
Someșul Mare
Heniul Mare 1612
Munții Bârgău
3
779
Cet. Ciceului
Ciceu-Giurgești
Căianu Mic
Nimigea de Jos
LUȘCA
Prundu Bârgăului
Chiuza
LIVIU REBREANU
C.mem. Liviu Rebreanu
Tiha Bârgăului
Petru Rareș (Reteag)
Uriu
Dumitra
SLĂTINIȚA
Josenii Bârgăului
Căşeiu
Dej (Desch)
Cuzdrioara
E576
Sintereag
Branistea
Beclean
Bistrița Bârgăului
Livezile
UNIREA
Mica
RUSU DE JOS
Șieu-Odorhei
PIGA
SIGMIR
GHINDA
Turnul Dogarilor
Bistrița (Bistritz)
Cast. Kornis
Unguraș
Meleș
VIȘOARA
Șieu
Bistrița
IV
VIII

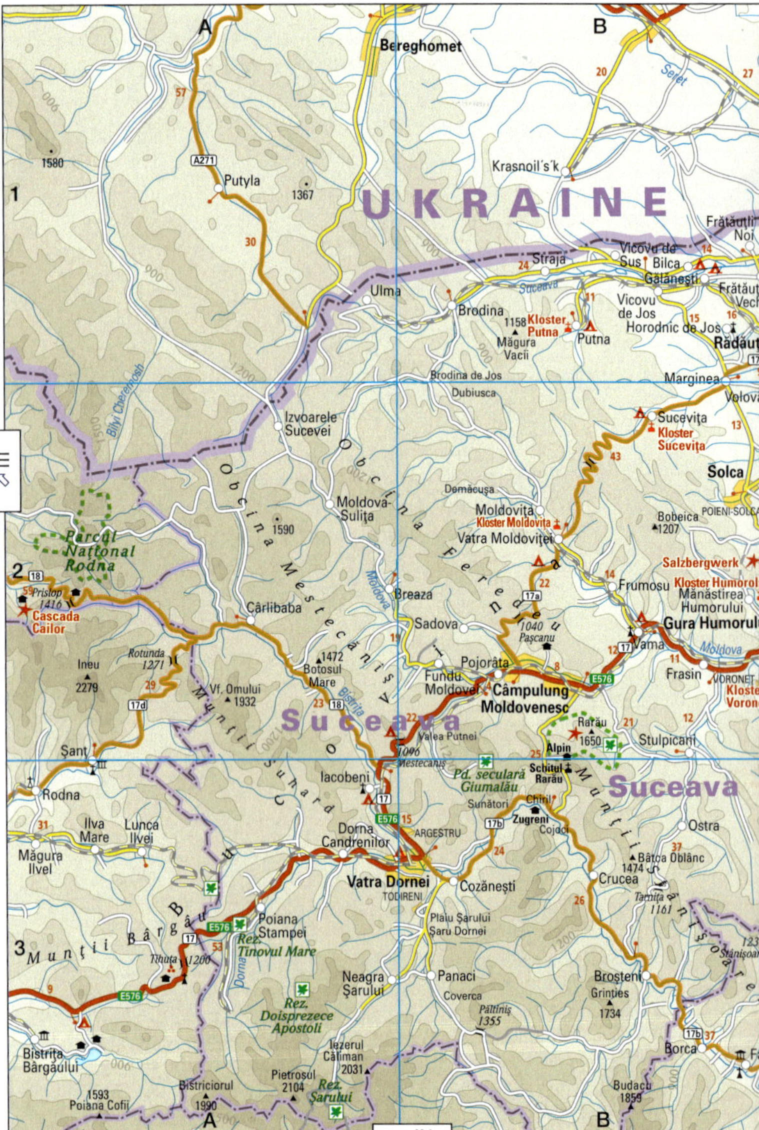
A
B
1
2
3
UKRAINE
Bereghomet
Putyla
A271
Krasnoil's'k
Seret
1580
1367
Frătăuţii Noi
Vicovu de Sus
Straja
Bilca
Gălăneşti
Frătăuţii Vechi
Ulma
Brodina
Suceava
Kloster Putna
Putna
1158
Măgura Vacii
Vicovu de Jos
Horodnic de Jos
Rădăuţi
Bilyi Cheremosh
Brodina de Jos
Dubiusca
Marginea
Volovăţ
Izvoarele Sucevei
Suceviţa
Kloster Suceviţa
Solca
Obcina Mestecănişului
Obcina Feredeului
Demăcuşa
Moldova-Suliţa
1590
Moldoviţa
Kloster Moldoviţa
Vatra Moldoviţei
Bobeica
1207
POIENI-SOLCA
Parcul Naţional Rodna
Salzbergwerk
Kloster Humorului
Mănăstirea Humorului
Prislop
1416
Cascada Cailor
Breaza
Frumosu
Cârlibaba
Moldova
Sadova
1040
Paşcanu
Gura Humorului
Vama
Moldova
Rotunda
1271
Ineu
2279
1472
Botoşul Mare
Vf. Omului
1932
Fundu Moldovei
Pojorâta
Câmpulung Moldovenesc
E576
Frasin
VORONEŢ
Kloster Voroneţ
Munţii Suhard
Bistriţa
Suceava
Valea Putnei
1096
Mestecăniş
Rarău
1650
Alpin
Stulpicani
Şant
Schitul Rarău
Pd. seculară Giumalău
Munţii Rarău
Suceava
Rodna
Iacobeni
Sunători
Chiril
Zugreni
Cojoci
Ilva Mare
Lunca Ilvei
Măgura Ilvei
Dorna Candrenilor
ARGESTRU
Ostra
Bâtca Oblânc
1474
Vatra Dornei
TODIRENI
Cozăneşti
Crucea
Tarniţa
1161
Munţii Bârgău
Poiana Stampei
Rez. Tinovul Mare
Plaiu Şarului
Şaru Dornei
Munţii Stânişoarei
Tihuţa
1200
Dorna
Neagra Şarului
Panaci
Coverca
Broşteni
Grinţies
1734
Stânişoara
Rez. Doisprezece Apostoli
Păltiniş
1355
Borca
Bistriţa Bârgăului
Iezerul Călimani
2031
Pietrosul
2104
Rez. Şarului
Budacu
1859
1593
Poiana Cofii
Bistriciorul
1990
17
17a
17b
17d
18

III
IX

C
D
Hertsa
Suharău
Hudeşti
Cotuşca
Mitoc
Cristineşti
Mileanca
Havârna
Ibăneşti
Pomârla
Drăguşeni
Avrămeni
Hilişeu-Horia
Dersca
LOTURI ENESCU
PROGRESUL
Dumeni
Dorohoi
Cordăreni
Vorniceni
Ştiubieni
BODEASA
Săveni
Mihăileni
Siret
Şendriceni
Broscăuţi
Corlăteni
Jijia
Vlăsineşti
Hăneşti
DEALUL MARE
Bălcăuţi
Grămeşti
Văculeşti
Dorneşti
Vârfu Câmpului
Brăeşti
Ungureni
Botoşani
Dângeni
Zamostea
Nicşeni
Calafindeşti
Grăniceşti
Zvoriştea
Lunca
Roma
Siret
Milişăuţi
Unţeni
Gorbăneşti
Geburtshaus von Mihai Eminescu
Bucecea
Ipoteşti
Răchiţi
Truşeşti
Măriţei
Pătrăuţi
Adâncata
Curteşti
Botoşani
Mitocu Dragomirnei
Vlădeni
Stăuceni
Suceava
Siminicea
Todireşti
Şcheia
Dumbrăveni
Bălușeni
Sulița
Corni
Cristeşti
I. Dracşani
Salcea
Păltinoasa
Ipoteşti
Vereşti
Lunca
Sitna
Stroieşti
Ilişeşti
Rez. Frumoasa
Moara Nica
Bosanci
Udeşti
Copălău
Vorona
Flămânzi
Fântânele
Măzăneşti
Horodniceni
Bunești
Frumuşica
Pleşeşti
Liteni
Tudora
332
Dl. Balta Zăvolui
Valea Moldovei
Fălticeni
TARNA MARE
Preuteşti
Dolheştii Mari
Deleni
Rădăşeni
Corno Luncii
Mălini
Iazul Strâmb
PÂRCOVACI
Hârlău
Baia
ŞOLDĂNEŞTI
Dolhasca
Scobinţi
Siretel
Vadu Moldovei
Bogdăneşti
Forăşti
Probota
Lespezi
Vânători
Ceplenița
Tătăruşi
Boroaia
Râşca
Todireşti
Cotnari
BALŞ
Kloster Neamt
Brusturi
Drăguşeni
Valea Seacă
LUNCA
Cucuteni
Cristeşti
Răuceşti
Motca
BLĂGEŞTI
Târgu Frumos
Târgu-Neamţ
GĂŞTEŞTI
Paşcani
Ruginoasa
Pipirig
Cet. Neamţului
Timişeşti
Vânători-Neamț
SODOMENI
Stolniceni-Prăjescu
Heleşteni
Kloster Secu
Kloster Sihăstria
Kloster Agapia
HUMULEŞTII NOI
HUMULEŞTI
BLEBEA
BUZNEA
Petru Vodă
Schitul Sihla
Agapia
C.mem. Ion Creangă
Petricani
Păstrăveni
Miroslovești
Strunga
Moldova
Urecheni
Mogoşeşti-Siret
Siret
Doamnei (Mitoc)
Alexandru I. Cuza
Teiului
1130
Bălţăteşti
Grumăzeşti
Tibucani

⇗X

⇗XI

UNGARN
Füzesgyarmat
Szeghalom
Csökmő
Komádi
Sees-Körös
Vésztő
Biharugrai halastavak
Begécsi-víztároló
Hosszúfoki-csat.
Mezőgyán
Méhkerék
Sarkad
FEKETEÉR
Doboz
GERLA
Fekete-Körös
Fehér Körös
DÉNESMAJOR
GYULAVÁRI
GYULA
Kétegyháza
Elek
Grăniceri
Lőkösháza
Macea
DOROBANŢI
Curtici
Iratoşu
Şofronea
Arad
MUREŞEL
ARADU NOU
MICĂLACA
SÂNNICOLAU MIC
Livada
Vladimirescu
Wall des Trajan
Ghioroc
Covasânţ
Zimandu Nou
Sântana
Cast. Cernovici
Şimand
Chişineu-Criş
Socodor
Pilu
Crişul Alb
Zerind
Avram Iancu
Ciumeghiu
Salonta
Muz. Arany János
Mădăraş
Cefa
Girişu de Criş
Biharkeresztes
Borş
Biharia
Bazilica Romano-Catolică
Cetariu
Dealurile Oradea
Brustu
Ineu
Muz. Ţării Crişurilor
Sântandrei
Oradea
(Grosswardein)
Osorhei
Tileagd
Săcădat
Sânmartin
Nojorid
Copăcel
Hidişelu de Sus
Drăgeşti
Lăzăreni
Ceica
Husasău de Tinca
Tulca
Sâmbăta
Holod
Tinca
Cociuba Mare
Căpâlna
Răbăgani
Batăr
Crişul Negru
Olcea
Şoimi
Uileacu de Beiuş
Apateu
Cast. Czárán
Mişca
Şepreuş
Craiva
Cermei
Sintea Mare
Pleşul
1142
Beliu
Hăşmaş
Archiş
Moneasa
Cărand
PRUNIŞOR
Igneşti
Dezna
DONCENI
Sebiş
SĂLĂJENI
Bârsa
Bocsig
Crişul Alb
Ineu
MOCREA
Şicula
Zărand
Olari
Seleuş
Pâncota
Cast. Dietrich-Sulkovsky
MĂDERAT
Târnova
Şilindia
Tauţ
Buteni
Chisindia
Almaş
Dieci
Şiria
Cast. Şiria
Cast. Bohus
Izvorul Feredeu
Căsoaia
Highiş
798
Debela Gora
Drocea
836
Arad
Munţii Zărand
Bih
A
B
1
2
3

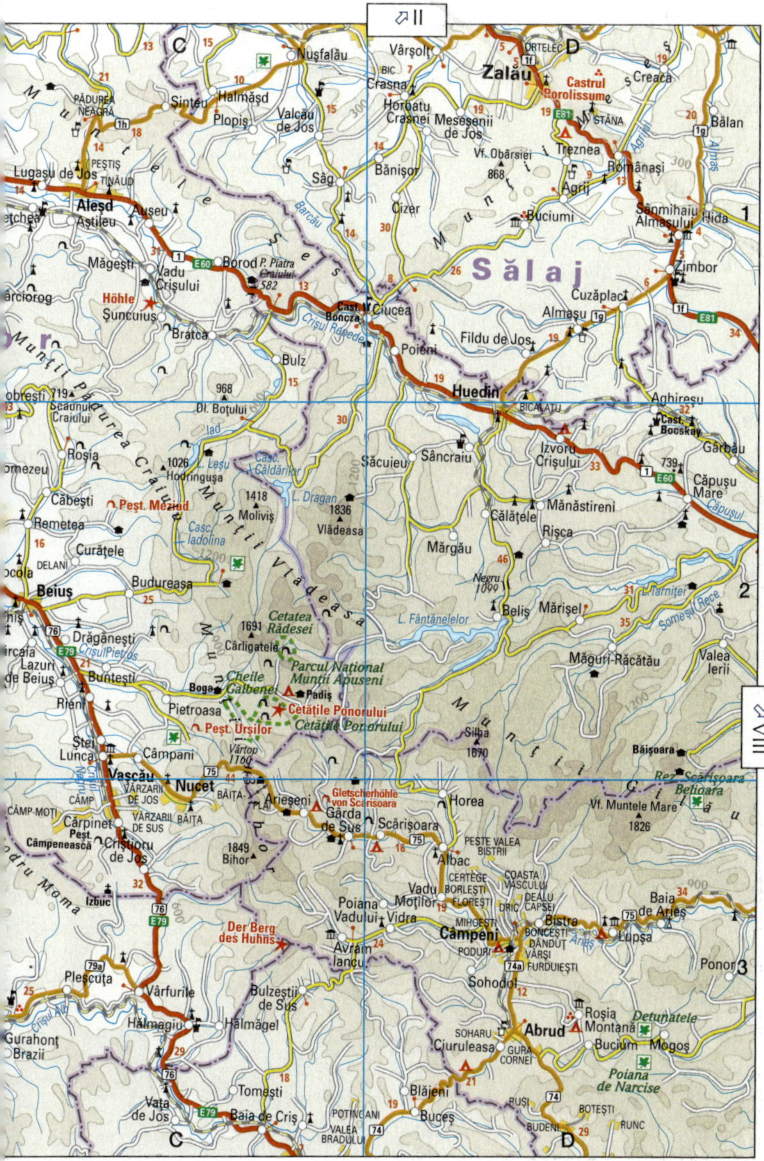
II
VIII
C
D
1
2
3
Nuşfalău
Vârşolţ
Zalău
Castrul Porolissum
Creaca
Bălan
Halmăşd
Şinteu
Plopiş
Valcău de Jos
Crasna
Horoatu Crasnei
Meseşenii de Jos
Treznea
Românaşi
Vf. Obârsiei 868
Agrij
Lugaşu de Jos
Aleşd
Auşeu
Aştileu
Sâg
Bănişor
Cizer
Buciumi
Sânmihaiu Almaşului
Hida
Măgeşti
Vadu Crişului
Borod
P. Piatra Craiului 582
Sălaj
Zimbor
Höhle
Şuncuiuş
Bratca
Ciucea
Cast. Boncza
Poieni
Cuzăplac
Almaşu
Fildu de Jos
Bulz
Huedin
Aghireşu
Cast. Bocskay
Gârbău
Căpuşu Mare
Dl. Boţului
968
Seaunul Craiului
Roşia
1026 Hodringuşa
L. Leşu
Casc. Căldărilor
L. Dragan
Săcuieu
Sâncraiu
Izvoru Crişului
Călăţele
Mănăstireni
Răchiţele
Cabeşti
Pest. Meziad
Remetea
1418 Moliviş
1836 Vlădeasa
Mărgău
Rişca
Casc. Iadolina
Curăţele
Beiuş
Budureasa
Negru 1099
Beliş
Mărişel
L. Tarniţei
Someşul Rece
L. Fântânelelor
Munţii Pădurea Craiului
Munţii Vlădeasa
Munţii Meseş
Cetatea Rădesei
1691 Cârligatele
Drăgăneşti
Lazuri de Beiuş
Bunteşti
Parcul Naţional Munţii Apuseni
Cheile Galbenei
Boga
Padiş
Pietroasa
Cetăţile Ponorului
Pest. Urşilor
Măguri-Răcătău
Valea Ierii
Silha 1670
Munţii Gilău
Băişoara
Rez. Scărişoara Belioara
Rieni
Ştei
Lunca
Câmpani
Vârtop 1160
Vaşcău
Nucet
Arieşeni
Gletscherhöhle von Scărisoara
Gârda de Sus
Scărişoara
Horea
Vf. Muntele Mare 1826
Cărpinet
Câmpeneasca
Criştioru de Jos
1849 Bihor
Munţii Bihor
Albac
Izbuc
Vadu Moţilor
Poiana Vadului
Vidra
Câmpeni
Bistra
Baia de Arieş
Lupşa
Der Berg des Huhns
Avram Iancu
Sohodol
Ponor
Pleşcuţa
Vârfurile
Bulzeştii de Sus
Roşia Montană
Detunatele
Hălmagiu
Hălmăgel
Abrud
Bucium
Mogoş
Ciuruleasa
Poiana de Narcise
Gurahonţ
Brazii
Tomeşti
Blăjeni
Vaţa de Jos
Baia de Criş
Buceş

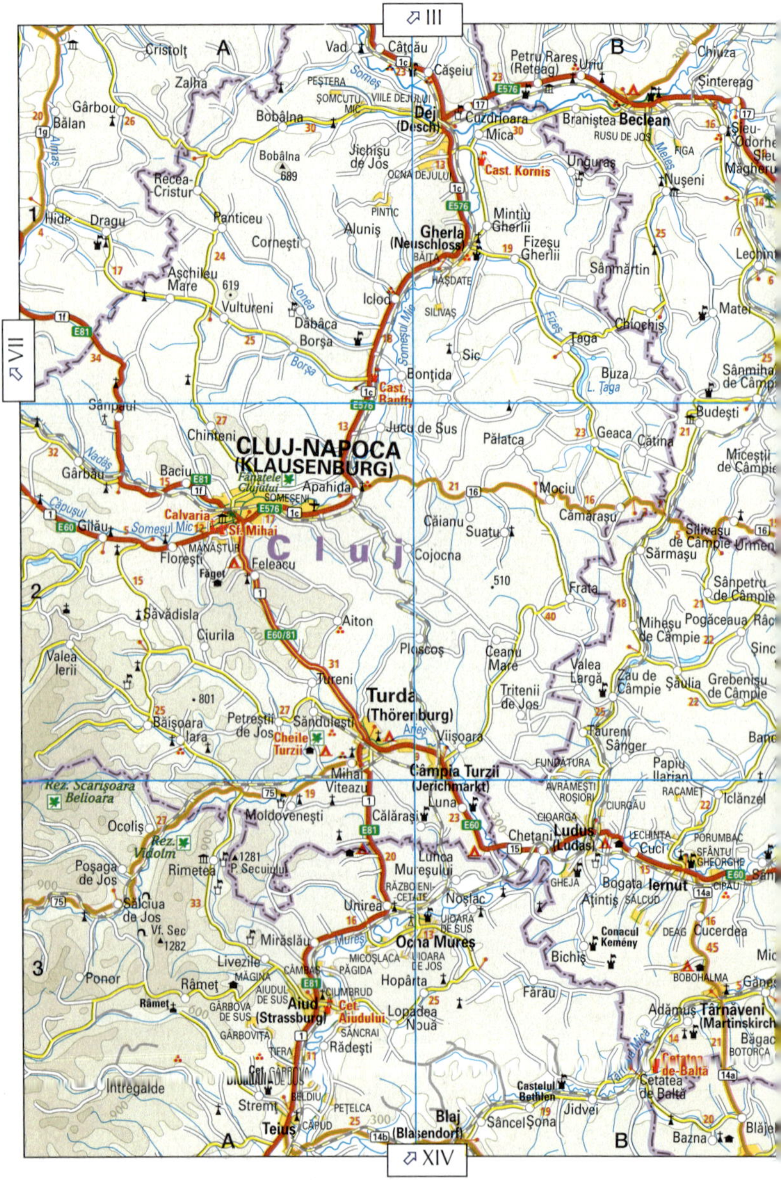
III
VII
XIV
A
B
1
2
3
Cristolţ
Zalha
Gârbou
Bălan
Vad
Câţcău
Căşeiu
Peştera
Şomcutu Mic
Viile Dejului
Dej
(Desch)
Petru Rareş
(Reteag)
Uriu
Chiuza
Şintereag
Cuzdrioara
Mica
Braniştea
Beclean
Rusu de Jos
Figa
Şieu-Odorhei
Bobâlna
Bobâlna
689
Jichişu de Jos
Ocna Dejului
Cast. Kornis
Unguraş
Nuşeni
Recea-Cristur
Hida
Dragu
Panticeu
Corneşti
Pintic
Aluniş
Gherla
(Neuschloss)
Băiţa
Mintiu Gherlii
Fizeşu Gherlii
Sânmărtin
Lechinţa
Aşchileu Mare
619
Vultureni
Lonea
Dăbâca
Borşa
Iclod
Haşdate
Silivaş
Someşul Mic
Fizeş
Ţaga
Chiochiş
Matei
Sic
Bonţida
Cast. Banffy
Buza
L. Ţaga
Sânmihai de Câmpie
Sânpaul
Chinteni
Jucu de Sus
Pălatca
Geaca
Cătina
Budeşti
Nadăş
Gârbău
Baciu
CLUJ-NAPOCA
(KLAUSENBURG)
Făgetele Clujului
Apahida
Someşeni
Mociu
Cămăraşu
Miceştii de Câmpie
Căpuşul
Gilău
Someşul Mic
Calvaria
Sf. Mihai
Mănăştur
Floreşti
Cluj
Căianu
Suatu
Cojocna
Silivaşu de Câmpie
Urmeniş
Sărmaşu
Făget
Feleacu
510
Frata
Sânpetru de Câmpie
Săvădisla
Ciurila
Aiton
Mihesu de Câmpie
Pogăceaua
Valea Ierii
Ploscoş
Ceanu Mare
Valea Largă
Zau de Câmpie
Şaulia
Grebenişu de Câmpie
Tureni
801
Turda
(Thörenburg)
Tritenii de Jos
Băişoara
Iara
Petreştii de Jos
Săndulești
Cheile Turzii
Arieş
Viişoara
Tăureni
Sânger
Papiu Ilarian
Mihai Viteazu
Câmpia Turzii
(Jerichmarkt)
Fundătura
Avrămeşti
Roşiori
Ciurgău
Răcameţ
Iclănzel
Rez. Scărişoara Belioara
Ocoliş
Moldoveneşti
Luna
Călăraşi
Cioarga
Chetani
Luduş
(Ludas)
Lechinţa
Cuci
Porumbac
Sfântu Gheorghe
Rez. Vidolm
Poşaga de Jos
Rimetea
1281
P. Secuiului
Lunca Mureşului
Războieni-Cetate
Noşlac
Gheja
Bogata
Iernut
Cipău
Sălciua de Jos
Vf. Sec
1282
Unirea
Uioara de Sus
Atintiş
Sălcud
Deag
Cucerdea
Conacul Kemény
Mirăslău
Mureş
Ocna Mureş
Bichiş
Ponor
Livezile
Măgina
Cîmbas
Micoslaca
Păgida
Uioara de Jos
Hopârta
Bobohalma
Găneşti
Râmeţ
Râmet
Gârbova de Sus
Aiudul de Sus
Aiud
(Strassburg)
Ciumbrud
Cet. Aiudului
Lopadea Nouă
Fărău
Adămuş
Târnăveni
(Martinskirch)
Bălgac
Botorca
Gârbovita
Sâncrai
Rădeşti
Tifra
Târnava Mică
Cetatea de Baltă
Cetatea de Baltă
Întregalde
Stremţ
Beldiu
Petelca
Castelul Bethlen
Jidvei
Teiuş
Căpud
Blaj
(Blasendorf)
Sâncel
Şona
Bazna
Blăjel
E81
E576
E60
E60/81
1
1c
1f
1g
14a
14b
15
16
17
75

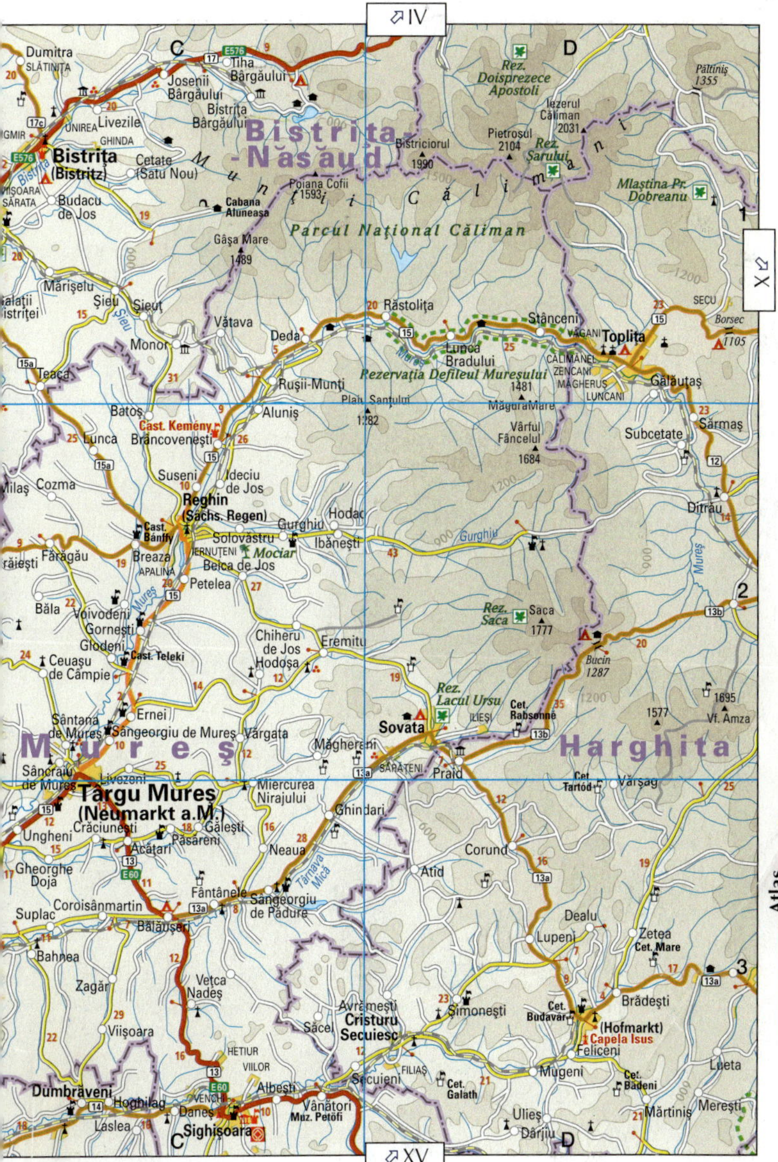

IV
XV
X
C
D
1
2
3
Dumitra
SLĂTINIȚA
Tiha Bârgăului
Josenii Bârgăului
Bistrița Bârgăului
Livezile
UNIREA
GHINDA
Bistrița (Bistritz)
Cetate (Satu Nou)
Budacu de Jos
SĂRATA
Bistrița-Năsăud
Munții Călimani
Parcul Național Călimani
Rez. Doisprezece Apostoli
Iezerul Călimani 2031
Pietrosul 2104
Rez. Sarului
Bistriciorul 1990
Poiana Cofii 1593
Cabana Aluneasa
Gâșa Mare 1489
Mlaștina Pr. Dobreanu
Păltiniș 1355
Mărișelu
Șieu
Șieuț
Vătava
Deda
Monor
Teaca
Rușii-Munți
Răstolița
Lunca Bradului
Stânceni
VĂGANI
Toplița
CĂLIMĂNEL
ZENCANI
MĂGHERUȘ
LUNCANI
Gălăuțaș
SECU
Borsec
1105
Rezervația Defileul Mureșului
Plaiu Sanțului 1282
Măgura Mare 1481
Vârful Fâncelul 1684
Aluniș
Batoș
Cast. Kemény
Lunca
Brâncovenești
Subcetate
Sărmaș
Suseni
Ideciu de Jos
Reghin (Sachs. Regen)
Cozma
Milaș
Cast. Bánffy
Solovăstru
Gurghiu
Hodac
Ibănești
Gurghiu
Ditrău
Mureș
Fărăgău
Breaza
IERNUȚENI
Mociar
Beica de Jos
APALINA
Petelea
Băla
Voivodeni
Gornești
Glodeni
Cast. Teleki
Ceuașu de Câmpie
Chiheru de Jos
Hodoșa
Eremitu
Rez. Saca
Saca 1777
Bucin 1287
1695
Vf. Amza
1577
Rez. Lacul Ursu
Cet. Rabsonné
ILIEȘI
Sovata
Ernei
Sântana de Mureș
Sângeorgiu de Mureș
Vărgata
Măgherani
SĂRĂTENI
Praid
Mureș
Harghita
Sâncraiu de Mureș
Livezeni
Târgu Mureș (Neumarkt a.M.)
Miercurea Nirajului
Ghindari
Cet. Tartod
Vărșag
Ungheni
Crăciunești
Gălești
Păsăreni
Acățari
Neaua
Corund
Gheorghe Doja
Atid
Târnava Mică
Fântânele
Sângeorgiu de Pădure
Coroisânmartin
Suplac
Bălăușeri
Dealu
Lupeni
Zetea
Cet. Mare
Bahnea
Zagăr
Vețca
Nadeș
Avrămești
Cristuru Secuiesc
Sâcel
Șimonești
Cet. Budavár
(Hofmarkt)
Capela Isus
Brădești
Feliceni
Viișoara
HETIUR
VIILOR
FILIAȘ
Secuieni
Cet. Galath
Mugeni
Cet. Bădeni
Lueta
Dumbrăveni
Hoghilag
Daneș
VENCHI
Albești
Vânători
Muz. Petőfi
Sighișoara
Laslea
Ulieș
Dârjiu
Mărtiniș
Merești

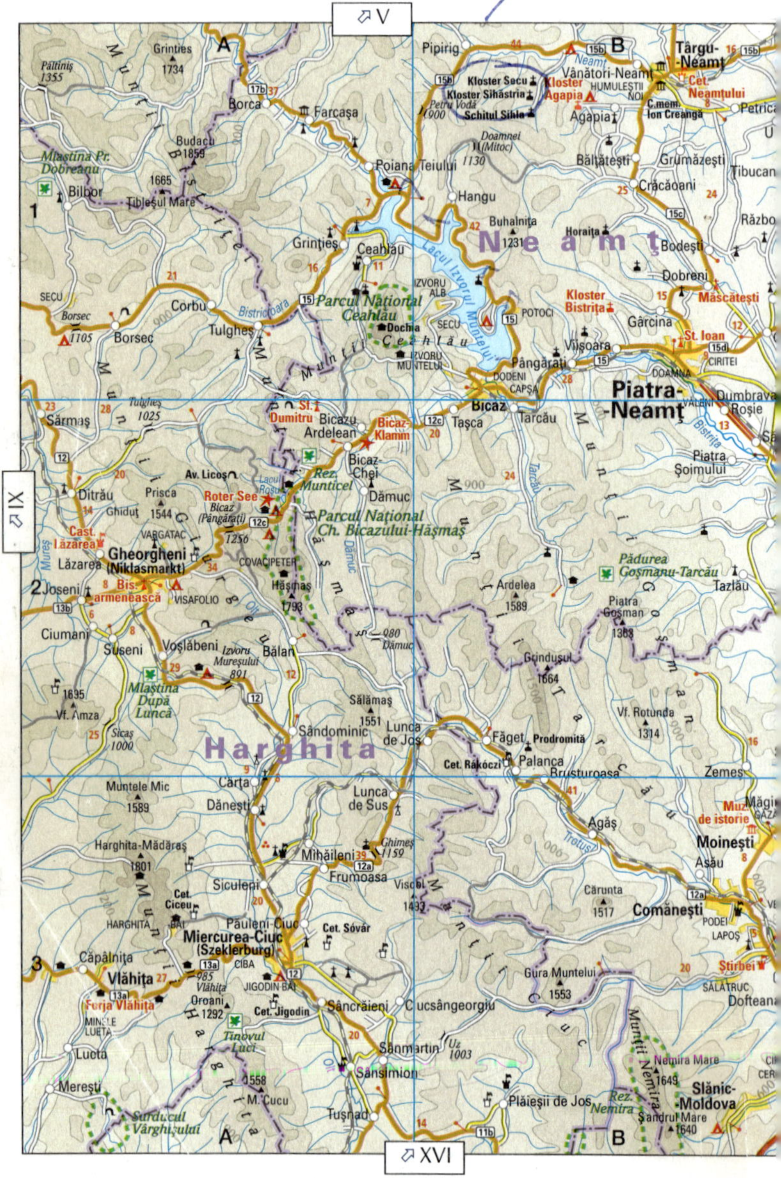
V
IX
XVI
A
B
1
2
3
Păltiniș 1355
Grinties 1734
Munții Bistriței
Borca
Farcaşa
Budacu 1859
Mlaștina Pr. Dobreanu
Bilbor
1665
Țibleșul Mare
Poiana Teiului
Grințieș
Ceahlău
Parcul Național Ceahlău
Dochia
Ceahlău
Bistricioara
Corbu
Tulgheș
SECU
Borsec
1105
Borsec
Pipirig
Kloster Secu
Kloster Sihăstria
Schitul Sihla
Petru Vodă 900
Kloster Agapia
Vânători-Neamț
HUMULEȘTII NOI
Târgu-Neamț
Cet. Neamțului
C.mem. Ion Creangă
Agapia
Petricani
Doamnei (Mitoc)
1130
Hangu
Bălțătești
Grumăzești
Tibucani
Crăcăoani
Buhalnița 1231
Horaița
Neamț
Bodești
Războieni
Lacul Izvorul Muntelui
IZVORU ALB
SECU
IZVORU MUNTELUI
POTOCI
Kloster Bistrița
Dobreni
Măscătești
Gârcina
St. Ioan
Viișoara
Pângărați
DODENI
CAPSA
Bicaz
Tarcău
Piatra-Neamț
CIRITEI
DOAMNA
VALENI
Dumbrava Roșie
Bistrița
Piatra Șoimului
Sărmaș
Tulgheș 1025
St. Dumitru
Bicazu Ardelean
Bicaz-Klamm
Tașca
Bicaz-Chei
Dămuc
Rez. Munticel
Lacul Roșu
Roter See
Av. Licoș
Ditrău
Prisca
Ghiduț
1544
Bicaz (Pângărați) 1256
Parcul Național Ch. Bicazului-Hășmaș
Cast. Lăzarea
Lăzarea
VARGATAC
Gheorgheni (Niklasmarkt)
COVACIPETER
Hășmaș 1793
Joseni
Bis. armenească
VISAFOLIO
Ciumani
Suseni
Voșlăbeni
Izvoru Mureșului 891
Bălan
980
Dămuc
Mureș
Olt
1635
Vf. Amza
Mlaștina După Luncă
Sicaș 1000
Harghita
Sălămaș 1551
Sândominic
Lunca de Jos
Munții Tarcăului
Pădurea Goșmanu-Tarcău
Tazlău
Ardelea 1589
Piatra Goșman 1368
Grindușul 1664
Vf. Rotunda 1314
Munții Goșmanu
Făget
Prodromită
Cet. Rákóczi
Palanca
Brusturoasa
Zemeș
Muntele Mic 1589
Cârța
Dănești
Lunca de Sus
Trotuș
Agăș
Muz. de istorie
Măgirești
Moinești
Asău
Harghita-Mădăraș 1801
Mihăileni
Ghimeș 1159
Frumoasa
Siculeni
Viscol 1493
Cărunta 1517
Comănești
PODEI
LAPOȘ
Cet. Ciceu
HARGHITA-BĂI
Păuleni-Ciuc
Cet. Sóvár
Miercurea-Ciuc (Szeklerburg)
CIBA
Căpâlnița
Vlăhița
985 Vlăhița
JIGODIN-BĂI
Oroani 1292
Cet. Jigodin
Ferja Vlăhița
MINELE LUETA
Sâncrăieni
Cucsângeorgiu
Gura Muntelui 1553
Munții Ciucului
Știrbei
SĂLĂTRUC
Dofteana
Munții Harghita
Tinovul Luci
Lueta
Sânmartin
Uz 1003
Nemira Mare 1649
Munții Nemira
Mereşti
Sânsimion
1558
M. Cucu
Tușnad
Plăieșii de Jos
Rez. Nemira
Sandrul Mare 1640
Slănic-Moldova
Surducul Vârghișului

V

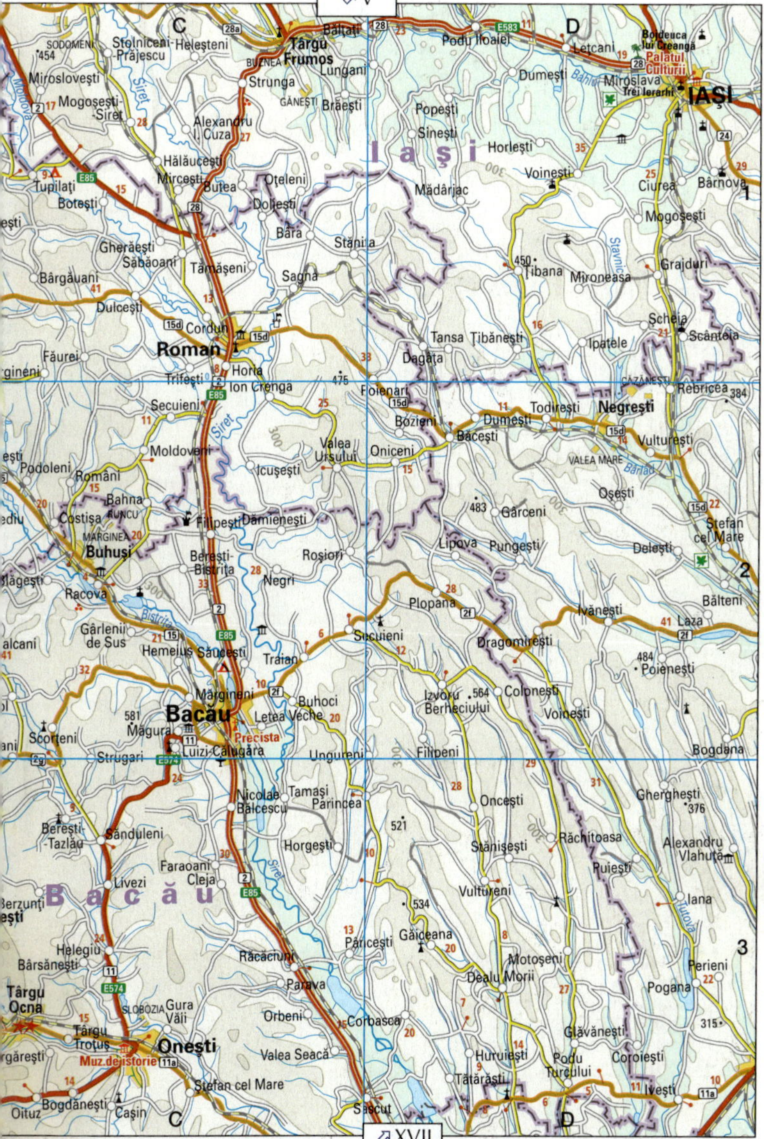

C
D
Iaşi
Bacău
Târgu Frumos
Băltaţi
Podu Iloaiei
Leţcani
Boldeuca lui Creangă
Palatul Culturii
IAŞI
Miroslava
Trei Ierarhi
Dumeşti
Lungani
Strunga
Brăeşti
Popeşti
Sineşti
Horleşti
Voineşti
Ciurea
Bârnova
Mogoşeşti
Mădârjac
Stolniceni-Prăjescu
Heleşteni
SODOMENI
Miroslovești
Mogoşeşti-Siret
Alexandru I. Cuza
Hălăuceşti
Mirceşti
Butea
Oţeleni
Tupilaţi
Boteşti
Doljeşti
Bara
Stănița
Gherăeşti
Săbăoani
Tămăşeni
Sagna
Ţibana
Mironeasa
Grajduri
Bârgăuani
Dulceşti
Cordun
Roman
Horia
Trifeşti
Ion Creangă
Făurei
Tansa
Ţibăneşti
Dagâţa
Ipatele
Şcheia
Scânteia
Rebricea
Poienari
Todireşti
Negreşti
Secuieni
Bozieni
Dumeşti
Băceşti
Vultureşti
Moldoveni
Valea Ursului
Oniceni
VALEA MARE
Icuşeşti
Podoleni
Români
Bahna
Oşeşti
Costişa
Buhuşi
Filipeşti
Dămieneşti
Gârceni
Lipova
Pungeşti
Deleşti
Ştefan cel Mare
Bereşti-Bistriţa
Roşiori
Negri
Racova
Plopana
Ivăneşti
Bălteni
Gârleni de Sus
Hemeiuş
Săuceşti
Traian
Secuieni
Dragomireşti
Laza
Poieneşti
Mărgineni
Bacău
Buhoci
Letea Veche
Izvoru Berheciului
Colonești
Voineşti
Măgura
Precista
Luizi-Călugăra
Scorţeni
Strugari
Ungureni
Filipeni
Bogdana
Nicolae Bălcescu
Tamaşi
Pârincea
Onceşti
Gherghești
Bereşti-Tazlău
Sănduleni
Horgeşti
Stănişeşti
Răchitoasa
Alexandru Vlahuţă
Faraoani
Cleja
Livezi
Vultureni
Puieşti
Iana
Helegiu
Bârsăneşti
Răcăciuni
Pârgăreşti
Găiceana
Motoşeni
Dealu Morii
Perieni
Pogana
Târgu Ocna
Parava
Gura Văii
SLOBOZIA
Orbeni
Corbasca
Târgu Trotuş
Oneşti
Muz. de istorie
Valea Seacă
Glăvăneşti
Huruieşti
Podu Turcului
Coroieşti
Tătărăşti
Ştefan cel Mare
Ivești
Bogdăneşti
Caşin
Oituz
Sascut
Siret
Moldova
Bistriţa
Bârlad
Stavnic
Tutova
Bahlui

XVII

A
B
1
2
3
Arad
Timiş
Caraş-Severin
SERBIEN
Păuliş
RADNA
Lipova
Mureş
Conop
Bârzava
Cet. Chelmac
Zăbrani
Şagu
Dorgoş
Vinga
Maşloc
Şiştarovăţ
Cast. Misici
Bata
Ortişoara
Bogda
Pişchia
Ohaba Lungă
Beregsău
Secaş
Bara
Brestovăţ
Sânandrei
Giarmata
TIMIŞOARA (TEMESCHWAR)
Recaş
Ghizela
Balint
Bethausen
Mănăştiur
Dumbrava
Remetea Mare
Topolovăţu Mare
Can. Bega
Ghiroda
Domul
Cast. Huniazilor
Belinţ
Sudriaş
Moşniţa Nouă
Coşteiu
Lugoj (Lugosch)
Fârdea
Bârna
Giroc
Chevereşu Mare
BACOVA
Racoviţa
Boldur
TAPIA
MĂGURI
Şag
Sacoşu Turcesc
Buziaş
Darova
Victor Vlad Delamarina
Criciova
Röm. Graben
SILAGIU
Gavojdia
Jebel
Liebling
Nitchidorf
Poganiş
L. Poganiş
Tormac
Vermeş
Ştiuca
Sacu
Const. Daicoviciu (Căvăran)
Voiteg
Fârliug
Copăcele
L. Bârzava
Cet. Tibisc
Zorlenţu Mare
Gătaia
Ramna
Deta
Rez. Conul Şumiga
Măureni
Berzovia
Bocşa (Bokschan)
Ezeriş
Brebu
Păltiniş
Caransebeş (Karansebesch)
Denta
Săraca
Colecţie mineralogică
Ocna de Fier
MONIOM
CĂLNIC
Lokomotiven Museum
Târnova
Moraviţa
Reşiţa (Reschitza)
TEROVA
Secu
L. Secu
Doclin
Dognecea
Lupac
DOMAN
SECU
CUPTOARE
Jamu Mare
Forotic
Văliug
Brebu Nou
Pasul Prislop
L. Gozna
Goruia
Cet. Turcului
Caraşova
Corcanu
Pest. Popovăţ
Pest. Comarnic
Vf. Semenicului 1446
Guduriĉki vrh 639
Ciudanoviţa
P. nat. Semenic-Cheile Caraşului
Rez. Izvoarele Nerei
Vršački breg
Mesić
Mecuh
Ticvaniu Mare
Grădinari
Vrşac
Vărădia
AGADICI
Munţii Semenic

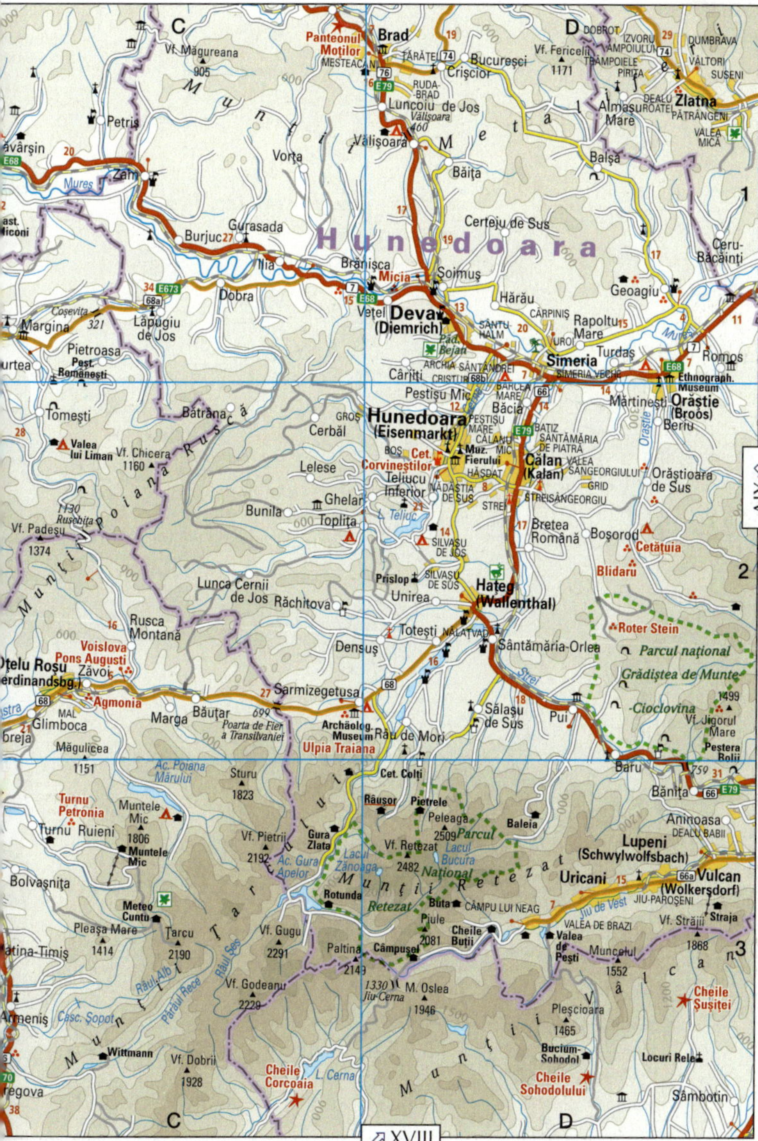

XIV

XVIII

Atlas

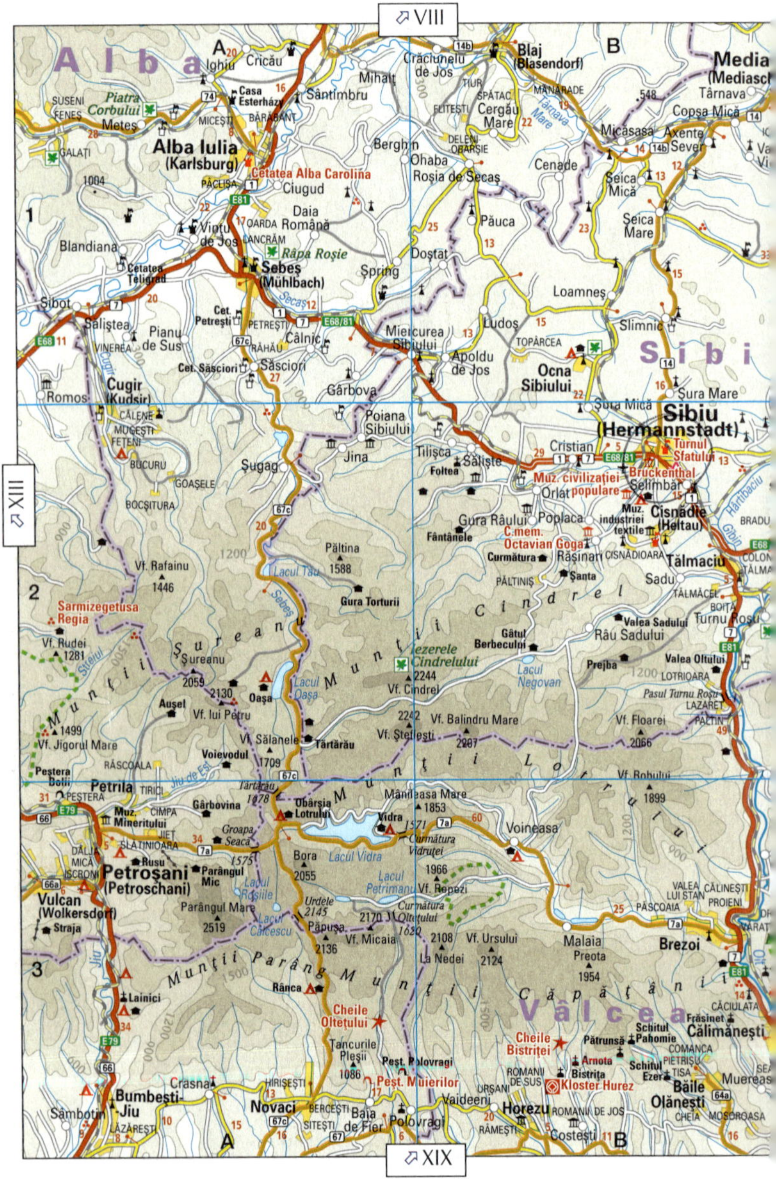
VIII
XIII
XIX
A
B
1
2
3
Alba
Sibiu
Vâlcea
Alba Iulia (Karlsburg)
Cetatea Alba Carolina
Blaj (Blasendorf)
Mediasch
Sebeş (Mühlbach)
Râpa Roşie
Piatra Corbului
Ighiu
Cricău
Casa Esterházy
Sântimbru
Mihalţ
Crăciunelu de Jos
Cergău Mare
Micăsasa
Axente Sever
Copşa Mică
Târnava
Berghin
Ohaba
Roşia de Secaş
Cenade
Şeica Mică
Şeica Mare
Ciugud
Daia Română
Vinţu de Jos
Blandiana
Cetatea Teligrad
Şibot
Săliştea
Pianu de Sus
Cet. Petreşti
Câlnic
Cet. Săsciori
Săsciori
Gârbova
Dostat
Spring
Păuca
Loamneş
Slimnic
Ludoş
Miercurea Sibiului
Apoldu de Jos
Ocna Sibiului
Şura Mare
Şura Mică
Sibiu (Hermannstadt)
Turnul Sfatului
Brukenthal
Cristian
Muz. civilizaţiei populare
Orlat
Sălişte
Tilişca
Poiana Sibiului
Jina
Şugag
Romos
Cugir (Kudsir)
Cisnădie (Heltau)
Tălmaciu
Sadu
Răşinari
C.mem. Octavian Goga
Gura Râului
Poplaca
Păltinis
Muz. industriei textile
Păltina 1588
Gura Torturii
Lacul Tău
Vf. Rafainu 1446
Sarmizegetusa Regia
Vf. Rudei 1281
Şureanu
Munţii Şureanu
Lacul Oaşa
Oaşa
Munţii Cindrel
Iezerele Cindrelului
Vf. Cindrel 2244
Lacul Negovan
Gâtul Berbecului
Râu Sadului
Valea Sadului
Prejba
Turnu Roşu
Pasul Turnu Roşu
Vf. Balindru Mare
Vf. Ştefleşti 2242
Vf. Floarei 2066
Vf. Jigorul Mare
Vf. lui Petru
Vf. Sălanele
Voievodul
Tărtărău
Munţii Lotrului
Vf. Robului 1899
Mândra Mare 1853
Obârşia Lotrului
Vidra
Lacul Vidra
Voineasa
Petrila
Petroşani (Petroschani)
Vulcan (Wolkersdorf)
Parângul Mic
Parângul Mare 2519
Lacul Petrimanu
Vf. Repezi
Munţii Parâng
Vf. Micaia
Vf. Ursului 2124
La Nedei
Rânca
Cheile Olteţului
Cheile Bistriţei
Munţii Căpăţânii
Malaia
Brezoi
Călimăneşti
Băile Olăneşti
Kloster Hurez
Horezu
Costeşti
Vaideeni
Polovragi
Peşt. Muierilor
Peşt. Polovragi
Baia de Fier
Novaci
Crasna
Bumbeşti-Jiu
Sâmbotin
Lainici
Straja
Jiu

Varte Bran

IX

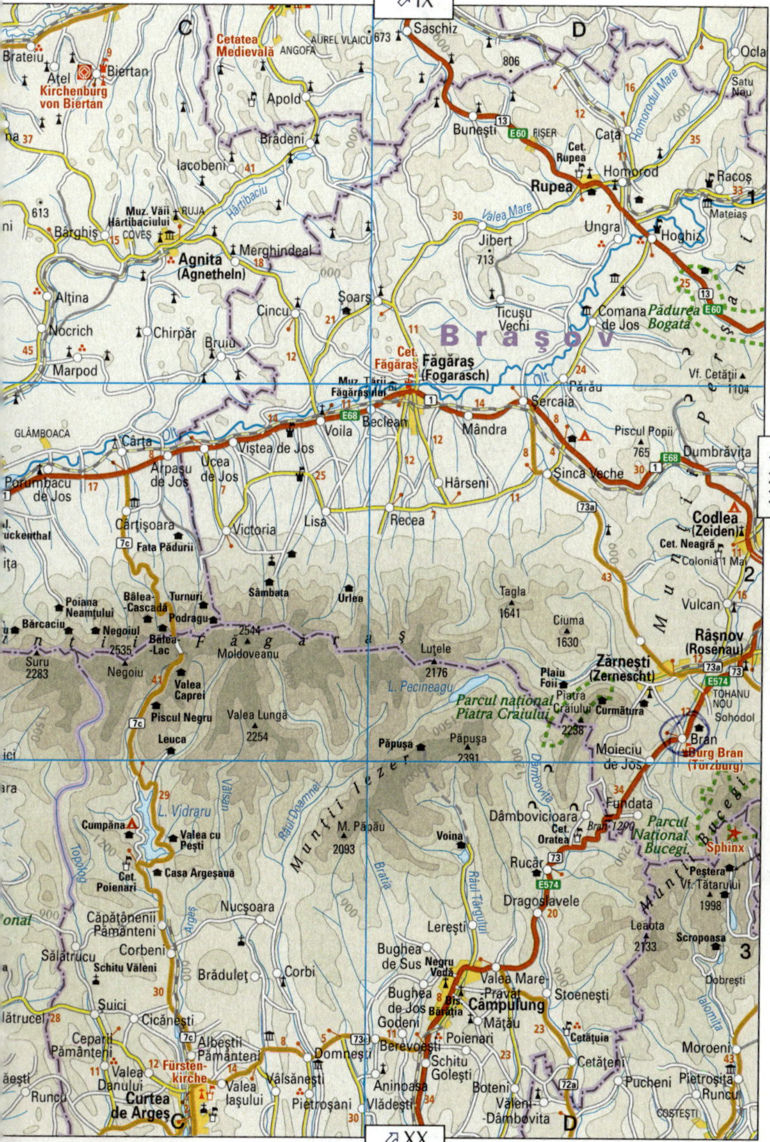

XVI

XX

Atlas

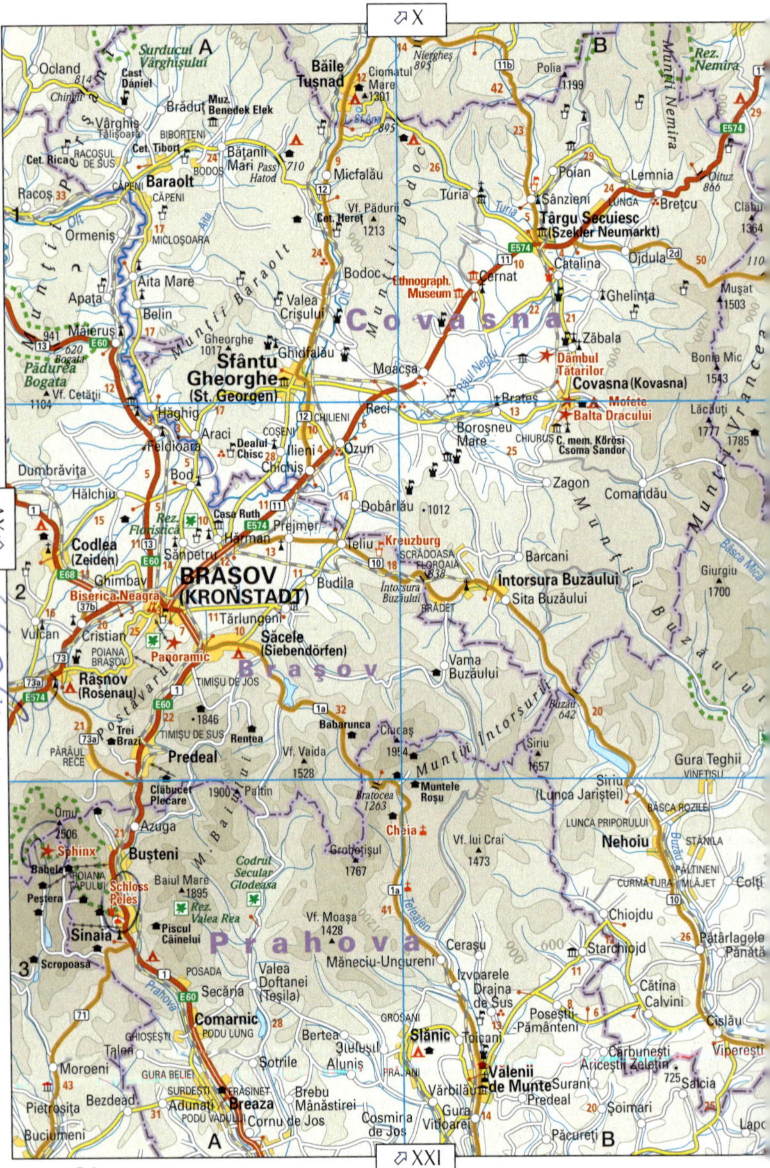

X
XXI
XV
A
B
1
2
3
Surducul Vârghişului
Rez. Nemira
Munţii Nemira
Ocland
Cast. Daniel
Brăduţ
Muz. Benedek Elek
Vârghiş
BIBORŢENI
Cet. Ricaci
Cet. Tibori
Băţanii Mari
Baraolt
CĂPENI
Racoş
Ormeniş
MICLOŞOARA
Aita Mare
Apaţa
Belin
Măieruş
Pădurea Bogata
Vf. Cetăţii
Munţii Baraolt
Valea Crişului
Ghidfalău
Sfântu Gheorghe (St. Georgen)
Băile Tuşnad
Ciomatul Mare
Micfalău
Vf. Păduri
Cet. Hereţ
Bodoc
Munţii Bodoc
Nierghes
Polia
Turia
Poian
Lemnia
Sânzieni
Târgu Secuiesc (Szekler Neumarkt)
Breţcu
Oituz
Clăbucet
Cătălina
Ojdula
Cernat
Ethnograph. Museum
Ghelinţa
Muşat
Zăbala
Covasna
Moacşa
Dâmbul Tătarilor
Covasna (Kovasna)
Mofete
Balta Dracului
Bonţa Mic
Lăcăuţi
Brateş
Reci
Boroşneu Mare
CHIURUŞ
C. mem. Kőrösi Csoma Sandor
Zagon
Comandău
Munţii Vrancea
Hăghig
Araci
Feldioara
COŞENI
Dealul Chisc
Ilieni
Ozun
Chichiş
CHILIENI
Dumbrăviţa
Hălchiu
Bod
Codlea (Zeiden)
Rez. Floristică
Casa Ruth
Prejmer
Dobârlău
Sânpetru
Hărman
Teliu
Kreuzburg
SCRĂDOASA
FLOROAIA
Barcani
Ghimbav
Biserica Neagră
BRAŞOV (KRONSTADT)
Budila
Întorsura Buzăului
Sita Buzăului
BRĂDET
Giurgiu
Munţii Buzăului
Bâsca Mică
Vulcan
Cristian
Tărlungeni
Săcele (Siebendörfen)
Panoramic
POIANA BRAŞOV
Braşov
Vama Buzăului
Râşnov (Rosenau)
TIMIŞU DE JOS
Postăvarul
TIMIŞU DE SUS
Babarunca
Ciucaş
Munţii Întorsurii
Siriu
Trei Brazi
Rentea
PÂRÂUL RECE
Predeal
Vf. Vaida
Gura Teghii
VINETISU
Siriu (Lunca Jariştei)
Clăbucet Plecare
Paltin
Bratocea
Muntele Roşu
BÂSCA ROZILEI
Omu
Azuga
M. Baiului
Cheia
LUNCA PRIPORULUI
Nehoiu
STÂNILA
Sphinx
Babele
Buşteni
Grohotişul
Vf. lui Crai
PĂLTINENI
Peştera
Baiul Mare
Codrul Secular Glodeasa
Schloss Peleş
CURMĂTURA
MLĂJET
Colţi
Rez. Valea Rea
Vf. Moaşa
Chiojdu
Teleajen
Sinaia
Piscul Câinelui
Prahova
Mâneciu-Ungureni
Cerașu
Starchiojd
Pătârlagele
Pănătău
Scropoasa
POSADA
Valea Doftanei (Teşila)
Izvoarele
Drajna de Sus
Cătina
Calvini
Secăria
Comarnic
PODU LUNG
GROŞANI
Poseşti-Pământeni
Cislău
GHIOŞEŞTI
Bertea
Slănic
Toiceni
Cărbuneşti
Aricestii Zeletin
Viperești
Talea
Şotrile
Aluniş
Moroeni
GURA BELIEI
PRĂJANI
Vălenii de Munte
Surani
Salcia
SURDEŞTI
FRĂSINET
Brebu Mânăstirei
Vărbilău
Predeal
Pietroşiţa
Bezdead
Adunaţi
Breaza
PODU VADULUI
Cornu de Jos
Cosmina de Jos
Gura Vitioarei
Şoimari
Buciumeni
Păcureţi
E60
E68
E574
E577

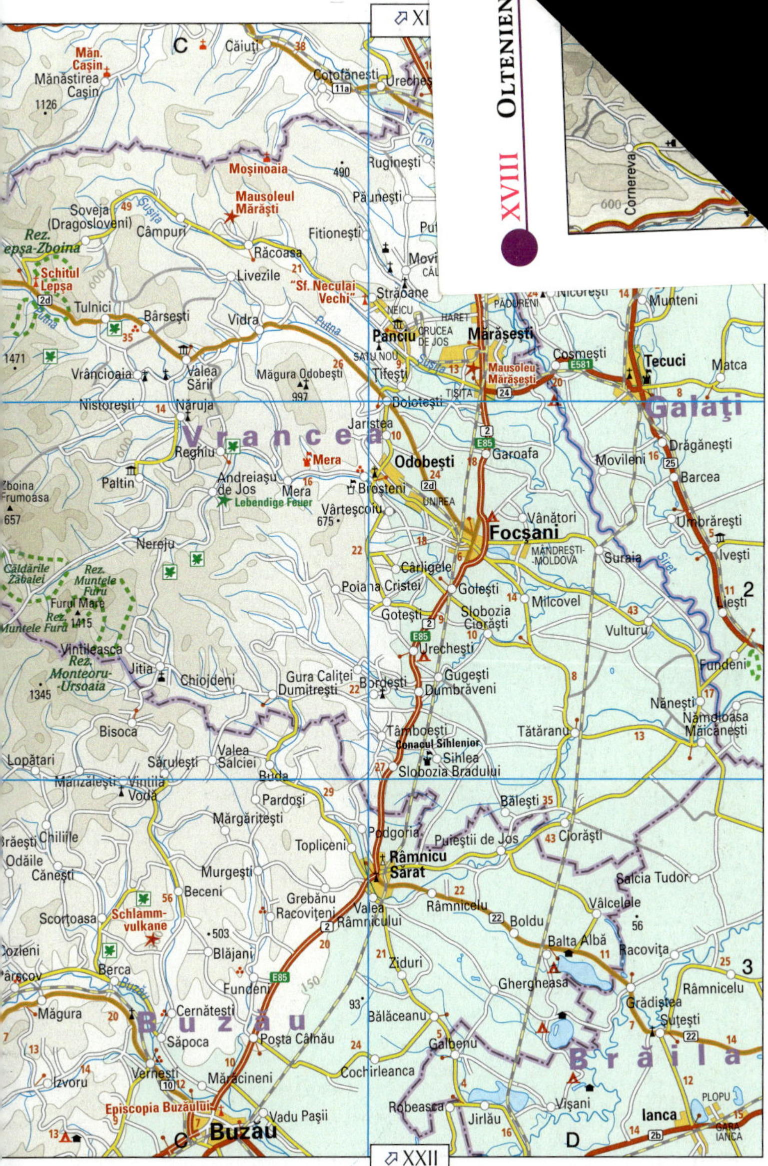
XI
XXII
C
D
2
3
Vrancea
Galaţi
Buzău
Brăila
Cornereva
600
Măn. Caşin
Mănăstirea Caşin
1126
Căiuţi
Cotofăneşti
Urecheşti
Moşinoaia
490
Ruginești
Păunești
Mausoleul Mărăşti
Soveja (Dragosloveni)
Câmpuri
Şuşiţa
Fitioneşti
Rez. Lepşa-Zboina
Răcoasa
Schitul Lepşa
Livezile
"Sf. Neculai Vechi"
Străoane
Tulnici
Bârseşti
Vidra
Putna
Panciu
Neicu
Crucea de Jos
Satu Nou
Mărăşeşti
Hareţ
Pădureni
Nicoreşti
Munteni
1471
Vrâncioaia
Valea Sării
Măgura Odobeşti
997
Ţifeşti
Mausoleu Mărăşeşti
Tişiţa
Cosmeşti
Tecuci
Matca
Nistoreşti
Năruja
Boloteşti
Jariştea
Reghiu
Mera
Odobeşti
Garoafa
Drăgăneşti
Movileni
Barcea
Zboina Frumoasa
657
Paltin
Andreiaşu de Jos
Lebendige Feuer
Broşteni
Unirea
Vârteşcoiu
675
Vânători
Focşani
Umbrăreşti
Nereju
Mândreşti-Moldova
Suraia
Siret
Iveşti
Căldările Zăbalei
Rez. Muntele Furu
Furu Mare
1415
Rez. Muntele Furu
Cârligele
Poiana Cristei
Goleşti
Milcovel
Lieşti
Goteşti
Slobozia Ciorăşti
Vulturu
Vintileasca
Rez. Monteoru-Ursoaia
Jitia
Chiojdeni
Urecheşti
Fundeni
1345
Gura Caliţei
Dumitreşti
Bordeşti
Gugeşti
Dumbrăveni
Năneşti
Namoloasa
Măicăneşti
Bisoca
Tâmboeşti
Conacul Sihlenior
Sihlea
Tătăranu
Lopătari
Săruleşti
Valea Salciei
Slobozia Bradului
Mânzăleşti
Vintilă Vodă
Buda
Pardoşi
Băleşti
Mărgăriteşti
Podgoria
Puieştii de Jos
Ciorăşti
Brăeşti
Chiliile
Topliceni
Râmnicu Sărat
Odăile
Căneşti
Murgeşti
Salcia Tudor
Beceni
Grebănu
Racoviţeni
Valea Râmnicului
Râmnicelu
Boldu
Vâlcelele
56
Scorţoasa
Schlamm-vulkane
503
Balta Albă
Racoviţa
Cozieni
Blăjani
Ziduri
Pârscov
Berca
Fundeni
Ghergheasa
Râmnicelu
Buzău
Măgura
Cernăteşti
93
Bălăceanu
Grădiştea
Suţeşti
Săpoca
Poşta Câlnău
Galbenu
Izvoru
Verneşti
Mărăcineni
Cochirleanca
Episcopia Buzăului
Vadu Paşii
Robeasca
Jirlău
Vişani
Ianca
Plopu
Gara Ianca
E85
E581
150

XIII

A
B
Pest. Closani
Pest. Martel
Eremiten-kirche
Gura Plaiului
Tismana
Peştişani
Leleşti
Turcineşti
Stăneşti
E79
66
67d
POLATA
PREAJBA MARE
URSATI
Brâncuşi Mus
BARSEŞTI
DRĂGOEN
Târgu Jiu
SLOBOZIA
Băleşti
Drăguţeşti
Dăneşt
Călugăreni
BRATILOVU
TITERLEŞTI
Baia de Aramă
Godineşti
404
1050
1466
Cerna
Isverna
Cheile Tăsnei
Rez. Domogled-Valea Cernei
PISTRIŢA
NEGOEŞTI
671
Ponoarele
Ciuperceni
Câlnic
L. Rov nar
Gorj
Mehadia
Băile Herculane
PECINIŞCA
E70
Podeni
Balta
Bala
Iormăneşti
Cătunele
ROŞIUTA
LUPOIŢA
PLOŞTINA
Rovinari
Mătăsari
Fărcăşeşti
Ţicleni
Bâlteni
Negomir
Şovarna
Cireşu
Ilovăţ
Topleţ
Godeanu
Bâlvăneşti
Şişeşti
Motru
RÂPA
DEALU POMILOR
LEURDA
HORĂŞTI
Drăgoteşti
Slivileşti
Urdari
Plopşoru
Iloviţa
Orşova
634
Sf.Ana
Eşelniţa
Rez. Gura Văii
Izvoru Bârzii
Floreşti
Broşteni
Samarineşti
Bolboşi
Malovăţ
Căzăneşti
Corcova
Văgiuleşti
Borăscu
GURA VĂII
Brezniţa-Ocol
Drobeta-Turnu Severin
Husnicioara
Motru
MENTI
MOTRULENI
Grozeşti
Turcen
Şimian
Kladovo
COMANDA
Voloiac
Strehaia
STĂNGEŞTI
Stângăceaua
Prunişor
LUNCA BANULUI
SLĂTINICU MIC
SLĂTINICU MARE
Butoieşti
Podvrška
Velika reka
Ključ
Tâmna
Greci
Mehedinţi
339
Hinova
Brezniţa-Motru
Livezile
Dumbrava de Jos
Argetoaia
Grabovice
Poroina Mare
Băcleş
Burila Mare
Devesel
Rogova
OREVIŢA MARE
Secu
Greceşti
Vânjuleţ
TRAIAN
Vânju Mare
Pădina Mare
Gogoşu
Jiana
BUCURA
NICOLAE BĂLCESCU
Corlăţel
Botoşeşti-Paia
Băilăciţa
Seaca de Pădure
Gogoşu
E771
Vlădaia
Carpen
Pătulele
Dunav
Dr.ncea
Punghina
Verbiţa
Radujevac
Gruia
Oprişor
Negotin
Pristol
Vânători
Orodel
Bukovo
Gârla Mare
Cujmir
Pleniţa
Dârvari
Caraula
Vârtop
Obârşia de Câmp
Bregovo
Dunărea
Unirea
Izvoare
Salcia
Giubeg
Cetate
Galicea Mare
Moţăţei
Zlokuće
2
3
300

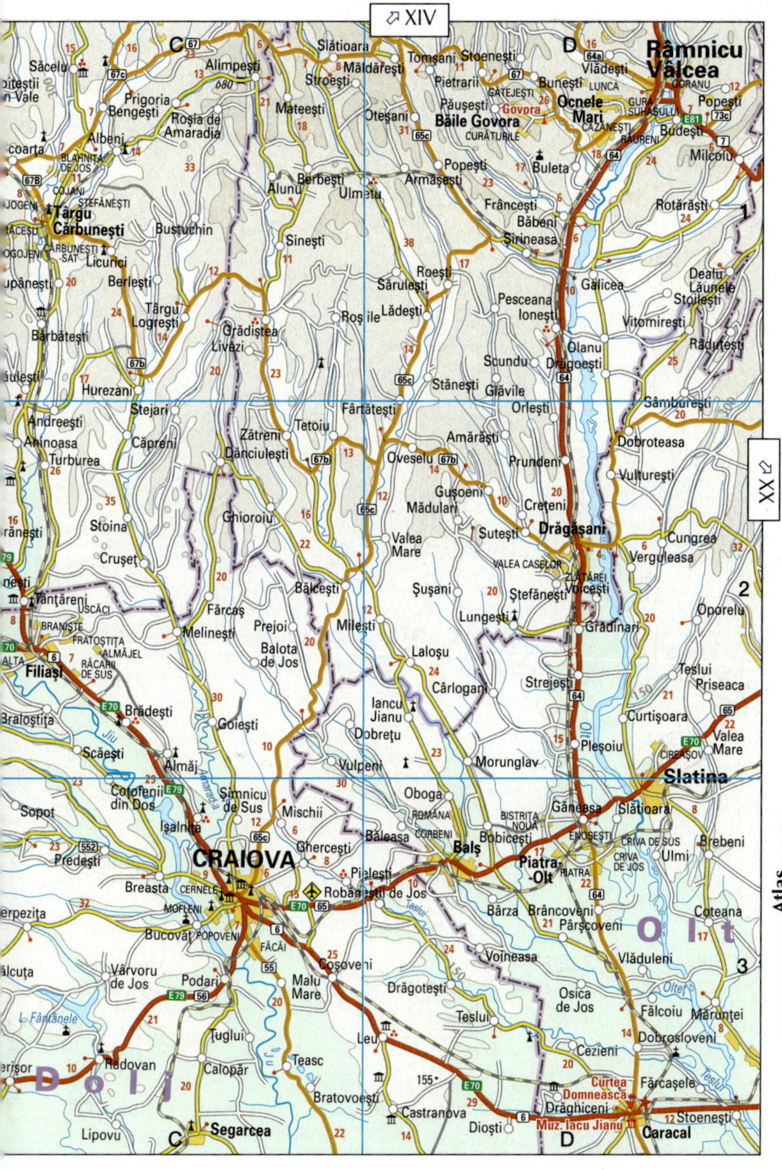
XIV
XX
C
D
Râmnicu Vâlcea
Ocnele Mari
Băile Govora
Govora
Drăgășani
Slatina
Balș
Piatra-Olt
Caracal
CRAIOVA
Filiași
Segarcea
Târgu Cărbunești
Dolj
Olt
Jiu
Olt
Oltet
Teslui
Amaradia
L. Fântânele
Săcelu
Alimpești
Prigoria
Bengești
Roșia de Amaradia
Albeni
Licurici
Berlești
Bustuchin
Târgu Logrești
Bârbătești
Hurezani
Stejari
Andreești
Aninoasa
Turburea
Căpreni
Stoina
Cruşeț
Țânțăreni
Melinești
Brădești
Scăești
Almăj
Coțofenii din Dos
Şopot
Predești
Breasta
Bucovăț
Vârvoru de Jos
Podari
Radovan
Calopăr
Lipovu
Țuglui
Teasc
Bratovoești
Castranova
Diosti
Leu
Drăgotești
Teslui
Malu Mare
Coșoveni
Robănești de Jos
Pielești
Ghercești
Mischii
Șimnicu de Sus
Ișalnița
Goiești
Vulpeni
Dobrețu
Iancu Jianu
Morunglav
Obogă
Băleasa
Bobicești
Bârza
Brâncoveni
Pârșcoveni
Voineasa
Osica de Jos
Vlăduleni
Fălcoiu
Măruntei
Dobrosloveni
Cezieni
Fărcașele
Curtea Domnească
Drăghiceni
Muz. Iacu Jianu
Stoenești
Slătioara
Găneasa
Ulmi
Breheni
Coteana
Valea Mare
Curtișoara
Teslui
Priseaca
Plesoiu
Strejești
Câlogani
Laloșu
Milești
Bălcești
Balota de Jos
Prejoi
Fărcaș
Ghioroiu
Dănciulești
Zătreni
Tetoiu
Fârtătești
Oveselu
Gușoeni
Mădulari
Valea Mare
Şușani
Lungești
Ștefănești
Voicești
Grădinari
Oporelu
Verguleasa
Cungrea
Crețeni
Suteşti
Prundeni
Amărăști
Vulturești
Dobroteasa
Orlești
Glăvile
Stănești
Scundu
Drăgoești
Olanu
Ionești
Pesceana
Lădești
Roești
Sărulești
Roșiile
Grădiștea
Livezi
Sinești
Alunu
Berbești
Ulmetu
Armășești
Popești
Mateești
Stroești
Slătioara
Măldărești
Tomșani
Stoenești
Pietrarii
Păușești
Otesani
Vlădești
Bunești
Budești
Milcoiu
Popești
Buleta
Frâncești
Băbeni
Şirineasa
Galicea
Rotărăști
Dealu Lăunele
Stoilești
Vitomirești
Răduțești
Sâmburești
E81
E70
E79
67
67b
65c
64
6
65
55
56
552

XV
XIX
A
B
1
2
3
Argeş
Dâmboviţa
Teleorman
Olt
Tigveni
Ciofrângeni
Poienari
Milcoiu
Curtea de Argeş
Mălureni
Băiculeşti
Mihăeşti
Parc dendrologic
Hârtieşti
Cândeşti-Vale
Gura Bărbuletului
Fieni
Moţăieni
Vulcana-Băi
Voineşti
Pucioasa
Brăneşti
Bălileşti
Coşeşti
Stâlpeni
Ţiţeşti
Davideşti
Boteşti
Tătărani
Doiceşti
Şotânga
Aninoasa
Morăreşti
Cuca
Cotmeana
Merişani
Dârmăneşti
Miceşti
Budeasa Mare
Mioveni
Dobreşti
Zgripceşti
Măneşti
Târgovişte
Sf. Vineri
Dragomireşti
Drăganu-Olteni
Dealu Lăunele
Uda
Băbana
Bascov
Rădutesti
Răchitele de Jos
Mărăcineni
Piteşti
Ştefăneşti
Priboieni
Bogaţi
Ludeşti
Hulubeşti
Văcăreşti
Lucieni
Mosoaia
Topana
Vrăneşti
Topoloveni
Leleasca
Vedea
Poiana Lacului
Bradu
Leordeni
Valea Mare
Gherghiţeşti
Albota
Căteasca
Răteşti
Bădulești
Făgeţelu
Oarja
Gura Foii
Dragodana
Alinişu
Bărăştii de Vede
Mărţeşti
Lunca Corbului
Costeşti
Suseni
Găeşti
Produleşti
Mogoşani
Tetcoiu
Costeştii din Vale
Poboru
Tătuleşti
Coloneşti
Rociu
Teiu
Morteni
Petreşti
Scorniceşti
Optaşi
Vulpeşti
Negraşi
Ulieşti
Stolnici
Mozăceni
Vişina
Slobozia
Corbii Mari
Hârseşti
Recea
Potcoava
Corbu
Ungheni
Izvoru
Ştefan cel Mare
Şelaru
Căldăraru
Popeşti
Sârbenii de Jos
Perieţi
Icoana
Bârla
Miroşi
Poeni
Tătăraştii de Sus
Movileni
Tufeni
Siliştea-Gumeşti
Tătăraştii de Jos
Siliştea
Schitu
Ciolăneştii din Deal
Scurtu Mare
Şerbăneşti
Balaci
Zâmbreasca
Crâmpoia
Talpa-Ogrăzile
Cosmeşti
Vâlcele
Izvoarele
Nicolae Titulescu
Dobroteşti
Necşeşti
Trivalea-Moşteni
Văleni
Drăcşenei
Săceni
Gălăteni
Stoicăneşti
Dideşti
Stejaru
Stinţeşti
Vârtoapele de Sus
Olteni
Băbăiţa
Drăgăneşti-Olt
Seaca
Mihăeşti
Scrioaştea
Măldăeni
Drăgăneşti de Vede
Rădoieşti-Vale
Orbeasca de Jos
Stoeneşti
Dăneasa
Radomireşti
Roşiori de Vede
Muz. Răscoalei
Vedea

XVI
XXII
C
D
1
2
3
Prahova
Dâmboviţa
Bucureşti
Giurgiu
PLOIEŞTI
BUCUREŞTI
Bukarest
Câmpina
Telega
Băneşti
Mon. Aurel Vlaicu
Valea Lungă-Cricov
Băicoi
Scorteni
Vâlcăneşti
Măgurele
Gornet
Podenii Noi
Sângeru
Apostolache
Tătaru
Istriţa
Breaza
Jugureni
Pietroasele
Cocorăştii Mislii
Bălţeşti
Dumbrăveşti
Gornet-Cricov
Călugăreni
Năeni
Gura Vadului
Vărbila
Plopeni
Lipăneşti
Iordăcheanu
Săhăteni
Măgureni
Floreşti
Filipeştii de Pădure
Păuleşti
Blejoi
Boldeşti-Scăeni
Plopu
Valea Călugărească
Urlaţi
Ceptura de Jos
Fântânele
Mizil
Moreni
Bucov
Filipeştii de Târg
Ariceştii Rahtivani
Baba Ana
Ghirdoveni
Strejnicu
Berceni
Albeşti-Paleologu
Tomşani
Colceag
Amaru
Dărmăneşti
Ghighiu
Râfov
Bucşani
Măneşti
Bărcăneşti
Brazii de Sus
Dumbrava
Fulga de Jos
Boldeşti
Drăgăneşti
Cioranii de Jos
Sălciile
Băleni-Români
Finta Mare
Tinosu
Dobra
Şirna
Corneşti
Poienarii Burchii
Gorgota
Balta Doamnei
Gherghiţa
Adâncata
Jilavele
Brazii
Băneşti
Cornăţelu
Bilciureşti
Cojasca
Kloster Snagov
Gruiu
Snagov
Nuci
Armăşeşti
Butimanu
Niculeşti
Periş
Pd. Căldăruşani
Căldăruşani
Dridu
Coşereni
Contesti
Fierbinţi-Târg
Moara Vlăsiei
Grădiştea
Movilita
Titu
Răcari
Lunguleţu
Odobeşti
Crevedia
Ostratu
Săftica
Corbeanca
Balotesti
Dascălu
Slobozia Moară
Brezoaele
Ciocăneşti
Darza
Tamasi
Petrăchioaia
Sineşti
Poiana
Târtăşeşti
Buftea
Otopeni
Tunari
Drăgoeşti
Potlogi
Mogoşoaia
Afumaţi
Găiseni
Chitila
Ştefăneştii de Jos
Joiţa
Zurbaua
Dragomireşti-Vale
Gostilele
Vânătorii Mici
Stoeneşti
Ulmi
Voluntari
Găneasa
Belciugatele
Malu Spart
Bacu
Bolintin-Deal
Pantelimon
Fundulea
Brăneşti
Tămădău Mare
Bolintin-Vale
Chiajna
Ciorogârla
Cernica
Crevedia Mare
Ogrezeni
Domneşti
Alexandru I. Cuza
Grădinari
Popeşti-Leordeni
Fundeni
Clinceni
Bragadiru
Glina
Mârşa
Bucşani
Buturugeni
Cornetu
Plătăreşti
Măgurele
Sohatu
Jilava
Clejani
Mihăileşti
Dărăşti-Ilfov
Berceni
Nana
1 Decembrie
Frumuşani
Vasilaţi
Bulbucata
Adunaţii-Copăceni
Vidra
Budeşti
Ieipureşti
Crevenicu
Letca Nouă
Singureni
Vărăşti
Valea Dragului
Şoldanu
Luica
Merenii de Jos
Ghimpaţi
Colibaşi
Gostinari
Curcani
Mon. Mihai Viteazul
Comana
Hotarele
Radovanu
Călugăreni
Rez. Pădurea Comana
Botoroaga
Stoeneşti
Schitu
Bujoreni
Drăgăneşti-Vlaşca
Mihai Bravu
Prundu
Greaca
Căscioarele
Chirnogi
Ialomiţa
Argeş
Dâmboviţa
Rasa
Călnău
E60
E70
E85
A1
CE
CV

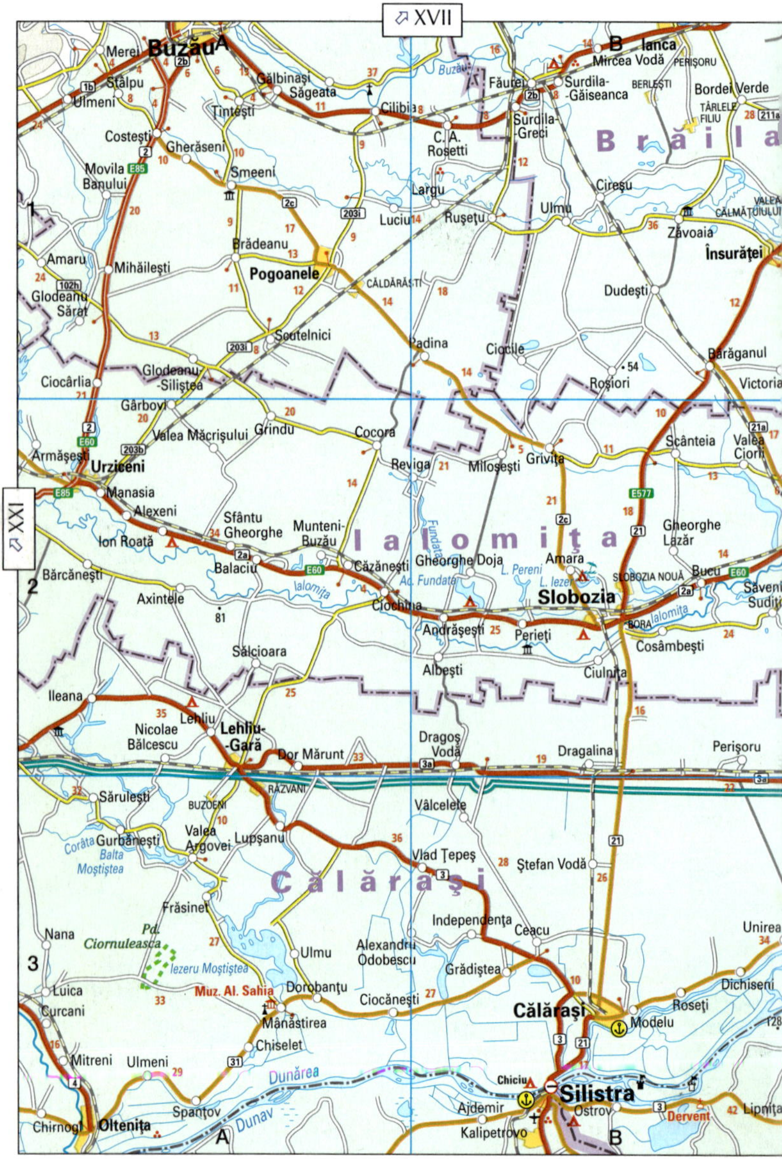
XVII
XXI
Buzău
Merei
Stâlpu
Ulmeni
Gălbinaşi
Săgeata
Tinteşti
Cilibia
Costeşti
Gherăseni
Smeeni
Movila Banului
C. A. Rosetti
Largu
Luciu
Ruşeţu
Făurei
Surdila-Găiseanca
Surdila-Greci
Ianca
Mircea Vodă
PERIŞORU
BERLEŞTI
Bordei Verde
TÂRLELE FILIU
Brăila
Cireşu
Ulmu
Zăvoaia
VALEA CĂLMĂŢUIULUI
Însurăţei
Dudeşti
Amaru
Mihăileşti
Brădeanu
Pogoanele
CĂLDĂRĂŞTI
Glodeanu Sărat
Scutelnici
Padina
Ciocile
Roşiori
Bărăganul
Victoria
Ciocârlia
Glodeanu-Siliştea
Gârbovi
Grindu
Cocora
Valea Măcrişului
Armăşeşti
Urziceni
Manasia
Reviga
Miloşeşti
Griviţa
Scânteia
Valea Ciorii
Alexeni
Ion Roată
Sfântu Gheorghe
Balaciu
Munteni-Buzău
Căzăneşti
Ialomiţa
Fundata
Ac. Fundata
Gheorghe Doja
L. Pereni
L. Iezer
Amara
Gheorghe Lazăr
SLOBOZIA NOUĂ
Bucu
Săveni
Suditi
Bărcăneşti
Axintele
Ciochina
Slobozia
Ialomiţa
BORA
Andrăşeşti
Perieţi
Cosâmbeşti
Sălcioara
Albeşti
Ciulniţa
Ileana
Lehliu
Nicolae Bălcescu
Lehliu-Gară
Dor Mărunt
Dragoş Vodă
Dragalina
Perişoru
RĂZVANI
Sărulești
BUZOENI
Vâlcelele
Corâta
Gurbăneşti
Balta Moştiştea
Valea Argovei
Lupşanu
Vlad Ţepeş
Ştefan Vodă
Călăraşi
Frăsinet
Nana
Pd. Ciornuleasca
Iezeru Moştiştea
Ulmu
Alexandru Odobescu
Independenţa
Ceacu
Unirea
Grădiştea
Dichiseni
Luica
Curcani
Muz. Al. Sahia
Dorobanţu
Mânăstirea
Ciocăneşti
Călăraşi
Roseţi
Modelu
Chiselet
Mitreni
Ulmeni
Dunărea
Chiciu
Silistra
Ajdemir
Ostrov
Dervent
Lipniţa
Spanţov
Chirnogi
Olteniţa
Dunav
Kalipetrovo
E85
E60
E577
A
B
1
2
3

Tulcea
Constanţa
Dobrogea
Balta Brăilei
Balta Ialomiţei
Unirea
Gropeni
Turcoaia
Cerna
Panait Cerna
Horia
Izvoarele
Nalbant
Viziru
Tufeşti
Peceneaga
Dorobanţu
Mihai Bravu
Babadag
Ostrov
Slava Cercheză
Ciucurova
Ausstellung orientalischer Kunst
Stăncuţa
Frecăţei
Topolog
Parcul Naţional Insula Mică a Brăilei
Rez. Pd. Viişoara
Berteştii de Jos
Mărașu
Dăeni
Uspenia
Stejaru
Gârliciu
Brațul Măcin
Vadu Oii
Giurgeni
Saraiu
Casimcea
Beidaud
Baia
Canaralele Hârşovei
Ciobanu
Mihail Kogălniceanu
Hârşova
Carsium
Horia
Vulturu
Mihai Viteazu
Tăndărei
Ghindăreşti
Vlădeni
Făcăeni
Kunstmuseum
Ulmetum
Pantelimon
Cogealac
Movila
Topalu
Cetatea Capidava
Crucea
L. Nuntaşi
Săcele
Borduşani
Rez. Alah-Bair
Târguşor
Ştefan cel Mare
Feteşti-Gară
Corbu
Lacul Tașaul
Lacul Corbu
Vlasca
Stelnica
Siliştea
Seimeni
Nicolae Bălcescu
Feteşti
Buliga
Tortoman
Mihail Kogălniceanu
Staţiunea Năvodari
Năvodari
Borcea
Braţul Borcea
Cernavodă
Rez. Pd. Caiafele
Mircea Vodă
Lumina
Mamaia-Sat
Jegălia
Cet. Axiopolis
Rez. Pd. Moroiu
Medgidia
Castelu
Ovidiu
Lacul Sudghiol
Mamaia
Kunstmuseum
Palazu Mare
Rasova
Remus Opreanu
Poarta Albă
Cet. Sacidava
Basarabi
CONSTANŢA
Aliman
Peştera
Carol I.
L. Dunăreni
Valu lui Traian
Oltina
Can. Dunărea-Marea Neagră
Cumpăna
Agigea
Mon. Tropaeum Traiani
Ion Corvin
Tropaeum Traiani
Deleni
Ciocârlia
Techirghiol
Adamclisi
Cobadin
Eforie
Dunărea
Atlas

Die Karten im Atlas sind verkleinerte Ausschnitte aus der Rumänien-Karte des **world mapping project** von Reise Know-How

Highlights Rumänien

Kunst und Kultur

1 Schloss Peleş in Sinaia, S. 221
2 Rosenauer Burg in Râşnov und Burg Bran, S. 256, 258
3 Oberstadt von Sighişoara, S. 269
4 Kirchenburg von Biertan, S. 278
5 Freilichtmuseum Astra, Sibiu, S. 305
6 Fröhlicher Friedhof in Săpânţa, S. 432
7 Holzkirche von Surdeşti, S. 466
8 Moldauklöster Moldoviţa und Voroneţ, S. 485, 506
9 Drei-Hierarchen-Kirche, Iaşi, S. 549
10 Museum für Archäologie und Geschichte (und Casino) in Constanţa, S. 605
11 Klosterkirche in Curtea de Argeş, S. 642
12 Das Höhlenkloster in der Bistritz-Schlucht, S. 658
13 Palast des Schwarzen Adlers, Oradea, S. 706
14 Die Zitadelle von Alba Iulia, S. 325
15 Die Corvinius-Burg von Hunedoara, S. 338
16 Palatul Poporului, Bukarest, S. 176

Landschaft und Natur

1 Sphinx und Babele im Prahova-Tal, S. 230
2 Wandern um Moieciu de Sus, S. 260
3 Fahrt mit der Wassertalbahn im Valaea Vaserului, S. 454/455
4 Bicaz-Schlucht am Roten See, S. 535
5 Wüstendünen von Letea, S. 586
6 Pelikankolonien auf dem Lacu Roşca, S. 582
7 Die Schlammvulkane von Buzău S. 626
8 Wandern mit Hirten über die Almen des Olt-Tals, S. 665
9 Donaudurchbruch Eisernes Tor, S. 668
10 Die Cerna-Schlucht bei Băile Herculane, S. 692
11 Nationalpark Retezat, S. 344
12 Nationalpark Ceahlău, S. 533

Fortsetzung Umschlag hinten